Entwicklung rechnungswesenbasierter Systeme zur Stabilisierung der Kommunalfinanzen

Christian Fritze

Entwicklung rechnungswesenbasierter Systeme zur Stabilisierung der Kommunalfinanzen

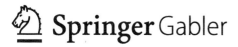

Christian Fritze
Gütersloh, Deutschland

Dissertation der Universität Bielefeld, 2019

ISBN 978-3-658-27479-5   ISBN 978-3-658-27480-1   (eBook)
https://doi.org/10.1007/978-3-658-27480-1

Die Deutsche Nationalbibliothek verzeichnet diese Publikation in der Deutschen Nationalbibliografie; detaillierte bibliografische Daten sind im Internet über http://dnb.d-nb.de abrufbar.

Springer Gabler
© Springer Fachmedien Wiesbaden GmbH, ein Teil von Springer Nature 2019
Das Werk einschließlich aller seiner Teile ist urheberrechtlich geschützt. Jede Verwertung, die nicht ausdrücklich vom Urheberrechtsgesetz zugelassen ist, bedarf der vorherigen Zustimmung des Verlags. Das gilt insbesondere für Vervielfältigungen, Bearbeitungen, Übersetzungen, Mikroverfilmungen und die Einspeicherung und Verarbeitung in elektronischen Systemen.
Die Wiedergabe von allgemein beschreibenden Bezeichnungen, Marken, Unternehmensnamen etc. in diesem Werk bedeutet nicht, dass diese frei durch jedermann benutzt werden dürfen. Die Berechtigung zur Benutzung unterliegt, auch ohne gesonderten Hinweis hierzu, den Regeln des Markenrechts. Die Rechte des jeweiligen Zeicheninhabers sind zu beachten.
Der Verlag, die Autoren und die Herausgeber gehen davon aus, dass die Angaben und Informationen in diesem Werk zum Zeitpunkt der Veröffentlichung vollständig und korrekt sind. Weder der Verlag, noch die Autoren oder die Herausgeber übernehmen, ausdrücklich oder implizit, Gewähr für den Inhalt des Werkes, etwaige Fehler oder Äußerungen. Der Verlag bleibt im Hinblick auf geografische Zuordnungen und Gebietsbezeichnungen in veröffentlichten Karten und Institutionsadressen neutral.

Springer Gabler ist ein Imprint der eingetragenen Gesellschaft Springer Fachmedien Wiesbaden GmbH und ist ein Teil von Springer Nature.
Die Anschrift der Gesellschaft ist: Abraham-Lincoln-Str. 46, 65189 Wiesbaden, Germany

Vorwort

Die vorliegende Arbeit entstand am Lehrstuhl für Betriebswirtschaftslehre, insbesondere Unternehmensrechnung und Rechnungslegung, an der Universität Bielefeld und präsentiert Vorschläge zur Bewältigung der anhaltenden und scheinbar permanenten finanziellen Krise der Kommunen. Die Arbeit wurde im März 2019 als Dissertation zur Erlangung des Grades eines Doktors der Wirtschaftswissenschhaften (Dr. rer. pol) der Fakultät für Wirtschaftswissenschaften der Universität Bielefeld vorgelegt. Gutachter waren Herr Prof. Dr. Matthias Amen (Erstgutachter) und Herr Prof. Dr. Hermann J. Richter (Zweitprüfer).

Herzlichst bedanken möchte ich mich insbesondere bei Herrn Prof. Dr. Amen für die Betreuung und Unterstützung des Forschungsvorhabens. Daneben gilt mein Dank Herrn Prof. Dr. Richter für die Übernahme des Zweitgutachtens sowie der Drittprüferin für die Disputation und zugleich Vorsitzenden der Prüfungskommission, Frau Prof. Dr. Christina Hoon.

Danken möchte ich darüber hinaus den Kolleginnen und Kollegen an der Fakultät für Wirtschaftswissenschaften der Universität Bielefeld, die das Forschungsvorhaben durch permanente konstruktive Kritik unterstützt haben. Genauso gilt mein Dank den Kolleginnen und Kollegen an der Fachhochschule für öffentliche Verwaltung NRW, die mir nach meinem vorzeitigen Wechsel den Rücken für die notwendigen Fertigstellungsarbeiten freigehalten haben.

Zuletzt gilt mein größter Dank natürlich meiner Familie, die mir jederzeit und uneingeschränkt Rückhalt gegeben hat.

Gütersloh, im Juni 2019 $\qquad$ Christian Fritze

Inhaltsverzeichnis

1 **Kommunale Verschuldung und die Fähigkeit zur Aufgabenerfüllung** 1
   1.1 Problemstellung 1
   1.2 Forschungsfrage 3
   1.3 Aufbau der Untersuchung 4
   1.4 Schwerpunktbetrachtung Nordrhein-Westfalen 7

2 **Funktionsweise des Systems Kommune** 9
   2.1 Ziele und Aufgaben der Gemeinden 9
   2.2 Bildung von Konzernstrukturen 14
   2.3 Finanzierung der Aufgabenerfüllung 19

3 **Das geltende System zur Sicherung der stetigen Aufgabenerfüllung** 27
   3.1 Vorüberlegungen 27
   3.2 Sicherung im Kontext des Haushalts- und Rechnungswesens . . . 28
      3.2.1 Kommunale Haushaltswirtschaft 28
      3.2.2 Die stetige Aufgabenerfüllung als Objekt des Haushalts- und Rechnungswesens 30
      3.2.3 Sicherung der dauerhaften Leistungsfähigkeit durch das Haushaltssicherungskonzept 40
      3.2.4 Das Drei-Komponenten-System des Neuen Kommunalen Finanzmanagements 42
      3.2.5 Produktorientierung im NKF 44
      3.2.6 Das Handelsrecht als Referenzmodell der kommunalen Rechnungslegung 48
         3.2.6.1 Bilanzierung und Bewertung nach HGB und im NKF 48
         3.2.6.2 Kritik an der HGB-Orientierung 58
      3.2.7 Kommunale Konzernrechnungslegung 62
         3.2.7.1 Hintergrund 62
         3.2.7.2 Der Gesamtabschluss 64
         3.2.7.3 Konsolidierungskreis 67
         3.2.7.4 Konsolidierung zum Gesamtabschluss 70
   3.3 Sicherung durch staatliche Aufsicht 78
      3.3.1 Ziele der (Finanz-) Aufsicht 78
      3.3.2 Präventive Aufsicht 80
         3.3.2.1 Unterrichtungsrecht und Anzeigepflicht 80

	3.3.2.2 Genehmigungsvorbehalt	81
3.3.3	Repressive Aufsicht	83
	3.3.3.1 Anwendungsgrundsätze	83
	3.3.3.2 Beanstandung, Aufhebung, Anordnung und Ersatzvornahme	84
	3.3.3.3 Beauftragtenbestellung	84
	3.3.3.4 Sonderfall: Einsatz externer Berater	88
3.4	Schlussfolgerungen zum geltenden Sicherungssystem	89

4 Finanzielle Lage der Kommunen: Status quo und Implikationen 91

- 4.1 Überblick in Zahlen 91
- 4.2 Mögliche Folgen der aktuellen Finanzsituation 100
- 4.3 Grundsätzliche Überlegungen zum Ursachengeflecht 103
- 4.4 Identifizierung institutioneller Defizite im Sicherungssystem 105
  - 4.4.1 Risikolosigkeit der Kreditfinanzierung 105
  - 4.4.2 Haushaltsrechtliche Regelungen zur Kreditbegrenzung 108
  - 4.4.3 Aufsichtsrechtliche Aspekte 110
    - 4.4.3.1 Grundsätzliche Überlegungen 110
    - 4.4.3.2 Mängel im aufsichtsrechtlichen Ordnungsrahmen 110
    - 4.4.3.3 Mängel in der praktischen Ausübung 112
  - 4.4.4 Wirksamkeit des Haushaltssicherungskonzepts 115
  - 4.4.5 Vorläufige Haushaltsführung als Konsolidierungsinstrument 116
  - 4.4.6 Vollständigkeit der Aufgabenkonnexität 117
  - 4.4.7 Belastungen durch Sozialaufwendungen 120
  - 4.4.8 Schlussfolgerung 121
- 4.5 Diskussion einer Verantwortungsübernahme durch den Staat 122
  - 4.5.1 Einstandspflichten des Landes 122
  - 4.5.2 Freiwillige staatliche Hilfsprogramme 126
- 4.6 Notwendigkeit von Stabilisierungssystemen 128

5 Stabilisierungssystem I: Entwicklung eines Vorschlags für eine kommunale Insolvenzverfahrensfähigkeit 131

- 5.1 Forderungen nach einer Insolvenzverfahrensfähigkeit der Gemeinden aus Forschung und Praxis 131
- 5.2 Kreditmarktdisziplinierung durch Basel III 134
- 5.3 Das Insolvenzverfahren nach der InsO im Überblick 137
  - 5.3.1 Ziele 137
  - 5.3.2 Insolvenzeröffnung 138
  - 5.3.3 Insolvenzverwaltung 142
  - 5.3.4 Insolvenzmasse 144
  - 5.3.5 Gläubigerstellung 146

		5.3.6	Verfahrensaufhebung	148

	5.3.6	Verfahrensaufhebung	148
	5.3.7	Besonderheiten der Verbraucherinsolvenz	149
	5.3.8	Restschuldbefreiung	150
	5.3.9	Insolvenzplanverfahren	151

5.4 Das Chapter 9-Verfahren des US Bankruptcy Code als möglicher Bezugspunkt 157
    5.4.1 Grundlegendes und Zielsetzungen 157
    5.4.2 Spezifische Verfahrenseigenschaften 160
        5.4.2.1 Insolvenzantrag 160
        5.4.2.2 Automatic stay 161
        5.4.2.3 Insolvenzmasse 162
        5.4.2.4 Insolvenzplan 163
    5.4.3 Auswirkungen 165
    5.4.4 Würdigung des Chapter 9-Verfahrens als Bezugspunkt eines deutschen Kommunalinsolvenzverfahrens 168

5.5 Vorschlag für ein kommunales Insolvenzverfahren 173
    5.5.1 Vorbemerkungen 173
    5.5.2 Verfahrensalternativen 173
    5.5.3 Eröffnungsgründe 175
        5.5.3.1 Vorbemerkungen 175
        5.5.3.2 Zahlungsunfähigkeit 175
        5.5.3.3 Drohende Zahlungsunfähigkeit 177
        5.5.3.4 Überschuldung 178
        5.5.3.5 Mögliche Eröffnungsgründe außerhalb der Insolvenzordnung 179
    5.5.4 Insolvenzmasse 181
        5.5.4.1 Problemstellung 181
        5.5.4.2 Würdigung von Lösungsvorschlägen aus dem Schrifttum 181
        5.5.4.3 Entwicklung eines neuen Vorschlags für eine Definition der Insolvenzmasse 188
        5.5.4.4 Überlegungen zur differenzierten Vermögensbewertung 196
        5.5.4.5 Folgen für den Tatbestand der Überschuldung als Eröffnungsgrund 201
    5.5.5 Insolvenzverwaltung 203
    5.5.6 Insolvenzplan 204
        5.5.6.1 Grundsätzliches 204
        5.5.6.2 Planinitiativrecht 205
        5.5.6.3 Planannahme 205
        5.5.6.4 Verbindlichkeitenerlass und Schlechterstellungsverbot 206

	5.5.7	Antragsrecht	212
	5.5.8	Verfahrensstillstand	213
	5.5.9	Besondere Gläubigerstellungen	213
	5.5.10	Erfüllungswahlrecht	214
	5.5.11	Weitere Elemente eines kommunalen Insolvenzverfahrens	215
	5.5.12	Zusammenfassende Darstellung des Systemvorschlags	217
5.6	Auswirkungen einer kommunalen Insolvenzverfahrensfähigkeit		219
	5.6.1	Finanzwirtschaftliche Sanierung und Schuldenbereinigung	219
	5.6.2	Kreditregulierung durch den Kapitalmarkt und weitere Leistungsanpassungen durch Dritte	221
	5.6.3	Leistungswirtschaftliche Sanierung und Reorganisation	227
	5.6.4	Schaffung von Wirtschaftlichkeitsanreizen	228
5.7	Würdigung des entwickelten Systems einer kommunalen Insolvenzverfahrensfähigkeit		230
	5.7.1	Eingeschränkte ex post-Effizienz und generelle ex ante-Effizienz des Systems	230
	5.7.2	Betonung des Subsidiaritätsprinzips	233
	5.7.3	Stärkung der Gläubigerposition	234
	5.7.4	Stärkung der Eigenverantwortung und Finanzansprüche der Gemeinde	235
	5.7.5	Verteuerung der Fremdfinanzierung und weitere Zusatzbelastungen	237

6 Stabilisierungssystem II: Entwicklung eines Vorschlags für eine regulative Stabilisierung   241

6.1	Vorüberlegungen		241
6.2	Würdigung ausgewählter Systementwicklungen aus Forschung und Praxis		242
	6.2.1	Kommunalschuldenbremse nach Bundes- und Ländervorbild	242
	6.2.2	Generationenbeiträge	244
	6.2.3	Der Stärkungspakt Stadtfinanzen	249
		6.2.3.1 Grundlegende Struktur	249
		6.2.3.2 Kritik am Stärkungspakt Stadtfinanzen	253
	6.2.4	Übergreifende Würdigung der Entwicklungen	257
6.3	Vorschlag für eine regulative Stabilisierung		257
	6.3.1	Leitgedanke: Legalitäts- statt Opportunitätsprinzip in der Aufsicht	257
	6.3.2	Klassenstruktur	259
	6.3.3	Bezugsgröße(n) der Klassenschwellen	261
		6.3.3.1 Grundsätzliche Überlegungen	261

		6.3.3.2	Das doppische Jahresergebnis als zentrale Bezugsgröße 261

- 6.3.3.2 Das doppische Jahresergebnis als zentrale Bezugsgröße ... 261
- 6.3.3.3 Würdigung des Eigenkapitals und des Überschuldungstatbestands ... 263
- 6.3.3.4 Schlussfolgerungen ... 272
- 6.3.4 Klasse A: Geordnete Haushaltswirtschaft ... 279
- 6.3.5 Klasse B: Ungleichmäßige Haushaltswirtschaft ... 280
- 6.3.6 Klasse C: Eigenkapital verzehrende Haushaltswirtschaft ... 283
  - 6.3.6.1 Klassenschwelle ... 283
  - 6.3.6.2 Pflicht zur Aufstellung eines Kapitalsicherungsplans 284
  - 6.3.6.3 Genehmigungserfordernis und Sanktionsmechanismus ... 286
  - 6.3.6.4 Rechtliche Zulässigkeit einer automatisierten Beauftragtenbestellung ... 288
  - 6.3.6.5 Beauftragtenkompetenzen und Einsatzdauer ... 289
  - 6.3.6.6 Individuelle Finanzhilfen ... 290
  - 6.3.6.7 Berücksichtigung von landesseitigen Fehlanreizen . 294
  - 6.3.6.8 Beratungsmandat ... 296
  - 6.3.6.9 Schlussfolgerungen ... 296
- 6.3.7 Klasse Ü: Übergangsklasse bei Erstanwendung ... 301
- 6.3.8 Überlegungen zur Erweiterung der Bezugsgröße ... 303
  - 6.3.8.1 Defizite des Kernverwaltungs-Jahresergebnisses als Bezugsgröße ... 303
  - 6.3.8.2 Erweiterung durch Konzernbetrachtung ... 305
  - 6.3.8.3 Entstehung und Zusammensetzung des Gesamtergebnisses ... 306
  - 6.3.8.4 Eigenkapitalveränderungen auf Konzernebene ... 308
  - 6.3.8.5 Verpflichtung zum Haushaltsausgleich auf Konzernebene ... 310
  - 6.3.8.6 Anpassung der Aufstellungspflichten ... 311
  - 6.3.8.7 Notwendigkeit einer Gesamtergebnisplanung ... 312
  - 6.3.8.8 Modifikation der Klassen ... 316
  - 6.3.8.9 Konzernplanung auf Segmentbasis ... 319
- 6.3.9 Zusammenfassende Darstellung des Systemvorschlags ... 324
- 6.4 Gesamtwürdigung des regulativen Stabilisierungssystems ... 328

7 Vergleich der Stabilisierungssysteme 333
- 7.1 Kriterienkatalog ... 333
- 7.2 Vergleichende Würdigung ... 335
  - 7.2.1 Ex post-Effizienz ... 335
  - 7.2.2 Ex ante-Effizienz ... 336

	7.2.3 Umstellungsaufwand	337
	7.2.4 EPSAS-Kompatibilität	338
	7.2.5 Berücksichtigung der Aufgabenauslagerung	343
	7.2.6 Einbeziehung des Landes	343
	7.2.7 Eingriffe in die Selbstverwaltungsgarantie	344
	7.2.8 Akzeptanz im legislatorischen Entscheidungsfindungsprozess	345
7.3	Gesamtergebnis	346

8 Fazit   **349**
     8.1 Untersuchungsablauf und zentrale Ergebnisse 349
     8.2 Bedeutung der Ergebnisse für Forschung und Praxis 353
     8.3 Ausblick 354

Literaturverzeichnis   **357**

Rechtsquellenverzeichnis   **391**

Rechtsprechungsverzeichnis   **399**

Verzeichnis der sonstigen Quellen   **401**

Abkürzungsverzeichnis

ABl.	Amtsblatt
AG-KJHG	Erstes Gesetz zur Ausführung des Kinder- und Jugendhilfegesetzes
AktG	Aktiengesetz
AO	Abgabenordnung
AöR	Anstalt des öffentlichen Rechts
AT	Amtlicher Teil
Az.	Aktenzeichen
BAG-JH	Belastungsausgleichsgesetz Jugendhilfe
BAnz.	Bundesanzeiger
BauGB	Baugesetzbuch
BB	Betriebs-Berater (Zeitschrift)
BeckRS	Beck online Rechtsprechung
BetrAVG	Betriebsrentengesetz
BFuP	Betriebswirtschaftliche Forschung und Praxis (Zeitschrift)
BGB	Bürgerliches Gesetzbuch
BGBl.	Bundesgesetzblatt
BGH	Bundesgerichtshof
BilMoG	Bilanzrechtsmodernisierungsgesetz
BiRiLiG	Bilanzrichtlinien-Gesetz
BVerfG	Bundesverfassungsgericht
BVerwG	Bundesverwaltungsgericht
DGO	Deutsche Gemeindeordnung
dms	der moderne staat (Zeitschrift)
DÖV	Die Öffentliche Verwaltung (Zeitschrift)
DRS	Deutscher Rechnungslegungs Standard
DVBl	Deutsches Verwaltungsblatt (Zeitschrift)
EigVO NRW	Eigenbetriebsverordnung NRW
EPSAS	European Public Sector Accounting Standards
ESUG	Gesetz zur weiteren Erleichterung der Sanierung von Unternehmen
EUV	Vertrag über die Europäische Union
FAG	Finanzausgleichsgesetz
FamFG	Familienverfahrensgesetz
FlüAG	Flüchtlingsaufnahmegesetz
gem.	gemäß
GemFinRefG	Gemeindefinanzreformgesetz

GemHVO NRW	Gemeindehaushaltsverordnung NRW
GewStG	Gewerbesteuergesetz
GFG	Gemeindefinanzierungsgesetz
GG	Grundgesetz
GmbHG	GmbH-Gesetz
GO NRW	Gemeindeordnung NRW
GoB	Grundsätze ordnungsmäßiger Buchführung
GoF	Geschäfts- oder Firmenwert
GPA	Gemeindeprüfungsanstalt
GrStG	Grundsteuergesetz
GVBl.	Gesetz- und Verordnungsblatt
HGB	Handelsgesetzbuch
HGO	Hessische Gemeindeordnung
HSK	Haushaltssicherungskonzept
HSP	Haushaltssanierungsplan
i. H. v.	in Höhe von
i. V. m.	in Verbindung mit
IAS	International Accounting Standard
IDW	Institut der Wirtschaftsprüfer in Deutschland
IFRS	International Financial Reporting Standard
InsO	Insolvenzordnung
IPSAS	International Public Sector Accounting Standards
Jg.	Jahrgang
JZ	JuristenZeitung (Zeitschrift)
KAG	Kommunalabgabengesetz
KomHVO NRW	Kommunalhaushaltsverordnung NRW
KommJur	Kommunaljurist (Zeitschrift)
KomGesAbschlG	Gesetz zur Beschleunigung der Aufstellung kommunaler Gesamtabschlüsse
KonnexAG	Konnexitätsausführungsgesetz
KritV	Kritische Vierteljahresschrift für Gesetzgebung und Rechtswissenschaft (Zeitschrift)
KrO NRW	Kreisordnung NRW
KSP	Kapitalsicherungsplan
KWG	Kreditwesengesetz
LKRZ	Zeitschrift für Landes und Kommunalrecht Hessen, Rheinland-Pfalz, Saarland (Zeitschrift)
LKV	Landes- und Kommunalverwaltung (Zeitschrift)
LOG NRW	Landesorganisationsgesetz NRW
LV NRW	Verfassung für das Land NRW
LVerbO	Landschaftsverbandsordnung

MBl.	Ministerialblatt
NJW	Neue Juristische Wochenschrift (Zeitschrift)
NKF	Neues Kommunales Finanzmanagement
NKFEG NRW	NKF-Einführungsgesetz NRW
NKFG NRW	Kommunales Finanzmanagementgesetz NRW
NKFWG NRW	NKF-Weiterentwicklungsgesetz NRW
NKomVG	Niedersächsisches Kommunalverfassungsgesetz
NordÖR	Zeitschrift für Öffentliches Recht in Norddeutschland (Zeitschrift)
NVwZ	Neue Zeitschrift für Verwaltungsrecht (Zeitschrift)
NVwZ-RR	Neue Zeitschrift für Verwaltungsrecht Rechtsprechungs-Report (Zeitschrift)
NWVBl.	Nordrhein-Westfälische Verwaltungsblätter (Zeitschrift)
NZG	Neue Zeitschrift für Gesellschaftsrecht (Zeitschrift)
NZI	Neue Zeitschrift für Insolvenz- und Sanierungsrecht (Zeitschrift)
OVG	Oberverwaltungsgericht
PSVaG	Pensionssicherungsverein auf Gegenseitigkeit
RGBl.	Reichsgesetzblatt
Rn.	Randnummer
S.	Satz / Seite
SGB XII	Sozialgesetzbuch Zwölftes Buch
SolvV	Solvabilitätsverordnung
SpkG	Sparkassengesetz
StabG	Gesetz zur Förderung der Stabilität und des Wachstums der Wirtschaft
StpG	Stärkungspaktgesetz
USBC	United States Bankruptcy Code
VerfGH	Verfassungsgerichtshof
VG	Verwaltungsgericht
VM	Verwaltung & Management (Zeitschrift)
VVMGOGemHVO	Verwaltungsvorschriften für die Muster für das doppische Rechnungswesen und zu Bestimmungen der Gemeindeordnung und der Gemeindehaushaltsverordnung
VwVfG	Verwaltungsverfahrensgesetz
WiSt	Wirtschaftswissenschaftliches Studium (Zeitschrift)
WISU	Das Wirtschaftsstudium (Zeitschrift)
WISTA	Wirtschaft und Statistik (Zeitschrift)
WPg	Die Wirtschaftsprüfung (Zeitschrift)
ZfB	Zeitschrift für Betriebswirtschaft (Zeitschrift)

ZfbF	Schmalenbachs Zeitschrift für betriebswirtschaftliche Forschung (Zeitschrift)
ZInsO	Zeitschrift für das gesamte Insolvenz- und Sanierungsrecht (Zeitschrift)
ZJS	Zeitschrift für das Juristische Studium (Zeitschrift)
ZKF	Zeitschrift für Kommunalfinanzen (zeitschrift)
ZögU	Zeitschrift für öffentliche und gemeinwirtschaftliche Unternehmen (Zeitschrift)
ZPO	Zivilprozessordnung
ZPOEG	Gesetz, betreffend die Einführung der Zivilprozeßordnung

Abbildungsverzeichnis

1.1	Untersuchungsaufbau	6
2.1	Konzern Kommune	18
2.2	Übersicht der Deckungsmittel	20
3.1	Der Haushaltskreislauf und die rollende Planung	28
3.2	Zusammenspiel der Haushaltsgrundsätze	39
3.3	Drei-Komponenten-System	43
3.4	Produktbereiche im NKF	46
3.5	Schritte zur Gesamtabschlusserstellung	72
4.1	Entwicklung des Finanzierungssaldos der Gemeinden und Gemeindeverbände	92
4.2	Länderbezogene Finanzierungssalden der Gemeinden und Gemeindeverbände zum 31.12.2016	93
4.3	Länderbezogene Gesamtschulden der Gemeinden und Gemeindeverbände zum 31.12.2016	94
4.4	Bundesweite Entwicklung und Struktur der kommunalen Schulden	95
4.5	Bundesweite Entwicklung der kommunalen Kassenkredite zwischen 1965 und 2010	95
4.6	Haushaltsstatus der NRW-Kommunen zum 31.12.2016	99
4.7	NRW-Kommunen in der Haushaltssicherung	100
5.1	Ablauf des Insolvenzplanverfahrens	155
5.2	Bilanz mit getrenntem Vermögensausweis	190
5.3	Vorgehensweise bei der Vermögenseinteilung	193
6.1	Generationenbeitrag	245
6.2	Schrittweiser Defizitabbau	247
6.3	Liquiditätskredite pro Einwohner mit / ohne Stärkungspaktmittel	256
6.4	Ungleichbehandlung des § 75 Abs. 7 GO NRW	267
6.5	Beispielhafte Ursprungskapitalbestimmung bei bilanzieller Überschuldung	275
6.6	Beispielhafte Bestimmung des Kapitaldefizits	276
6.7	Beispielhafte Berechnung der KSP-Fristen	285
6.8	Klasse C-Verlauf	297
6.9	Eigenkapital im Gesamtabschluss	308
6.10	Zeitlicher Ablauf einer Gesamtergebnisplanung	315

Tabellenverzeichnis

3.1	Kodifizierung der GoB	53
4.1	NRW-Gemeinden und Gemeindeverbände mit den höchsten Pro-Kopf-Kassenkrediten zum 31.12.2016	97
5.1	Insolvenzverfahren für Private und Kommunen	218
6.1	Klassenübersicht	279
6.2	Die Klassen des regulativen Stabilisierungssystems	328
7.1	Systemvergleich	348

1 Kommunale Verschuldung und die Fähigkeit zur Aufgabenerfüllung

1.1 Problemstellung

„Gesunde staatliche Finanzen [sind] die erste Voraussetzung für eine geordnete Entwicklung des ganzen sozialen und politischen Lebens"[1]. Vor dem Hintergrund der jüngsten Staatsschuldenkrise und der nur durch internationale Hilfsleistungen und Schuldenerlasse aufrecht erhaltenen finanziellen Handlungsfähigkeit des griechischen Staates[2] gewinnt diese 1962 getätigte Aussage erneut an Bedeutung. Ist der Staat aufgrund mangelnder finanzieller Mittel nicht mehr in der Lage, seinen Aufgaben nachzukommen, drohen diverse, heutzutage als selbstverständlich empfundene öffentliche Leistungen wegzubrechen - von der Sozialhilfe über die Straßeninstandhaltung bis hin zur Müllbeseitigung.

Wenngleich ein Blick auf die öffentlichen Haushalte in Deutschland seit einigen Jahren ein weitestgehend konstantes Schuldenniveau zeigt,[3] offenbart eine genauere Betrachtung der Gemeindefinanzen eine besondere Entwicklung, die regelmäßig Gegenstand öffentlicher Diskussionen ist:[4] In den letzten Jahren hat sich das Volumen der sog. Liquiditäts- bzw. Kassenkredite sowie ihr Anteil an den Gesamtschulden der Kommunen deutlich vergrößert.[5] Aus rechtlicher Sicht dürfen diese Kredite lediglich zur kurzfristigen Überbrückung von Liquiditätsengpässen aufge-

---

[1] BVerfG vom 14.11.1962, NJW 1963, 32 (33).
[2] Vgl. EUROPEAN STABILITY MECHANISM (2018), S. 27. Zum Verlauf der Staatsschuldenkrise vgl. ausführlich PILZ (2018), S. 7-24, READ und SCHÄFER (2017).
[3] Zwischen dem 31.12.2010 und 31.12.2016 ist die gesamte Pro-Kopf-Verschuldung beim nichtöffentlichen Bereich von 24.607 EUR auf 24.407 EUR gesunken, vgl. STATISTISCHES BUNDESAMT (2017a), S. 14. Bei der Verschuldung in Relation zum Brutto-Inlands-Produkt ergab sich in diesem Zeitraum eine Senkung von 80,9 % auf 68,1 %, vgl. http://ec.europa.eu/eurostat/tgm/table.do?tab=table&init=1&language=de&pcode=sdg_17_40&plugin=1[letzter Abruf: 11.03.2019].
[4] Vgl. jüngst beispielsweise SPIEGEL ONLINE vom 19.01.2019: http://www.spiegel.de/wirtschaft/soziales/kommunen-haben-immer-mehr-schulden-pirmasens-ist-spitzenreiter-a-1248741.html [letzter Abruf: 11.03.2019], FOCUS vom 25.05.2018: https://www.focus.de/regional/rheinland-pfalz/lahnstein-cuxhavener-apell-zur-bildung-eines-altschuldenfonds-drittelung-bei-uebernahme-der-kommunalschulden_id_8986177.html [letzter Abruf: 11.03.2019].
[5] In den zehn Jahren zwischen 2005 und 2015 ist die Gesamtverschuldung der kommunalen Kernhaushalte, also ohne Einbeziehung von ausgelagerten öffentlichen Betrieben, um knapp 20 Mrd. EUR auf 132 Mrd. EUR gestiegen, wobei sich diese Mehrung statistisch gesehen ausschließlich aus zusätzlichen Kassenkrediten ergeben hat. Ihr Anteil an den kommunalen Schulden ist dadurch von 21 % auf 37 % gewachsen, vgl. BOETTCHER, FREIER u. a. (2017a), S. 6, 10.

nommen werden[6] und bilden ihrem Wesen nach damit eigentlich die Ausnahme - sie sollen beispielsweise die Zahlungen an Sozialhilfeempfänger sicherstellen, auch wenn der örtliche Großgewerbetreibende mit seiner Gewerbesteuerzahlung in Verzug gerät. Insbesondere in den westlichen Bundesländern ist das Volumen dieser Überbrückungskredite jedoch in den letzten Jahren so stark angestiegen, dass die Frage gestellt werden muss, inwieweit der laufende Verwaltungsbetrieb mittlerweile nur noch durch immer neue Liquiditätskredite aufrecht erhalten wird.[7] Die damit verbundenen Risiken werden schnell deutlich: Verweigern die Fremdkapitalgeber aufgrund des Ausmaßes der Verschuldung irgendwann die weitere Kreditvergabe, würde ein nicht unerheblicher Teil der öffentlichen Leistungen nicht mehr aufrecht erhalten werden können. Folglich gefährdet die beschriebene Ausgangslage die Fähigkeit zur stetigen Aufgabenerfüllung der Gemeinden, die der Gesetzgeber eigentlich durch vielfältige rechtliche Vorgaben zur kommunalen Finanzwirtschaft sicherstellen will.[8] Die eingangs zitierte geordnete Entwicklung des sozialen und politischen Lebens ist dadurch bedroht.

Sowohl die Forschung als auch Entscheidungsträger aus Politik und Verwaltung fordern daher regelmäßig eine Lösung des Schuldenproblems, um die stetige Aufgabenerfüllung der Kommunen (wieder) sicherzustellen.[9] Der Gesetzgeber hat in der Vergangenheit mit vereinzelten Hilfsprogrammen reagiert, die besonders stark gefährdeten Gemeinden Sonderzahlungen zukommen lassen[10] oder in Teilen eine Übernahme der Schulden durch das Land vorsehen.[11] Gleichzeitig sollen die Gemeinden durch Kostenübernahmen durch die übergeordneten Staatsebenen entlastet werden.[12] Wirkungsuntersuchungen lassen jedoch Zweifel aufkommen, ob diese Maßnahmen ausreichen, um die Verschuldung zurückzuführen und die oben beschriebenen Risiken zu reduzieren.[13] Die Forderungen nach alternativen Lösungswegen, die sich zum Teil auch sehr stark von der etablierten Grundstruktur der

---

[6] Vgl. § 89 Abs. 2 GO NRW.
[7] Vgl. BOETTCHER, FREIER u. a. (2017a), S. 5, 10.
[8] Vgl. insbesondere § 75 GO NRW.
[9] Vgl. stellvertretend STÄDTETAG NORDRHEIN-WESTFALEN vom 06.06.2018: http://www.stae dtetag-nrw.de/presse/mitteilungen/085487/ [letzter Abruf: 11.03.2019]. Auf die vielfältigen Forderungen aus der Forschung wird im weiteren Verlauf der Untersuchung näher eingegangen.
[10] Dies ist beispielsweise im Stärkungspakt Stadtfinanzen in Nordrhein-Westfalen der Fall, vgl. Kapitel 6.2.3.1.
[11] Stellvertretend ist hier das hessische Landesprogramm Kommunaler Schutzschirm zu nennen, vgl. HESSISCHES MINISTERIUM DER FINANZEN (2014), S. 10 f.
[12] Vgl. insbesondere das Gesetz zur Beteiligung des Bundes an den Kosten der Integration und zur weiteren Entlastung von Ländern und Kommunen vom 01.12.2016.
[13] Vgl. stellvertretend BUSCH (2017), S. 137, ORTH und TIMM-ARNOLD (2018), S. 39.

kommunalen Finanzwirtschaft unterscheiden sollen,[14] werden daher nicht geringer.

1.2 Forschungsfrage

Eine Kommune kann genau wie eine Unternehmung als System charakterisiert werden.[15] Es handelt sich dabei in beiden Fällen um ein offenes System, das von seiner Umwelt beeinflusst wird und diese selbst beeinflusst,[16] z. B. indem Mitarbeiter (als Systemelemente) auf dem Arbeitsmarkt gewonnen oder - wie zuvor aufgezeigt - Kredite bei Banken aufgenommen werden, um im betrieblichen Transformationsprozess (kommunale) Leistungen zu erstellen, die an die Empfänger (z. B. Bürger) abgegeben werden. Das System selbst sowie dessen Systemelemente und deren Beziehungen zueinander stehen jedoch nicht im unmittelbaren Fokus der vorliegenden Untersuchung. Die im vorhergehenden Abschnitt thematisierten Forderungen nach Wegen zur Lösung des Schuldenproblems aufgreifend, bezieht sich die Arbeit stattdessen schwerpunktmäßig auf die Umwelt, insbesondere die ökonomische und politische, die auf das System einwirkt und ihm in Teilen vorgibt, wie es seine Ziele zu verfolgen hat.[17] Unter die ökonomische Umwelt kann beispielsweise der Kreditmarkt und dessen (systematische) Funktionsweise gefasst werden, während die politische Umwelt u. a. über die Rechtsordnung die Rahmenbedingungen für das wirtschaftliche Handeln der Kommune bestimmt.[18] Die Umwelt selbst kann dabei ebenfalls als System mit einzelnen Subsystemen aufgefasst werden (BAUMANN spricht vom sog. wirtschaftlichen bzw. politischen „Umsystem"[19]), welches im Fokus der Untersuchung steht.

Ziel der Arbeit ist es folglich, die für den Untersuchungsgegenstand der *kommunalen Finanzen* relevanten Subsysteme des wirtschaftlichen und politischen Umsystems

1. zu identifizieren und in ihrer Einwirkung auf die Kommunen zu analysieren und

2. mögliche Defizite dieser Systeme in Bezug auf das Ziel der Sicherung der stetigen Aufgabenerfüllung festzustellen, um so

---

[14] Beispielhaft zu nennen ist hier die Kleine Anfrage des Landtagsabgeordneten Andre Kuper bezüglich der Ausweitung der Insolvenzordnung auf Gemeinden, vgl. LANDTAG NRW DRUCKSACHE 16/3646 vom 19.07.2013.
[15] Vgl. zur Charakterisierung der Unternehmung als (offenes) System z. B. HAHN (1996), S. 8-10, ausführlich ULRICH (1970), S. 153-165. Vgl. bezogen auf die Kommune RAU (2007), S. 44 f.
[16] Vgl. BAETGE (1974), S. 37, RAU (2007), S. 44.
[17] Vgl. HAHN (1996), S. 18 f., ULRICH (1970), S. 166, 174 f.
[18] Vgl. BAUMANN (1978), S. 34 f., 38-40.
[19] BAUMANN (1978), S. 34, ähnlich HAHN (1996), S. 6 f.

3. neue Systeme zu entwickeln, durch die die Kommunalfinanzen *stabilisiert* werden können, d. h., durch die die Sicherung einer stetigen Aufgabenerfüllung wiederhergestellt werden kann.

Dabei ist das System Kommune und dessen Funktionsweise natürlich unbedingt zu berücksichtigen. Genau dieses System soll schließlich in eine bestimmte Richtung - das Bremsen der weiteren Verschuldung und der Gefährdung der eigenen Fähigkeit zur Aufgabenerfüllung - beeinflusst werden, sodass dessen Reaktion auf die zu entwickelnden Stabilisierungssysteme zu antizipieren ist. Hierbei ist insbesondere zu beachten, dass es sich bei der Kommune genau wie bei der Unternehmung um ein dynamisches System handelt:[20] Die Systemelemente und ihre Beziehungen zueinander sind nicht statisch, sondern verändern sich im Zeitablauf.[21] Bei der Entwicklung von Stabilisierungssystemen ist also beispielsweise zu berücksichtigen, dass die kommunalen Entscheidungsträger bei der Auswahl ihrer Handlungsalternativen wissen, dass sie lediglich für einen befristeten Zeitraum in ihr Amt gewählt werden.

1.3 Aufbau der Untersuchung

Basierend auf der Konzeption wirtschaftswissenschaftlicher Forschung nach CHMIELEWICZ[22] lässt sich die vorliegende Arbeit aus wissenschaftstheoretischer Sicht in drei Stufen unterteilen:[23]

1. Auf der ersten Stufe werden die zentralen, für den weiteren Untersuchungsverlauf notwendigen Begriffe und Definitionen präzisiert.[24] Dies erfolgt im Wesentlichen in den Kapiteln 2 und 3. Hier soll zuerst das System Kommune in Hinblick auf die kommunale Aufgabenerfüllung und deren Rahmenbedingungen definiert werden. Darauf aufbauend ist anschließend darzustellen, welche Mechanismen derzeit existieren, durch die eine stetige Aufgabenerfüllung gesichert werden soll. Die auf der ersten Stufe gewonnenen Aussagen sind folglich deskriptiver Natur.[25]

2. Auf der nächsten Stufe werden Ursache-Wirkungs-Zusammenhänge identifiziert, um daraus theoretische, d. h. erklärende Aussagen[26] zu gewinnen.[27]

---

[20] Vgl. RAU (2007), S. 45.
[21] Vgl. ULRICH (1970), S. 158-161, BAUMANN (1978), S. 27.
[22] Vgl. CHMIELEWICZ (1994), S. 8 f.
[23] Vgl. Abbildung 1.1.
[24] CHMIELEWICZ (1994), S. 9 f., bezeichnet diese Stufe als Begriffslehre.
[25] Vgl. KISTNER und STEVEN (2002), S. 41.
[26] Vgl. KISTNER und STEVEN (2002), S. 41. Theoretische Aussagen werden häufig auch als positive Aussagen bezeichnet, vgl. beispielsweise MANKIW und TAYLOR (2016), S. 31 f.
[27] Diese Stufe wird auch als Wissenschaftstheorie bezeichnet, vgl. CHMIELEWICZ (1994), S. 11.

1.3 Aufbau der Untersuchung

Dies ist vorwiegend Ziel des vierten Kapitels, in dem die finanzielle Entwicklung der Gemeinden genauer betrachtet und Ursachen für diese Entwicklung identifiziert werden. Hier wird also einerseits überprüft, ob der finanzielle Status quo tatsächlich als so risikobehaftet in Bezug auf eine stetige Aufgabenerfüllung, wie eingangs beschrieben, gekennzeichnet werden muss. Ist dies der Fall, sollen andererseits mögliche Defizite im geltenden Sicherungssystem identifiziert werden, die eine solche Entwicklung zugelassen haben. Letzteres geschieht primär durch das Zusammentragen, Verknüpfen und Ausdeuten der Ergebnisse anderer Forschungsarbeiten.

3. Basierend auf den gewonnen Erkenntnissen stehen im Fokus der dritten und letzten Stufe ein angestrebter Soll-Zustand und die Frage, was zur Erreichung dieses Zustands notwendig ist.[28] Hier werden also die erklärenden Ursache-Wirkungszusammenhänge (Kapitel 4) in ein gestaltendes Ziel-Mittel-System überführt.[29] Dies ist primär Gegenstand der Kapitel 5 bis 7. Wissend um die Ursachen der finanziellen Entwicklung der Gemeinden, werden hier neue Systeme entworfen und miteinander verglichen (die Mittel), durch welche eine Stabilisierung der Kommunalfinanzen erreicht werden soll (das Ziel). Am Ende dieses Prozesses stehen folglich normative Aussagen, also Handlungsempfehlungen zur Erreichung dieses Ziels.[30]

Die erste Stufe (Kapitel 2 und 3) kann aufgrund ihrer rein deskriptiven Ausrichtung als Grundlagendarstellung bezeichnet werden, während die Stufen 2 (Kapitel 4) und 3 (Kapitel 5 bis 7) die Hauptuntersuchung bilden.

---

[28] CHMIELEWICZ unterteilt diese Stufe in die Bereiche Wissenschaftstechnologie und Philosophie. Erstgenannter Bereich bezieht sich auf die Gewinnung von Aussagen darüber, wie ein Soll-Zustand erreicht werden kann; letzterer besteht indes darin, einen konkreten, anzustrebenden Soll-Zustand auszuwählen. Vgl. hierzu CHMIELEWICZ (1994), S. 7-15.
[29] Vgl. FÜLBIER (2004), S. 267. Vgl. zur Ziel-Mittel-Beziehung GUTENBERG (1967), S. 29 f.
[30] Vgl. KISTNER und STEVEN (2002), S. 43 f.

1 Kommunale Verschuldung und die Fähigkeit zur Aufgabenerfüllung

Abbildung 1.1: Untersuchungsaufbau

Da die Gewinnung von Handlungsempfehlungen das übergeordnete Untersuchungsziel bildet, wird in der vorliegenden Arbeit ein normativer Forschungsansatz verfolgt.[31] Dadurch müssen zwangsläufig Werturteile in Form des zu erreichenden Soll-Zustands gefällt werden.[32] Dies geht in Einklang mit dem überwiegenden Verständnis der Wirtschaftswissenschaft als anwendungsoriertierte Wissenschaft, die auf „den Entwurf einer neuen, einer ‚besseren' Wirklichkeit"[33] und damit auf die Lösung von aus der Praxis aufgeworfenen Problemen abzielt.[34] Da in der vorliegenden Arbeit neue Theorien ausgehend von der Verknüpfung und Deutung bestehender Forschungsergebnisse entwickelt werden, lässt sich die Untersuchung zudem als theoretisch-konzeptionelle Arbeit kategorisieren.[35]

---

[31] Vgl. FÜLBIER (2004), S. 268. Rein positive Forschungsansätze gehen aufgrund ihres ausschließlichen Ziels, zu beschreiben und zu erklären, demnach nicht über die zweite Stufe hinaus.
[32] Vgl. CHMIELEWICZ (1994), S. 14.
[33] THOMMEN u. a. (2017), S. 17.
[34] Vgl. FÜLBIER (2004), S. 267, KISTNER und STEVEN (2002), S. 44 f. Rein theoretische Wissenschaften zielen hingegen auf wertfreie Aussagen ab und überlassen die Bestimmung der zu erreichenden Soll-Zustände der Praxis, vgl. CHMIELEWICZ (1994), S. 15, THOMMEN u. a. (2017), S. 17. Zur Diskussion der Frage, inwieweit eine Wissenschaft Werturteile einbeziehen darf bzw. ob ein Verzicht auf solche überhaupt möglich ist, vgl. beispielsweise KROMPHARDT, CLEVER und KLIPPERT (1979), S. 91-111.
[35] Vgl. GOLDENSTEIN, HUNOLDT und WALGENBACH (2018), S. 85, 87.

1.4 Schwerpunktbetrachtung Nordrhein-Westfalen

Die Kommunallandschaft ist geprägt vom sog. Förderalismus, der jedem Gliedstaat im Bundesstaat eine begrenzte Eigenständigkeit zuspricht.[36] Dies führt dazu, dass sich die rechtlichen Rahmenbedingungen einer Gemeinde in NRW von denen eines anderen Landes, z. B. Bayern, unterscheiden können.[37] Aufgrund des verfassungsrechtlichen Ziels der Gewährleistung ähnlicher Lebensverhältnisse im gesamten Bundesgebiet[38] sind diese Abweichungen regelmäßig beschränkt, sodass sich die vorliegende Untersuchung grundsätzlich auf alle deutschen Gemeinden beziehen kann. Allerdings ermöglicht es eine Schwerpunktsetzung auf ein Land, die Analysen auf konkrete, für alle betrachteten Kommunen identische Rechtsgrundlagen zu stützen. Da der größte Teil der Gesamtverschuldung auf nordrhein-westfälische Kommunen entfällt[39] und das Phänomen der hohen Kassenkredite hier besonders präsent ist,[40] bietet sich ein Fokus auf NRW an. Durch den bereits erwähnten Gleichmäßigkeitsgrundsatz sind die rechtlichen Rahmenbedingungen der anderen Länder zumindest ähnlich ausgestaltet, sodass die in der vorliegenden Untersuchung gewonnenen Erkenntnisse dennoch - ggf. mit vereinzelten Anpassungen - auf die restliche Kommunallandschaft in Deutschland übertragen werden können.

---

[36] Vgl. Art. 20 Abs. 1, Art. 30 GG.
[37] Vgl. ENGELS und KRAUSNICK (2015), S. 54 f.
[38] Dieses Ziel kann aus dem Sozialstaatsgebot des Art. 20 Abs. 1 GG abgeleitet werden und äußert sich u. a. in einer entsprechenden Gesetzgebungskompetenz des Bundes nach Art. 72 Abs. 2 GG, vgl. HÄDE (2006), S. 565.
[39] Vgl. STATISTISCHE ÄMTER DES BUNDES UND DER LÄNDER (2018), S. 15 f.
[40] Vgl. STATISTISCHES BUNDESAMT (2017a), S. 108 f.

2 Funktionsweise des Systems Kommune

2.1 Ziele und Aufgaben der Gemeinden

Um die Beschaffenheit der kommunalen Finanzen analysieren und im späteren Verlauf der Untersuchung Systeme zur Stabilisierung dieser entwickeln zu können, bedarf es eines grundlegenden Einblicks in die Funktionsweise des Systems Kommune. Dabei ist zuerst zu betrachten, wie sich die Kommune Ziele und Aufgaben definiert[41] und welche Besonderheiten sich diesbezüglich aus der Einbettung in das Wirtschaftssubjekt *Staat* ergeben.[42]

Nach SMITH hat der Staat im Kern drei Aufgabenbereiche, für die ihm Ausgaben entstehen: die Landesverteidigung, das Betreiben des Justizwesens (insbesondere zum Schutz des Privateigentums) sowie die Bereitstellung öffentlicher Anlagen und Einrichtungen, insbesondere der Verkehrsverbindungen und des Bildungswesens.[43] Die Mikroökonomie sowie die öffentliche Betriebswirtschaftslehre greifen SMITHS Überlegungen auf und führen staatliche Aufgaben neben dem Schutz der Eigentumsrechte insbesondere auf ein Versagen des Marktes zurück, d. h., der Staat wird dort aktiv, wo der freie Markt nicht die gewünschten Ergebnisse erzeugen kann.[44] Dies ist z. B. der Fall, wenn die Anbieter die Nachfrager nicht über den Preis vom Konsum ausschließen können oder der Ausschluss unverhältnismäßig teuer ist (z. B. bei Straßen, Wegen und Plätzen oder der inneren und äußeren Sicherheit),[45] das Gut aus staatlicher Sicht nicht auf einem Markt gehandelt werden soll, weil dieser die Versorgungsaufgabe nicht zu akzeptablen Bedingungen leisten kann (z. B. bei der Ausweisausstellung)[46] oder das Gut zu einem Preis, den nach Gewinn strebende private Anbieter verlangen würden, aus staatlicher Sicht zu wenig nachgefragt wird (z. B. bei der Bildung).[47]

---

[41] Vgl. zur Fähigkeit der grundsätzlich selbstständigen Ziel- und Aufgabendefinition eines Systems ULRICH (1970), S. 114.
[42] Vgl. zur volkswirtschaftlichen Definition des Wirtschaftssubjekts Staat und dessen Elementen z. B. ENGELKAMP und SELL (2017), S. 199.
[43] Vgl. SMITH (1978), S. 587-695. Die von SMITH ebenfalls genannten Ausgaben für die Repräsentation des Staatsoberhaupts werden von ihm nur kurz thematisiert und sollen daher außer Acht gelassen werden.
[44] Vgl. stellvertretend FRITSCH (2014), S. 325, BREDE (2005), S. 13-15.
[45] Vgl. BARTLING und LUZIUS (2014), S. 133, MROSS (2015), S. 13.
[46] Vgl. BREDE (2005), S. 14.
[47] Vgl. MANKIW und TAYLOR (2016), S. 324 f., BARTLING und LUZIUS (2014), S. 133.

© Springer Fachmedien Wiesbaden GmbH, ein Teil von Springer Nature 2019
C. Fritze, *Entwicklung rechnungswesenbasierter Systeme zur Stabilisierung der Kommunalfinanzen*, https://doi.org/10.1007/978-3-658-27480-1_2

Es stellt sich jedoch die Frage, ob der Staat in den beschriebenen Fällen und darüber hinaus[48] tatsächlich aktiv wird und z. B. ein Gut selber produziert. Dies ist davon abhängig, welche Ziele der Staat verfolgt.[49] Als Ziele lassen sich gewollte oder angestrebte zukünftige Zustände oder Ereignisse definieren.[50] Aufgaben stellen dabei (Selbst-) Verpflichtungen zu zielgerichtetem Handeln dar, also zum Vollzug von auf die Zielerreichung gerichteten Aktivitäten.[51] Die Erfüllung einer Aufgabe ist daher ein Mittel, um ein bestimmtes Ziel zu erreichen, sodass eine Mittel-Zweck-Beziehung besteht.[52] Diese Beziehung kann auch auf das Verhältnis von öffentlichen Zielen und Aufgaben übertragen werden. Erstgenannte werden durch demokratisch legitimierte Vertretungskörperschaften (regelmäßig das jeweilige Parlament) autorisiert.[53] Die Befugnis zur Zielbildung wird im Rahmen eines demokratischen Willensbildungsprozesses dabei von der Bevölkerung auf die Vertretungskörperschaft übertragen, wobei die im Rahmen freier, geheimer und demokratischer Wahlen bestimmten Volksvertreter versuchen, Ziele basierend auf den Vorstellungen ihrer Wählerschaft zu definieren.[54] Die politisch erwünschten zukünftigen Zustände und Ereignisse konkretisieren sich anschließend gemäß (gem.) der o. g. Mittel-Zweck-Relation in öffentlichen Aufgaben.[55]

Die Frage, was öffentliche Aufgabe ist und was nicht (und damit, wann der Staat handelt), ist somit allem voran eine politische und damit nicht abschließend bestimmbar.[56] Folglich existiert kein statischer Katalog von Aufgaben, die zwingend vom Staat auszuführen sind, sondern der Aufgabenumfang hängt von Zeit, Ort und der Haltung der Vertretungskörperschaft ab.[57] Dies wird auch durch eine historische Rückschau bestätigt: Kaum eine Aufgabe ist nicht bereits schon einmal staatlich organisiert worden.[58] Aufgaben werden also dann zur Sache des Staates -

---

[48] Neben dem erläuterten Marktversagen wird der Staat regelmäßig noch in weiteren Fällen aktiv, z. B. im Rahmen der Distributionspolitik zum Abbau von Ungleichheit in der Einkommensverteilung, vgl. FRITSCH (2014), S. 325 f.
[49] Vgl. BREDE (2005), S. 15 f.
[50] Vgl. WATZKA (2016), S. 1, HAUSCHILDT (1977), S. 9.
[51] Vgl. BREDE (2005), S. 18, KAPPLER (1975), S. 88.
[52] Vgl. BREDE (1989), Sp. 1867 f. Das Schrifttum verwendet anstelle des Aufgabenbegriffs hierbei häufig den Begriff des Handlungs- oder Sekundärziels, welches innerhalb einer Zielhierarchie der Erreichung des übergeordneten Ziels dient, vgl. z. B. LEVERMANN (1995), S. 5, MACHARZINA und WOLF (2012), S. 218.
[53] Vgl. BREDE (2005), S. 19.
[54] Vgl. FLEIGE (1989), S. 38.
[55] In der politischen Realität werden jedoch seltener Ziele definiert, sondern direkt Aufgaben benannt, wenn vermieden werden soll, dass die politischen Vertreter an den Zielvorgaben gemessen werden können, vgl. BREDE (2005), S. 19.
[56] Vgl. MROSS (2015), S. 12.
[57] Vgl. BREDE (2005), S. 7, BOGUMIL und JANN (2009), S. 70
[58] Vgl. BOGUMIL und JANN (2009), S. 70. Allerdings lässt eine solche Betrachtung auch Rückschlüsse auf einen gewissen Kernbestand öffentlicher Aufgaben zu, wie z. B. Justiz sowie innere und äußere Sicherheit (Polizei und Militär), vgl. GOURMELON, MROSS und SEIDEL (2018), S. 109

und damit öffentliche Aufgaben - wenn die Vertretungskörperschaft zur Auffassung gelangt, dass die Erfüllung oder die Art der Erfüllung im öffentlichen Interesse liegt. Regelmäßig werden deshalb Aufgaben zu solchen des Staates gemacht, wenn ein Anspruch auf Gleichbehandlung, soziale Gerechtigkeit o. Ä. eingefordert wird.[59]
Trägerin der öffentlichen Aufgaben ist die öffentliche Verwaltung.[60] Sie ist damit für die Programmausführung zuständig: Die im politischen Willensbildungsprozess festgelegten Aufgaben werden von der Vertretungskörperschaft auf die Verwaltung übertragen, um von dieser vollzogen zu werden.[61] Die öffentliche Verwaltung leitet ihre Kompetenzen somit aus rechtlichen Vorgaben und Aufgabenzuweisungen der politischen Führung ab und hat dadurch eine dienende Funktion und instrumentellen Charakter.[62] Im föderalen Staatsaufbau der Bundesrepublik Deutschland sind zwei Ebenen der Verwaltungsorganisation vorgesehen: die des Bundes als Gesamtstaat sowie die der Länder als Gliedstaaten. Die Kommunen bilden dabei keine dritte, abzugrenzende Ebene, sondern sind rechtlich gesehen Teil der Länder.[63] Sie stellen jedoch die sog. mittelbare Staatsverwaltung dar, in deren Rahmen sich die Länder zur Aufgabenerfüllung nicht eigener Behörden bedienen (unmittelbare Staatsverwaltung), sondern den Vollzug rechtlich selbstständigen Organisationen - den Kommunen als Körperschaften des öffentlichen Rechts - überlassen.[64]

Der Begriff Kommune stammt aus dem Lateinischen und bedeutet übersetzt *Gemeinde*.[65] Gemeinden existieren nur durch das ihnen zugewiesene Gebiet, sie stellen sog. Gebietskörperschaften dar.[66] Innerhalb dieses Gebietes sind die Gemeinden eigenverantwortliche Träger der öffentlichen Verwaltung.[67] Als rechtlich selbstständige juristische Person handelt die Gemeinde durch ihre Organe, namentlich den Rat (einschließlich etwaiger gebildeter Ausschüsse) und den Bürgermeister.[68] Der Rat definiert dabei die politischen Ziele der Gemeinde und leitet hieraus die gemeind-

---

[59] Vgl. BREDE (2005), S. 13 f.
[60] Vgl. IPSEN (2017), S. 58.
[61] Vgl. KEGELMANN (2007), S. 49.
[62] Vgl. KEGELMANN (2007), S. 50.
[63] Vgl. KLOEPFER (2012), S. 35, KÄMMERER (2017), S. 63
[64] Vgl. BURGI (2015), § 2 Rn. 4, 5, BOGUMIL und JANN (2009), S. 103. Eigene Landesbehörden sind z. B. Landräte, Finanzämter und Kreispolizeibehörden als untere Landesbehörden nach § 9 Abs. 2 LOG NRW und die Landesregierung, der Ministerpräsident und Ministerien als oberste Landesbehörden nach § 3 LOG NRW.
[65] Rechtlich gesehen wird der Gemeindebegriff nochmal stark ausdifferenziert, z. B. in kreisangehörige Gemeinden und Städte, kreisfreie Städte usw., vgl. § 4 GO NRW. In der vorliegenden Arbeit wird auf diese Unterscheidung nicht weiter eingegangen, sodass die Begriffe Kommune, Gemeinde und Stadt synonym verwendet werden. Rechtliche Besonderheiten der Gemeindeverbände (insbesondere Kreise nach KrO NRW und Landschaftsverbände nach LVerbO), die von den Regelungen der Gemeinden abweichen bzw. darüber hinausgehen, sollen in der weiteren Betrachtung keine Berücksichtigung finden.
[66] Vgl. § 1 Abs. 2 GO NRW.
[67] Vgl. § 2 GO NRW.
[68] Vgl. BURGI (2015), § 5 Rn. 9.

lichen Aufgaben ab, deren Vollzug er kontrolliert.⁶⁹ Bei der Zielfindung ist zu beachten, dass den Kommunen per Gesetz auferlegt ist, das Gemeinwohl der Bürger in ihrem Gebiet zu fördern.⁷⁰ Dieses Oberziel bildet den Rahmen, innerhalb dessen die Zielbildung und anschließende Aufgabenableitung erfolgen kann.⁷¹ Der eigentliche Vollzug, also die Aufgabenerledigung, obliegt der Gemeindeverwaltung als Exekutiveinheit mit dem Bürgermeister an der Verwaltungsspitze.⁷²

Prägendes Merkmal der Kommunen ist die ihnen durch Art. 28 Abs. 2 GG verfassungsrechtlich zugesprochene Selbstverwaltungsgarantie, die es ihnen erlaubt, alle örtlichen Angelegenheiten eigenverantwortlich im Rahmen der Gesetze zu regeln. Durch diese Kompetenz verfügen die Gemeinden über eine lokale Allzuständigkeit mit nicht festgelegtem Aufgabenkatalog.⁷³ Sie nehmen Aufgaben für den Bund und das Land wahr sowie solche in eigener Angelegenheit.⁷⁴ Erstgenannte beruhen auf der die mittelbare Staatsverwaltung prägenden Überlegung, dass die Gemeinden als dem Bürger am nächsten stehende Stufe der öffentlichen Verwaltung die Aufgaben u. U. besser erledigen können.⁷⁵ In der nordrhein-westfälischen Landesverfassung und der Gemeindeordnung ist dabei ein monistisches Aufgabenmodell vorgesehen, das nicht zwischen originär kommunalen und staatlich übertragenen Aufgaben unterscheidet: Sämtliche von der Gemeinde wahrgenommenen Aufgaben sind rechtlich gesehen kommunale, wenngleich sie möglicherweise umfassenden staatlichen Weisungsrechten unterliegen.⁷⁶ Die Aufgaben werden demnach in drei verschiedene Kategorien eingeteilt:⁷⁷

- Pflichtaufgaben zur Erfüllung nach Weisung, vgl. § 3 Abs. 2 GO NRW.
- Weisungsfreie Pflichtaufgaben, vgl. § 3 Abs. 1 GO NRW.
- Freiwillige Selbstverwaltungsaufgaben, vgl. § 2 GO NRW.

Die drei Aufgabentypen sind durch aufsteigende Freiheitsgrade hinsichtlich des *Ob* und *Wie* der Aufgabenerfüllung gekennzeichnet. Die Pflichtaufgaben nach Weisung sind staatlich definiert und auch die Bearbeitung der Aufgabe ist entsprechend vorgegeben, sodass die Gemeinde vollständig den staatlichen Weisungen unterworfen ist.⁷⁸ Im Gegensatz zum in einigen anderen Landesverfassungen verfolgten dualistischen Aufgabenmodell, welches eine rechtliche Trennung der kommunalen Auf-

---

[69] Vgl. KEGELMANN (2007), S. 46.
[70] Vgl. § 1 Abs. 1 GO NRW und SALITERER (2009), S. 82.
[71] Vgl. FLEIGE (1989), S. 42.
[72] Vgl. § 62 Abs. 1, 2 GO NRW.
[73] Vgl. HURLEBAUS (2013), S. 9.
[74] Vgl. BOGUMIL und JANN (2009), S. 104.
[75] Vgl. SCHWARTING (2010), S. 41.
[76] Vgl. ENGELS und KRAUSNICK (2015), S. 79, 83 f.
[77] Vgl. SODAN und ZIEKOW (2018), § 58 Rn. 10.
[78] Vgl. BURGI (2015), § 8 Rn. 21.

2.1 Ziele und Aufgaben der Gemeinden

gaben in staatliche Übertragungen und eigene Aufgaben vorsieht, ergibt sich die Weisungsbefugnis in NRW dabei nicht aus dem staatlichen Charakter der Aufgabe; stattdessen konstituiert sie sich im hier vorgesehenen monistischen Aufgabenmodell aus einer gesetzlichen Grundlage.[79] Im Umkehrschluss ist ohne gesetzliche Grundlage keine Weisung und überhaupt erst gar keine Aufgabeverpflichtung möglich.[80] Dieser Grundgedanke gilt auch für die weisungsfreien Pflichtaufgaben, die zusammen mit den freiwilligen Aufgaben den Block der sog. Selbstverwaltungsaufgaben bilden.[81] Bei den weisungsfreien Pflichtaufgaben fällt die Art und Weise der Erfüllung (das *Wie*) in die Verantwortlichkeit der Kommune, während sie im Bereich der freiwilligen Aufgaben selbst bestimmen kann, ob und - wenn ja - wie sie diese Aufgaben wahrnimmt.[82] Grundlage ist das sog. Aufgabenfindungsrecht, welches aus der Selbstverwaltungsgarantie des Art. 28 Abs. 2 GG abgeleitet werden kann.[83]

Wie die öffentlichen Aufgaben im Allgemeinen, sind auch die Aufgaben der Gemeinden nicht abschließend bestimmbar. Aufgrund der Nähe zum Bürger, des örtlich begrenzten Wirkungskreises sowie der Gemeinwohlorientierung handelt es sich primär um Aufgaben der sog. örtlichen Daseinsvorsorge, d. h. die Bereitstellung von für das menschliche Dasein notwendigen Gütern in wirtschaftlichen, sozialen und kulturellen Bereichen.[84] Im Bereich der freiwilligen Selbstverwaltungsaufgaben sind die gemeindlichen Aufgaben von der politischen Haltung des Rates abhängig. Die Pflichtaufgaben (insbesondere diejenigen mit Weisungsbefugnis) werden hingegen mittelbar von der Ausrichtung der übergeordneten und übertragenden Vertretungskörperschaft bestimmt. Beide Aufgabenbereiche stehen somit nicht auf Dauer fest.[85] Dennoch lässt sich durchaus eine Reihe von Aufgaben identifizieren, die ty-

---

[79] Vgl. § 3 Abs. 2 S. 1 GO NRW.
[80] Vgl. SODAN und ZIEKOW (2018), § 58 Rn. 10.
[81] Vgl. BURGI (2015), § 8 Rn. 20, BÄTGE (2016), S. 32 f.
[82] Vgl. BOGUMIL und JANN (2009), S. 105.
[83] Vgl. BURGI (2015), § 8 Rn. 13.
[84] Vgl. SALITERER (2009), S. 38 f., 82, HURLEBAUS (2013), S. 9.
[85] Historisch betrachtet lässt sich diese Zeitgebundenheit bestätigen: Um 1900 fand z. B. eine starke Kommunalisierung von Aufgaben statt, um die schlimmsten sozialen und ökologischen Folgewirkungen der industriellen Revolution zu kompensieren. In den 1960er-Jahren herrschte ebenfalls ein starker Aufgabenausbau vor, nun bedingt durch die positive wirtschaftliche Lage der Nachkriegszeit und eine interkommunale Konkurrenzsituation, in der Nachbarstädte mit immer größer dimensionierten Freizeit-, Sport- und Kultureinrichtungen um die Bürgergunst rangen. Um die Jahrtausendwende zeichnete sich allerdings ein anderes Bild ab: In Anbetracht schwindender finanzieller Mittel wurde der Aufgabenausbau beschnitten bzw. zurückgefahren, da viele Leistungen mittlerweile über die Sicherstellung eines menschenwürdigen Mindeststandards hinausgingen. Vgl. hierzu insbesondere SECKELMANN (2008), S. 278 f.

pischerweise von Kommunen wahrgenommen werden.⁸⁶ Folgende Beispiele sind zu nennen:⁸⁷

- Pflichtaufgaben nach Weisung: Melderecht, Bauaufsicht, Denkmalschutz, Zivilschutz und Gefahrenabwehr usw.

- Pflichtige Selbstverwaltungsaufgaben: Schulträgerschaft, Bauleitplanung und Baulanderschließung, Bau und Unterhaltung von Gemeindestraßen usw.

- Freiwillige Selbstverwaltungsaufgaben: Wirtschaftsförderung, Kultur- und Sportangelegenheiten, Betrieb von Sparkassen usw.

Da sich kommunalen Aufgaben insbesondere auf den Bereich der örtlichen Daseinsvorsorge beziehen, bestimmt die lokale sozioökonomische Situation die konkrete Nachfrage nach diesen Leistungen und steckt so den Rahmen der kommunalen Aufgabenerfüllung ab.⁸⁸

2.2 Bildung von Konzernstrukturen

Ausfluss der Selbstverwaltungsgarantie nach Art. 28 Abs. 2 GG ist u. a. eine Organisationshoheit der Gemeinden.⁸⁹ Diese spricht ihr grundsätzlich das Recht zu, im Rahmen der Aufgabenerfüllung aus unterschiedlichen Organisationsformen zu wählen.⁹⁰ Die Gemeinde muss ihre Aufgaben daher nicht zwangsläufig unmittelbar durch die Kernverwaltung (in Form der Ämter, Dezernate oder Fachbereiche der Verwaltung) vollziehen, sondern kann sich hierfür anderer rechtlich selbstständiger oder unselbstständiger Unternehmen oder Einrichtungen bedienen, auch bezeichnet als mittelbare Aufgabenerfüllung.⁹¹ Eine Regulierung erfährt diese Wahlfreiheit durch die §§ 107 bis 115 GO NRW, nach denen in Abhängigkeit der intendierten Organisationsform unterschiedliche Voraussetzungen zu erfüllen sind.

Der Katalog der möglichen Organisationsformen zur mittelbaren Aufgabenerfüllung umfasst sowohl solche öffentlich-rechtlicher Natur als auch privatrechtliche Organisationsformen. Bei erstgenannten sind vorrangig der Eigenbetrieb sowie die Anstalt

---

⁸⁶ Hierfür spricht allein der Ortsbezug des Art. 28 Abs. 2 GG, vgl. SECKELMANN (2008), S. 269.
⁸⁷ Vgl. ausführlich SODAN und ZIEKOW (2018), § 8 Rn. 21, BÄTGE (2016), S. 32-34, SALITERER (2009), S. 41, BOGUMIL und JANN (2009), S. 104 f.
⁸⁸ Vgl. BOETTCHER (2012), S. 68.
⁸⁹ Vgl. KEGELMANN (2007), S. 46.
⁹⁰ Vgl. HERRMANN (2012b), S. 16.
⁹¹ Vgl. CRONAUGE (2016), S. 29 f. Der Gesetzgeber unterscheidet bei alternativen Organisationsformen zwischen solchen, die einer wirtschaftlichen Betätigung nachgehen - bezeichnet als *Unternehmen* - und solchen mit nicht-wirtschaftlicher Tätigkeit, den *Einrichtungen*, wie z. B. Theatern, Stadthallen und Kurparks. Vgl. zur Abgrenzung § 107 Abs. 1 S. 2 GO NRW.

2.2 Bildung von Konzernstrukturen

des öffentlichen Rechts (AöR) zu nennen.[92] Der Eigenbetrieb stellt die vorherrschende Organisationsform der mittelbaren Aufgabenerfüllung, vor allem in kleinen Kommunen, dar.[93] Es handelt sich hierbei um eine Organisationsform ohne eigene Rechtspersönlichkeit, die allerdings organisatorisch selbstständig agiert.[94] Die Kommune haftet voll für die Schulden des Eigenbetriebs, da dessen Handlungen ihr unmittelbar zugerechnet werden.[95] Der Eigenbetrieb stellt einen eigenen Wirtschaftsplan und Jahresabschluss nach Maßgabe des HGB auf[96] und wird im Haushalt der Gemeinde lediglich als Sondervermögen geführt.[97] Die AöR zeichnet sich im Gegensatz zum Eigenbetrieb durch eine eigene Rechtspersönlichkeit und somit umfangreichere eigene Handlungsfähigkeiten aus.[98] Sie kann Verträge in eigenem Namen schließen und ist beteiligungsfähig.[99] Als juristische Person des öffentlichen Rechts können ihr zudem hoheitliche Rechte im Rahmen der zugewiesenen Aufgaben übertragen werden, sodass sie über eine Dienstherrenfähigkeit zur Beschäftigung von Beamten verfügen[100] und ihr ein Satzungsrecht im entsprechenden Aufgabenbereich eingeräumt werden kann.[101] Wie der Eigenbetrieb stellt die AöR einen eigenen Wirtschaftsplan und Jahresabschluss nach handelsrechtlichen Bestimmungen auf.[102] Trotz rechtlicher Selbstständigkeit der AöR herrscht eine sog. Gewährträgerhaftung, d. h., die Gemeinde haftet explizit für die Schulden der AöR, soweit sie nicht aus dem Anstaltsvermögen bedient werden können.[103]

---

[92] Näheres hierzu regeln die §§ 114, 114a GO NRW.
[93] Vgl. SCHUSTER (2006), S. 27. Nach dem Wortlaut des § 114 Abs. 1 GO NRW kommt der Eigenbetrieb nur als Organisationsform für eine wirtschaftliche Betätigung der Gemeinde in Frage. Nichtwirtschaftliche Einrichtungen können jedoch gem. § 107 Abs. 2 S. 2 GO NRW nach den Vorschriften für die Eigenbetriebe geführt werden. Dann handelt es sich um eine eigenbetriebsähnliche Einrichtung, vgl. RAU (2007), S. 530.
[94] Vgl. § 114 Abs. 1 GO NRW.
[95] Vgl. HERRMANN (2012b), S. 20.
[96] Vgl. § 19 Abs. 2 EigVO NRW.
[97] Vgl. § 97 Abs. 1 Nr. 3 GO NRW. Es handelt sich daher um einen sog. Nettobetrieb, da im Haushalt der Kernverwaltung nur Eigenkapitalveränderungen des Eigenbetriebs sichtbar werden, vgl. RAU (2007), S. 536, HERRMANN (2012b), S. 21.
[98] Vgl. § 114a Abs. 1 S. 1 GO NRW. Praktische Relevanz hat die Rechtsform der AöR insbesondere in Fällen, in denen die Kommune als Trägerin von Sparkassen auftritt, vgl. KÄMPFER (2000), S. 325.
[99] Vgl. § 114a Abs. 4 S. 1 GO NRW.
[100] Vgl. § 114a Abs. 9 S. 1 GO NRW.
[101] Vgl. RAU (2007), S. 530. Das Satzungsrecht kann es der AöR beispielsweise erlauben, Gebühren zu erheben, vgl. § 2 Abs. 1 KAG.
[102] Vgl. § 114a Abs. 10 GO NRW. Im Haushalt der Gemeinde wird die AöR jedoch nicht als Sondervermögen geführt, sondern als Beteiligung bzw. Anteile an verbundenen Unternehmen bilanziert, vgl. Anlage 17 der Verwaltungsvorschriften für die Muster für das doppische Rechnungswesen und zu Bestimmungen der Gemeindeordnung und der Gemeindehaushaltsverordnung im RUNDERLASS DES INNENMINISTERIUMS NRW vom 24.02.2005 (im Folgenden: VVMGOGemHVO). Wenngleich die GemHVO NRW mit Wirkung zum 31.12.2018 außer Kraft gesetzt und durch die KomHVO NRW abgelöst wurde (vgl. § 61 KomHVO NRW), sind bis dato keine neuen Muster erlassen worden, sodass die o. g. vorerst fortgelten.
[103] Vgl. § 114a Abs. 5 GO NRW.

Privater Rechtsformen darf sich die Gemeinde nur unter den Voraussetzungen des § 108 Abs. 1 GO NRW bedienen. Eine zentrale Bedingung findet sich in § 108 Abs. 1 Nr. 3, 5 GO NRW: Die Kommune muss in ihrer Haftung beschränkt sein und darf nicht unbegrenzt zur Verlustabdeckung herangezogen werden können. Gesellschaften, bei denen die Gemeinde persönlich haftet (insbesondere die Gesellschaft bürgerlichen Rechts, OHG, KG und der nicht rechtsfähige Verein), scheiden damit grundsätzlich aus.[104] Haftungsbeschränkungen ließen sich bei diesen zwar zum Teil über bestimmte Gesellschafterkonstellationen erreichen (z. B. im Fall der Kommune als Kommanditist der KG), allerdings führt dies regelmäßig zu einer Verletzung der sog. Ingerenzpflichten.[105] So setzt § 108 Abs. 1 Nr. 6 GO NRW für einen Aufgabenvollzug in privatrechtlicher Organisationsform voraus, dass sich die Gemeinde mittels Gesellschaftsvertrag oder Satzung einen angemessenen Einfluss sichert. Konkretisiert wird dies u. a. durch § 108 Abs. 3 GO NRW, nach dem die Gemeinde darauf hinwirken muss, dass die Gesellschaft Wirtschaftspläne zur Veröffentlichung aufstellt.[106] Weitere Ingerenzpflichten beinhaltet § 108 Abs. 5 GO NRW, wonach die Gemeinde über den Gesellschaftsvertrag gewährleisten muss, dass die Gesellschafterversammlung ein umfangreiches Beschlussrecht hat (z. B. in Fragen der Bestellung und Abberufung der Geschäftsführer) und der Gemeinderat etwaigen von ihr bestellten Aufsichtsratmitgliedern Weisung erteilen kann. Nur so ist ein ausreichendes Maß kommunaler Einflussmöglichkeit und Kontrolle gewährt. Wegen des hohen Autonomiegrades einer AG sowie der durch das Aktienrecht eingeschränkten Einflussnahmemöglichkeiten der Eigentümer fällt die AG als Organisationsform der kommunalen Aufgabenerfüllung daher regelmäßig aus.[107] Die häufigste privatrechtliche Organisationsform stellt damit die GmbH dar.[108] Weitere, hier nicht näher behandelte Formen der unmittelbaren und mittelbaren Kommunalverwaltung können Abbildung 2.1 entnommen werden.[109]

Rund die Hälfte des im öffentlichen Dienst der Kommunen tätigen Personals entfällt auf den Bereich der mittelbaren Kommunalverwaltung, also auf Unternehmen und Einrichtungen der Gemeinde.[110] Über Jahre hinweg wurden Aufgaben aus der Verwaltung ausgelagert, indem sie in privatrechtlicher oder öffentlich-rechtlicher Form

---

[104] Vgl. SCHWARTING (2010), S. 240.
[105] Vgl. HENKES (2008), S. 508.
[106] Diese bei privaten Unternehmen normalerweise nur für interne Zwecke gedachte Planung soll analog zum öffentlich einsehbaren Haushalt der Kernverwaltung Transparenz gegenüber der Öffentlichkeit schaffen, vgl. SCHWARTING (2010), S. 244.
[107] Vgl. RAU (2007), S. 529, SCHWARTING (2010), S. 236. § 108 Abs. 4 GO NRW betont die Nachrangigkeit der AG nochmals explizit.
[108] Vgl. SCHWARTING (2010), S. 240.
[109] Vgl. detailliert hierzu CRONAUGE (2016).
[110] Vgl. STATISTISCHES BUNDESAMT (2017b), S. 20, wonach von den bundesweit 2,258 Mio. Beschäftigten der Kommunen zum 30.06.2016 1,140 Mio. auf die Kernverwaltung, der Rest auf rechtlich unselbstständige und selbstständige Auslagerungen entfallen.

ganz oder teilweise verselbstständigt wurden.[111] Diese organisatorische Teilung wurde durch die Reformbestrebungen im Rahmen des New Public Managements - bzw. auf Deutschland bezogen des Neuen Steuerungsmodells - stark vorangetrieben.[112] Das tradierte Verständnis einer Verwaltung, die alle Aufgaben dergestalt regelt, dass sie sämtliche Leistungen selbst bereitstellt, hat sich gewandelt zu einer Verwaltung in der Rolle eines Gewährleisters, der die Leistungserstellung lediglich sicherstellt.[113] Die Gemeinde tritt nach außen daher nur selten als homogenes Ganzes in Erscheinung, sondern bedient sich einer Vielzahl unterschiedlicher Einrichtungen und Unternehmen als Instrumente zur Erledigung ihrer Aufgaben.[114] Auslagerungen finden sich dabei klassischerweise in den Bereichen Energie- und Wasserversorgung, Wohnungswirtschaft, öffentlicher Personennahverkehr, Entsorgung sowie im Rahmen der Hilfsbetriebe der Verwaltung, wie z. B. dem Bauhof, der EDV und dem Gebäudemanagement.[115] Die Gründe, wieso eine Kommune auf die Leistungserbringung im Rahmen der unmittelbaren Kommunalverwaltung verzichtet und diese stattdessen auslagert, sind vielfältig. Zu nennen seien hier beispielhaft steuerliche Verbundeffekte,[116] eine Verbesserung der Überschaubarkeit kommunaler Kernkompetenzen, die Möglichkeiten zur Umgehung von etwaigen Kreditaufnahmebeschränkungen[117] und eventuelle Kosten- und Anreizvorteile beim Personal durch Umgehung des Beamtenrechts.[118] Naturgemäß geht eine Aufgabenauslagerung allerdings auch mit erhöhten Transaktionskosten und der Gefahr von Kontroll- und Steuerungseinbußen einher.[119] Die Frage, ob die Aufgabenerfüllung innerhalb

---

[111] Vgl. GORNAS (2009), S. 4. Organisationsformen der mittelbaren Kommunalverwaltung werden für den weiteren Verlauf der Untersuchung dementsprechend auch als *verselbstständigte Aufgabenbereiche, ausgelagerte Aufgabenbereiche* oder kurz *Auslagerungen* bezeichnet.

[112] Vgl. KÄMPFER (2000), S. 326. Vgl. zum Neuen Steuerungsmodell als deutsche Ausprägung des New Public Managements KOMMUNALE GEMEINSCHAFTSSTELLE FÜR VERWALTUNGSVEREINFACHUNG (1993) und kritisch HOLTKAMP (2008), BANNER (2008).

[113] Vgl. REICHARD (2004), S. 48.

[114] Vgl. BREDE (2005), S. 21.

[115] Vgl. KIAMANN (2010), S. 190, SCHWARTING (2010), S. 239, TRAPP und BOLAY (2003), S. 30-34.

[116] Steuerliche Verbundeffekte können z. B. aus der Bildung einer Organschaft im Rahmen der fortschreitenden Auslagerung von Aufgaben und der dadurch entstehenden Möglichkeit zur Verlustverrechnung und Minimierung der Steuerbelastung resultieren, vgl. ausführlich ROSE und WATRIN (2017), S. 285-298.

[117] Vgl. zu den Aufnahmebeschränkungen der Kommunen Kapitel 2.3.

[118] Vgl. stellvertretend HENKES (2008), S. 499, SCHWARTING (2010), S. 237, RAU (2007), S. 528, 545, HERRMANN (2012b), S. 28-31.

[119] Vgl. VOGEL (2005), S. 238, RAU (2007), S. 545. Die Möglichkeiten und Grenzen der Steuerung verselbstständigter Aufgabenbereiche stellen ein seit Jahren viel diskutiertes Problemfeld dar. Vgl. hierzu z. B. BREMEIER, BRINCKMANN und KILLIAN (2006), S. 87-96, KOMMUNALE GEMEINSCHAFTSSTELLE FÜR VERWALTUNGSMANAGEMENT (2012), S. 40-63, BARTHEL (2008), S. 89. Zur diesbezüglichen Diskussion um sog. Public Corporate Governance Kodizes, vgl. ausführlich PAPENFUSS (2013), LENK und ROTTMANN (2007).

der Kernverwaltung oder in Auslagerungen effektiver und wirtschaftlicher durchgeführt wird, ist daher strittig.[120]

Das oben beschriebene netzwerkartige Geflecht aus der kommunalen Kernverwaltung und ihren unterschiedlichen Auslagerungen wird vom Schrifttum und der Praxis regelmäßig als „Konzern Stadt"[121] bezeichnet.[122] Nach § 18 AktG besteht ein Konzern aus einer Zusammenfassung von einem herrschenden und einem oder mehreren abhängigen Unternehmen unter einheitlicher Leitung des herrschenden Unternehmens. Das prägende ökonomische Merkmal des Konzerns ist seine Struktur als wirtschaftliche Handlungs- und Entscheidungseinheit trotz rechtlicher Vielfalt.[123]

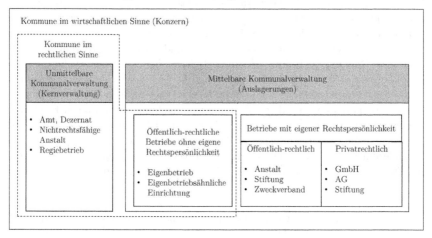

Abbildung 2.1: Konzern Kommune[124]

Die Kommune weist mit ihren dezentralen Organisationsstrukturen im Rahmen der unmittelbaren und mittelbaren Kommunalverwaltung nun grundsätzlich Eigenschaften eines Konzerns auf.[125] Fraglich ist allerdings, inwieweit die Kommunalverwaltung als oberste, die Auslagerungen beherrschende Organisation die Unternehmenseigenschaft erfüllt. Laut Rechtsprechung wird eine Gebietskörperschaft immer

---

[120] Vgl. stellvertretend einerseits RAU (2007), S. 528, anderer Meinung HERRMANN (2012b), S. 32.
[121] LINHOS (2006), S. 10, TRAPP und BOLAY (2003), S. 34.
[122] Vgl. Abbildung 2.1.
[123] Vgl. THEISEN (2000), S. 18, EMMERICH, HABERSACK und SCHÜRNBRAND (2016), § 18 Rn. 5. Der Konzern selbst ist allerdings nicht rechtsfähig, sodass sich Rechtsfolgen aus dem Konzerntatbestand nur an einzelne Konzernunternehmen richten können, vgl. THOMMEN u. a. (2017), S. 36.
[124] HURLEBAUS (2013), S. 22.
[125] Vgl. HURLEBAUS (2013), S. 20. So ist z. B. ein Abhängigkeitsverhältnis in Anlehnung an § 17 AktG zu beobachten, entweder über die Höhe der Kapitalbeteiligung oder über die Besetzung der Gesellschaftergremien, vgl. LINHOS (2006), S. 369.

dann ein Unternehmen im konzernrechtlichen Sinne, wenn sie mindestens ein Unternehmen in privater Rechtsform beherrscht.[126] Das Konzernrecht ist auf die Beziehungen von öffentlicher Hand zu ihren privaten Beteiligungen somit grundsätzlich anzuwenden.[127] Daraus folgt allerdings auch, dass im Fall verselbstständigter Aufgabenbereiche ausschließlich in öffentlich-rechtlicher Form kein Konzerntatbestand im aktienrechtlichen Sinne vorliegt. Unabhängig davon knüpft der Gesetzgeber an das Bestehen zumindest *konzernartiger* Verflechtungen zwischen der Kommunalverwaltung und ihren Auslagerungen rechtliche Folgen, z. B. die Pflicht zur Aufstellung eines Gesamtabschlusses als Äquivalent zum Konzernabschluss eines privaten Konzerns.[128] Eine Bezeichnung als kommunaler Konzern erscheint daher jedenfalls vertretbar.[129] Die Kernverwaltung ist dabei der Koordinator des Leistungsnetzwerks und stellt die Konzernmutter dar.[130] Die verselbstständigten Aufgabenbereiche sind hingegen die unter Beherrschung stehenden Konzerntöchter in diesem Unterordnungskonzern im Sinne von - oder bei Nichterfüllung der Unternehmenseigenschaft durch die Kommune: angelehnt an - § 18 Abs. 1 AktG.[131] Zentrales Charakteristikum des kommunalen Konzerns ist die gemeinsame Verfolgung der demokratisch legitimierten öffentlichen Ziele durch die verbundenen Einrichtungen und Unternehmen.[132]

2.3 Finanzierung der Aufgabenerfüllung

Das kommunale Selbstverwaltungsrecht umfasst explizit auch eine finanzielle Eigenverantwortung.[133] Für die Gemeinde als Körperschaft des öffentlichen Rechts - und damit Träger hoheitlicher Rechte - kann hieraus eine Finanzhoheit abgeleitet werden, die es ihr erlaubt, ihre Finanzwirtschaft eigenständig und unbeeinflusst von Dritten zu regeln und selbstständig ihre Finanzmittel zu verwalten.[134] Zu beachten ist die Einschränkung des Art. 28 Abs. 2 S. 1 GG, nach dem das Selbst-

---

[126] Vgl. BGH vom 13.10.1977, NJW 1978, 104 (106), und BGH vom 17.03.1997, NJW 1997, 1855 (1856).
[127] Vgl. BUNDESTAG DRUCKSACHE 15/4968 vom 25.02.2005, S. 5. Einige Autoren verkennen diese Bestätigung und leiten daraus ab, dass ein Konzerntatbestand nicht erfüllt werden kann, vgl. z. B. SCHUSTER (2006), S. 31. Diese Sichtweise kann in Teilen darauf zurückgeführt werden, dass sich im Kommunalrecht keinerlei Definition des Konzerns finden lässt, vgl. HURLEBAUS (2013), S. 27.
[128] Vgl. § 116 Abs. 1, 3 GO NRW.
[129] Vgl. SCHUSTER (2006), S. 31.
[130] Vgl. REICHARD (2004), S. 9, SCHUSTER (2006), S. 31.
[131] Vgl. LINHOS (2006), S. 370.
[132] Vgl. LINHOS (2006), S. 371.
[133] Vgl. Art. 28 Abs. 2 S. 3 GG.
[134] Vgl. BÄTGE (2016), S. 17, GEIS (2016), S. 50, BUHREN (2004), S. 25. Durch die explizite Nennung der finanziellen Eigenverantwortung in Art. 28 Abs. 2 S. 3 GG wird die Finanzhoheit aus dem Kreis der gemeindlichen Hoheitsrechte herausgegriffen und explizit unter Schutz gestellt, vgl. T. I. SCHMIDT (2014), S. 29.

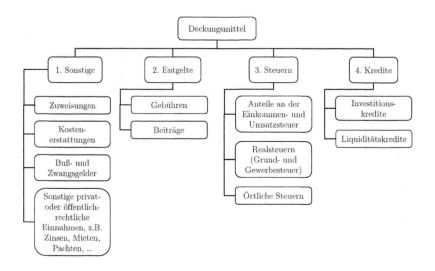

Abbildung 2.2: Übersicht der Deckungsmittel[139]

verwaltungsrecht und damit auch die Finanzhoheit „im Rahmen der Gesetze", also in den Grenzen von Bundes- und Landesrecht, gewährt wird. Diesem Gedanken folgend, sind die Finanzhoheit und die damit verbundenen Rechte und Pflichten der Gemeinde vom Landesgesetzgeber insbesondere in den §§ 75 ff. GO NRW sowie der KomHVO NRW konkretisiert worden.[135]

Die Finanzhoheit umfasst nicht nur eine selbstständige Ausgabenwirtschaft, innerhalb derer die Gemeinde grundsätzlich entscheiden kann, für welche Aufgaben sie welche Mittel einsetzt, sondern betrifft auch die Einnahmenseite zur Finanzierung der kommunalen Aufgaben.[136] § 77 GO NRW listet dazu abschließend die möglichen Finanzierungsmittel zur Deckung des aus dem Aufgabengeflecht erwachsenden Finanzbedarfs auf.[137] Daneben ergibt sich aus dem Gesetzeswortlaut eine konkrete Rangfolge dieser Deckungsmittel,[138] welche in Abbildung 2.2 gezeigt wird. Die anschließende Erläuterung der Deckungsmittel weicht unter darstellungstechnischen Gesichtspunkten von dieser gesetzlichen Rangfolge ab.

---
[135] Vgl. MUTSCHLER und STOCKEL-VELTMANN (2017), S. 4 f.
[136] Vgl. GEIS (2016), S. 50.
[137] Im Gegensatz zur Privatwirtschaft besteht das vordergründige finanzielle Ziel also nicht in der Gewinnerzielung bzw. Maximierung ausschüttungsfähiger Beträge, sondern in der Bedarfsdeckung. Vgl. hierzu auch den Grundsatz der Gesamtdeckung in § 20 KomHVO NRW.
[138] Vgl. § 77 Abs. 2, 4 GO NRW. Die gesetzliche Rangfolge korrespondiert nicht mit der betragsmäßigen Bedeutung der einzelnen Finanzmittel für den kommunalen Haushalt, vgl. Kapitel 4.1.
[139] Vgl. MUTSCHLER (2015), S. 16, WALDHOFF (2006), S. 118.

2.3 Finanzierung der Aufgabenerfüllung

Die Steuereinnahmen sind der Gemeinde verfassungsrechtlich garantiert und umfassen die Gemeindeanteile an den Gemeinschaftsteuern (Einkommensteuer und Umsatzsteuer),[140] die beiden Realsteuern Grund- und Gewerbesteuer[141] sowie die örtlichen Verbrauch- und Aufwandsteuern.[142] Während die Gemeinde bei erstgenannter Steuerquelle keinerlei Mitbestimmungskompetenz hat und die Beteiligungshöhe durch ein Bundesgesetz vorgegeben wird,[143] wird ihr bei den ebenfalls bundesgesetzlich geregelten Realsteuern neben der Ertragshoheit (abzüglich einer Gewerbesteuerumlage nach Art. 106 Abs. 6 S. 4 GG) auch ein Hebesatzrecht eingeräumt.[144] Die Erträge aus den örtlichen Steuern stehen ebenfalls grundsätzlich den Gemeinden zu,[145] jedoch liegt die Gesetzgebungskompetenz hierzu beim Land.[146] Über Art. 79 der Verfassung für das Land Nordrhein-Westfalen vom 28.06.1950 (LV NRW) in Verbindung mit (i. V. m.) § 3 KAG räumt das Land den Gemeinden diesbezüglich allerdings ein Steuerfindungsrecht ein, sodass diese eigene örtliche Steuerquellen erschließen können. Prominente Beispiele für kommunale Verbrauch- und Aufwandsteuern sind die Hunde-, Vergnügungs-, Zweitwohnungs- sowie die Bettensteuer.[147]

Unter die Entgelte (auch „Vorzugslasten"[148] genannt) für von der Gemeinde erbrachte Leistungen fallen die Beiträge und Gebühren. Gebühren können als Entgelt für laufende Kosten verstanden werden, während Beiträge in der Regel der Finanzierung einer einmaligen öffentlichen Investition dienen.[149] Im Gegensatz zu Steuern, die laut Legaldefinition des § 3 Abs. 1 AO ohne unmittelbare Gegenleistung erhoben werden, ergeben sich Beiträge aus der Möglichkeit der Inanspruchnahme bestimmter öffentlicher Leistungen (unabhängig von der tatsächlichen Nutzung) und Gebühren zur Abgeltung tatsächlich beanspruchter Leistungen.[150] Letztgenannte werden gem. § 4 Abs. 2 KAG nochmals in Benutzungsgebühren für die Inan-

---

[140] Vgl. Art. 106 Abs. 5, 5a GG. Am Aufkommen der Körperschaftsteuer sind die Gemeinden nicht beteiligt, vgl. Art. 106 Abs. 3 S. 1 GG.
[141] Vgl. Art. 106 Abs. 6 S. 1, 2 GG.
[142] Vgl. Art. 106 Abs. 6 S. 1, 105 Abs. 2a GG.
[143] Bezüglich des Anteils an der Einkommensteuer spricht § 1 GemFinRefG den Kommunen 15 % der Lohn- und veranlagten Einkommensteuer sowie 12 % der Kapitalertragsteuer zu. Am Aufkommen der Umsatzsteuer werden die Gemeinden nach § 1 S. 3 FAG grundsätzlich mit 2,2 %, ergänzt um jährlich variierende Pauschalbeträge, beteiligt.
[144] Vgl. Art. 28 Abs. 2 S. 3, 106 Abs. 6 S. 2 GG.
[145] Vgl. Art. 106 Abs. 6 S. 1 GG.
[146] Vgl. Art. 105 Abs. 2a S. 1 GG.
[147] Vgl. BURGI (2015), § 18 Rn. 11, BUHREN (2004), S. 25, GEIS (2016), S. 162 f.
[148] T. I. SCHMIDT (2014), S. 273.
[149] Vgl. H. ZIMMERMANN (2016), S. 124.
[150] Vgl. GEIS (2016), S. 167. Steuern, Gebühren und Beiträge bilden zusammen den Begriff der Abgaben, d. h. Zahlungen, zu denen Bürger öffentlich-rechtlich verpflichtet werden, vgl. BURGI (2015), § 18 Rn. 9.

spruchnahme öffentlicher Einrichtungen und Anlagen[151] und Verwaltungsgebühren für beanspruchte behördliche Leistungen[152] unterteilt. Beiträge werden von der Gemeinde insbesondere als Ersatz für die Anschaffung, Herstellung oder Erweiterung öffentlicher Einrichtungen und Anlagen sowie die Erschließung von Grundstücken erhoben.[153] Sowohl bei der Gebühren- als auch der Beitragserhebung sind die Gemeinden hinsichtlich der Abgabenhöhe an das sog. Äquivalenzprinzip gebunden, welches sich in der gesetzlichen Forderung einer Beitragsbemessung nach dem Wirklichkeitsmaßstab widerspiegelt, d. h. entsprechend des wirtschaftlichen Vorteils des Abgabepflichtigen.[154] Je nach Gebühren- und Beitragsart greift zusätzlich ein Kostendeckungsge- oder zumindest Kostenüberschreitungsverbot, das in jedem Fall eine Überschusserzielung verhindern soll.[155]

Die Möglichkeit der Gebietskörperschaften zur Kreditaufnahme ist schon immer kontrovers diskutiert worden, da diese Finanzierung Nachwirkungen in Form von Zinslasten hat und durch die Tilgungspflicht keine *endgültigen* Zahlungsmittelzugänge wie Abgaben u. Ä. generiert, sondern lediglich vorläufige.[156] Für die grundsätzliche Zulässigkeit von Kreditaufnahmemöglichkeiten der Gemeinden sprechen allerdings insbesondere folgende Überlegungen: Auf der einen Seite könnte eine Gemeinde ohne Verschuldungsfähigkeit notwendige Investitionen - insbesondere im Rahmen der Daseinsvorsorge - abseits von erhobenen Beiträgen und erhaltenen Investitionsförderungen nur durch vergangene Überschüsse bei den übrigen Deckungsmitteln finanzieren.[157] Ein absolutes Kreditaufnahmeverbot würde daher die Investitionsfähigkeit der Gemeinden stark einschränken. Gleichzeitig ist zu berücksichtigen, dass zukünftige Generationen ebenfalls von der Investition profitieren, sodass eine Belastung dieser durch Tilgung und Zinsen gerechtfertigt erscheint.[158] Auf der anderen Seite bedarf es einer Möglichkeit, im Fall kurzfristiger außergewöhnlicher Belastungen und daraus entstehender Liquiditätsengpässe die weitere Zahlungsfähigkeit zu sichern, ohne kurzfristig Abgaben zu erhöhen (und

---

[151] Beispielhaft zu nennen sind hier Benutzungsgebühren für die Abfallentsorgung, Straßenreinigung und Abwasserbeseitigung, vgl. MUTSCHLER und STOCKEL-VELTMANN (2017), S. 71. Aufgrund der hohen Bedeutung der Daseinsvorsorge für die Aufgabendefinition der Kommune (vgl. Kapitel 2.1) spielen Benutzungsgebühren auf der kommunalen Ebene eine hervorgehobene Rolle, vgl. BURGI (2015), § 18 Rn. 3.

[152] § 4 Abs. 2 KAG zählt hierzu sog. spezielle Amtshandlungen oder sonstige Tätigkeiten durch die Dienststellen der Verwaltung. Beispielhaft zu nennen sind hier Erlaubnisse und Genehmigungen sowie Beurkundungen und Bescheinigungen, vgl. MUTSCHLER und STOCKEL-VELTMANN (2017), S. 71.

[153] Vgl. § 8 Abs. 2 S. 1 KAG und §§ 127 ff. BauGB.

[154] Vgl. § 6 Abs. 3 S. 1 und § 8 Abs. 6 KAG.

[155] Vgl. § 5 Abs. 4, § 6 Abs. 1 S. 3 und § 8 Abs. 4 S. 2 KAG.

[156] Vgl. H. ZIMMERMANN (2016), S. 187. Aus betriebswirtschaftlicher Sicht handelt es sich bei einer Kreditaufnahme daher lediglich um eine Einzahlung, jedoch keine Einnahme und keinen Ertrag, vgl. L. BUCHHOLZ und GERHARDS (2016), S. 10 f.

[157] Vgl. STÜBER und KEYHANIAN (2013), S. 259.

[158] Vgl. DUVE (2008), S. 283, H. ZIMMERMANN (2016), S. 192, TRUGER (2015), S. 14.

2.3 Finanzierung der Aufgabenerfüllung

später wieder zu senken).[159] Aus diesen Überlegungen können auch die rechtlich zulässigen Kreditfinanzierungsarten der Gemeinden abgeleitet werden: die Aufnahme von Investitionskrediten nach § 86 Abs. 1 GO NRW[160] sowie als Ausnahmeregelung die Finanzierung durch Kredite zur Liquiditätssicherung nach § 89 Abs. 2 GO NRW. Trotz grundsätzlicher Zulässigkeit ist die Kreditaufnahme gem. § 77 Abs. 4 GO NRW nachrangig gegenüber allen anderen Finanzmitteln zu behandeln. An gleicher Stelle wird diese Subsidiarität jedoch relativiert, indem eine Abweichung von der Deckungsmittelrangfolge als zulässig erachtet wird, wenn eine andere Finanzierung wirtschaftlich unzweckmäßig ist (z. B. aufgrund erhöhter Folgelasten). Während die jährlich neu aufgenommenen Investitionskredite per Definition durch den Wert der zugrunde liegenden Investitionen (abzüglich des durch Beiträge und Investitionszuwendungen finanzierten Anteils) in ihrer Höhe begrenzt sind, existiert eine solch eindeutig nachprüfbare Beschränkung für die Liquiditätskredite nicht. § 89 Abs. 2 GO NRW öffnet damit ein sehr weites Feld für die Kreditaufnahme.[161] Hier greift lediglich die für die gesamte Kreditaufnahme geltende, jedoch nur schwer operationalisierbare Voraussetzung des § 86 Abs. 1 S. 2 GO NRW: Die Verpflichtungen müssen mit der dauerhaften Leistungsfähigkeit der Gemeinde vereinbar sein.[162]

Die sonstigen Finanzmittel bilden alle Deckungsmittel, die weder den Entgelten, noch den Steuern oder Krediten zugeordnet werden können. Neben Veräußerungserlösen, Zins- und Beteiligungserträgen, Mieten und Pachten, Konzessionsabgaben, Buß- und Zwangsgeldern etc. fallen hierunter insbesondere Finanzzuweisungen und Kostenerstattungen vom Land.[163] Als staatsrechtlicher Teil der Länder haben die Kommunen ein besonderes Verhältnis zu diesen, was sich auch auf die Finanzierung der Kommunalhaushalte erstreckt.[164] So müssen die Länder dafür Sorge tragen, dass den Gemeinden ein ausreichender Spielraum an eigenverantwortlicher Auf-

---

[159] Vgl. H. ZIMMERMANN (2016), S. 191. Abgesehen von der negativen Signalwirkung auf die Abgabepflichtigen unterliegt ein solches Vorgehen auch strengen rechtlichen Restriktionen. So sind z. B. Hebesatzänderungen für die Grund- und Gewerbesteuer immer nur für ein Jahr möglich und unterliegen Rückwirkungsbeschränkungen (§ 25 Abs. 2, 3 GrStG und § 16 Abs. 2, 3 GewStG). Im Bereich der Gebühren und Beiträge setzen indes das Äquivalenzprinzip und die Kostendeckung eine betragsmäßige Obergrenze.
[160] Unter einer Investition ist entsprechend der Auflistung in § 3 Abs. 1 Nr. 20-25 KomHVO NRW i. V. m. dem Vermögensgegenstandbegriff in § 34 Abs. 1 KomHVO NRW jegliche Schaffung von Anlagevermögen zu verstehen, vgl. MUTSCHLER und STOCKEL-VELTMANN (2017), S. 267. Ebenfalls nach § 86 Abs. 1 GO NRW zulässig, da es sich um keine Erhöhung der gesamten Kreditverbindlichkeiten handelt, sind Kreditaufnahmen zur Umschuldung.
[161] Vgl. HERRMANN (2011), S. 14 f.
[162] Eine vertiefende Auseinandersetzung mit den Kreditaufnahmeregelungen erfolgt in Kapitel 4.4.1.
[163] Vgl. MUTSCHLER (2015), S. 6, BURGI (2015), § 18 Rn. 7, T. I. SCHMIDT (2014), S. 274-278, BUHREN (2004), S. 25 f.
[164] Vgl. BAHADORI (2013), S. 176.

gabenwahrnehmung verbleibt.[165] Zur Ergänzung ihrer eigenen Einnahmequellen erhalten die Gemeinden daher allgemeine, d. h. frei verwendbare, und zweckgebundene Zuweisungen. Diese beruhen neben speziellen Investitionsprogrammen nach Art. 104a Abs. 4 GG und besonderen Titeln nach Art. 106 Abs. 8 GG primär auf dem kommunalen Finanzausgleich.[166] Gem. Art. 106 Abs. 7 S. 1 GG hat den Kommunen hierfür ein vom Landesgesetzgeber zu bestimmender Prozentsatz vom Länderanteil am Gesamtaufkommen der Gemeinschaftsteuern zuzufließen. Des Weiteren kann das Land die Gemeinden auch am Aufkommen seiner Landessteuern (z. B. der Grunderwerbsteuer) beteiligen.[167] Die genaue Ausgestaltung dieser Partizipation - nicht nur in Bezug auf die Höhe der Beteiligung, sondern auch auf den Verteilungsschlüssel u. Ä. - liegt laut Art. 106 Abs. 7 S. 2 GG i. V. m. Art. 79 S. 2 LV NRW im Regelungsbereich des Landes und erfolgt durch das jährlich neu aufgelegte GFG. Vordergründige Funktion des kommunalen Finanzausgleichs ist dabei ein vertikaler Ausgleich in der Form, dass eine Aufstockung der kommunalen Finanzmittel aus Landesmitteln zur Erfüllung ihrer Aufgaben erfolgt (sog. Fiskalfunktion).[168] Daneben soll der horizontale Finanzausgleich sicherstellen, dass Finanzkraftunterschiede zwischen den Kommunen zwar nicht vollständig, aber zumindest in einem gewissen Rahmen ausgeglichen werden (Distributivfunktion).[169] Dadurch sollen die Gemeinden in die Lage versetzt werden, vergleichbare Leistungen bei vergleichbarer Belastung der Abgabepflichtigen bereitzustellen.[170] In dem in NRW praktizierten Verbundquotenmodell bestimmt der Landesgesetzgeber über den Verbundsatz sowie die Frage nach der Einbeziehung von Landessteuern, wie hoch die jährlich verteilbare Finanzausgleichsmasse ausfällt. Da das Land über beide Komponenten primär in Abhängigkeit seiner eigenen Finanzsituation entscheidet, ist das System gegenüber den Aufgaben und damit verbundenen Belastungen der Kommunen blind; der Bestimmung der auf die Gemeindeebene insgesamt zu verteilenden Mittel liegt keinerlei Bedarfsanalyse dieser zugrunde.[171] Die verteilbare Masse wird anschließend in die sog. Schlüsselzuweisungen nach § 6 GFG 2019 als frei verwendbare Zuweisungen sowie weitere Pauschalen unterteilt.[172] Erst bei

---

[165] Vgl. SCHULZE (2011), S. 53.
[166] Vgl. BURGI (2015), § 18 Rn. 17.
[167] Vgl. Art. 106 Abs. 7 S. 2 GG.
[168] Vgl. WOLF-HEGERBEKERMEIER (2015), S. 228, THORMANN (2014), S. 1550.
[169] Vgl. GEIS (2016), S. 172, T. I. SCHMIDT (2014), S. 275. Es darf bei dieser Abmilderung der Finanzkraftunterschiede jedoch nicht zu einer Nivellierung bzw. Übernivellierung kommen, d. h. ein vollständiger Abbau der Finanzkraftunterschiede bzw. sogar eine veränderte Rangfolge der Gemeindefinanzkraft. In solchen Fällen würden den Gemeinden jegliche Anreize zur Verbesserung ihrer Finanzkraft genommen, vgl. TYSPER (2013), S. 85.
[170] Vgl. T. DÖRING und BRENNER (2017), S. 136.
[171] Vgl. WOLF-HEGERBEKERMEIER (2015), S. 228. Ein Berechnungsschema für die verteilbare Finanzausgleichsmasse findet sich in Anlage 1 zum GFG 2019.
[172] Die Schlüsselzuweisungen machen den mit Abstand größten Anteil aus. In 2019 betragen sie beispielsweise 10.415 Mio. EUR von 12.377 Mio. EUR an insgesamt verteilbarer Finanzausgleichsmasse, vgl. § 6 und Anlage 1 GFG 2019.

der Frage, wie viel eine einzelne Gemeinde von der sog. Schlüsselmasse erhält, erfolgt eine Berücksichtigung von Aufgabenbelastung und Finanzkraft.[173] Nach § 5 Abs. 1 S. 1, Abs. 2 GFG 2019 ist hierzu die Steuerkraftmesszahl (stellvertretend für die Finanzkraft) mit der Ausgangsmesszahl (stellvertretend für die Aufgabenbelastung) zu vergleichen; sobald Letztere geringer ausfällt, erhält die Gemeinde gem. § 7 Abs. 1 GFG 2019 Schlüsselzuweisungen zur Erreichung einer Grundfinanzausstattung in Höhe von (i. H. v.) 90 % des Unterschiedsbetrags. Während die Steuerkraftmesszahl nach § 9 GFG 2019 aus der Summe der Ist-Aufkommen der einzelnen Steuerarten[174] - allerdings bereinigt um individuelle Hebesätze - im Zeitraum 01.07. des Vorvorjahres bis 30.06. des Vorjahres gebildet wird, berechnet sich die Ausgangsmesszahl nach § 8 GFG 2019 aus der Anzahl der Einwohner, Schüler, Bedarfsgemeinschaften und sozialversicherungspflichtig Beschäftigten der Gemeinde sowie ggf. einem über dem Landesdurchschnitt liegenden Flächenanteil je Einwohner.

Wie oben bereits erläutert, sind die Kommunen gesetzlich zum Vollzug bestimmter Aufgaben verpflichtet (Pflichtaufgaben nach Weisung, weisungsfreie Pflichtaufgaben).[175] Seit der Föderalismusreform[176] ist eine Übertragung neuer Aufgaben durch den Bund an die Gemeinden zwar kategorisch ausgeschlossen,[177] das Land verfügt aber nach wie vor über diese Kompetenz.[178] Möglichkeiten, eine solche Auferlegung abzuwehren, haben die Gemeinden kaum.[179] Art. 78 Abs. 3 S. 2 LV NRW verlangt in solchen Fällen jedoch einen finanziellen Ausgleich im Rahmen der sonstigen Finanzmittel, wenn die Übertragung / Änderung zu einer wesentlichen Mehrbelastung der Kommune führt. Der Landesgesetzgeber muss gem. dieses sog. Konnexitätsprinzips bei der Aufgabenübertragung regeln, wie die hieraus entstehenden Mehrbelastungen auszugleichen sind.[180] Da der Gesetzeswortlaut des Art. 78 Abs. 3 S. 2 LV NRW von einem „entsprechende[n] finanzielle[n] Ausgleich" und nicht bloß einem angemessenen Ausgleich o. Ä. spricht, herrscht in NRW ein striktes und nicht bloß ein schwaches Konnexitätsprinzip, das grundsätzlich eine Vollkostenerstattung ohne kommunale Eigenanteile vom Land verlangt.[181] Das Konnexitätsprinzip soll damit Kommunen vor neuen oder veränderten Aufgaben ohne gleichzeitigen Belastungsausgleich schützen und trägt somit dem ökonomischen Gedanken bei der

---

[173] Vgl. GEIS (2016), S. 173.
[174] Einbezogen werden die Gewerbesteuer abzüglich der Gewerbesteuerumlage, die Grundsteuer A und B und die Gemeindeanteile an den Gemeinschaftsteuern, vgl. § 9 Abs. 2 GFG 2019.
[175] Vgl. Kapitel 2.1.
[176] Vgl. Gesetz zur Änderung des Grundgesetzes vom 28.08.2006.
[177] Vgl. Art. 84 Abs. 1 S. 7 und Art. 85 Abs. 1 S. 2 GG.
[178] Eine mittelbare Übertragung vom Bund auf die Gemeinden über den Umweg der Länder ist noch immer möglich, die Aufgaben werden dann aber wie vom Land übertragene behandelt, vgl. PINKL (2012), S. 133.
[179] Vgl. FRIELINGHAUS (2007), S. 70.
[180] Vgl. CRANSHAW (2007), S. 28.
[181] Vgl. GEIS (2016), S. 56, FRIELINGHAUS (2007), S. 74, T. I. SCHMIDT (2014), S. 30.

Aufgabenerfüllung Rechnung: Die Kosten sind von demjenigen zu tragen, der sie veranlasst.[182] Die Finanzierungslast wird also mit der Gesetzgebungskompetenz verknüpft.[183] Art. 78 Abs. 3 S. 5 LV NRW enthält einen Regelungsvorbehalt, indem er für die nähere Ausgestaltung der strikten Konnexität auf ein Landesgesetz verweist. Diese Konkretisierung erfolgt durch das KonnexAG. Hier wird auch geregelt, wie die Mehrbelastung durch eine neue oder veränderte Aufgabe ermittelt wird: „[Sie] ergibt sich durch die Verrechnung der geschätzten Kosten der Aufgabe (...) mit den geschätzten Einnahmen (...) und den geschätzten anderweitigen Entlastungen"[184]. Wenn im Rahmen dieser Kostenfolgeabschätzung eine Mehrbelastung ermittelt wurde, ist in einem entsprechenden Gesetz der Ausgleich mittels Pauschalzuweisungen auf Basis eines Verteilungsschlüssels zu regeln.[185]

---

[182] Vgl. SCHULZE (2011), S. 55.
[183] Vgl. HOFFMANN (2012), S. 132.
[184] § 3 Abs. 6 KonnexAG.
[185] Vgl. § 4 Abs. 1 KonnexAG. Der Gesetzesentwurf ist dabei den kommunalen Spitzenverbänden vorzulegen; versagen diese ihre Zustimmung, ist ein Konsensgespräch zu führen, bei dem das Land zur Untermauerung seines Ausgleichsvorschlags entsprechende Gutachten erstellen lassen kann, vgl. § 7 KonnexAG.

3 Das geltende System zur Sicherung der stetigen Aufgabenerfüllung

3.1 Vorüberlegungen

Wenn die Gemeinden das Ziel der Gemeinwohlförderung ihrer Einwohner verfolgen und insbesondere dort aktiv werden, wo das Marktgeschehen nicht zu den gewünschten Ergebnissen führt,[186] ist es essentiell, die Fähigkeit der Gemeinden zur kontinuierlichen Erfüllung ihrer Aufgaben zu sichern. Nur so kann garantiert werden, dass den zuvor umrissenen Tätigkeiten - insbesondere im Bereich der örtlichen Daseinsvorsorge - sowohl heute als auch in Zukunft nachgegangen und damit das Selbstverwaltungsrecht des Art. 28 Abs. 2 GG wahrgenommen werden kann. Aufgrund der staatsrechtlichen Zugehörigkeit der Gemeinden zu den Ländern[187] ist es Verfassungsauftrag der Letztgenannten, hierfür die passenden rechtlichen Rahmenbedingungen zu setzen.[188]

Aus der GO NRW kann identifiziert werden, welche Rechtsbereiche die Sicherung der stetigen Aufgabenerfüllung primär zum Gegenstand haben: Gem. § 75 Abs. 1 S. 1 GO NRW ist die stetige Aufgabenerfüllung zum einen im Rahmen des kommunalen Haushalts- und Rechnungswesens zu sichern,[189] während gem. § 11 GO NRW die Aufsicht des Landes über die Kommunen deren Pflichterfüllung sichert.[190] Beide Bereiche bilden damit das geltende System zur Sicherung der stetigen Aufgabenerfüllung und werden nachfolgend näher beleuchtet.[191]

---

[186] Vgl. Kapitel 2.1.
[187] Vgl. ebenfalls Kapitel 2.1.
[188] Vgl. SCHULZE (2011), S. 52, LANGE (2015), S. 457, sowie den Wortlaut in der Selbstverwaltungsgarantie des Art. 28 Abs. 2 S. 1 GG „im Rahmen der Gesetze".
[189] Vgl. Kapitel 3.2.
[190] Vgl. Kapitel 3.3.
[191] Streng genommen ist die Aufgabensicherung auch Gegenstand der Gemeindegebietsbemessung, vgl. § 15 GO NRW. Da dies jedoch ein einmaliger bzw. nur im Rahmen von Gebietsreformen wiederholter Rechtsakt ist, wird er in der vorliegenden Untersuchung nicht weiter berücksichtigt.

3.2 Sicherung im Kontext des Haushalts- und Rechnungswesens

3.2.1 Kommunale Haushaltswirtschaft

Unter den gesetzlich nicht definierten Begriff der Haushaltswirtschaft fallen sowohl die Bewirtschaftung der Haushaltsmittel - also die Generierung von Deckungsmitteln nach Maßgabe des § 77 GO NRW und der Einsatz dieser im Rahmen des Aufgabenvollzugs - als auch deren Vorbereitung und Abrechnung.[192] Die Haushaltswirtschaft stellt folglich einen geschlossenen Rechnungsverbund dar, indem sie sich von der Budgetierung über die Ausführung samt Dokumentation durch eine Buchführung bis hin zu einem periodischen Abschluss erstreckt.[193] Diese feste, sich wiederholende Abfolge kann auch als Haushaltskreislauf bezeichnet werden.[194]

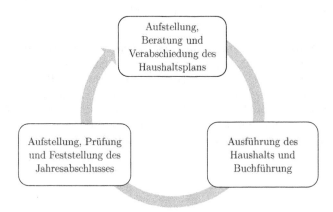

Abbildung 3.1: Der Haushaltskreislauf und die rollende Planung[195]

Die Rechtsvorschriften, die Vorgaben über diese Abfolge bzw. die einzelnen Teilschritte normieren, können unter dem Begriff des Haushaltsrechts subsumiert werden.[196] Die Budgetaufstellung erfolgt in Form des Haushaltsplans nach § 79 GO NRW. Als kommunale Vorschaurechnung[197] wird hierbei die Mittelbewirtschaf-

---
[192] Vgl. KÖHRMANN (2009), S. 21, BERNHARDT u. a. (2013), S. 9, MINISTERIUM FÜR INNERES UND KOMMUNALES NRW (2016), S. 240.
[193] Vgl. FLEIGE (1989), S. 70, KÖHRMANN (2009), S. 21.
[194] Vgl. BERNHARDT u. a. (2013), S. 9, und Abbildung 3.1.
[195] Vgl. SCHWARTING (2010), S. 313, LEIBINGER, R. MÜLLER und WIESNER (2017), S. 171.
[196] Vgl. HOPP-WIEL (2016), S. 16.
[197] Vgl. FLEIGE (1989), S. 71.

tung des Folgejahres geplant. Der Haushaltsplan wird von der Verwaltung entworfen, von der Vertretungskörperschaft beraten und beschlossen und zuletzt der Kommunalaufsicht vorgelegt.[198] Zeitlich gesehen beginnt die Planung häufig im Frühjahr vor dem entsprechenden Haushaltsjahr.[199] Der Haushaltsplan selbst ist Teil der Haushaltssatzung,[200] die aus rechtlicher Sicht die eigentliche Grundlage der Bewirtschaftung im Planjahr darstellt.[201] Haushaltssatzung und damit Haushaltsplan binden die Gemeindeverwaltung im Innenverhältnis:[202] Die veranschlagten Mittelabflüsse stellen Ermächtigungen des Rates in Form von Obergrenzen dar, die veranschlagten Zuflüsse hingegen zu erreichende Ziele (bei denen eine Überschreitung natürlich grundsätzlich unbedenklich ist).[203] Der Haushaltsplan erfüllt folglich eine administrative Lenkungsfunktion, indem er die der Verwaltung zugänglichen Mittel begrenzt und deren Verwendung festlegt.[204] Eine Entsprechung eines solchen Ermächtigungssystems ist in der Privatwirtschaft nicht zu finden, da die Planung dort überwiegend eine interne Angelegenheit ohne gesetzliche Vorgaben ist.[205] Wenngleich die Gemeinde verpflichtet ist, neben dem nächsten Haushaltsjahr auch die drei darauf folgenden Jahre im Rahmen der mittelfristigen Haushaltsplanung nach § 84 GO NRW zu planen, haben die Ansätze dieser drei Jahre keine Verbindlichkeit, sondern dienen lediglich als Orientierung und Basis für die Fortschreibung zukünftiger Planungen.[206] Mit Beginn eines Haushaltsjahres wird der geplante Haushalt entsprechend der Vorgaben des Haushaltsplans ausgeführt, wobei durch die Buchführung systematisch und lückenlos alle relevanten Geschäftsvorfälle aufgezeichnet werden.[207] Die Buchführung liefert die Daten und Informationen für die Aufstellung des Jahresabschlusses, durch den das Ergebnis der Haushaltswirtschaft nachgewiesen und kontrolliert wird. Der Jahresabschluss stellt damit als Gegenstück zum Haushaltsplan eine kommunale Nachschaurechnung dar.[208] Damit die Ausführung des Haushaltsplans nachgewiesen werden kann,

---

[198] Vgl. BRÜNING (2014), S. 241
[199] Vgl. BERNHARDT u. a. (2013), S. 61. Ein Haushaltsjahr erstreckt sich über ein Kalenderjahr, vgl. § 78 Abs. 4 GO NRW.
[200] Vgl. 78 Abs. 2 GO NRW.
[201] Vgl. BURGI (2015), § 18 Rn. 20. Haushaltssatzung und Haushaltsplan sollen dementsprechend spätestens einen Monat vor Beginn des Planjahres, d. h. bis zum 30.11. des aktuellen Jahres, beschlossen und zur Anzeige gebracht werden, vgl. § 80 Abs. 5 S. 2 GO NRW.
[202] Vgl. 79 Abs. 3 GO NRW.
[203] Vgl. MUTSCHLER und STOCKEL-VELTMANN (2017), S. 153.
[204] Vgl. MUTSCHLER und STOCKEL-VELTMANN (2017), S. 151.
[205] Vgl. HEILING (2014), S. 236.
[206] Dies ergibt sich aus dem Wortlaut des § 79 Abs. 3 GO NRW. Dennoch werden zum Teil Rechtsfolgen an die Ergebnisse der mittelfristigen Planung geknüpft, vgl. insbesondere die Erläuterungen zum Haushaltssicherungskonzept in Kapitel 3.3.2.2. Die mittelfristige Haushaltsplanung wird gem. § 6 KomHVO NRW auf die jährlich per Erlass zur Verfügung gestellten Orientierungsdaten gestützt, vgl. aktuell für 2019 bis 2022 RUNDERLASS DES MINISTERIUMS FÜR HEIMAT, KOMMUNALES, BAU UND GLEICHSTELLUNG NRW vom 02.08.2018.
[207] Vgl. § 28 Abs. 1 KomHVO NRW.
[208] Vgl. FLEIGE (1989), S. 91.

folgen Planung und Rechnungslegung der gleichen Struktur, insbesondere in Hinblick auf die verwendeten Rechengrößen und Rechenregeln.[209] Da sich die politischen Diskussionen aufgrund der administrativen Lenkungsfunktion des Haushaltsplans überwiegend auf diesen beziehen, spielt der Jahresabschluss eine wesentlich kleinere Rolle als die Haushaltssatzung einschließlich des Haushaltsplans.[210] Die Aufstellung, Prüfung und endgültige Feststellung des Jahresabschlusses[211] erfolgt im auf das betroffene Haushaltsjahr folgenden Jahr. Insgesamt erstreckt sich der Haushaltskreislauf damit regelmäßig über zweieinhalb bis drei Jahre.[212] Die dabei im Fokus stehende Haushaltsplanung kann daher als periodische, rollende Planung klassifiziert werden.[213]

3.2.2 Die stetige Aufgabenerfüllung als Objekt des Haushalts- und Rechnungswesens

Der Gesetzgeber führt in § 75 GO NRW eine Reihe von allgemeinen Grundsätzen auf, nach denen die Gemeinden ihre Haushaltswirtschaft auszurichten haben.[214] In der Reihenfolge ihrer Nennung sind dies:

- Sicherung der stetigen Aufgabenerfüllung (§ 75 Abs. 1 S. 1 GO NRW).

- Wirtschaftliche, effiziente und sparsame Haushaltsführung (§ 75 Abs. 1 S. 2 GO NRW).

- Berücksichtigung der Erfordernisse des gesamtwirtschaftlichen Gleichgewichts (§ 75 Abs. 1 S. 3 GO NRW).

- Haushaltsausgleich (§ 75 Abs. 2 S. 1 GO NRW).

- Sicherung der Liquidität einschließlich Investitionsfinanzierung (§ 75 Abs. 6 GO NRW).

- Verbot der Überschuldung (§ 75 Abs. 7 GO NRW).

---

[209] Vgl. FUDALLA, MÜHLEN und WÖSTE (2011), S. 14.
[210] Vgl. BALS und FISCHER (2014), S. 188.
[211] Die Prüfung hat grundsätzlich durch eine von der Gemeinde gem. § 101 GO NRW einzurichtende örtliche Rechnungsprüfung zu erfolgen. Alternativ kann die Gemeinde einen Wirtschaftsprüfer, eine Wirtschaftsprüfungsgesellschaft, die Gemeindeprüfungsanstalt oder die örtliche Rechnungsprüfung damit beauftragen, vgl. § 102 Abs. 1, 2 GO NRW. Die endgültige Feststellung des geprüften Jahresabschlusses erfolgt bis zum 31.12. des Folgejahres durch den Rat, vgl. § 96 Abs. 1 S. 1 GO NRW.
[212] Vgl. BERNHARDT u. a. (2013), S. 61.
[213] Vgl. zur rollenden Planung HAHN (1996), S. 81 f.
[214] Neben den allgemeinen Haushaltsgrundsätzen des § 75 GO NRW treten spezielle Haushaltsgrundsätze als Regeln für die Veranschlagung und flexible Mittelbewirtschaftung, vgl. MUTSCHLER und STOCKEL-VELTMANN (2017), S. 198.

3.2 Sicherung im Kontext des Haushalts- und Rechnungswesens

Da die gesamte Gemeindetätigkeit letztlich auf die dauerhafte Förderung des Wohls der Gemeindeeinwohner und die damit verbundenen Aufgaben gerichtet ist,[215] wird die Sicherung der stetigen Aufgabenerfüllung der Kommune nach § 75 Abs. 1 S. 1 GO NRW als oberster Haushaltsgrundsatz gesehen.[216] Die Kommune muss durch eine entsprechende Planung und Führung der Haushaltswirtschaft gewährleisten, dass sie ihre Aufgaben dauerhaft wahrnehmen und die Bürger mit kommunalen Leistungen versorgen kann.[217] Die stetige Aufgabenerfüllung kann daher als gesichert angenommen werden, wenn eine dauernde Leistungsfähigkeit der Gemeinde besteht.[218] Die zu sichernde stetige Aufgabenerfüllung umfasst sowohl die Pflichtaufgaben nach Weisung als auch die pflichtigen und freiwilligen Selbstverwaltungsaufgaben.[219]

Durch den Begriff der Stetigkeit wird die nachhaltige Ausrichtung dieses Grundsatzes deutlich: Es reicht nicht aus, lediglich die Aufgabenerfüllung des aktuellen bzw. geplanten (Folge-) Jahres sicherzustellen, sondern auch die Bedürfnisse der kommenden Jahre sind zu berücksichtigen.[220] Das Ziel der Gemeinwohlförderung - zu erreichen durch die Erfüllung der öffentlichen Aufgaben - bezieht sich nicht nur auf die aktuelle Generation, sondern beinhaltet auch stets die Förderung des Wohls zukünftiger Generationen.[221] Die Anforderung an die Haushaltswirtschaft, dass durch sie die stetige Aufgabenerfüllung möglich ist, bedeutet damit gleichzeitig, dass zukünftige Generationen nicht gegenüber aktuellen zu vernachlässigen sind: Auch für sie muss sichergestellt sein, dass die Gemeinde ihre öffentlichen Aufgaben vollumfänglich erfüllen kann. Eine Gefährdung zukünftiger Generationen könnte insbesondere drohen, wenn die Gemeinde heute verursachte finanzielle Lasten in die Zukunft verschiebt: Die zukünftige Gemeinde hätte dann u. U. nicht mehr genug Mittel, um alle öffentlichen Aufgaben weiterhin zu erfüllen; konkret würde also die stetige Aufgabenerfüllung gefährdet werden. Die Haushaltswirtschaft muss daher eine sog. intergenerative Gerechtigkeit gewährleisten.[222] Die Begriffe *Sicherung der stetigen Aufgabenerfüllung*, *dauerhafte Leistungsfähigkeit* und *intergenerative Gerechtigkeit* (im Folgenden auch vereinfachend *Generationengerechtigkeit* genannt) können daher weitestgehend synonym verwendet werden.

Fraglich ist, wie die bisher abstrakte Forderung nach einer Sicherung der stetigen Aufgabenerfüllung bzw. dauerhaften Leistungsfähigkeit und intergenerativer Gerechtigkeit operationalisiert, d. h. nachprüfbar und damit auch steuerbar gemacht

---

[215] Vgl. Kapitel 2.1.
[216] Vgl. KATZ (2011), S. 149, HOFFMANN (2012), S. 157 f.
[217] Vgl. SCHWARTING (2010), S. 75, HURLEBAUS (2013), S. 12.
[218] Vgl. MINISTERIUM FÜR INNERES UND KOMMUNALES NRW (2016), S. 485 f.
[219] Vgl. KNIRSCH (2011), S. 7.
[220] Vgl. KNIRSCH (2011), S. 7.
[221] Vgl. § 1 Abs. 1 S. 3 GO NRW.
[222] Vgl. INNENMINISTERIUM DES LANDES NRW (2009), S. 8, LÜDER (1999), S. 7.

werden kann. Einen ersten Ansatzpunkt liefert der Begriff der intergenerativen Gerechtigkeit. Zuerst einmal besteht hierbei die Schwierigkeit, einzelne Generationen voneinander abzugrenzen.[223] Dieses Problem kann umgangen werden, indem intergenerative Gerechtigkeit durch interperiodische Gerechtigkeit konkretisiert wird:[224] Wenn finanzielle Lasten nicht in spätere Perioden verschoben werden, ist sichergestellt, dass keine zukünftige Generation belastet wird. In einem nächsten Schritt ist zu überlegen, anhand welcher Größe festgemacht werden kann, ob eine Lastenverschiebung in eine spätere Periode vorliegt. Der Gesetzgeber greift dazu mit dem Haushaltsausgleich auf eine Größe zurück, die in der deutschen Finanzverfassung zentral verankert ist, also auch für Bund und Länder gilt,[225] und die finanzielle Grundvoraussetzung für ein funktionierendes Staatswesen bilden soll.[226] Das Oberziel *Sicherung der stetigen Aufgabenerfüllung* - und damit die Forderung nach dauerhafter Leistungsfähigkeit und Generationengerechtigkeit - wird also operationalisiert durch einen jährlich ausgeglichenen Haushalt.[227] Der Gesetzgeber hat dies nochmal explizit hervorgehoben, indem er den Haushaltsausgleich in § 75 Abs. 2 S. 1 GO NRW zu einem eigenständigen Grundsatz erhoben hat.[228] Der Haushalt soll danach in jedem Jahr sowohl in der Planung als auch der Rechnung (also der tatsächlichen Ausführung) ausgeglichen sein, indem die Erträge mindestens so groß wie die Aufwendungen ausfallen. Hinsichtlich dieser verwendeten Rechengrößen ist anzumerken: Da der periodische Haushaltsausgleich im Dienste des haushaltswirtschaftlichen Oberziels steht, muss er so ausgestaltet sein, dass bei seinem Verfehlen eindeutig auf eine Gefährdung der dauerhaften Leistungsfähigkeit und nicht erreichte Generationengerechtigkeit geschlossen werden kann.

Im in der Vergangenheit praktizierten kameralistischen Buchführungssystem wurde der Haushaltsausgleich über den Saldo der Rechengrößen Einnahmen und Ausgaben festgestellt.[229] Das hierbei zugrunde liegende Geldverbrauchskonzept weist

---

[223] Vgl. KÖHRMANN (2009), S. 11.
[224] Vgl. MÜLLER-OSTEN (2012), S. 106. Aufgrund des Jährlichkeitsprinzips der Haushaltswirtschaft gem. § 78 Abs. 4 GO NRW ist eine Periode mit einem Kalenderjahr gleichzusetzen.
[225] Vgl. Art. 109 Abs. 3 GG.
[226] Vgl. KATZ (2011), S. 145.
[227] Vgl. FUDALLA, TÖLLE u. a. (2011), S. 46. In der aktuellen vierten Auflage vertiefen FUDALLA, TÖLLE u. a. diese Thematik nicht mehr, weshalb in diesem Kapitel die dritte Auflage zitiert wird.
[228] Vgl. STRUMANN (2011), S. 23.
[229] Vgl. § 75 Abs. 3 GO NRW in der Fassung vom 03.02.2004, GVBl. NRW S. 96, und § 22 Abs. 1 GemHVO NRW in der Fassung vom 25.09.2001, GVBl. NRW S. 708, aufgehoben durch Art. 23 Nr. 1 NKFG NRW, sowie HOPP-WIEL (2016), S. 83-85. Dabei ist zu beachten, dass der Einnahme- / Ausgabebegriff der Kameralistik vom betriebswirtschaftlichen Verständnis dieser Größen abweicht. Während aus letztgenannter Perspektive die Zu- / Abnahme von Geldvermögen (Zahlungsmittel und Forderungen abzüglich Verbindlichkeiten) betrachtet wird, vgl. L. BUCHHOLZ und GERHARDS (2016), S. 9 f., knüpft die Entstehung von Einnahmen / Ausgaben in der Kameralistik grundsätzlich an das Kassenwirksamkeitsprinzip und berücksichtigt damit nur den Zu- / Abgang von Zahlungsmitteln. Da der Einnahme-

jedoch zentrale Schwächen in Bezug auf Verpflichtungen auf, die im betreffenden Jahr wirtschaftlich verursacht wurden, jedoch erst in einer späteren Periode zahlungswirksam werden bzw. zu Zahlungspflichten führen.[230] Beispielhaft zu nennen sind hier zum einen Pensionsansprüche, die während der Dienstzeit begründet und damit wirtschaftlich verursacht werden, jedoch erst ab dem Pensionseintritt zu Auszahlungen führen. Sie belasten in der Kameralistik nicht die Periode der wirtschaftlichen Verursachung, sondern spätere Jahre, in denen die Gebietskörperschaft ihrer Zahlungspflicht nachkommen muss. Dadurch entsteht ein Anreiz, den aktuellen Personalstamm tendenziell zu hoch zu halten, da der aktuellen Periode nur die Gehaltszahlungen zugerechnet werden, die Pensionsansprüche indes die Nachfolgegeneration belasten. Eine ähnliche Problemkonstellation ergibt sich im Zusammenhang mit Instandhaltungsarbeiten, z. B. an Straßen, Gebäuden etc.: Da in der Kameralistik lediglich die tatsächlich durchgeführten und zu bezahlenden Arbeiten den Haushalt belasten, erwecken nicht durchgeführte Instandhaltungen den Eindruck einer verbesserten Haushaltslage. Hier entsteht ein Anreiz, die Arbeiten so weit wie möglich aufzuschieben und sie dadurch Nachfolgegenerationen aufzubürden. Dies wirkt sich umso stärker aus, als dass bei dauerhafter Unterlassung die Anlagen nachhaltige Schäden nehmen können, deren Beseitigung u. U. teurer ausfallen kann als eine laufende Pflege. Durch die reine Zahlungsorientierung begünstigt es ein kameralistisch ausgestalteter Haushaltsausgleich daher, auf Kosten nachfolgender Generationen zu wirtschaften, indem Belastungen in die Zukunft verschoben werden.[231] Eine intergenerative Gerechtigkeit kann damit nicht erreicht werden.[232] Stattdessen schränken in die Zukunft verschobene Verpflichtungen die dortigen Generationen ein, die diese ihnen wirtschaftlich nicht zuzurechnenden Lasten entweder über erhöhte Abgaben finanzieren oder eine Einschränkung des gemeindlichen Leistungsangebots in Kauf nehmen müssen. Aus heutiger Sicht würde damit eine Gefährdung der stetigen Aufgabenerfüllung und damit eine Verletzung des obersten Haushaltsgrundsatzes vorliegen.

Aus diesen Überlegungen heraus hat die STÄNDIGE KONFERENZ DER INNENMINISTER UND -SENATOREN DER LÄNDER in ihrer 173. Sitzung am 21.11.2003 beschlossen, ein neues kommunales Rechnungswesen einzuführen.[233] Vorreiter bei

---

/ Ausgabebegriff aber an formale Kriterien des Haushaltsrechts gebunden ist, besteht auch keine vollkommene Deckung mit dem betriebswirtschaftlichen Einzahlungs- / Auszahlungsbegriff. So werden beispielsweise Steuereinzahlungen, über die die Gebietskörperschaft keine Ertragshoheit hat, nicht als Einnahmen geführt, während lediglich organisationsinterne Zahlungsströme teilweise als Ausgaben gelten, z. B. die Zuführung von Überschüssen in eine Rücklage. Vgl. HENKES (2008), S. 9, STÜBER und KEYHANIAN (2013), S. 256 f. Vgl. vertiefend zur Kameralisitik HOMANN (2005), S. 70-83.

[230] Vgl. KÖHRMANN (2009), S. 9.
[231] Vgl. HENKES (2008), S. 457, KÖHRMANN (2009), S. 10, KLIEVE (2016), S. 205.
[232] Vgl. BURTH (2015), S. 16 f.
[233] Vgl. STÄNDIGE KONFERENZ DER INNENMINISTER UND -SENATOREN DER LÄNDER (2003), S. 19-21.

der Umsetzung ist das Land NRW gewesen, das am 16.11.2004 das NKFEG NRW beschlossen hat.[234] Grundlage hierfür waren die Ergebnisse des seit 1999 laufenden und 2003 abgeschlossenen Modellprojekts zur Einführung eines doppischen Kommunalhaushalts in NRW.[235] Wesentliches Ziel des Neuen Kommunalen Finanzmanagements (NKF) ist die Förderung der intergenerativen Gerechtigkeit.[236] Dazu soll eine Abkehr vom Geldverbrauchs- zugunsten eines Ressourcenverbrauchskonzepts erfolgen, indem die Buchführung vom kamerlistischen auf ein doppisches System umgestellt wird.[237] Diesem Schritt liegt die Überlegung zugrunde, dass Generationengerechtigkeit in finanzieller Hinsicht nur erreicht werden kann, wenn der Ressourcenverbrauch einer Periode durch das Ressourcenaufkommen in dieser gedeckt werden kann.[238] Nur so kann sichergestellt werden, dass eine Kommune keinen Fehlbetrag in Form eines überhöhten Verbrauchs finanzieller Ressourcen anhäuft, der die Handlungsspielräume zukünftiger Generationen - und damit auch die stetige Aufgabenerfüllung - einschränkt bzw. gefährdet.[239] Rechengrößen des periodischen Haushaltsausgleichs sind damit nicht mehr die kameralistischen Einnahmen und Ausgaben, sondern Aufwendungen - d. h. der Werteverzehr in Form verursachungsgerecht periodisierter Ausgaben für während der Abrechnungsperiode eingesetzte Produktionsfaktoren - sowie Erträge - also der Wertezugang in Form der einer Periode wirtschaftlich zuzurechnenden Einnahmen aus der Leistungserbringung.[240] Mit einem so ausgestalteten Haushaltsausgleich erhält eine erfolgsorientierte Bedingung Einzug in das kommunale Haushalts- und Rechnungswesen.[241] Das Ziel

---

[234] Da die Reform des kommunalen Rechnungswesens Sache der Länder ist, wird die Umstellung nicht einheitlich gehandhabt, vgl. HOFFMANN (2012), S. 156, BURTH (2015), S. 14.
[235] Vgl. MODELLPROJEKT DOPPISCHER KOMMUNALHAUSHALT IN NRW (2003).
[236] Daneben sollen insbesondere erhöhte Transparenz durch mehr Übersichtlichkeit und Verständlichkeit des Zahlenwerks für die Bürger, verbesserte Steuerungsmöglichkeiten im Rahmen einer Produktorientierung (vgl. Kapitel 3.2.5) sowie die Fähigkeit zur Aufstellung eines kommunalen Konzernabschlusses (vgl. Kapitel 3.2.7) ermöglicht werden, vgl. LANDTAG NRW DRUCKSACHE 13/5567 vom 18.06.2004, S. 2, KÖHRMANN (2009), S. 8-19.
[237] Vgl. F. MÜLLER (2011), S. 159.
[238] Vgl. KÖHRMANN (2009), S. 11.
[239] Vgl. SCHWARTING (2010), S. 77.
[240] Vgl. zur Definition von Aufwand und Ertrag insbesondere SCHMALENBACH (1933), S. 113, 124, 126, oder auch SCHWEITZER (1986), S. 53 f., aus dem neueren Schrifttum beispielsweise MUMM (2016), S. 40, L. BUCHHOLZ und GERHARDS (2016), S. 11, MÖLLER, HÜFNER und KETTENISS (2018), S. 77, R. BUCHHOLZ (2016), S. 24 f. Im Gegensatz zu einigen Befürchtungen aus Praxis und Wissenschaft wird der Haushaltsausgleich durch die doppische Prägung natürlich nicht zwangsläufig schwieriger. So begründet A. FABER (2005), S. 934, diese Aussage mit in der Kameralistik unbekannten Abschreibungen und Rückstellungen. Hierbei handelt sich aufgrund der verursachungsgerechten Periodisierung lediglich um zeitliche Verschiebungen im Vergleich zu den Anschaffungsauszahlungen bzw. Pensionszahlungen der Kameralistik. Selbst unentgeltlich erworbenes und mit dem Zeitwert zu aktivierendes Vermögen (z. B. eine Sachschenkung) belastet den Haushalt periodenübergreifend gesehen nicht stärker, als in der Kameralistik, da die Abschreibungen durch korrespondierende Erträge gedeckt werden, vgl. § 44 Abs. 5 KomHVO NRW.
[241] Vgl. SCHUSTER (2006), S. 51.

besteht dabei jedoch nicht in einer Gewinnmaximierung, sondern in der Deckung der Aufwendungen eines Haushaltsjahres durch Erträge in mindestens gleicher Höhe.[242] Der doppische Haushaltsausgleich betont damit die im obersten Haushaltsgrundsatz geforderte langfristige und nachhaltige Perspektive der kommunalen Haushaltswirtschaft.[243] Durch den doppischen Haushaltsausgleich werden die bis dahin unbestimmten Begriffe *Sicherung der stetigen Aufgabenerfüllung, dauerhafte Leistungsfähigkeit* und *Generationengerechtigkeit* im Detail operationalisiert: Interperiodische Gerechtigkeit ist zunächst danach erreicht, wenn der doppische Haushalt eines Jahres ausgeglichen ist, *Generationen*gerechtigkeit, die dauerhafte Leistungsfähigkeit und damit die stetige Aufgabenerfüllung sind hingegen als gesichert anzusehen, wenn der Haushalt dauerhaft, d. h. nicht nur in einem Jahr, sondern fortlaufend ausgeglichen ist.[244] Mit „dauerhaft" muss dabei mindestens eine Abdeckung des Planungshorizonts, im Normalfall also der mittelfristige Planung (Planjahr plus drei weitere Jahre), gemeint sein.[245]

Eine solch erfolgsorientierte Zielsetzung bedeutet, dass die Gemeinde mindestens einen Erhalt des Reinvermögens bzw. Eigenkapitals erreichen soll.[246] Die Forderung nach intergenerativer Gerechtigkeit lässt sich daher auch als erfüllt ansehen, wenn das von einer Generation empfangene Vermögen in gleicher Höhe an die Nachfolgegeneration weitergegeben werden kann.[247] Zu beachten ist, dass hierunter - im Gegensatz zu einigen Literaturauffassungen[248] - der Reinvermögenserhalt und nicht der absolute Erhalt der Vermögensgegenstände zu verstehen ist. Nicht mehr benötigtes Vermögen, z. B. resultierend aus dem demographischen Wandel, kann abgestoßen werden, solange keine Veräußerungsverluste zu einem Verzehr des Eigenkapitals führen. Das Gemeindehaushaltsrecht verfolgt damit explizit das Ziel der Nominalkapitalerhaltung, wonach das Eigenkapital betragsmäßig auf sei-

---

[242] Vgl. § 75 Abs. 2 S. 2 GO NRW.
[243] Vgl. KATZ (2011), S. 146.
[244] Vgl. FUDALLA, TÖLLE u. a. (2011), S. 46, und ähnlich auch DÜLK (2016), S. 165-167. Vgl. ebenfalls GNÄDINGER und HILGERS (2010), S. 191, und FISCHER und GNÄDINGER (2009), S. 289, der die dauerhafte Leistungsfähigkeit hierzu negativ abgrenzt. Zu beachten ist, dass sich Generationengerechtigkeit und Leistungsfähigkeits- bzw. Aufgabensicherung mittels eines doppischen Haushaltsausgleichs nur auf die finanzielle Perspektive beziehen. Die Frage, ob die Gemeinde auch in Zukunft in der Lage sein wird, ihre Aufgaben umfassend wahrzunehmen, hängt allerdings nicht nur vom finanziellen Gleichgewicht ab, sondern auch von Faktoren, die sich nur bedingt aus dem Rechnungswesen ablesen lassen, wie z. B. der Sicherung des personellen Nachwuchses, dem Vorhandensein leistungsfähiger Organisationsstrukturen, Schritthalten mit dem technischen Fortschritt usw., vgl. SROCKE (2004), S. 240. Die vorliegende Untersuchung konzentriert sich jedoch auf die finanzielle Perspektive.
[245] Vgl. MINISTERIUM FÜR INNERES UND KOMMUNALES NRW (2016), S. 486, DÜLK (2016), S. 167.
[246] Vgl. SCHUSTER (2008), S. 28.
[247] Vgl. SROCKE (2004), S. 239.
[248] Vgl. z. B. FOLZ, MUTSCHLER und STOCKEL-VELTMANN (2017), S. 5, HURLEBAUS (2013), S. 120 f.

ner Ursprungshöhe beharren soll.²⁴⁹ Zu beachten ist, dass der Haushaltsausgleich auch durch die gesetzliche Fiktion des § 75 Abs. 2 GO NRW herbeigeführt werden kann, indem ein negatives Jahresergebnis durch die Inanspruchnahme einer aus vergangenen Überschüssen gebildeten Ausgleichsrücklage aufgefangen wird. Daraus lässt sich schlussfolgern, dass aus Sicht des Gesetzgebers eine solche Eigenkapitalverringerung, die einer früheren Erhöhung gegenübersteht, keine Auswirkungen auf die dauerhafte Leistungsfähigkeit der Gemeinde hat.²⁵⁰ Erst, wenn die Ausgleichsrücklage aufgebraucht ist, erfolgt ein schädlicher Eigenkapitalverzehr.²⁵¹

Eine Realkapitalerhaltung wird vom kommunalen Haushaltsrecht nicht gefordert. Dazu müsste der Haushaltsausgleich nach § 75 Abs. 2 GO NRW einen Überschuss der Erträge über die Aufwendungen verlangen, und zwar um den Betrag, der notwendig ist, um das Eigenkapital um die Inflationsrate zu steigern.²⁵² Für eine reale Kapitalerhaltung ist eine Gewinnerzielung notwendig, da später zu ersetzende Vermögensgegenstände mindestens inflationsbedingt einen höheren Wiederbeschaffungspreis haben können.²⁵³ Im Sinne der Generationengerechtigkeit ist eine Realkapitalerhaltung daher auf den ersten Blick dringend geboten, damit die zukünftige Generation nicht eingeschränkt wird. Allerdings ist zu bedenken, dass bei einer Realkapitalerhaltung die aktuelle Generation nicht nur zur Deckung des durch sie verursachten Aufwands - z. B. die Abschreibungen des ihnen zugute kommenden

---

²⁴⁹ Vgl. FUDALLA, TÖLLE u. a. (2011), S. 46, HENKES (2008), S. 457, H.-J. SCHMIDT (2009), S. 350.

²⁵⁰ Vgl. KNIRSCH (2011), S. 11.

²⁵¹ Einen geplanten Haushaltsausgleich können Gemeinden seit dem Haushaltsjahr 2019 gem. § 75 Abs. 2 S. 4 GO NRW auch durch den sog. globalen Minderaufwand fingieren, indem sie ihre geplanten Aufwendungen bezüglich der Prüfung des Haushaltsausgleichs um 1 % der ordentlichen Aufwendungen niedriger ansetzen. Würden beispielsweise geplanten Erträgen i. H. v. 99 Mio. EUR geplante (ordentliche) Aufwendungen i. H. v. 100 Mio. EUR gegenüberstehen, kann der Haushaltsausgleich durch die fiktive Kürzung der Aufwendungen um 1 Mio. EUR als erreicht gelten. Würden die geplanten Erträge und Aufwendungen jedoch tatsächlich so realisiert werden, ergäbe sich spätestens beim Jahresabschluss ein nicht erreichter Haushaltsausgleich. Da es sich beim globalen Minderaufwand also lediglich um eine hinauszögernde Fiktion handelt, ist er strikt abzulehnen und wird in der vorliegenden Untersuchung nicht weiter berücksichtigt.

²⁵² Vgl. SCHILDBACH (1979), S. 123.

²⁵³ Bei einer Vermögensbewertung ausschließlich auf Basis historischer Anschaffungs- oder Herstellungskosten ist bis zum Ablauf der Nutzungsdauer eines Vermögensgegenstandes lediglich dieser ursprüngliche Betrag über Abschreibungen angespart worden, wenn die Kommune in jedem Jahr ein Ergebnis in Höhe von null erzielt hat, vgl. THOMMEN u. a. (2017), S. 305-307. Eine vollständige Refinanzierung des inflationsbedingt teureren Vermögensgegenstands ist damit nicht möglich. Streng genommen ist bei der Realkapitalerhaltung keine Gewinnerzielung notwendig, sondern ein nach wie vor ausgeglichenes Ergebnis, bei dem der Aufwand sich jedoch nicht aus einer Vermögensbewertung zu historischen Werten ergibt, sondern aus einer Art inflationsbedingter Fortschreibung. Vgl. hierzu SCHMALENBACH (1921), S. 413 f. In dem Gewinn ist daher ein sog. Scheingewinn enthalten, vgl. SCHILDBACH (1995), S. 598 f. SCHMALENBACH (1933), S. 267, sieht hierfür die Einrichtung eines passiven Geldentwertungskontos vor.

3.2 Sicherung im Kontext des Haushalts- und Rechnungswesens

Anlagevermögens - herangezogen wird, sondern sie auch das von zukünftigen Generationen genutzte Vermögen mitfinanzieren müsste. Die aktuelle Generation würde dadurch stärker belastet, als der von ihr verursachte Ressourcenverbrauch es verlangt. Zudem ist zu berücksichtigen, dass die zukünftige Kommune im Zeitpunkt der Wiederbeschaffung zum höheren Preis einen Investitionskredit in Höhe der absoluten Preissteigerung aufnehmen kann.[254] Dieser Kredit verursacht Zinsaufwendungen, die von dieser zukünftigen Generationen zu decken sind, da sie von dem (teureren) Vermögensgegenstand profitiert.[255] Eine Forderung nach einer Realkapitalerhaltung ist unter Berücksichtigung des Generationengerechtigkeitsaspekts daher kritisch zu sehen.[256] Davon abgesehen stellt sich bei einer Realkapitalerhaltung die Frage, wie die Inflationsrate, um die das Eigenkapital zu steigern ist, ermittelt wird. Sind Vermögensgegenstände beispielsweise erst in mehreren Jahrzehnten zu ersetzen, ist eine Inflationsrate basierend auf einem in der Vergangenheit ermittelten Wägungsschema (wie beispielsweise dem Verbraucherpreisindex auf Basis des Wägungsschemas 2010)[257] ebenfalls kritisch zu sehen.

Aus den bisherigen Überlegungen zum Haushaltsausgleich und Nominalkapitalerhalt folgt konsequenterweise ein in den Haushaltsgrundsätzen kodifiziertes Verbot einer bilanziellen Überschuldung.[258] In einer solchen Situation, die durch wiederholt unausgeglichene Haushalte - und damit Jahre der Vernachlässigung der Generationengerechtigkeitsforderung - entsteht, ist die dauerhafte Leistungsfähigkeit der Gemeinde stark gefährdet.[259]

Die abstrakte Forderung nach einer Sicherung der stetigen Aufgabenerfüllung wird nicht nur durch die Haushaltsgrundsätze *Haushaltsausgleich* und *Überschuldungsverbot* konkretisiert, sondern auch durch die Forderung nach einer Sicherung der Liquidität (einschließlich der Investitionsfinanzierung) nach § 75 Abs. 6 GO NRW. Begründet werden kann diese Forderung damit, dass die erstgenannten Grundsätze sich ausschließlich auf ergebnisorientierte Rechengrößen beziehen und die tatsächlich vorhandenen Zahlungsmittel zur Bedienung von Verbindlichkeiten in einem Zeitpunkt außer acht lassen. Ohne ausreichende Zahlungsmittel ist die stetige Aufgabenerfüllung der Gemeinde jedoch ebenfalls gefährdet.[260] Eine Gemeinde, die aufgrund eines vorübergehenden Engpasses bei den liquiden Mitteln beispielsweise keine Sozialhilfe auszahlen kann, verstößt unzweifelhaft gegen eine ihrer Pflichtaufgaben. Weiter detailliert wird dieser Haushaltsgrundsatz durch § 31 Abs. 6

---

[254] Vgl. Kapitel 2.3.
[255] Vgl. DUVE (2008), S. 283, H. ZIMMERMANN (2016), S. 192, TRUGER (2015), S. 14.
[256] Vgl. so auch MÜHLENKAMP und GLÖCKNER (2010), S. 497.
[257] Vgl. zur Berechnung des Verbraucherpreisindex STATISTISCHES BUNDESAMT (2013). Seit 2019 wird die Berechnung auf das Wägungsschema 2015 gestützt.
[258] Vgl. § 75 Abs. 7 S. 1 GO NRW. Nach S. 2 liegt diese vor, wenn das Eigenkapital vollständig aufgezehrt ist, d. h., die Wertansätze der Schulden mindestens so groß sind wie des Vermögens.
[259] Vgl. BERNHARDT u. a. (2013), S. 148.
[260] Vgl. BERNHARDT u. a. (2013), S. 148.

KomHVO NRW, der eine unterjährige Liquiditätsplanung zur Sicherung der Zahlungsfähigkeit fordert. Der Grundsatz der Liquiditätssicherung stellt damit eine strenge Nebenbedingung der kommunalen Haushaltswirtschaft dar: Während beispielsweise ein in einem Jahr verfehlter Haushaltsausgleich nicht automatisch zur sofortigen Unfähigkeit der Aufgabenerfüllung führt, sondern regelmäßig erst die der Zukunft gefährdet, ist bei nicht vorhandener Liquidität die Aufgabenerfüllung unmittelbar eingeschränkt.

Einen weiteren Beitrag zur Sicherung der stetigen Aufgabenerfüllung soll auch die Forderung nach Wirtschaftlichkeit, Effizienz und Sparsamkeit der Haushaltswirtschaft in § 75 Abs. 1 S. 2 GO NRW liefern. Diese Größen dienen als Verfahrensmaßstäbe für Einzelmaßnahmen im Rahmen der Aufgabenerfüllung.[261] Die Wirtschaftlichkeit als Relation zwischen Ergebnis und dafür aufgebrachtem Mitteleinsatz überschneidet sich inhaltlich mit der Effizienzforderung.[262] Im Schrifttum wird deshalb vielmehr die Berücksichtigung der Effektivität gefordert, d. h. die Betrachtung des Zielerreichungsgrades.[263] Die Sparsamkeit ist nach überwiegender Meinung nicht als vorrangiger Maßstab zu sehen, der teure (d. h. beispielsweise mit hohen Anschaffungsauszahlungen verbundene) Maßnahmen, die aber langfristig wirtschaftlich sind, ausschließt. Stattdessen wird er vom Wirtschaftlichkeitsgrundsatz im Sinne einer langfristigen Sparsamkeit umschlossen.[264] Im Ergebnis bleibt den kommunalen Entscheidungsträgern aufgrund der fehlenden Legaldefinition der Begriffe jedoch ein großer Beurteilungs- und Entscheidungsspielraum.[265]

Der verbleibende der anfangs aufgeführten Haushaltsgrundsätze, die Beachtung des gesamtwirtschaftlichen Gleichgewichts gem. § 75 Abs. 1 S. 3 GO NRW, trägt als einziger nicht unmittelbar zum Oberziel der Aufgabensicherung bei. Über diesen Grundsatz erfolgt eine Einbettung der gemeindlichen Haushaltswirtschaft in die staatliche Konjunkturpolitik.[266] Eine Konkretisierung erfolgt durch § 16 i. V. m. § 1 StabG, wonach Bund, Länder und Kommunen ihre Maßnahmen so zu treffen haben, dass sie den wirtschaftspolitischen Zielen des sog. magischen Vierecks[267] - stabiles Preisniveau, hoher Beschäftigungsstand, außenwirtschaftliches Gleichgewicht und angemessenes und stetiges Wirtschaftswachstum - Rechnung tragen.

---

[261] Vgl. SCHWARTING (2010), S. 75, KATZ (2011), S. 147 f.
[262] Ein Unterschied lässt sich lediglich dahingehend feststellen, dass Effizienz ein allgemeiner Ausdruck für das Verhältnis von erbrachter Leistung und dafür benötigtem Ressourceneinsatz ist (und zwar unabhängig davon, ob auf Mengen- oder Wertgrößen abgestellt wird) während die Wirtschaftlichkeit - z. B. in Abgrenzung zur Produktivität - explizit auf ein Wertverhältnis abstellt, vgl. THOMMEN u. a. (2017), S. 46.
[263] Vgl. HURLEBAUS (2013), S. 12, TAUBERGER (2008), S. 8 f.
[264] Vgl. FLEIGE (1989), S. 62, BERNHARDT u. a. (2013), S. 152.
[265] Vgl. KNIRSCH (2011), S. 8.
[266] Vgl. KATZ (2011), S. 148.
[267] Vgl. zur genauen Begriffsbedeutung z. B. LENK und SESSELMEIER (2017), S. 467, ENGELKAMP und SELL (2017), S. 449.

3.2 Sicherung im Kontext des Haushalts- und Rechnungswesens

Eine dadurch möglicherweise implizierte Forderung nach antizyklischem Verhalten zum Ausgleich von Konjunkturschwankungen[268] kann aus Sicht vereinzelter Autoren zu Konflikten mit den anderen Haushaltsgrundsätzen führen.[269] Hieraus wird zum Teil geschlossen, dass dieser Grundsatz nur soweit zu berücksichtigen ist, wie dies im Rahmen der Aufgabenerfüllung überhaupt möglich ist.[270] Dagegen spricht neben der expliziten Kodifizierung dieses Grundsatzes allerdings die Existenz der Ausgleichsrücklage einschließlich der Möglichkeit des Haushaltsausgleichs durch eine Inanspruchnahme dieser in defizitären Jahren. Der Kommune wird dadurch antizyklisches Verhalten ermöglicht, ohne, dass sie den Haushaltsausgleich gefährdet und dadurch die dauerhafte Leistungsfähigkeit als bedroht gilt.

Insgesamt ergibt sich damit das in Abbildung 3.2 gezeigte Zusammenspiel der Haushaltsgrundsätze in Bezug auf das Ziel der Gemeinwohlförderung.

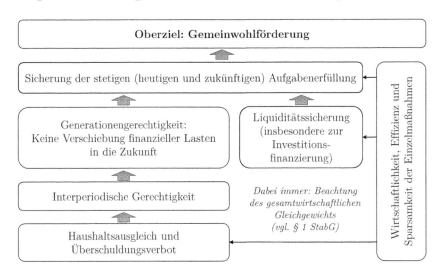

Abbildung 3.2: Zusammenspiel der Haushaltsgrundsätze

SCHUSTER charakterisiert die genannten Haushaltsgrundsätze folglich als eigenständige Formalziele, die bei der Verfolgung des Sachziels *Gemeinwohlförderung*

---

[268] Vgl. § 5 StabG, welcher die Berücksichtigung antizyklischer Fiskalpolitik bereits in der Haushaltsplanaufstellung des Bundes fordert. Vgl. stellvertrend für die Vielzahl diesbezüglicher Thematisierungen in der makroökonomischen Literatur DREWELLO, KUPFERSCHMIDT und SIEVERING (2018), S. 139, CONRAD (2017), S. 195-203, BARTLING und LUZIUS (2014), S. 250-256, unter gleichzeitiger Berücksichtigung der dortigen Kritik an einer nachfrageorientierten Wirtschaftspolitik.
[269] Vgl. z. B. BERNHARDT u. a. (2013), S. 149, SCHWARTING (2010), S. 78.
[270] Vgl. BERNHARDT u. a. (2013), S. 150.

berücksichtigt werden müssen.[271] Eine Vernachlässigung kann zu einer Gefährdung der dauernden Leistungsfähigkeit führen, was letztlich einschränkend auf die Sachzielerreichung wirkt.[272] Dadurch ist das oberste Ziel der Gemeinden auf die „wirtschaftliche, das Reinvermögen erhaltende, die Zahlungsfähigkeit sichernde (...), intergenerativ gerechte (...) Erfüllung bestimmter öffentlicher Aufgaben"[273] auszuweiten.

3.2.3 Sicherung der dauerhaften Leistungsfähigkeit durch das Haushaltssicherungskonzept

Im Falle eines unausgeglichenen Haushalts sieht die GO NRW unter bestimmten Voraussetzungen die Pflicht zur Aufstellung eines sog. Haushaltssicherungskonzepts (HSK) vor. In diesem sind Konsolidierungsmaßnahmen und deren Wirkungen aufzuführen, mit denen innerhalb eines vorgegebenen Zeitraums das Entstehen neuer Fehlbeträge vermieden und der Haushaltsausgleich wieder erreicht werden soll.[274] Dadurch soll die künftige, dauernde Leistungsfähigkeit der Gemeinde (wieder) erreicht werden.[275] Da die Gemeinde im HSK die Maßnahmen zur Wiederherstellung des Haushaltsausgleichs selbst wählt und ihr lediglich der Zeitraum bis zu dessen Erreichung verbindlich vorgegeben wird, ist der Eingriff in die kommunale Selbstverwaltung relativ gering.[276]

Die Aufstellungspflicht ergibt sich aus den Voraussetzungen des § 76 Abs. 1 GO NRW. Diese knüpfen allesamt an eine Verringerung der Allgemeinen Rücklage, welche eine von vier Unterpositionen des Eigenkapitals darstellt. Sie ist eine Residualgröße, d. h., sie bildet denjenigen Teil des Eigenkapitals, der nicht von

- der Sonderrücklage (gem. § 44 Abs. 4 KomHVO NRW insbesondere zu bilden für Zuwendungen, deren ertragswirksame Auflösung der Zuwendungsgeber ausgeschlossen hat),
- der Ausgleichsrücklage (gem. § 75 Abs. 3 GO NRW aus Jahresüberschüssen vergangener Haushaltsjahre zu bilden, sofern die Allgemeine Rücklage mindestens 3 % der Bilanzsumme ausmacht) und
- dem Jahresüberschuss / -fehlbetrag

---

[271] Formalziele stellen rechnerisch nachprüfbare Erfolgsziele dar, während Sachziele insbesondere als Leistungsziele verstanden werden können, vgl. EICHHORN und MERK (2016), S. 178, grundlegend KOSIOL (1968), S. 261 f.
[272] Vgl. SCHUSTER (2006), S. 43 f., 51.
[273] SCHUSTER (2006), S. 51.
[274] Vgl. BRÜNING (2014), S. 243.
[275] Vgl. § 76 Abs. 2 S. 1 GO NRW.
[276] Vgl. STOCKEL-VELTMANN (2010a), S. 39.

abgedeckt wird.[277] Zu einer Verringerung der Allgemeinen Rücklage kommt es daher, wenn Jahresfehlbeträge nicht mehr durch die Ausgleichsrücklage aufgefangen werden und dadurch zwangsläufig die Residualposition reduzieren. Eine solche Verringerung im Rahmen der mittelfristigen Haushaltsplanung oder des letzten Jahresabschlusses führt in einer der folgenden Konstellationen zu einer HSK-Aufstellungspflicht:[278]

1. Die Allgemeine Rücklage wurde bzw. wird voraussichtlich innerhalb eines Jahres um mehr als 25 % verringert.

2. Die Allgemeine Rücklage wurde bzw. wird voraussichtlich in zwei aufeinanderfolgenden Jahren jeweils um mehr als 5 % verringert.

3. Die Allgemeine Rücklage wurde bzw. wird voraussichtlich vollständig aufgebraucht.

Auch bei bereits vorliegender Überschuldung, d. h. einer aufgezehrten Allgemeinen Rücklage, ist entsprechend dieser Rechtslogik ein HSK aufzustellen.[279]

Der Zeithorizont zur Wiederherstellung eines ausgeglichenen Haushalts beträgt 10 Jahre und beginnt mit dem Haushaltsjahr, das ursächlich für die erstmalige HSK-Aufstellung ist.[280] Die Pflicht zur Wiederherstellung des Haushaltsausgleichs bezieht sich trotz dieser Maximalfrist auf den nächstmöglichen Zeitpunkt. Früh umsetzbare Konsolidierungsmaßnahmen dürfen also nicht gestreckt werden.[281]

Bei der erstmaligen Aufstellung eines HSK ist eine Beschreibung der Ausgangslage und der Defizitursachen voranzustellen.[282] Ausgangspunkt hierfür ist eine Bestandsaufnahme der von der Gemeinde wahrgenommenen Aufgaben, der daraus entstehenden Aufwendungen, der Verbindlichkeiten gegenüber Dritten sowie der Ertragsquellen.[283] Diese Ausgangslage ist auf Einspar- und Ertragssteigerungspotential zu analysieren.[284] Sämtliche daraus abgeleiteten Konsolidierungsmaßnahmen sind daraufhin im HSK unter Angabe der zu erwartenden Ergebnisverbes-

---

[277] Vgl. § 42 Abs. 4 Nr. 1 KomHVO NRW.
[278] Vgl. § 76 Abs. 1 GO NRW.
[279] Vgl. LEITFADEN DES INNENMINISTERIUMS NRW vom 06.03.2009, S. 49. Wenngleich dieser Erlass zum 30.09.2012 aufgehoben wurde, erlaubt der Folgeerlass vom 07.03.2013 bei den Prüfungsgegenständen eine Orientierung am alten Leitfaden, sofern dies nicht dem aktuellen Erlass entgegensteht, vgl. AUSFÜHRUNGSERLASS DES MINISTERIUMS FÜR INNERES UND KOMMUNALES NRW vom 07.03.2013, S. 2. Da im neuen Erlass die HSK-Voraussetzungen nicht weiter thematisiert werden, hat der alte Leitfaden diesbezüglich noch Gültigkeit.
[280] Vgl. § 76 Abs. 2 S. 3 GO NRW.
[281] Vgl. AUSFÜHRUNGSERLASS DES MINISTERIUMS FÜR INNERES UND KOMMUNALES NRW vom 07.03.2013, S. 6.
[282] Vgl. § 5 KomHVO NRW. Es genügt dazu nicht, auf allgemeine externe Belastungen zu verweisen, vgl. LEITFADEN DES INNENMINISTERIUMS NRW vom 06.03.2009, S. 26.
[283] Vgl. HOFFMANN (2012), S. 164.
[284] Vgl. HOFFMANN (2012), S. 164.

serungen und unter Nennung des voraussichtlichen Wirkungszeitpunkts aufzulisten.[285] Das so aufgestellte HSK ist anschließend zusammen mit dem restlichen Haushaltsplan auszuführen.[286]

Ab dem zweiten Aufstellungsjahr sind im fortgeschriebenen HSK Änderungen der Ausgangslage zu benennen. Weiterhin ist über den Umsetzungsstand zu berichten und durch einen Soll-Ist-Vergleich sind mögliche Planabweichungen darzustellen.[287] Ab dem Haushaltsjahr, in dem erstmals wieder eine Deckung der Aufwendungen durch die Erträge vorgesehen ist, endet die Aufstellungspflicht.[288]

3.2.4 Das Drei-Komponenten-System des Neuen Kommunalen Finanzmanagements

Im NKF findet ein integriertes Planungs-, Rechnungs- und Kontrollsystem Anwendung, das auf zentralen Elementen einer doppelten Buchführung aufbaut.[289] Trotz der damit verbundenen Abkehr vom Geld- zugunsten eines Ressourcenverbrauchskonzepts bleiben ausgewählte Elemente der Kameralistik auch in der kommunalen Doppik erhalten, allen voran eine Planung und Abrechnung der Ein- und Auszahlungen in einem eigenen Rechenwerk.[290] In der kommunalen Doppik wird also ein kaufmännisches Zwei-Komponenten-System in Form einer buchhalterisch verknüpften Bilanz und Gewinn- und Verlustrechnung mit einer kameralistisch geprägten Jahresrechnung auf Zahlungsebene kombiniert.[291] Das Ergebnis ist das sog. Drei-Komponenten-System, bestehend aus einer Bilanz, einer Ergebnisrechnung (als kommunales Pendant der Gewinn- und Verlustrechnung) sowie einer Finanzrechnung.[292] Im Gegensatz zur rein zahlungsmittelorientierten Kameralistik handelt es sich also um ein Planungs-, Rechnungs- und Kontrollsystem, welches zusätzlich zu den Ein- / Auszahlungen mit den Größen Ertrag / Aufwand und Vermögen / Kapital arbeitet.[293]

---

[285] Vgl. LEITFADEN DES INNENMINISTERIUMS NRW vom 06.03.2009, S. 26.
[286] Vgl. § 79 Abs. 2 S. 2, Abs. 3 GO NRW.
[287] Vgl. LEITFADEN DES INNENMINISTERIUMS NRW vom 06.03.2009, S. 26.
[288] Vgl. LEITFADEN DES INNENMINISTERIUMS NRW vom 06.03.2009, S. 25, KNIRSCH (2014), S. 2.
[289] Vgl. SCHUSTER (2008), S. 5.
[290] Vgl. SCHUSTER (2008), S. 5. Das beschriebene Rechenwerk ist zwar grundsätzlich mit der kaufmännischen Kapitalflussrechnung vergleichbar, unterscheidet sich aber durch eine unmittelbare Mitführung im laufenden Buchungsbetrieb, vgl. FUDALLA, TÖLLE u. a. (2017), S. 28.
[291] Vgl. HENKES (2008), S. 83.
[292] Vgl. Abbildung 3.3.
[293] Vgl. SCHUSTER (2008), S. 31.

3.2 Sicherung im Kontext des Haushalts- und Rechnungswesens

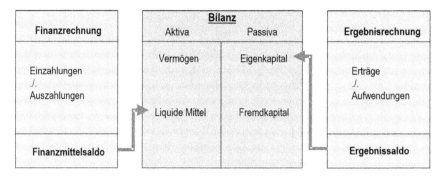

Abbildung 3.3: Drei-Komponenten-System[294]

Eine vollständige Abbildung des Drei-Komponenten-Systems erfolgt jedoch nur auf Ebene des Jahresabschlusses. Der Haushaltsplan umfasst lediglich einen Ergebnis- sowie einen Finanzplan, sieht jedoch keine Veröffentlichung einer Planbilanz vor.[295]

In der Bilanz werden Vermögen und Eigen- sowie Fremdkapital gegenübergestellt.[296] Die Ergebnis- und Finanzrechnung sind als Stromgrößenrechnungen über die Bilanz als Stichtagsrechnung verbunden, indem sich einerseits Bilanzpositionen auf Ergebnis- und Finanzrechnungsgrößen auswirken[297] und deren Salden andererseits die Bilanzpositionen Eigenkapital und liquide Mittel verändern.[298] Fallen Kassen- und Ergebniswirksamkeit in unterschiedliche Perioden, fungiert die Bilanz als Speichermedium für frühere Zahlungen (z. B. in Form von Anschaffungskosten eines Vermögensgegenstandes) oder als Gedächtnis für spätere (z. B. in Form von gebildeten Rückstellungen)[299] - sie zeigt in den Worten SCHMALENBACHS den „Kräftespeicher"[300] der bilanzierenden Organisation.

Im Ergebnisplan bzw. der Ergebnisrechnung werden das geplante bzw. realisierte Ressourcenaufkommen und der Ressourcenverbrauch abgebildet.[301] Durch den Jahresüberschuss / -fehlbetrag als Saldo der Ergebnisplanung bzw. -rechnung wird

---

[294] Vgl. MINISTERIUM FÜR INNERES UND KOMMUNALES NRW (2016), S. 205.
[295] Vgl. § 1 Abs. 1 KomHVO NRW. Zur Ermittlung der ergebnis- und kassenwirksamen Planwerte ist allerdings implizit eine Planbilanz nötig. So ist zur Planung der Abschreibungen des nächsten Jahres u. a. zu ermitteln, inwiefern es zu Zu- und Abgängen beim Anlagevermögen kommt.
[296] Vgl. § 42 Abs. 3, 4 KomHVO NRW.
[297] Beispielhaft zu nennen sind Abschreibungen, die sich aus den Anschaffungs- oder Herstellungskosten eines Vermögensgegenstandes errechnen.
[298] Vgl. KOSIOL (1976), S. 100, MUTSCHLER und STOCKEL-VELTMANN (2017), S. 170.
[299] Vgl. WÖHE (1986), S. 251, HENKES (2008), S. 85.
[300] SCHMALENBACH (1933), S. 121.
[301] Vgl. §§ 2, 39 KomHVO NRW sowie die Muster in den Anlagen 3 und 18 VVMGOGemHVO.

die erfolgsbedingte Eigenkapitalveränderung des Haushaltsjahres festgestellt und damit die Frage nach intergenerativer Gerechtigkeit beantwortet.[302] Eine Abbildung der Zahlungsströme des Haushaltsjahres und der dadurch erfolgten Veränderung der liquiden Mittel erfolgt indes im Finanzplan bzw. der Finanzrechnung.[303] Der Finanzmittelsaldo aus laufender Verwaltungstätigkeit ähnelt dabei weitestgehend dem kameralistischen Verwaltungshaushalt, während der Saldo aus Investitions- und Finanzierungstätigkeit Ähnlichkeit mit dem kameralistischen Vermögenshaushalt hat.[304] Im Wesentlichen entspricht der Aufbau der Finanzrechnung bzw. des Finanzplans dem der handelsrechtlichen Kapitalflussrechnung nach dem Deutsche Rechnungslegungs Standard (DRS) 21[305] und kann damit genau wie diese auf die Struktur nach BUSSE VON COLBE zurückgeführt werden.[306] Die Pflicht zur Aufstellung einer in den Buchungsverbund integrierten Finanzrechnung lässt sich u. a. mit der Bedeutung der Investitionstätigkeit für den kommunalen Haushalt erklären: Nur über den Finanzplan kann eine Ermächtigung der Investitionstätigkeit bei gleichzeitiger Feststellung des notwendigen Kreditbedarfs erfolgen.[307] Weder der Ergebnisplan noch eine Bilanz ermöglichen dies: Während Erstgenannter nur indirekte Folgen der Investitionstätigkeit in Form von Abschreibungen zeigt, bildet die Bilanz zwar grundsätzlich eine Mehrung des Anlagevermögens ab, jedoch verrechnet mit Abgängen und Abschreibungen. Um eine politische Beratung der Investitionsvorhaben im Rat zu ermöglichen und gleichzeitig der administrativen Lenkungsfunktion des Haushaltsplans gerecht zu werden, bedarf es daher eines gesonderten Investitions- und Finanzierungsnachweises in Form des Finanzplans bzw. der Finanzrechnung.[308]

3.2.5 Produktorientierung im NKF

Da die Gemeinde über ein sehr weites und heterogenes Aufgabenspektrum[309] verfügt, müssen Haushaltsplan und Jahresabschluss Aussagen dazu tätigen, auf welche Leistungsbereiche sie sich beziehen.[310] Nur so kann insbesondere der Haushaltsplan eine politische Programmfunktion erfüllen, d. h., im Haushaltsplan werden durch Mittelzuweisungen an bestimmte Aufgaben politische Schwerpunkte gesetzt.[311] Ei-

---

[302] Vgl. Kapitel 3.2.2.
[303] Vgl. §§ 3, 40 KomHVO NRW sowie die Muster in den Anlagen 4 und 20 VVMGOGemHVO.
[304] Vgl. FUDALLA, TÖLLE u. a. (2017), S. 27.
[305] Vgl. § 342 Abs. 2 HGB i. V. m. der Bekanntmachung des DRS 21 in BAnz. AT 08.04.2014 B2.
[306] Vgl. BUSSE VON COLBE (1966), S. 99-101. Vgl. zum DRS 21 vertiefend AMEN (2015), S. 27.
[307] Vgl. MUTSCHLER und STOCKEL-VELTMANN (2017), S. 175.
[308] Vgl. MINISTERIUM FÜR INNERES UND KOMMUNALES NRW (2016), S. 2038.
[309] Vgl. Kapitel 2.1.
[310] Vgl. MUTSCHLER und STOCKEL-VELTMANN (2017), S. 158.
[311] Vgl. BALS und FISCHER (2014), S. 82.

3.2 Sicherung im Kontext des Haushalts- und Rechnungswesens

ne aggregierte Planung einschließlich eines Gesamtnachweises über den Jahresabschluss reicht für die Festlegung von Handlungsschwerpunkten indes nicht aus.[312] Notwendig ist folglich eine Unterteilung von Ergebnis- und Finanzplan in jeweilige Teilpläne.

Indem der Ergebnis- und der Finanzplan zwar vielfältige Aussagen darüber machen, auf welche Art die Verwaltung Ressourcen verbrauchen darf (z. B. für Sach- und Dienstleistungen, Personal etc.), jedoch nicht, welche Leistungen damit erzeugt werden sollen, entsteht eine demokratisch nicht zu rechtfertigende Handlungsfreiheit der Verantwortlichen.[313] Es bedarf folglich einer Verbindung zwischen dem Ressourceninput und dem Leistungsoutput. Diese Verbindung soll das kommunale Produkt herstellen, welches zusammenhängende Einzelaktivitäten der Verwaltung bündelt.[314] Jedem Produkt können dessen Ressourcenbedarf sowie die damit zu erreichenden Ziele zugeordnet werden.[315] In der Konsequenz hat die Unterteilung von Ergebnis- und Finanzplan in Teilpläne daher nach Produkten zu erfolgen.

Der Produktbegriff hat im kommunalen Kontext eine zum Teil abweichende Bedeutung vom Produktbegriff in der Betriebswirtschaftslehre: Während das Produkt in Letztgenannter vereinfachend als „Bündel technisch-funktionaler Eigenschaften verstanden werden [kann], das dem Nachfrager einen Nutzen stiftet"[316] bezieht sich die kommunale Begrifflichkeit auf einen Aufgabenkomplex.[317] Das kommunale Produkt stellt damit das Ergebnis eines Verwaltungshandelns dar und kann als materielle oder immaterielle Leistung für Empfänger außer- oder innerhalb der Verwaltung definiert werden.[318] Es ist dabei unerheblich, ob der Empfänger einen gewinnbringenden, kostendeckenden, subventionierten oder gar keinen Preis zahlt und ob die Verwaltungshandlung freiwillig oder gezwungernermaßen in Anspruch genommen wird.[319] So kann ein kommunales Produkt beispielsweise auch in einem Steuerbescheid bestehen.

Nach § 79 Abs. 2 S. 1 GO NRW i. V. m. § 4 Abs. 1 KomHVO NRW werden Ergebnis- und Finanzplan nun mindestens in Teilpläne für 17 verbindliche Produktbereiche untergliedert.[320] Diese Produktbereiche können gemeindeindividuell

---

[312] Vgl. MUTSCHLER und STOCKEL-VELTMANN (2017), S. 158.
[313] Vgl. KOMMUNALE GEMEINSCHAFTSSTELLE FÜR VERWALTUNGSVEREINFACHUNG (1993), S. 20.
[314] Vgl. KOMMUNALE GEMEINSCHAFTSSTELLE FÜR VERWALTUNGSVEREINFACHUNG (1993), S. 21.
[315] Vgl. BALS und FISCHER (2014), S. 82.
[316] MEFFERT, BURMANN und KIRCHGEORG (2015), S. 362.
[317] Vgl. SCHUSTER (2008), S. 60.
[318] Vgl. HENKES (2008), S. 92.
[319] Vgl. HENKES (2008), S. 92.
[320] Vgl. Abbildung 3.4. Die inhaltliche Konkretisierung der Produktbereiche bzw. die gegenseitige Abgrenzung erfolgt über die Zuordnungsvorschriften in Anlage 5 VVMGOGemHVO. Die verbindliche Produktbereichsunterteilung ist nicht mit der verpflichtenden Anwendung eines

weiter in Produktgruppen und Produkte unterteilt werden.[321] I. V. m. der Verbindichkeit des Haushaltsplans für die kommunale Haushaltswirtschaft führt die Produktorientierung des § 4 KomHVO NRW zu einer sachlichen Bindung auf der von der Gemeinde gewählten untersten Gliederungsebene, d. h., eine Position im Teilplan stellt die für die Verwaltung verbindliche Ermächtigung zum Mitteleinsatz im jeweiligen Teilhaushalt dar.[322] Die administrative Lenkungsfunktion des Haushaltsplans wird hierdurch nochmal wesentlich erweitert.

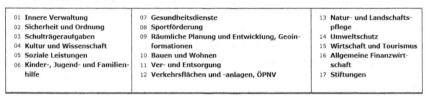

Abbildung 3.4: Produktbereiche im NKF[323]

Die Produktbereiche *01 Innere Verwaltung* und *16 Allgemeine Finanzwirtschaft* stellen sog. Sonderproduktbereiche dar. Der Produktbereich 01 bildet einen Sammelpool für interne Serviceleistungen (z. B. zentrale Druckereien, IT, Gebäudemanagement) und Steuerungsdienste (z. B. Rat, Bürgermeister, Controlling), bei denen es an einer Außenorientierung des Verwaltungshandelns mangelt. Eine Zurechnung zu den restlichen Produktbereichen kann die Gemeinde auf freiwilliger Basis und in selbst zu bestimmendem Umfang über eine interne Leistungsverrechnung vornehmen.[324] Der Produktbereich 16 ist hingegen notwendiges Korrelat des Gesamtdeckungsprinzips nach § 20 KomHVO NRW. Da Deckungsmittel ohne konkretes Leistung-Gegenleistung-Verhältnis (insbesondere Steuern, Umlagen und Schlüsselzuweisungen) keinem Aufgaben- und damit Produktbereich zugeordnet werden können, erfolgt hier eine Bündelung dieser Mittel. Der Produktbereich 16 hat dadurch regelmäßig die Aufgabe, andere defizitäre Produktbereiche zu decken.

Einem jedem Teilplan sind neben den Erträgen / Aufwendungen bzw. Einzahlungen / Auszahlungen weitere produktbezogene Informationen hinzuzufügen, allen voran

---

Kontenrahmens (für Kommunen in Anlage 16 VVMGOGemHVO) zu verwechseln, sondern entspricht einer Gliederung des Haushalts nach Kostenträgern.

[321] Eine weitere Unterteilung ist auch nach organisationsorientierten Gesichtspunkten (Verantwortlichkeiten) möglich. In diesem Fall sind den Organisationseinheiten dennoch die zugeordneten Produktbereiche voranzustellen. Vgl. insgesamt § 4 Abs. 2 KomHVO NRW. Das kommunale Haushaltsrecht lehnt sich hier im Wesentlichen an die Aufgabensynthese nach KOSIOL an. Hierbei werden Aufgaben (-elemente) z. B. zu strukturierten Einheiten zusammengefasst, die sich zu einer Aufbaustruktur der Organisation zusammenfügen und sich so z. B. personalen Aufgabenträgern zuordnen lassen, vgl. KOSIOL (1978), S. 77-80.

[322] Vgl. MUTSCHLER und STOCKEL-VELTMANN (2017), S. 163.

[323] Vgl. Anlage 5 VVMGOGemHVO.

[324] Vgl. § 17 KomHVO NRW.

die spezifischen Produktziele sowie Kennzahlen zur Messung der Zielerreichung.[325] Damit betont der Gesetzgeber den von ihm seit dem Neuen Steuerungsmodell intendierten Wechsel von einer inputorientierten Steuerung in der Kameralistik zu einer Outputorientierung:[326] Statt zuerst festzulegen, welche Deckungsmittel vorhanden sind, um daraus das mögliche Maß der Aufgabenerfüllung abzuleiten, soll der notwendige Finanzbedarf ausgehend von den gesetzten Zielen und den dafür benötigten Mitteln bestimmt werden.[327] So soll insbesondere Unwirtschaftlichkeit entgegengewirkt werden, indem nur noch dann Ressourcen verbraucht werden, wenn sie für die Aufgabenerfüllung zwingend notwendig sind und nicht, weil sie einfach vorhanden sind.[328]

Während die Teilergebnispläne mit Ausnahme möglicher Erträge und Aufwendungen aus einer internen Leistungsverrechnung dem Ergebnisplan entsprechen,[329] beschränken sich die Teilfinanzpläne grundsätzlich auf die Darstellung investiver Ein- und Auszahlungen.[330] Die Nichtbeachtung konsumtiver Zahlungsströme kann damit begründet werden, dass auf der einen Seite einem einzelnen Produktbereich keine anteilige Finanzierungstätigkeit zugeordnet werden kann, da die Gemeinde nach dem Gesamtdeckungsprinzip des § 20 KomHVO NRW als Ganzes für die Aufgabenfinanzierung zuständig ist.[331] Auf der anderen Seite sind die Planung und der Beschluss über öffentliche Investitionen ein wesentlicher Gestaltungsbereich des Rates. Die Struktur des Teilfinanzplans trägt diesem Umstand Rechnung, indem er sich ausschließlich auf die Abbildung von Informationen über Investitionen und deren unmittelbare Finanzierung (z. B. durch Investitionszuwendungen oder Beiträge) konzentriert.[332]

---

[325] Vgl. § 4 Abs. 2 KomHVO NRW. In Anlage 7 VVMGOGemHVO findet sich ein Muster zum Aufbau eines Teilplans. Die Zielerreichung ist im Jahresabschluss in den entsprechenden Teilrechnungen nachzuweisen, vgl. § 41 Abs. 2 KomHVO NRW.
[326] Vgl. MINISTERIUM FÜR INNERES UND KOMMUNALES NRW (2010), S. 6, BOGUMIL, EBINGER und HOLTKAMP (2011), S. 173.
[327] Vgl. KOMMUNALE GEMEINSCHAFTSSTELLE FÜR VERWALTUNGSVEREINFACHUNG (1993), S. 20 f.
[328] Vgl. KOMMUNALE GEMEINSCHAFTSSTELLE FÜR VERWALTUNGSVEREINFACHUNG (1993), S. 20.
[329] Vgl. § 4 Abs. 3 i. V. m. § 2 KomHVO NRW und Anlage 8 VVMGOGemHVO.
[330] Vgl. § 4 Abs. 4 i. V. m. § 3 KomHVO NRW und Anlagen 9 A und 9 B VVMGOGemHVO.
[331] Vgl. SCHUSTER (2006), S. 61. So kann ein einzelner Produktbereich beispielsweise kein Darlehen aufnehmen und selbstständig tilgen.
[332] Vgl. MUTSCHLER und STOCKEL-VELTMANN (2017), S. 185. Insbesondere der Teilfinanzplan B, in dem einzelne Investitionen des Teilhaushalts getrennt voneinander dargestellt werden, dient der Übersichtlichkeit und Nachvollziehbarkeit zu Beratungszwecken im Parlament, vgl. § 4 Abs. 4 S. 2 KomHVO NRW und Anlage 9 B VVMGOGemHVO. Der Teilfinanzplan A aggregiert hingegen sämtliche investiven Zahlungsströme im Teilhaushalt, vgl. § 4 Abs. 4 S. 1 KomHVO NRW und Anlage 9 A VVMGOGemHVO.

3.2.6 Das Handelsrecht als Referenzmodell der kommunalen Rechnungslegung

3.2.6.1 Bilanzierung und Bewertung nach HGB und im NKF

Da der Haushaltsausgleich über das Jahresergebnis als Differenz zwischen Erträgen und Aufwendungen einer Periode bestimmt wird, ist die Frage nach der Generationengerechtigkeit und Aufgabensicherung maßgeblich von den Bilanzierungs- und Bewertungsvorschriften der kommunalen Rechnungslegung abhängig.[333] Das NKF zieht hierfür als Referenzmodell die handelsrechtliche Rechnungslegung heran und orientiert sich an den dortigen Bilanzierungsvorschriften.[334] Von einer vollständigen Genese eigenständiger Rechnungslegungsregeln hat der Gesetzgeber bei der Konzeption des NKF also abgesehen.[335] Neben dem NKF kann die Kommune auf freiwilliger Basis nach den International Public Sector Accounting Standards (IPSAS) bilanzieren. Dies sind vom privat organisierten IPSAS-Board aus den International Accounting Standards (IAS) und den International Financial Reporting Standards (IFRS) abgeleitete internationale Rechnungslegungsstandards für den öffentlichen Sektor.[336] Im Falle der IPSAS-Anwendung ist allerdings keine Befreiung von der Aufstellung eines NKF-Haushaltsplans und -Jahresabschlusses vorgesehen, sodass die internationalen Standards derzeit nur in vereinzelten Kommunen im Rahmen von Pilotprojekten parallel zum NKF Anwendung finden.[337] Im Rahmen der nachfolgenden Erläuterungen wird die Bilanzierung nach den internationalen Standards daher weitestgehend außer acht gelassen.[338]

Wenngleich in der GO NRW und KomHVO NRW nur selten explizite Verweise auf einzelne Paragraphen des HGB erfolgen, sind viele Bestimmungen den handelsrechtlichen teilweise wörtlich nachgebildet.[339] Die Bedeutung des HGB als Referenzmodell kommt spätestens in § 95 Abs. 1 S. 4 GO NRW deutlich zum Ausdruck, in dem das kommunale Haushaltsrecht die Generalnorm des § 264 Abs. 2 HGB nachbildet: Der kommunale Jahresabschluss hat unter Beachtung der Grundsätze ordnungsmäßiger Buchführung (GoB) ein den tatsächlichen Verhältnissen entsprechendes Bild der Vermögens-, Finanz- und Ertragslage der Gemeinde zu vermitteln.

---

[333] Vgl. KÖHRMANN (2009), S. 11 f.
[334] Vgl. PELZ (2013), S. 15, FUDALLA, TÖLLE u. a. (2017), S. 31, KIAMANN und WIELENBERG (2010), S. 49, MINISTERIUM FÜR INNERES UND KOMMUNALES NRW (2016), S. 204 f.
[335] Vgl. KIAMANN (2010), S. 188.
[336] Vgl. BUNDESRECHNUNGSHOF (2017), S. 13. Für eine Übersicht der Standards vgl. DELOITTE (2018).
[337] Beispielhaft zu nennen ist hier die Gemeinde Hiddenhausen, vgl. ausführlich beschrieben in ADAM (2013).
[338] Eine wesentlich größere Bedeutung könnten die IPSAS im Rahmen der Bestrebungen der EUROPÄISCHEN KOMMISSION, die öffentliche Rechnungslegung zu harmonisieren, finden, vgl. Kapitel 7.1 und ausführlich Kapitel 7.2.4.
[339] Vgl. HURLEBAUS (2013), S. 115.

3.2 Sicherung im Kontext des Haushalts- und Rechnungswesens

Die handelsrechtlichen GoB sind dadurch auch im kommunalen Haushalts- und Rechnungswesen bindend, wenn explizite haushaltsrechtliche Regeln nicht existieren oder einer Auslegung bedürfen.[340] Abweichungen bedürfen also konkreter Regelungen in der GO NRW oder KomHVO NRW.[341]

Bei den handelsrechtlichen GoB handelt es sich um einen unbestimmten Rechtsbegriff.[342] Durch den Verweis in den §§ 238 Abs. 1, 243 Abs. 1 und 264 Abs. 2 HGB soll einer Vielzahl von Einzelfallregelungen vorgebeugt und das Handelsrecht flexibel gehalten werden, um schnell auf neue Anforderungen der Wirtschaft reagieren zu können.[343] Mit den GoB sollen daher Grundsätze existieren, die die bestehenden Regeln ergänzen oder bei deren Auslegung im Zweifelsfall helfen.[344] Die Konkretisierung der GoB überlässt der Gesetzgeber dabei einem Zusammenwirken von Rechtsprechung, Wissenschaft und Praktikern.[345] Da Rechnungslegung immer ein Mittel zur Erreichung eines oder mehrerer Zwecke ist,[346] sind sämtliche Rechnungslegungsregeln und damit die GoB nach überwiegender Meinung aus diesen Rechnungslegungszwecken abzuleiten.[347] Diese insbesondere von DÖLLERER und LEFFSON geprägte Vorgehensweise wird als Deduktion bezeichnet.[348] Dabei können in einem ersten Schritt Wissenswünsche der Rechnungslegungsadressaten ermittelt und in Rechnungslegungszwecken ausgedrückt werden, um hieraus im nächsten Schritt Rechnungslegungsziele als Maßgrößen der Zwecke sowie die Rechnungslegungsgrundsätze abzuleiten.[349] Die Zweckherleitung erfolgt somit aus den

---

[340] Vgl. FUDALLA, TÖLLE u. a. (2017), S. 32. Fraglich ist allerdings, auf welchen Rechtsstand sich der GoB-Verweis bezieht. Das NKFEG NRW vom 16.11.2004 konnte sich nur an den HGB-Vorschriften orientieren, die zum Zeitpunkt der Gesetzesverabschiedung bestanden, vgl. BALS und FISCHER (2014), S. 189. Da der Verweis aber vom Wortlaut her ohne Nennung eines konkreten Gesetzesstands auskommt, ist er dynamisch zu verstehen. Dies wird allein dadurch deutlich, dass an anderer Stelle in der KomHVO - im Rahmen der Gesamtabschlusserstellung - auf einen expliziten Rechtsstand des HGB verwiesen wird, sodass es sich dort um einen statischen Verweis handelt, vgl. Kapitel 3.2.7.
[341] Vgl. KÖHRMANN (2009), S. 97.
[342] Vgl. Vgl. MEYER und THEILE (2017), S. 45, MÖLLER, HÜFNER und KETTENISS (2018), S. 18. LANG (1986), S. 233, bezeichnet die GoB als „*den* zentralen unbestimmten Rechtsbegriff des Bilanzrechts überhaupt".
[343] Vgl. WAGENHOFER und EWERT (2015), S. 24, R. BUCHHOLZ (2016), S. 14, SCHILDBACH (2009), S. 84.
[344] Vgl. SICHERER (2016), S. 16.
[345] Vgl. FUDALLA, TÖLLE u. a. (2011), S. 33, MUMM (2016), S. 6.
[346] Vgl. zur Zweckabhängigkeit der Rechnungslegung insbesondere SCHMALENBACH (1926), S. VI, 297.
[347] Vgl. SCHNEIDER (1997), S. 109, STÜTZEL (1967), S. 15, COENENBERG, HALLER und SCHULTZE (2016), S. 39.
[348] Vgl. DÖLLERER (1959) und ursprünglich LEFFSON (1964), in aktuellster Auflage LEFFSON (1987). Weiterhin u. a. MOXTER (1966). Der deduktiven Vorgehensweise steht die induktive Methode gegenüber, die die GoB aus dem Verhalten ordentlicher und ehrbarer Kaufleute ableitet, also von (z. B. per statistischer Erhebung festgestellten) Handelsbräuchen, vgl. FETTEL (1959), S. 125, HURLEBAUS (2013), S. 36.
[349] Vgl. SCHNEIDER (1997), S. 109, 237.

Zielvorstellungen der an der Rechnungslegung interessierten Personen und Institutionen.[350] Da die Adressaten teils sich widersprechende Informationsbedürfnisse haben, erfolgt in der Zweckermittlung zwangsläufig eine Abwägung und Priorisierung der einzelnen Interessen.[351] Hieraus kann grundsätzlich das Problem resultieren, dass wegen der unterschiedlichen Möglichkeiten der Interessengewichtung eine Vielzahl grundsätzlich möglicher Rechnungslegungszwecke (und damit im nächsten Schritt unterschiedlicher GoB-Systeme) entsteht.[352]

Da die GoB wegen der gesetzlichen Verweisung des HGB Rechtsnormcharakter haben, ist bei der Deduktion von GoB allerdings auf die *gesetzlichen* Jahresabschlusszwecke abzustellen.[353] Nur so kann ein Zwecksystem bestimmt werden, welches nicht den Vorstellungen des Gesetzgebers zuwiderläuft.[354] Es bedarf daher der Zweckermittlung aus den Wortlauten der gesetzlichen Vorschriften unter weiterer Berücksichtigung der Bedeutungszusammenhänge und Gesetzesbegründungen.[355] Die Zwecke werden dadurch aus den bestehenden Vorschriften ermittelt, dienen damit aber mittelbar über die aus ihnen deduzierten GoB auch der Auslegung und Konkretisierung dieser Vorschriften; Zweckermittlung und Normauslegung sind daher interdependente Prozesse.[356]

Aus den handelsrechtlichen Vorschriften können grundsätzlich zwei Rechnungslegungszwecke ermittelt werden: die *Information* und die *Ausschüttungsbemessung* (synonym auch als Anspruchs- oder Zahlungsbemessung bezeichnet).[357] Einige Autoren identifizieren als Hauptzwecke der handelsrechtlichen Rechnungslegung hingegen die Dokumentation, die Rechenschaft und die Kapitalerhaltung.[358] Wie nachfolgend gezeigt wird, können die Dokumentation und Rechenschaft jedoch dem Informationszweck zugeordnet werden, während die Kapitalerhaltung (sofern überhaupt als Rechnungslegungszweck benennbar) vom Zweck der Ausschüttungs-

---

[350] Vgl. HURLEBAUS (2013), S. 31. Adressaten der Rechnungslegung sind u. a. Investoren und Eigentümer, potentielle Anteilserwerber, das Management, Banken und andere Fremdkapitalgeber, Geschäftspartner, Arbeitnehmer, Konkurrenten und die Finanzbehörden, vgl. WAGENHOFER und EWERT (2015), S. 5.
[351] Vgl. GLÖCKNER (2014), S. 469.
[352] Vgl. SCHILDBACH (2009), S. 86, FUDALLA, TÖLLE u. a. (2011), S. 33, COENENBERG, HALLER und SCHULTZE (2016), S. 39, SICHERER (2016), S. 16.
[353] Vgl. DÖLLERER (1959), S. 1217, LEFFSON (1987), S. 27. Vgl. übersichtlich unter Einbeziehung der Kritik an dieser Vorgehensweise LANG (1986), S. 234-240.
[354] Vgl. BAETGE, KIRSCH und THIELE (2017), S. 93 f.
[355] Vgl. MEYER und THEILE (2017), S. 45, BAETGE, KIRSCH und THIELE (2017), S. 109 f. Vgl. ausführlich zur Methodik der Gesetzesdeutung beispielsweise BEAUCAMP und TREDER (2015).
[356] Vgl. BAETGE, KIRSCH und THIELE (2017), S. 93.
[357] Vgl. stellvertretend SCHILDBACH (1986), S. 5 f., SCHREIBER (1986), S. 60, U. DÖRING und R. BUCHHOLZ (2015), S. 3, COENENBERG, HALLER und SCHULTZE (2016), S. 19, WAGENHOFER und EWERT (2015), S. 5-9.
[358] Vgl. z. B. BAETGE, KIRSCH und THIELE (2017), S. 94-102, FUDALLA, TÖLLE u. a. (2011), S. 33, SCHÄFER-KUNZ (2016), S. 9 f.

bemessung abgedeckt wird. Die Zweckherleitung aus den Vorschriften des HGB soll sich hier auf das Wesentliche beschränken:

- Die Informationsfunktion drückt sich insbesondere über § 238 Abs. 1 S. 2 HGB aus,[359] wonach die Buchführung so beschaffen sein muss, dass „sie einem sachverständigen Dritten innerhalb angemessener Zeit einen Überblick über die Geschäftsvorfälle und über die Lage des Unternehmens vermitteln kann". § 238 Abs. 1 HGB steht daher sowohl im Zeichen der Dokumentation, als auch der Rechenschaft gegenüber Dritten.[360] Daneben wird zumindest bei Kapitalgesellschaften der u. a. aus einer Trennung von Eigentum der Anteilseigner einerseits und Verfügungsgewalt über das Eigentum durch das Management andererseits[361] erwachsende Informationsbedarf deutlich: Mit dem Jahresabschluss wird bezweckt, einem Informationsberechtigten einen vollständigen, klaren und übersichtlichen Einblick in die wirtschaftliche Lage des Unternehmens zu geben. Die Informationsfunktion drückt sich hier über § 264 Abs. 2 S. 1 HGB aus,[362] wonach der Jahresabschluss ein „den tatsächlichen Verhältnissen entsprechendes Bild der Vermögens-, Finanz- und Ertragslage der Kapitalgesellschaft zu vermitteln" hat. Der Kapitalgeber kann sich so ein eigenes Urteil über die Verwendung des anvertrauten Kapitals und die damit erzielten Erfolge machen.[363] Über den Jahresabschluss wird also ihm gegenüber Rechenschaft abgelegt.[364] Neben solchen Fremdinformationen soll die Rechnungslegung aber auch Selbstinformationen liefern, die es den Entscheidungsträgern im Unternehmen - egal, ob diese Anteilseigner sind oder nicht - ermöglichen, vergangene Entscheidungen zu kontrollieren und künftige zu planen.[365]

- Die Ausschüttungsbemessung dient die Sicherung der zur Unternehmensfortführung notwendigen Kapitalausstattung, indem derjenige Periodengewinn festgestellt wird, der grundsätzlich ausschüttungsfähig ist, ohne die Leistungsfähigkeit des Unternehmens zu schmälern.[366] Das Unternehmen bleibt dadurch für alle Beteiligten als Zahlungsquelle erhalten.[367] Dass bei der Ausschüttungsbemessung eine (nominale) Kapitalerhaltung verfolgt wird, drückt

---

[359] Vgl. HENO (2016), S. 10, R. BUCHHOLZ (2016), S. 4.
[360] Vgl. WÖHE und KUSSMAUL (2015), S. 3.
[361] Vgl. zur Manager-Eigner-Trennung LEFFSON (1987), S. 56, WAGENHOFER und EWERT (2015), S. 216.
[362] Vgl. SCHILDBACH (2009), S. 86.
[363] Vgl. LEFFSON (1987), S. 64.
[364] Vgl. BAETGE, KIRSCH und THIELE (2017), S. 97 f.
[365] Vgl. MOXTER (1974), S. 26-28, BAETGE, KIRSCH und THIELE (2017), S. 95.
[366] Vgl. HENO (2016), S. 12, BAETGE, KIRSCH und THIELE (2017), S. 99-101. An dieser Stelle wird deutlich, dass es den *richtigen* Gewinn nicht gibt, sondern dieser durch Bilanzierungs- und Bewertungsregeln erst konstruiert wird, vgl. HURLEBAUS (2013), S. 34.
[367] Vgl. LEFFSON (1987), S. 93.

sich insbesondere durch den Zwang zu einer vorsichtigen und verlustantizipierenden Bestimmung des verteilungsfähigen Gewinns gem. § 252 Abs. 1 Nr. 4 HGB sowie durch die Wertobergrenze für Vermögensgegenstände in Höhe der historischen Anschaffungs- oder Herstellungskosten gem. § 253 Abs. 1 S. 1 HGB aus.[368] Letztgenannte ergibt sich insbesondere aus dem Verbot zum Ausweis unrealisierter Gewinne.[369] Neben diesen Gewinnermittlungsregeln kommt der Zweck der Ausschüttungsbemessung und eine dabei verfolgte Kapitalerhaltung auch in der Existenz spezifischer Gewinnverwendungsregeln, z. B. in § 268 Abs. 8 S. 1 HGB, zum Ausdruck.[370] Durch eine damit erreichte Sicherung einer Mindesthaftungsmasse werden unmittelbar die Gläubiger des Unternehmens geschützt:[371] Spezifische Gewinnermittlungs- und Gewinnverwendungsregeln verhindern, dass Eigentümer dem Unternehmen in unangemessenem Umfang Kapital entziehen[372] und damit die Rechte der Gläubiger gefährden, die regelmäßig nicht die Macht haben, ihre Interessen eigenständig zu wahren.[373] Aus den handelsrechtlichen Regelungen zur Ausschüttungsbemessung resultiert folglich ein institutioneller Gläubigerschutz.[374]

Unter Berücksichtigung der Gesamtheit der handelsrechtlichen Vorschriften ist keine Dominanz eines der Zwecke zu erkennen; sie sind vielmehr als gleichwertige Zwecke zu sehen, die einem relativierten Schutz aller Adressaten dienen.[375]

Ausgehend von den genannten Rechnungslegungszwecken kann eine Ableitung von GoB erfolgen. Seit dem BiRiLiG sind die GoB teilweise im HGB kodifiziert,[376] was jedoch lediglich deklaratorische Wirkung hat, da sie durch die §§ 238 Abs. 1, 243 Abs. 1 und 264 Abs. 2 HGB in jedem Fall bindend sind.

Die Vorbildfunktion des HGB für das NKF äußert sich nun nicht nur in dem Verweis des § 95 Abs. 1 GO NRW auf die handelsrechtlichen GoB, sondern auch in dem Umstand, dass diese ebenfalls in der GO NRW und / oder KomHVO NRW kodifiziert worden sind:

---

[368] Vgl. BAETGE, KIRSCH und THIELE (2017), S. 99.
[369] Vgl. § 252 Abs. 1 Nr. 4 HGB.
[370] Vgl. COENENBERG, HALLER und SCHULTZE (2016), S. 20 f., SICHERER (2016), S. 13 f.
[371] Vgl. FUDALLA, TÖLLE u. a. (2011), S. 33.
[372] Vgl. KÖHRMANN (2009), S. 87, LÜDER (2007), S. 232.
[373] Vgl. EULER (2002), S. 879.
[374] Vgl. COENENBERG, HALLER und SCHULTZE (2016), S. 20.
[375] Vgl. BAETGE, KIRSCH und THIELE (2017), S. 103 f.
[376] Vgl. COENENBERG, HALLER und SCHULTZE (2016), S. 46 f., sowie Tabelle 3.1.

Grundsatz	HGB-Fundstelle	NKF-Fundstelle
Klarheit und Übersichtlichkeit	§§ 238 Abs. 1 S. 2, 243 Abs. 2 HGB	§ 95 Abs. 1 S. 2 GO NRW, § 28 Abs. 1 KomHVO NRW
Saldierungsverbot	§ 246 Abs. 2 HGB	§§ 39 Abs. 1, 40, 42 Abs. 2 KomHVO NRW
Einzelbewertung	§ 252 Abs. 1 Nr. 3 HGB	§ 95 Abs. 4 S. 2 Nr. 2 GO NRW
Richtigkeit und Willkürfreiheit	§ 239 Abs. 2 HGB	§ 28 Abs. 2 KomHVO NRW
Vollständigkeit	§§ 239 Abs. 2, 246 Abs. 1 HGB	§ 95 Abs. 1 S. 3 GO NRW, §§ 28 Abs. 2, 42 Abs. 1 KomHVO NRW
Bilanzidentität	§ 252 Abs. 1 Nr. 1 HGB	§ 91 Abs. 4 S. 2 Nr. 1 GO NRW
Vorsichtsprinzip	§ 252 Abs. 1 Nr. 4 HGB	nicht enthalten
Realisationsprinzip	§ 252 Abs. 1 Nr. 4 HGB	§ 91 Abs. 4 S. 2 Nr. 3 GO NRW
Imparitätsprinzip	§ 252 Abs. 1 Nr. 4 HGB	§ 91 Abs. 4 S. 2 Nr. 3 GO NRW
Periodenabgrenzung	§ 252 Abs. 1 Nr. 5 HGB	§ 91 Abs. 4 S. 2 Nr. 4 GO NRW
Fortführung der Unternehmenstätigkeit	§ 252 Abs. 1 Nr. 2 HGB	nicht relevant
Stetigkeit der Bewertungsmethoden	§ 252 Abs. 1 Nr. 6 HGB	§ 91 Abs. 4 S. 2 Nr. 5 GO NRW

Tabelle 3.1: Kodifizierung der GoB[377]

Teilweise werden die in der GO NRW kodifizierten GoB nochmals in der KomHVO NRW wiederholt.

Einer besonderen Erwähnung bedarf das im NKF nicht (mehr) angeführte Vorsichtsprinzip, welches mit dem 2. NKFWG NRW zum 01.01.2019 durch das Wirklichkeitsprinzip ersetzt wurde. Auf den ersten Blick könnte dies zu einem starken Bruch mit der HGB-Referenz führen. Allerdings sind das aus dem Vorsichtsprinzip abgeleitete Imparitätsprinzip und das Realisationsprinzip[378] sowie die damit verbundenen Bewertungsgrundsätze - z. B. die Folgebewertung zu fortgeführten

---

[377] Vgl. MEYER und THEILE (2017), S. 46-56, SICHERER (2016), S. 16-20, R. BUCHHOLZ (2016), S. 17-29, FUDALLA, TÖLLE u. a. (2017), S. 35, COENENBERG, HALLER und SCHULTZE (2016), S. 46 f.
[378] Vgl. COENENBERG, HALLER und SCHULTZE (2016), S. 42.

Anschaffungs- oder Herstellungskosten oder die Pflicht zur außerplanmäßigen Abschreibung nach dem Niederstwertprinzip - noch immer in der GO NRW bzw. KomHVO NRW angeführt.[379] Die Abkehr vom Vorsichts- zugunsten eines Wirklichkeitsprinzips im 2. NKFWG NRW hat damit nur in zweierlei Hinsicht Auswirkungen:

1. Unter Geltung des Vorsichtsprinzips ist bei der Festlegung von Schätzgrößen für Vermögensgegenstände ein Risikoabschlag vom bzw. für Schulden ein Risikozuschlag zum Erwartungswert zu tätigen.[380] Bei einer Bewertung nach dem Wirklichkeitsprinzip haben diese Veränderungen zu unterbleiben.[381] Bedeutsamstes Anwendungsfeld dürfte hierbei die Rückstellungsbewertung sein.[382]

2. Instandhaltungsaufwendungen, die keine nachträglichen Herstellungskosten darstellen, können nun auch aktiviert werden, wenn die Instandhaltungsmaßnahme zu einer Verlängerung der wirtschaftlichen Nutzungsdauer führt.[383] Durch eine so zu erreichende periodenübergreifende Verteilung des Aufwands will der Gesetzgeber zu mehr Instandhaltungstätigkeit anreizen.[384] Unter Geltung des Vorsichtsprinzips hätte eine solche Aktivierung von Instandhaltungsaufwand nur unter den Voraussetzungen der nachträglichen Herstellungskosten erfolgen können.[385]

Darüber hinausgehend hat die Abwendung vom Vorsichtsprinzip zugunsten eines Wirklichkeitsprinzips keine Auswirkungen auf die Bilanzierung der Gemeinden,[386] sodass diese Abweichung zwischen Handels- und kommunalem Haushaltsrecht im Folgenden weitestgehend vernachlässigt werden kann.

Aus der (fast vollständigen) Übernahme handelsrechtlicher GoB kann geschlussfolgert werden, dass die Rechnungslegungszwecke des HGB grundsätzlich auch im NKF Gültigkeit besitzen.[387] Allerdings ist zu berücksichtigen, dass die zuvor identifizierten Zwecke durch vorrangig anzuwendende haushaltsrechtliche Spezialvorschriften modifiziert werden können.[388] Das MINISTERIUM FÜR INNERES UND

---

[379] Vgl. für das Realisations- und das Imparitätsprinzip § 33 Abs. 1 Nr. 3 KomHVO NRW und § 91 Abs. 4 Satz 2 Nr. 3 GO NRW, für das Niederstwertprinzip § 36 Abs. 6, 8 KomHVO NRW und für die Pflicht zur planmäßigen Abschreibung von abnutzbarem Anlagevermögen § 36 Abs. 1 KomHVO NRW.
[380] Vgl. COENENBERG, HALLER und SCHULTZE (2016), S. 42 f., FUDALLA, TÖLLE u. a. (2017), S. 49.
[381] Vgl. SCHELBERG (2010), S. 311.
[382] Vgl. FRITZE (2019), S. 13.
[383] Vgl. § 36 Abs. 5 S. 1 KomHVO, FRITZE (2019), S. 15 f.
[384] Vgl. LANDTAG NRW DRUCKSACHE 17/3570 vom 11.09.2018, S. 2 f.
[385] Vgl. FRITZE (2019), S. 16.
[386] Vgl. FRITZE (2019), S. 16.
[387] Vgl. HURLEBAUS (2013), S. 115.
[388] Vgl. KÖHRMANN (2009), S. 97.

3.2 Sicherung im Kontext des Haushalts- und Rechnungswesens

KOMMUNALES NRW verdeutlicht dies: Es erfolgt eine HGB-Orientierung nur, „soweit die spezifischen Ziele und Aufgaben der Haushaltswirtschaft der Gemeinden dem nicht entgegenstehen oder eigenständige Festlegungen verlangen"[389]. Solch spezifische Ziele und Aufgaben und daraus notwendigerweise erwachsende haushaltsrechtliche Spezialvorschriften ergeben sich u. a. aus den Haushaltsgrundsätzen, insbesondere dem obersten Ziel der Sicherung der stetigen Aufgabenerfüllung, zu dessen Erreichung alle Rechnungslegungszwecke einen Beitrag leisten sollen.[390] Inwieweit die Rechnungslegungszwecke durch haushaltsrechtliche Spezialregelungen gegenüber den handelsrechtlichen modifiziert werden, kann erneut aus den Wortlauten der gesetzlichen Vorschriften und deren Bedeutungszusammenhängen identifiziert werden:

- Zur Informationsfunktion:
  Der Rechenschaftsgedanke gegenüber Dritten und auch sich selbst ist der Rechnungslegung immanent und lässt sich daher auch auf das NKF übertragen.[391] Insbesondere hier fußt er auf dem Grundgedanken der Trennung von Eigentum und Verfügungsgewalt: Die Bürger stellen der Verwaltung mittels Abgaben u. Ä. Ressourcen zur Verfügung und erwarten, dass diese in ihrem Sinne verwendet werden.[392] Hier herrscht folglich eine Stellvertreterbeziehung.[393] Verdeutlicht wird dies durch § 95 Abs. 1 S. 4 GO NRW, wonach der Jahresabschluss einen Einblick in die Vermögens-, Finanz- und Ertragslage ermöglichen soll. Nur so kann der Adressat sich ein Urteil über die Verwendung des anvertrauten Kapitals machen. Der Informationszweck wird in der kommunalen Rechnungslegung jedoch erweitert: Der Jahresabschluss soll nicht nur einen Einblick in die wirtschaftliche Lage der Kommune ermöglichen, sondern auch das Ergebnis der Haushaltswirtschaft nachweisen, d. h. den Haushaltsplan abrechnen.[394] Da Letztgenannter gem. § 79 Abs. 3 GO NRW die gesetzliche Grundlage der gemeindlichen Haushaltswirtschaft darstellt, muss eine Kontrolle über seine Einhaltung gewährleistet werden; nur so kann seiner Ermächtigungsfunktion Rechnung getragen wer-

---

[389] MINISTERIUM FÜR INNERES UND KOMMUNALES NRW (2016), S. 204.
[390] Vgl. HURLEBAUS (2013), S. 112.
[391] Vgl. FUDALLA, TÖLLE u. a. (2011), S. 40. Nach SCHNEIDER ergibt sich diese Immanenz daraus, dass finanzielle Rechnungslegung lediglich eine Teilmenge bzw. ein Unterpunkt des Rechenschaftsbegriffs als Lieferung nachprüfbaren Wissens über die Erfüllung übernommener Aufgaben ist, vgl. SCHNEIDER (1997), S. 7.
[392] Vgl. KÖHRMANN (2009), S. 83.
[393] Vgl. HURLEBAUS (2013), S. 115.
[394] Vgl. KÖHRMANN (2009), S. 77, 80, FUDALLA, TÖLLE u. a. (2011), S. 40, 42. Beide Quellen stellen bei den Zwecken der kommunalen Rechnungslegung analog zu BAETGE, KIRSCH und THIELE (2017), S. 94-102, auf die Begriffe der Rechenschaft und Kapitalerhaltung ab. Da diese wie oben gezeigt von der Informationsfunktion bzw. dem Zweck der Ausschüttungsbemessung abgedeckt werden, soll diese Abweichung hier nicht weiter thematisiert werden.

den.³⁹⁵ Den Ist-Werten der Ergebnis- und Finanzrechnung sind deshalb die zugehörigen Plansätze voranzustellen und beides ist um einen Plan-Ist-Vergleich zu erweitern.³⁹⁶ Der Abrechnungsgedanke wird zudem auch in § 40 Abs. 2 i. V. m. § 4 Abs. 2 Nr. 1 KomHVO NRW deutlich: Die Gemeinde hat im Haushaltsplan Ziele und Kennzahlen zur Messung der Zielerreichung festzulegen und im Jahresabschluss Ist-Zahlen hierzu anzugeben. Der Jahresabschluss erfüllt damit insgesamt eine doppelte Informationsfunktion: Er soll Einblick in die Vermögens-, Finanz- und Ertragslage ermöglichen und gleichzeitig einen Nachweis über die Ausführung des Haushaltsplans liefern.³⁹⁷ Dabei dient er im Sinne einer Selbstinformation auch der Unterstützung der Steuerungs- und Entscheidungsprozesse.³⁹⁸ Insbesondere durch die verpflichtende Verzahnung von Haushaltsplan und Jahresabschluss und die damit verbundene Vergangenheits- und Zukunftsorientierung des kommunalen Haushalts- und Rechnungswesens erhält die Selbstinformationen einen höheren Stellenwert, als im Handelsrecht.³⁹⁹ Die Informationsfunktion bezieht sich daher nicht nur im Außenverhältnis auf die Bürger-Gemeinde-Beziehung, sondern betrifft auch das Innenverhältnis zwischen der Verwaltung und dem Rat, der mittels Haushaltssatzung die Mittelverwendung vorgibt.⁴⁰⁰

---

³⁹⁵ Vgl. HURLEBAUS (2013), S. 111, KÖHRMANN (2009), S. 81.
³⁹⁶ Vgl. §§ 39 Abs. 2, 40 S. 3 KomHVO NRW. Eine Berücksichtigung von Soll-Größen erfolgt allerhöchstens indirekt in der Form, dass es sich bei den Plansätzen um fortgeschriebene Ansätze handeln muss, d. h., die im laufenden Jahr getätigte Änderungen aus zusätzlichen Ermächtigungen (z. B. durch einen Nachtragshaushalt nach § 81 GO NRW) müssen mit einfließen.
³⁹⁷ Vgl. FUDALLA, TÖLLE u. a. (2011), S. 42. Wenngleich im Haushaltsplan keine Planbilanz vorgesehen ist, verlangt der Jahresabschluss eine Bilanz, vgl. § 95 Abs. 2 S. 1 Nr. 4 GO NRW. Dies verdeutlicht nochmals, dass der Rechenschaftszweck nicht ausschließlich im Nachweis der Haushaltsplanausführung liegt, sondern auch den Einblick in die tatsächliche wirtschaftliche Lage umfasst, vgl. FUDALLA, TÖLLE u. a. (2011), S. 42.
³⁹⁸ Vgl. KÄMPFER (2000), S. 327. Die interne Steuerung auf Basis der Selbstinformation der Rechnungslegung hat in der Reform des kommunalen Haushaltsrechts durch das NKF eine hohe Bedeutung, da die Modernisierungen auf der Annahme fußen, dass verbesserte Selbstinformationen, z. B. durch doppische anstelle kameralistischer Rechengrößen, die Umsetzung der haushaltswirtschaftlichen Ziele mit der Sicherung der stetigen Aufgabenerfüllung an der Spitze fördern, vgl. FUDALLA, TÖLLE u. a. (2011), S. 45.
³⁹⁹ So wird durch das kommunale Haushalts- und Rechnungswesen nicht nur eine Kontrolle der geplanten Leistung ermöglicht, sondern auch eine Budgetsteuerung im Sinne von § 21 KomHVO NRW, um Planabweichungen so weit wie möglich auszuschließen, vgl. HURLEBAUS (2013), S. 103, 111. Die Vergleich zur handelsrechtlichen Rechnungslegung höhere Bedeutung der Selbstinformation im NKF ist insbesondere in der Hinsicht bemerkenswert, dass der vom HGB adressierte Kaufmann Bücher ursprünglich auch zur eigenen Information geführt hat. Vgl. ausführlich PACIOLI (1968).
⁴⁰⁰ Vgl. FUDALLA, TÖLLE u. a. (2011), S. 44, KÖHRMANN (2009), S. 81.

3.2 Sicherung im Kontext des Haushalts- und Rechnungswesens

- Zur Ausschüttungsbemessungsfunktion:
Der Zweck der Ausschüttungsbemessung gilt auch im NKF, da die in § 75 Abs. 1 S. 1 GO NRW geforderte Sicherung der Aufgabenerfüllung es verbietet, der Kommune so viele Mittel zu entziehen, dass dadurch die zukünftige Fähigkeit zur Aufgabenerfüllung gefährdet wird.[401] Die Ausschüttungsbemessungsfunktion der NKF-Rechnungslegung äußert sich daher nicht nur wie im HGB über einschlägige Gewinnermittlungsregeln (beispielsweise das Realisations-, Imparitäts- und Niederstwertprinzip), sondern drückt sich explizit durch das Haushaltsausgleichsgebot und die damit verfolgte nominale Kapitalerhaltung aus.[402] Die Geltung der handelsrechtlichen GoB und deren Einfluss auf das ermittelte Jahresergebnis als Rechnungsziel unterstützen und verdeutlichen somit die explizit verfolgte Kapitalerhaltung.[403] Bezugsgröße der Kapitalerhaltung ist damit ein zwar seit dem 2. NKFWG NRW nicht mehr vorsichtiger, jedoch nach wie vor verlustantizipierender Gewinn als Messgröße des Haushaltsausgleichs.[404] Der Jahresüberschuss kann im kommunalen Kontext daher als derjenige Betrag interpretiert werden, der in Form z. B. freiwilliger Aufgabenerweiterungen der Gemeinde entzogen werden kann, ohne die künftige Aufgabenerfüllung zu gefährden.[405] Die verlustantizipierende Ergebnisermittlung trägt dazu bei, dass künftige Generationen keinesfalls benachteiligt werden.[406] Der Zweck der Ausschüttungsbemessung vor dem Ziel einer (nominalen) Kapitalerhaltung steht dadurch in direktem Zusammenhang mit dem Grundsatz intergenerativer Gerechtigkeit, also dem Schutz künftiger Generationen vor finanzieller Ausbeutung durch die aktuelle.[407]

Genau wie im HGB kann auch aus der Gesamtheit der Vorschriften des Gemeindehaushaltsrechts keine eindeutige Dominanz eines Zweckes herausgelesen werden: Es ist an keiner Stelle erkennbar, dass der Landesgesetzgeber vom relativierten Schutz aller Adressaten abweichen wollte.[408] Wenngleich die Reform des kommunalen Haushalts- und Rechnungswesens insbesondere unter dem Aspekt der Generationengerechtigkeitsforderung diskutiert wurde - was möglicherweise für eine Dominanz der Ausschüttungsbemessungsfunktion sprechen könnte -, sollten genauso die Transparenz der Finanzen gegenüber dem Bürger erhöht und die Möglichkeiten der

---

[401] Vgl. Kapitel 3.2.2.
[402] Vgl. FUDALLA, TÖLLE u. a. (2011), S. 46. Indem die Kapitalerhaltung über den Haushaltsausgleich operationalisiert wird, ist sie auch ausdrücklich Teil der Rechenschaft der Gemeinde und damit der Informationsfunktion der NKF-Rechnungslegung.
[403] Vgl. FUDALLA, TÖLLE u. a. (2011), S. 46.
[404] Vgl. KÖHRMANN (2009), S. 86.
[405] Vgl. GLÖCKNER (2014), S. 459.
[406] Vgl. PELZ (2013), S. 16.
[407] Vgl. FOLZ, MUTSCHLER und STOCKEL-VELTMANN (2017), S. 5, KÖHRMANN (2009), S. 88, HURLEBAUS (2013), S. 115.
[408] Vgl. KÖHRMANN (2009), S. 95.

internen Steuerung erweitert werden.[409] Auch aus den Zielen des Gesetzgebers lässt sich daher keine Dominanz eines Zweckes erkennen.[410] Die NKF-Rechnungslegung erfüllt damit eine doppelte Schutzfunktion: Auf der einen Seite sollen über die Informationsfunktion aktuelle Bürger vor einer ungerechtfertigten finanziellen Belastung geschützt werden, indem die Gemeinde über die Mittelverwendung, Einhaltung des Haushaltsplans und wirtschaftliche Lage Bericht erstattet. Auf der anderen Seite sollen über den Zweck der Ausschüttungsbemessung künftige Bürger vor einer finanziellen Ausbeutung durch die aktuelle Generation geschützt und damit gleichzeitig die dauerhafte Leistungsfähigkeit sichergestellt werden.[411] Da die Gemeindegläubiger aufgrund eines Ausschlusses der Kommune vom Insolvenzverfahren[412] von einem wesentlich geringeren Risiko des Forderungsausfalls betroffen sind und die Gemeinde grundsätzlich die Möglichkeit der jederzeitigen Abgabenerhöhung hat, spielt der Gläubigerschutz hingegen eine untergeordnete Rolle im NKF-Rechnungswesen.[413] Das Realisations-, das Imparitäts- und das Niederstwertprinzip werden im NKF also nicht mit dem Gläubigerschutzgedanken, sondern dem Ziel eines institutionellen Schutzes bzw. der Generationengerechtigkeit und der Sicherung der stetigen Aufgabenerfüllung begründet.[414]

3.2.6.2 Kritik an der HGB-Orientierung

Die enge Anlehnung des NKF an die handelsrechtliche Rechnungslegung ist im Schrifttum umstritten. Es wird die Frage aufgeworfen, inwiefern ein auf dem Gläubigerschutzgedanken basierendes Rechnungslegungssystem für Kommunen zweckadäquat ist.[415] So wird - bezogen auf den Rechtsstand vor dem 2. NKFWG NRW und damit unter Geltung des Vorsichtsprinzips - angeführt, dass ein institutioneller Gläubigerschutz durch Regeln zur vorsichtigen und verlustantizipierenden Ergebnisermittlung aufgrund der fehlenden Insolvenzverfahrensfähigkeit von untergeordneter Bedeutung für das öffentliche Rechnungswesen sei.[416] Gleichzeitig finde dadurch die Forderung nach intergenerativer Gerechtigkeit nur in der Form Anwendung, dass zukünftige Generationen nicht belastet werden.[417] Durch die Geltung des Vorsichts- und Imparitätsprinzips kommt es zu einer tendenziellen Unterbewertung von Vermögen und Überbewertung von Schulden, wodurch die in der Kamera-

---
[409] Vgl. LANDTAG NRW DRUCKSACHE 13/5567 vom 18.06.2004, S. 2.
[410] Vgl. KÖHRMANN (2009), S. 96.
[411] Vgl. MÜHLENKAMP und GLÖCKNER (2010), S. 485, GLÖCKNER (2014), S. 464, KÄMPFER (2000), S. 327.
[412] Vgl. § 128 Abs. 2 GO NRW und ausführlich Kapitel 5.
[413] Vgl. HURLEBAUS (2013), S. 101.
[414] Vgl. GLÖCKNER (2014), S. 458.
[415] Vgl. stellvertretend BERENS u. a. (2005), S. 888, LÜDER (2006), S. 606, BUDÄUS (2005), S. 616, 618.
[416] Vgl. KÖHRMANN (2009), S. 89.
[417] Vgl. HURLEBAUS (2013), S. 126.

listik vorherrschende intergenerative *Ungerechtigkeit* schlimmstenfalls umgekehrt wird.[418] Der Schutz zukünftiger Generationen führt also zu einer Benachteiligung der aktuellen.[419] Die handelsrechtliche Referenz ist damit zwar grundsätzlich geeignet, eine Sicherung der stetigen Aufgabenerfüllung zu gewährleisten, jedoch nicht, den Bürger vor finanzieller Ausbeutung zu schützen.[420] Gefordert wird deshalb eine Einschränkung des Vorsichts- und Imparitätsprinzips einschließlich deren Auswirkungen auf andere Grundsätze, z. B. das Anschaffungswertprinzip im Rahmen des Realisationsprinzips.[421]

Bereits seit längerem beschäftigen sich wissenschaftliche Veröffentlichungen daher mit dem Neuentwurf von Systemen spezifischer Grundsätze ordnungsmäßiger *öffentlicher* Buchführung.[422] Wenngleich in diesen Fällen betriebswirtschaftlich-deduktive Ansätze verfolgt werden, indem Rechnungslegungszwecke unabhängig von bestehenden Vorschriften aus den Wissenswünschen der kommunalen Adressaten (insbesondere Bürger, Staatsaufsicht, Verwaltung und Rat) ermittelt werden,[423] kommt es weniger zu Abweichungen in der Zweckkonzeption.[424] Vielmehr fordern die Vertreter dieser Strömung einen anderen Weg zur Erfüllung dieser Zwecke, vornehmlich über die Ausgestaltung des Rechnungsziels *Jahresergebnis*.[425] Im Vordergrund der Diskussion stehen dabei insbesondere die verschiedenen Möglichkeiten, mit denen auf der einen Seite die stetige Aufgabenerfüllung gesichert werden, gleichzeitig aber auch der (heutige) Bürger vor finanzieller Ausbeutung geschützt werden kann. Während die Vertreter der HGB-Orientierung und der Gesetzgeber bei der NKF-Einführung einen institutionellen Schutz durch vom Vorsichts-, Realisations- und Imparitätsprinzip geprägte Rechnungslegungsnormen bevorzug(t)en,[426] vertreten die Kritiker einen informationellen Schutz, d. h. Schutz durch die Bereitstellung von vollständigen und willkürfreien Informationen, die die tatsächliche wirtschaftliche Lage der Gemeinde widerspiegeln.[427] Indem die Adressaten auf Basis dieser *richtigen* Informationen fundierte und unbeeinflusste Entscheidungen - insbesondere in der Wahl von Rat und Bürgermeister - treffen können, werde der

---

[418] Vgl. KÖHRMANN (2009), S. 89 f. Die imparitätische Berücksichtigung von Verlusten führt dazu, dass immer diejenige Periode bzw. Generation negativ betroffen ist, in der die Risiken aufwandswirksam antizipiert werden, unabhängig davon, ob die Generation diese Risiken selbst zu verantworten hat, vgl. KIAMANN (2010), S. 193.
[419] Vgl. KIAMANN (2010), S. 194.
[420] Vgl. SOSSONG (2014), S. 185, 187.
[421] Vgl. LÜDER (2006), S. 608 f.
[422] Vgl. z. B. WIRTZ (2010), GLÖCKNER (2014), HURLEBAUS (2013) und federführend LÜDER (1999).
[423] Die sonst entstehende Interdependenz zwischen Zweckermittlung aus den bestehenden Vorschriften und Auslegung dieser durch aus den Zwecken abgeleiteten GoB wird durch eine betriebswirtschaftlich-deduktive Ermittlung *von oben nach unten* vermieden.
[424] Vgl. z. B. LÜDER (2007), S. 18, GLÖCKNER (2014), S. 463.
[425] Vgl. GLÖCKNER (2014), S. 455.
[426] Vgl. Kapitel 3.2.6.1.
[427] Vgl. LÜDER (2008), S. 456.

Schutzforderung ausreichend Rechnung getragen.[428] Dem liegt die Annahme zugrunde, dass zuverlässige Informationen über die tatsächliche wirtschaftliche Lage grundsätzlich existieren und auch über die Rechnungslegung vermittelt werden können. Die Hauptlast des Schutzzwecks ist folglich von der Rechenschaft zu tragen.[429] Aus einem institutionellen Schutzbestreben resultierende Rechenregeln, die z. B. durch eine Pflicht zur vorzeitigen Aufwandsbuchung besonderen Einfluss auf die Periodisierung von Zahlungen haben und dadurch die zu vermittelnden Informationen verzerren, dürfen in einer solchen Rechnungslegung hingegen nicht existieren.[430] Elementar ist daher die Ablehnung des Vorsichts-, des Realisations- und des Imparitätsprinzips sowie die Zulässigkeit einer Zeitwertbilanzierung, die über die ursprünglichen Anschaffungswerte hinausgehen.[431] Lediglich Zeitwerte in Form aktueller Marktpreise verhindern das Verschweigen stiller Reserven - und damit die Begünstigung nachfolgender Generationen - und ermöglichen erst einen informationellen Schutz.[432]

Dem nordrhein-westfälischen Gesetzgeber ist die Kritik an der Übernahme handelsrechtlicher Kapitalerhaltungsregeln durchaus bewusst gewesen. So wurde bereits im Doppik-Modellprojekt auf Relativierungsforderungen aus dem Schrifttum verwiesen. Ein Festhalten an der HGB-Orientierung und eine damit verbundene Ablehnung eines ersatzlosen Streichens des Vorsichts-, Realisations und Imparitätsprinzips wurde insbesondere mit folgenden Argumenten begründet:[433] Eine Abkehr vom Referenzmodell HGB würde

- die Grundstruktur der Rechnungslegung in der Form verletzen, dass alle durch das Vorsichts-, Realisations- und Imparitätsprinzip unmittelbar und mittelbar betroffenen Vorschriften anzupassen wären,
- eine Vergleichbarkeit mit der Privatwirtschaft einschränken und
- eine Konsolidierung zu einem Konzernabschluss erschweren.

Wenngleich sich der Gesetzgeber mit dem 2. NKFWG NRW zumindest in Bezug auf das Vorsichtsprinzip von seiner ursprünglichen Position entfernt hat, ist durch das unveränderte Bestehen der restlichen GoB - insbesondere des Realisations- und des Imparitätsprinzips - das HGB nach wie vor als eindeutige Referenz der NKF-Rechnungslegung zu bewerten. Obwohl im Rahmen des 2. NKFWG NRW zum Teil ausdrücklich von einer Abkehr vom handelsrechtlichen Normensystem gesprochen

---

[428] In der Literatur wird der informationelle Schutz daher auch als aktivierender Schutz bezeichnet, im Gegensatz zum institutionellen bzw. aktiven Schutz, vgl. GLÖCKNER (2014), S. 456.
[429] Vgl. GLÖCKNER (2014), S. 465 f.
[430] Vgl. LÜDER (2006), S. 607.
[431] Vgl. LÜDER (2006), S. 608 f.
[432] Vgl. MÜHLENKAMP und GLÖCKNER (2010), S. 494.
[433] Vgl. MODELLPROJEKT DOPPISCHER KOMMUNALHAUSHALT IN NRW (2003), S. 174.

wird,[434] sind die Veränderungen durch den Wechsel vom Vorsichts- zum Wirklichkeitsprinzip viel zu gering,[435] als dass von einem eigenständigen GoB-System, wie es von den o. g. Kritikern gefordert wird, die Rede sein kann. Deutlich wird dies u. a. dadurch, dass der Gesetzgeber explizit betont, dass eine Bewertung nach dem Wirklichkeitsprinzip nicht mit einer Bewertung zu aktuellen Marktpreisen gleichzusetzen ist.[436]

Bei der Frage nach der Entwicklung eines eigenständigen Rechnungslegungssystems oder der Heranziehung des Handelsrechts als Referenz ist zudem zu berücksichtigen, dass es im Vorfeld der NKF-Einführung fundierte Vorschläge für eine vollständig und von Grund auf neu konzipierte öffentliche Rechnungslegung lediglich in Form des sog. Speyerer Verfahrens von LÜDER gab.[437] In Niedersachsen wurde dies auch tatsächlich bei der Entwicklung eines neuen kommunalen Rechnungswesens berücksichtigt, später aber aufgrund von Problemen bei der praktischen Umsetzung wieder verworfen.[438]

Darüber hinausgehend kann eine verlustantizipierende und damit tendenziell die zukünftige Generation bevorzugende Rechnungslegung insbesondere damit gerechtfertigt werden, dass künftige Generationen ihre Interessen heute noch gar nicht selbst vertreten und durchsetzen können und daher im Vergleich zu den heutigen Bürgern eines besonderen Schutzes in Form spezieller Kapitalerhaltungsregeln bedürfen.[439] Ein informationeller Schutz kann in diesem Sinne nur in Bezug auf die Interessen der aktuellen Generation Wirkung entfalten (Schutz der derzeitigen Bürger vor ungerechtfertigten Belastungen durch die Gemeinde).[440] So dürfte die Versuchung von Politik und Wählerschaft, heute zusätzliche Ressourcen zu beanspruchen, zu groß sein, als dass das bloße Wissen um die daraus resultierende bedenkliche und die Zukunft belastende Ressourcenentwicklung ausreicht, um sie davon abzuhalten und so die künftigen Generationen zu schützen.[441]

Dass der Gesetzgeber die tendenzielle Bevorteilung zukünftiger Generationen unter Berücksichtigung der obigen Argumentation in Kauf nimmt, zeigt sich auch in der Existenz der Ausgleichsrücklage. Eine strenge Auslegung interperiodischer

---

[434] Vgl. LANDTAG NRW DRUCKSACHE 17/3570 vom 11.09.2018, S. 2.
[435] Vgl. Kapitel 3.2.6.1.
[436] Vgl. LANDTAG NRW DRUCKSACHE 17/3570 vom 11.09.2018, S. 86.
[437] Vgl. stellvertretend LÜDER (1999).
[438] So wurde insbesondere die dem System immanente Spaltung in Verwaltungs- und realisierbares Vermögen im Modellprojekt der Stadt Salzgitter als nicht willkürfrei durchführbar abgelehnt, vgl. MARETTEK, DÖRSCHELL und HELLENBRAND (2006), S. 53. Der niedersächsische Gesetzgeber hat sich dieser Sichtweise verspätet angeschlossen und von einer verbindlichen Vermögenstrennung seit dem Inkrafttreten des NKomVG vollständig abgesehen.
[439] Vgl. BREIDERT und RÜDINGER (2008), S. 34, STREIM (2007), S. 297, GLÖCKNER (2014), S. 519.
[440] Vgl. GLÖCKNER (2014), S. 519 f.
[441] Vgl. F. MÜLLER (2011), S. 180.

Gerechtigkeit verlangt die Übereinstimmung von Erträgen und Aufwendungen.[442] Ein Haushaltsausgleich liegt nach § 75 Abs. 2 S. 2 GO NRW aber auch bei einem Überschuss der Erträge vor. In einem solchen Fall wird die aktuelle Generation stärker belastet als nötig - die Gemeinde hätte auf belastende Abgaben verzichten können, ohne den Haushaltsausgleich zu gefährden -, während eine zukünftige durch die Inanspruchnahme der nach § 75 Abs. 3 GO NRW gebildeten Ausgleichsrücklage bevorteilt wird.

Zusammenfassend bedeutet Generationengerechtigkeit im Verständnis des NKF also nicht die absolute Gleichbehandlung von aktueller und zukünftiger Generation. Stattdessen zielt sie darauf ab, dass die aktuelle Generation mindestens diejenigen Ressourcen an die Nachfolgegeneration weitergibt, die sie selbst erhalten hat. Die Nachfolgegeneration kann dabei besser, darf aber keinesfalls schlechter gestellt werden. Eine dauerhafte Leistungsfähigkeit ist damit in jedem Fall sichergestellt, da kein vorzeitiger Ressourcenverbrauch erfolgt, der die zukünftige Aufgabenerledigung einschränkt.[443]

3.2.7 Kommunale Konzernrechnungslegung

3.2.7.1 Hintergrund

Die Kommune umfasst neben der Kernverwaltung regelmäßig weitere Bereiche, die zwar organisatorisch und zum Teil auch rechtlich selbstständig sein können, in wirtschaftlicher Hinsicht jedoch der Verwaltung zuzurechnen sind.[444] Durch die Organisationsfreiheit und die damit verbundene Möglichkeit zur Auslagerung von Aufgabenbereichen wird die Mittelverwendung wesentlich intransparenter, da Finanzströme, die der Verwirklichung dieser Aufgaben dienen, teilweise in erheblichem Umfang nicht mehr im Haushalt der Kernverwaltung abgebildet werden.[445] Je nach Grad der Aufgabenauslagerung erfährt der Kernhaushalt dadurch einen Bedeutungsverlust und es mangelt an Aussagekraft und Vergleichbarkeit.[446] Die wirtschaftliche Lage der Gemeinde lässt sich folglich nicht mehr allein über den Jahresabschluss der Kernverwaltung beurteilen.[447] Für die Vermittlung eines den tatsächlichen Verhältnissen entsprechenden Bildes der Vermögens-, Finanz- und Ertragslage bedarf es daher auch eines Konzernabschlusses unter Einbeziehung aller Organisationen, die entweder Bestandteil des Rechtskreises Gebietskörperschaft sind, jedoch ein eigenes Haushalts- und Rechnungswesen betreiben (z. B. Eigen-

---

[442] Vgl. HURLEBAUS (2013), S. 126.
[443] Vgl. SOSSONG (2014), S. 32 f.
[444] Vgl. KÄMPFER (2000), S. 325, sowie Kapitel 2.2.
[445] Vgl. LINDLAR und KOTZEA (2011), S. 541, KIAMANN (2010), S. 190.
[446] Vgl. BALS und FISCHER (2014), S. 192.
[447] Vgl. HENKES (2008), S. 499.

betriebe mit eigenem Wirtschaftsplan und Jahresabschluss), oder die als rechtlich selbstständige Organisationen durch Besitz- und / oder Einflussverhältnisse der wirtschaftlichen Einheit der Kommune zuzurechnen sind.[448]

Zu Zeiten der Kameralistik war das Rechnungswesen der einzelnen Organisationen des Kommunalkonzerns überwiegend heterogen.[449] Die Kameralistik der Kernverwaltung ließ sich nicht mit dem kaufmännischen Rechnungswesen der Eigenbetriebe und Beteiligungen zusammenführen.[450] Das hat auch der Gesetzgeber erkannt: Obwohl der BGH in Zusammenhang mit aktienrechtlichen Fragestellungen die Unternehmenseigenschaft von Gebietskörperschaften bejaht hat,[451] wurde im Zuge des BiRiLiG klargestellt, dass diese Eigenschaft nicht für Zwecke einer Konzernrechnungslegung gilt.[452] So konnten lediglich Konstellationen entstehen, in denen eine privatrechtliche Auslagerung der Kommune von der Verpflichtung zur Aufstellung eines Konzernabschlusses nach § 290 HGB betroffen war, z. B. beim sog. Stadtwerke-Konzern.[453] Aus Sicht der Gebietskörperschaft als eigentlich herrschende (Mutter-) Organisation stellt dies aber nur einen Teilkonzernabschluss dar.[454]

Ziel der Reform des kommunalen Haushalts- und Rechnungswesens war es deshalb auch, die Aufstellung eines kommunalen Konzernabschlusses zu ermöglichen, indem durch die Einführung eines doppischen Rechnungswesens eine buchungstechnische Kompatibilität zwischen Kernverwaltung und Auslagerungen hergestellt wird.[455] Durch den Konzernabschluss soll nun erstmals ein Einblick in die wirtschaftliche Lage der Gemeinde einschließlich aller ihrer Auslagerungen ermöglicht werden.[456] Dazu ist ein Gesamtüberblick über das Vermögen, die Schulden, das Ressourcenaufkommen und den Ressourcenverbrauch des Kommunalkonzerns zu vermitteln.[457] Durch diese Informationen soll gleichzeitig soviel Transparenz geschaffen werden, dass eine verbesserte Steuerung von Kernverwaltung und Auslagerungen möglich wird.[458] Der Konzernabschluss erfüllt damit eine umfassende Informationsfunktion; in Ergänzung zum Jahresabschluss der Kernverwaltung soll er dessen Informationsdefizite bereinigen.[459] Der Jahresabschluss selbst wird dabei nicht ersetzt. Durch ihn - und nicht durch den Konzernabschluss - wird im Übrigen der Zweck der Ausschüttungsbemessung und damit eine nominale Kapitalerhaltung

---

[448] Vgl. LÜDER (2008), S. 232.
[449] Vgl. KÄMPFER (2000), S. 325.
[450] Vgl. HENKES (2008), S. 499.
[451] Vgl. BGH vom 13.10.1977, NJW 1978, 104 (106), und BGH vom 17.03.1997, NJW 1997, 1855 (1856), sowie Kapitel 2.2.
[452] Vgl. BUNDESTAG DRUCKSACHE 10/4268 vom 18.11.1985, S. 113.
[453] Vgl. KÄMPFER (2000), S. 332, HENKES (2008), S. 502.
[454] Vgl. KÄMPFER (2000), S. 332.
[455] Vgl. LANDTAG NRW DRUCKSACHE 13/5567 vom 18.06.2004, S. 2.
[456] Vgl. HÄFNER (2011), S. 146.
[457] Vgl. BALS und FISCHER (2014), S. 191.
[458] Vgl. ADAM u. a. (2015), S. 317.
[459] Vgl. KIAMANN (2010), S. 189.

verfolgt.[460] Zur Erreichung seiner Ziele stellt der Konzernabschluss einen zusammengefassten Abschluss der rechtlich selbstständigen, wirtschaftlich jedoch voneinander abhängigen Organisationen im Konzern Kommune dar.[461] Die dort einfließenden Jahresabschlüsse von Kernverwaltung und Auslagerungen werden anschließend um interne wirtschaftliche Verflechtungen bereinigt; Geschäftsvorfälle zwischen Konzernmitgliedern werden folglich wie Transaktionen zwischen Abteilungen eines einzelnen fiktiven Unternehmens gesehen.[462]

Die Konzernrechnungslegung des NKF basiert auf den Empfehlungen zum konsolidierten Jahresabschluss in Anlage 2 zum Beschluss der STÄNDIGEN KONFERENZ DER INNENMINISTER UND -SENATOREN DER LÄNDER.[463] Das kommunale Haushaltsrecht vermeidet jedoch den Begriff des Konzernabschlusses und verwendet stattdessen die Bezeichnung *Gesamtabschluss*. Rechtsgrundlage sind die §§ 116-117 GO NRW und §§ 50-53 KomHVO NRW, wobei letztere auf die §§ 300, 301, 303-305, 307-309 und 311, 312 HGB und den DRS 21 verweisen. Zu berücksichtigen ist, dass es sich bei den Bezugnahmen auf das HGB gem. § 50 Abs. 4 KomHVO NRW explizit um statische Verweise auf den Rechtsstand vom 23.06.2017 handelt.[464]

3.2.7.2 Der Gesamtabschluss

Die jährliche Pflicht zur Aufstellung des kommunalen Gesamtabschlusses ergibt sich aus § 116 Abs. 1 S. 1 GO NRW.[465] Der erste Gesamtabschluss war spätestens zum 31.12.2010 aufzustellen.[466] Seit dem 01.01.2019 existiert eine Möglichkeit zur Befreiung von der Aufstellungspflicht, wenn zu den letzten zwei Jahresabschluss-

---

[460] Vgl. Kapitel 3.2.6.1. Der Zweck der Ausschüttungsbemessung beschränkt sich beim Konzernabschluss ausschließlich auf die sog. Kapitalverminderungskontrolle im Sinne eines informationellen Schutzes, vgl. KIAMANN (2010), S. 189.
[461] Vgl. KIAMANN (2010), S. 189.
[462] Vgl. ADAM u.a. (2015), S. 317, KÄMPFER (2000), S. 330, MÖLLER, HÜFNER, E. KELLER u.a. (2018), S. 489.
[463] Vgl. STÄNDIGE KONFERENZ DER INNENMINISTER UND -SENATOREN DER LÄNDER (2003), Anlage 2, S. 31 f.
[464] Da die von der KomHVO genannten HGB-Vorschriften nicht von den nach dem 23.06.2017 vorgenommenen Gesetzesänderungen betroffen sind, wird vorliegend das HGB in seiner aktuellen Fassung (zuletzt geändert durch Gesetz vom 10.07.2018, BGBl. I S. 1102) zitiert. Zumindest derzeit existiert damit faktisch kein Unterschied zwischen dem dynamischen GoB-Verweis des § 95 Abs. 1 S. 4 GO NRW und dem statischen Verweis des § 50 Abs. 4 KomHVO NRW. Für die Zukunft gilt jedoch ohnehin, dass sich der statische Verweis einzig auf die Konsolidierungstechnik bezieht; Ansatz und Bewertung der Kommune werden weiterhin über den dynamischen GoB-Verweis des § 95 Abs. 1 S. 4 GO NRW geregelt.
[465] Zu beachten ist, dass nach HGB bilanzierende Auslagerungen durch die Aufstellung eines Gesamtabschlusses der Kernverwaltung nicht von ihrer Pflicht zur Aufstellung eines HGB-(Teil-) Konzernabschlusses befreit werden, da der übergeordnete Gesamtabschluss nicht von §§ 291, 292 HGB erfasst wird, vgl. KIAMANN (2010), S. 196.
[466] Vgl. § 2 NKFEG NRW.

stichtagen zwei der drei in § 116a Abs. 1 GO NRW genannten Voraussetzungen erfüllt sind.[467] Wenn die Gemeinde von der Befreiungsmöglichkeit Gebrauch macht, hat sie einen Beteiligungsbericht nach § 117 GO NRW aufzustellen,[468] der der Übersicht über die Aufgabenwahrnehmung der Gemeinde außerhalb der Kernverwaltung dient. Im Gegensatz zum Gesamtabschluss liegt der Fokus des Beteiligungsberichts nicht auf einer Gesamtschau, sondern auf den einzelnen Beteiligungen.[469] Daher sind für jede Beteiligung - unabhängig vom Beteiligungsgrad - u. a. auch deren Ziele, das Beteiligungsverhältnis, die Jahresabschlüsse sowie die wesentlichen Finanz- und Leistungsverflechtungen mit der Gemeinde (z. B. Gewinnabführungs- und / oder Verlustübernahmeverträge, Zuwendungen und Darlehensbewegungen) anzugeben.[470]

Ein aufzustellender Gesamtabschluss besteht aus einer Gesamtbilanz, einer Gesamtergebnisrechnung, einem Gesamtanhang, einer Kapitalflussrechnung und dem Eigenkapitalspiegel. Zusätzlich hat die Gemeinde einen Gesamtlagebericht aufzustellen.[471] Eine (freiwillige) Segmentberichterstattung analog zu § 297 Abs. 1 S. 2 HGB wird im kommunalen Haushaltsrecht nicht erwähnt. Eine Gliederung des Gesamtabschlusses nach Produktbereichen, wie es für den Haushalt der Kernverwaltung verpflichtend ist, ist auf Gesamtabschlussebene ebenfalls nicht vorgesehen.[472]

Die Gesamtbilanz entspricht hinsichtlich ihrer Gliederung der des kommunalen Jahresabschlusses.[473] Bedeutende Unterschiede zu diesem ergeben sich darüber hinaus insbesondere in folgenden Positionen:[474]

- Unter den immateriellen Vermögensgegenständen wird ein etwaiger aus der Kapitalkonsolidierung resultierender positiver Unterschiedsbetrag als Geschäfts- oder Firmenwert (GoF) ausgewiesen.

- Ein negativer Unterschiedsbetrag wird in der Allgemeinen Rücklage als Teil des Eigenkapitals ausgewiesen.

- Im Eigenkapital ist eine weitere Unterposition *1.5 Ausgleichsposten für andere Gesellschafter* vorgesehen.

---

[467] Die Schwellenwerte des § 116a Abs. 1 GO NRW stellen auf die Summe der Bilanzsummen aller Konzernmitglieder (Nr. 1), den Anteil der summierten Erträge der nach § 51 Abs. 2 KomHVO NRW voll zu konsolidierenden Auslagerungen an den ordentlichen Erträgen der Gemeinde (Nr. 2) sowie den Anteil der Bilanzsummen der voll zu konsolidierenden Auslagerungen an der Bilanzsumme der Gemeinde (Nr. 3) - jeweils bezogen auf die Jahresabschlüsse - ab.
[468] Vgl. § 116a Abs. 3 GO NRW.
[469] Vgl. HENKES (2008), S. 534.
[470] Vgl. § 117 Abs. 2 GO NRW, § 53 KomHVO NRW.
[471] Vgl. § 116 Abs. 2 GO NRW.
[472] Vgl. zur Diskussion um die Notwendigkeit einer Segmentberichterstattung und eine damit verknüpfte Produktorientierung Kapitel 6.3.8.9.
[473] Vgl. § 50 Abs. 3 i. V. m. § 42 KomHVO NRW.
[474] Vgl. BERNHARDT u. a. (2013), S. 681, sowie die Anlagen 26 und 27 VVMGOGemHVO.

Die Gesamtergebnisrechnung wird ebenfalls analog zur Ergebnisrechnung der Kernverwaltung gegliedert.[475] Abweichend hierzu ist im Anschluss an das Jahresergebnis eine Position *Anderen Gesellschaftern zuzurechnendes Ergebnis* auszuweisen.[476] Das MODELLPROJEKT NKF-GESAMTABSCHLUSS empfiehlt zudem einen gesonderten Ausweis von Erträgen und Aufwendungen aus assoziierten Unternehmen beim Finanzergebnis.[477]

Im Gesamtanhang sind die Anwendung findenden Bilanzierungs- und Bewertungsregeln sowie Vereinfachungsverfahren und Schätzungen zu erläutern.[478] Im Gegensatz zur Gesamtbilanz und Gesamtergebnisrechnung ist der Gesamtanhang nicht als (bereinigte) Summe der Anhänge der Konzernorganisationen zu verstehen, sondern ist unmittelbar auf den restlichen Gesamtabschluss zu beziehen und entsprechend herzuleiten.[479] Er bildet also eine Einheit zur Erläuterung des restlichen Gesamtabschlusses. Dem Gesamtanhang hinzuzufügen ist ein Verbindlichkeitsspiegel.[480] Ein Anlagen- und Forderungsspiegel ist auf Konzernebene nicht zwingend zu erstellen.[481] Dies zeigt die hohe Bedeutung eines Überblicks über den Gesamtschuldenstand des Kommunalkonzerns.[482] Die Verschuldungspolitik kann auf Basis der Informationen über den gesamten Konzern wesentlich besser beurteilt werden, als bei isolierter Betrachtung der einzelnen Jahresabschlüsse.[483]

Die Kapitalflussrechnung ist nach den Vorgaben des DRS 21 aufzustellen.[484] Sie wird grundsätzlich derivativ ermittelt, entweder aus der Gesamtbilanz und der Gesamtergebnisrechnung[485] oder durch eine Konsolidierung der (derivativ)[486] ermittelten Kapitalflussrechnungen aus den einzelnen Jahresabschlüssen der Konzernmitglieder.[487] Die Kapitalflussrechnung liefert Informationen über die Zahlungs-

---

[475] Vgl. § 50 Abs. 3 i. V. m. §§ 2, 39 KomHVO NRW.
[476] Vgl. § 51 Abs. 1 KomHVO NRW i. V. m. § 307 Abs. 2 HGB sowie Anlage 28 VVMGOGemHVO.
[477] Vgl. MODELLPROJEKT NKF-GESAMTABSCHLUSS (2009), S. 85. Diese Größen resultieren aus Wertveränderungen aus der Fortschreibung des Equity-Wertes.
[478] Vgl. § 52 Abs. 2 KomHVO NRW.
[479] Vgl. HENKES (2008), S. 530.
[480] Vgl. § 50 Abs. 3 i. V. m. § 48 KomHVO NRW.
[481] § 50 Abs. 3 KomHVO NRW verweist nicht auf die §§ 46, 47 KomHVO NRW.
[482] Vgl. HENKES (2008), S. 506.
[483] Vgl. KÄMPFER (2000), S. 331.
[484] Vgl. § 52 Abs. 3 KomHVO NRW i. V. m. § 342 Abs. 2 HGB und der Bekanntmachung des DRS 21 in BAnz. AT 08.04.2014 B2.
[485] Vgl. SROCKE (2004), S. 197.
[486] Eine Ausnahme bildet die Finanzrechnung der Kernverwaltung im Drei-Komponenten-System, die originär ermittelt wird.
[487] Vgl. zu Ermittlungsempfehlungen unter Berücksichtigung des Arbeitsaufwands AMEN (2015), S. 106-109.

mittelflüsse des Kommunalen Konzerns und dient der Beurteilung des Innenfinanzierungspotentials.[488]

Zum Aufbau des erst seit dem 2. NKFWG NRW verpflichtend aufzustellenden Eigenkapitalspiegels machen die GO NRW und KomHVO NRW keine weiteren Aussagen. Es ist zu erwarten, dass hierfür noch Muster auf Erlassebene veröffentlicht werden. Ansonsten ist unter Berücksichtigung der HGB-Referenzen des NKF davon auszugehen, dass DRS 22 analoge Anwendung finden kann.

Im Gesamtlagebericht hat die Gemeinde das durch den Gesamtabschluss vermittelte Bild der Vermögens-, Finanz- und Ertragslage weiter zu erläutern, einschließlich der Chancen und Risiken für die künftige Entwicklung des kommunalen Konzerns.[489]

3.2.7.3 Konsolidierungskreis

Der Konsolidierungskreis für den Gesamtabschluss wird in § 51 KomHVO NRW geregelt, in welchem überwiegend die §§ 290-296 HGB nachgebildet werden. Auslagerungen werden danach in drei Gruppen mit unterschiedlichen Rechtsfolgen für die Einbeziehung in den Gesamtabschluss unterteilt:[490]

- Auslagerungen unter einheitlicher Leitung oder mit Beherrschungsmöglichkeit der Gemeinde (Tochterunternehmen) sind voll zu konsolidieren.

- Auslagerungen unter maßgeblichem Einfluss der Gemeinde (assoziierte Unternehmen) sind als Anteile an assoziierten Unternehmen zu bilanzieren und *at equity* zu bewerten.

- Auslagerungen unter geringerem Einfluss sind regulär im Finanzanlagevermögen zu ihren (fortgeführten) Anschaffungskosten zu bilanzieren.

In den Vollkonsolidierungskreis sind gem. § 51 Abs. 1, 2 KomHVO NRW verselbstständigte Aufgabenbereiche einzubeziehen, wenn sie unter einheitlicher Leitung der Gemeinde stehen (Konzept der einheitlichen Leitung) oder durch das Vorliegen einer der Voraussetzungen des § 51 Abs. 2 S. 2 KomHVO NRW eine Beherrschungsmöglichkeit der Gemeinde gegeben ist (Control-Konzept).[491] Als

---
[488] Vgl. AMEN (2015), S. 94. Eine Beurteilung der Gesamtzahlungsfähigkeit, wie z. B. von BERNHARDT u. a. (2013), S. 683, angeführt, erfolgt nicht. Dies würde auch wenig Sinn ergeben, da die Konzernorganisationen regelmäßig keinen uneingeschränkten Zugriff auf die gegenseitigen Finanzmittel haben. Die Sicherstellung und Optimierung der Liquidität erfolgt in der Regel individuell und nicht zentral im Konzern, vgl. SROCKE (2004), S. 239, MAGIN (2011), S. 175.
[489] Vgl. § 52 Abs. 1 KomHVO NRW, in dem auch die konkreten Mindestinhalte des Gesamtlageberichts aufgeführt werden.
[490] Vgl. FUDALLA, TÖLLE u. a. (2017), S. 191.
[491] Vgl. HÄFNER (2011), S. 147. Das Gemeindehaushaltsrecht lehnt sich hier an das HGB in der Fassung vom 17.12.2008, BGBl. I S. 2586, d. h. vor dem BilMoG, an. Seit Letzterem

verselbstständigte Aufgabenbereiche werden in privater oder öffentlicher Organisationsform errichtete wirtschaftlich und organisatorisch selbstständige Unternehmen und Einrichtungen einer Gemeinde bezeichnet, die Aufgaben dieser übernehmen.[492] Dies kann sowohl rechtlich selbstständige Organisationsformen nach Privat- oder öffentlichem Recht umfassen (insbesondere GmbH, AG, AöR, Zweckverband) als auch rechtlich der Kommune zugehörige (insbesondere Eigenbetriebe).[493] Verselbstständigte Aufgabenbereiche unter einheitlicher Leitung oder Beherrschungsmöglichkeit der Gemeinde können in Anlehnung an die Regelungen des § 290 Abs. 1 HGB auch als Tochterunternehmen bezeichnet werden, die Gemeinde in diesem Fall als Konzernmutter.[494]

Eine Beherrschungsmöglichkeit ist dann gegeben, wenn eine der Voraussetzungen des § 51 Abs. 2 S. 2 KomHVO NRW - angelehnt an § 290 Abs. 2 HGB - vorliegt:

- Die Gemeinde verfügt über die Stimmrechtsmehrheit.

- Die Gemeinde hat als Gesellschafterin das Recht, die Mehrheit der Verwaltungs-, Leitungs- oder Aufsichtsorganmitglieder zu bestellen oder abzuberufen.

---

wird das Konzept der einheitlichen Leitung im Handelsrecht nicht mehr verfolgt, sondern ausschließlich auf das Control-Konzept abgestellt, vgl. § 290 Abs. 1, 2 HGB.

[492] Vgl. HERRMANN (2012b), S. 89. Zu beachten ist, dass nach dem Wortlaut des § 51 Abs. 1, 2 KomHVO NRW eine einheitliche Leitung oder die Voraussetzungen des Control-Konzepts lediglich für die Vollkonsolidierung von Auslagerungen in privater Rechtsform herangezogen werden, während solche in öffentlicher Organisationsform kraft Rechtsform erfasst werden. Dass die Voraussetzungen des Konzepts der einheitlichen Leitung bzw. Control-Konzepts allerdings auch für die Vollkonsolidierung von öffentlichen Auslagerungen erfüllt sein müssen, wird spätestens durch § 51 Abs. 3 KomHVO NRW erkennbar, wonach verselbstständigte Aufgabenbereiche - ohne Differenzierung der Organisationsform - unter lediglich maßgeblichem Einfluss at equity bewertet werden. Vgl. dem zustimmend MODELLPROJEKT NKF-GESAMTABSCHLUSS (2009), S. 43, MINISTERIUM FÜR INNERES UND KOMMUNALES NRW (2016), S. 4211.

[493] Rechtlich unselbstständige Stiftungen und Regiebetriebe müssen nicht vollkonsolidiert werden, wenn sie bereits im Haushalts- und Rechnungswesen der Kernverwaltung enthalten sind. Eine Besonderheit ergibt sich in Bezug auf als AöR geführte Sparkassen bzw. Sparkassenzweckverbände: Obwohl sie grundsätzlich von der Gemeinde beherrscht werden und daher theoretisch unter die Vollkonsolidierung des § 51 Abs. 1, 2 KomHVO NRW fallen, sind sie nicht in den Gesamtabschluss einzubeziehen, vgl. § 116b S. 3 GO NRW sowie MINISTERIUM FÜR INNERES UND KOMMUNALES NRW (2016), S. 4212 f. Aufgrund ihrer besonderen Tätigkeit sind sie nicht als eigene, ausgelagerte Aufgabenbereiche der Gemeinde zu sehen und nach § 1 Abs. 1 S. 2 SpkG nicht als Beteiligung im Jahresabschluss anzusetzen, sodass sie folglich erst gar nicht von § 51 KomHVO NRW erfasst werden können; stattdessen ist das Sparkassenvermögen zweckgebunden und steht nicht für eine anderweitige kommunale Aufgabenerfüllung zur Verfügung, vgl. KIAMANN (2010), S. 195, ausführlich DEUTSCHER LANDKREISTAG (2006).

[494] Vgl. ADAM u. a. (2015), S. 322.

- Die Gemeinde kann aufgrund eines Beherrschungsvertrags oder einer entsprechenden Satzungsbestimmung beherrschenden Einfluss ausüben.
- Die Gemeinde trägt wirtschaftlich betrachtet die Mehrheit der Risiken und Chancen einer sog. Zweckgesellschaft.[495]

Es genügt die rechtliche Möglichkeit eines beherrschenden Einflusses, die tatsächliche Ausübung ist irrelevant.[496] Bei mehrstufigen Konzernbeziehungen greift § 290 Abs. 3 HGB.[497] In Fällen, in denen der Gemeinde die Beherrschungsrechte nicht direkt, sondern lediglich über andere Tochterunternehmen zustehen, kommt es daher zu einer Stellvertreterzurechnung. Rechte eines Tochterunternehmens sind also denen der Gemeinde als Konzernmutter zuzurechnen.[498]

Eine einheitliche Leitung durch die Gemeinde nach § 51 Abs. 2 S. 1 KomHVO NRW liegt indes vor, wenn sie die Aktivitäten der Auslagerung mit ihren eigenen abstimmt und im Interesse der Gesamtlage der Gemeinde tatsächlich vorgibt, sodass Einzelinteressen der Auslagerung entsprechend zurückstehen.[499] Bei einer Mehrheitsbeteiligung kann analog aktienrechtlicher Vorschriften[500] eine einheitliche Leitung widerlegbar angenommen werden.[501]

Verselbstständigte Aufgabenbereiche privater oder öffentlich-rechtlicher Form unter lediglich maßgeblichem Einfluss der Gemeinde sind gem. § 51 Abs. 3 KomHVO NRW nach den §§ 311, 312 HGB at equity zu bewerten. Angelehnt an § 311 Abs. 1 S. 1 HGB können solche Auslagerungen als assoziierte Unternehmen bezeichnet werden. Maßgeblicher Einfluss liegt vor, wenn die Gemeinde bei wichtigen Entscheidungen Mitwirkungsrechte genießt.[502] Dies ist der Fall, wenn sie durch eine Vertretung im Aufsichts- oder Leitungsorgan an Grundsatzentscheidungen in der Geschäfts- und Bilanzpolitik (z. B. bezüglich Gewinnverwendung, Personal etc.) der Auslagerung mitwirken kann, ohne, dass beherrschender Einfluss besteht.[503] Für weitere Indizien verweist das MODELLPROJEKT NKF-GESAMTABSCHLUSS

---

[495] Vgl. hierzu weiterführend GRÄFER und SCHELD (2016), S. 47, 59. Im kommunalen Kontext können hierunter insbesondere sog. Public Private Partnerships fallen, vgl. WOHLFARTH (2015), S. 34.
[496] Vgl. HENKES (2008), S. 509.
[497] Vgl. § 116 Abs. 3 S. 2 GO NRW.
[498] Vgl. KOMMUNALE GEMEINSCHAFTSSTELLE FÜR VERWALTUNGSMANAGEMENT (2011), S. 30.
[499] Vgl. KLATTE (2010), S. 81. Abweichend von § 290 Abs. 1 HGB in der Fassung vom 17.12.2008, BGBl. I S. 2586, d. h. vor dem BilMoG, wird das Vorhandensein einer Beteiligung nach § 271 HGB nicht vorausgesetzt.
[500] Vgl. § 18 Abs. 1 S. 3 i. V. m. § 17 Abs. 2 AktG
[501] Vgl. HENKES (2008), S. 509.
[502] Vgl. HERRMANN (2012b), S. 90.
[503] Vgl. KOMMUNALE GEMEINSCHAFTSSTELLE FÜR VERWALTUNGSMANAGEMENT (2011), S. 30, ADAM u. a. (2015), S. 322, HENKES (2008), S. 512. Vgl. vertiefend zum maßgeblichen Einfluss im Handelsrecht BUSSE VON COLBE u. a. (2010), S. 520-523.

(2009) auf eine analoge Anwendung des DRS 8.[504] Zu beachten ist, dass - im Gegensatz zum Control-Konzept nach § 51 Abs. 2 S. 2 KomHVO NRW - der Einfluss tatsächlich ausgeübt werden muss; die bloße Möglichkeit dazu genügt nicht.[505] Der maßgebliche Einfluss kann jedoch auch von einer unter einheitlicher Leitung oder Beherrschungsmöglichkeit stehenden Auslagerung ausgeübt werden.[506] Bei einem Stimmrechtsanteil von mindestens 20 % wird ein maßgeblicher Einfluss widerlegbar vermutet.[507]

Da § 51 KomHVO NRW nicht auf § 310 HGB verweist, ist eine Quotenkonsolidierung für Gemeinschaftsunternehmen bei der Aufstellung des Gesamtabschlusses nicht vorgesehen. Solche Auslagerungen (z. B. von mindestens zwei Gemeinden gemeinschaftlich geführte Zweckverbände) sind stattdessen at equity zu bewerten, da aufgrund der gemeinsamen Führung alle Anteilseigner bzw. Träger weder die einheitliche Leitung inne haben noch beherrschenden Einfluss ausüben können, aber zumindest über maßgeblichen Einfluss verfügen.[508]

Sowohl in Bezug auf Auslagerungen unter einheitlicher Leitung oder Beherrschungsmöglichkeit als auch unter maßgeblichem Einfluss herrscht der Grundsatz der Wirtschaftlichkeit und Sachlichkeit: Verselbstständigte Aufgabenbereiche, die für die Darstellung der Vermögens-, Finanz- und Ertragslage von untergeordneter Bedeutung sind, müssen nicht vollkonsolidiert[509] bzw. at equity bewertet[510] werden. Im Gesamtanhang sind dann entsprechende Angaben zu machen.[511] Derart von der Konsolidierung ausgenommene Auslagerungen werden genau wie solche ohne zumindest maßgeblichen Einfluss der Gemeinde im Gesamtabschluss als Finanzanlagevermögen zu fortgeführten Anschaffungskosten (*at cost*) bilanziert.[512]

3.2.7.4 Konsolidierung zum Gesamtabschluss

Der Gesamtabschluss ist gem. § 116 Abs. 1 S. 2 i. V. m. § 95 Abs. 1 GO NRW unter Beachtung der GoB aufzustellen. Diese finden grundsätzlich bereits auf Ebene der einzelnen Jahresabschlussaufstellungen - auch der Kernverwaltung[513] - Berücksichtigung und wirken sich deshalb auf die Datenbasis des Gesamtabschlusses aus.[514] Zusätzlich finden allerdings die aus den Zwecken der Konzernrechnungslegung ab-

---
[504] Vgl. MODELLPROJEKT NKF-GESAMTABSCHLUSS (2009), S. 41.
[505] Vgl. HENKES (2008), S. 512.
[506] Vgl. § 51 Abs. 3 KomHVO NRW i. V. m. § 311 Abs. 1 S. 1 HGB.
[507] Vgl. § 51 Abs. 3 KomHVO NRW i. V. m. § 311 Abs. 1 S. 2 HGB.
[508] Vgl. ADAM u. a. (2015), S. 333.
[509] Vgl. § 116b S. 1 GO NRW.
[510] Vgl. § 51 Abs. 3 KomHVO NRW i. V. m. § 311 Abs. 2 HGB.
[511] Vgl. § 116b S. 2 GO NRW.
[512] Vgl. ADAM u. a. (2015), S. 335.
[513] Vgl. Kapitel 3.2.6.1.
[514] Vgl. BERNHARDT u. a. (2013), S. 686.

zuleitenden Grundsätze ordnungsmäßiger Konzernrechnungslegung Anwendung; durch die erneute Referenz des HGB entsprechen diese denen des handelsrechtlichen Konzernabschlusses:[515]

- Fiktion der rechtlichen Einheit (Einheitstheorie): Der Konzernabschluss ist so aufzustellen, dass er mit dem Jahresabschluss eines fiktiven Unternehmens übereinstimmt, welches alle Konzernunternehmen als unselbstständige Teilbetriebe umfasst.

- Einheitlichkeit von Abschlussstichtag, Währung und Ausweis: Aus der Einheitsfiktion leitet sich die Notwendigkeit übereinstimmender Stichtage zur Aufstellung des Konzernabschlusses sowie einer einheitlichen Berichtswährung und eines solchen Ausweises ab.

- Vollständigkeit des Konsolidierungskreises: Um die wirtschaftliche Lage der fiktiven Einheit Konzern darzustellen, bedarf es der Einbeziehung aller Unternehmen, die den Konzern konstituieren.

- Einheitlichkeit von Bilanzierung und Bewertung: Eine den tatsächlichen Verhältnissen entsprechende wirtschaftliche Lage lässt sich nur ermitteln, wenn alle einbezogenen Unternehmen ihr Vermögen und ihre Schulden einheitlich, d. h. wie ein einzelnes selbstständig bilanzierendes Unternehmen, ansetzen und bewerten.

- Stetigkeit der Konsolidierungsmethoden: Wahlrechte bei der Konsolidierung sind einheitlich auszuüben und im Zeitablauf beizubehalten, sodass eine sachliche und zeitliche Vergleichbarkeit gewährleistet wird.

- Wirtschaftlichkeit und Sachlichkeit: Der Nutzen der im Konzernabschluss vermittelten Informationen soll in einem angemessenen Verhältnis zum Rechnungslegungsaufwand stehen; nur die für die Zweckerfüllung wesentlichen Informationen sind einzubeziehen.

Durch die starke Bezugnahme zur handelsrechtlichen Konzernrechnungslegung ergibt sich bei der Aufstellung des Gesamtabschlusses grundsätzlich kein abweichendes Ablaufschema.[516]

---

[515] Vgl. MINISTERIUM FÜR INNERES UND KOMMUNALES NRW (2016), S. 1696, COENENBERG, HALLER und SCHULTZE (2016), S. 620 f., detaillierter GRÄFER und SCHELD (2016), S. 83-133.
[516] Vgl. Abbildung 3.5.

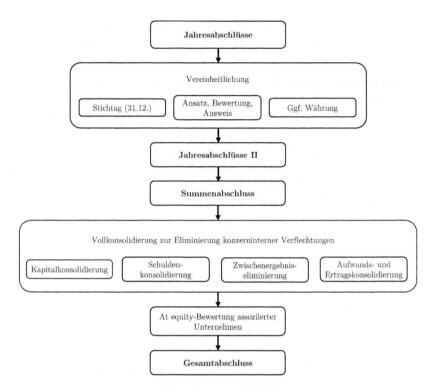

Abbildung 3.5: Schritte zur Gesamtabschlusserstellung[517]

Aus den Grundsätzen der Einheitlichkeit von Abschlussstichtag, Währung und Ausweis sowie von Bilanzierung und Bewertung resultiert in einem ersten Schritt die Notwendigkeit einer Vereinheitlichung der Jahresabschlüsse der Gemeinde und ihrer voll zu konsolidierenden Auslagerungen.[518] Nur so kann entsprechend der Einheitsfiktion der Konzern so dargestellt werden, als handele es sich um ein einheitliches Unternehmen.[519] Maßgeblich für die Vereinheitlichung sind die Regeln des Gemeindehaushaltsrechts.[520] So sind die Stichtage der Auslagerungen an den 31.12. anzupassen[521] und die Positionen der Bilanzen und Gewinn- und Verlustrechnungen den Gliederungsvorgaben für die Bilanz und Ergebnisrechnung der

---

[517] Vgl. KOMMUNALE GEMEINSCHAFTSSTELLE FÜR VERWALTUNGSMANAGEMENT (2011), S. 35, BAETGE, KIRSCH und THIELE (2015), S. 9.
[518] Vgl. KOMMUNALE GEMEINSCHAFTSSTELLE FÜR VERWALTUNGSMANAGEMENT (2011), S. 38.
[519] Vgl. ADAM u. a. (2015), S. 324, SCHERRER (2012), S. 97 f.
[520] Vgl. § 50 Abs. 3 KomHVO NRW und HÄFNER (2011), S. 148.
[521] Vgl. § 116 Abs. 1 S. 1 GO NRW.

Kernverwaltung anzugleichen.⁵²² Vereinheitlichungsmaßnahmen in Bezug auf die Währung sind im Kommunalkonzern regelmäßig von untergeordneter Bedeutung, insbesondere wegen des Örtlichkeitsprinzips nach § 107 Abs. 3, 4 GO NRW, nach dem Betätigungen außerhalb des eigenen Gemeindegebiets nur unter strengen Voraussetzungen zulässig sind.⁵²³ Anpassungsmaßnahmen in Bezug auf Ansatz und Bewertung fallen indes regelmäßig umfangreicher aus. Neben einer unterschiedlichen Wahrnehmung möglicher Wahlrechte kann dies insbesondere durch den Umstand begründet werden, dass die Konzernmutter und handelsrechtlich bilanzierende Auslagerungen sich nach unterschiedlichen Vorschriften richten, jedoch auch hier das NKF-Recht der Mutter maßgeblich ist.⁵²⁴ Notwendige Anpassungsmaßnahmen aufgrund unterschiedlicher Regelungen ergeben sich u. a. im Rahmen⁵²⁵

- der Herstellungskostenermittlung gem. § 34 Abs. 3 KomHVO NRW (Wahlrecht zum Gemeinkostenansatz im NKF),
- des Ansatzes und der Bewertung geringwertiger Wirtschaftsgüter nach § 36 Abs. 3 KomHVO NRW (unterschiedliche Wertgrenzen),
- der Abschreibungen nach § 36 Abs. 1 KomHVO NRW (unterschiedliche Abschreibungswahlrechte und Nutzungsdauervorgaben durch Rahmentabellen),
- der Bewertung von Pensionsrückstellungen nach § 37 Abs. 1 KomHVO NRW (fixer Rechnungszinsfuß im NKF i. H. v. 5 %),
- des Ansatzes von Instandhaltungsrückstellungen gem. § 37 Abs. 4 KomHVO NRW (keine 3-Monats-Frist im NKF).

Auch bei der Vereinheitlichung greift der Wirtschaftlichkeitsgrundsatz, d. h., Anpassungen können unterbleiben, wenn sie für die Darstellung der Gesamtlage von untergeordneter Bedeutung sind.⁵²⁶ Im Übrigen gilt genau wie bei der Aufstellung eines Konzernabschlusses privater Unternehmen auch für den kommunalen Gesamtabschluss: Durch von der Mutter vorgegebene konzerneinheitliche Richtlinien zur Bilanzierung auf Jahresabschlussebene und zur Überleitung der dortigen Posi-

---

[522] Vgl. § 50 Abs. 3 i. V. m. §§ 42, 39 Abs. 1 KomHVO NRW sowie Anlage 26 VVMGOGemHVO.
[523] Vgl. S. MÜLLER und WELLER (2008), S. 298, HENKES (2008), S. 516.
[524] Vgl. § 51 Abs. 1 KomHVO NRW i. V. m. § 308 Abs. 1 HGB und KLATTE und WIRTZ (2010), S. 94, 98-100.
[525] Vgl. HENKES (2008), S. 518 f., ADAM u. a. (2015), S. 326, KLATTE und WIRTZ (2010), S. 98-100, und ausführlich KOMMUNALE GEMEINSCHAFTSSTELLE FÜR VERWALTUNGSMANAGEMENT (2011), S. 40-42, 44-48, sowie BOLSENKÖTTER (2011), S. 6-9.
[526] Vgl. § 51 Abs. 1 KomHVO NRW i. V. m. § 308 Abs. 2 S. 3 HGB. So wird es bei Jahresabschlussstichtagen von weniger als drei Monaten vor dem 31.12. analog § 299 Abs. 2 S. 2 HGB für vertretbar gehalten, auf Zwischenabschlüsse zu verzichten, vgl. HENKES (2008), S. 515, BERNHARDT u. a. (2013), S. 287, ADAM u. a. (2015), S. 325.

tionen in die des Gemeindehaushaltsrechts können die Vereinheitlichungsarbeiten so gering wie möglich gehalten werden.[527]

Das Ergebnis der Anpassungen sind die sog. Jahresabschlüsse II der Kernverwaltung und der Auslagerungen des Vollkonsolidierungskreises, welche anschließend zum Summenabschluss addiert werden.[528]

Danach sind die eigentlichen Konsolidierungsmaßnahmen durchzuführen. Um im Sinne der Einheitsfiktion den Konzern wie ein einziges zusammenhängendes Unternehmen darstellen zu können, ist der Summenabschluss um sämtliche konzerninterne Transaktionen zu bereinigen.[529] Ansonsten würde es bei Vorliegen solcher Transaktionen zu einem Ausweis der daraus resultierenden Posten in der Bilanz und Ergebnis- / Gewinn- und Verlustrechnung kommen.[530] Die Konsolidierungsmaßnahmen entsprechen durch den Verweis des § 51 Abs. 1 KomHVO NRW denen des Handelsrechts: die Kapitalkonsolidierung nach § 301 HGB, die Schuldenkonsolidierung nach § 303 HGB, die Zwischenergebniseliminierung nach § 304 HGB und die Aufwands- und Ertragskonsolidierung nach § 305 HGB. Eine Abgrenzung latenter Steuern ist bei der Aufstellung des Gesamtabschlusses nicht vorzunehmen, da § 51 Abs. 1 KomHVO NRW nicht auf § 306 HGB verweist. Das MODELLPROJEKT NKF-GESAMTABSCHLUSS begründet dies mit der Nachrangigkeit latenter Steuern im kommunalen Umfeld, aber auch mit Ermittlungsschwierigkeiten, da die Gemeinde sowohl partiell steuerpflichtig sein kann als auch Steuerberechtigter ist; im Gesamtabschluss werden daher lediglich die aus den Jahresabschlüssen der Auslagerungen übernommenen aktiven und passiven latenten Steuern bilanziert.[531] Nach dem Wirtschaftlichkeitsgrundsatz kann die Gemeinde auf die Konsolidierung konzerninterner Transaktionen verzichten, wenn diese für die Darstellung einer den tatsächlichen Verhältnissen entsprechenden Vermögens-, Finanz- und Ertragslage von untergeordneter Bedeutung sind.[532]

Im Vergleich zur Vollkonsolidierung in Konzernen mit rein privatrechtlichen Unternehmen ergeben sich beim kommunalen Konzern möglicherweise Unterschiede oder Besonderheiten, die durch die Eigenschaften der Konzernmutter bedingt sind:[533]

---

[527] Vgl. KÄMPFER (2000), S. 341, HÄFNER (2011), S. 148, BAETGE, KIRSCH und THIELE (2015), S. 14.
[528] Vgl. HÄFNER (2011), S. 148, ADAM u. a. (2015), S. 326, BUSSE VON COLBE u. a. (2010), S. 127.
[529] Vgl. COENENBERG, HALLER und SCHULTZE (2016), S. 673.
[530] Vgl. BERNHARDT u. a. (2013), S. 687, BAETGE, KIRSCH und THIELE (2015), S. 11, GRÄFER und SCHELD (2016), S. 86.
[531] Vgl. MODELLPROJEKT NKF-GESAMTABSCHLUSS (2009), S. 172.
[532] Vgl. § 51 Abs. 1 KomHVO NRW i. V. m. §§ 303 Abs. 2, 304 Abs. 2, 305 Abs. 2 HGB.
[533] Vgl. zur Vollkonsolidierung in nicht öffentlichen Konzernen vertiefend BAETGE, KIRSCH und THIELE (2015), S. 179-326, GRÄFER und SCHELD (2016), S. 135-254, BUSSE VON COLBE u. a. (2010), S. 193-442.

- Bei der Kapitalkonsolidierung wird die Finanzanlage der Kommune mit dem durch die Aufdeckung stiller Reserven und Lasten neubewerteten Eigenkapital des Tochterunternehmens verrechnet; bei vorhandenen Minderheitengesellschaftern erfolgt die Verrechnung nur mit dem anteiligen Eigenkapital.[534] Dann ist im Eigenkapital ein Ausgleichsposten für Anteile anderer Gesellschafter zu bilden,[535] welcher wirtschaftlich nicht dem Eigenkapital des Konzerns Kommune zuzurechnen ist.[536] Ein positiver Unterschiedsbetrag zwischen der Finanzanlage der Konzernmutter und dem anteiligen neubewerteten Eigenkapital ist als GoF im immateriellen Anlagevermögen auszuweisen und genau wie die aufgedeckten stillen Reserven bei der Folgekonsolidierung abzuschreiben,[537] wodurch das Gesamtergebnis belastet wird.[538] Existieren Minderheitengesellschafter, ist der ihnen zufallende Ergebnisanteil der Position *Anderen Gesellschaftern zuzurechnendes Ergebnis*[539] in der Gesamtergebnisrechnung zuzuordnen. Ein negativer Unterschiedsbetrag ist indes in der Allgemeinen Rücklage zu passivieren.[540] Aufgelöst werden darf dieser erst unter den Voraussetzungen des § 309 Abs. 2 HGB.[541]

- In der Schuldenkonsolidierung sind Forderungen einer Konzernorganisation mit den korrespondierenden Schulden einer anderen Konzernorganisation zu verrechnen.[542] Häufige kommunalspezifische Anwendungsfälle bestehen u. a. in der zu verrechnenden Kreditaufnahme des Kernhaushalts bei einer Auslagerung sowie in der Konsolidierung von Gewerbesteuerforderungen der Gemeinde mit der Gewerbesteuerschuld der Auslagerung.[543] Genau wie bei allen anderen konzerninternen Schuldverhältnissen können natürlich auch hier

---

[534] Es kommt die sog. Neubewertungsmethode zur Anwendung, vgl. § 51 Abs. 1 KomHVO NRW i. V. m. § 301 Abs. 1, 2 HGB.
[535] Vgl. Position P1 in Anlage 26 VVMGOGemHVO.
[536] Vgl. BERNHARDT u. a. (2013), S. 682.
[537] Vgl. BERNHARDT u. a. (2013), S. 682, BAETGE, KIRSCH und THIELE (2015), S. 224.
[538] Vgl. ADAM u. a. (2015), S. 335, GRÄFER und SCHELD (2016), S. 168. In zurückliegenden Jahren durchgeführte Abschreibungen belasten im Rahmen der Wiederholung bisheriger Konsolidierungsbuchungen nicht das aktuelle Konzernergebnis, sondern werden erfolgsneutral mit den Gewinnrücklagen verrechnet.
[539] Vgl. Position S6 in Anlage 26 VVMGOGemHVO.
[540] Vgl. Position P1 in Anlage 26 VVMGOGemHVO, handelsrechtlich gem. § 301 Abs. 3 HGB.
[541] Vgl. § 51 Abs. 1 KomHVO NRW. Dazu muss die den Unterschiedsbetrag begründende negative Zukunftsentwicklung tatsächlich eintreten oder die Anteile veräußert und der Gewinn damit realisiert werden, vgl. KOMMUNALE GEMEINSCHAFTSSTELLE FÜR VERWALTUNGSMANAGEMENT (2011), S. 57, BAETGE, KIRSCH und THIELE (2015), S. 226-228, KREBS (2010), S. 121 f.
[542] Vgl. § 51 Abs. 1 KomHVO i. V. m. § 303 HGB.
[543] Vgl. KOMMUNALE GEMEINSCHAFTSSTELLE FÜR VERWALTUNGSMANAGEMENT (2011), S. 60, HENKES (2008), S. 528, BRUGGER (2010), S. 204 f.

Aufrechnungsdifferenzen entstehen, die je nach Ursache erfolgswirksam oder -neutral auszubuchen sind.[544]

- Die Zwischenergebniseliminierung, durch die auf konzerninternen Lieferungen und Leistungen basierende Vermögensgegenstände mit den aus Konzernsicht zutreffenden Anschaffungs- und Herstellungskosten bilanziert werden,[545] spielt aufgrund der starken Dienstleistungsorientierung der Gemeinde nur eine untergeordnete Rolle. Das größte Anwendungsfeld dürfte sich in Veräußerungsvorgängen von Sachanlagevermögen, insbesondere Grundstücken und Gebäuden, finden.[546]

- Die Verrechnung konzerninterner Erträge und Aufwendungen im Rahmen der Aufwands- und Ertragskonsolidierung[547] ist im kommunalen Kontext hingegen von wesentlich größerer Bedeutung. Hierunter fallen insbesondere Leistungen, die ausgelagerte Bauhöfe, Immobilienbetriebe, Rechenzentren und natürlich Stadtwerke für die Kernverwaltung erbringen.[548] Bei der Konsolidierung entstehen jedoch regelmäßig Aufrechnungsdifferenzen aufgrund der (meist) fehlenden Vorsteuerabzugsberechtigung der Gemeinden.[549] Für von der Gemeinde von ihren Tochterunternehmen erhobene Abgaben, insbesondere die Gewerbesteuer, wird eine Konsolidierung mehrheitlich abgelehnt, da diese Größen in die Bemessungsgrundlage für Finanzzuweisungen des Landes eingehen[550] und daher auch aus Konzernsicht durchaus existent und von erheblicher Bedeutung sind.[551]

Neben der Vollkonsolidierung der Tochterunternehmen bedarf es der sog. *Equity-Bewertung* der assoziierten, also unter maßgeblichem Einfluss stehenden Unternehmen. Hierbei werden im Gegensatz zur Vollkonsolidierung nicht die Vermögensgegenstände und Schulden der betroffenen Organisationen in den Gesamtabschluss aufgenommen, sondern die im Finanzanlagevermögen geführte Beteiligung ausge-

---

[544] Vgl. HENKES (2008), S. 528. Entsteht eine Aufrechnungsdifferenz z. B. aus einer erfolgswirksamen Abschreibung einer Forderung gegenüber einem verbundenen Unternehmen, ist diese Differenz erfolgswirksam auszubuchen, vgl. SCHERRER (2012), S. 238 f.
[545] Vgl. § 51 Abs. 1 KomHVO NRW i. V. m. § 304 Abs. 1 HGB.
[546] Vgl. ADAM u. a. (2015), S. 332, KOMMUNALE GEMEINSCHAFTSSTELLE FÜR VERWALTUNGSMANAGEMENT (2011), S. 64.
[547] Vgl. § 51 Abs. 1 KomHVO NRW i. V. m. § 305 Abs. 1 HGB.
[548] Vgl. ADAM u. a. (2015), S. 333, BERNHARDT u. a. (2013), S. 687, BRUGGER (2010), S. 205, 212 f.
[549] Da die Gemeinde eine erhaltene Leistung mit ihrem Bruttobetrag aufwandswirksam verbucht, während die Auslagerung lediglich den Nettobetrag als Umsatzerlös verzeichnet, bleibt der Umsatzsteueranteil als Aufwand im Gesamtabschluss erhalten, vgl. ADAM u. a. (2015), S. 333, BRUGGER (2010), S. 206.
[550] Vgl. Kapitel 2.3.
[551] Vgl. HENKES (2008), S. 530, SROCKE (2004), S. 180 f.

3.2 Sicherung im Kontext des Haushalts- und Rechnungswesens 77

hend vom historischen Anschaffungswert[552] analog zur Entwicklung des anteiligen Eigenkapitals des assoziierten Unternehmens fortgeschrieben.[553] Seit dem BilMoG ist dafür gem. § 51 Abs. 3 KomHVO NRW i. V. m. § 312 Abs. 1 S. 1 HGB nur noch die sog. Buchwertmethode zulässig, nach der der Equity-Wert einschließlich eines darin möglicherweise enthaltenen GoF vollständig in der Aktivposition *Anteile an assoziierten Unternehmen* ausgewiesen wird[554] und keine Trennung zwischen GoF und erworbenem anteiligen Eigenkapital erfolgt.[555] Bei der Fortschreibung des Equity-Wertes der Beteiligung werden u. a. anteilige Jahresergebnisse (korrigiert um erhaltene Dividenden), die Abschreibung und Auflösung aufgedeckter stiller Reserven und Lasten sowie die Abschreibung des GoF bzw. Auflösung eines negativen Unterschiedsbetrags berücksichtigt.[556]

Wertänderungen der Anteile an assoziierten Unternehmen sind als gesonderter Posten in der Gesamtergebnisrechnung auszuweisen.[557] Das MODELLPROJEKT NKF-GESAMTABSCHLUSS empfiehlt hierfür einen Ausweis im Finanzergebnis.[558] Wird der Equity-Wert bei der Fortschreibung negativ, ist DRS 8.27 auch im Gesamtabschluss sinngemäß anzuwenden: In der Gesamtbilanz erfolgt ein Ausweis zum Erinnerungswert, sodass weitere Wertminderungen nicht das Ergebnis belasten. Der negative Beteiligungswert selbst wird in einer Nebenrechnung fortgeschrieben, bis er wieder einen Wert größer als 1 EUR erreicht.[559]

Während eine Schulden- sowie Aufwands- und Ertragskonsolidierung bei der Einbeziehung assoziierter Unternehmen in den Gesamtabschluss nicht vorgesehen ist, ist gem. § 51 Abs. 3 KomHVO NRW i. V. m. § 312 Abs. 5 S. 3 HGB eine Zwischenergebniseliminierung grundsätzlich durchzuführen. Der Gesetzgeber grenzt dieses Erfordernis allerdings auf für die Konzernmutter bekannte oder zugängliche Sachverhalte ein. Hierbei zeigt sich auch ein grundsätzliches Problem der Equity-Bewertung: Aufgrund der Stellung der Gemeinde als Minderheitengesellschafterin kann es zu erheblichen Problemen bei der Beschaffung der für die Bewertung notwendigen Informationen kommen, wodurch bereits die Aufdeckung stiller Reserven

---

[552] Im Rahmen der Erstkonsolidierung ist lediglich eine erfolgsneutrale Umbuchung der Beteiligung zu ihrem Anschaffungswert in die Position *Anteile an assoziierten Unternehmen* vorzunehmen.
[553] Vgl. SCHERRER (2012), S. 311, KÄMPFER (2000), S. 338, ADAM u. a. (2015), S. 333 f.
[554] Vgl. Position A4 in Anlage 26 VVMGOGemHVO.
[555] Vgl. S. MÜLLER und WELLER (2008), S. 299, ADAM u. a. (2015), S. 334.
[556] Vgl. ausführlich zur Berechnung des Equity-Folgewerts KOMMUNALE GEMEINSCHAFTSSTELLE FÜR VERWALTUNGSMANAGEMENT (2011), S. 78, GRÄFER und SCHELD (2016), S. 298, COENENBERG, HALLER und SCHULTZE (2016), S. 723 f. Wenn das assoziierte Unternehmen selber einen Konzernabschluss aufstellt, ist zur Berechnung des Equity-Wertes von diesem und nicht vom Jahresabschluss auszugehen, vgl. § 51 Abs. 3 KomHVO NRW i. V. m. § 312 Abs. 6 HGB.
[557] Vgl. § 51 Abs. 3 KomHVO NRW i. V. m. § 312 Abs. 4 S. 2 HGB.
[558] Vgl. MODELLPROJEKT NKF-GESAMTABSCHLUSS (2009), S. 85.
[559] Vgl. GRÄFER und SCHELD (2016), S. 310, ADAM u. a. (2015), S. 334.

und Lasten Schwierigkeiten bereiten kann.[560] Die Ingerenzpflichten nach § 108 GO NRW schaffen hier keine Abhilfe, da sie sich nur auf Mehrheitsbeteiligungen und damit den Vollkonsolidierungskreis beziehen.

3.3 Sicherung durch staatliche Aufsicht

3.3.1 Ziele der (Finanz-) Aufsicht

Die Gemeinden nehmen ihre Aufgaben zwar grundsätzlich eigenverantwortlich wahr, sind aber gem. Art. 20 Abs. 3 GG an das Gesetz gebunden.[561] Die Einhaltung dieser Gesetzesbindung wird durch die staatliche Aufsicht kontrolliert.[562] Sie kompensiert damit den Freiraum, den die Gemeinden durch Art. 28 Abs. 2 GG erhalten.[563] Die Kommunalaufsicht ist gem. Art. 78 Abs. 4 S. 1 LV NRW Sache des Landes, sodass die Aufsicht das Bindeglied zwischen mittelbarer (Gemeinden) und unmittelbarer Staatsverwaltung (Aufsichtsbehörden des Landes) im dezentralen Verwaltungsaufbau der Bundesrepublik Deutschland darstellt.[564]

§ 11 GO NRW konkretisiert die Funktionen der Aufsicht: sie schützt die Gemeinden in ihren Rechten und sichert die Erfüllung ihrer Pflichten. Die Kommunalaufsicht ist folglich nicht nur für die Kontrolle bzw. Überwachung der Rechtmäßigkeit des Verwaltungshandels zuständig, sondern erfüllt auch eine Schutzfunktion, innerhalb derer sie die Gemeinden vor eigenen Fehlentscheidungen und deren Konsequenzen bewahren soll.[565] Da letztere Funktion jedoch insbesondere durch die Unterbindung von Rechtsverstößen der Gemeinde erfüllt werden kann, sind Schutz und Kontrolle untrennbar miteinander verwoben.[566] Hieraus resultiert die Notwendigkeit, dass die Aufsicht nicht auf die bloße Beobachtung beschränkt sein darf, sondern auch das Handeln des Beobachteten durch generelle Maßnahmen (insbesondere Verwal-

---
[560] Vgl. JANZEN (2010), S. 194.
[561] Vgl. MAURER (2017), § 23 Rn. 23.
[562] Vgl. ERBGUTH (2018), S. 91.
[563] Vgl. GEIS (2016), S. 258.
[564] Vgl. SODAN und ZIEKOW (2018), § 58 Rn. 8, DUVE (2008), S. 285, sowie Kapitel 2.1. § 120 GO NRW nennt die jeweils zuständigen Aufsichtsbehörden, z. B. bei kreisangehörigen Gemeinden den Landrat und bei kreisfreien Städten die Bezirksregierung.
[565] Vgl. OEBBECKE (2015), S. 235. Aus der Schutzfunktion können nach Art. 34 GG i. V. m. § 839 BGB Ansprüche der Gemeinden gegenüber der Kommunalaufsicht entstehen, wenn sie die Gemeinde nicht vor einer schadensverursachenden Handlung bewahrt. So hat die Rechtsprechung einen Amtshaftungsanspruch einer Gemeinde gegenüber ihrer Aufsichtsbehörde bestätigt, nachdem Letztere privatrechtliche Geschäfte der Gemeinde genehmigt hat, die eigentlich nicht genehmigungsfähig waren, vgl. BGH vom 12.12.2002, NJW 2003, 1318 (1319).
[566] Vgl. OEBBECKE (2015), S. 256. Zu beachten ist, dass die Kommunalaufsicht im gesamten öffentlichen Interesse ausgeübt wird und nicht dem Individualschutz des Bürgers dient. Ein einzelner Bürger kann daher kein Recht auf eine bestimmte Handlung der Aufsichtsbehörde geltend machen, auch wenn die Gemeinde zweifellos einen Rechtsverstoß begehen sollte, vgl. T. I. SCHMIDT (2014), S. 232, OEBBECKE (2015), S. 252 f., GEIS (2016), S. 267 f.

tungsvorschriften) und im Einzelfall wirkende (konkrete Weisungen) beeinflussen können muss.[567] Sämtliche Aufsichtsmaßnahmen stellen dabei anfechtbare Verwaltungsakte dar.[568]

Bei den Überwachungs- und Einwirkungsrechten der Aufsichtsbehörde muss differenziert werden, ob Selbstverwaltungs- oder weisungsgebundene Aufgaben der Gemeinde zugrunde liegen. So darf die Aufsichtsbehörde im Bereich der freiwilligen und der weisungsfreien Pflichtaufgaben lediglich die Rechtmäßigkeit des Verwaltungshandelns kontrollieren und bei Verstößen einschreiten (allgemeine bzw. Rechtsaufsicht nach § 119 Abs. 1 GO NRW), während sie bei weisungsgebundenen Pflichtaufgaben zusätzlich die Zweckmäßigkeit des gemeindlichen Handelns kontrolliert (Sonder- bzw. Fachaufsicht nach § 119 Abs. 2 GO NRW).[569] Die Aufsicht kann hier also darauf hinwirken, dass die Gemeinde ein der Aufgabe möglicherweise innewohnendes Ermessen bei der Erledigung in einer bestimmten Weise ausübt - so wird sichergestellt, dass die Kommune die weisungsgebundenen Aufgaben so erfüllt, wie es in dem zugrunde liegenden Fachgesetz normiert worden ist.[570] Eine solche Zweckmäßigkeitskontrolle ist im weisungsfreien Bereich hingegen nicht verfassungskonform, da sonst das Selbstverwaltungsrecht der Kommunen verletzt würde.[571]

Ein zentrales Kernfeld der Kommunalaufsicht findet sich in der Überwachung der kommunalen Haushaltswirtschaft, d. h. der Finanzaufsicht.[572] Die aufsichtsrechtlichen Kompetenzen der jeweiligen Landesbehörden führen zu einer Mitverantwortung des Landes für die haushaltswirtschaftliche Entwicklung der Gemeinden.[573] Die Maßnahmen der Finanzaufsicht haben dabei stets die Sicherung der stetigen Aufgabenerfüllung zum Ziel.[574] Entsprechend der für die Gemeinde geltenden Haushaltsgrundsätze dienen Ziele wie der Haushaltsausgleich und das Überschuldungsverbot der Operationalisierung dieses Oberziels.[575] Die Finanzaufsicht setzt daher primär an diesen beiden Größen an und orientiert ihre Maßnahmen daran, inwieweit die beaufsichtigte Gemeinde einen Haushaltsausgleich erreicht und wie sich das Eigenkapital entwickelt.[576] Die Kommunalaufsicht stellt in Hinblick auf die Haushaltswirtschaft eine Rechtsaufsicht dar, die keinerlei Zweckmäßigkeitsüberlegungen zulässt.[577]

---

[567] Vgl. SODAN und ZIEKOW (2018), § 58 Rn. 7, ERBGUTH (2018), S. 91 f.
[568] Vgl. § 126 GO NRW.
[569] Vgl. MAURER (2017), § 23 Rn. 29, ERBGUTH (2018), S. 92.
[570] Vgl. T. I. SCHMIDT (2014), S. 247.
[571] Vgl. GEIS (2016), S. 260 f.
[572] Vgl. LINDLAR und KOTZEA (2011), S. 535, ZABLER, PERSON und EBINGER (2016), S. 6.
[573] Vgl. MAGIN (2011), S. 221.
[574] Vgl. STOCKEL-VELTMANN (2010b), S. 5, HOFFMANN (2012), S. 157 f.
[575] Vgl. Kapitel 3.2.2.
[576] Vgl. FRIELINGHAUS (2007), S. 85, BRAND (2014), S. 96.
[577] Vgl. HOFFMANN (2012), S. 152, und OVG NRW vom 15.12.1989, NVwZ 1990, 689 (690).

Aufsichtsrechtliche Mittel können entsprechend ihres Einwirkungsgrades auf die Gemeinde grundsätzlich in zwei Gruppen, die präventiven und die repressiven Maßnahmen, unterteilt werden.[578] Da im Rahmen der Präventivmaßnahmen möglicherweise stärkere Eingriffe in die kommunale Selbstverwaltung - mittels repressiver Maßnahmen - vermieden werden können, sind sie vordringlich anzuwenden.[579] Präventionskompetenzen sollen der Aufsicht in Form eines Unterrichtungsrechts sowie Anzeigepflichten der Gemeinden[580] eine ständige Kontrolle ermöglichen oder sie im Rahmen von Genehmigungsvorbehalten[581] in die Lage versetzen, rechtswidrige Maßnahmen der Gemeinde bereits vor deren Ausführung zu unterbinden.[582] Repressive Mittel kommen hingegen erst dann zum Einsatz, wenn die Aufsichtsbehörde bereits eine erfolgte Rechtsverletzung durch die Gemeinde festgestellt hat und diese zu beseitigen versucht.[583] In Frage kommen hier eine Beanstandung, Aufhebung, Anordnung, Ersatzvornahme oder die Entsendung eines Beauftragten.[584]

3.3.2 Präventive Aufsicht

3.3.2.1 Unterrichtungsrecht und Anzeigepflicht

Das Unterrichtungsrecht des § 121 GO NRW erlaubt es der Aufsichtsbehörde, sich jederzeit - und nicht nur anlässlich eines konkreten Problemfalls - über sämtliche aufsichtsrelevanten Angelegenheiten der Gemeinde durch diese informieren zu lassen.[585] Das Unterrichtungsrecht erfüllt damit eine Doppelfunktion: Zum einen bereitet es ggf. den Einsatz weiterer, insbesondere repressiver Aufsichtsmittel vor, zum anderen eröffnet es die Möglichkeit zur Beratung der Gemeinde durch die Aufsichtsbehörde.[586] Dadurch kann die Kommune u. U. von überörtlichen Erfahrungen der Staatsbehörde profitieren.[587]

Während die Aufsichtsbehörde selbst entscheidet, wann sie von ihrem Unterrichtungsrecht Gebrauch macht, sind die Fälle der Anzeigepflicht gesetzlich definiert. So nennt das Haushaltsrecht ausgewählte Beschlüsse oder Vorhaben der Gemeinde, die der Aufsichtsbehörde angezeigt werden müssen, damit sie diese explizit auf

---

[578] Vgl. BRÜNING und VOGELGESANG (2009), Rn. 162. Vielfach wird mit der Information eine dritte Gruppe benannt, welche hier jedoch der Prävention zugeordnet wird. Vgl. MAURER (2017), § 23 Rn. 19, SODAN und ZIEKOW (2018), § 58 Rn. 13.
[579] Vgl. SODAN und ZIEKOW (2018), S. 34.
[580] Vgl. Kapitel 3.3.2.1.
[581] Vgl. Kapitel 3.3.2.2.
[582] Vgl. MAURER (2017), § 23 Rn. 26.
[583] Vgl. BRÜNING und VOGELGESANG (2009), Rn. 162, 166.
[584] Vgl. Kapitel 3.3.3.
[585] Vgl. SODAN und ZIEKOW (2018), § 58 Rn. 13.
[586] Vgl. T. I. SCHMIDT (2014), S. 237, MAURER (2017), § 23 Rn. 24.
[587] Vgl. GEIS (2016), S. 261.

Rechtsverstöße prüfen und ggf. mit repressiven Maßnahmen einschreiten kann.[588] Beispielhaft zu nennen sind hier die Anzeige eines Fehlbetrags in der Ergebnisrechnung des vom Bürgermeister bestätigten Jahresabschlussentwurfs gem. § 75 Abs. 5 GO NRW, der beschlossenen Haushaltssatzung nach § 80 Abs. 5 GO NRW sowie des festgestellten Jahresabschlusses gem. § 96 Abs. 2 GO NRW.

3.3.2.2 Genehmigungsvorbehalt

Bestimmte Beschlüsse der Gemeinden bedürfen zu ihrer Rechtswirksamkeit der Genehmigung der Aufsichtsbehörde. Ähnlich wie bei der Anzeigepflicht definiert das Haushaltsrecht diejenigen Sachverhalte, die einem solchen Genehmigungsvorbehalt unterliegen, explizit. Im Gegensatz zur Anzeigepflicht umfasst der Genehmigungsvorbehalt jedoch ausdrücklich eine Mitwirkungspflicht der Aufsicht, da das weitere gemeindliche Handeln von deren Reaktion (Erteilung der Genehmigung oder nicht) abhängt.[589]

Genehmigungen im Bereich der Haushaltswirtschaft bedarf es regelmäßig, wenn die Gemeinde bereits gegen das Gebot des Haushaltsausgleichs verstoßen hat.[590] In Fällen, in denen weder der echte Haushaltsausgleich noch der fiktive erreicht wird, kommt es zu einer verlustbedingten Reduzierung der Allgemeinen Rücklage.[591] Plant die Gemeinde eine solche Verringerung, bedarf die zugehörige Haushaltssatzung einer Genehmigung.[592] Fällt der Eigenkapitalabbau so groß aus, dass eine der Voraussetzungen des § 76 Abs. 1 GO NRW erfüllt ist, hat die Gemeinde ein HSK aufzustellen, welches ebenfalls zu genehmigen ist.[593] In beiden Fällen gilt: Verweigert die Aufsicht die Genehmigung, kann die Haushaltssatzung nicht bekannt gemacht werden.[594] Ist eine Haushaltssatzung zu Jahresbeginn jedoch nicht bekannt gemacht worden, mangelt es der Verwaltung an einer Ermächtigungsgrundlage zur Leistung von Aufwendungen und Auszahlungen bzw. Generierung von Erträgen und Einzahlungen. Hier greifen die Regeln der vorläufigen Haushaltsführung nach § 82 GO NRW, welche der Verwaltung in solchen Fällen gesetzliche Ersatzermächtigungen erteilen, die mit Einschränkungen einhergehen.[595] Die vorläufige Haushaltsführung gilt solange, bis die Aufsichtsbehörde die Haushaltssatzung - ggf.

---
[588] Vgl. BRÜNING und VOGELGESANG (2009), Rn. 197.
[589] Vgl. HOFFMANN (2012), S. 160.
[590] Vgl. STOCKEL-VELTMANN (2010a), S. 34.
[591] Vgl. Kapitel 3.2.3.
[592] Vgl. § 75 Abs. 4 S. 1 GO NRW.
[593] Vgl. § 76 Abs. 2 S. 2 GO NRW.
[594] Vgl. § 80 Abs. 5 S. 5 GO NRW.
[595] So darf die Gemeinde z. B. nur Aufwendungen entstehen lassen und Auszahlungen leisten, zu denen sie rechtlich verpflichtet ist oder die für die Weiterführung notwendiger Aufgaben unaufschiebbar sind, sowie Realsteuern nach den Sätzen des Vorjahres erheben, vgl. § 82 Abs. 1 GO NRW.

einschließlich des HSK - genehmigt und die Gemeinde die Satzung öffentlich bekannt macht. Mit einer solchen Genehmigung befreit die Aufsicht die Gemeinde damit faktisch vom Haushaltsausgleichsgebot.[596]

Die Prüfung der Genehmigungsfähigkeit in den beiden genannten Fällen hat entsprechend der Beschränkung der Finanzaufsicht auf den Bereich der Rechtsaufsicht[597] nur die Rechtmäßigkeit der Haushaltswirtschaft zum Gegenstand - natürlich abgesehen vom bereits erfolgten Verstoß gegen das Haushaltsausgleichsgebot des § 75 Abs. 2 GO NRW. Da in § 75 Abs. 4 GO NRW keine expliziten Genehmigungsvoraussetzungen genannt werden, ist die Genehmigung demnach zu erteilen, wenn die stetige Aufgabenerfüllung im Sinne des § 75 Abs. 1 S. 1 GO NRW nicht gefährdet ist. Im Falle der HSK-Genehmigung nennt § 76 Abs. 2 S. 3 GO NRW ausdrücklich eine weitere Voraussetzung: Die Genehmigung hat zu erfolgen, wenn zusätzlich das HSK spätestens im zehnten Folgejahr einen Haushaltsausgleich vorsieht. Da Zweckmäßigkeitsüberlegungen im Rahmen der Rechtsaufsicht nicht zulässig sind, darf die Genehmigung indes nicht verweigert werden, wenn beispielsweise aus Sicht der Aufsichtsbehörde geeignetere Konsolidierungsmaßnahmen existieren, als die von der Gemeinde gewählten, oder die Gemeinde trotz Wiedererreichen des Haushaltsausgleichs nach wie vor unwirtschaftlich handelt und ihre Bürger unnötig stark belastet.[598]

Einer besonderen Betrachtung bedarf der Sachverhalt einer bilanziellen Überschuldung. Obwohl diese nach § 75 Abs. 7 GO NRW einen rechtswidrigen Zustand darstellt, gibt der Gesetzgeber mit Ausnahme der Pflicht zur Aufstellung eines HSK[599] keine weiteren Hinweise zum Umgang der Aufsichtsbehörden hiermit.[600] Das MINISTERIUM FÜR INNERES UND KOMMUNALES NRW hat sich deshalb in einem Runderlass dieser Thematik angenommen: Da eine bilanzielle Überschuldung eine Gefährdung der stetigen Aufgabenerfüllung repräsentiert,[601] darf die Aufsichtsbehörde eine Genehmigung des HSK selbst dann nicht erteilen, wenn dieses eine Wiederherstellung des Haushaltsausgleichs in der Zehn-Jahres-Frist vorsieht; genehmigungsfähig wird das HSK erst, wenn gleichzeitig die Überschuldung abgebaut wurde und damit die stetige Aufgabenerfüllung wieder gesichert ist.[602] Das MINISTERIUM FÜR INNERES UND KOMMUNALES relativiert diese Anweisung an

---
[596] Vgl. STOCKEL-VELTMANN (2010a), S. 34.
[597] Vgl. Kapitel 3.3.1.
[598] Vgl. STOCKEL-VELTMANN (2010a), S. 34-35, GEIS (2016), S. 262, OEBBECKE (2015), S. 244, genauso OVG NRW vom 04.07.2014, NWVBl. 2014, 437 (438).
[599] Vgl. Kapitel 3.2.3.
[600] Vgl. SCHULZE (2011), S. 51, BAJOHR (2009), S. 174.
[601] Vgl. Kapitel 3.2.2.
[602] Vgl. AUSFÜHRUNGSERLASS DES MINISTERIUMS FÜR INNERES UND KOMMUNALES NRW vom 07.03.2013, S. 6. An anderer Stelle wird dieser Umgang mit überschuldeten Kommunen damit begründet, dass der Überschuldungstatbestand als Gesetzesverstoß dazu führt, dass die Haushaltswirtschaft der Gemeinde wie eine vorläufige einzustufen und zu führen ist, was

die Aufsichtsbehörden jedoch gleichzeitig, indem es auf die Möglichkeit nach § 76 Abs. 2 S. 4 GO NRW hinweist, Pläne in Ausnahmefällen auch dann zu genehmigen, wenn die Zehn-Jahres-Frist nicht eingehalten wird. So kann eine Genehmigung zumindest dann ausgesprochen werden, wenn ein an die Stelle des HSK tretender individueller Sanierungsplan der Gemeinde eine Wiederherstellung des Haushaltsausgleichs innerhalb von zehn Jahren vorsieht, und gleichzeitig zeigt, wie in der darüber hinausgehenden Zeit die Überschuldung abgebaut wird.[603]

3.3.3 Repressive Aufsicht

3.3.3.1 Anwendungsgrundsätze

Repressive Aufsichtsmittel kommen bei festgestellten Rechtsverstößen der Gemeinde in Frage und dienen der Wiederherstellung eines rechtmäßigen Zustands.[604] Die verschiedenen Mittel sind abschließend in den §§ 122 bis 125 GO NRW geregelt und kommen nach dem Grundsatz der Verhältnismäßigkeit subsidiär zur Anwendung.[605] Dies ist ein vom BVERFG aus dem Rechtsstaatsprinzip abgeleiteter Verfassungsgrundsatz, der fordert, dass die betreffende staatliche Maßnahme

- geeignet ist, d. h., mit ihrer Hilfe kann der gewünschte Erfolg (konkret also die Wiederherstellung des rechtmäßigen Zustands) erzielt werden,

- erforderlich ist, d. h., der Zweck der Maßnahme lässt sich nicht durch ein anderes Mittel erreichen, welches das gemeindliche Selbstverwaltungsrecht nicht oder weniger einschränkt, und

- zumutbar bzw. angemessen ist, d. h., die durch die Maßnahme entstehende Rechtseinschränkung steht für den Betroffenen in einem angemessenen Verhältnis zum dadurch erreichten Rechtsgüterschutz.[606]

Selbst wenn ein Rechtsverstoß vorliegt, der z. B. im Anzeigeverfahren aufgedeckt wurde, und eine repressive Maßnahme dem Grundsatz der Verhältnismäßigkeit genügt, ist die Aufsichtsbehörde grundsätzlich nicht verpflichtet, gegenüber der Gemeinde aktiv zu werden. Stattdessen liegt es in ihrem Ermessen, inwieweit sie einschreitet.[607] Eine solche Ermessenskompetenz ergibt sich zum einen aus der Aus-

---

durch eine Verweigerung der Genehmigung zu erreichen ist, vgl. MINISTERIUM FÜR INNERES UND KOMMUNALES NRW (2016), S. 533.
[603] Vgl. AUSFÜHRUNGSERLASS DES MINISTERIUMS FÜR INNERES UND KOMMUNALES NRW vom 07.03.2013, S. 7.
[604] Vgl. MAURER (2017), § 23 Rn. 25.
[605] Vgl. SODAN und ZIEKOW (2018), § 58 Rn. 14, STOCKEL-VELTMANN (2010a), S. 35, DUVE (2008), S. 285.
[606] Vgl. SODAN und ZIEKOW (2018), § 24 Rn. 32-46, MAURER (2017), § 10 Rn. 50 f.
[607] Vgl. BRINKTRINE und STICH (2016), S. 95, MAURER (2017), § 23 Rn. 25, BRÜNING (2015), S. 246.

gestaltung der §§ 122 bis 125 GO NRW als Kann-Vorschriften. Insbesondere aber das Selbstverwaltungsrecht der Gemeinden sowie der Umstand, dass die staatliche Aufsicht nicht gegen die Gemeinden gerichtet ist, sondern sie schützen und fördern soll, spricht gegen eine absolute Rechtspflicht zum Einschreiten der Aufsichtsbehörde.[608] Prägend für die Kommunalaufsicht ist damit nicht das sog. Legalitätsprinzip (Einschreitungspflicht), sondern ein Opportunitätsprinzip (Einschreitungsrecht, aber keine -pflicht).[609] Ausnahmen hierzu entstehen lediglich, wenn ein Gesetz explizit eine Einschreitungspflicht formuliert, wie es beispielsweise im Stärkungspaktgesetz vom 09.12.2011 (StPG) der Fall ist.[610]

3.3.3.2 Beanstandung, Aufhebung, Anordnung und Ersatzvornahme

Das Beanstandungs- und Aufhebungsrecht richtet sich gegen ein gesetzeswidriges Tun der Gemeinde.[611] Nach § 122 GO NRW können Beschlüsse des Rates und Anordnungen des Bürgermeisters beanstandet werden, wenn sie gegen geltendes Recht verstoßen. Werden sie dennoch von Rat und Bürgermeister gebilligt, kann die Aufsicht den Beschluss bzw. die Anordnung aufheben. Die Beanstandung stellt das mildeste und damit am häufigsten eingesetzte repressive Mittel dar.[612]

Anordnungen und Ersatzvornahmen ermöglichen indes ein Vorgehen gegen ein gesetzeswidriges Unterlassen der Gemeinde.[613] Wenn die Gemeinde ihre gesetzlichen Pflichten und Aufgaben nicht erfüllt, kann die Aufsichtsbehörde nach § 123 GO NRW deren Nachholung anordnen und in Fällen, in denen dem nicht nachgekommen wird, das Angeordnete auf Kosten der Gemeinde selbst oder durch einen Dritten durchführen lassen. Eine Anordnungsverfügung ergeht in der Regel nicht isoliert, sondern i. V. m. der Androhung einer Ersatzvornahme.[614]

3.3.3.3 Beauftragtenbestellung

Wenn die präventiven Aufsichtsmittel sowie die repressiven nach §§ 122, 123 GO NRW nicht ausreichen, um einen rechtswidrigen Zustand zu beseitigen, kann das Innenministerium nach § 124 GO NRW einen Beauftragten des Landes bestellen, der alle oder vereinzelte Aufgaben der Gemeindeorgane auf Kosten der Gemeinde wahrnimmt, um so den gesetzeskonformen Zustand wiederherzustellen. Dadurch wird

---

[608] Vgl. BURGI (2015), § 8 Rn. 43.
[609] Vgl. SODAN und ZIEKOW (2018), § 58 Rn. 14, GEIS (2016), S. 259.
[610] Vgl. vertiefend Kapitel 6.2.3. Das StPG folgt teilweise einem Legalitätsprinzip, indem § 8 Abs. 1 S. 2 StPG die Aufsichtsbehörde zur Bestellung eines Beauftragten nach § 124 GO NRW verpflichtet, wenn eine Gemeinde gegen die Pflichten aus § 6 StPG verstößt.
[611] Vgl. T. I. SCHMIDT (2014), S. 239, SODAN und ZIEKOW (2018), § 58 Rn. 14.
[612] Vgl. BRINKTRINE und STICH (2016), S. 90.
[613] Vgl. OEBBECKE (2015), S. 240.
[614] Vgl. BRINKTRINE und STICH (2016), S. 93.

die kommunale Selbstverwaltung faktisch vorübergehend aufgehoben.[615] Die Beauftragtenbestellung ist daher das schärfste verfügbare Aufsichtsmittel.[616] Da es den schwersten denkbaren Eingriff in das kommunale Selbstverwaltungsrecht darstellt, bedarf es einer entsprechenden Begründung im Rahmen der Verhältnismäßigkeit.[617] Die Beauftragtenbestelltung stellt damit die ultima ratio dar, wenn alle anderen Aufsichtsmaßnahmen nicht zweckmäßig sind.[618]

Eine Beauftragtenbestellung ist erst dann möglich, wenn die Gemeinde wiederholt gravierende Verstöße gegen geltendes Recht begangen hat oder die Mängel zahlreich auftreten und dadurch ein ordnungsgemäßer Gang der Kommunalverwaltung nicht mehr gewährleistet scheint.[619] Die Zustände in der Gemeinde müssen in erheblichem Umfang von geordneten Verhältnissen abweichen.[620] Erheblich ist dieser Umfang, wenn der gesetzeswidrige Zustand zu schweren Erschütterungen des Gemeindelebens oder Schädigungen des Einwohnerwohls führt.[621] In solchen Fällen wird die Sicherung der Funktionsfähigkeit als wichtiger angesehen als die Aufrechterhaltung der kommunalen Selbstverwaltung.[622]

In Bezug auf die Haushaltswirtschaft mildert der Gesetzgeber diese vom Schrifttum entwickelten Anforderungen zum Teil ab. So sieht § 75 Abs. 5 S. 2 GO NRW die Möglichkeit einer Beauftragtenbestellung bereits explizit vor, wenn die Gemeinde entgegen der ursprünglichen Planung einen Verlust realisiert oder dieser höher als geplant ausfällt und andere repressive Aufsichtsmaßnahmen nicht ausreichen, um eine geordnete Haushaltswirtschaft wiederherzustellen.[623] Weiterhin kommt laut dem MINISTERIUM FÜR INNERES UND KOMMUNALES NRW eine Beauftragtenbestellung insbesondere in Betracht, wenn die Gemeinde ihrer Verpflichtung zur HSK-Aufstellung nicht nachkommt.[624]

---

[615] Vgl. HOFFMANN (2012), S. 166.
[616] Vgl. HOFFMANN (2012), S. 166, DUVE (2008), S. 285, FRIELINGHAUS (2007), S. 94. Nach § 125 GO NRW kann das für Kommunales zuständige Ministerium durch Beschluss der Landesregierung noch den Gemeinderat auflösen, insbesondere wenn dieser nicht beschlussfähig ist. In Zusammenhang mit haushaltswirtschaftlichen Problemstellungen spielt dieses Aufsichtsmittel jedoch keine Rolle, vgl. STOCKEL-VELTMANN (2010a), S. 36.
[617] Vgl. HOFFMANN (2012), S. 166, MAGIN (2011), S. 220, GEIS (2016), S. 264 f.
[618] Vgl. MAURER (2017), § 23 Rn. 25, GEIS (2016), S. 264 f. Die Beauftragtenbestellung setzt nicht voraus, dass sämtliche milderen Aufsichtsmittel tatsächlich erfolglos eingesetzt wurden; es genügt, wenn die Kommunalaufsicht nach pflichtgemäßer Prüfung zu dem Schluss kommt, dass diese nicht zum gewünschten Erfolg führen würden, vgl. STOCKEL-VELTMANN (2010a), S. 36, DUVE (2008), S. 285.
[619] Vgl. SODAN und ZIEKOW (2018), § 58 Rn. 14, BRINKTRINE und STICH (2016), S. 94.
[620] Vgl. GEIS (2016), S. 264 f.
[621] Vgl. FRIELINGHAUS (2007), S. 94, STOCKEL-VELTMANN (2010a), S. 36, BRÜNING und VOGELGESANG (2009), Rn. 281, BENDER (2018a).
[622] Vgl. DUVE (2008), S. 285.
[623] Vgl. KLEIN (2016a), S. 549, WINKEL (2018a), S. 594.
[624] Vgl. LEITFADEN DES INNENMINISTERIUMS NRW vom 06.03.2009, S. 50.

Durch die Bestellung eines Beauftragten, der Aufgaben der Gemeindeorgane übernimmt, wird die eigentlich selbstverwaltete Gemeinde temporär zu einer fremdverwalteten.[625] Der Beauftragte ist Vertreter der Aufsichtsbehörde und vollständig an deren Weisungen gebunden, sein Handeln wird jedoch der Kommune zugerechnet.[626] Welche Aufgaben er übernimmt und welche Organe er ersetzt, hängt vom Einzelfall ab: Der Beauftragte tritt an die Stelle desjenigen Kommunalorgans, welches die ordnungsgemäße Aufgabenwahrnehmung verhindert.[627] Dies können sowohl der Rat als auch der Bürgermeister sein. Beauftragte können konsequenterweise nur Personen außerhalb der Gemeinde werden.[628] Die Beauftragtenbestellung darf nur solange erfolgen, bis der gesetzwidrige Zustand, der zur Entsendung führte, behoben wurde. Eine längere oder sogar dauerhafte Bestellung stünde hingegen nicht in Einklang mit der Selbstverwaltungsgarantie und wäre daher verfassungswidrig.[629] Da der Beauftragte mit hoheitlichen Vollmachten im staatlichen Auftrag und kommissarisch, d. h. vertretungsweise und zeitlich begrenzt, tätig wird, erfolgt häufig auch die Bezeichnung als „Staatskommissar"[630].

Die Gestaltungsmöglichkeiten des Beauftragten sind weitaus größer als die der sonstigen repressiven Kommunalaufsicht, da der Beauftragte in die kommunalverfassungsrechtliche Zuständigkeit des ersetzten Gemeindeorgans tritt und mit sämtlichen Kompetenzen dieses ausgestattet ist.[631] Im Gegensatz zur Kommunalaufsicht an sich, die regelmäßig auf die Rechtsaufsicht beschränkt ist, unterliegt der Beauftragte nicht diesen Beschränkungen; da er ein Gemeindeorgan darstellt, kann (und muss) er auch Zweckmäßigkeitsüberlegungen anstellen.[632] Er kann daher konkrete Maßnahmen ergreifen, die die Aufsichtsbehörde aufgrund der Unzulässigkeit von Zweckmäßigkeitsüberlegungen nicht anordnen oder im Rahmen der Ersatzvornahme durchführen dürfte. Damit ist es möglich, durch den Beauftragten Konsolidierungsmaßnahmen zur Wiederherstellung einer geordneten Haushaltswirtschaft ausführen zu lassen, die als wirtschaftlich notwendig gesehen werden, politisch aber bisher durch den Rat nicht durchsetzbar waren.[633] Der Beauftragte sieht sich keiner Wiederwahl gegenüber, sodass er sich auch als „Anwalt der nachfolgenden, noch nicht wahlberechtigten Generationen"[634] und nicht nur als Interessenvertreter der aktuellen Bürgerschaft verstehen kann. Da im Falle der Ersetzung des Rates lang-

---

[625] Vgl. DUVE (2008), S. 284.
[626] Vgl. GEIS (2016), S. 265, T. I. SCHMIDT (2014), S. 241, FRIELINGHAUS (2007), S. 95.
[627] Vgl. BÄTGE (2016), S. 205.
[628] Vgl. GEIS (2016), S. 264.
[629] Vgl. BUHREN (2004), S. 102.
[630] DUVE (2008), S. 286, AMBROSIUS (2011), S. 304, STOLZENBERG und HEINELT (2013), S. 475, T. I. SCHMIDT (2014), S. 241.
[631] Vgl. BRÜNING (2014), S. 244, LINDLAR und KOTZEA (2011), S. 538.
[632] Vgl. OVG NRW vom 04.07.2014, NWVBl. 2014, 437 (439), sowie LANDTAG NRW DRUCKSACHE 15/3418 vom 06.12.2011, S. 44 f.
[633] Vgl. MAGIN (2011), S. 220.
[634] BAJOHR (2009), S. 185.

3.3 Sicherung durch staatliche Aufsicht

wierige Beratungs- und Abstimmungsprozesse ausbleiben, kann der Beauftragte des Weiteren zu einer Beschleunigung der Konsolidierungsprozesse beitragen.[635]

Für das Land bedeutet die Beauftragtenbestellung jedoch einen hohen Erfolgsdruck, insbesondere im Kontext medialer Aufmerksamkeit. Weiterhin ist die Gefahr von Rechtsstreitigkeiten und einer nachhaltigen Verschlechterung der Beziehung zwischen dem Land und der betroffenen Kommune bei der Entscheidung, ob § 124 GO NRW Anwendung findet, zu berücksichtigen. Wegen dieser Hürden und der strengen rechtlichen Voraussetzungen kann es dazu kommen, dass die Bestellung zu spät erfolgt, sodass auch der Beauftragte nur begrenzt viel bewirken kann. So mag die Ersetzung von Gemeindeorganen zur Umsetzung notwendiger Konsolidierungsmaßnahmen aus finanzwirtschaftlicher Sicht eigentlich früher geboten sein, ist wegen des Eingriffs in die kommunale Selbstverwaltung jedoch rechtlich und politisch schwer umsetzbar.[636]

Beauftragtenbestellungen erfolgten in der Vergangenheit in unterschiedlicher Intensität. Zu größeren Entsendungwellen kam es beispielsweise in den Jahren 1930/31 als Reaktion auf die von der Weltwirtschaftskrise ab 1929[637] ausgelösten Finanzprobleme der Gemeinden. Beauftragte sollten dabei für die politisch unbeliebte Erhöhung von Steuern und Kürzung freiwilliger Aufgaben sorgen.[638] Ein verstärkter Einsatz in NRW erfolgte im Zuge der Gemeindeneugliederungen durch die Gebietsreformen in den Jahren 1966 bis 1975,[639] wobei die Beauftragten hier lediglich als Überbrückungslösung bis zur Wahl neuer Gemeindeorgane eingesetzt wurden und damit streng genommen keinen repressiven Charakter im oben beschriebenen Sinne hatten.[640] Zur letzten bedeutende Phase umfangreicherer Beauftragtenbestellungen kam es im Nachgang der Wiedervereinigung. Von den bundesweit 198 Bestellungen zwischen 1990 und 2004 erfolgten insgesamt 53 zur Wiederherstellung einer ordnungsgemäßen Haushaltswirtschaft - mit einer Ausnahme allesamt in den neuen Bundesländern -, der überwiegende Rest als Interimslösung bis zu neuen Kommunalwahlen.[641] In der jüngsten Vergangenheit kam es zu vereinzelten Bestellungen im Rahmen von Konsolidierungsprogrammen der Länder, in NRW beispielsweise dem Stärkungspakt Stadtfinanzen.[642]

---

[635] Vgl. DUVE (2008), S. 290.
[636] Vgl. DUVE (2008), S. 291 f.
[637] Vgl. hierzu ausführlich KINDLEBERGER (1984), PRESSLER (2013).
[638] Vgl. DUVE (2008), S. 286.
[639] Vgl. übersichtlich BÜNERMANN (1975), S. 27-32.
[640] Vgl. FRIELINGHAUS (2007), S. 95.
[641] Vgl. FRIELINGHAUS (2007), S. 279. Der einzige Fall einer Beauftragtenbestellung zur Wiederherstellung einer geordneten Haushaltswirtschaft in den alten Bundesländern im genannten Zeitraum ist der im Schrifttum ausführlicher diskutierte Fall der Gemeinde Bad Münster am Stein-Ebernburg (Rheinland-Pfalz), vgl. insbesondere DUVE (2008), S. 288-290.
[642] Vgl. Kapitel 6.2.3.

3.3.3.4 Sonderfall: Einsatz externer Berater

Als mildere Alternative zur Beauftragtenbestellung wurden in den letzten Jahren immer wieder externe Berater, sog. *Mentoren* oder *beratende Sparkommissare*, eingesetzt.[643] Eine erstmalige Entsendung erfolgte in NRW in die Stadt Waltrop (2006-2008), gefolgt von Marl (2007/08) und Hagen (2008/09).[644] Der Berater soll der Gemeinde helfen, notwendige Konsolidierungsmaßnahmen umzusetzen, ohne, dass die Amtsgeschäfte durch ihn übernommen werden.[645] Die Gemeinde soll stattdessen die Gelegenheit bekommen, die bestehenden Haushaltsprobleme grundsätzlich aus eigener Kraft zu lösen.[646] Dazu wird der Berater zwar mit einem umfassenden Informationsrecht ausgestattet, er ist jedoch nicht weisungsbefugt.[647] Der Berater gilt daher als mildere Vorstufe des Staatskommissars.[648] Er stellt eine Zwischenform aus präventivem und repressivem Aufsichtsmittel dar.[649]

Die Einsetzung eines Beraters setzt eine entsprechende Kooperationsbereitschaft zwischen der entsendenden Aufsichtsbehörde und der zu beratenden Gemeinde voraus.[650] Ist diese gegeben, kann der Berater weitere repressive Eingriffe möglicherweise überflüssig machen.[651] Da der Kommune weiterhin die Möglichkeit bleibt, in letzter Instanz selbst über den Konsolidierungskurs zu entscheiden, ist der Beratereinsatz weit weniger eskalierend als die Beauftragtenbestellung.[652] Dennoch ist nicht zu verkennen, dass auch das Beratermodell streitgeneigt ist, da der Mentor genau das tun bzw. empfehlen soll, was Rat und Verwaltung bisher nicht getan haben.[653] Er kann daher aufgrund mangelnder Anordnungsbefugnis schnell an die Grenzen wählerorientierter Politik und auf damit verbundenen Widerstand durch Rat und / oder Bürgermeister stoßen.[654] Um die Konsolidierungsempfehlungen umzusetzen, bedarf es dann eines Beauftragten nach § 124 GO NRW, sodass das Damoklesschwert einer solchen Bestellung stets über der scheinbar kooperativen

---

[643] Vgl. HOFFMANN (2012), S. 167, BAJOHR (2009), S. 171.
[644] Vgl. HOLTKAMP (2013), S. 134 f.
[645] Vgl. MAGIN (2011), S. 220.
[646] Vgl. DUVE (2010), S. 12.
[647] Vgl. DUVE (2008), S. 290. Berater erhalten regelmäßig Teilnahme-, Rede- und Vorlagenrechte für den Verwaltungsvorstand, den Rat sowie seine Ausschüsse. Zum Teil wird durch die Gemeinde auch bestimmt, dass Beschlüsse des Bürgermeisters mit finanziellen Auswirkungen oberhalb eines festzulegenden Schwellenwertes der Zustimmung des Beraters bedürfen, vgl. BAJOHR (2009), S. 184.
[648] Vgl. MAGIN (2011), S. 220, FRIELINGHAUS (2007), S. 95.
[649] Vgl. TIMM-ARNOLD (2011), S. 237. Der Berater ist weder ein rein repressives Mittel, da er keine Beschlüsse fassen kann, noch eine Präventivmaßnahme, da er regelmäßig erst zur Beseitigung bereits bestehender Krisen bestellt wird, vgl. DUVE (2010), S. 12.
[650] Vgl. JUNKERNHEINRICH u. a. (2011), S. 85.
[651] Vgl. STOCKEL-VELTMANN (2010a), S. 40.
[652] Vgl. DUVE (2008), S. 291.
[653] Vgl. BAJOHR (2009), S. 172.
[654] Vgl. BAJOHR (2009), S. 185.

Tätigkeit von Kommune und Berater schwebt; deren Rechtmäßigkeit ist dadurch zu hinterfragen.[655]

3.4 Schlussfolgerungen zum geltenden Sicherungssystem

Die zuvor vorgestellten haushaltsrechtlichen sowie aufsichtsrechtlichen Regelungen sollen dafür sorgen, dass Kommunen ihre Haushaltswirtschaft jederzeit an sich verändernde Rahmenbedingungen anpassen und wirtschaftliche Fehlentscheidungen der Gemeindeverantwortlichen unterbunden werden. Zu einer Gefährdung der dauerhaften Leistungsfähigkeit kann es somit theoretisch nicht kommen, zumindest nicht über einen längeren Zeitraum und in der Breite der Gemeinden.[656] Nachfolgend ist daher die eingangs grob skizzierte Finanzlage der Gemeinden[657] - insbesondere der Stand und die Entwicklung der kommunalen (Liquiditätskredit-) Verschuldung - genauer zu untersuchen, um anschließend die möglichen Ursachen dieser Entwicklung zu identifizieren. Daraus ist in einem nächsten Schritt auf Schwächen im geltenden Sicherungssystem zu schließen.

---

[655] Vgl. HOFFMANN (2012), S. 167. Die GO NRW sieht keine explizite rechtliche Grundlage für den Beratereinsatz als Aufsichtsmittel vor. Die Berufung erfolgt regelmäßig per Ratsbeschluss, teilweise jedoch auf Grundlage des § 124 GO NRW, vgl. BAJOHR (2009), S. 184, DUVE (2008), S. 290.
[656] Vgl. DUVE (2008), S. 284.
[657] Vgl. Kapitel 1.1.

4 Finanzielle Lage der Kommunen: Status quo und Implikationen

4.1 Überblick in Zahlen

Die Beurteilung der Haushaltssituationen der Kommunen kann anhand unterschiedlicher Größen erfolgen. Während entsprechend der vorhergehenden Erläuterungen[658] natürlich die Jahresergebnisse herangezogen werden können, stehen aufgrund der leichten Verständlichkeit sowie der zeitlich weit zurückreichenden Datenverfügbarkeit[659] und der länderübergreifenden Vergleichsmöglichkeit in der Regel zwei andere Größen in der öffentlichen Diskussion, auf die sich auch die Statistischen Ämter in ihren Erhebungen und Auswertungen konzentrieren:[660] der Finanzierungssaldo als Differenz aus Gesamteinnahmen und Gesamtausgaben eines Haushaltsjahres sowie der Schuldenstand.[661] Beide Größen stehen in einem unmittelbaren Zusammenhang, da ein negativer Finanzierungssaldo die Deckungslücke zeigt, die durch Kreditaufnahmen zu schließen ist.[662] Über die Jahresergebnisse, die sich gegenüber dem Finanzierungssaldo in erster Linie durch eine periodengerechte Zuordnung unterscheiden,[663] wird indes vergleichsweise wenig detailliert berichtet. Jährliche Übersichten werden aber dennoch veröffentlicht.[664] Nachfolgend wird auf den Datenstand zum 31.12.2016 Bezug genommen, da für diesen bereits umfangreiche Auswertungen zur Verfügung stehen.[665]

Hinsichtlich des Finanzierungssaldos aller deutschen Gemeinden kann aktuell eine insgesamt positive Phase festgestellt werden. Seit zwei Jahren werden deutliche

---

[658] Vgl. Kapitel 3.2.2.
[659] Jahresergebnisse können erst seit der Doppik-Umstellung erfasst werden.
[660] Vgl. stellvertretend STATISTISCHES BUNDESAMT (2017a), STATISTISCHES BUNDESAMT (2017c), INFORMATION UND TECHNIK NRW (2017).
[661] Bezüglich der Konzernbildung berücksichtigen die verschiedenen Statistiken ausgelagerte Aufgabenbereiche auf unterschiedliche Art und Weise, sodass die nicht den Kernhaushalt betreffenden Daten nicht immer deckungsgleich sind. INFORMATION UND TECHNIK NRW erhebt neben den Kernhaushalts-Daten auch die der Eigenbetriebe, eigenbetriebsähnlichen Einrichtungen und AöR, vgl. INFORMATION UND TECHNIK NRW (2017), S. 157. Das STATISTISCHE BUNDESAMT, auf deren Daten die nachfolgenden Auswertungen von BOETTCHER, FREIER u. a. basieren, ergänzt die Kernhaushalte um sog. Extrahaushalte, zu denen alle öffentlichen Unternehmen und Einrichtungen zählen, die nach den Kriterien des Europäischen Systems Volkswirtschaftlicher Gesamtrechnungen 2010 zum Sektor Staat gehören, vgl. STATISTISCHES BUNDESAMT (2017c), S. 5, STATISTISCHES BUNDESAMT (2017a), S. 7.
[662] Vgl. BOETTCHER, FREIER u. a. (2017b), S. 9.
[663] Vgl. BUSCH (2016), S. 130, sowie Kapitel 3.2.2 und 6.2.3.2.
[664] Vgl. z. B. Abbildung 4.6.
[665] So beziehen sich auch die Datenanalysen zum noch zu thematisierenden Stärkungspakt Stadtfinanzen auf diesen Stand, vgl. Kapitel 6.2.3.2.

positive Salden (bezogen auf Kern- einschließlich Extrahaushalte) erzielt, sodass die kommunalen Aufgaben grundsätzlich ohne neue Kreditaufnahmen erfüllt werden können.[666]

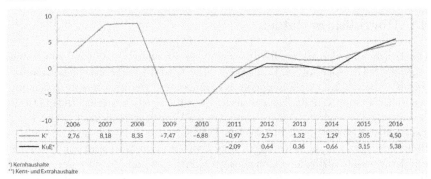

Abbildung 4.1: Entwicklung des Finanzierungssaldos der Gemeinden und Gemeindeverbände (in Mrd. EUR)[667]

2016 ist dabei sogar das Jahr mit dem höchsten positiven Saldo seit 2008 gewesen: Pro Kopf wurde ein Überschuss i. H. v. 71 EUR erzielt, was einer Steigerung von 29 EUR gegenüber dem Vorjahr entspricht.[668] Allerdings offenbart eine tiefer gehende Betrachtung, dass es innerhalb dieses Gesamtsaldos erhebliche Unterschiede zwischen den Ländern gibt. NRW liegt dabei - wenngleich immer noch mit einem positiven Saldo i. H. v. 36 EUR - lediglich im unteren Mittelfeld und ist damit weit entfernt vom Spitzenreiter Sachsen-Anhalt (161 EUR). Im Vorjahr war der NRW-Saldo im Übrigen noch negativ (-33 EUR).[669]

---

[666] Vgl. Abbildung 4.1.
[667] Vgl. BOETTCHER, FREIER u. a. (2017b), S. 9.
[668] Vgl. BOETTCHER, FREIER u. a. (2017b).
[669] Vgl. Abbildung 4.2.

4.1 Überblick in Zahlen

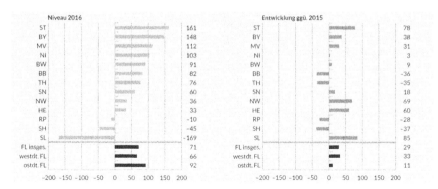

Abbildung 4.2: Länderbezogene Finanzierungssalden der Gemeinden und Gemeindeverbände zum 31.12.2016 (in EUR je Einwohner)[670]

Eine Verbesserung des Saldos ergab sich dabei nur, weil die Einnahmen stärker gesteigert werden konnten, als die Ausgaben.[671] Als bedenklich ist dies insbesondere deshalb einzustufen, da sich die stärkere Steigerung der Einnahmen gegenüber den Ausgaben zu einem nicht unerheblichen Teil aus derzeit sehr guten Rahmenbedingungen ergeben dürfte.[672] Zu nennen seien hier konjunkturbedingt hohe Steuereinnahmen,[673] aufgrund des historisch niedrigen Zinsniveaus geringe Zinsausgaben[674] sowie Unterstützungsleistungen des Landes im Rahmen des Hilfsprogramms Stärkungspakt Stadtfinanzen.[675] Verschlechtern sich diese Rahmenbedingungen, ist erneut mit einer deutlichen Negativverschiebung des Finanzierungssaldos zu rechnen. Bekräftigt wird diese Vermutung auch dadurch, dass die Ausgaben für soziale Leistungen mit 990 EUR pro Kopf in NRW mittlerweile die größte Ausgabenposition ausmachen und sogar die Personalausgaben überholt haben; gegenüber dem Vorjahr verzeichnet NRW dabei die viertgrößte Steigerung (71 EUR) im Bundesgebiet.[676] Bei sich abschwächender Konjunktur ergibt sich eine Verschlechterung des Finanzierungssaldos daher nicht nur aus Mindereinnahmen bei den Steuern, sondern auch die sozialen Leistungen dürften einen bedeutenden Negativbeitrag leisten.

---

[670] Vgl. BOETTCHER, FREIER u.a. (2017b), S. 11. Die Daten beziehen sich auf die Kern- und Extrahaushalte.
[671] Vgl. BOETTCHER, FREIER u.a. (2017b), S. 13.
[672] Vgl. BOETTCHER, FREIER u.a. (2017b), S. 40, BUSCH (2017), S. 134, ORTH und TIMM-ARNOLD (2018), S. 38 f.
[673] Vgl. BOETTCHER, FREIER u.a. (2017b), S. 17.
[674] Trotz eines erhöhten Schuldenstands konnten die Zinsausgaben gegenüber dem Vorjahr um 1 EUR pro Kopf reduziert werden, vgl. BOETTCHER, FREIER u.a. (2017b), S. 33. Zur Zinsentwicklung vgl. https://www.bundesbank.de/resource/blob/607806/3a278e03889f0c9aafc7e 45c05bf5d6a/mL/s510ttezbzins-data.pdf [letzter Abruf: 11.03.2019].
[675] Vgl. Kapitel 6.2.3.1.
[676] Vgl. BOETTCHER, FREIER u.a. (2017b), S. 24, 27.

Die Betrachtung der Kommunalverschuldung zeichnet wenig überraschend ein ähnliches Bild in der Form, dass NRW zum Teil von der grundsätzlich positiven Gesamtentwicklung der aggregierten Gemeindegesamtheit abweicht: 2016 konnte die Pro-Kopf-Verschuldung in den Flächenländern um 30 EUR auf 1.862 EUR zurückgeführt werden, in NRW kam es jedoch zu einer Steigerung des ohnehin sehr hohen Standes um 11 EUR auf nunmehr 3.095 EUR. Zu beachten ist dabei auch, dass sich diese Steigerung ergeben hat, obwohl die NRW-Extrahaushalte ihr Schuldenniveau stark senken konnten und damit einen fast zu vernachlässigenden Anteil an der Gesamtverschuldung haben.[677] Unter den Flächenländern gehört NRW damit zu der Gruppe der vier Länder der mit Abstand höchsten Pro-Kopf-Verschuldung der Gemeinden.[678]

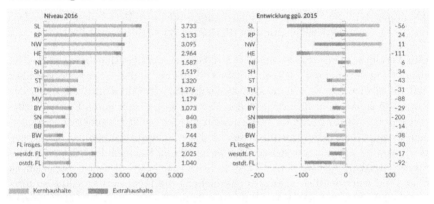

Abbildung 4.3: Länderbezogene Gesamtschulden der Gemeinden und Gemeindeverbände zum 31.12.2016 (in EUR je Einwohner)[679]

Von Bedeutung ist dabei die Struktur der Verschuldung, die sich entsprechend der rechtlichen Vorgaben in Investitionskredite und Liquiditätskredite unterteilen lässt.[680] Der Anstieg der bundesweiten Gesamtverschuldung der Gemeinden[681] in den Jahren 2005 bis 2015 kann dabei vollständig auf Liquiditätskredite zurückgeführt werden, deren Anteil sich in diesem Zeitraum von 21 % auf über 37 % fast verdoppelt hat. Der absolute Schuldenbetrag hat dabei sogar um mehr als 100 % zugenommen.

---

[677] Vgl. Abbildung 4.3.
[678] Vgl. Abbildung 4.3.
[679] Vgl. BOETTCHER, FREIER u. a. (2017b), S. 37.
[680] Vgl. Kapitel 2.3. Neben den Kreditbeständen werden auch noch Wertpapierschulden statistisch erhoben, die im kommunalen Kontext jedoch nur einen geringen Anteil ausmachen und daher von untergeordneter Bedeutung sind, vgl. FUDALLA, TÖLLE u. a. (2017), S. 128, INFORMATION UND TECHNIK NRW (2017), S. 1, BUNDESVERBAND ÖFFENTLICHER BANKEN DEUTSCHLANDS (2017), S. 23.
[681] Vgl. Abbildung 4.4.

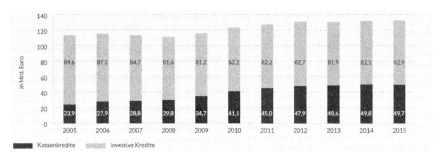

Abbildung 4.4: Bundesweite Entwicklung und Struktur der kommunalen Schulden (in Mrd. EUR)[682]

Bei einer längerfristigen Betrachtung zeigt sich übrigens, dass Kassenkredite bis in die 1990er-Jahre kaum eine Rolle für die Kommunen spielten und sich das aktuelle Niveau überwiegend in den letzten 25 Jahren aufgebaut hat.[683]

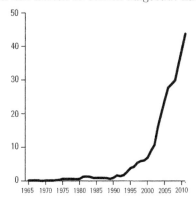

Abbildung 4.5: Bundesweite Entwicklung der kommunalen Kassenkredite zwischen 1965 und 2010 (in Mrd. EUR)[684]

Zu beachten ist, dass die derzeitigen Liquiditätskreditbestände sich auf lediglich vier Länder konzentrieren: 87 % des bundesweiten Bestands zum 31.12.2016 entfallen auf das Saarland, NRW, Rheinland-Pfalz und Hessen.[685] NRW vereinnahmt dabei über 50 %[686] und ist mit 1.485 EUR das Land mit der zweithöchsten Pro-

---

[682] Vgl. BOETTCHER, FREIER u. a. (2017a), S. 6. Die Daten beziehen sich ausschließlich auf die Kernhaushalte.
[683] Vgl. Abbildung 4.5.
[684] Vgl. BUNDESINSTITUT FÜR BAU-, STADT- UND RAUMFORSCHUNG (2012), S. 3. Die Daten beziehen sich auf die Kern- und Extrahaushalte.
[685] Vgl. BOETTCHER, FREIER u. a. (2017b), S. 38 f.
[686] Von insgesamt 50.598 Mio. EUR an Kassenkrediten sind NRW 26.925 Mio. EUR zuzurechnen, vgl. STATISTISCHES BUNDESAMT (2017a), S. 108 f.

Kopf-Verschuldung durch Kassenkredite.[687] Innerhalb des vorhergehenden Zehn-Jahres-Zeitraums stellt dies eine Erhöhung um 113 % dar.[688] Mittlerweile machen die Kassenkredite damit mehr als die Hälfte der Kommunalverschuldung in NRW aus.[689] Dies ist insbesondere bedenklich, da Liquiditätskredite ihrer Natur nach nur zum Ausgleich unterjähriger Schwankungen gedacht sind.[690] Ihr Bestand kann daher als Spiegelbild der negativen Finanzierungssalden der Vergangenheit gewertet werden und zeigt, dass ein nicht unerheblicher Teil der Leistungen der NRW-Gemeinden mittlerweile nur noch über diese Mittel aufrecht erhalten wird.[691]

Auch innerhalb von NRW sind die Liquiditätskredite jedoch nicht gleichmäßig verteilt. So findet sich die größte Pro-Kopf-Verschuldung mit 7.696,72 EUR in Oberhausen, gefolgt von Mülheim an der Ruhr (5.984,65 EUR) und Hagen (5.927,72 EUR). Bereits hier wird deutlich, dass sich eine stärkere Konzentration von hohen Pro-Kopf-Beständen insbesondere im Ruhrgebiet feststellen lässt, welches unter den 25 Gemeinden mit der höchsten Pro-Kopf-Verschuldung allein mit 12 Gemeinden vertreten ist. Wenngleich in geringerem Umfang, finden sich höher verschuldete Gemeinden zudem häufig im Rheinland (11 der 25 Gemeinden), insbesondere im südlichen Bereich, während das Münsterland und Ostwestfalen-Lippe gar nicht vertreten sind.[692] Es existieren folglich erhebliche regionale Unterschiede. Ein Vergleich mit den Spitzenpositionen aus 2006 zeigt dabei, dass sich an der regionalen Verteilung in den letzten zehn Jahren nur wenig getan hat - so lagen 15 Gemeinden bereits 2006 unter den Top-25 der Gemeinden mit der höchsten Pro-Kopf-Verschuldung. Besorgniserregend ist dabei, dass sich bei den meisten der höchstplatzierten Kommunen auch große Steigerungen der Pro-Kopf-Bestände in den letzten zehn Jahren ergeben haben.[693] Die Schere zwischen finanziell gesunden Kommunen mit geringer Kassenkredit-Verschuldung und hoch verschuldeten scheint also nochmals gewachsen zu sein.[694]

---

[687] Eine höhere Verschuldung weist nur noch das Saarland mit 2.135 EUR pro Kopf auf, vgl. BOETTCHER, FREIER u. a. (2017b), S. 39.
[688] Vgl. INFORMATION UND TECHNIK NRW (2017), S. 1.
[689] Unter Einbeziehung der Extrahaushalte liegt der Wert knapp unter 50 %. Vgl. BOETTCHER, FREIER u. a. (2017b), S. 37, 39, INFORMATION UND TECHNIK NRW (2017), S. 1.
[690] Vgl. Kapitel 2.3.
[691] Vgl. BOETTCHER, FREIER u. a. (2017a), S. 4 f.
[692] Mit den Städten Werdohl und Altena finden sich noch zwei Gemeinden aus Südwestfalen im unteren Bereich der Liste.
[693] Vgl. Tabelle 4.1.
[694] Vgl. BUSCH (2017), S. 138.

4.1 Überblick in Zahlen

Platz (2006)	Gemeinde	Pro-Kopf-Bestand in EUR	Steigerung gegenüber 2006 in EUR (relativ)
1 (1)	Oberhausen	7.696,72	3.244,21 (73 %)
2 (12)	Mülheim an der Ruhr	5.984,65	4.156,05 (227 %)
3 (3)	Hagen	5.927,72	3.329,01 (128 %)
4 (22)	Herten	5.343,57	4.119,18 (336 %)
5 (25)	Heimbach	4.718,28	3.552,45 (305 %)
6 (6)	Waltrop	4.029,76	1.823,81 (83 %)
7 (5)	Wuppertal	3.717,51	1.172,81 (46 %)
8 (-)	Monschau	3.676,50	3.676,50 (-)
9 (2)	Remscheid	3.662,13	836,54 (30 %)
10 (8)	Mönchengladbach	3.546,21	1.522,53 (75 %)
11 (4)	Essen	3.522,18	930,86 (36 %)
12 (14)	Witten	3.319,21	1.748,84 (111 %)
13 (7)	Duisburg	3.277,28	1.082,70 (49 %)
14 (18)	Oer-Erkenschwick	3.260,35	1.830,85 (128 %)
15 (9)	Herne	3.104,46	1.093,49 (54 %)
16 (47)	Gladbeck	3.055,74	2.267,38 (288 %)
17 (71)	Jülich	2.992,24	2.460,98 (463 %)
18 (64)	Waldbröl	2.904,55	2.291,81 (374 %)
19 (117)	Gelsenkirchen	2.878,62	2.613,06 (984 %)
20 (70)	Moers	2.760,00	2.187,92 (382 %)
21 (72)	Inden	2.750,28	2.247,06 (447 %)
22 (75)	Werdohl	2.721,92	2.227,92 (451 %)
23 (48)	Altena	2.660,80	1.895,14 (248 %)
24 (11)	Solingen	2.634,37	803,37 (44 %)
25 (94)	Hürtgenwald	2.630,98	2.268,54 (626 %)

Tabelle 4.1: NRW-Gemeinden und Gemeindeverbände mit den höchsten Pro-Kopf-Kassenkrediten zum 31.12.2016[695]

Bestätigt wird dies durch eine Studie von BOETTCHER, FREIER u. a., die - bezogen auf das gesamte Bundesgebiet und aggregiert auf Ebene von Landkreisen[696] und kreisfreien Städten - untersucht haben, wie stark die Mobilität innerhalb der

---

[695] Eigene Berechnung basierend auf INFORMATION UND TECHNIK NRW (2017). Die Daten beziehen sich ausschließlich auf die Kernhaushalte.
[696] Die Pro-Kopf-Verschuldung innerhalb eines Landkreises ergibt sich dabei aus der Verschuldung der kreisangehörigen Gemeinden sowie des Kreises selber in Relation zur Gesamtbevölkerung des Kreises, vgl. BOETTCHER, FREIER u. a. (2017a), S. 11.

Verteilung von Kassenkrediten im Zehn-Jahres-Zeitraum 2005 bis 2015 ist. Dabei wurde festgestellt, das eine überwiegende Persistenz herrscht, d. h., viele Kreise und kreisfreie Städte, die bereits 2005 vergleichsweise hohe Pro-Kopf-Bestände auswiesen, tun dies auch zehn Jahre später. Andersherum gibt es bei den Kreisen, deren Gemeinden 2005 nur eine geringe Verschuldung aufwiesen, auch nur eine geringe Bewegung in Richtung höherer Pro-Kopf-Bestände. Die Verteilung auf die Gruppen finanziell gesunder Kommunen auf der einen und stark belasteter auf der anderen Seite erweist sich damit als weitestgehend stabil im Zeitablauf.[697]

Die Betrachtung der doppischen Jahresergebnisse der NRW-Gemeinden zeichnet ein vergleichbares Bild,[698] was wenig überrascht, da Kassenkredite zur Deckung von Finanzierungslücken ein Indikator für doppische Defizite bilden.[699] Eine auffällige Häufung von Gemeinden in der Haushaltssicherung - d. h. solchen mit negativen Jahresergebnissen, die das Eigenkapital über die gesetzlichen Schwellenwerte hinaus verringern[700] - zeigt sich daher auch wieder im Ruhrgebiet sowie am Niederrhein.[701] Besonders auffällig ist dabei die Situation in erstgenannter Region, da die meisten der dortigen Gemeinden bereits bilanziell überschuldet sind oder in Kürze zu überschulden drohen. Dies deckt sich mit einer früheren Studie zum Stichtag 31.12.2014, die bei gleichbleibender Fehlbetragsentwicklung einen vollständigen Eigenkapital-Verbrauch sämtlicher Ruhrgebiet-Gemeinden innerhalb von acht Jahren prognostiziert.[702]

---

[697] Vgl. BOETTCHER, FREIER u. a. (2017a), S. 18-20.
[698] Ein länderübergreifender Vergleich bleibt hier aufgrund der heterogenen haushaltsrechtlichen Situation aus.
[699] Vgl. BUSCH (2016), S. 129. Werden beispielsweise Personalauszahlungen über Liquiditätskredite gedeckt, stehen dem entsprechenden Personalaufwand keine Erträge gegenüber, was zu einer Verschlechterung des Jahresergebnisses führt. Da das Eigenkapital sinkt und Fremdkapital steigt, entsteht eine Bewegung in Richtung bilanzieller Überschuldung.
[700] Vgl. Kapitel 3.2.3.
[701] Vgl. Abbildung 4.6.
[702] Vgl. JÜRGENS (2016), S. 58.

4.1 Überblick in Zahlen

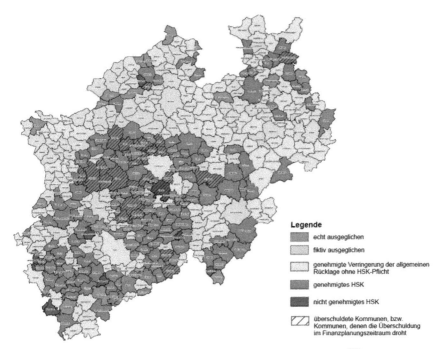

Abbildung 4.6: Haushaltsstatus der NRW-Kommunen 31.12.2016[703]

Eine Zeitreihenbetrachtung der Anzahl der Haushaltssicherungsgemeinden zeigt dabei einen seit der Doppik-Umstellung weitestgehend stabilen Stand.[704] Eine deutliche Veränderung hat sich lediglich in Bezug auf den Anteil der Gemeinden mit genehmigtem HSK ergeben. Dies lässt sich jedoch durch eine gesetzliche Änderung im Rahmen des 1. NKFWG NRW vom 18.09.2012 erklären, welches die Genehmigungserfordernisse gelockert hat.[705]

---

[703] Vgl. TIMM-ARNOLD (2017), S. 3.
[704] Vgl. Abbildung 4.7.
[705] Vgl. Kapitel 4.4.4.
[706] Vgl. https://www.mhkbg.nrw/kommunales/Kommunale-Finanzen/Kommunale-Haushalte/Daten-_-Berichte/Haushaltsstatus/Grafik_Haushaltssicherung_2017.PNG [letzter Abruf: 11.03.2019].

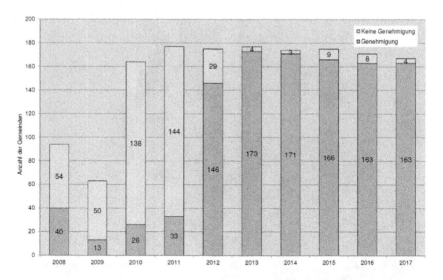

Abbildung 4.7: NRW-Kommunen in der Haushaltssicherung[706]

Eine Vielzahl von Gemeinden schafft es folglich auch in fiskalisch guten Zeiten nicht, ihre Haushalte auszugleichen und finanzieren ihre laufenden Zahlungen nach wie vor zu einem wachsenden Anteil über Liquiditätskredite.[707] Und das, obwohl eine solche Fremdfinanzierung aufwandswirksamer Auszahlungen ihrem rechtlichen Wesen nach eher den Ausnahmefall darstellen sollen.[708] Besonders die Struktur der Verschuldung zeigt damit den Ernst der Situation: Liquiditätskredite dienen mehr und mehr der dauerhaften Finanzierung kommunaler Aufgaben.[709] Letztlich stellt dies einen fortgesetzten Haushaltsrechtsbruch dar.[710] Der hohe Stand an Liquiditätskrediten repräsentiert damit den Konsolidierungsbedarf, der zu bewältigen ist.[711]

4.2 Mögliche Folgen der aktuellen Finanzsituation

Unter Berücksichtigung verschärfter Aufsichtsregeln für Banken im Rahmen des Regulierungswerkes *Basel III*[712] und dem derzeit sehr niedrigen Zinsniveau können für die Zukunft steigende Zinsen erwartet werden. Gerade in NRW birgt dies ein

---
[707] Vgl. BRAND (2013), S. 87.
[708] Vgl. KLIEVE (2014), S. 254.
[709] Vgl. RAPPEN (2013), S. 48.
[710] Vgl. KLIEVE (2014), S. 254, BRÜNING (2014), S. 245.
[711] Vgl. RAPPEN (2013), S. 49.
[712] Vgl. BANK FÜR INTERNATIONALEN ZAHLUNGSAUSGLEICH (2010) sowie für die im Dezember 2017 finalisierte Form BANK FÜR INTERNATIONALEN ZAHLUNGSAUSGLEICH (2017). Weil

hohes Risiko, da die in großem Umfang aufgenommenen Liquiditätskredite regelmäßig mit variablen Zinssätzen bzw. kurzer Zinsbindung einhergehen.[713] Gemeinden, die ihre laufende Verwaltungstätigkeit dauerhaft über immer neue Liquiditätskredite finanzieren, droht bei einem Zinsanstieg eine Explosion der Finanzierungskosten.[714] Die Folge ist ein Anstieg der Zins-Steuer-Quote:[715] Da ein wachsender Anteil der Steuererträge von vornherein nicht den originären kommunalen Aufgaben wie Verkehr, Sport, Kultur usw. zugutekommt, sondern an die Kapitalgeber abzuführen ist, wird der Politik maßgebliche Entscheidungsfreiheit und Gestaltungsfähigkeit genommen, sodass die kommunale Selbstverwaltung zunehmend eingeschränkt wird.[716] Gestaltende Demokratie kann dann nur noch begrenzt stattfinden, das gemeindliche Leben leidet nachhaltig.[717] Die Kluft zwischen armen und reichen Kommunen wird durch steigende Zinsbelastungen folglich noch größer.[718]

Damit bleibt nur noch die Möglichkeit, jene Aufgaben über immer neue Liquiditätskredite zu finanzieren. Wie gefährlich ein solcher Kreislauf ist, zeigt eine ERNST & YOUNG-Befragung aus dem Jahr 2017, in der über ein Viertel der Gemeinden angab, dass sie ihren Schuldenabbau nicht mehr aus eigener Kraft bewältigen kann - davon dürften NRW-Gemeinden einen großen Anteil ausgemacht haben, da die Studie NRW als eines von lediglich zwei Ländern identifiziert, in dem trotz guter Rahmenbedingungen die Mehrheit der Kommunen zum 31.12.2016 einen Anstieg der Pro-Kopf-Verschuldung gegenüber dem Vorjahr zu verzeichnen hatte.[719] Die Hoffnung auf eine Wiedererlangung des Haushaltsausgleichs und einen Schuldenabbau aus eigener Kraft erscheint für viele Gemeinden wie eine Utopie.[720] Dabei entsteht eine sog. Vergeblichkeitsfalle:[721] Weil aus Sicht der Verantwortlichen ein Gegensteuern ohnehin zwecklos ist, verharren sie in der scheinbaren Ausweglosigkeit und lassen die Liquiditätskredite immer weiter ansteigen. Diese Lähmung der Verantwortlichen steht einer ernsthaften Haushaltskonsolidierung im Wege.

Banken maximal das 33,3-fache ihres Eigenkapitals verleihen dürfen, werden sie auf Vergaben mit hohen Renditen bedacht sein, die derzeit nicht beim klassischen Kommunalkredit zu erzielen sind, vgl. Kapitel 5.2.

[713] Vgl. ABRUSZAT und BROCKE (2014), S. 181, RAPPEN (2013), S. 56, BUNDESINSTITUT FÜR BAU-, STADT- UND RAUMFORSCHUNG (2012), S. 11.

[714] Vgl. BRAND und STEINBRECHER (2018), S. 2, KRUSE und STRAUB (2018), S. 78 f. Selbst bei sukzessivem Abbau der Kassenkredite kann es daher zu einer gleich bleibenden oder gar steigenden Belastung kommen, vgl. BUNDESINSTITUT FÜR BAU-, STADT- UND RAUMFORSCHUNG (2012), S. 11.

[715] Die Quote stellt den Anteil der Zinsaufwendungen an den Steuererträgen dar, vgl. DIETZ (2008), S. 864.

[716] Vgl. BURGI (2015), § 18 Rn. 1, BAJOHR (2009), S. 174.

[717] Vgl. KATZ (2011), S. 145, DUVE (2010), S. 10.

[718] Vgl. FRIELINGHAUS (2008), S. 992.

[719] Vgl. ERNST & YOUNG (2017), S. 6, 14.

[720] Vgl. SCHULZE (2011), S. 50.

[721] Vgl. MENSCH (2011), S. 1.

Stattdessen werden in solchen Fällen häufig die Grenzen der haushaltsrechtlichen Restriktionen ausgelotet, um solange wie möglich Handlungsspielräume ausnutzen zu können.[722] Dies endet auch nicht mit einer Neubesetzung der Ratspositionen: Nach Kommunalwahlen entstandene Mehrheiten können sich häufig nur noch um das Schuldenmanagement kümmern, sodass die Möglichkeiten für neue politische Akzente gering ausfallen.[723] Besonders schwerwiegend erscheint die beschriebene Schuldenspirale unter Berücksichtigung des demografischen Wandels:[724] Wird die Verschuldung nicht gebremst, müssen in zukünftigen Generationen weniger Abgabepflichtige noch höhere Kreditlasten tragen und aufgebaute Jahresfehlbeträge zurückführen.[725]

Neben hohen Beständen an Liquiditätskrediten zeigt der Blick auf die kommunale Finanzsituation, dass Investitionskredite tendenziell auf dem Rückzug sind, was auf eine zurückhaltende Investitionstätigkeit der Gemeinden hindeutet.[726] Die Kreditaufnahme erfolgt damit - entgegen ihrer haushaltsrechtlichen Konzeption - nicht mehr primär zur Erhaltung (in Form von Ersatzinvestitionen), Mehrung oder Verbesserung kommunalen Vermögens, das auch späteren Generationen dient, sondern zur Finanzierung konsumtiver Ausgaben wie Gehälter und Transferleistungen.[727] Die Verbindlichkeiten wachsen folglich nicht im Gleichklang mit dem Vermögen, sondern eilen ihm davon.[728] Ihnen stehen damit keine Vermögenswerte gegenüber, die eine Rendite versprechen oder zumindest liquidierbar sind.[729] Dies kann zu einer weiteren Vorbelastung zukünftiger Haushalte, die die verschobene Investitionen nachholen müssen, führen.[730] Die Unfähigkeit, laufende Ausgaben aus Eigenmitteln zu finanzieren, i. V. m. schwacher Investitionstätigkeit kann insbesondere in NRW zu einer schwer zu bremsenden Abwärtsspirale führen.[731] Eine solche Entwicklung ist dabei auch für die Privatwirtschaft von Bedeutung, da diese auf gute und verlässliche Standortbedingungen in Form angemessener Abgabensätze und bereitgestellter Infrastruktur angewiesen ist.

---

[722] Vgl. KLIEVE (2014), S. 259.
[723] Vgl. A. FABER (2005), S. 933.
[724] Vgl. hierzu vertiefend STATISTISCHES BUNDESAMT (2015).
[725] Vgl. BAJOHR (2009), S. 176. Vgl. zum Einfluss des demographischen Wandels LENK (2015).
[726] Vgl. RAPPEN (2013), S. 50.
[727] Vgl. Kapitel 4.1.
[728] Vgl. BAJOHR (2009), S. 174.
[729] Vgl. BRAND (2013), S. 88.
[730] Vgl. RAPPEN (2013), S. 50.
[731] Vgl. RAPPEN (2013), S. 50, BUNDESINSTITUT FÜR BAU-, STADT- UND RAUMFORSCHUNG (2012), S. 11.

4.3 Grundsätzliche Überlegungen zum Ursachengeflecht

Einer defizitären kommunalen Finanzsituation können eine Vielzahl unterschiedlichster Ursachen zugrunde liegen. Dies können insbesondere sein:[732]

- Exogene, strukturelle Faktoren, d. h. solche, die unabhängig von örtlichen Entscheidungen den Kommunalhaushalt belasten:
Hierunter fallen insbesondere vergangene Einbrüche der Gewerbesteuereinnahmen im Rahmen konjunktureller Schwankungen[733] sowie strukturell bedingte Ausgabenexpansionen durch zwei zentrale, sich teilweise gegenseitig bedingende Faktoren: wachsende Sozialkosten sowie Belastungen aus dem demografischen Wandel. Erstgenannte sind gerade in NRW-Kommunen zu beobachten, die einen starken Strukturwandel durchlaufen haben, wie beispielsweise die Ruhrgebietsstädte, in denen seit Ende der 1950er Jahre Kapazitätsabbau in der Kohle- und Stahlwirtschaft betrieben wurde.[734] Damit einhergehende Arbeitslosigkeit führt zu entsprechenden Sozialleistungen durch die Kommunen in Form von Arbeitslosengeld II, Finanzierung der Unterkunftskosten etc.[735] Sozialkosten und Einnahmenrückgänge sind dabei im Übrigen positiv miteinander korreliert: in schwachen Wirtschaftsphasen sinkt das Steueraufkommen, während die Ausgaben für soziale Leistungen aufgrund vermehrter Arbeitslosigkeit steigen.[736] In Bezug auf den demografischen Wandel besteht indes das Problem, dass eine für eine höhere Bevölkerung ausgelegte Infrastruktur zunehmend von einer kleiner werdenden Zahl Abgabepflichtiger finanziert werden muss.[737] Städte haben den demografischen und sozialen Wandel in der Vergangenheit oftmals nicht ausreichend berücksichtigt, sodass sowohl beim städtischem Personal als auch der aufrechterhaltenen Infrastruktur nicht die notwendigen Anpassungen erfolgen.[738] Zum Teil fällt dies politisch auch schwer, weil der Bürgerwiderstand z. B. gegen die Schließung nicht benötigter Einrichtungen - insbesondere Schulen bei nachhaltig rückläufigen Schülerzahlen - meist groß ist.[739] Dies äußert sich in der nachfolgenden Problemursache.

---

[732] Vgl. stellvertretend BUNDESINSTITUT FÜR BAU-, STADT- UND RAUMFORSCHUNG (2012), S. 8, BOETTCHER (2012), S. 75, LEWINSKI (2014), S. 205, BAJOHR (2011), S. 221-225, SEUBERLICH (2017), S. 31-36.
[733] Vgl. SEUBERLICH (2017), S. 56, 58, HALSCH, STÄHLER und M. WEISS (2013), S. 26.
[734] Vgl. BAHADORI (2013), S. 176, SCHULZE (2011), S. 49.
[735] Vgl. BOETTCHER (2012), S. 68.
[736] Vgl. FROMME und RITGEN (2014), S. 1021, BUNDESINSTITUT FÜR BAU-, STADT- UND RAUMFORSCHUNG (2012), S. 9, 12-14.
[737] Vgl. KLIEVE (2014), S. 258.
[738] Vgl. BAJOHR (2009), S. 176, LENK (2015), S. 45.
[739] Vgl. KLIEVE (2014), S. 258.

- Politische Bedingungen und damit verbundene Entscheidungen vor Ort: Selbst wenn die Befreiung aus exogenen und strukturell verursachten misslichen Haushaltslagen grundsätzlich aus eigener Kraft möglich und rechtlich geboten ist, kann es an der politischen Umsetzung scheitern.[740] Gerade in Gemeinden mit schlechter Finanzlage wird der zweifelsfrei für Bürger unangenehme, aber notwendige Konsolidierungsprozess wegen Widerständen einzelner Interessengruppen und unterschiedlicher politischer Auffassungen im Rat über die zu ergreifenden Maßnahmen immer weiter verzögert.[741] Dadurch wird der Handlungsspielraum jedoch zunehmend kleiner, was immer drastischere Maßnahmen erfordert.[742] Für die Politik sind damit einhergehende Aufgabenkürzungen und / oder Abgabenerhöhungen jedoch häufig ein rotes Tuch, da sie potentielle Wiederwahlen gefährden können.[743] Das regelmäßige Ergebnis: eine Aufrechterhaltung des Leistungsniveaus durch den vermeintlich leichteren Weg der Schuldenaufnahme.[744] Diese erweitert den aktuellen Handlungsspielraum durch eine vorübergehende Kaufkrafterhöhung, schränkt allerdings den der Zukunft durch unvermeidliche Kaufkrafteinbußen ein.[745] Eine schuldenbasierte Liquidität erzeugt damit die Illusion, dass der wirtschaftliche, soziale und demografische Wandel ohne Kursänderungen beherrschbar bleibt. Die Politik gefährdet damit nicht die Wiederwahl, der Verwaltungsapparat kann im Aufbau und Umfang bestehen bleiben und die Bürger können scheinbar weiterhin konsumieren, ohne entbehren zu müssen.[746] Diese besondere Verführungsqualität der sog. „Schuldenillusion"[747] wird durch die noch immer anhaltenden Möglichkeiten zinsgünstiger Verschuldung weiter verstärkt.[748]

Genauere Untersuchungen bezüglich der exakten Ursachen sind durch das sehr heterogene Aufgabengeflecht der Gemeinden sowie die komplexe Finanzierung über Steuern, Zuweisungen, Entgelte usw. schwer durchzuführen. Unabhängig davon lässt sich aber festhalten: Die haushaltsrechtlichen sowie aufsichtsrechtlichen Regelungen[749] sollen eigentlich dafür sorgen, dass Kommunen ihre Haushaltswirtschaft selbst bei negativen exogenen Einflüssen an die veränderten Rahmenbedingungen anpassen und wirtschaftliche Fehlentscheidungen unterbunden oder zumindest zügig korrigiert werden. Gesetzwidrige und die dauerhafte Leistungsfähigkeit

---

[740] Vgl. HÄDE (2006), S. 566.
[741] Vgl. DUVE (2008), S. 284.
[742] Vgl. MENSCH (2011), S. 2.
[743] Vgl. BUNDESINSTITUT FÜR BAU-, STADT- UND RAUMFORSCHUNG (2012), S. 9.
[744] Vgl. H. ZIMMERMANN (2016), S. 197, BRAND (2013), S. 88.
[745] Vgl. JOCHIMSEN und KONRAD (2006), S. 11, HOMBURG und RÖHRBEIN (2007), S. 3.
[746] Vgl. BAJOHR (2009), S. 174, PAULUS (2010), S. 339.
[747] H. ZIMMERMANN (2016), S. 197, RODI (2014), S. 184.
[748] Vgl. HERRMANN (2011), S. 92, BOETTCHER, FREIER u. a. (2017a), S. 21 f.
[749] Vgl. Kapitel 3.

gefährdende Zustände in Form dauerhaft nicht ausgeglichener oder gar bilanziell überschuldeter Haushalte dürften im geltenden Sicherungssystem somit theoretisch nicht entstehen.[750] Dass die Daten zur finanziellen Lage für viele Gemeinden nun aber eine solche Gefährdung zeigen, deutet folglich auf Gegenteiliges hin: Die haushalts- und aufsichtsrechtlichen Regelungen zur Sicherung der stetigen Aufgabenerfüllung reichen nicht aus, um negative exogene Entwicklungen und individuelle Fehlentscheidungen ausreichend zu kompensieren.[751] U. U. ist es sogar denkbar, dass institutionelle Rahmenbedingungen negative Einflüsse noch verstärken bzw. begünstigen. Dies ist im Folgenden zu untersuchen.

4.4 Identifizierung institutioneller Defizite im Sicherungssystem

4.4.1 Risikolosigkeit der Kreditfinanzierung

Dass eine Schuldenspirale in der Form immer neuer Kassenkreditaufnahmen zur Finanzierung alter Kreditablösungen, Zinszahlungen und weiterer konsumtiver Ausgaben[752] überhaupt entstehen kann, ist in einer (nahezu) unbeschränkten Kreditzugänglichkeit der Gemeinden zu begründen.

Zu dieser kommt es, da in der Bundesrepublik Deutschland die Annahme herrscht, dass die Kreditwürdigkeit aller Gemeinden gleich ist.[753] Von Gläubigern wird dabei eine Einstandspflicht des Landes und / oder Bundes für Schulden der Gemeinden angenommen, die zu der Vorstellung einer Haftungskette führt, nach der von der Kommune nicht mehr rückzahlbare Verbindlichkeiten notfalls durch die höhere Ebene bedient werden.[754] Die Kreditgeber bauen damit auf die Existenz eines Haftungsverbunds zwischen Bund, Ländern und Kommunen.[755] Der Kommunalkredit gilt daher als nicht ausfallgefährdet und wird demzufolge als risikolos bewertet.[756] Eine kommunalindividuelle Bonitätsprüfung oder gar ein ratinggestütztes Vergabeverfahren entfallen somit.[757] Die Kreditgeber orientieren sich stattdessen an der Bonität der Bund-Länder-Gemeinschaft.[758] Dadurch erhalten sämtliche Gemeinden die gleichen günstigen Darlehenskonditionen - egal, ob hoch verschuldet oder

---

[750] Vgl. DUVE (2008), S. 284.
[751] Vgl. BRÜNING (2014), S. 244, BOETTCHER (2012), S. 79, BOETTCHER, FREIER u. a. (2017a), S. 5.
[752] Vgl. Kapitel 4.1.
[753] Vgl. SCHWARTING (2012), S. 8.
[754] Vgl. BRAND (2014), S. 117, HOFFMANN (2012), S. 180.
[755] Vgl. MENSCH (2011), S. 3.
[756] Vgl. RITGEN (2014), S. 1308, SCHWARTING (2012), S. 9.
[757] Vgl. BRÜNING (2014), S. 241.
[758] Vgl. KONRAD (2008), S. 166.

schuldenfrei, verlustwirtschaftend oder gewinnerzielend.[759] Es verwundert folglich wenig, wenn Liquiditätskredite in manchen Gemeinden extreme Ausmaße annehmen und kein Vergabestop absehbar ist.[760]

Eine einfachgesetzliche Grundlage für eine staatliche Einstandspflicht für kommunale Schulden existiert jedoch nicht.[761] Auch die landesrechtlichen Bestimmungen erschöpfen sich in der Regelung der Konnexität und des allgemeinen Finanzausgleichs.[762] Beides begründet über die Deckung der konkreten Kosten für übertragene Aufgaben und die allgemeine Zuweisung einer bestimmten Finanzmasse hinaus keine Einstandspflicht.[763] Obwohl es damit an einer expliziten rechtlichen Verankerung des von den Kreditgebern unterstellten Haftungsverbunds mangelt, erscheint mit Blick auf vereinzelte Rechtsvorschriften zur Kreditvergaberegulierung die Annahme eines solchen dennoch begründet. So führen insbesondere drei Vorschriften zu einer deutlichen Privilegierung des Kommunalkredits gegenüber dem für Private und deuten darauf hin, dass es im Sinne günstiger und umfangreicher Fremdfinanzierungsmöglichkeiten gesamtstaatlich gewollt ist, dass Bund, Länder und Kommunen gleichsam mit der höchsten Bonität bewertet werden:

1. Nach § 21 Abs. 2 Nr. 1 KWG entfallen bei der Vergabe von Kommunalkrediten umfangreiche Prüfungspflichten der Bank. Wenngleich das Kapital dennoch nicht gänzlich ungeprüft vergeben werden darf, spricht diese Vereinfachung für eine unterstellte Risikolosigkeit.

2. Nach § 27 Nr. 1 a) SolvV ist die Bank bei der Vergabe eines Kommunalkredits von der Hinterlegung mit Eigenkapital befreit, da die Gemeinde das gleiche Risikogewicht wie die Zentralregierung erhält (nach § 26 Nr. 2 a) SolvV 0 %). Diese „geliehene Bonität"[764] geht auf Art. 115 Abs. 2 der EU-Verordnung 575/2013 über Aufsichtsanforderungen an Kreditinstitute und Wertpapierfirmen und zur Änderung der EU-Verordnung 646/2012 vom 26.06.2013 zurück. Hiernach sind Risikopositionen gegenüber regionalen oder lokalen Gebietskörperschaften wie solche gegenüber dem zugehörigen Zentralstaat zu behandeln.

3. Nach § 12 Abs. 1 Nr. 2 InsO i. V. m. § 128 Abs. 2 GO NRW sind die Gemeinden vom Insolvenzverfahren ausgeschlossen.[765] Ein hieraus resultierender

---
[759] Vgl. BRÜNING (2014), S. 241, MENSCH (2011), S. 3.
[760] Vgl. DUVE (2008), S. 284.
[761] Vgl. NAGUSCHEWSKI (2011), S. 86.
[762] Vgl. Kapitel 2.3.
[763] Vgl. NAGUSCHEWSKI (2011), S. 86. Inwieweit eine staatliche Einstandpflicht möglicherweise aus verfassungsrechtlichen Grundprinzipien abgeleitet werden kann, wird später diskutiert, vgl. Kapitel 4.5.1.
[764] BRAND (2014), S. 193.
[765] Die kritische Überprüfung dieser Vorschrift ist Gegenstand von Kapitel 5.

rechtlich begründeter Verbindlichkeitenerlass droht den Fremdkapitalgebern daher nicht.

Daneben werden die Kreditgeber durch vereinzelte Hilfsmaßnahmen zur Unterstützung notleidender Kommunen[766] in ihrem Glauben an die Existenz eines faktischen Haftungsverbunds bestärkt. Dies führt dazu, dass sie trotz fehlender expliziter Einstandpflicht davon ausgehen, dass die Landes- oder Bundesregierung als eine Art weißer Ritter auftreten wird, sollte eine Gemeinde so hohe Verbindlichkeiten angehäuft haben, dass sie sie nicht mehr zurückzahlen kann. Die Angst vor den negativen Folgen eines Kreditausfalls für die gesamte öffentliche Finanzierung erscheint aus Sicht der Kreditwirtschaft zu groß, als dass Land oder Bund im Notfall nicht für die Schulden der betroffenen Gemeinde einstehen würden.[767]

Die genannten Vorschriften sowie Hilfsmaßnahmen für notleidende Gemeinden führen dazu, dass die Kreditgeber aus ihrer Pflicht entlassen werden, die Bonität des potentiellen kommunalen Kreditnehmers kritisch zu prüfen, bzw. sich selbst aus dieser Pflicht entlassen.[768] Die Kreditgeber werden zu einem Teil des Schuldenproblems, da es zu keiner disziplinierenden Begrenzung des Kreditangebots für finanzwirtschaftlich schwache Kommunen kommt. Stattdessen werden Kreditinstitute dazu angereizt, ihrer ursprünglichen marktwirtschaftlichen Kontrollfunktion nicht nachzukommen und Fremdkapital in ökonomisch unvertretbarem Umfang zu gewähren und den Gemeinden dadurch immer weitere Verschuldung zu ermöglichen.[769] Vereinzelte Nachrichten über Zahlungsschwierigkeiten von Gemeinden[770] mögen die Kreditwirtschaft zwar verunsichern, konnten an dem Glauben an die Bonität der Kommunen bisher aber nicht stärker rütteln.

Das Vertrauen darauf, dass es zu einem Zahlungsausfall nicht kommen kann, wiegt nicht nur Gläubiger, sondern auch die kommunalen Schuldner in eine trügerische Sicherheit.[771] Zusammen mit der Verschuldungsautonomie der Gemeinden im Rahmen ihrer Finanzhoheit entstehen Fehlanreize, die mitverantwortlich für die hohe Kommunalverschuldung sein dürften.[772] So zählt der Schuldner bei der Aufnahme neuer Verbindlichkeiten drauf, dass er möglicherweise nur einen Teil der Belastung

---

[766] Beispielhaft zu nennen ist hier der Stärkungspakt Stadtfinanzen in NRW, vgl. Kapitel 6.2.3, sowie die freiwillige Schuldenübernahme in Hessen, vgl. HESSISCHES MINISTERIUM DER FINANZEN (2014), S. 11 f.
[767] Vgl. BRÜNING (2014), S. 242.
[768] Vgl. BRAND (2013), S. 89.
[769] Vgl. BRAND (2014), S. 131, HOFFMANN (2012), S. 335, BORCHERT (2004), S. 2.
[770] Vgl. die Berichterstattung über die 4.000-Einwohner-Gemeinde Schlotheim in Thüringen in der OSTTHÜRINGER ZEITUNG vom 29.12.2017: https://www.otz.de/web/zgt/suche/detail/-/specific/documentid%3A%22Schlotheim-droht-die-Zahlungsunfaehigkeit-139002236%22?_DetailPortlet_WAR_queport_useQueryTemplate=false [letzter Abruf: 11.03.2019].
[771] Vgl. BRAND (2013), S. 91.
[772] Vgl. KONRAD (2008), S. 163.

selber tragen muss, wenn bei einem drohenden Zahlungsausfall Land oder Bund helfend einschreiten.[773] Dies wirkt sich negativ auf die Budgetdisziplin aus.[774]

4.4.2 Haushaltsrechtliche Regelungen zur Kreditbegrenzung

Die kommunale Selbstverwaltung in NRW sieht nach § 86 Abs. 2 bis 4 GO NRW vor, dass die Gemeinden grundsätzlich eigenständig über die Aufnahme von Investitionskrediten entscheiden.[775] NRW ist dabei das einzige Bundesland, welches keine Genehmigung der Aufsichtsbehörde erfordert - weder für einzelne Kreditaufnahmevorgänge noch für den Gesamtbetrag der in einem Haushaltsjahr geplanten Kreditaufnahmen.[776] Da der Gesamtbetrag der geplanten Kreditaufnahme eines Haushaltsjahres in der Haushaltssatzung aufgeführt werden muss,[777] erlangt die Aufsichtsbehörde lediglich über deren Anzeige[778] Kenntnis hierüber. Eine explizite Genehmigungspflicht besteht stattdessen nur in der vorläufigen Haushaltsführung.[779] Zentrale Genehmigungsvoraussetzung sowohl in der vorläufigen Haushaltsführung in NRW als auch bei der regulären Kreditaufnahme in anderen Bundesländern ist dabei, dass die entsprechende Verpflichtung nicht die dauerhafte Leistungsfähigkeit der Gemeinde gefährdet.[780] Entscheidend ist hierfür, ob die Gemeinde ohne Aufgabeneinschränkungen in der Lage ist, ihren Zins- und Tilgungspflichten nachzukommen.[781]

Während Investitionskreditaufnahmen somit zwar grundsätzlich nicht, aber zumindest im Ausnahmefall der vorläufigen Haushaltsführung genehmigt werden müssen und daher unterbunden werden können, verfügen die Gemeinden in Bezug auf die Liquiditätskredite über eine noch größere Freiheit. So muss in der Haushaltssatzung lediglich deren Höchstbetrag im Haushaltsjahr angegeben werden; eine weitere Form der Anzeige oder gar Genehmigung existiert nicht.[782] Der Höchstbetrag stellt damit lediglich eine freiwillige Selbstbeschränkung dar.[783] Diese wird im Übrigen nicht einmal durch die vorläufige Haushaltsführung nach § 82 GO NRW einge-

---

[773] Vgl. KONRAD (2008), S. 160.
[774] Vgl. HERRMANN (2011), S. 92, JOCHIMSEN und KONRAD (2006), S. 25, KONRAD (2008), S. 170.
[775] Vgl. BAHADORI (2013), S. 178.
[776] Vgl. HOFFMANN (2012), S. 160, A. FABER (2005), S. 936, FRIELINGHAUS (2007), S. 89. Eine Ausnahme bildet der seltene und hier nicht weiter verfolgte Fall des § 86 Abs. 3 S. 1 GO NRW i. V. m. § 19 StabG.
[777] Vgl. § 78 Abs. 2 S. 1 Nr. 1 c) GO NRW.
[778] Vgl. § 80 Abs. 5 S. 1 GO NRW.
[779] Vgl. § 82 Abs. 2 GO NRW.
[780] Vgl. § 82 Abs. 2 S. 4 und § 86 Abs. 1 S. 2 GO NRW.
[781] Vgl. HOFFMANN (2012), S. 160, FRIELINGHAUS (2007), S. 90.
[782] Vgl. BAHADORI (2013), S. 178.
[783] Vgl. F.-S. NIEMANN und EBINGER (2017), S. 103.

4.4 Identifizierung institutioneller Defizite im Sicherungssystem

schränkt, da der Höchstbetrag auch ohne beschlossene Haushaltssatzung fortgilt.[784] Liquiditätskredite werden daher teilweise auch zur Umgehung etwaiger Genehmigungserfordernisse der Investitionskredite - in NRW zumindest in der vorläufigen Haushaltsführung - genutzt.[785]

Verschärft wird dieses Problem durch den Umstand, dass die definitionsgemäße Kurzfristigkeit der Liquiditätskredite mittlerweile aufgeweicht wurde.[786] Da die GO NRW und KomHVO NRW keinerlei Bestimmungen zur Laufzeit vorgeben, erfolgt die Konkretisierung über einen Runderlass des MINISTERIUMS FÜR INNERES UND KOMMUNALES NRW: Die Gemeinden sollen bei ihrer Aufnahmeentscheidung zwar beachten, dass die Liquiditätskredite grundsätzlich nur von vorübergehender Natur sind, die Laufzeit liegt aber in ihrem eigenen Ermessen.[787] Die großzügige Handhabe wird jedoch insbesondere deutlich, wenn der Runderlass konkrete Vorgaben zur Laufzeit der Zinsbindung macht: Zulässig ist eine Laufzeit von bis zu zehn Jahren für die Hälfte des Gesamtbestands und bis zu fünf Jahren für weitere 25 %.[788] Damit ist es möglich, lediglich 25 % des Liquiditätsbestands mit einer Zinsbindung bis zum Ende des Haushaltsjahres aufzunehmen.[789] Kompensiert wird diese Ausdehnung lediglich durch eine Pflicht zur Abstimmung der Kreditaufnahme mit der Aufsichtsbehörde bei Zinsbindungslaufzeiten über fünf Jahre.[790] Kredite zur kurzfristigen Überbrückung von Liquiditätsengpässen nähern sich also immer stärker den langfristigen Investitionskrediten an.[791]

Statt den Gemeinden Vorgaben bezüglich Sanierung und Schuldenabbau zu machen, vergrößert der Staat damit die Möglichkeiten, sich zu verschulden.[792] Die Schuldenspirale in Form immer weiterer Kreditaufnahmen wird dadurch noch befeuert. Der Staat kann sich damit aus seiner Verantwortung zurückziehen, die sich aus der aufsichtsrechtlichen Schutzfunktion ergibt, denn auch eine Beanstandung langfristiger Liquiditätskredite durch Landräte und Bezirksregierungen ist aufgrund der Festlegungen im Runderlass nicht mehr möglich.[793] Nach ZELLER gleicht

---

[784] Vgl. § 89 Abs. 2 S. 2 GO NRW.
[785] Vgl. FRIELINGHAUS (2007), S. 90, 161.
[786] Vgl. F.-S. NIEMANN und EBINGER (2017), S. 103 f.
[787] Vgl. RUNDERLASS DES MINISTERIUMS FÜR INNERES UND KOMMUNALES NRW vom 16.12.2014, S. 867 f.
[788] Vgl. RUNDERLASS DES MINISTERIUMS FÜR INNERES UND KOMMUNALES NRW vom 16.12.2014, S. 868.
[789] Vgl. BAHADORI (2013), S. 178.
[790] Vgl. RUNDERLASS DES MINISTERIUMS FÜR INNERES UND KOMMUNALES NRW vom 16.12.2014, S. 868.
[791] Es kommt folglich zu einer Verletzung der *goldenen Finanzierungsregel* (auch *goldene Bankregel* genannt), derzufolge sich die Fristen zwischen Kapitalbeschaffung / -rückzahlung und Kapitalverwendung zu entsprechen haben. Vgl. weiterführend und zur Kritik an der goldenen Finanzierungsregel WÖHE, BILSTEIN u. a. (2013), S. 40 f., sowie Kapitel 5.5.4.3.
[792] Vgl. ZELLER (2005), S. 204.
[793] Vgl. BUNDESINSTITUT FÜR BAU-, STADT- UND RAUMFORSCHUNG (2012), S. 8.

der Staat damit „einem Arzt, der einem Süchtigen mehr Drogen als ohnehin schon zugesteht, nur um ihn möglichst lange nicht mehr wiedersehen zu müssen"[794].

4.4.3 Aufsichtsrechtliche Aspekte

4.4.3.1 Grundsätzliche Überlegungen

Bei der Betrachtung der Finanzsituation der NRW-Gemeinden stellt sich schnell die Frage, welche Rolle die Kommunalaufsicht hierbei spielt. Insbesondere eine bilanzielle Überschuldung stellt einen rechtswidrigen Zustand dar, in dem die dauerhafte Leistungsfähigkeit der Gemeinde als gefährdet angesehen werden kann.[795] Die Kommunalaufsicht dient in ihrer Schutzfunktion der Prävention eines solchen Zustands.[796] Offensichtlich konnten jedoch auch die Aufsichtsbehörden nicht flächendeckend verhindern, dass die Gemeinden an ihre Leistungsgrenzen gelangen und ihre Aufgabenerfüllung zum Teil nur noch mittels extensiver Kreditaufnahmen sicherstellen können.[797] Ursächlich hierfür können sowohl der aufsichtsrechtliche Ordnungsrahmen, d. h. die Regelungen bezüglich der verfügbaren Aufsichtsmittel und Eingriffsmöglichkeiten, als auch die praktische Ausübung durch die Kommunalaufsichtsbehörden, also der tatsächliche Einsatz von Aufsichtsmitteln, sein.[798]

4.4.3.2 Mängel im aufsichtsrechtlichen Ordnungsrahmen

Prägend für den aufsichtsrechtlichen Ordnungsrahmen ist der Konflikt zwischen kommunaler Selbstverwaltung und den Eingriffsrechten der Aufsichtsbehörden zur Verhinderung von Gesetzesverstößen.[799] So erweisen sich gezielte Durchführungs- oder Unterlassungspflichten zur Wiederherstellung eines rechtmäßigen oder Verhinderung eines rechtswidrigen Zustands oftmals als problematisch, da ihre Anwendung und Wirkung wegen des damit verbundenen Eingriffs in die Entscheidungskompetenz der demokratisch legitimierten Gemeindeorgane stark eingeschränkt ist.[800] Da grundsätzlich keine Zweckmäßigkeitsüberlegungen vorgenommen werden dürfen, kann zwar beispielsweise angeordnet werden, ein HSK aufzustellen, aber nicht wie dessen Inhalte, d. h. die konkreten Konsolidierungsmaßnahmen, auszusehen haben.[801] Konsequenterweise ist eine Durchsetzung in Form der Er-

---

[794] ZELLER (2005), S. 205.
[795] Vgl. Kapitel 3.2.1.
[796] Vgl. KNIRSCH (2016), S. 28, SCHULZE (2011), S. 51.
[797] Vgl. F.-S. NIEMANN und EBINGER (2017), S. 91.
[798] Vgl. HOLLER (2012), S. 6.
[799] Vgl. Kapitel 3.3.1.
[800] Vgl. HOFFMANN (2012), S. 168.
[801] Vgl. OEBBECKE (2015), S. 244, OVG NRW vom 04.07.2014, NWVBl. 2014, 437 (438).

satzvornahme durch die Aufsichtsbehörde ebenfalls nicht möglich.[802] Aber nicht nur die Anordnung oder Ersatzvornahme solcher Maßnahmenbündel wie ganzer HSK sind unzulässig, sondern bereits die Vorgabe konkreter Einzelmaßnahmen zur (Wieder-) Erreichung des Haushaltsausgleichs. So werden insbesondere Eingriffe in das Hebesatzrecht der Gemeinde regelmäßig als unzulässig angesehen.[803] Da die Selbstverwaltungsgarantie selbst in Fällen unausgeglichener Haushalte die Entscheidung über das Wiederherstellen einer ordnungsgemäßen Haushaltswirtschaft grundsätzlich nur der Gemeinde zuspricht, laufen die meisten Aufsichtsinstrumente bei der Steuerung der kommunalen Haushaltskonsolidierung ins Leere.[804]

Aber auch wenn bei Beanstandungen, Aufhebungen, Anordnungen oder Ersatzvornahmen Zweckmäßigkeitsentscheidungen getroffen werden dürften, erweisen sich diese Mittel in Bezug auf die Wiederherstellung einer geordneten Haushaltswirtschaft nicht automatisch als zielführend. Die genannten Mittel sind zwar geeignet, einzelne Missstände zu beheben; resultiert der rechtswidrige Zustand - insbesondere die bilanzielle Überschuldung - jedoch aus einer Vielzahl an Mängeln wie hohen Personalkostenbelastungen, unwirtschaftlichen Investitionen und niedrigen Steuersätzen, ermöglichen diese einzelfallbezogenen Instrumente keine umfassende Konsolidierung.[805] So erweisen sich insbesondere die Beanstandung und Aufhebung nach § 122 GO NRW in Bezug auf einen Überschuldungszustand als bedeutungslos, da sich die Rechtswidrigkeit nicht aus einzelnen Beschlüssen, sondern der Gesamtsituation ergibt; die Aufhebung eines Beschlusses kann daher nicht zur Widerherstellung des rechtmäßigen Zustands ausreichen. Daneben lässt sich ein unausgeglichener oder überschuldeter Haushalt zwar zweifelsfrei als Rechtsvertsoß im Sinne des § 123 GO NRW verstehen; jedoch können hieraus nur im seltensten Fall isolierte Handlungen abgeleitet werden, die angeordnet oder ersatzvorgenommen werden können.[806]

Insbesondere zur Wiederherstellung eines rechtmäßigen aber auch zum Teil zur vorgelagerten Verhinderung eines rechtswidrigen Zustands der Haushaltswirtschaft fehlt es der Kommunalaufsicht daher an geeigneten Mitteln. In Betracht kommt lediglich noch die Bestellung eines Beauftragten nach § 124 GO NRW.[807] Die-

---

[802] Vgl. OEBBECKE (2015), S. 248.
[803] Vgl. VG KÖLN vom 19.03.2004, NVwZ 2005, 1341 (1341 f.). Zulässig sind solche Eingriffe lediglich dann, wenn z. B. aus zeitlichen Gründen keine Auswahl alternativer Maßnahmen mehr zur Verfügung steht, vgl. BVERWG vom 16.06.2015, KommJur 2015, 347 (351). Zudem wurde in der Vergangenheit zumindest die Beanstandung einer Senkung eines Realsteuerhebesatzes bei defizitär wirtschaftenden Gemeinden von der Rechtsprechung als zulässiger Eingriff in das Selbstverwaltungsrecht gesehen, vgl. BVERWG vom 27.10.2011, NVwZ 2011, 424 (428).
[804] Vgl. LINDLAR und KOTZEA (2011), S. 537.
[805] Vgl. T. I. SCHMIDT (2014), S. 241, HOFFMANN (2012), S. 169.
[806] Vgl. STOCKEL-VELTMANN (2010a), S. 36.
[807] Vgl. RITGEN (2014), S. 1307, OEBBECKE (2015), S. 248.

ser kann und muss Zweckmäßigkeitsüberlegungen anstellen und folgt durch seine Ausgestaltung als Ersatz eines oder mehrerer gemeindlicher Organe einem umfassenden, nicht einzelfallbezogenen Ansatz.[808] Er erscheint daher grundsätzlich als geeignetes Mittel zur Wiederherstellung einer geordneten Haushaltswirtschaft.

Ein weiterer Problembereich eröffnet sich im Kontext der Auslagerung von Aufgabenbereichen der Gemeinden, da ausschließlich die Gemeinde selbst Objekt der Kommunalaufsicht ist. Insbesondere privatrechtliche Organisationsformen der Aufgabenerledigung stehen hingegen nicht unter dem Aufsichtsregime. Hier kann die Aufsichtsbehörde lediglich indirekt über die Kernverwaltung als Anteilseigner Einfluss nehmen.[809]

4.4.3.3 Mängel in der praktischen Ausübung

Neben der Ausgestaltung des aufsichtsrechtlichen Ordnungsrahmens spielt auch die tatsächliche Wahrnehmung der Aufsichtspflichten eine Rolle bezüglich der zu untersuchenden Mitverantwortung der Aufsichtsbehörden.[810] Hierbei ist zu berücksichtigen, dass die Kommunalaufsicht als Teil der staatlichen Administration nicht politisch unabhängig ist.[811] Stattdessen ist sie gegenüber der Landespolitik weisungsgebunden und hängt damit mittelbar von den betroffenen Wählern ab. Da restriktive, zur Haushaltskonsolidierung jedoch notwendige Eingriffe in das Gemeindeleben die Wiederwahl der Landespolitiker gefährden können und damit politisch unbequem sind, entsteht ein Anreiz, solche Maßnahmen der Aufsichtsbehörde zu unterbinden.[812] So regt sich insbesondere bei Eingriffen in den freiwilligen Aufgabenbereich, z. B. bei Sportstätten und Kultureinrichtungen, meist großer Bevölkerungswiderstand, welcher auch an die politischen Vertreter auf Landesebene adressiert wird.[813] Die Anreize zum restriktiven Eingriff sind dort also ähnlich gering wie die zur Selbstverordnung von Sparmaßnahmen auf der Gemeindeebene. Politische bzw. wahltaktische Erwägungen können die Entschlossenheit der Aufsichtsbehörden, die haushaltswirtschaftliche Not der Gemeinden abzuwenden, somit deutlich bremsen und Konsolidierungsstrategien der Aufsicht torpedieren.[814] Verstärkt wird dies durch ein gewisses Maß an Politikverschränkung: Stadtratsmitglieder sind nicht selten auch auf staatlicher Ebene aktiv, sodass solche personellen Wechselbeziehungen der weisungsabhängigen Kommunalaufsicht die Durchsetzung konsequenter Konsolidierungsmaßnahmen erschweren.[815] Verschränkungen entste-

---

[808] Vgl. Kapitel 3.3.3.3.
[809] Vgl. BRÜNING (2015), S. 245-247.
[810] Vgl. HOLLER (2012), S. 6.
[811] Vgl. SCHWARTING (2012), S. 8.
[812] Vgl. ZELLER (2005), S. 204, MAGIN (2011), S. 227.
[813] Vgl. HOFFMANN (2012), S. 168.
[814] Vgl. MENSCH (2011), S. 2, BAJOHR (2009), S. 185.
[815] Vgl. SCHWARTING (2012), S. 8, HOFFMANN (2012), S. 169.

4.4 Identifizierung institutioneller Defizite im Sicherungssystem

hen jedoch nicht nur auf politischer Ebene, sondern bereits bei den Verwaltungsmitarbeiten der Aufsichtsbehörden: Landkreismitarbeiter, die für den Landrat die Aufsichtstätigkeit über die Kreisgemeinden ausführen, fühlen sich laut einer Studie von F.-S. NIEMANN und EBINGER eher als Vertreter des kommunalen denn des staatlichen Bereichs. Dadurch entsteht ein Zielkonflikt zwischen den Interessen der Gemeinden, denen sich das Aufsichtspersonal nahe fühlt, und den Landesinteressen, die die Mitarbeiter eigentlich durchsetzen sollen.[816]

Das Schrifttum ist sich daher überwiegend einig, dass insbesondere in NRW die Finanzsituation der Gemeinden auch darauf zurückzuführen ist, dass die Kommunalaufsicht der negativen Haushaltsentwicklung nicht entschieden genug entgegen gewirkt und stattdessen offensichtliche Verstöße geduldet und sanktionsfrei gelassen hat.[817] Unausgeglichene Haushalte und die zunehmende Verschuldung wurden durch die Kommunalaufsicht akzeptiert, die - wenn überhaupt - erst zu spät eingreift.[818] Der Vergleich mit anderen Bundesländern untermauert dieses Einschätzung: Neben beispielsweise Bayern und Badem-Württemberg weisen mit Sachsen und Thürigen auch zwei weniger finanzstarke Bundesländer geringe Liquiditätskredite auf der Gemeindeebene auf, die jedoch eine sehr restriktive Aufsicht ausüben.[819]

Die mögliche Mitverantwortung der Kommunalaufsicht für die Haushaltssituation vieler Gemeinden ist seit Jahren Gegenstand unterschiedlicher Studien. Aufgrund der Komplexität der länderdivergierenden Aufgaben- und Finanzierungsgeflechte, äußeren Umständen usw. ist eine exakte Bewertung des Einflussfaktors *Aufsicht* zwar nicht möglich, dennoch konnten zumindest Auffälligkeiten identifiziert werden. So kommen beispielsweise F.-S. NIEMANN und EBINGER im Rahmen eines Vergleichs österreichischer und deutscher Kommunalfinanzaufsicht zu dem Ergebnis, dass die Erstgenannte besser geeignet ist, Fehlanreize in finanziellen Entscheidungen zu unterbinden und gesunde Kommunalfinanzen zu fördern - primär bedingt durch eine höhere Behördenzuständigkeit der Aufsicht (und damit weniger Zielkonflikten und besseren Durchgriffsmöglichkeiten) sowie wegen restriktiveren Genehmigungsregelungen.[820] HOLLER sieht durch seine Untersuchung den „Beitrag einer schwachen Finanzkontrolle für die Länderdisparitäten der Kommunalfinanzen (...) teilweise empirisch belegt"[821] und bewertet die Finanzaufischt in NRW

---

[816] Vgl. F.-S. NIEMANN und EBINGER (2017), S. 97.
[817] Vgl. MENSCH (2011), S. 1, BRAND (2014), S. 97, KLIEVE (2014), S. 256, SCHULZE (2011), S. 51, A. FABER (2005), S. 937.
[818] Vgl. BRAND (2014), S. 97, KNIRSCH (2016), S. 29.
[819] So kam es beispielsweise in Thüringen zu Fällen von Zwangsvollstreckungen gegen Kommunen oder Insolvenzanmeldungen von Stadtwerken, nachdem den Gemeinden ein Einstehen untersagt wurde, vgl. KLIEVE (2014), S. 256.
[820] Vgl. F.-S. NIEMANN und EBINGER (2017), S. 112 f.
[821] HOLLER (2012), S. 16.

insgesamt am schwächsten.⁸²² Zuvor kamen bereits zwei weitere Untersuchungen zu ähnlichen Ergebnissen: GRÖPL, HEINEMANN und KALB zeigten im Rahmen eines Ländervergleichs die Abhängigkeit des Liquiditätskreditbestandes von den rechtlichen Möglichkeiten der Aufsicht (insbesondere der Liquiditätskreditgenehmigung)⁸²³ und vermuteten zusätzlich eine politische Einflussnahme auf diese, um mittels einer *Laisser-faire*-Aufsicht Klagen gegen eine potentielle Unterfinanzierung vorzubeugen.⁸²⁴ HOLTKAMP übt indes unmittelbare Kritik an der NRW-Aufsicht und kommt zu dem Schluss, „dass die Kommunalaufsicht letztlich nicht über das hierarchische Steuerungspotential und die nötigen Informationskapazitäten verfügt, um bei steigenden Kassenkrediten (...) die durchaus vorhandenen endogenen Konsolidierungspotentiale auch nur annähernd zu mobilisieren"⁸²⁵. Andere Untersuchungen konnten indes keine signifikanten Zusammenhänge zwischen der Kommunalaufsicht und der Kassenkreditverschuldung identifizieren.⁸²⁶

Dass eine letztlich schädliche Zurückhaltung in der Aufsichtsausübung überhaupt möglich ist, kann indes auf das in weiten Teilen vorherrschende Opportunitätsprinzip zurückgeführt werden, nach dem die Aufsichtsbehörde nach eigenem Ermessen und nicht auf Basis fest geregelter Eingriffspflichten aktiv in das gemeindliche Geschehen eingreift.⁸²⁷ Erst wenn Maßnahmen nicht von klaren tatbestandlichen Voraussetzungen abhängig sind, sondern in der Ermessensfreiheit der Aufsichtsbehörde liegen, wird politischer Einflussnahme Tür und Tor geöffnet.⁸²⁸ Das Opportunitätsprinzip ermöglicht der Aufsicht damit erst den Rückzug aus seiner eigentlichen Verantwortung.⁸²⁹

Die Mitverantwortung der Aufsicht für die negative Entwicklung der kommunalen Haushalte resultiert daher nicht nur aus einem Mangel an adäquaten Lösungswegen, sondern auch aus politischen Überlegungen.⁸³⁰ Denn: Wenngleich ein Großteil der Aufsichtsmittel wenig geeignet zur Wiederherstellung einer geordneten Haushaltswirtschaft ist, verbleibt immer noch die Beauftragtenbestellung nach § 124 GO NRW, welche sogar explizit zur Wiederherstellung einer ordnungsgemäßen Haushaltswirtschaft vorgesehen ist.⁸³¹ Dass trotz der hohen Zahl nicht ordnungsgemäßer Kommunalhaushalte und hoher Kassenkreditverschuldung dieses Instrument je-

---

[822] Vgl. HOLLER (2012), S. 15 f.
[823] Vgl. GRÖPL, HEINEMANN und KALB (2010), S. 194.
[824] Vgl. GRÖPL, HEINEMANN und KALB (2010), S. 187 f.
[825] HOLTKAMP (2012), S. 72.
[826] Vgl. z. B. ZABLER, PERSON und EBINGER (2016), S. 12.
[827] Vgl. KATZ (2011), S. 150.
[828] Vgl. BRÜNING (2014), S. 244.
[829] Vgl. KNIRSCH (2016), S. 28.
[830] Vgl. BRAND (2014), S. 99.
[831] Vgl. § 75 Abs. 5 S. 2 GO NRW.

doch kaum Anwendung findet,[832] kann durchaus auf dessen hohe politische Kosten und die damit verbundene Weigerung der Landespolitik zurückgeführt werden.[833]

4.4.4 Wirksamkeit des Haushaltssicherungskonzepts

Obwohl das HSK auf die Wiederherstellung einer geordneten Haushaltswirtschaft ausgelegt ist, konnte die Zahl unausgeglichener Haushalte nicht reduziert und die Kassenkreditverschuldung nicht gebremst werden.[834] Insbesondere in Fällen, in denen die Eigenkapitalreduzierungen aus strukturellen, nur langsam beeinflussbaren Ursachen resultieren, wie z. B. erhöhten Sozialbelastungen aufgrund lokaler Arbeitslosigkeit, bietet das HSK nur begrenzte Möglichkeiten und kann nicht ohne Weiteres aus einer Finanzkrise in eine geordnete Haushaltswirtschaft führen.[835]

Da das HSK letztlich nur so gut funktioniert, wie die darin vorgesehenen Konsolidierungsmaßnahmen, ist gerade hier eine strenge Hand der Kommunalaufsicht dringend von Nöten. Denn die Nähe des Rates zu seiner Wahlkreisbürgerschaft macht es ihm in der Praxis schwierig, die beschlossenen Maßnahmen auch wirklich umzusetzen, wenn diese den Interessen des Wahlkreises widersprechen.[836] Dass eine solch strenge Hand jedoch nur selten gegeben ist, wurde bereits gezeigt.[837]

Auch beim HSK zeigt sich im Übrigen - ähnlich, wie dies hinsichtlich der Laufzeit von Liquiditätskrediten beobachtet werden konnte[838] -, dass der Gesetzgeber haushaltsrechtliche Vorgaben zunehmend entschärft.[839] So liegt die Frist zur Wiederherstellung eines ausgeglichenen Haushalts als Genehmigungsvoraussetzung des HSK erst seit dem 1. NKFWG NRW bei zehn Jahren. § 76 Abs. 2 S. 3 GO NRW in der Fassung vom 13.12.2011[840] und damit vor dem 1. NKFWG NRW sah hingegen einen pflichtigen Haushaltsausgleich spätestens am Ende der mittelfristigen Planung vor. Zudem erlaubt der Gesetzgeber mittlerweile sogar Abweichungen vom Zehn-Jahres-Zeitraum in nicht näher definierten Ausnahmefällen.[841] Die Beseitigung rechtswidriger Zustände der Haushaltswirtschaft wird dadurch weit weniger stark fokussiert, als in der alten Rechtslage. Dieser im Vergleich zum alten Rechtsstand lockere Umgang mit Gemeinden in der Haushaltssicherung äußert sich insbesondere im deutlichen Anstieg der genehmigten HSK ab 2012.[842]

---

[832] Vgl. FRIELINGHAUS (2007), S. 97-100, DUVE (2008), S. 291.
[833] Vgl. OEBBECKE (2015), S. 247.
[834] Vgl. Kapitel 4.1.
[835] Vgl. HOFFMANN (2012), S. 169.
[836] Vgl. SCHUPPERT und ROSSI (2006), S. 51.
[837] Vgl. Kapitel 4.4.3.3.
[838] Vgl. Kapitel 4.4.2.
[839] Vgl. BOETTCHER (2012), S. 79.
[840] Vgl. GVBl. NRW S. 685.
[841] Vgl. § 76 Abs. 2 S. 4 GO NRW.
[842] Vgl. Kapitel 4.1 und Abbildung 4.7.

4.4.5 Vorläufige Haushaltsführung als Konsolidierungsinstrument

Die vorläufige Haushaltsführung ist primär für eine Übergangsphase ohne gültige Haushaltssatzung zu Beginn des Haushaltsjahres, z. B. in Folge von Uneinigkeiten des Rates über den neuen Haushalt, konstruiert worden. Sie dient dazu, der Gemeinde bis zum Beschluss einer neuen Haushaltssatzung zumindest die fortgesetzte Wahrnehmung unbedingt notwendiger Aufgaben und die Leistung damit verbundener Auszahlungen und Aufwendungen zu ermöglichen, indem anstelle der Ermächtigungen aus dem Haushaltsplan die gesetzlichen Ersatzermächtigungen des § 82 GO NRW treten.[843] Diese gehen zwangsläufig mit Einschränkungen im Vergleich zu einer regulären Haushaltswirtschaft einher.[844] So wird Druck auf den Rat ausgeübt, möglichst schnell eine Einigung über den neuen Haushalt zu erzielen und diesen zu verabschieden.

Sinn und Zweck der vorläufigen Haushaltsführung ist hingegen nicht die Haushaltskonsolidierung durch jene Einschränkungen.[845] Eine entsprechende Instrumentalisierung widerspricht dem gesetzgeberischen Ziel des § 82 GO NRW, eine „das Budgetrecht des Rates schützen[de]"[846] Interimsvorschrift bereitzustellen. Zu einer solch zweckfremden Anwendung kommt es jedoch regelmäßig, wenn die Aufsichtsbehörde die Genehmigung für Eigenkapitalreduzierungen bzw. aufzustellende HSK verweigert.

Es ist jedoch ernsthaft daran zu zweifeln, ob die pauschalen Einschränkungen des § 82 GO NRW der nachhaltigen Haushaltskonsolidierung zuträglich sind und ob hierfür nicht viel eher gemeindeindividuelle und zum Teil langfristig angelegte Maßnahmen, wie z. B. die Veräußerung verlustbringender Beteiligungen und eine damit verbundene Einstellung der betreffenden Aufgabe, notwendig sind. Hinzu kann auch hier wieder eine aufsichtspraktische Problematik kommen: Wenn die Aufsichtsbehörden im Rahmen einer Laisser-faire-Politik[847] die Entscheidungen über notwendige und damit gem. § 82 Abs. 1 Nr. 1 GO NRW auch in der vorläufigen Haushaltsführung nicht zu unterbrechende Aufgaben den Gemeinden selbst überlassen, fallen hierunter schnell diverse freiwillige Aufgaben im Kultur- und Sportbereich, die eigentlich Konsolidierungspotential aufweisen könnten.[848]

---

[843] Vgl. HAMACHER (2016), S. 406.
[844] Vgl. Kapitel 3.2.3.
[845] Vgl. HOFFMANN (2012), S. 165.
[846] OVG NRW vom 17.12.2008, NWVBl. 2010, 30 (30).
[847] Vgl. Kapitel 4.4.3.3.
[848] Vgl. ähnlich ZELLER (2005), S. 205.

4.4.6 Vollständigkeit der Aufgabenkonnexität

Das strikte Konnexitätsprinzip des Art. 78 Abs. 3 LV NRW verlangt vom Land detaillierte Regelungen über den Ausgleich der Mehrbelastungen im Falle der Übertragung neuer Aufgaben oder der Änderung bestehender.[849] Der Mehrbelastungsausgleich erfolgt in Form aufgabenakzessorischer Zuweisungen, sodass die Regelungen zur Kostendeckung vom kommunalen Finanzausgleich getrennt sind.[850] Die Finanzkraft des Landes darf folglich keinen Einfluss auf die Kostenerstattungen haben.[851]

Das Konnexitätsprinzip gilt als wichtige Errungenschaft, weil es dem Land die finanziellen Folgen seiner politischen Entscheidungen unmittelbar vor Augen führt und die Gemeinden damit vor Aufgabenübertragungen ohne Kostenausgleich schützt.[852] Mit der Normierung der strikten Konnexität vor ca. zehn Jahren[853] wurde daher erwartet, dass sich die bereits zu diesem Zeitpunkt problematische Finanzsituation vieler Gemeinden erheblich verbessert.[854] Dass dies allerdings nur bedingt eingetreten ist, wurde bereits gezeigt.[855] Von der ARBEITSGEMEINSCHAFT DER KOMMUNALEN SPITZENVERBÄNDE NRW werden dabei insbesondere vier Problemfelder der praktischen Ausgestaltung des Konnextitätsprinzips genannt:[856]

1. Hat das Land eine vom Bund übertragene Aufgabe an die Gemeinden weitergereicht und ändert der Bund später den Umfang, wird eine Konnexitätspflicht nur ausgelöst, wenn das Land die Änderung im Zeitpunkt der Weiterreichung absehen konnte.

2. Es fehlen genauere Regelungen zu einer nachträglichen Kostenfolgeabschätzung, wenn im Eilverfahren oder bei Prognoseschwierigkeiten im Zeitpunkt der Gesetzesverabschiedung keine Kostenübernahmeeinigung[857] erzielt werden kann.

---

[849] Vgl. Kapitel 2.3.
[850] Vgl. FRIELINGHAUS (2007), S. 73.
[851] Vgl. WOLF-HEGERBEKERMEIER (2015), S. 235.
[852] Vgl. RITGEN (2014), S. 1305, KLUTH (2009), S. 341.
[853] Vgl. das Gesetz zur Änderung der Verfassung für das Land NRW und zur Regelung eines Kostenfolgeabschätzungs- und eines Beteiligungsverfahrens gem. Art. 78 Abs. 3 der Verfassung für das Land NRW vom 22.06.2004.
[854] Vgl. JÄGER (2015), S. 130.
[855] Vgl. Kapitel 4.1.
[856] Vgl. JÄGER (2015), S. 132-134, und ausführlich ARBEITSGEMEINSCHAFT DER KOMMUNALEN SPITZENVERBÄNDE NRW (2014).
[857] Art. 78 Abs. 3 S. 5 LV NRW i. V. m. § 7 KonnexAG sieht eine Beteiligung der kommunalen Spitzenverbände bei der Ausarbeitung der Kostendeckungsregelungen vor. Kann keine Einigung zwischen dem Land und den Spitzenverbänden erzielt werden, steht dies nach § 8 KonnexAG einer Beschlussfassung im Landtag nicht entgegen; dem Gesetzesentwurf sind lediglich die Stellungnahmen der Spitzenverbände beizufügen.

3. Art. 78 Abs. 3 LV NRW berücksichtigt nur Aufgabenverlagerung per Gesetz oder Verordnung, nicht aber z. B. per Erlass.

4. Bei der Prüfung, wann eine Aufgabenübertragung / -änderung zu einer wesentlichen und damit konnexitätspflichtigen Mehrbelastung[858] führt, wird vom Land oftmals nicht nachgehalten, welche unwesentlichen Aufgaben bisher übertragen wurden, die nach § 2 Abs. 5 S. 2 KonnexAG kumulativ betrachtet die Relevanzgrenze überschreiten könnten.

Im Schrifttum wird vereinzelt auch die Pauschalierung der Kostenerstattung nach Art. 78 Abs. 3 S. 3 LV NRW kritisch hinterfragt, da sie keiner vollständigen Deckung entspricht.[859] Eine solche Pauschalierung dient jedoch einerseits der Vereinfachung des Abrechnungsverfahrens und soll andererseits Anreize zu wirtschaftlichem Verhalten setzen.[860] Indem nicht jede konkrete einzellfallbezogene Kostenbelastung ausgeglichen wird, kann verhindert werden, dass unwirtschaftlich handelnde Gemeinden belohnt werden.[861] Bei einer deckungsgleichen Kostenübernahme wäre das Land ansonsten finanzwirtschaftlich in der Hand der erfüllenden Kommune.[862]

Des Weiteren wiesen vereinzelte Autoren in der Vergangenheit darauf hin, dass das Konnexitätsprinzip durch zahlreiche Ausnahmen bzw. nicht ausgeglichene Mehrbelastungen, insbesondere in den Bereichen Sozialhilfe, Unterbringung und Versorgung von Asylbewerbern und Kita-Versorgung, ausgehöhlt werde, worin eine zentrale Ursache der Finanzdefizite vieler Gemeinden liege.[863] Bei der Umgehung des Konnexitätsprinzips durch eine Aufgabenübertragung oder -änderung ohne Kostenausgleich steht der Kommune allerdings der Weg der Kommunalverfassungsbeschwerde offen, um das Land in die Pflicht zu zwingen.[864] So geschehen z. B. beim Änderungsgesetz zum AG-KJHG aus 2008 zum Ausbau der Kindertagesbetreuung,[865] welches keine Bestimmungen zur Kostendeckung - auch nicht in einem separaten Gesetz - vorsah.[866] 21 Städte und zwei Kreise legten daraufhin Verfassungsbeschwerde ein. Die Rechtsprechung bestätigte anschließend die Konne-

---

[858] Wenngleich weder Art. 78 Abs. 3 LV NRW noch das KonnexAG diese Relevanzgrenze genauer definieren, wird in der Praxis in der Regel auf den Schwellenwert aus der Gesetzesbegründung (mehr als 0,25 EUR pro Einwohner jährlich) zurückgegriffen, vgl. LANDTAG NRW DRUCKSACHE 13/5515 vom 02.06.2004, S. 23, JÄGER (2015), S. 133.
[859] Vgl. z. B. FRIELINGHAUS (2007), S. 75, LANDTAG NRW DRUCKSACHE 16/4829 vom 21.01.2014, S. 4.
[860] Vgl. JÄGER (2015), S. 134.
[861] Vgl. CRANSHAW (2007), S. 24.
[862] Vgl. CRANSHAW (2007), S. 29.
[863] Vgl. z. B. BAJOHR (2009), S. 175, MAGIN (2011), S. 218, FRIELINGHAUS (2007), S. 80, HOFFMANN (2012), S. 169.
[864] Vgl. HERRMANN (2011), S. 87.
[865] Vgl. das Gesetz zur Änderung des Ersten Gesetzes zur Ausführung des Kinder- und Jugendhilfegesetzes vom 28.10.2008.
[866] Vgl. SCHULZE (2011), S. 55.

4.4 Identifizierung institutioneller Defizite im Sicherungssystem

xitätsrelevanz des Änderungsgesetzes,[867] woraufhin eine Nachbesserung durch das Land in Form des BAG-JH zum Ausgleich der Belastungen aus der erweiterten Kinderbetreuung erfolgte. Eine ähnliche Ausgangslage ergab sich bei der Finanzierung der Kosten für die Inklusion: Die ursprünglich vorgesehen Landesfinanzierung war aus Sicht der Gemeinden zu gering, sodass sie erneut mit einer Verfassungsbeschwerde drohten. Zu einem Verfahren kam es jedoch nicht, da das Land sein Angebot nachbesserte.[868] Vorgesehen ist nun u. a. eine jährliche Überprüfung und ggf. Anpassung des notwendigen Landesanteils.[869] Jüngstes Beispiel ist die Novellierung des FlüAG, welches nach einem Einwohner- und Flächenschlüssel berechnete Zuweisungen zur Aufnahme, Unterbringung und Versorgung von Flüchtlingen im Umfang von insgesamt 1,8 Mrd. EUR[870] vorsieht.

Insgesamt können die Konnexitätsregelungen in NRW damit als leistungsfähig eingestuft werden.[871] Besonders zu betonen ist auch der hiermit verbundene Bewusstseinswandel und damit die Disziplinierung des Landes bei der Aufgabenübertragung.[872] Dass die Regelungen in der Vergangenheit nicht immer Anwendung fanden und dadurch verfassungsrechtliche Streitigkeiten entstanden, kann auf die ebenfalls knappen Finanzmittel des Landes zurückgeführt werden.[873] Mittlerweile werden an die Kostenfolgeabschätzungen jedoch hohe Sorgfaltsanforderungen gestellt.[874] Für die Leistungsfähigkeit des Konnexitätsprinzips spricht auch der Umstand, dass NRW das einzige Bundesland ist, welches prozessuale Aussagen zur Kostenfolgeabschätzung bereits in der Landesverfassung macht; in anderen Bundesländern werden den Gesetzgebern mehr Freiheiten im Rahmen einer einfachgesetzlichen Ausgestaltung gewährt.[875] Wenn die Defizite der Kommunalhaushalte also auf staatliche Aufgabenübertragungen ohne Kostenausgleich zurückgeführt werden, erscheint dies unter Berücksichtigung des in NRW Anwendung findenden strikten Konnexitätsprinzips nicht nachvollziehbar. Nichtsdestotrotz sind die Argumente der AR-

---

[867] Vgl. VERFGH NRW vom 12.10.2010, KommJur 2011, 24. Eine ähnliche Bestätigung in Folge einer Verfassungsbeschwerde erfolgte im Zusammenhang mit der Übertragung von Aufgaben des Schwerbehindertenrechts durch das Zweite Gesetz zur Straffung der Behördenstruktur in Nordrhein-Westfalen vom 30.10.2007, vgl. VERFGH NRW vom 23.03.2010, NVwZ-RR 2010, 705 (707).
[868] Vgl. WELT vom 10.04.2014: https://www.welt.de/politik/deutschland/article126814086/Teurer-Kompromiss-bewahrt-NRW-vor-Klagewelle.html [letzter Abruf: 11.03.2019].
[869] Vgl. § 1 Abs. 7, 8 des Gesetzes zur Förderung kommunaler Aufwendungen für die schulische Inklusion vom 09.07.2014. Zu einer Verfassungsbeschwerde kam es später dennoch, die jedoch aus Formgründen - die Beschwerde richtete sich gegen das Ausführungs- und nicht das Belastungsausgleichsgesetz - abgelehnt wurde, vgl. VERFGH NRW vom 10.01.2017, NVwZ 2017, 780.
[870] Vgl. § 4 Abs. 1 FlüAG.
[871] Im Ergebnis so auch JÄGER (2015), S. 134.
[872] Vgl. FRIELINGHAUS (2007), S. 74.
[873] Vgl. JÄGER (2015), S. 134.
[874] Vgl. WOLF-HEGERBEKERMEIER (2015), S. 235.
[875] Vgl. WOLF-HEGERBEKERMEIER (2015), S. 236.

BEITSGEMEINSCHAFT DER KOMMUNALEN SPITZENVERBÄNDE NRW anzuerkennen, sodass es nach wie vor Verbesserungsbedarf im Detail gibt. Modifizierungen wie die Ausweitung des KonnexAG auf Erlasse und Änderungen weitergereichter Aufgaben durch den Bund oder das Nachhalten unwesentlicher Mehrbelastungen lösen allerdings nicht die finanziellen Probleme der Gemeinden; hierfür müssen andere Wege gefunden werden.[876]

4.4.7 Belastungen durch Sozialaufwendungen

Das bundesverfassungsrechtliche Aufgabenübertragungsverbot[877] sowie landesverfassungsrechtliche Konnexitätsregeln wirken nur in die Zukunft. Übertragungen aus der Zeit vor der Föderalismusreform sorgen jedoch dafür, dass die Gemeinden nach wie vor erhebliche Lasten aus bundesrechtlich normierten Aufgaben zu tragen haben, insbesondere im Sozialbereich.[878]

Große Teile des Schrifttums sehen diese fremdbestimmten Altlasten als bedeutende Ursache der kommunalen Finanzprobleme.[879] So ist die Sozialstruktur insbesondere in Westdeutschland eine wesentliche Determinante der Kommunalverschuldung, was darauf hindeutet, dass sie in den finanziellen Ausgleichsmechanismen von Bund und Ländern bisher unzureichend berücksichtigt wird.[880] Deshalb gibt es seit Jahren Forderungen, den Bund stärker an den Soziallasten zu beteiligen.[881] In größerem Umfang wurde diesen jedoch erst durch das Gesetz zur Beteiligung des Bundes an den Kosten der Integration und zur weiteren Entlastung von Ländern und Kommunen vom 01.12.2016 nachgekommen, welches eine umfangreiche Aufstockung der Beteiligung an den Kosten der Unterkunft und Heizung für anerkannte

---

[876] Vgl. JÄGER (2015), S. 135.
[877] Vgl. Art. 84 Abs. 1 S. 7 und Art. 85 Abs. 1 S. 2 GG.
[878] Vgl. RITGEN (2014), S. 1306. Zur Bedeutung der Sozialausgaben, vgl. Kapitel 4.1.
[879] Vgl. stellvertretend BRAND (2013), S. 90, HOFFMANN (2012), S. 169, FRIELINGHAUS (2007), S. 82.
[880] Vgl. BOYSEN-HOGREFE (2015), S. 26, BRAND (2013), S. 91. Möglich ist dies, da der Gesetzgeber bei der Zuweisung von Landesmitteln (z. B. im Rahmen des kommunalen Finanzausgleichs) typisieren darf, um grundsätzlich auf alle Gemeinden gleich einzuwirken; dann besteht allerdings die Gefahr, dass atypische Fallkonstellationen durch dieses Raster fallen, vgl. LEWINSKI (2014), S. 205. Die an sich gleichen Vorgaben wirken sich bei diesen Kommunen dann unterschiedlich aus, vgl. BRAND (2013), S. 91. So ist die Ausgestaltung der Sozialkostenfinanzierung für alle Gemeinden grundsätzlich gleich, Gemeinden mit hoher Arbeitslosigkeit - z. B. wegen einer dauerhaften Schrumpfung örtlicher Gewerbestrukturen o. Ä. - werden aber nicht bedeutend stärker unterstützt als solche mit gesunder Wirtschaftsstruktur.
[881] Vgl. MENSCH (2011), S. 5, ähnlich F. S. NIEMANN und GEISSLER (2015), S. 11, WIXFORTH (2016), S. 507 f. Eine Aufhebung der Bundesübertragung und Neukodifizierung in Form einer konnexitätsrelevanten Landesübertragung würde für die Gemeinden zu keiner Änderung führen, da das Land auch dann nur für Mehrbelastungen ausgleichspflichtig ist, nicht jedoch für den Altbestand, vgl. RITGEN (2014), S. 1306.

4.4 Identifizierung institutioneller Defizite im Sicherungssystem

Asyl- und Schutzberechtigte gewährt.[882] Weitere Entlastungen in größerem Maße sind jedoch nicht absehbar. Bei der Diskussion um Kostenübernahmen durch die höhere staatliche Ebene ist zudem ohnehin zu bedenken, dass teils erhebliche regionale Unterschiede bei der Verschuldung und den Jahresergebnissen der Gemeinden existieren,[883] was stark darauf hindeutet, dass solche nicht ausgeglichenen Altübertragungen nicht die einzige Ursache kommunaler Finanzprobleme sind.[884] Gemeindeindividuelle endogene Ursachen spielen stattdessen ebenfalls eine große Rolle.[885] Des Weiteren erscheint es wenig zielführend, zur Deckung der Sozialkosten in den betroffenen Kommunen lediglich die lokale Finanzausstattung zu erhöhen, da dies nichts an den strukturellen Problemen vor Ort - geringe Wirtschaftskraft, hohe Arbeitslosigkeit usw. - ändert. Es werden nur Symptome bekämpft, jedoch nicht die Ursachen beseitigt, sodass die Soziallasten lediglich innerhalb der Staatsebenen verschoben werden.

Da die aus dem Schrifttum und der Kommunalpraxis immer wieder geforderte staatliche Kostenübernahme durch den Bund und / oder die Länder bisher nur eingeschränkt erfolgte, ist auch für die Zukunft mit keinen größeren Änderungen zu rechnen. Es würde also wenig Sinn ergeben, diese Forderung hier erneut ins Feld zu führen. Im Gegensatz zu einem Großteil des bisherigen Schrifttums wird die vorherrschende Sozialkostenbelastung in der vorliegenden Arbeit damit als Faktum eingestuft, welches bei der titelgebenden Entwicklung von Systemen zur Stabilisierung der Kommunalfinanzen als Rahmenbedingung zu berücksichtigen ist.[886]

4.4.8 Schlussfolgerung

Die kommunale Verschuldung ist ein multikausales Phänomen, in das unterschiedliche Faktoren hineinspielen.[887] In der Theorie müsste der haushaltsrechtliche Regelungsrahmen einschließlich der Finanzaufsicht jedoch zu einer Verhaltenssteuerung

---

[882] Weiterhin umfasst dies eine erhöhte Beteiligung der Kommunen und Länder an der Umsatzsteuer sowie eine Entlastung durch eine Integrationspauschale, die durch die Länder weiterzuleiten ist. Entgegen der ursprünglichen Vorstellung erfolgt diesbezüglich in NRW jedoch nur eine teilweise Weiterleitung der Mittel, vgl. LANDTAG NRW DRUCKSACHE 17/2659 vom 18.05.2018, S. 3.
[883] Vgl. Kapitel 4.1 und insbesondere Tabelle 4.1.
[884] So auch schon HOLTKAMP (2007), S. 24, und Kapitel 4.3.
[885] Vgl. RITGEN (2014), S. 1307. Bajohr hat das 120 Mio. EUR-Defizit der Stadt Hagen in 2008 zu 20 Mio. EUR auf nicht erfolgte Kostenerstattungen aus Altübertragungen und zu den restlichen 100 Mio. EUR auf individuelle Fehlentscheidungen von Politik und Verwaltung zurückgeführt, vgl. BAJOHR (2009), S. 175.
[886] Mögliche weitere Kostenübernahmen in der Zukunft sind der Untersuchung dabei natürlich nicht abträglich, da sie die Kommunen zwar entlasten, aber nichts an den Strukturproblemen verändern, sondern (wie zuvor erläutert) nur Symptome heilen und eine reine Verschiebung der finanziellen Belastung darstellen.
[887] Vgl. F.-S. NIEMANN und EBINGER (2017), S. 92.

der Gemeinden in der Form führen, dass die stetige Aufgabenerfüllung gesichert bleibt.[888] Dass dies in Form hoher Kassenkreditbestände sowie nicht ausgeglichener oder gar bilanziell überschuldeter Haushalte nicht der Fall ist, deutet auf entsprechende Mängel im Regelungsrahmen hin.[889] Diese Defizite konnten in unterschiedlichsten Bereichen identifiziert werden: Sie erstrecken sich von einem nahezu unbegrenzten Fremdkapitalzugang aufgrund einer geliehenen Bonität und fehlenden haushaltsrechtlichen Kreditaufnahmebegrenzungen über eine eingeschränkte Nützlichkeit des HSK und der vorläufigen Haushaltsführung zur Haushaltskonsolidierung bis hin zu deutlichen Mängeln in der Kommunalaufsicht. Letztgenannte erstrecken sich einerseits auf eine beschränkte Wirksamkeit der Aufsichtsmittel aufgrund unzulässiger Zweckmäßigkeitsentscheidungen der Aufsicht, entstehen andererseits aber auch in Folge übermäßiger Zurückhaltung in der praktischen Ausübung wegen politischer und wahltaktischer Überlegungen, welche durch das vorherrschende Opportunitätsprinzip Einzug erhalten. Insgesamt ist daher eine deutliche Diskrepanz zwischen dem theoretischen Ideal der Aufgabensicherung und deren tatsächlicher Ausgestaltung und Umsetzung festzuhalten. Letztere hat die vorliegende negative Entwicklung der Kommunalfinanzen zugelassen und ist nicht geeignet, ordnungsgemäße Haushalte wiederherzustellen.

4.5 Diskussion einer Verantwortungsübernahme durch den Staat

4.5.1 Einstandspflichten des Landes

Im bisherigen Untersuchungsverlauf konnte gezeigt werden, dass auch der Staat nicht gänzlich unbeteiligt an der Finanzsituation der Kommunen ist.[890] Es wird daher regelmäßig eine entsprechende Verantwortungsübernahme in Form finanzieller Unterstützungsleistungen gefordert.[891] Ein rechtlicher Anspruch der Gemeinden hierauf könnte bestehen, wenn der Staat zum Einstand für kommunale Schulden verpflichtet ist. Eine solche Einstandpflicht kann in Form einer Gewährleistungspflicht oder als Gewährträgerhaftung auftreten. Letztgenannte führt zu einer externen Haftung des Staates für Schulden der Gemeinden gegenüber deren Gläubigern;[892] die Gewährleistungspflicht stellt hingegen eine interne Pflicht zur Finanzhilfe gegenüber den Gemeinden dar, welche weiterhin Schuldner bleiben.[893] In beiden Ausprägungen wären die aus einer hohen Verschuldung entstehenden Gefah-

---

[888] Vgl. SCHULZE (2011), S. 51.
[889] Vgl. BOETTCHER (2012), S. 79.
[890] Vgl. Kapitel 4.4.
[891] Vgl. beispielsweise SCHULZE (2011), S. 58, BOETTCHER (2012), S. 77, sowie Kapitel 4.4.7.
[892] Vgl. auch die Legaldefinition in § 114a Abs. 5 GO NRW.
[893] Vgl. FRIELINGHAUS (2007), S. 53, HOFFMANN (2012), S. 183.

ren für die dauerhafte Leistungsfähigkeit der Gemeinden faktisch nicht existent.[894] Mögliche Zahlungsschwierigkeiten wären lediglich eine Frage der Durchsetzung von Rückgriffsansprüchen gegen den Staat.[895] Aus Sicht der Gemeinden bedürfte es dann auch keiner Überlegungen hinsichtlich verbesserter Konsolidierungsmechanismen, da potentielle Finanzprobleme auf die eine oder andere Weise durch den Staat aufgefangen würden.[896] Bei einer bereits eingetretenen Überschuldung wäre das Land folglich in der Pflicht, diesen rechtswidrigen Zustand der Gemeinden durch einen Bailout, d. h. finanzielle Hilfen zur Bedienung der Gemeindeschulden, zu beseitigen.[897]

Es wurde bereits festgestellt, dass weder eine explizite bundes- noch landesgesetzliche Grundlage für eine staatliche Einstandpflicht für kommunale Schulden existiert.[898] Möglicherweise kann eine solche Pflicht jedoch aus der verfassungsrechtlichen Stellung der Gemeinden und der diesbezüglichen Rechtsprechung abgeleitet werden.[899] Der am intensivsten diskutierte Ansatzpunkt einer möglichen staatlichen Einstandspflicht bildet der Finanzausstattungsanspruch der Gemeinden.[900] So umfasst das Selbstverwaltungsrecht des Art. 28 Abs. 2 GG bzw. Art. 78

---

[894] Vgl. BRAND (2014), S. 102, A. FABER (2005), S. 941.
[895] Vgl. FRIELINGHAUS (2007), S. 52.
[896] Vgl. BRAND (2014), S. 127, FRIELINGHAUS (2007), S. 54, A. FABER (2005), S. 941.
[897] Vgl. SCHULZE (2011), S. 54.
[898] Vgl. Kapitel 4.4.1.
[899] Vgl. BRAND (2014), S. 118, 126.
[900] Vgl. SCHULZE (2011), S. 52, HOFFMANN (2012), S. 189. Weitere Ansatzpunkte bieten das bündische Prinzip sowie der Vergleich mit der Rechtsprechung bezüglich öffentlich-rechtlicher Rundfunkanstalten. Zu Erstgenanntem: Aus dem bündischen Prinzip der deutschen Staatsorganisation nach Art. 20 Abs. 1 GG wurde in der Vergangenheit eine Einstandspflicht des Bundes für die Länder und der Länder füreinander abgeleitet. Diese wurde in zwei Urteilen des BVERFG bestätigt: Mit Entscheidung vom 27.05.1992 (vgl. JZ 1992, 962) wurde Bremen und dem Saarland ein Anspruch auf finanzielle Hilfen bei extremer Haushaltsnotlage zugesprochen, während im Urteil zum Fall Berlin vom 19.10.2006 (vgl. NVwZ 2007, 67 (71)) ein solcher Anspruch zwar grundsätzlich bestätigt, aufgrund einer schärferen Definition der begründenden *extremen Haushaltsnotlage* jedoch verweigert wurde. Nichtsdestotrotz hat das Urteil noch einmal bestätigt, dass Kredite notfalls auf dem Wege föderaler Hilfszahlungen bedient werden, vgl. KONRAD (2008), S. 159. Werden diese Überlegungen auf den Kommunalsektor übertragen, führt dies zu einem Anspruch der Gemeinden auf Finanzhilfen in extremen Haushaltsnotlagen, vgl. BRAND (2014), S. 126. Allerdings scheitert eine solche Übertragung am zweistufigen Staatsaufbau: Da die Kommunen Teil der Länder sind, sind sie mit eigenen Schutzmechanismen wie der Staatsaufsicht ausgestattet und werden nicht vom bündischen Prinzip des Art. 20 Abs. 1 GG abgedeckt, vgl. FRIELINGHAUS (2007), S. 56, HOFFMANN (2012), S. 199. Auch eine Ableitung der Einstandspflicht aus dem Vergleich mit Rundfunkanstalten scheitert: Wenngleich das BVERFG diesen mit dem Urteil vom 05.10.1993 (vgl. NJW 1994, 1466 (1467)) eine Gewährleistungspflicht durch den Staat zugesprochen hat, lässt sich diese mangels Vergleichbarkeit der Institutionen nicht auf die Kommune übertragen, vgl. BRAND (2014), S. 128. So wurde die Gewährleistungspflicht gegenüber Rundfunkanstalten aus deren Anspruch auf Funktionsgewährleistung durch den Staat gefolgert. Eine solche wurde in Bezug auf Kommunen aber nie von der Rechtsprechung, geschweige denn dem Ge-

LV NRW einen gegen das Land gerichteten Anspruch auf „angemessene"[901] bzw. „aufgabenadäquate"[902] Finanzausstattung. Begründet wird dies darin, dass eine eigenverantwortliche Aufgabenwahrnehmung durch die Kommunen eine entsprechende finanzielle Leistungsfähigkeit voraussetzt.[903] Diese Finanzausstattungsgarantie verlangt, dass die Gemeinden in der Lage sind, neben ihren Pflichtaufgaben auch ein Mindestmaß an freiwilligen Selbstverwaltungsaufgaben wahrzunehmen.[904] Das Konstrukt aus Pflichtaufgaben und einem Mindestmaß an freiwilligen Aufgaben wurde bereits früher von der Rechtsprechung aufgegriffen und dort als unantastbarer und damit unbedingt schützenswerter Kernbereich der kommunalen Selbstverwaltung definiert.[905] Der Anspruch auf eine angemessene Finanzausstattung gepaart mit einem Kernschutzbereich führt folglich zu einer Anerkennung des Rechts auf eine finanzielle *Mindest*ausstattung, die der Staat zur Aufrechterhaltung jener Kernbereichsaufgaben nicht unterschreiten darf.[906] Daraus wird geschlussfolgert: Es entsteht eine verfassungswidrige Situation, sobald die Gemeinden nicht über genügend finanzielle Mittel zur Erfüllung der Pflicht- und gewisser freiwilliger Aufgaben verfügen, sodass der Staat für Verbindlichkeiten einstehen muss, die die Gemeinden zur Aufrechterhaltung des Kernbereichs aufnehmen müssen.[907] Hierbei ist der Anspruch entsprechend der Ausstattungsverantwortung gegen das Land zu richten und über den kommunalen Finanzausgleich zu erreichen.[908] Im Ergebnis wird aus dem kommunalen Selbstverwaltungsrecht also eine Einstandspflicht des Landes abgeleitet.[909] Da sich die Finanzausstattungsgarantie auf das Innenverhältnis von Land und Gemeinden bezieht, erfolge diese in der Ausprägung einer Gewährleistungspflicht und keiner Gewährträgerhaftung mit Wirkungen gegenüber Dritten.[910]

Allerdings sprechen mindestens vier zentrale Argumente gegen eine solche Gewährleistungspflicht:

1. Institutionelle statt individueller Garantie:
Wenngleich Art. 28 Abs. 2 GG dem institutionellen Schutz der Kommunen in

---

setzgeber formuliert; stattdessen hält es das BVERFG sogar grundsätzlich für möglich, dass Gemeinden aufgelöst oder anderweitig eingemeindet werden, vgl. BVERFG vom 27.11.1978, NJW 1979, 413.

[901] VERFGH NRW vom 08.05.2012, DVBl 2012, 837 (838).
[902] BVERWG vom 25.03.1998, NVwZ 1999, 883 (885).
[903] Vgl. VERFGH NRW vom 08.05.2012, DVBl 2012, 837 (838).
[904] Vgl. BVERWG vom 25.03.1998, NVwZ 1999, 883 (885).
[905] Vgl. insbesondere BVERFG vom 23.11.1988, NVwZ 1989, 347 (348).
[906] Vgl. GEIS (2016), S. 52.
[907] Vgl. SCHULZE (2011), S. 52, A. FABER (2005), S. 942, HOFFMANN (2012), S. 189. Eine solche Schlussfolgerung kann vereinfachend mit der Rechtsfigur der Existenzvernichtungshaftung, vgl. BGH vom 16.07.2007, NJW 2007, 2689, und Kapitel 6.3.8.1, verglichen werden.
[908] Vgl. WOLF-HEGERBEKERMEIER (2015), S. 227.
[909] Vgl. HOFFMANN (2012), S. 203, SCHULZE (2011), S. 54.
[910] Vgl. SCHULZE (2011), S. 54, BAHADORI (2013), S. 178, NAGUSCHEWSKI (2011), S. 87.

4.5 Diskussion einer Verantwortungsübernahme durch den Staat 125

ihrer Gesamtheit dient, hat das BVERFG eine Bestandsgarantie für einzelne Kommunen abgelehnt.[911] Eine solche Verweigerung eines Individualschutzes muss folglich auch für die Finanzausstattungsgarantie gelten.[912] Diese ist demnach institutionell zu verstehen: Erst, wenn bezogen auf die Gesamtheit der Kommunen gravierende Finanzierungsmängel zu erkennen sind, kommt es zu einer Pflichtverletzung des Landes.[913] Ein Anspruch auf individuelle Hilfsleistungen für einzelne notleidende Gemeinden wird dadurch ausgeschlossen.[914]

2. Abhängigkeit von Leistungsfähigkeit des Landes wegen Aufgabengleichwertigkeit:
Kommunal- und Landesaufgaben sind in Bezug auf deren Finanzierung verfassungsrechtlich gleichwertig.[915] Zuwächse und Abnahmen der Deckungsmittel sind demnach gleichmäßig auf beide Bereiche zu verteilen (vertikale Verteilungssymmetrie).[916] Folglich ist im Falle geringer bzw. rückläufiger Landeseinnahmen eine Reduzierung der über den Finanzausgleich gewährten Mittel durchaus rechtens.[917] Diesem Gedanken folgend hat die Rechtsprechung den Finanzausstattungsanspruch der Gemeinden durch die Leistungsfähigkeit des Landes relativiert. Ein Anspruch auf absolute Mindestausstattung besteht daher nicht.[918] Kommunale Aufgaben würden bei knappen Finanzmitteln ansonsten gegenüber Landesaufgaben bevorzugt, wenn ihre Finanzierung im Kernbereich nicht gekürzt werden dürfte.

3. Eigene Finanzierungsquellen der Gemeinden:
Die Finanzausstattung der Gemeinden wird nicht nur über Zuweisungen des Landes gebildet, sondern auch durch lokale Abgaben, z. B. aus ortsbezogenen Realsteuern.[919] Der Finanzausstattungsanspruch stellt folglich keinen Anspruch auf vollständige Bedarfsdeckung dar, weil die Gemeinden im Rahmen des Selbstverwaltungsrechts auch für eigene Deckungsmittel sorgen müssen.[920] Eine Einstandspflicht für sämtliche kommunale Schulden ist damit nicht vereinbar.

4. Messproblem bezüglich des individuellen Finanzbedarfs einer Gemeinde:
Da die finanzielle Mindestausstattung zur Absicherung des Aufgabenkernbe-

---

[911] Vgl. BVERFG vom 27.11.1978, NJW 1979, 413.
[912] Vgl. HOFFMANN (2012), S. 203.
[913] Vgl. VERFGH NRW vom 19.07.2011, DVBl 2011, 1155 (1157), sowie WOLF-HEGERBEKERMEIER (2015), S. 231.
[914] Vgl. HOFFMANN (2012), S. 203, A. FABER (2005), S. 942.
[915] Vgl. Art. 106 Abs. 3 S. 4 GG.
[916] Vgl. BRAND (2014), S. 103 f.
[917] Vgl. BRAND (2014), S. 107.
[918] Vgl. VERFGH NRW vom 19.07.2011, DVBl 2011, 1155 (1155), VERFGH NRW vom 06.05.2014, DVBl 2014, 918 (920).
[919] Vgl. Kapitel 2.3.
[920] Vgl. BRAND (2014), S. 107.

reichs dient, ist die Bemessungsgrundlage die daraus entstehende Aufgabenbelastung der Gemeinde.[921] Diese kann letztlich nur über Indikatoren nach dem Maßstab einer wirtschaftlich agierenden Durchschnittsgemeinde erfolgen, damit verschwenderische Handlungen nicht begünstigt werden.[922] Dies sowie die Aufgabenkomplexität der Gemeinden und die Existenz eigener Finanzmittelquellen berücksichtigend, lässt sich der *richtige* Anspruch auf Finanzausstattung nicht exakt beziffern. Eine verfassungswidrige Unterfinanzierung kann dementsprechend nur schwer nachgewiesen werden.[923]

Festzuhalten ist daher: Wenngleich die Gemeinden grundsätzlich einen Finanzausstattungsanspruch im Rahmen des Finanzausgleichs haben, führt dieser zu keiner Gewährleistungspflicht des Landes gegenüber einzelnen Gemeinden und scheitert spätestens an der konkreten Bezifferung einer Unterfinanzierung.[924] Eine Einstandspflicht des Landes für in Zahlungsnot geratene Kommunen lässt sich rechtlich nicht begründen.[925] Ansprüche gegenüber dem Bund sind im Übrigen noch weniger ersichtlich, da die Gemeinden im zweistufigen Staatsaufbau den Ländern zugeordnet sind.[926] Es existiert damit auch keine für Gläubiger rechtlich belastbare Haftungskette.[927] Stattdessen herrscht ein vollständiges Selbsthaftungsprinzip.

4.5.2 Freiwillige staatliche Hilfsprogramme

Abseits der Frage nach einer Einstandspflicht hat das Land die Möglichkeit, in Finanznot geratene Gemeinden auf freiwilliger Basis zu helfen.[928] Möglich sind solche Hilfen z. B. in Form von Sonderbedarfszuweisungen im kommunalen Finanzausgleich.[929] Alternativ können spezielle Hilfsprogramme aufgelegt werden, wie der Stärkungspakt Stadtfinanzen in NRW[930] oder der Kommunale Schutzschirm Hessen, in dessen Rahmen Teile der kommunalen Verbindlichkeiten vom Land übernommen wurden.[931] Solche Finanzhilfen beruhen nicht auf (verfassungs-) rechtlichen Pflichten, sondern liegen im Ermessen des Staates und resultieren aus

---

[921] Vgl. BRAND (2014), S. 104.
[922] Vgl. LANGE (2015), S. 458.
[923] Vgl. BRAND (2014), S. 110, CRANSHAW (2007), S. 25.
[924] Vgl. FRIELINGHAUS (2007), S. 69, NAGUSCHEWSKI (2011), S. 87. Eine solche Pflicht müsste auch mit gesteigerten Einflussnahmemöglichkeiten des Landes, z. B. in Form zulässiger Zweckmäßigkeitsüberlegungen in der Aufsichtstätigkeit, einhergehen. Diese wiederum wären nicht mit Art. 28 Abs. 2 GG vereinbar, vgl. NAGUSCHEWSKI (2011), S. 88.
[925] Vgl. HOFFMANN (2012), S. 206.
[926] Vgl. HOFFMANN (2012), S. 196.
[927] Vgl. BRAND (2014), S. 129.
[928] Vgl. BRAND (2014), S. 130.
[929] Vgl. BULL (2010), S. 345.
[930] Vgl. Kapitel 6.2.3.1.
[931] Vgl. HESSISCHES MINISTERIUM DER FINANZEN (2014), S. 10 f.

politischen und wirtschaftlichen Anreizen.⁹³² Auch freiwillige Hilfen für notleidende Gemeinden können dabei als (Teil-) Bailouts bezeichnet werden.⁹³³

Die Entscheidung bezüglich solcher Bailouts basiert auf einem Kosten-Nutzen-Kalkül der verantwortlichen Landespolitik. Auf der Kostenseite sind die finanziellen Belastungen des Landeshaushalts durch die Hilfsmaßnahmen zu berücksichtigen. Auf der Nutzenseite eines Bailouts stehen einerseits die dadurch vermiedenen politischen Kosten in Form von Wählerstimmen im Fokus.⁹³⁴ Diese werden durch Faktoren wie die Bevölkerungsgröße und die Funktion der Kommune (z. B. Landeshauptstadt, kulturelle Bedeutung etc.) beeinflusst. Gleichzeitig steht insbesondere die Sicherung der gesamtstaatlichen Bonität zur Diskussion: Auf die Länder entsteht ein Druck zur Leistung freiwilliger Hilfen, sobald die Gefahr besteht, dass Gemeinden ihren Zins- und Tilgungspflichten nicht mehr nachkommen können.⁹³⁵ Die aus einem solchen Ausfall resultierenden negativen Rückwirkungen auf die Bonität der öffentlichen Hand⁹³⁶ sind aus staatlicher Sicht unbedingt zu vermeiden.⁹³⁷ Insgesamt findet der Bailout damit in zwei Fällen statt: Kommunen können „too big to fail"⁹³⁸ sein, wenn ein unterlassener Bailout zu hohen Wählerverlusten und starken Negativeffekten auf die Bonität führt, oder „too small to fail"⁹³⁹ in Fällen, in denen die Probleme mit geringem finanziellem Aufwand bewältigt werden können, um keinen unnötigen Präzedenzfall zu schaffen.

Bailouts sind jedoch immer mit verhaltenstheoretischen Gefahren verbunden. So ist die Unterstützung notleidender Kommunen zwar eine kurzfristig leichte politische Lösung, jedoch alles andere als nachhaltig.⁹⁴⁰ Hat eine Gemeinde leichtfertig Schulden aufgenommen, die sie nicht mehr selbst bedienen kann, und entscheidet sich der Staat für einen Bailout, stellt dies einen Verstoß gegen das Selbsthaftungsprinzip dar.⁹⁴¹ Die Gemeinde hätte dann kaum Anreize zu wirtschaftlichen Handlungsweisen; die weitere Haushaltsdisziplin würde deutlich leiden.⁹⁴² Dies betrifft nicht nur die gerettete Gemeinde, sondern wirkt sich auch auf die Haushaltsmoral die übrigen Kommunen aus:⁹⁴³ Wenn sie darauf hoffen können, dass der Staat sie im Ernstfall ebenfalls unterstützt, besteht kein Bedarf, sich aus eigener Kraft aus einer prekären Lage zu befreien.⁹⁴⁴ Ganz im Gegenteil: Wenn eine Gemeinde auf Fi-

---

⁹³² Vgl. HOFFMANN (2012), S. 201, FRIELINGHAUS (2008), S. 995.
⁹³³ Vgl. BRAND (2014), S. 130.
⁹³⁴ Vgl. BLANKART, FASTEN und KLAIBER (2006), S. 568.
⁹³⁵ Vgl. FRIELINGHAUS (2007), S. 69.
⁹³⁶ Vgl. Kapitel 4.4.1.
⁹³⁷ Vgl. CRANSHAW (2007), S. 27.
⁹³⁸ BRAND (2014), S. 136.
⁹³⁹ BRAND (2014), S. 136.
⁹⁴⁰ Vgl. MENSCH (2011), S. 2.
⁹⁴¹ Vgl. BOETTCHER (2012), S. 77.
⁹⁴² Vgl. FRIELINGHAUS (2007), S. 67.
⁹⁴³ Vgl. BRÜNING (2014), S. 242.
⁹⁴⁴ Vgl. JOCHIMSEN und KONRAD (2006), S. 22, SCHWARTING (2012), S. 9.

nanzhilfen hoffen kann, ist ihre heutige Ausgabenfreude nicht mehr mit möglichen Einschränkungen in der Zukunft verbunden, sodass es zu einer Aufweichung der Budgetbeschränkung kommt.[945] Neben diesen Fehlanreizen können Finanzhilfen zu einer Aushöhlung der gemeindlichen Haushaltsautonomie führen, da Ausdruck der kommunalen Selbstverwaltung eigens erhobene Abgaben und nicht Zuweisungen bzw. Unterstützungsleistungen sind.[946] Abschließend ist zu bedenken, dass freiwillige, einzelfallbezogene Hilfen nichts an den Ursachen der finanziellen Schieflage ändern, sondern lediglich die Symptome lindern.

4.6 Notwendigkeit von Stabilisierungssystemen

Zusammenfassend kann festgehalten werden: Kennzeichnend für die kommunale Finanzsituation in NRW sind hohe Bestände an Liquiditätskrediten, unausgeglichene Haushalte und bilanzielle Überschuldungen vieler Gemeinden. Neben exogenen Ursachen wie sozioökonomischen Veränderungen sowie individuellen Fehlentscheidungen sind als Auslöser dieser Situation gravierende institutionelle Mängel im Sicherungssystem, welches den genannten Problemen eigentlich entgegensteuern soll, zu erkennen. Wenngleich darauf stützend vom Schrifttum und der Kommunalpolitik häufig gefordert, kann keine Einstandspflicht des Landes für die Schulden der Gemeinden bejaht werden, die Überlegungen zu kommunalen Stabilisierungssystemen obsolet machen würden. Obwohl das Land dennoch staatliche Finanzhilfen gewährt, geschieht dies auf freiwilliger Basis zur Sicherung der gesamtstaatlichen Bonität und der damit verbundenen günstigen Fremdfinanzierung für alle öffentlichen Einrichtungen; eine diesbezügliche Garantie auf finanzielle Sicherung besteht für die Gemeinden folglich nicht. Letztendlich bilden freiwillige Hilfen jedoch nur kurzfristige Vorteile und gehen u. U. sogar mit langfristigen Nachteilen in Form von Fehlanreizen in der Haushaltsdisziplin einher.

Bei der Überlegung, wie die kommunalen Finanzen stabilisiert werden können, scheidet ein in der Vergangenheit immer wieder praktiziertes Vorgehen mittlerweile aus: die Bereinigung öffentlicher Schulden in Form einer Geldentwertung durch Ausgabe zusätzlicher Banknoten.[947] Eine Geldmengenerhöhung eines einzelnen Staates, um damit seine Gläubiger auszuzahlen, ist in der europäischen

---

[945] Vgl. HOMBURG und RÖHRBEIN (2007), S. 10 f. Die Autoren sehen hierin auch eine Ursache der Finanzkrise, die zum Berlin-Urteil 2006 (vgl. BVERFG vom 19.10.2006, NVwZ 2007, 67) geführt hat: Zum finanziellen Missstand kam es erst nach der Bestätigung des Anspruchs auf Finanzhilfen der Länder Bremen und Saarland (vgl. BVERFG vom 27.05.1992, JZ 1992, 962). Indem das Urteil weitgehende Einstandspflichten festlegte, setzte es deutliche Signale für die übrige Länderpolitik.

[946] Vgl. FRIELINGHAUS (2007), S. 67.

[947] So geschehen z. B. immer wieder in Argentinien, vgl. JOST (2003), S. 31, oder auch in der Weimarer Republik zur Entwertung und damit Tilgung der Kriegsanleihen, vgl. KLUGE (2006), S. 50.

Währungsunion nicht mehr möglich, da die Geldpolitik nicht mehr der Kontrolle eines *einzelnen* Staates untersteht.[948] Aber selbst wenn die Bundesrepublik Deutschland ohne Rücksicht auf die anderen Mitglieder der Währungsunion eigenständig hierüber entscheiden könnte, hätte die kommunale Ebene alleine hierzu ohnehin nicht die Kompetenzen.

Es bedarf daher neuer Instrumente, um die kommunalen Finanzen dergestalt zu stabilisieren, dass die Sicherung der stetigen Aufgabenerfüllung wiederhergestellt wird. Bereits seit Jahren wird von der Rechtsprechung gefordert, den Mangel an Regelungen zum Umgang mit öffentlichen Finanzkrisen zu beseitigen, da er eine „gravierende Schwäche des geltenden Rechts"[949] darstelle. Die diesbezüglichen Verbesserungsvorschläge aus Wissenschaft und Praxis konzentrierten sich in der Vergangenheit überwiegend auf Forderungen nach einer verbesserten Finanzausstattung und Entlastungen bei den Sozialkosten.[950] In praxi fanden diese jedoch höchstens in geringem Umfang Berücksichtigung: Während der Gesetzgeber an der grundlegenden Struktur des kommunalen Finanzausgleichs in den letzten Jahren wenig geändert hat und die Rechtsprechung auf eine leistungsabhängige Handhabung der Finanzausstattungsgarantie beharrt, ist trotz vereinzelter Entlastungsprogramme des Bundes nach wie vor ein Großteil der Sozialkosten durch die Kommunen zu tragen. Folglich kann davon ausgegangen werden, dass sich hieran trotz der wiederholt ausgesprochenen Forderungen auch in Zukunft wenig ändert. Neue Instrumente zur Stabilisierung der Kommunalfinanzen sollten diese Umstände daher als gegebene Herausforderungen zugrunde legen, die es zu berücksichtigen gilt.

Bei der Entwicklung von Systemen sind entsprechend des Ziels *Stabilisierung* bzw. *Wiederherstellung der gesicherten Aufgabenerfüllung* insbesondere zwei Anforderungen an diese zu stellen:[951]

1. Die Systeme müssen einen funktionierenden Rahmen zur Beseitigung der aktuellen Finanzprobleme liefern, um die derzeit herrschenden Gefahren für die geordnete Entwicklung des sozialen und politischen Lebens zu bannen. BRAND bezeichnet dies als Forderung nach einer sog. *ex post-Effizienz*.[952]
2. Die Systeme müssen die Entstehung neuer großflächiger Finanzprobleme unterbinden, indem sie für alle Beteiligten Anreize setzen, sämtliche notwendigen Handlungen zur Vermeidung neuer Defizite und eines umfangreichen Schul-

---

[948] Vgl. JOCHIMSEN und KONRAD (2006), S. 12, KONRAD (2008), S. 162 f.
[949] Vgl. BVERFG vom 19.10.2006, NVwZ 2007, 67 (72).
[950] Vgl. Kapitel 4.4.7 und 4.5.1.
[951] Vgl. A. FABER (2005), S. 938, BLANKART und FASTEN (2009), S. 45, BRAND (2014), S. 185, 187.
[952] Vgl. BRAND (2014), S. 187.

denaufbaus zu ergreifen. Dies kann als Forderung nach einer *ex ante-Effizienz* bezeichnet werden.[953]

In den letzten Jahren wurden sowohl vom Schrifttum als auch von Praxisvertretern zunehmend Forderungen nach alternativen Lösungswegen publik, die von der etablierten Struktur der kommunalen Finanzwirtschaft - bestehend aus einer Verschuldungsautonomie auf der einen Seite und einer Privilegierung des Kommunalkredits durch die vom Staat geliehene Bonität auf der anderen Seite - abweichen. Gefordert werden also Systeme, die die Verschuldungsautonomie mit einer vollständigen Verantwortungsübernahme einer Gemeinde für die von ihr aufgebaute Verschuldung verbinden. Der Staat selbst soll sich demnach weitestgehend aus der kommunalen Finanzwirtschaft zurückziehen; eine Steuerung der Verschuldung erfolgt stattdessen ausschließlich über einen marktwirtschaftlichen Mechanismus aus dem Angebot der Fremdkapitalgeber und der Nachfrage der Gemeinde.[954]

Gleichzeitig vertritt ein großer Teil des Schrifttums und der kommunalen Praxis jedoch die Sichtweise, dass marktwirtschaftliche Elemente inkompatibel zur kommunalen Haushaltswirtschaft seien. Zur Lösung der Finanzprobleme wird daher mehr staatliche Verantwortungsübernahme verlangt.[955] Da in der vorliegenden Untersuchung nicht von einer Kostenübernahme, z. B. der Sozialbelastungen, ausgegangen werden soll, muss zusätzliche staatliche Verantwortung notwendigerweise an der Regulierung der kommunalen Haushaltswirtschaft ansetzen.

Im Folgenden werden daher zwei verschiedene Stabilisierungssysteme entwickelt, die diesen beiden gänzlich unterschiedlichen Ansätzen folgen: Das erste System setzt primär auf eine gemeindeindividuelle Verantwortung für ihre Verschuldung und damit auf eine marktgesteuerte Stabilisierung der Kommunalfinanzen, bei der der Staat lediglich die notwendigen legislatorischen Rahmenbedingungen setzt.[956] Im Alternativentwurf soll die Stabilisierung hingegen durch eine verstärkte staatliche Regulierung der kommunalen Haushaltswirtschaft erreicht werden.[957] In beiden Fällen ist die Selbstverwaltungsgarantie des Art. 28 Abs. 2 GG zu beachten, sodass kein System unzulässig in dieses Verfassungsrecht eingreifen darf.

---

[953] Vgl. BRAND (2014), S. 185.
[954] Vgl. BLANKART und FASTEN (2009), S. 43-45, ausführlich Kapitel 5.
[955] Vgl. stellvertretend U. ZIMMERMANN (2015), S. 39, SCHWARZ (2018), S. 125, BOETTCHER (2012), S. 77-79.
[956] Vgl. Kapitel 5.
[957] Vgl. Kapitel 6.

5 Stabilisierungssystem I: Entwicklung eines Vorschlags für eine kommunale Insolvenzverfahrensfähigkeit

5.1 Forderungen nach einer Insolvenzverfahrensfähigkeit der Gemeinden aus Forschung und Praxis

Unter Berücksichtigung der im bisherigen Untersuchungsverlauf identifizierten Mängel im System der Aufgabensicherung erscheint es sinnvoll, sich auch Gedanken zu Systemen zu machen, die einer anderen Steuerungslogik als politisch-rechtlichen Vorgaben folgen.[958] Ein sowohl im Schrifttum als auch der Kommunalpraxis häufig diskutierter Vorschlag ist die Erweiterung der Insolvenzordnung auf Gemeinden, damit diese am Insolvenzverfahren teilnehmen können.[959] Wie zu zeigen ist, erhoffen sich die Verfechter dadurch, dass es im Zuge eines sog. Insolvenzplanverfahrens[960] wie bei Privaten zu einer Sanierung der notleidenden Gemeinde kommen kann, wodurch auf eine ex post-Effizienz abgezielt wird. Gleichzeitig könnte eine ex ante-Effizienz herbeigeführt werden, indem durch die Insolvenzverfahrensfähigkeit der Gemeinden eine sichtbare Ausfallgefährdung der Kredite entsteht, wodurch der Kapitalmarkt[961] nicht mehr in blindem Vertrauen auf die Werthaltigkeit, sondern abhängig von der wirtschaftlichen Lage der Kommune Kredite vergibt; eine Schuldenspirale kann dadurch erst gar nicht entstehen. Entsprechende Forderungen bzw. Diskussionsanregungen aus dem Schrifttum finden sich u. a. in A. FABER (2005), PAULUS (2010) und BORCHERT (2012). Insbesondere in NAGUSCHEWSKI (2011), HOFFMANN (2012) und BRAND (2014) wurde sich in größeren Umfang im Rahmen von Dissertationsprojekten mit der Thematik auseinandergesetzt. Forderungen aus der Politik kamen u. a. in einer Kleinen Anfrage an die Bundesregierung[962] sowie zuletzt in einer Kleinen Anfrage an die Landesregierung NRW[963] auf. Auch die Presse greift das Thema vereinzelt auf.[964] Entsprechende Überlegungen werden dabei nicht immer isoliert für den kommunalen Bereich angestellt, sondern beziehen sich teilweise auch oder ausschließlich auf andere öffentliche Bereiche, z. B. die

---

[958] Vgl. BRAND (2014), S. 141, STOCKEL-VELTMANN (2010a), S. 43.
[959] Vgl. LEWINSKI (2014), S. 207.
[960] Vgl. Kapitel 5.3.9.
[961] Die Bezeichnungen Kapitalmarkt und Kreditmarkt sollen im Folgenden synonym verwendet werden.
[962] Vgl. BUNDESTAG DRUCKSACHE 15/4968 vom 25.02.2005.
[963] Vgl. LANDTAG NRW DRUCKSACHE 16/3646 vom 19.07.2013.
[964] Vgl. beispielsweise WELT vom 20.06.2016: https://www.welt.de/wirtschaft/article156387203/Darum-wuerde-vielen-Bundeslaendern-eine-Pleite-guttun.html [letzter Abruf: 11.03.2019].

Bundesländer.⁹⁶⁵ Spätestens die Staatsschuldenkrise hat dabei zu einer erneuten Anfachung der Diskussion in Bezug auf Gesamtstaaten geführt.⁹⁶⁶ Ausgangspunkt sämtlicher Diskussionen ist § 12 Abs. 1 InsO, welcher die Insolvenzverfahrens*un*fähigkeit von Bund und Ländern normiert und den Landesgesetzgebern die Entscheidung überlässt, ob sie ihre Kommunen vom Insolvenzverfahren ausschließen. Sämtliche Länder haben aktuell von diesem Wahlrecht Gebrauch gemacht, NRW beispielsweise über § 128 Abs. 2 GO NRW.⁹⁶⁷ Durch einen solchen Ausschluss sollen öffentliche Organisationen auch in finanziellen Krisenzeiten funktionsfähig bleiben, indem die Handlungskompetenzen ihrer Organe nicht durch insolvenzrechtliche Bestimmungen eingeengt werden.⁹⁶⁸ Das BVERFG hat zudem damit argumentiert, dass im Falle eines öffentlichen Bankrotts nicht die Abrechnung über die Vergangenheit, sondern die Schaffung einer Grundlage für die Zukunft im Vordergrund stehe; die von der InsO (bzw. zuvor der Konkursordnung) vorgesehenen umfassenden Eingriffsrechte der Gläubiger zur Befriedigung ihrer Forderungen seien damit nicht vereinbar.⁹⁶⁹

Die Formulierung in § 12 Abs. 1 Nr. 2 InsO zeigt jedoch, dass eine Teilnahme der Gemeinden am Insolvenzverfahren grundsätzlich denkbar und der derzeit in allen Ländern praktizierte Ausschluss kein Naturgesetz ist.⁹⁷⁰ Der Bundesgesetzgeber geht grundsätzlich von der Insolvenzverfahrensfähigkeit der Gemeinden aus, überlässt es jedoch den Ländern, diese ggf. einzuschränken.⁹⁷¹ Dass diese Einschränkungen im Lichte kommunaler Finanzprobleme nun zur Diskussion stehen, wird insbesondere mit dem in den letzten beiden Jahrzehnten vorangetriebenen

---

⁹⁶⁵ Beispielhaft zu nennen sind hier BUNDESMINISTERIUM DER FINANZEN (2005) und BUNDESMINISTERIUM FÜR WIRTSCHAFT UND ARBEIT (2005).
⁹⁶⁶ Vgl. WELT vom 03.08.2015: https://www.welt.de/wirtschaft/article144748734/So-planen-Oekonomen-die-Insolvenz-eines-Staates.html [letzter Abruf: 11.03.2019].
⁹⁶⁷ Bis zur zentralisierten Deutschen Gemeindeordnung vom 30.01.1935 (DGO) sah die damals geltende Konkursordnung ebenfalls die Möglichkeit einer Konkursverfahrenseröffnung über Gemeinden vor, solange das Landesrecht nicht etwas anderes besagte. Im Gegensatz zur heutigen Situation schlossen die meisten Länder ihre Gemeinden hiervon nicht aus, vgl. LEWINSKI (2014), S. 205. Trotz der Weltwirtschaftskrise ab 1929 und der damit verbundenen teils massiven Zahlungsschwierigkeiten der Gemeinden kam es jedoch nur selten zum Konkursverfahren, da ein Großteil der Probleme durch die Bestellung von Beauftragten des Landes bewältigt wurde, vgl. DUVE (2008), S. 286. Der prominenteste Fall eines Gemeindekonkursverfahrens stellt bis heute die sächsische Stadt Glashütte dar, über die 1929 ein Verfahren eröffnet wurde. Wenige Wochen zuvor kam es auch zu einer Verfahrenseröffnung bei der ostpreußischen Stadt Arys; diese blieb im Schrifttum aber weitestgehend unbeachtet, vgl. NAGUSCHEWSKI (2011), S. 123. 1935 wurde mit Inkrafttreten der DGO dann der Ausschluss der Gemeinden vom Konkursverfahren länderübergreifend festgelegt, vgl. § 116 Abs. 2 DGO.
⁹⁶⁸ Vgl. KATZ (2004), S. 49.
⁹⁶⁹ Vgl. BVERFG vom 14.11.1962, NJW 1963, 32 (33). Zu den Eingriffsrechten der Gläubiger vgl. Kapitel 5.3.
⁹⁷⁰ Vgl. BORCHERT (2012), S. 1.
⁹⁷¹ Vgl. NAGUSCHEWSKI (2011), S. 90.

5.1 Forderungen nach einer Insolvenzverfahrensfähigkeit der Gemeinden

Wandel öffentlicher Verwaltungen in Richtung wirtschaftlicher Dienstleistungsunternehmen begründet. Im Detail werden hierfür zum Einen die Aufgabenauslagerungen[972] sowie auf der anderen Seite die Neuerungen bezüglich des Rechnungswesens und der finanziellen Steuerung im Rahmen des NKF[973] und der vergleichbaren Reformen in anderen Ländern genannt.[974] Dieser Wandel müsse in logischer Konsequenz zu einer Einbeziehung der Gemeinden in das Insolvenzrecht führen.[975] Weiterhin erscheint das Insolvenzrecht für die Übertragung auf den öffentlichen Bereich grundsätzlich geeignet, da die Ausgangssituation bei größeren Finanzproblemen die gleiche wie in der Privatwirtschaft ist: Der zur Verteilung an alle Anspruchsberechtigten zur Verfügung stehende Betrag reicht nicht mehr aus, um einen jeden voll zu befriedigen.[976] Auslöser ist hierbei sowohl in der Privatwirtschaft als auch dem öffentlichen Sektor regelmäßig der Kredit, sodass es auf den ersten Blick richtig erscheint, keine Differenzierung zwischen privatem und öffentlichem Schuldner vorzunehmen und Letzten nicht gänzlich vom Insolvenzrecht auszunehmen.[977]

Ein erheblicher Teil der Forderungen nach einer kommunalen Insolvenzverfahrensfähigkeit stützt sich darüber hinaus auf die Existenz des Chapter 9 des United States Bankruptcy Codes vom 06.11.1978 (USBC), mit dem die USA als eines der wenigen Länder ein speziell auf seine *municipalities* abgestimmtes Insolvenzverfahren bereithält.[978] Aus dem Umstand, dass mindestens einer ausländischen Rechtsordnung ein Insolvenzverfahren für Kommunen also nicht gänzlich unbekannt ist, entstehen folglich immer wieder Überlegungen zur Übertragung dieser Regeln auf den deutschen Rechtsraum.[979]

Eine ex ante-Effizienz, die im vorliegenden Fall aus einer bonitätsabhängigen Fremdkapitalvergabe resultieren soll, kann jedoch auch möglicherweise ohne eine kommunale Insolvenzverfahrensfähigkeit erreicht werden. So wurden in der Vergangenheit immer wieder Befürchtungen geäußert, dass die Gemeinden mit individuellen, von ihrer wirtschaftlichen Situation abhängigen Kreditpreisen rechnen müssen oder sich die Banken möglicherweise sogar aus dem Geschäftsfeld des Kommunalkredites zurückziehen.[980] Hintergrund der genannten Entwicklungen sind zum einen Veränderungen in den individuellen Vergabepraktiken der letzten Jahre. So sind einige Banken aufgrund der hohen Schuldenständen der Gemeinden sowie vereinzelten Fällen kleiner, in Zahlungsschwierigkeiten geratener Kommunen da-

---
[972] Vgl. Kapitel 2.2.
[973] Vgl. Kapitel 3.2.2.
[974] Vgl. BRÜNING (2014), S. 243, MAGIN (2011), S. 202.
[975] Vgl. BAJOHR (2009), S. 185.
[976] Vgl. PAULUS (2002), S. 2.
[977] Vgl. PAULUS (2010), S. 340.
[978] Vgl. ausführlich Kapitel 5.4.
[979] Vgl. z. B. LANDTAG NRW DRUCKSACHE 16/3646 vom 19.07.2013, S. 1, BUNDESMINISTERIUM DER FINANZEN (2005), S. 20, BRAND (2014), S. 147, KODEK (2012a), S. 146.
[980] Vgl. beispielsweise S. BECKER (2013), S. 34, sowie bereits A. FABER (2005), S. 941.

zu übergegangen, freiwillige Bonitätsbeurteilungen im Vorfeld der Kreditvergabe durchzuführen und das Volumen der Kreditvergabe hieran zu knüpfen. Andere Banken setzen fixe Pro-Einwohner-Obergrenzen oder ziehen sich vollständig aus der Kommunalfinanzierung zurück.[981] Zusätzliche Verunsicherung entsteht dadurch, dass Rating-Agenturen vor einigen Jahren teilweise begonnen haben, Gemeinden zu bewerten.[982] Bei all diesen Entwicklungen handelt es sich jedoch um Einzelfälle.[983] Auf eine flächendeckende Veränderung im Vergabeverhalten deutet bisher nichts hin. Neben diesen vereinzelt zu beobachtenden Entwicklungen werden die Befürchtungen eingeschränkter und / oder bonitätsabhängiger Kreditvergaben jedoch insbesondere durch ein für den Bankensektor zentrales Regelwerk genährt: Basel III.[984] Durch dieses europäische Regulierungspaket sollen Banken als Antwort auf die Finanzmarktkrise ab 2007[985] besser vor Risiken geschützt werden.[986] Erreicht werden soll dies insbesondere durch erhöhte Eigenkapitalanforderungen.[987] Nachfolgend ist somit festzustellen, ob Basel III tatsächlich die o. g. Wirkungen entfaltet und es damit überhaupt einer kommunalen Insolvenzverfahrensfähigkeit bedarf.

5.2 Kreditmarktdisziplinierung durch Basel III

Bereits vor Basel III hatten Banken eine Kreditvergabegrenze in Höhe des 12,5-fachen ihres Eigenkapitals; diese Obergrenze stellt jedoch ein risikogewichtetes Volumen dar.[988] Kredite, denen ein hohes Risiko bescheinigt wird, beanspruchen daher mehr Anteil dieses Maximalvolumens im Vergleich zu Krediten mit geringem Risiko. Riskante Kreditvergaben müssen daher mehr Wert für die Bank in Form höherer Renditen generieren, damit sich das Geschäft für sie lohnt.[989] Da der Kommunalkredit nach § 27 Nr. 1 a) i. V. m. § 26 Nr. 2 a) SolvV ein Risikogewicht i. H. v. 0 % erhält, muss die Bank für vergebene Kommunalkredite kein Eigenkapital hinterlegen, sodass diese unbegrenzt vergeben werden können. Der Kommunalkre-

---

[981] Vgl. OP-ONLINE vom 20.08.2011: https://www.op-online.de/politik/noch-aa-sinntal-sterbfritz-1368763.html [letzter Abruf: 11.03.2019], sowie S. BECKER (2013), S. 35, REHM (2013), S. 75.
[982] Vgl. MENSCH (2011), S. 3.
[983] Vgl. DER NEUE KÄMMERER vom 19.05.2016: https://www.derneuekaemmerer.de/nachrichten/finanzmanagement/ratingagentur-sp-knoepft-sich-grossstaedte-vor-33181/ [letzter Abruf: 11.03.2019].
[984] Vgl. BANK FÜR INTERNATIONALEN ZAHLUNGSAUSGLEICH (2010) sowie für die im Dezember 2017 finalisierte Form BANK FÜR INTERNATIONALEN ZAHLUNGSAUSGLEICH (2017).
[985] Vgl. zum Krisenverlauf DEUTSCHER BUNDESTAG (2009), ausführlich ILLING (2013), S. 13-141.
[986] Vgl. S. BECKER (2013), S. 34.
[987] Vgl. D. SCHUBERT und VORLAUF (2015), S. 58.
[988] Vgl. BANK FÜR INTERNATIONALEN ZAHLUNGSAUSGLEICH (2004), S. 12.
[989] Vgl. MEISTER (2004), S. 6, JONEN und LINGNAU (2004), S. 10.

5.2 Kreditmarktdisziplinierung durch Basel III

dit wird damit dem Wettbewerb mit risikobehafteten Krediten entzogen und ist insbesondere deshalb so günstig für die Gemeinden.[990] Basel III sieht nun aber seit 2018 u. a. neben dem risikogewichteten Kreditvolumen auch eine risikounabhängige Höchstgrenze, die sog. *leverage ratio* vor: Die Aktiva der Bank - d. h. insbesondere die Forderungen aus Kreditvergaben - dürfen maximal das 33,3-fache des Eigenkapitals ausmachen.[991] Bezogen auf diese Höchstgrenze geht eine risikoarme Kreditvergabe, wie beispielsweise die an Gemeinden, genauso zu 100 % ihres Volumens ein, wie ein stark risikobehaftetes Geschäft. Wenn ein Kreditinstitut also die leverage ratio überschreitet und sich deshalb teilweise aus der Kreditvergabe zurückziehen muss, wird sie dies zuerst dort tun, wo eine geringe Rendite erwartet wird.[992] Hiervon betroffen sind insbesondere die ertragsschwachen Kommunalkredite, deren Risikolosigkeit in der leverage ratio keine Rolle spielt.[993] Wenn also nun das ertragsschwache, jedoch großvolumige Kommunalfinanzierungsgeschäft im Wettbewerb zu renditeträchtigeren Kreditopportunitäten steht, kann die Bank den Kommunalkredit an zwei Stellschrauben anpassen: Zum einen kann sie das Volumen der Kommunalkredite reduzieren, um Platz für andere Geschäfte zu machen, zum anderen kann sie deren Rendite erhöhen, indem sie die Zinsen anhebt.[994]

Neben der leverage ratio kann auch die vom Basel III-Regelwerk vorgesehene *liquidity coverage ratio* die Banken anreizen, sich teilweise aus dem Kommunalfinanzierungsgeschäft zurückzuziehen. Diese Kennzahl setzt die zu erwartenden Nettoabflüsse der nächsten 30 Tage ins Verhältnis zu den hochliquiden Aktiva der Bank, durch die diese Abflüsse vollständig gedeckt werden sollen.[995] Der Kommunalkredit, der häufig mit einer mehrjährigen Laufzeit verbunden ist,[996] fällt dementsprechend regelmäßig nicht in die Kategorie der kurzfristig in liquide Mittel umwandelbaren Aktiva einer Bank. Um die Basel III-Anforderungen zu erfüllen, wird die Bank also vermehrt auf Finanzinstrumente mit geringeren Laufzeiten setzen.[997]

Ausgehend von der Befürchtung steigender Kreditpreise und einer Verringerung des Angebots kommunaler Kredite führt Basel III laut einigen Autoren somit zu einem Wettbewerb der Gemeinden um diese Kredite.[998] Gemeinden mit stabiler Haushaltslage wären dabei eher in der Lage, die erhöhten Zinsen zu zahlen, als finanz-

---

[990] Vgl. S. BECKER (2013), S. 35, D. SCHUBERT und VORLAUF (2015), S. 57.
[991] Vgl. BANK FÜR INTERNATIONALEN ZAHLUNGSAUSGLEICH (2017), S. 140, 142.
[992] Vgl. S. BECKER (2013), S. 36.
[993] Vgl. D. SCHUBERT und VORLAUF (2015), S. 52, 58.
[994] Vgl. D. SCHUBERT und VORLAUF (2015), S. 58, REHM (2013), S. 36, BUNDESVERBAND ÖFFENTLICHER BANKEN DEUTSCHLANDS (2017), S. 34.
[995] Vgl. NORD/LB (2017), S. 3.
[996] Vgl. zu den zulässigen Laufzeiten kommunaler Liquiditätskredite Kapitel 4.4.2.
[997] Vgl. S. BECKER (2013), S. 37.
[998] Vgl. BRAND (2014), S. 45, BUNDESVERBAND ÖFFENTLICHER BANKEN DEUTSCHLANDS (2017), S. 34.

schwache Gemeinden.⁹⁹⁹ Die Banken hätten deshalb ein Interesse daran, die potenten Schuldner zu identifizieren, sodass es letzten Endes zu einer bonitätsabhängigen Kreditvergabe käme.¹⁰⁰⁰

Diese Argumentation ist allerdings nicht nachvollziehbar. Auch unter Gültigkeit der Basel III-Regeln haben die Banken wegen der Insolvenzverfahrensunfähigkeit der Gemeinden, der nach wie vor gültigen SolvV-Regelungen sowie der staatlichen Bailouts der Vergangenheit keinen Grund, an der Sicherheit ihrer Forderungen gegenüber Gemeinden zu zweifeln. Wieso es deshalb notwendig sein soll, die finanzstarken von den finanzschwachen Schuldnern zu unterscheiden, ist deshalb nicht erkenntlich. Stattdessen wird nach wie vor gelten: Wer bereit ist, den - nun erhöhten - Kreditpreis zu zahlen, dem wird der Kredit auch gewährt. Basel III führt damit möglicherweise durchaus zu einer Kreditverknappung und damit verbundenen Zinserhöhung; diese gilt jedoch für alle kommunalen Kreditnehmer und steht in keinem Zusammenhang zu einer bonitätsabhängigen Vergabe.

Selbst eine drohende Kreditverknappung sowie die damit verbundene Zinsanpassung zur Renditesteigerung dürfen jedoch bezweifelt werden. So zeigten die Basel III-Zwischenevaluationen der letzten Jahre, dass die Vorgaben von den meisten Banken auch ohne größere Anpassung ihres Vergabeverhaltens eingehalten werden können.¹⁰⁰¹ Geringe Auswirkungen von Basel III bestätigt auch eine empirische Untersuchung von D. SCHUBERT und VORLAUF, nach der sich am Vergabevolumen und der Bepreisung seit Veröffentlichung des Basel III-Rahmenwerkes in 2010 nichts signifikant geändert hat und auch die kommunalen Entscheidungsträger keine veränderte Vergabepraxis feststellen können.¹⁰⁰² Auch REHM kommt zu dem Schluss, dass ein „Ausfallrisiko (...) aufgrund des bestehenden faktischen Haftungsverbundes zwischen den staatlichen Ebenen und wegen der fehlenden Insolvenzfähigkeit nicht das Motiv und der Gegenstand eines Ratings sein [kann]"¹⁰⁰³.

Eine flächendeckende bonitätsabhängige Kreditvergabe und -bepreisung ist damit insgesamt nicht absehbar. Wenngleich einige Banken mittlerweile im Vorfeld der Kreditbewilligung die finanzielle Stabilität des Gemeindeschuldners beurteilen, führt dieses Verhalten bisher zu keinen nennenswerten Einschränkung. Auch die durch das Basel III-Regelwerk veränderten Rahmenbedingungen des Bankensektors ändern hieran nichts. Selbst wenn die leverage ratio und die liquidity coverage

---

⁹⁹⁹ Vgl. REHM (2013), S. 75, D. SCHUBERT und VORLAUF (2015), S. 58.
¹⁰⁰⁰ Vgl. BRAND (2014), S. 45, BUNDESVERBAND ÖFFENTLICHER BANKEN DEUTSCHLANDS (2017), S. 34, 40, KRUSE und STRAUB (2018), S. 86.
¹⁰⁰¹ Beispielhaft kann hier die 2013er-Evaluation angeführt werden, nach der bereits über 76 % der untersuchten Banken die erst Jahre später greifenden Vorgaben zur leverage ratio einhalten und die Anforderungen der liquidity coverage ratio ebenfalls bereits von 68 % erfüllt werden, vgl. BANK FÜR INTERNATIONALEN ZAHLUNGSAUSGLEICH (2013), S. 16, 19 f.
¹⁰⁰² Vgl. D. SCHUBERT und VORLAUF (2015), S. 60.
¹⁰⁰³ REHM (2013), S. 78.

ratio zu einer Begrenzung des Kreditvolumens und einer Zinserhöhung zwecks Renditesteigerung führen, ist hiervon jede Gemeinde gleichermaßen betroffen. Ohne eine Insolvenzverfahrensfähigkeit und damit verbundene spürbare Ausfallgefährdung der Kredite besteht jedoch nach wie vor kein expliziter Bedarf nach einer bonitätsabhängigen Kreditvergabe.

Die Steuerung der Verschuldung durch den Kapitalmarkt bleibt im Ergebnis also weiterhin unterdrückt. Unabhängig davon hätte Basel III die zuvor an die Stabilisierungssysteme gestellte Anforderung der ex post-Effizienz nicht erfüllen können, da veränderte Kreditvergaberegeln keinesfalls zu einer Bereinigung der bestehenden Kommunalverschuldung führen können. Im Folgenden sind daher wieder die Forderungen nach der Einführung eines Insolvenzverfahrens für Gemeinden aufzugreifen. Um eine kommunale Insolvenzverfahrensfähigkeit fundiert beurteilen zu können, werden zuerst die grundlegenden Strukturen des deutschen Insolvenzrechts erarbeitet. Darauf aufbauend können anschließend notwendige Anpassungen für das Verfahrenssubjekt *Kommune* untersucht werden. Hierbei soll insbesondere das US-amerikanische Chapter 9-Verfahren des USBC als potentieller Ideengeber Berücksichtigung finden, da sich eine Vielzahl der Forderungen nach einer Insolvenzverfahrensfähigkeit deutscher Kommunen auf dessen Existenz stützt.[1004]

5.3 Das Insolvenzverfahren nach der InsO im Überblick

5.3.1 Ziele

Kommt ein Schuldner seinen Zahlungsverpflichtungen gegenüber den Gläubigern nicht nach, können diese rechtliche Schritte in Form von Zwangsvollstreckungen einleiten, um ihre Forderungen durch die Inbesitznahme von Vermögensgegenständen des Schuldners zu befriedigen.[1005] Derjenige Gläubiger, der zuerst vollstreckt, hat dabei einen Vorteil gegenüber den anderen Gläubigern, da zu einem späteren Zeitpunkt möglicherweise kein Vermögen des Schuldners mehr vorhanden ist, in das vollstreckt werden kann.[1006] Um alle Gläubiger gleich zu behandeln und einen solchen Wettlauf zu verhindern, bedarf es daher eines speziell geregelten Verfahrens.[1007] Dieser Aufgabe nimmt sich das Insolvenzrecht an: Nach § 1 S. 1 InsO ist das oberste Ziel des Insolvenzverfahrens die gemeinschaftliche Befriedigung aller Gläubiger. Das Insolvenzrecht ist damit Vollstreckungsrecht eigener Art.[1008] Durch die Ausschaltung eines Vollstreckungswettlaufs wird zudem vermieden, dass durch eine stückweise Inbesitznahme der schuldnerischen Vermögensgegenstände Werte

---
[1004] Vgl. Kapitel 5.1.
[1005] Vgl. §§ 704 ff. ZPO.
[1006] Vgl. FOERSTE (2018), Rn. 4.
[1007] Vgl. KRAMER und PETER (2014), S. 15.
[1008] Vgl. FREGE, U. KELLER und RIEDEL (2015), Rn. 10.

vernichtet werden, die durch eine mögliche gemeinsame Veräußerung entstehen könnten.[1009] Die gemeinschaftliche Gläubigerbefriedigung erfolgt damit regelmäßig durch Liquidation des Schuldnervermögens und Verteilung des hieraus entstehenden Erlöses auf die Gläubiger.[1010] Diese Vorgehensweise wird als Regelverfahren bezeichnet.[1011] Es dient dazu, neben dem Schutz der Gläubiger mittels Haftungsverwirklichung unrentable Akteure vom Markt auszuschließen.[1012] Hiervon kann allerdings durch die Aufstellung eines Insolvenzplans[1013] abgewichen werden, der andere Regelungen zur Gläubigerbefriedigung erhält und insbesondere auf den Erhalt des Schuldnerunternehmens abzielt.[1014] Dies kann vordergründig durch eine Sanierung des Unternehmens geschehen, um Schulden durch zu erwirtschaftende Zahlungsüberschüsse zu tilgen.[1015] Da die Entscheidung über die vorteilhaftere Verfahrensvariante die Gläubiger treffen, steht auch beim Insolvenzplanverfahren letzten Endes die bestmögliche Befriedigung der Gläubigeransprüche an oberster Stelle.[1016]

Neben dem Ziel der gemeinschaftlichen Gläubigerbefriedigung soll das Insolvenzverfahren einem redlichen Schuldner auch die Möglichkeit geben, sich von seinen restlichen Verbindlichkeiten zu befreien.[1017] Hiervon sind jedoch nur natürliche Personen als Schuldner betroffen.[1018] Hintergrund dieser Zielerweiterung ist der Umstand, dass Gläubiger ihre Restforderungen nach Abschluss des Insolvenzverfahrens wieder geltend machen können und natürliche Personen - die im Gegensatz zu insolventen juristischen Personen nicht aufgelöst werden können - somit schlimmstenfalls lebenslang einem Zugriff der Gläubiger ausgesetzt wären.[1019] Sie sollen jedoch nach Verfahrensabschluss in den Wirtschaftsverkehr reintegriert werden.[1020]

5.3.2 Insolvenzeröffnung

Auf Antrag des Schuldners oder eines Gläubigers wird das Insolvenzeröffnungsverfahren eingeleitet.[1021] In diesem prüft das Insolvenzgericht insbesondere das Vorlie-

---

[1009] Vgl. BERK und DEMARZO (2016), S. 546.
[1010] Vgl. § 1 S. 1 Alt. 1 InsO.
[1011] Vgl. FOERSTE (2018), Rn. 13.
[1012] Vgl. MAGIN (2011), S. 229, FREGE, U. KELLER und RIEDEL (2015), Rn. 4, HESS u. a. (2014), Rn. 1.
[1013] Vgl. Kapitel 5.3.9.
[1014] Vgl. § 1 S. 1 Alt. 2 InsO.
[1015] Vgl. FOERSTE (2018), Rn. 14.
[1016] Vgl. HOFMANN (2018), Rn. 10-13, SEAGON (2014), Rn. 11, HESS u. a. (2014), Rn. 10 f.
[1017] Vgl. § 1 S. 2 InsO.
[1018] Vgl. § 286 InsO sowie PAPE (2015), § 1 Rn. 15.
[1019] Vgl. KRAMER und PETER (2014), S. 195, FOERSTE (2018), Rn. 526.
[1020] Vgl. AHRENS (2015), Rn. 5.
[1021] Vgl. § 13 Abs. 1 InsO.

5.3 Das Insolvenzverfahren nach der InsO im Überblick

gen eines Insolvenzgrundes[1022] und ob das Vermögen des Schuldners zur Deckung der Verfahrenskosten ausreicht.[1023] Um eine Zerschlagung des Schuldnervermögens vor der eigentlichen Eröffnung des Insolvenzverfahrens zu verhindern, kann das Gericht bereits diverse Sicherungsmaßnahmen anordnen, insbesondere Maßnahmen der Zwangsvollstreckung untersagen und einen vorläufigen Insolvenzverwalter bestellen, der die Verfügungsbefugnis über das Schuldnervermögen erhält.[1024]

Mit der Zahlungsunfähigkeit, drohenden Zahlungsunfähigkeit und der Überschuldung nach §§ 17 bis 19 InsO kennt das Insolvenzrecht drei Eröffnungsgründe für ein Verfahren, wobei Letztgenannter nur bei Schuldnern in Form einer juristischen Person einschlägig ist. Zahlungsunfähigkeit im Sinne von § 17 InsO liegt vor, wenn der Schuldner nicht in der Lage ist, seine fälligen Zahlungsverpflichtungen zu erfüllen.[1025] Als Eröffnungsgrund ist die Zahlungsunfähigkeit ökonomisch legitimiert, da bei ihrem Eintritt eine akute Gefährdung der Gläubigeransprüche vorliegt.[1026] Weist der stichtagsbezogene Finanzstatus (Gegenüberstellung von liquiden Mitteln und sämtlichen fälligen Zahlungsverpflichtungen) eine Lücke auf, ist nicht automatisch von Zahlungsunfähigkeit zu sprechen.[1027] Da Einzahlungen und Verbindlichkeitsbegründungen täglich variieren, ist bei einer lediglich vorübergehenden Zahlungsstockung nicht von Zahlungsunfähigkeit auszugehen.[1028] Es bedarf daher einer Ergänzung um einen aus den Daten des Rechnungswesens und der integrierten Vermögens-, Finanz- und Ertragsplanung abgeleiteten Finanzplan, in dem zu prüfen ist, ob die Lücke unter Berücksichtigung sämtlicher geplanter Ein- und Auszahlungen innerhalb von drei Wochen geschlossen wird.[1029] Ist dies nicht der Fall und beträgt die Lücke am Ende der drei Wochen 10 % oder mehr der am Stichtag fälligen Verbindlichkeiten, ist eine Zahlungsunfähigkeit zu bejahen.[1030] Eine Ausnahme ist zu machen, wenn mit an Sicherheit grenzender Wahrscheinlichkeit

---

[1022] Vgl. § 16 InsO. Zusätzlich werden nach § 2 InsO die Gerichtszuständigkeit, die Zulässigkeit der beantragten Verfahrensart (§ 11 InsO), die ordnungsgemäße Antragstellung (§ 13 Abs. 1 S. 1 InsO) und die Antragsberechtigung (§ 13 Abs. 1 S. 2 InsO) geprüft.
[1023] Vgl. § 26 Abs. 1 S. 1 InsO. Die Verfahrenskosten setzen sich nach § 54 InsO aus den Gerichtskosten sowie den Vergütungen und Auslagen des vorläufigen Insolvenzverwalters, des Insolvenzverwalters und der Mitglieder des Gläubigerausschusses zusammen. Wenn das Schuldnervermögen die voraussichtlichen Verfahrenskosten nicht deckt, wird der Eröffnungsantrag mangels Masse abgelehnt.
[1024] Vgl. § 21 InsO.
[1025] Vgl. § 17 Abs. 2 S. 1 InsO.
[1026] Vgl. GREIL und HERDEN (2010), S. 690.
[1027] Vgl. FREGE, U. KELLER und RIEDEL (2015), Rn. 300a, 302.
[1028] Vgl. SEAGON (2014), S. 25.
[1029] Vgl. BGH vom 24.05.2005, NJW 2005, 3062 (3063). Die unterstellte Frist wird aus der Antragsfrist des § 15a InsO abgeleitet.
[1030] Vgl. BGH vom 24.05.2005, NJW 2005, 3062 (3065 f.). Die sog. Bugwelle, also Verbindlichkeiten, die erst im Drei-Wochen-Zeitraum fällig werden, sind demnach über die geplanten Auszahlungen zu berücksichtigen.

diese Lücke in den nächsten drei bis max. sechs Monaten[1031] vollständig geschlossen wird und den Gläubigern ein Zuwarten zumutbar ist.[1032] Beträgt die Lücke am Ende des Drei-Wochen-Zeitraums hingegen weniger als 10 %, ist ohnehin nur von einer Zahlungsstockung auszugehen. Erst, wenn aus der weiteren Finanzplanung hervorgeht, dass die Lücke dauerhaft bestehen bleibt oder in Zukunft über 10 % steigen wird, ist die Zahlungsunfähigkeit gegeben.[1033] Sie wird zudem angenommen, wenn der Schuldner seine Zahlungen eingestellt hat.[1034] Anzeichen hierfür sind beispielsweise das Nichtbegleichen von Sozialversicherungsbeiträgen oder zurückgegebene Lastschriften.[1035] Liegt Zahlungsunfähigkeit nach § 17 InsO bei einer juristischen Person vor, haben deren Vertreter die Pflicht, einen Antrag auf Insolvenzeröffnung zu stellen.[1036] Gläubiger haben ein Antragsrecht.[1037]

Nach § 18 Abs. 2 InsO liegt drohende Zahlungsunfähigkeit vor, wenn der Schuldner voraussichtlich nicht in der Lage sein wird, die bestehenden Zahlungspflichten im Fälligkeitszeitraum zu erfüllen. Der Tatbestand des § 17 InsO wird also in die Zukunft verlagert.[1038] „Voraussichtlich" bedeutet dabei, dass die zukünftige Zahlungsunfähigkeit glaubhaft ist.[1039] Ist dies der Fall, ist von einer Gefährdung der Gläubigerbefriedigung zumindest in der Zukunft auszugehen, sodass die Verfahrenseröffnung ökonomisch gerechtfertigt ist.[1040] Die Feststellung der drohenden Zahlungsunfähigkeit bedarf daher der Aufstellung eines Finanzplans mit zukünftigen Ein- und Auszahlungen (aus bestehenden und zukünftigen Verbindlichkeiten)[1041], dessen Horizont der späteste Fälligkeitszeitpunkt der aktuellen Verbindlichkeiten ist.[1042] Antragsberechtigt (nicht -pflichtig) ist bei drohender Zahlungsunfähigkeit nur der Schuldner.[1043] Hintergrund dieser Regelung ist, dass der Eröffnungsgrund noch keine akute Gläubigergefährdung symbolisiert, sondern dazu

---

[1031] Vgl. IDW S 11, S. 7.
[1032] Vgl. BGH vom 24.05.2005, NJW 2005, 3062 (3066).
[1033] Vgl. BGH vom 12.10.2006, NZI 2007, 36 (37), IDW S 11, S. 6 f.
[1034] Vgl. § 17 Abs. 2 S. 2 InsO.
[1035] Vgl. IDW S 11, S. 7 f.
[1036] Vgl. § 15a A.s 1 S. 1 InsO.
[1037] Vgl. § 14 InsO.
[1038] Vgl. HERMANNS (2014), Rn. 40.
[1039] Hierbei ist nicht auf eine statistische Zustands-Eintrittswahrscheinlichkeit, sondern eine Hypothesenwahrscheinlichkeit abzustellen. Es müssen also mehr und gewichtigere Gründe für als gegen den zukünftigen Eintritt der Zahlungsunfähigkeit sprechen. Vgl. ausführlich mit Bezug auf den Begriff der *überwiegenden Wahrscheinlichkeit* GROSS und AMEN (2003), S. 73 f., 87 f.
[1040] Vgl. SEAGON (2014), Rn. 27.
[1041] Vgl. KRAMER und PETER (2014), S. 33, HERMANNS (2014), Rn. 40.
[1042] Vgl. SEAGON (2014), Rn. 27.
[1043] Vgl. § 18 Abs. 1 InsO.

dient, eine möglichst frühzeitige Verfahrenseröffnung mit dem Ziel gesteigerter Sanierungschancen zu ermöglichen.[1044]
Eine Überschuldung liegt nach § 19 Abs. 2 S. 1 InsO vor, wenn das Vermögen des Schuldners die bestehenden Verbindlichkeiten nicht mehr deckt und die Fortführung des Unternehmens nach den Umständen nicht überwiegend wahrscheinlich ist. Es bedarf also einer zweistufigen Prüfung.[1045] Zuerst ist eine Fortbestehensprognose aufzustellen, um die Wahrscheinlichkeit für die Fortführung des Unternehmens und damit dessen Überlebenschancen zu prüfen.[1046] Der Begriff „überwiegend wahrscheinlich" stellt dabei auf eine Hypothesenwahrscheinlichkeit ab, sodass mehr und gewichtigere Gründe für als gegen ein Fortbestehen des Unternehmens sprechen müssen, damit die Fortbestehensprognose positiv ausfällt.[1047] Ein Fortbestehen ist dabei zu bejahen, wenn dieses (glaubhaft) besser zur Gläubigerbefriedigung geeignet ist, als eine zukünftige Liquidation. Dies ist naturgemäß dann der Fall, wenn unter Berücksichtigung der Liquiditätsflüsse aus aktuellen und zukünftigen Verbindlichkeiten laut des Finanzplans Finanzmittelüberschüsse erzielt werden.[1048] Die Fortbestehensprognose ist damit eine reine Zahlungsfähigkeitsprognose, an die die gleichen Anforderungen wie an die Prognose der drohenden Zahlungsunfähigkeit zu stellen sind.[1049] Daraus folgt definitionsgemäß: Ergibt sich im Prognosezeitraum ein Finanzplandefizit, liegt einerseits drohende Zahlungsunfähigkeit (Antragsrecht des Schuldners) vor, andererseits ist aber auch die Fortbestehensprognose negativ und es ist der zweite Schritt der Überschuldungsprüfung vorzunehmen, bei dessen Bejahung gem. § 15a Abs. 1 InsO eine Antragspflicht des Schuldners entsteht.[1050] Hierzu sind sämtliche Vermögenswerte den bestehenden Verbindlichkeiten gegenüberzustellen, wobei in Folge des nicht überwiegend wahrscheinlichen Überlebens des Schuldnerunternehmens Liquidationswerte, d. h. die Preise, die bei einer einzelnen Veräußerung der Vermögensgegenstände erzielt werden könnten, zugrunde zu legen sind.[1051] Übersteigt der Wert der Schulden den der Vermögensgegenstände, liegt eine Überschuldung vor.[1052] Ökonomisch gesehen ist eine Verfahrenseröffnung nun angezeigt, da das Unternehmen als nicht überlebensfähig identifiziert wurde und die aktuelle Situation zeigt, dass bereits jetzt die Liquidation sämtlichen Vermögens nicht zur vollständigen Gläubigerbe-

---

[1044] Vgl. SEAGON (2014), Rn. 7, FOERSTE (2018), Rn. 113. § 18 InsO ermöglicht also eine Flucht in die Insolvenz, um die dortigen Vorteile - z. B. eine Untersagung der Zwangsvollstreckung - für eine Sanierung zu nutzen, vgl. KRAMER und PETER (2014), S. 33.
[1045] Vgl. SEAGON (2014), Rn. 26, KRAMER und PETER (2014), S. 36.
[1046] Vgl. HERMANNS (2014), Rn. 44, GREIL und HERDEN (2010), S. 692.
[1047] Vgl. GROSS und AMEN (2003), S. 87.
[1048] Vgl. HERMANNS (2014), Rn. 44, IDW S 11, S. 17.
[1049] Vgl. GREIL und HERDEN (2010), S. 692, IDW S 11, S. 17, 22 f.
[1050] Vgl. HERMANNS (2014), Rn. 52, IDW S 11, S. 16, 23.
[1051] Vgl. GREIL und HERDEN (2010), S. 693, HERMANNS (2014), Rn. 43, 53 f. Zum Ansatz und zur Bewertung ausgewählter Posten, vgl. MOCK (2015), Rn. 57-208.
[1052] Vgl. § 19 Abs. 2 S. 1 InsO.

friedigung reicht.[1053] In Anbetracht der durch die negative Fortbestehensprognose zu erwartenden Verschlechterung würde ein weiteres Hinauszögern des Insolvenzverfahrens nur zu einer Vernichtung weiterer Werte führen.[1054] Bei positivem Nettovermögen handelt es sich lediglich um eine drohende Überschuldung, da die negative Fortbestehensprognose eine Aufzehrung des noch bestehenden Reinvermögens signalisiert. Dies stellt jedoch keinen Insolvenzeröffnungsgrund dar, da es durch die Verknüpfung zur drohenden Zahlungsunfähigkeit auch keines gesonderten Tatbestands bedarf.[1055]

Wie häufig und mit welchem Detailierungsgrad der Schuldner das Vorliegen eines Insolvenzeröffnungsgrundes zu prüfen hat, hängt von der wirtschaftlichen Lage und dem daraus ablesbaren Krisenstadium ab.[1056] Entsprechend der Sorgfaltspflichten ordentlicher Geschäftsführer[1057] und der Antragspflichten des § 15a InsO hat sich der Schuldner stets hierüber zu informieren, um mögliche Hinweise auf eine Insolvenzgefahr zu erkennen.[1058] Informationsgrundlage hierfür bildet ein ordnungsgemäßes Finanz- und Rechnungswesen.[1059]

Liegen die Eröffnungsvoraussetzungen vor, wird das Insolvenzverfahren durch einen Eröffnungsbeschluss nach § 27 InsO eingeleitet.

5.3.3 Insolvenzverwaltung

Im Eröffnungsbeschluss wird der Insolvenzverwalter festgelegt.[1060] Es muss sich um eine für den Einzelfall geeignete, insbesondere geschäftskundige und von Gläubigern und dem Schuldner unabhängige natürliche Person handeln.[1061] Der Insolvenzverwalter führt das Insolvenzverfahren durch und hat insbesondere folgende Aufgaben:[1062]

- Sicherung und Verwaltung des Schuldnervermögens, der sog. Insolvenzmasse, vgl. § 148 InsO.

- Erstellung einer Forderungstabelle mit allen von den Gläubigern angemeldeten Forderungen, vgl. § 174 InsO.

- Verwertung der Insolvenzmasse, vgl. § 159 InsO.

[1053] Vgl. CRANSHAW (2008), S. 98.
[1054] Vgl. KRAMER und PETER (2014), S. 34.
[1055] Vgl. HERMANNS (2014), Rn. 57.
[1056] Vgl. B. RICHTER, SCHNURBUSCH und MELLER (2014), S. 2028, IDW S 11, S. 10, 16.
[1057] Vgl. z. B. § 43 Abs. 1 GmbHG, § 93 Abs. 1 AktG.
[1058] Vgl. IDW S 11, S. 3.
[1059] Vgl. IDW S 11, S. 4.
[1060] Vgl. § 27 Abs. 1 S. 1 InsO.
[1061] Vgl. § 56 Abs. 1 InsO.
[1062] Vgl. ausführlich FREGE, U. KELLER und RIEDEL (2015), Rn. 1035-1136.

5.3 Das Insolvenzverfahren nach der InsO im Überblick

- Verteilung der Veräußerungserlöse entsprechend der angemeldeten Forderungen, vgl. § 196 InsO.

Im Berichtstermin informiert der Insolvenzverwalter über die wirtschaftliche Lage des Schuldners, damit die Gläubiger über den Fortgang des Verfahrens, insbesondere sofortige Stilllegung oder mögliche Sanierung, entscheiden können.[1063] Im Prüfungstermin werden die beim Verwalter angemeldeten Forderungen geprüft,[1064] während dieser im Schlusstermin seine Schlussrechnung, d. h. die Verteilung der Veräußerungserlöse, zu erläutern hat.[1065]

In bestimmten Fällen kann es vorteilhaft sein, dem Schuldner bzw. dessen Organen die Durchführung des Insolvenzverfahrens zu überlassen, weil z. B. seine Erfahrungen und Kenntnisse über das Unternehmen oder die Branche unentbehrlich sind.[1066] Der Schuldner kann deshalb einen Antrag auf sog. Eigenverwaltung stellen; sind keine Umstände bekannt, die erwarten lassen, dass diese nachteilig für die Gläubiger ist, ist sie vom Insolvenzgericht anzuordnen.[1067] In diesem Fall wird dem Schuldner ein Sachverwalter zur Seite gestellt, der insbesondere der Überwachung des eigenverwalteten Insolvenzverfahrens dient.[1068] Der Schuldner nimmt somit die Aufgaben des Insolvenzverwalters wahr, solange die InsO dem Sachverwalter nicht bestimmte Kompetenzen zuweist, z. B. die Insolvenzanfechtung[1069] oder die Entgegennahme der Forderungsanmeldung.[1070] Der Schuldner bleibt damit u. a. verwaltungs- und verfügungsbefugt bezüglich der Insolvenzmasse,[1071] er verwertet diese[1072] und führt die Erlösverteilung an die Gläubiger durch.[1073] Der Eigenverwaltungsantrag wirkt sich im Übrigen bereits im Eröffnungsverfahren aus: Ist der Antrag nicht offensichtlich aussichtslos, soll das Insolvenzgericht vom sonst üblichen Verwaltungs- und Verfügungsverbot des Schuldners absehen und diesen lediglich unter die Kontrolle eines vorläufigen Sachverwalters stellen.[1074] Die Schuldner behält folglich auch bereits in dieser sog. vorläufigen Eigenverwaltung die weitestgehende Kontrolle über sein Unternehmen.[1075]

[1063] Vgl. § 156 InsO.
[1064] Vgl. § 176 InsO.
[1065] Vgl. § 197 InsO.
[1066] Vgl. WIENBERG (2018), Rn. 105.
[1067] Vgl. § 270 Abs. 2 InsO.
[1068] Vgl. § 274 InsO.
[1069] Vgl. § 280 InsO und Kapitel 5.3.4.
[1070] Vgl. § 270c S. 2 InsO.
[1071] Vgl. § 270 Abs. 1 InsO.
[1072] Vgl. § 282 InsO.
[1073] Vgl. § 283 Abs. 2 InsO.
[1074] Vgl. § 270a Abs. 1 InsO.
[1075] Vgl. SEAGON (2014), Rn. 77a.

5.3.4 Insolvenzmasse

Die Insolvenzmasse ist einer der zentralen Begriffe des Insolvenzrechts.[1076] Durch ihre Verwertung erfolgt zum Ende des Regelverfahrens die abschließende Befriedigung der Gläubiger.[1077] Zur Masse gehören grundsätzlich das gesamte Schuldnervermögen im Zeitpunkt der Verfahrenseröffnung sowie der sog. Neuerwerb, d. h. während des Verfahrens erlangtes Vermögen.[1078] Unpfändbares Vermögen, das nicht der Zwangsvollstreckung unterliegt, sowie gewöhnliche Hausratsgegenstände des Schuldners gehören jedoch nicht zur Masse.[1079] Spätestens mit der Verfahrenseröffnung verliert der Schuldner die Verwaltungs- und Verfügungsbefugnis über die Insolvenzmasse; diese Rechte gehen zum Schutz der Masse stattdessen auf den Insolvenzverwalter über.[1080] Der Verwalter hat dann im Rahmen des Insolvenzzwecks - der gemeinschaftlichen Gläubigerbefriedigung - hierüber zu verfügen.[1081] Zum Schutz der Insolvenzmasse sind ebenfalls spätestens ab der Verfahrenseröffnung Zwangsvollstreckungen einzelner Gläubiger verboten.[1082]

Nach der Übernahme der Masse hat der Verwalter eine Vermögensübersicht aufzustellen, in der das Vermögen bewertet und den Forderungen der Gläubiger gegenübergestellt wird.[1083] Im Anschluss an den Berichtstermin ist das Vermögen durch Einziehung der Forderungen und Veräußerung des restlichen Vermögens zu verwerten.[1084] Aus den so beschafften liquiden Mitteln sind später die Gläubiger zu befriedigen.[1085] Da sich aus dem Insolvenzzweck bestimmt, dass der Insolvenzverwalter die Vermögensgegenstände so hochpreisig wie möglich zu veräußern hat, kann er auch das Unternehmen als Ganzes verkaufen, wenn daraus höhere Erlöse als aus Einzelveräußerungen erzielt werden können.[1086] Im Rahmen eines solchen sog. Asset Deals werden sämtliche Aktiva auf einen anderen Rechtsträger übertragen und dadurch vom Unternehmen des Schuldners und dessen Verbindlichkeiten getrennt.[1087] Da ein solcher Vorgang regelmäßig den aus Synergieeffekten resultieren-

---

[1076] Vgl. KRAMER und PETER (2014), S. 44.
[1077] Vgl. § 187 InsO.
[1078] Vgl. § 35 Abs. 1 InsO.
[1079] Vgl. § 36 Abs. 1, 3 InsO.
[1080] Vgl. §§ 80 Abs. 1, 148 Abs. 1 InsO. Sofern dies nicht schädlich ist (insbesondere bei nicht verwertbaren Gegenständen oder uneinbringlichen Forderungen), kann der Insolvenzverwalter die Zugehörigkeit von Vermögen zur Masse jederzeit aufgeben, sodass das Verwaltungs- und Verfügungsrecht des Schuldners hierüber wieder auflebt, vgl. FOERSTE (2018), Rn. 170 f.
[1081] Vgl. KRAMER und PETER (2014), S. 67.
[1082] Vgl. § 89 InsO.
[1083] Vgl. § 153 InsO.
[1084] Vgl. § 159 InsO.
[1085] Vgl. SEAGON (2014), Rn. 56.
[1086] Vgl. FOERSTE (2018), Rn. 14, 426.
[1087] Vgl. HESS u. a. (2014), Rn. 99.

5.3 Das Insolvenzverfahren nach der InsO im Überblick

den unternehmensinternen Mehrwert und einen Teil der Arbeitsplätze erhält, wird von einer übertragenden Sanierung gesprochen.[1088]

Zur Sicherung oder gar Mehrung der Insolvenzmasse werden dem Insolvenzverwalter insbesondere zwei bedeutende Sonderrechte zugesprochen:

- Erfüllungswahlrecht bei schwebenden Verträgen:
  Wenn im Zeitpunkt der Eröffnung des Insolvenzverfahrens gegenseitige Verträge noch nicht erfüllt wurden, kann der Insolvenzverwalter entscheiden, ob er anstelle des Schuldners erfüllt und dies damit ebenfalls vom Vertragspartner verlangt, oder ob er die Erfüllung unterlässt.[1089] Entsprechend des InsO-Ziels der bestmöglichen Gläubigerbefriedigung wird der Verwalter eine Erfüllung nur dann wählen, wenn dies vorteilhaft für die Masse ist, und in allen anderen Fällen die Erfüllung verweigern.[1090] Entscheidet sich der Insolvenzverwalter für die Erfüllung, sind zum Schutz des Vertragspartners dessen Ansprüche keine einfachen Gläubigerverbindlichkeiten, sondern vorrangig zu bedienende Masseverbindlichkeiten[1091]

- Insolvenzanfechtung:
  Obwohl zur Masse grundsätzlich nur das Schuldnervermögen im Eröffnungszeitpunkt und der Neuerwerb zählen, erlaubt das Insolvenzrecht auch den Rückgriff auf vor der Verfahrenseröffnung vom Schuldner veräußerte bzw. verschobene Gegenstände, wenn diese Rechtshandlungen die Gläubiger benachteiligen und vom Insolvenzverwalter angefochten werden.[1092] Diese setzt voraus, dass die betreffende Rechtshandlung ursächlich für die Kürzung des Schuldnervermögens war und ein Anfechtungsgrund nach den §§ 130-137 InsO vorliegt. Beispielhaft zu nennen ist hier die vorsätzliche Gläubigerbenachteiligung nach § 133 InsO. Diese liegt vor, wenn der Schuldner in der Zeit vor oder nach dem Insolvenzantrag eine Rechtshandlung (z. B. eine Veräußerung) vorgenommen hat, mit der er eine Gläubigerbenachteiligung beabsichtigt hat, und der Anfechtungsgegner im Zeitpunkt der Handlung von diesem Vorsatz wusste. Wird der Anfechtungsklage des Insolvenzverwalters stattgegeben, ist die ursprüngliche Sache zurück zu gewähren, sodass sie der Insolvenzmasse zugutekommt.[1093]

[1088] Vgl. SEAGON (2014), Rn. 73.
[1089] Vgl. § 103 InsO.
[1090] Vgl. KRAMER und PETER (2014), S. 82.
[1091] Vgl. § 55 Abs. 1 Nr. 2 InsO und Kapitel 5.3.5.
[1092] Vgl. § 129 InsO.
[1093] Vgl. § 143 Abs. 1 InsO.

5.3.5 Gläubigerstellung

Die Gläubiger werden im Insolvenzverfahren nach verschiedenen Rechtsstellungen und Rängen unterschieden:

- Aussonderungsberechtigte Gläubiger nach §§ 47 f. InsO werden konkurrenzlos außerhalb des Insolvenzverfahrens befriedigt. Sie können aufgrund dinglicher oder persönlicher Rechte geltend machen, dass ein Vermögensgegenstand nicht zur Insolvenzmasse gehört, und die Gegenstände heraus verlangen.[1094] Betroffen hiervon sind insbesondere Gegenstände im Eigentum Dritter bzw. unter Eigentumsvorbehalt.[1095]

- Absonderungsberechtigte Gläubiger nach den §§ 49-51 InsO werden zwar im Verfahren befriedigt, haben in diesem jedoch Vorrang vor allen anderen Gläubigern. Ihr Recht basiert auf einem Anspruch auf Befriedigung aus einer Sicherheit. Absonderungsberechtigt sind daher insbesondere Pfandgläubiger oder Hypothekare, denen Rechte an Grundstücken und beweglichen Gegenständen zustehen.[1096] Es kann allerdings nicht die Herausgabe eines Gegenstandes verlangt werden, sondern lediglich die vorzugsweise Befriedigung aus der Verwertung eines bestimmten Massegegenstandes.[1097]

- Massegläubiger nach §§ 53-55 InsO sind nach den aussonderungsberechtigten Gläubigern (die einen konkreten Anspruch aus ihrem Sicherungsrecht haben) vorab, d. h. vor den Insolvenzgläubigern, aus der Insolvenzmasse zu befriedigen.[1098] Masseverbindlichkeiten sind solche, die erst nach der oder durch die Verfahrenseröffnung entstanden sind.[1099] Hierunter fallen die Verfahrenskosten[1100] sowie die sonstigen Masseverbindlichkeiten,[1101] wie z. B. Schulden, die durch Handlungen des Insolvenzverwalters begründet wurden.

- Insolvenzgläubiger nach § 38 InsO sind solche, die im Zeitpunkt der Verfahrenseröffnung berechtigte Vermögensansprüche gegen den Schuldner haben. Durch das vorrangige Begleichen der in den vorherigen Punkten genannten Verbindlichkeiten bzw. die Herausgabe von Aussonderungsgegenständen kann die sog. Teilungsmasse, die den Insolvenzgläubigern verbleibt, drastisch redu-

---

[1094] Vgl. FREGE, U. KELLER und RIEDEL (2015), Rn. 1488.
[1095] Vgl. SEAGON (2014), Rn. 46.
[1096] Vgl. FOERSTE (2018), Rn. 86.
[1097] Vgl. KRAMER und PETER (2014), S. 119.
[1098] Vgl. § 53 InsO.
[1099] Vgl. SEAGON (2014), S. 44.
[1100] Vgl. § 54 InsO.
[1101] Vgl. § 55 InsO.

ziert werden.[1102] Es kommt daher in der Regel zu einer lediglich quotalen Befriedigung.[1103]

- Die Forderungen nachrangiger Insolvenzgläubiger nach § 39 InsO werden erst befriedigt, wenn überhaupt noch ein restliches Vermögen vorhanden ist; da bereits die Insolvenzgläubiger regelmäßig nur quotal bedient werden, erhalten die nachrangigen Insolvenzgläubiger nur selten Erlös aus der Masseverwertung.[1104] Nachrangige Forderungen sind z. B. solche auf Zinsen und Säuminszuschläge auf eigentliche Insolvenzgläubigerforderungen oder Geldbußen.[1105]

Die Forderungen der Gläubiger müssen beim Insolvenzverwalter zur Forderungstabelle angemeldet werden und werden im Prüfungstermin in Rang und Betrag festgestellt, sofern weder der Insolvenzverwalter noch ein anderer Gläubiger Widerspruch gegen das Bestehen erheben oder ein Widerspruch in der Erörterung nach § 176 Abs. 2 InsO beseitigt wurde.[1106] Sämtliche zu berücksichtigenden Forderungen werden anschließend im Verteilungsverzeichnis gelistet.[1107] Nach dem Prüfungstermin kann der Insolvenzverwalter mit der Verteilung des Verwertungserlöses entsprechend der Gläubigerränge beginnen, sobald genügend liquide Mittel für Abschlagsverteilungen vorhanden sind.[1108] Sobald die Masseverwertung beendet wurde, erfolgt die Schlussverteilung, wodurch die Forderungen der Gläubiger in Höhe der Befriedigung (teil-) erlischen.[1109]

Da die Gläubiger entsprechend der Zielsetzung des Insolvenzverfahrens erheblichen Einfluss in diesem haben, bedarf es eines Plenums der Interessengemeinschaft. Dieses wird in Form der Gläubigerversammlung gebildet.[1110] Sie wird vom Insolvenzgericht einberufen und geleitet.[1111] Beschlüsse werden mit einfacher Summenmehrheit, d. h. der Mehrheit der Forderungsbeträge, gefasst,[1112] sodass einzelne Großgläubiger einen erheblichen Einfluss haben.[1113] Die Gläubigerversammlung

---

[1102] Vgl. FOERSTE (2018), Rn. 75.
[1103] Vgl. KRAMER und PETER (2014), S. 74.
[1104] Vgl. SEAGON (2014), Rn. 43.
[1105] Vgl. § 39 Abs. 1 InsO.
[1106] Vgl. §§ 174, 175 Abs. 1 InsO.
[1107] Vgl. § 188 InsO. Wird eine Forderung bestritten und eine Feststellung durch das Insolvenzgericht nach § 179 Abs. 1 InsO in die Wege geleitet, wird sie ebenfalls im Verteilungsverzeichnis berücksichtigt; bis zur endgültigen Entscheidung wird der Gläubigeranteil allerdings zurückgehalten, vgl. FOERSTE (2018), Rn. 444.
[1108] Vgl. § 187 InsO.
[1109] Vgl. § 196 InsO.
[1110] Vgl. FREGE, U. KELLER und RIEDEL (2015), Rn. 1261.
[1111] Vgl. §§ 74, 76 Abs. 1 InsO.
[1112] Vgl. § 76 Abs. 2 InsO.
[1113] Vgl. SEAGON (2014), Rn. 51. § 78 InsO dient dem Kleingläubigerschutz, indem er dem Insolvenzgericht ein Aufhebungsrecht bei Beschlüssen zuspricht, die dem gemeinschaftlichen Interesse der Gläubiger widersprechen.

bestätigt den vom Insolvenzgericht bestellten Insolvenzverwalter oder wählt einen anderen,[1114] sie entscheidet, ob das Schuldnerunternehmen sofort stillgelegt oder zum Zwecke einer möglichen Sanierung vorläufig fortgeführt wird,[1115] sie kontrolliert und entlässt im Falle von Pflichtverstößen den Insolvenzverwalter[1116] und sie hat bei bedeutenden Rechtsgeschäften, z. B. der Veräußerung ganzer Betriebsteile, einen Zustimmungsvorbehalt.[1117] Gläubigerversammlungen werden zum Berichtstermin, dem Prüfungstermin und dem Schlusstermin abgehalten.[1118]

Die Gläubigerversammlung entscheidet ebenfalls über die Einsetzung eines Gläubigerausschusses, der der Unterstützung und Überwachung des Insolvenzverwalters dient.[1119] Beschlüsse werden auch hier mit einfacher Summenmehrheit gefasst.[1120] Verglichen mit der Gläubigerversammlung ist der Gläubigerausschuss insbesondere bei Großverfahren das deutlich kleinere Gremium und genügt den Anforderungen an ein effizientes Insolvenzverfahren daher wesentlich besser.[1121]

5.3.6 Verfahrensaufhebung

Nach der Erlösverteilung gem. § 196 InsO beschließt das Insolvenzgericht die Aufhebung des Insolvenzverfahrens.[1122] Hierdurch verlieren der Insolvenzverwalter, die Gläubigerversammlung und der Gläubigerausschuss ihre Befugnisse.[1123] Infolge der Verfahrensaufhebung gilt das Vollstreckungsverbot des § 89 InsO nicht mehr fort, sodass die Gläubiger ihre im Verfahren nicht befriedigten Forderungen nun wieder unbeschränkt geltend machen können.[1124] Der Schuldner erhält gleichzeitig die volle Verwaltungs- und Verfügungsbefugnis über das nicht verwertete Vermögen zurück.[1125]

Schuldnerische Gesellschaften werden mit der Insolvenzeröffnung jedoch grundsätzlich aufgelöst.[1126] Nach Verfahrensaufhebung werden daher bisher nicht verwertete Aktiva - sofern überhaupt vorhanden - veräußert, woraufhin mangels Vermögen die Löschung der Gesellschaft von Amts wegen erfolgt.[1127] Sofern Gesellschafter

---

[1114] Vgl. § 57 InsO.
[1115] Vgl. § 157 S. 1 InsO.
[1116] Vgl. §§ 59, 79 InsO.
[1117] Vgl. § 160 InsO.
[1118] Vgl. FREGE, U. KELLER und RIEDEL (2015), Rn. 1262-1264.
[1119] Vgl. §§ 68 f. InsO.
[1120] Vgl. § 72 i. V. m. § 76 Abs. 2 InsO.
[1121] Vgl. SEAGON (2014), Rn. 50.
[1122] Vgl. § 200 Abs. 1 InsO.
[1123] Vgl. KRAMER und PETER (2014), S. 172.
[1124] Vgl. § 201 InsO.
[1125] Vgl. § 215 Abs. 2 S. 1 InsO.
[1126] Vgl. § 262 Abs. 1 Nr. 3 AktG, § 60 Abs. 1 Nr. 4 GmbHG für Kapitalgesellschaften sowie § 728 Abs. 1 S. 1 BGB, § 131 Abs. 1 Nr. 3 HGB für Personengesellschaften.
[1127] Vgl. § 394 Abs. 1 S. 2 FamFG.

nicht persönlich haften, gehen nicht befriedigte Forderungen der Gläubiger damit mangels Schuldner unter.

5.3.7 Besonderheiten der Verbraucherinsolvenz

Das Verbraucherinsolvenzverfahren umfasst gegenüber dem Regelverfahren eine Reihe von Besonderheiten, die auf die Herbeiführung einer Einigung mit den Gläubigern im Vorfeld der eigentlichen Verfahrenseröffnung abzielen. Verfahrensberechtigt sind natürliche Personen, die keine oder nur geringfügige wirtschaftlichen Tätigkeiten ausüben.[1128] Zusätzliche Voraussetzung für die Eröffnung eines Insolvenzverfahrens ist ein dem Verfahren vorhergehender gescheiterter Schuldenbereinigungsplan, mit dem der Schuldner eine außergerichtliche Einigung mit seinen Gläubigern zu erreichen versucht hat, sowie die Vorlage eines neuen Schuldenbereinigungsplans.[1129] Nach der Antragstellung ruht das Eröffnungsverfahren für längstens drei Monate, in denen mithilfe des neu vorgelegten Schuldenbereinigungsplans eine Einigung im gerichtlichen Verfahren zu erzielen versucht wird.[1130] In dieser Zeit können Sicherungsmaßnahmen zum Schutz des Schuldnervermögens angeordnet werden.[1131] Werden keine Einwendungen gegen den Plan erhoben, gilt dieser als angenommen und hat die Wirkung eines zivilrechtlichen Vergleichs; gleichzeitig gilt der Antrag auf Insolvenzverfahrenseröffnung damit als zurückgenommen.[1132] Haben Gläubiger indes Einwendungen, ersetzt das Insolvenzgericht auf Antrag eines Gläubigers oder des Schuldners deren Zustimmung, wenn mindestens der Hälfte der Gläubiger zugestimmt hat, Summenmehrheit erreicht wurde und die Einwendung erhebenden Gläubiger durch den Schuldenbereinigungsplan wirtschaftlich nicht schlechter gestellt werden als bei der Durchführung des Insolvenzverfahrens.[1133] Wird auch so keine Einigung erzielt, wird das Eröffnungsverfahren wieder aufgenommen.[1134] Für den weiteren Ablauf gelten dann die regulären Verfahrensregeln.[1135]

[1128] Vgl. § 304 InsO. Abgestellt wird hierbei auf die Gläubigerzahl und Forderungsarten.
[1129] Vgl. § 305 Abs. 1 Nr. 1, 4 InsO. Der Schuldenbereinigungsplan gilt als gescheitert, wenn ihm nicht alle Gläubiger zustimmen oder mindestens ein Gläubiger während der Verhandlungen mit der Zwangsvollstreckung beginnt, vgl. § 305a InsO.
[1130] Vgl. § 306 Abs. 1 InsO.
[1131] Vgl. § 306 Abs. 2 S. 1 i. V. m. § 21 InsO.
[1132] Vgl. § 308 Abs. 1, 2 InsO.
[1133] Vgl. § 309 InsO.
[1134] Vgl. § 311 InsO.
[1135] Vgl. § 301 Abs. 1 S. 1 InsO. Auch in der Verbraucherinsolvenz sind damit die Eigenverwaltung und das Insolvenzplan- anstelle des Regelverfahrens möglich.

5.3.8 Restschuldbefreiung

Nach der Aufhebung des Insolvenzverfahrens können die Gläubiger ihre Restforderungen erneut geltend machen.[1136] Da privat haftende natürliche Personen[1137] im Gegensatz zu Schuldnern in Form juristischer Personen nach Verfahrensabschluss fort existieren, wären sie schlimmstenfalls bis zur vollständigen Tilgung oder einer Verjährung nach 30 Jahren dem Zugriff der Gläubiger ausgesetzt.[1138] Durch eine solche nahezu lebenslange „Schuldknechtschaft"[1139] wird dem Schuldner jeglicher Anreiz genommen, nach dem Abschluss des Insolvenzverfahrens wieder am Wirtschaftsleben teilzunehmen. Zur Vermeidung der damit verbundenen menschlichen und sozialen Härte ermöglicht § 286 InsO natürlichen Personen daher eine Befreiung von ihren Restschulden nach Ablauf einer Wohlverhaltensperiode, in der sich der Schuldner als redlich zu erweisen hat.[1140] Der Schuldner hat hierzu bereits mit dem Antrag auf Insolvenzverfahrenseröffnung einen Antrag auf Restschuldbefreiung zu stellen, in dem er sich bereit erklärt, dass er pfändbare Bezüge aus Dienst- oder Arbeitsverhältnissen für die Dauer von sechs Jahren nach Verfahrenseröffnung an einen Treuhänder abtritt.[1141] Bis zum Ende der Abtretungsfrist sind Zwangsvollstreckungen durch die Gläubiger nicht möglich.[1142] Aus den abgetretenen Bezügen führt der Treuhänder einmal jährlich eine Verteilung an die Gläubiger durch.[1143] Er überwacht zudem die Obliegenheitspflichten des Schuldners während der Wohlveraltensperiode zwischen der Aufhebung des Insolvenzverfahrens und dem Ende der Abtretungsfrist. Diese Pflichten bestehen u. a. in der Ausübung einer angemessenen Erwerbstätigkeit oder der Bemühung um eine solche.[1144] Verletzt der Schuldner eine seiner Obliegenheitspflichten schuldhaft oder liegt ein gesetzlich definierter Versagensgrund vor, z. B. die unlautere Erschleichung von Krediten durch falsche Vermögensangaben, ist die Restschuldbefreiung zu versagen.[1145] In diesem Fall enden die Abtretung der Bezüge, das Zwangsvollstreckungsverbot sowie das Amt des Treuhänders.[1146] Werden die Pflichten indes erfüllt und liegen keine Versagensgründe vor, hat das Gericht nach Ablauf der Abtretungsfrist die Restschuldbefreiung zu erteilen.[1147] Auf Antrag des Schuldners ist dies bereits vor Ablauf der sechs Jahre vorzunehmen, wenn sämtliche Verfahrenskosten beglichen sind und

---

[1136] Vgl. § 201 InsO.
[1137] Betroffen sind nicht nur Verbraucher im Sinne von § 304 InsO, sondern z. B. auch Selbstständige, OHG-Gesellschafter, KG-Komplementäre usw.
[1138] Vgl. KRAMER und PETER (2014), S. 195, FOERSTE (2018), Rn. 526.
[1139] HOFFMANN (2012), S. 322.
[1140] Vgl. hierzu die erweiterte Zielsetzung des Insolvenzrechts in § 1 S. 2 InsO.
[1141] Vgl. § 287 Abs. 1, 2 InsO.
[1142] Vgl. § 294 Abs. 1 InsO.
[1143] Vgl. § 292 InsO.
[1144] Vgl. zu den Obliegenheitspflicht § 295 InsO.
[1145] Vgl. § 296 InsO. Zu den Versagensgründen vgl. §§ 290 Abs. 1, 297, 297a, 298 InsO.
[1146] Vgl. § 299 InsO.
[1147] Vgl. § 300 Abs. 1 S. 1 InsO.

- sämtliche Verbindlichkeiten bereits getilgt wurden oder
- die Gläubiger nach drei Jahren zu mindestens 35 % befriedigt werden konnten oder
- fünf Jahre nach Verfahrensaufhebung verstrichen sind.[1148]

Die Restschuldbefreiung wirkt gegen alle Gläubiger, also auch solche, die ihre Forderungen im Insolvenzverfahren nicht angemeldet haben.[1149]

5.3.9 Insolvenzplanverfahren

Bereits in § 1 InsO wird die Möglichkeit aufgezeigt, vom Regelverfahren zur Gläubigerbefriedigung abzuweichen. § 217 InsO erlaubt deshalb das Treffen hiervon abweichender Regelungen über Gläubigerbefriedigung, Masseverteilung und Schuldnerhaftung durch autonome und mit Mehrheitsbeschluss der Gläubiger zustande gekommene Vereinbarungen.[1150] Instrument für diese abweichende Organisation der Gläubigerbefriedigung ist der Insolvenzplan.[1151]

Vordergründiges Ziel dieses Rechtsinstituts ist die Erhöhung der Chancen einer Sanierung des Schuldnerunternehmens.[1152] Mit dem Planverfahren wird daher neben der Liquidation ein insolvenzspezifisches Verfahren zur Reorganisation des notleidenden Unternehmens zur Verfügung gestellt, welches eine Unternehmensfortführung nach Abschluss des Insolvenzverfahrens ermöglicht.[1153] Diese Sanierungsfunktion ist allerdings immer vor dem Hintergrund der Primäraufgabe des Insolvenzrechts, der bestmöglichen Haftungsverwirklichung, zu sehen.[1154] Die Gläubiger entscheiden sich also für die für sie vorteilhaftere Variante des Insolvenzverfahrens. Eine bessere Befriedigung durch eine Sanierung kann dabei insbesondere durch sog. Earn-Out-Regelungen erreicht werden, die eine (Teil-) Befriedigung der Gläubigeransprüche durch während oder nach dem Verfahren erzielte Überschüsse aus der fortgeführten Geschäftstätigkeit vorsehen.[1155]

Der Insolvenzplan selbst stellt das Ergebnis einer vor Gericht erzielten Einigung der Gläubigergemeinschaft und des Schuldners dar, vergleichbar eines Vertrags über die

---

[1148] Vgl. § 300 Abs. 1 S. 2 InsO.
[1149] Vgl. § 301 InsO.
[1150] Vgl. HOFMANN (2018), Rn. 3, 13.
[1151] Vgl. KRAMER und PETER (2014), S. 187.
[1152] Vgl. den Wortlaut in § 1 S. 1 Alt. 2 InsO.
[1153] Vgl. SEAGON (2014), Rn. 88.
[1154] Vgl. BUNDESTAG DRUCKSACHE 12/2443 vom 15.04.1992, S. 77, SEAGON (2014), Rn. 91, HESS u. a. (2014), Rn. 39, HOFMANN (2018), Rn. 10 f.
[1155] Vgl. GEIWITZ (2014), Rn. 71-73.

Lösung der zur Insolvenz führenden Krise.[1156] Da bei der inhaltlichen Gestaltung, z. B. über die Aufnahme der genannten Earn-Out-Regelungen, Vertragsfreiheit herrscht, sieht das Insolvenzrecht keine Detailregelungen hinsichtlich Aufbau und Inhalt eines Insolvenzplans vor.[1157] § 219 InsO gibt allerdings vor, dass der Insolvenzplan aus folgenden Bestandteilen besteht:

- Darstellender Teil:[1158] Kernstück dieses Teils ist die Darstellung der Sanierungsfähigkeit des Schuldnerunternehmens.[1159] Durch die Lektüre des darstellenden Teils sind die Gläubiger in die Lage zu versetzen, zu einer Entscheidung über die Zustimmung zum Plan zu kommen.[1160] Es sind demnach Angaben zu machen zur Krisenanalyse, zum Leitbild des sanierten Unternehmens sowie zu den bereits durchgeführten und geplanten finanzwirtschaftlichen und leistungswirtschaftlichen Sanierungsmaßnahmen, ergänzt um Planrechnungen unter Annahme der beschriebenen Maßnahmen. Dazu sollte in einer Vergleichsrechnung die voraussichtliche finanzielle Gläubigersituation bei Planannahme und bei Planablehnung - und damit Liquidation des Unternehmens im Regelverfahren - dargestellt werden.[1161]

- Gestaltender Teil:[1162] Hier wird festgelegt, wie die Rechtsstellung der Beteiligten durch den Plan geändert werden soll. Der gestaltende Teil enthält damit konkrete Vergleichsvereinbarungen hinsichtlich der Gläubigerbefriedigung - insbesondere in Form von Teilverzichten und Stundungen - und der Vermögensverwertung.[1163] Denkbar ist auch eine Veränderung von Rechtsstellungen durch Debt-Equity-Swaps, durch die Gläubigerforderungen in Anteilsrechte am Schuldnerunternehmen umgewandelt werden.[1164] Bei der Festlegung der veränderten Rechte sind Gläubigergruppen nach unterschiedlichen Rechtsstellungen zu bilden, insbesondere Gruppen für absonderungsberechtigte Gläubiger, Insolvenzgläubiger, nachrangige Insolvenzgläubiger, Anteilseigner des Schuldnerunternehmens (sofern in ihre Rechte eingegriffen wird) und Arbeitnehmer.[1165]

[1156] Vgl. PAULUS (2010), S. 340 f. Ziel des Plans muss daher nicht zwangsläufig die Sanierung und der Erhalt des Unternehmens sein; auch vom Regelverfahren abweichende Vereinbarungen zur Liquidation oder übertragenden Sanierung können Gegenstand des Plans sein, vgl. FOERSTE (2018), Rn. 477.
[1157] Vgl. IDW S 2, S. 2.
[1158] Vgl. § 220 InsO.
[1159] Vgl. GEIWITZ (2014), Rn.9.
[1160] Vgl. SEAGON (2014), Rn. 91.
[1161] Vgl. FOERSTE (2018), Rn. 478.
[1162] Vgl. § 221 InsO.
[1163] Vgl. §§ 223 f. InsO sowie WIENBERG (2018), S. 79.
[1164] Vgl. § 225a Abs. 2 InO.
[1165] Vgl. § 222 InsO.

- Anlagen:[1166] Insbesondere zum Nachweis der potentiellen Sanierbarkeit des Schuldnerunternehmens sind als Anlagen eine Vermögensübersicht sowie Ergebnis- und Finanzpläne beizufügen.

Der Insolvenzplan kann sowohl vom Schuldner als auch vom Insolvenzverwalter dem Insolvenzgericht vorgelegt werden.[1167] Im Übrigen kann die Gläubigerversammlung den Verwalter im Berichtstermin auffordern, einen Plan mit vorgegebenem Ziel (Liquidation, übertragende Sanierung oder Fortführungssanierung) auszufertigen.[1168] Nach der Vorlage eines ausgearbeiteten Plans bestätigt das Insolvenzgericht diesen, sofern keine Formfehler vorliegen oder an der Realisierbarkeit keine offensichtlichen Zweifel bestehen, und leitet ihn an alle Beteiligten weiter.[1169] In einer zusätzlichen Gläubigerversammlung in Form eines vom Insolvenzgericht festgelegten Erörterungs- und Abstimmungstermins wird der Insolvenzplan erläutert[1170] und über ihn abgestimmt.[1171] Hierbei wird in den im gestaltenden Teil gebildeten und nach ihrer Rechtsstellung differenzierten Gruppen abgestimmt.[1172] So soll sichergestellt werden, dass die Interessen von Minderheitsgläubigern nicht verletzt werden und eine Koordination in einer relativ homogenen Gruppe stattfindet.[1173] Damit der Plan angenommen wird, müssen alle Gruppen zustimmen; eine Gruppe stimmt dabei zu, wenn innerhalb dieser sowohl eine Kopf- als auch Summenmehrheit erreicht ist.[1174] Die Gruppenabstimmung stellt damit einen entscheidenden Vorteil der Sanierung im Insolvenzverfahren gegenüber der außerinsolvenzlichen Sanierung dar: Es wird nicht mehr die Zustimmung jedes einzelnen Gläubigers benötigt.[1175] Stimmt die Mehrheit, jedoch nicht die vollständige Anzahl der gebildeten Gruppen, dem Plan zu, kann die fehlende Zustimmung zudem durch das Insolvenzgericht ersetzt werden, sofern die betreffenden Gruppen durch die Planannahme nicht schlechter gestellt werden als in der Alternative und sie angemessen an dem den Gläubigern zufließenden Wert beteiligt werden (d. h. in gleichem Umfang wie andere Gläubiger ihrer Rechtsstellung).[1176] Hier greift das sog. Obstruktionsverbot: Wenn eine Gruppe, die durch den Plan nicht schlechter gestellt und angemessen am Wert beteiligt wird, nicht zustimmt, kann der Gesetz-

---

[1166] Vgl. §§ 229 f. InsO
[1167] Vgl. § 218 Abs. 1 InsO. Vgl. zur Kompaktdarstellung des Gesamtablaufs auch Abbildung 5.1.
[1168] Vgl. § 157 S. 2 i. V. m. § 218 Abs. 2 InsO. Hierzu hat der Verwalter im Berichtstermin nicht nur über die wirtschaftliche Lage des Schuldnerunternehmens aufzuklären, sondern auch die Möglichkeiten eines Insolvenzplans aufzuzeigen, vgl. § 156 Abs. 1 S. 2 InsO.
[1169] Vgl. §§ 231 f. InsO.
[1170] Der Vorlegende (Schuldner oder Insolvenzverwalter) kann den Plan direkt während dieses Termins ändern, um bessere Erfolgsaussichten zu erzielen, vgl. § 240 InsO.
[1171] Vgl. § 235 Abs. 1 InsO.
[1172] Vgl. § 243 InsO.
[1173] Vgl. BLANKART und EHMKE (2014), S. 181.
[1174] Vgl. § 244 Abs. 1 InsO.
[1175] Vgl. PAULUS (2010), S. 341.
[1176] Vgl. § 245 InsO.

geber davon ausgehen, dass die Ablehnung nur obstruktiv, also missbräuchlich, erfolgt, sodass eine Stimmersetzung gerechtfertigt ist.[1177] Das Obstruktionsverbot erleichtert die Sanierung im Insolvenzverfahren gegenüber der außerinsolvenzlichen Sanierung daher nochmals, da Missbrauchsvoten übergangen werden können.[1178] Konkreter Vergleichsmaßstab für die Frage nach der Schlechterstellung ist die Quote aus einem hypothetischen Regelverfahren mit Liquidation, zu dem es bei Planablehnung kommt.[1179] Wird der Plan insgesamt angenommen und stimmt der Schuldner zu, wird der Plan vom Insolvenzgericht bestätigt; das Insolvenzverfahren wird anschließend aufgehoben.[1180] Mit der Planbestätigung treten die im gestaltenden Teil festgehaltenen Rechtswirkungen für alle Beteiligten ein, sodass diese an die im Plan vereinbarten Regelungen gebunden sind.[1181] Die im Plan vorgesehene Gläubigerbefriedigung tritt damit an die Stelle der ursprünglichen Ansprüche, sodass dem Schuldner seine restlichen Verbindlichkeiten erlassen werden.[1182] Das Planverfahren weicht damit vom Regelverfahren ab, nach dessen Beendigung die bei der Verteilung nicht befriedigten Restforderungen der Gläubiger wieder aufleben.[1183] Abbildung 5.1 fasst den Verlauf des Insolvenzplanverfahrens nochmals zusammen.

[1177] Vgl. FOERSTE (2018), Rn. 504.
[1178] Vgl. zur Gruppenbildung unter dem Ziel einer höchstmöglichen Wahrscheinlichkeit der Insolvenzplanannahme HELLER (2010), S. 221-290.
[1179] Vgl. FREGE, U. KELLER und RIEDEL (2015), S. 1983.
[1180] Vgl. §§ 248, 258 Abs. 1 InsO.
[1181] Vgl. § 254 Abs. 1 InsO.
[1182] Vgl. § 227 InsO.
[1183] Vgl. § 201 InsO.

5.3 Das Insolvenzverfahren nach der InsO im Überblick

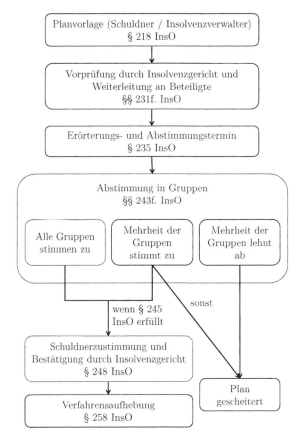

Abbildung 5.1: Ablauf des Insolvenzplanverfahrens[1184]

Im gestaltenden Teil des Insolvenzplans kann vorgesehen werden, dass der Insolvenzverwalter auch nach Verfahrensaufhebung im Amt bleibt, um die Planausführung zu überwachen und die Gläubigergemeinschaft über mögliche Leistungsrückstände zu informieren.[1185] Gerät der Schuldner in erheblichen Rückstand, leben im Rahmen des Insolvenzplans gestundete oder erlassene Forderungen wieder auf.[1186] Sieht der Insolvenzplan eine Überwachung vor, kann der Schuldner während des Planverfahrens und der Planausführung auch neue Kredite aufnehmen. Damit sich überhaupt Kreditgeber für unbesicherte Kredite finden, privi-

---
[1184] Vgl. KRAMER und PETER (2014), S. 188.
[1185] Vgl. §§ 260-262 InsO.
[1186] Vgl. § 255 InsO.

legiert § 264 Abs. 1 S. 1 InsO deren Forderungen, indem sie in einem potentiellen Folgeinsolvenzverfahren Vorrang vor den Forderungen der anderen Insolvenzgläubiger haben. Maximal werden jedoch Kredite in Höhe des Gesamtwertes des in der Vermögensübersicht gelisteten Vermögens in solcher Form bevorzugt[1187] - eine darüber hinausgehende Kreditaufnahme ist zwar möglich, mangels Vorrang aber riskant und damit unattraktiv für den potentiellen Geschäftspartner.[1188]

Seit dem ESUG hält das Insolvenzrecht die Möglichkeit eines sog. Schutzschirmverfahrens bereit, welches Anreize zur frühzeitigen Sanierung bieten soll.[1189] Dazu schafft § 270b InsO nach der Antragstellung auf Insolvenzverfahrenseröffnung einen maximal dreimonatigen Schutzschirm, innerhalb dessen der Schuldner einen Insolvenzplan aufstellen kann.[1190] Erst nach Fristablauf entscheidet das Insolvenzgericht über den Eröffnungsantrag, sodass nach dem Eröffnungsbeschluss der zuvor ausgearbeitete Plan zur Vorlage gebracht werden kann.[1191] Im Vergleich zum Verfahrensablauf ohne Schutzschirm erhält der Schuldner somit wesentlich mehr Zeit zur Aufstellung eines fundierten Sanierungsplans.[1192] Damit einem Antrag auf Einleitung eines Schutzschirmverfahrens stattgegeben wird, muss gem. § 270b Abs. 1 S. 1 InsO

1. der Schuldner einen Insolvenzantrag bei drohender Zahlungsunfähigkeit oder Überschuldung, nicht jedoch Zahlungsunfähigkeit, gestellt haben; diese Restriktion zielt darauf ab, dass die Krisensituation bei Zahlungsunfähigkeit zu akut ist und den Gläubigern ein weiteres Warten bis zur Verfahrenseröffnung kaum zugemutet werden kann,[1193]

2. die angestrebte Sanierung nicht offensichtlich aussichtslos sein; hierzu genügt das Vorliegen eines Grobkonzepts, aus dem das Ziel der Sanierung und wesentliche Maßnahmen hervorgehen,[1194]

3. der Schuldner einen Antrag auf Eigenverwaltung nach § 270 InsO gestellt haben.

Ein in Insolvenzangelegenheiten erfahrener Steuerberater, Wirtschaftsprüfer oder Rechtsanwalt muss das Vorliegen der ersten beiden Punkte bescheinigen.[1195] Bei Antragsannahme wird dem Schuldner nicht nur die 3-Monats-Frist gewährt; die Schutzschirmphase bis zur Verfahrenseröffnung ist zudem geprägt von einer vorläu-

---
[1187] Vgl. § 264 Abs. 1 S. 3 InsO.
[1188] Vgl. NAGUSCHEWSKI (2011), S. 115 f.
[1189] Vgl. LÜRKEN (2015), S. 5.
[1190] Vgl. HAAS (2015), Rn. 16.
[1191] Vgl. LÜRKEN (2015), S. 7.
[1192] Vgl. HAAS (2015), Rn. 16.
[1193] Vgl. FOERSTE (2018), Rn. 630.
[1194] Vgl. IDW S 9, S. 6.
[1195] Vgl. § 270b Abs. 1 S. 3 InsO.

figen Eigenverwaltung, die durch besondere Rechte des Schuldners erweitert wird. So kann der Schuldner den vorläufigen Sachverwalter, der ihm zur Beratung und Überwachung zur Seite gestellt wird, selbst bestimmen.[1196] Zudem hat das Insolvenzgericht auf Antrag des Schuldners Sicherungsmaßnahmen, insbesondere in Form eines Zwangsvollstreckungsverbots nach § 21 Abs. 2 S. 1 Nr. 3 InsO, anzuordnen.[1197] So kann sichergestellt werden, dass die Unternehmensfortführung während der Ausarbeitung des Insolvenzplans nicht durch Vollstreckungsmaßnahmen einzelner Gläubiger gefährdet wird.[1198] Als ein weiteres Sonderrecht wird dem Schuldner auf Antrag die Kompetenz zugesprochen, Masseverbindlichkeiten nach § 55 InsO zu begründen. Begründet wird dieses Recht damit, dass es nur so möglich ist, in der kritischen Phase das Vertrauen der Stakeholder nicht zu verlieren, welches für eine Sanierung unabdingbar ist.[1199] Dadurch bietet das Schutzschirmverfahren dem Schuldner während der Ausarbeitung des Insolvenzplans ein hohes Maß an Planungssicherheit.[1200]

5.4 Das Chapter 9-Verfahren des US Bankruptcy Code als möglicher Bezugspunkt

5.4.1 Grundlegendes und Zielsetzungen

Da ein großer Teil der Forderungen nach einem Insolvenzverfahren für Gemeinden sich auf die Existenz des Chapter 9 des USBC stützt,[1201] ist eine Analyse dieses Verfahrens in Hinblick auf dessen Eignung als Bezugspunkt eines deutschen Verfahrens geboten. Der Blick auf das amerikanische Recht drängt sich dabei nicht nur auf, weil die USA eine der wenigen Staaten sind, die ein spezifisches Kommunalinsolvenzverfahren bereitstellen, sondern auch, weil sich das deutsche Insolvenzrecht bei der Ablösung der Konkursordnung die Regelungen des US Bankruptcy Codes zum Vorbild genommen hat.[1202]

In den USA ist das kommunale Insolvenzverfahren seit 1933 gesetzlich geregelt, seit 1937 als eigenständiger Teil des Bankruptcy Acts.[1203] Auslöser der Verfahrensetablierung war die wirtschaftliche Depression ab 1929 und die damit verbundene Notwendigkeit eines geregelten Verfahrens zum Umgang mit öffentlichen Schul-

---

[1196] Vgl. § 270b Abs. 2 S. 1, 2 InsO. Das Insolvenzgericht darf vom Schuldnervorschlag nur abweichen, wenn die Person offensichtlich ungeeignet ist.
[1197] Vgl. § 270b Abs. 2 S. 3 InsO.
[1198] Vgl. DEUTSCHES INSTITUT FÜR ANGEWANDTES INSOLVENZRECHT (2012), S. 9.
[1199] Vgl. DEUTSCHES INSTITUT FÜR ANGEWANDTES INSOLVENZRECHT (2012), S. 10.
[1200] Vgl. HAAS (2015), Rn. 17.
[1201] Vgl. z. B. LANDTAG NRW DRUCKSACHE 16/3646 vom 19.07.2013, S. 1, BUNDESMINISTERIUM DER FINANZEN (2005), S. 20, 48, BRAND (2014), S. 147, KODEK (2012a), S. 146.
[1202] Vgl. HOFMANN (2018), Rn. 1, NAGUSCHEWSKI (2011), S. 85.
[1203] Vgl. WATKINS (2013), S. 91 f.

den.[1204] Mitbegründend ist auch der Umstand, dass die Fremdfinanzierung der US-Kommunen bereits seit Ende des 18. Jahrhunderts überwiegend über die Begebung von am Finanzmarkt gehandelten Anleihen - sog. municipal bonds - anstelle der Kreditaufnahme bei Banken erfolgt.[1205] Da der Großteil der Anleihegläubiger aus Bürgern besteht, die die Anleihen direkt oder über Fonds halten,[1206] ist es nahezu unmöglich, Verhandlungen mit sämtlichen Gläubigern zu führen; es bedarf daher eines geordneten Verfahrens hierfür.[1207] Das kommunale Insolvenzverfahren war jedoch nur als temporäre Lösung angedacht und sollte 1940 außer Kraft treten.[1208] In Folge diverser Verlängerungen wurde es 1946 entfristet und wird seit der Reformierung des amerikanischen Insolvenzrechts 1978 als Chapter 9 des US Bankruptcy Codes geführt.[1209] Zwischen 1937 und 2012 kam das Verfahren - wenngleich reformbedingt in unterschiedlichen Ausgestaltungen[1210] - in mehr als 600 Fällen zum Einsatz.[1211] Die prominentesten Beispiele kommunaler Insolvenzverfahren sind die von Orange County (1994) und zuletzt Detroit (2013).[1212] Bei der genannten Fallzahl handelt es sich jedoch nicht ausschließlich um Gemeinden nach deutschem Rechtsverständnis, da unter den Begriff der insolvenzverfahrensfähigen *municipalities* auch Versorgungsbetriebe, Krankenhäuser und weitere unter staatlicher Aufsicht stehende Organisationen fallen.[1213] So sind von den zwischen 2008 und 2016 gestellten 78 Fällen lediglich 15 solche sog. „general purpose local governments"[1214], also dem, was dem deutschen Rechtsverständnis von einer Gemeinde am nächsten kommt. Zu beachten ist, dass das Verfahren zwar bundesrechtlich geregelt ist, den Einzelstaaten aufgrund ihrer im zehnten Zusatzartikel der US-Verfassung geregelten Souveränität jedoch die Kompetenz zugewiesen wird, ihre

---

[1204] Vgl. CRANSHAW (2007), S. 80, DEITCH (2015), S. 2722.
[1205] Vgl. DICK (2018), S. 84, SPIOTTO (1996), S. 1 f.
[1206] Vgl. REHM (2012), S. 312.
[1207] Vgl. OLSCHINKA-RETTIG (1998), S. 216.
[1208] Vgl. KODEK (2012a), S. 152.
[1209] Vgl. HOFFMANN (2012), S. 237, NAGUSCHEWSKI (2011), S. 30. Vgl. ausführlich zur Historie FEDERAL JUDICIAL CENTER (2017), S. 4-7.
[1210] Vgl. DEITCH (2015), S. 2723 f.
[1211] Stand: 27.06.2012. Vgl. US NEWS vom 27.06.2012: https://www.usnews.com/news/busine ss/articles/2012/06/27/stockton-official-mediation-with-creditors-fails?s_cid=related-links: TOP&page=2 [letzter Abruf: 11.03.2019].
[1212] Vgl. BLANKART und EHMKE (2014), S. 181. Der jüngste Fall, die Insolvenz Puerto Ricos, die bezüglich des Schuldenniveaus sogar Detroit übertrifft, soll hier nicht dazugezählt werden, da Puerto Rico als assoziierter Staat nicht unter den USBC fällt. Vgl. hierzu auch THE NEW YORK TIMES vom 03.05.2017: https://www.nytimes.com/2017/05/03/business/dealbook/p uerto-rico-debt.html [letzter Abruf: 11.03.2019].
[1213] Vgl. § 109 (c) (1) i. V. m. § 101 (40) USBC.
[1214] FEDERAL JUDICIAL CENTER (2017), S. 2.

Gemeinden vom Verfahren auszuschließen,[1215] sodass nicht die Kommunen aller Staaten Zugang zum Verfahren haben.[1216]

Das Verfahren ähnelt in vielen Aspekten dem Insolvenzplanverfahren des Chapter 11 USBC, was sich allein aus den zahlreichen Verweisen des Chapter 9 USBC auf dieses erkennen lässt.[1217] Trotz diverser Überschneidungen zeichnet sich Chapter 9 durch eine Vielzahl von Sonderregelungen aus, die der besonderen rechtlichen Stellung des öffentlichen Schuldners Rechnung tragen.[1218] So verbietet die erwähnte einzelstaatliche Souveränität des zehnten Zusatzartikels der US-Verfassung dem Chapter 9-Verfahren Eingriffe in die inneren Angelegenheiten der Gemeinden; auch im Insolvenzverfahren muss diese daher vollständige Kontrolle über ihre eigenen Regierungsangelegenheiten behalten.[1219] Dies führt - wie im Einzelnen noch gezeigt wird - dazu, dass bei Chapter 9 USBC im Gegensatz zu Chapter 11 USBC nicht die Reorganisation des Schuldners im Vordergrund steht, sondern dessen Befreiung von der ihn beherrschenden Verschuldung unter Aufrechterhaltung der wahrgenommenen Aufgaben.[1220] Eine Verfahrensalternative in Form einer vollständigen Liquidation und Auflösung des Schuldners ist dieser Logik folgend daher ausgeschlossen.[1221] Gleichzeitig kommt es nicht zu einer Einsetzung eines Insolvenz- oder Sachverwalters; das Verfahren wird stattdessen in vollständiger Eigenverwaltung der bisherigen Verantwortlichen abgewickelt.[1222] Da die Eingriffsrechte der Gläubiger entsprechend gering ausfallen und das Verfahren auf die Entschuldung der Gemeinde abzielt, hat der Gesetzgeber die weiteren Zulässigkeitsvoraussetzungen des Verfahrens sehr strikt gestaltet, damit es nicht zu einer ständigen Schuldenbereinigung zu Lasten der Gläubiger missbraucht werden kann.[1223] Im Kern hat der Antragsteller dabei die Notwendigkeit und Ernsthaftigkeit seines Vorhabens glaubhaft zu machen.[1224] Das Verfahren soll als ultima ratio dienen, wenn alle anderen Maß-

---

[1215] Vgl. § 109 (c) (2) USBC. Hiernach erfordert der Zugang zum Verfahren eine explizite Ermächtigung im Recht des Einzelstaates.
[1216] Vgl. BARBAROSH, DINE und JOHNSON (2012), S. 20.
[1217] Vgl. § 901 (a) USBC.
[1218] Vgl. BARBAROSH, DINE und JOHNSON (2012), S. 19.
[1219] Vgl. § 904 USBC.
[1220] Vgl. HOFFMANN (2012), S. 238, NAGUSCHEWSKI (2011), S. 31.
[1221] Vgl. DICK (2018), S. 75. § 901 USBC verweist an keiner Stelle auf Chapter 7 USBC, welches das Liquidationsverfahren regelt.
[1222] § 903 (5) USBC ersetzt den Verwalter (*trustee*) im Kontext des Chapter 9-Verfahrens durch den Schuldner. Lediglich im Rahmen der Insolvenzanfechtung kann es auf Gläubigerantrag zur Einsetzung eines Verwalters kommen, wenn der Schuldner die Anfechtung verweigert, vgl. § 926 (a) USBC.
[1223] Vgl. CRANSHAW (2007), S. 81.
[1224] Vgl. § 109 (c) (5) USBC. So ist als eine von fünf Alternativvoraussetzungen beispielsweise nachzuweisen, dass die Gemeinde bereits außerhalb des Insolvenzverfahrens einen gescheiterten Einigungsversuch mit den Gläubigern unternommen hat.

nahmen zur Wiederherstellung einer funktionsfähigen Gemeindewirtschaft versagt haben.[1225]

Neben den Vorschriften des Chapter 9 USBC und den dortigen Rechtsverweisen wird das kommunale Insolvenzverfahren auch in Chapter 1 USBC geregelt, welches für sämtliche Verfahren des USBC gilt.[1226]

5.4.2 Spezifische Verfahrenseigenschaften

5.4.2.1 Insolvenzantrag

Das Chapter 9-Verfahren wird auf Antrag eingeleitet. Nach amerikanischem Recht bedarf es keines Eröffnungsbeschlusses; das Verfahren gilt stattdessen mit Eingang des Antrags bei Gericht - welches anschließend die Zulässigkeit dieses prüft - als eröffnet.[1227] Die Rechtsfolgen treten daher bereits ab dem Zeitpunkt der Antragstellung ein und werden lediglich im Falle einer später festgestellter Unzulässigkeit des Antrags wieder aufgehoben.[1228] Die Zulässigkeit selbst erfordert neben der expliziten Ermächtigung durch den Einzelstaat und der Insolvenzverfahrensfähigkeit insbesondere die Insolvenz des Schuldners.[1229] Nach dem Gesetzeswortlaut ist die Gemeinde insolvent, wenn sie ihre fälligen, unstrittigen Verbindlichkeiten nicht bezahlt oder nicht in der Lage ist, ihre fälligen Verbindlichkeiten zu bezahlen.[1230] Obwohl der Wortlaut der ersten Alternative dies offen lässt, genügt eine bloße Zahlungsverweigerung dabei nicht, da die Kommune das Insolvenzverfahren ansonsten auch bei genereller Zahlungsfähigkeit einleiten lassen könnte.[1231] Dies würde dem ultima ratio-Gedanken des Verfahrens deutlich widersprechen. Nach Sinn und Zweck des Verfahrens ist die Unfähigkeit zu zahlen daher die einzig zulässige Möglichkeit, die zur Zahlungseinstellung und damit Insolvenz führt.[1232] Eine Gemeinde ist daher insolvent, wenn die Kommune derzeitige unstreitige Verbindlichkeiten nicht begleichen kann oder - entsprechend der zweiten Alternative - Verbindlichkeiten zukünftig nicht begleichen können wird. Letzteres erfordert einen in die Zukunft gerichteten „cash flow test for insolvency"[1233], also eine prognostische

---
[1225] Vgl. BENVENUTTI u. a. (2010), S. 3.
[1226] Vgl. § 103 (f) USBC.
[1227] Vgl. § 301 (b) USBC.
[1228] Zur bedeutensten Rechtsfolge, dem sog. automatic stay, vgl. Kapitel 5.4.2.2.
[1229] Vgl. § 109 (c) (1)-(3) USBC. Daneben bedarf es nach § 109 (c) (4) USBC eines erkennbaren Willens des Schuldners zur Aufstellung eines Insolvenzplans sowie einer der Alternativvoraussetzungen des § 109 (c) (5) USBC, die im Wesentlichen eine Schrankenfunktion erfüllen, vgl. DEITCH (2015), S. 2725.
[1230] Vgl. § 101 (32) (c) USBC.
[1231] Vgl. NAGUSCHEWSKI (2011), S. 39.
[1232] Vgl. NAGUSCHEWSKI (2011), S. 39.
[1233] DICK (2018), S. 80.

Betrachtung.[1234] Der Prognosezeitraum selbst ist nicht legal definiert; regelmäßig wird jedoch das Ende des aktuellen Haushaltsjahres gewählt.[1235] Die Insolvenzvoraussetzung ähnelt damit den aus der InsO bekannten Eröffnungsgründen der Zahlungsunfähigkeit und drohenden Zahlungsunfähigkeit.[1236] Eine Überschuldung als Insolvenztatbestand ist indes nicht im Chapter 9-Verfahren vorgesehen. Dadurch wird von vornherein ausgeschlossen, dass es zu einer Bewertung des Gemeindevermögens nach Maßgabe einer Liquidation kommt, die die Gläubiger aufgrund ihres eingeschränkten Einflusses ohnehin nicht erzwingen können.[1237]

Antragsberechtigt (nicht -pflichtig) ist lediglich die Kommune.[1238] Fremdanträge von Gläubigern oder dem Staat sind dementsprechend unzulässig.[1239] Begründet werden kann diese Exklusivität mit der Notwendigkeit, jedweden Fremdeinfluss auf die Tätigkeit der Kommune auszuschließen.[1240] Die teilweise vom Staat eingesetzten Haushalts-Notfallmanager, die im weitesten Sinne den Beauftragten im Sinne von § 124 GO NRW entsprechen und die Kontrolle über die Gemeinde übernehmen,[1241] haben ebenfalls kein Antragsrecht; die Erklärung hat stattdessen durch den Stadtrat zu erfolgen.[1242]

5.4.2.2 Automatic stay

Eine erste Konsequenz der Einleitung des Insolvenzverfahrens ist der sofortige Eintritt des sog. *automatic stay*, der jegliche Handlungen der Gläubiger mit Bezug zum Schuldnervermögen untersagt.[1243] Dieser Zugriffsstillstand verbietet u. a. die Beitreibung von vor dem Antrag entstandenen Ansprüchen, das Führen von Klagen, die vor dem Antrag eingeleitet wurden, und Handlungen zur Erlangung und Durchsetzung von Sicherungsrechten.[1244] Der automatic stay erfüllt damit eine doppelte Schutzfunktion: Einerseits ermöglicht er es dem Schuldner, sich einen Überblick über seine finanzielle Lage zu verschaffen und in Ruhe einen Insolvenzplan auszuarbeiten, während seine Handlungsfähigkeit weiterhin gewährleistet ist; andererseits stellt er sicher, dass sich nicht einzelne Gläubiger auf Kosten anderer am Schuldnervermögen bedienen.[1245] Er ähnelt damit grundsätzlich den Sicherungsmaßnahmen

---

[1234] Vgl. DEITCH (2015), S. 2733.
[1235] Vgl. FEDERAL JUDICIAL CENTER (2017), S. 37.
[1236] Vgl. NAGUSCHEWSKI (2011), S. 40.
[1237] Vgl. Kapitel 5.4.2.3.
[1238] Vgl. § 301 USBC.
[1239] § 901 USBC verweist nicht auf den diesbezüglich einschlägigen § 303 USBC.
[1240] Vgl. § 904 USBC.
[1241] Vgl. WATKINS (2013), S. 99-103, COORDES (2018), S. 1266. Zum Beauftragten als Instrument der Rechtsaufsicht vgl. Kapitel 3.3.3.3.
[1242] Vgl. GEISSLER (2014), Teil 6.
[1243] Vgl. § 922 i. V. m. § 362 USBC.
[1244] Vgl. § 362 USBC.
[1245] Vgl. KEMPER (1996), S. 89 f.

der InsO, geht jedoch über diese hinaus. So umfasst das Vollstreckungsgebot beispielsweise auch die Unterbrechung von Rechtsstreitigkeiten.[1246] Zudem tritt der automatic stay entsprechend seiner Bezeichnung als unmittelbare Folge der Antragstellung kraft Gesetzes ein und bedarf im Gegensatz zu den Sicherungsmaßnahmen der InsO keiner gerichtlichen Anordnung.[1247] Der umfassende Schutz des automatic stay kann daher einen der wesentlichen Motivatoren für eine Beantragung des Chapter 9-Verfahrens darstellen.[1248]

5.4.2.3 Insolvenzmasse

Nach § 541 USBC entsteht die Insolvenzmasse mit der Antragstellung. Da Chapter 9 USBC nicht auf die §§ 541 ff. USBC verweist, erfolgt eine solche Legaldefinition des Massebegriffs für das Kommunalverfahren nicht. Eine Insolvenzmasse, die in Bezug auf eine mögliche Verwertung zur Diskussion steht, entsteht damit streng genommen nicht.[1249] Erkennbar wird dies auch dadurch, dass § 901 USBC auf keinerlei Rechtsvorschriften des Chapter 7 USBC verweist, dessen Gegenstand das Liquidationsverfahren - das amerikanische Pendant zum deutschen Regelverfahren - ist. Sofern andere anwendbare Vorschriften außerhalb des Chapter 9 USBC von der Insolvenzmasse sprechen, wird diese begrifflich durch „property of the debtor"[1250] ersetzt.

Hintergrund dieser mangelnden Abgrenzung ist die Zielsetzung des Verfahrens, nach der so wenig wie möglich in die kommunale Aufgabenwahrnehmung - und dementsprechend das dafür benötigte Vermögen - eingegriffen werden soll.[1251] In der Rechtsprechung hat sich daher bereits seit längerem die Ansicht durchgesetzt, dass potentiell verwertungsfähiges Vermögen lediglich dasjenige ist, welches mit keinerlei öffentlichen Interesse oder Gebrauch in Verbindung gebracht werden kann und ausschließlich der reinen Gewinnerzielung dient.[1252] In der Praxis fällt hierunter naturgemäß ein sehr kleiner Vermögensanteil.[1253] Im Ergebnis führt dies dazu, dass der Kommunalschuldner weitestgehend frei von gerichtlichen und von den Gläubigern möglicherweise wünschenswerten Beschränkungen seiner Vermögensbasis operieren kann.[1254]

[1246] Vgl. § 362 (a) (1) USBC.
[1247] Vgl. HOFFMANN (2012), S. 288 f.
[1248] Vgl. FRIELINGHAUS (2007), S. 193.
[1249] Vgl. JEWELER (2007), S. 7.
[1250] § 902 (1) USBC.
[1251] Vgl. § 904 (2) USBC.
[1252] Vgl. vertiefend PICKER und MCCONNELL (1993), S. 432 f.
[1253] Vgl. FRIELINGHAUS (2007), S. 183.
[1254] Vgl. NAGUSCHEWSKI (2011), S. 67.

Ohnehin spielt die gesetzliche Bestimmung eines verwertbaren Vermögensteils im Chapter 9-Verfahren nur eine untergeordnete Rolle, da der Schuldner selbst Herr des Verfahrens ist und im Plan bestimmt, welches Vermögen verwertet werden soll. Da die Liquidation als Alternative zum Insolvenzplan von vornherein ausgeschlossen ist, entfällt zudem ein möglicher Alternativenvergleich im Rahmen der Prüfung der Plangenehmigung durch das Insolvenzgericht.[1255]

5.4.2.4 Insolvenzplan

Der Insolvenzplan stellt das Herzstück des Chapter 9-Verfahrens dar.[1256] Trotz struktureller Ähnlichkeit weist er deutliche Unterschiede zum Insolvenzplan privater Schuldner nach Chapter 11 USBC auf.[1257]

Das Planinitiativrecht liegt ausschließlich bei der antragstellenden Gemeinde; die Gläubiger können keinen Plan erstellen und auch niemanden damit beauftragen.[1258] So soll bereits eine nur indirekte Kontrolle des Schuldners durch die Gläubiger vermieden werden.[1259] Gegenüber dem Chapter 11-Schuldner hat die Gemeinde zudem regelmäßig wesentlich mehr Zeit zur Planerstellung, da es keine gesetzliche Vorlagefrist gibt, sondern diese individuell vom Insolvenzgericht bestimmt wird.[1260]

Der Plan selbst kann unterschiedlichste Regelungen wie beispielsweise Vermögensverwertungen, Steuererhöhungen, Tilgungsaufschübe, Zinsänderungen oder Anleihenemissionen beinhalten.[1261] Wie im Insolvenzplan des Chapter 11 USBC oder der InsO herrscht Vertragsfreiheit, d. h., es können sämtliche Regelungen aufgenommen werden, solange sie nicht gegen geltendes Recht verstoßen.[1262] Pflichtelement des Insolvenzplans ist jedenfalls die Einteilung der Gläubiger in gleich zu behandelnde Gruppen mit vergleichbaren Rechtsansprüchen.[1263] In diesen Gruppen wird anschließend über die Annahme des von der Gemeinde vorgelegten Plans abgestimmt, wobei nur Gruppen, in deren Rechte der Plan eingreift, stimmberechtigt sind.[1264] Damit eine Gruppe zustimmt, wird eine einfache Mehrheit nach Köpfen sowie eine 2/3-Mehrheit nach Forderungsbeträgen benötigt.[1265] Zur Annahme des

---

[1255] Vgl. Kapitel 5.4.2.4.
[1256] Vgl. FRIELINGHAUS (2007), S. 189.
[1257] Vgl. BARBAROSH, DINE und JOHNSON (2012), S. 19, sowie die Gegenüberstellung von Chapter 9 und 11 USBC in FEDERAL JUDICIAL CENTER (2017), S. 83-90.
[1258] Vgl. § 941 USBC.
[1259] Vgl. CRANSHAW (2007), S. 82.
[1260] Vgl. BENVENUTTI u. a. (2010), S. 9, SPIOTTO (1996), S. 13 f.
[1261] Vgl. OLSCHINKA-RETTIG (1998), S. 214, 217.
[1262] Vgl. § 1123 (b) USBC.
[1263] Vgl. § 1123 (a) i. V. m. § 1122 USBC.
[1264] Vgl. § 1126 (a), (f) USBC.
[1265] Vgl. § 1126 (c) USBC. Hier weicht der USBC deutlich von der InsO ab, die in Bezug auf die Forderungsbeträge lediglich eine absolute Mehrheit verlangt, vgl. § 244 Abs. 1 Nr. 2 InsO.

Plans müssen sämtliche stimmberechtigte Gruppen zustimmen.[1266] Genau wie in der InsO besteht allerdings auch hier die Möglichkeit, auf Antrag der Gemeinde die fehlende Zustimmung einer oder mehrerer Gruppen durch das Insolvenzgericht zu ersetzen.[1267] Im amerikanischen Schrifttum wird hierbei vom „cram down"[1268] gesprochen. Hierfür darf der Plan (1) keine unbillige Diskriminierung einer stimmberechtigten Gruppe enthalten, muss (2) recht und billig (fair and equitable) sein und hat (3) alle weiteren Voraussetzungen für eine Bestätigung durch das Insolvenzgericht zu erfüllen.[1269] Hierzu ist auszuführen:

1. Dem Diskriminierungsverbot ist Genüge getan, wenn jede ablehnende Gruppe im Vergleich zu ähnlich gestellten Gruppen in etwa gleiche Vermögenswerte erhält und gleichartige Forderungen gleichrangig befriedigt werden.[1270]

2. Recht und billig ist der Plan insbesondere, wenn sichergestellt ist, dass nachrangige Ansprüche erst nach vollständiger Befriedigung vorrangiger Ansprüche bedient werden.[1271]

3. Bei den weiteren, auch im Fall der Zustimmung aller Gruppen geltenden Genehmigungsvoraussetzungen ist zu beachten, dass § 901 (a) USBC nur auf Teile des § 1129 (a) USBC verweist, der die Genehmigungsvoraussetzungen im Chapter 11-Verfahren regelt. § 1129 (a) (7) USBC, nach dem für die Genehmigung festzustellen ist, dass jeder Gläubiger durch den Plan mindestens so gut gestellt wird, wie bei vergleichbarer Liquidation des Schuldnervermögens, wird davon nicht erfasst. Ein solcher rechnerischer „best interest of creditors test"[1272] hat somit nicht zu erfolgen, da eine vergleichbare Liquidation bei Chapter 9 als Verfahrensalternative ohnehin nicht vorgesehen ist.[1273] An die Stelle des § 1129 (a) (7) USBC tritt der kommunalspezifische § 943 (7) USBC, nach dem der Plan „in the best interest of creditors and (...) feasible", also gläubigergerecht und durchführbar, sein muss. Hierzu hat das Gericht zu entscheiden, ob die Gläubiger durch den Plan nicht weniger erhalten, als unter den gegebenen Umständen zu erwarten wäre.[1274] Zum anderen ist festzustellen, ob Einschnitte in die Gläubigerrechte durch Steuererhöhungen u. Ä. hätten vermieden werden können und ob die Gemeinde bei Aufrechterhaltung ihres Leistungsspektrums überhaupt in der Lage sein wird, ihren im

---

[1266] Vgl. § 1126 (f), (g) USBC.
[1267] Vgl. § 943 i. V. m. § 1129 (b) USBC.
[1268] COORDES (2018), S. 1256.
[1269] Vgl. § 1129 (b) (1) USBC.
[1270] Vgl. FASSBACH (1997), S. 49.
[1271] Vgl. die Legaldefinition für *fair and equitable* in § 1129 (b) (2) USBC und BENVENUTTI u. a. (2010), S. 10.
[1272] COORDES (2018), S. 1257.
[1273] Vgl. FEDERAL JUDICIAL CENTER (2017), S. 65 f.
[1274] Vgl. PICKER und MCCONNELL (1993), S. 466.

Plan vorgesehenen Zahlungen nachzukommen.[1275] Diese Entscheidungen haben jedoch erneut unter der Maßgabe des § 904 USBC zu erfolgen, nach der das Insolvenzgericht nicht in die Regierungsangelegenheiten des Schuldners und dessen Vermögen eingreifen darf. Zudem gereicht es der Gemeinde zum Vorteil, dass es in der Chapter 9-Variante des best interest-Tests keinen festen Mindeststandard zu erfüllen gibt (wie beim rechnerischen best interest-Test und dem dortigen Vergleich mit dem hypothetischen Liquidationswert) und dieser daher im Ermessen des Gerichts steht.[1276] Der best interest-Test des Chapter 11 stellt damit das wesentlich strengere Kriterium dar.[1277]

Die Bestätigung des Insolvenzplans bindet alle Beteiligten an dessen Bestimmungen.[1278] Zugleich tritt die *discharge* ein, d. h. der Erlass sämtlicher nicht explizit vom Plan ausgenommener Verbindlichkeiten der Gemeinde.[1279] Die discharge im Chapter 9-Verfahren wird durch eine parallele Interessenlage der Gemeinde bzw. Gemeindebürger zu derjenigen einer insolventen Privatperson, die eine Restschuldbefreiung im Chapter 13 USBC erreichen kann, begründet: So wie Letztgenannte ihre Produktivität einbüßen würde, wenn sie auch nach Abschluss des Insolvenzverfahrens eine fortbestehende Leistungspflicht gegenüber den Gläubigern hätte, so würde auch bei den Gemeindebürgern die politische und soziale Unzufriedenheit stetig wachsen, wenn die geleisteten Abgaben nicht mehr für den Erhalt und Ausbau des Gemeinwesens, sondern zur Befriedigung der Gläubiger verwendet würde.[1280]

Mit der Planbestätigung endet der automatic stay.[1281] Eine Rückübertragung der Verfügungs- und Verwaltungsbefugnis auf den Schuldner ist nicht nötig, da im Chapter 9-Verfahren von Beginn an eine Eigenverwaltung erfolgt.[1282]

5.4.3 Auswirkungen

Durch die Existenz eines spezifischen Insolvenzverfahrens, an dessen Ende möglicherweise ein Verbindlichkeitenerlass steht, entsteht für die Gläubiger der Gemeinde die Gefahr eines zumindest partiellen Forderungsausfalls. In der Gesamtschau der vergangenen Chapter 9-Verfahren schwanken die Ausfallquoten stark: Teils werden die Gläubiger mit Quoten deutlich über 50 % befriedigt, teils liegen diese aber

---

[1275] Vgl. BENVENUTTI u. a. (2010), S. 10, FEDERAL JUDICIAL CENTER (2017), S. 66.
[1276] Vgl. NAGUSCHEWSKI (2011), S. 78.
[1277] Vgl. NAGUSCHEWSKI (2011), S. 143.
[1278] Vgl. § 944 (a) USBC.
[1279] Vgl. § 944 (b), (c) USBC.
[1280] Vgl. PICKER und MCCONNELL (1993), S. 470.
[1281] Vgl. § 362 (c) (2) BC.
[1282] Vgl. NAGUSCHEWSKI (2011), S. 80.

auch im einstelligen Bereich.¹²⁸³ Im bis dato größten Verfahren, dem der Stadt Detroit, welches am 18.07.2013 eröffnet und nach rund 17 Monaten am 10.12.2014 abgeschlossen wurde, sah der genehmigte Plan einen Erlass i. H. v. ca. 7 Milliarden der ursprünglichen 18 Milliarden Dollar Schulden vor.¹²⁸⁴ Die mit Abstand größten Einschnitte wurden dabei bei den Pensionen, insbesondere den dort inbegriffenen gesundheitlichen Versorgungsleistungen, vorgenommen.¹²⁸⁵

Beim Erwerb der grundsätzlich ausfallgefährdeten Anleihen haben die Gläubiger folglich ein Interesse daran, das Ausfallrisiko einzuschätzen. Da insbesondere für Bürger, die einen Großteil der Anleihegläubiger bilden, die Informationskosten hoch sind, greifen sie hinsichtlich der Risikoeinschätzung auf kommunale Ratings zurück.¹²⁸⁶ Es wird somit dem Kapitalmarkt überlassen, die Bonität öffentlicher Schuldner und eine daraus resultierende Risikoprämie (als Aufschlag auf den Zinssatz einer vergleichbaren risikofreien Anlage) zu ermitteln.¹²⁸⁷ Die Ergebnisse des Ratings haben also unmittelbaren Einfluss auf die Anleihezinsen, die die potentiellen Erwerber verlangen. Aus Sicht der Gemeinde bedeutet dies: je besser das Rating, desto niedriger die Fremdkapitalkosten bzw. besteht überhaupt der Zugang zu Fremdkapital.¹²⁸⁸ So dürften sich bei einer sehr hohen Ausfallwahrscheinlichkeit auch bei hohen Zinsen nur wenige Anleiheerwerber finden. Insolvente Städte wie Detroit haben nach Abschluss des Insolvenzverfahrens und den damit verbundenen Forderungsausfällen und Vertrauensverlusten der Anleihegläubiger daher kaum Chancen, ohne staatliche Bürgschaften neues Fremdkapital aufzunehmen.¹²⁸⁹ Neben Aspekten wie der Verwaltungsführung und der sozioökonomischen Struktur vor Ort hat damit insbesondere die Rückzahlungsbereitschaft der Gemeinde für ihre Schulden große Auswirkungen auf das Rating.¹²⁹⁰ So führen bereits Verschlechterungen der Haushaltslage zu einer Herabstufung des Ratings, da bei sich abzeichnendem Abwärtstrend mit einem Antrag auf Einleitung des Insolvenzverfahrens gerechnet werden muss.¹²⁹¹ Spätestens, wenn dieser tatsächlich gestellt wird, kommt es aufgrund der erhöhten Wahrscheinlichkeit eines Forderungsausfalls zu einer starken Herabstufung.¹²⁹²

[1283] Vgl. KODEK (2012a), S. 159.
[1284] Vgl. FORBES vom 24.04.2016: https://www.forbes.com/sites/petesaunders1/2016/04/24/detroit-after-bankruptcy [letzter Abruf: 11.03.2019].
[1285] Vgl. DETROIT FREE PRESS vom 22.01.2015: https://eu.freep.com/story/news/local/detroit-bankruptcy/2014/11/09/detroit-bankruptcy-rosen-orr-snyder/18724267 [letzter Abruf: 11.03.2019].
[1286] Vgl. REHM (2012), S. 310, 312.
[1287] Vgl. BRAND (2014), S. 148.
[1288] Vgl. BÖSCH (2016), S. 245, WATKINS (2013), S. 96.
[1289] Vgl. GEISSLER (2014), Teil 10.
[1290] Vgl. SPIOTTO (1996), S. 4-7.
[1291] Vgl. HOFFMANN (2012), S. 247.
[1292] Vgl. BENVENUTTI u. a. (2010), S. 11.

5.4 Das Chapter 9-Verfahren des US Bankruptcy Code als möglicher Bezugspunkt

Die Insolvenzverfahrensfähigkeit i. V. m. einem Rating liefert den kommunalen Entscheidungsträgern folglich einen Anreiz, bereits präventiv tätig zu werden, um sich verschlechternde Haushaltslagen, eine dadurch bedingte Rating-Herabstufung und somit höhere Fremdkapitalzinsen oder gar eine Beschränkung des Fremdkapitalzugriffs zu vermeiden.[1293] Insolvenzverfahren und Rating werden damit zu Krisenvermeidungsinstrumenten. Neben dem Druck, den der Kapitalmarkt auf die Entscheidungsträger ausübt, entfaltet die Insolvenzverfahrensfähigkeit auch in politischer Hinsicht präventive Wirkung: Der Insolvenzplan geht trotz eingeschränkter Einflussmöglichkeiten der Gläubiger und des Insolvenzgerichts regelmäßig mit Abgabenerhöhungen und Leistungseinschnitten einher, damit der Plan als gläubigergerecht und durchführbar im Sinne von § 943 (7) USBC bewertet und genehmigt werden kann.[1294] Um dies zu vermeiden, werden die Bürger über ihr Wahlrecht Verantwortliche bestimmen, die ihre Abgaben möglichst wirtschaftlich einsetzen.[1295] Die bloße Existenz des Chapter 9 USBC erzeugt damit politischen Druck für eine nachhaltige Haushaltswirtschaft.[1296] Daneben entfaltet ein System, in dem es als ultima ratio zu einem Erlass kommunaler Schulden kommen kann, präventives Potential im Verhältnis zwischen Gemeinden und dem jeweiligen Staat: Da eine Kommunalinsolvenz und damit verbundene Forderungausfälle das Vertrauen in die Werthaltigkeit öffentlicher Anleihen im Allgemeinen negativ beeinflussen,[1297] hat der Staat ein Interesse daran, Chapter 9-Verfahren soweit wie möglich zu vermeiden. Nur so kann die öffentliche Finanzierung im Gesamten günstig gehalten werden. Im Falle von Haushaltsnotlagen hat der Staat folglich einen hohen Anreiz, freiwillige Hilfen zu leisten, also (Teil-) Bailouts vorzunehmen, um negative Folgeeffekte der Kommunalinsolvenz zu vermeiden.[1298] Der aus der Insolvenzverfahrensfähigkeit resultierende politische Druck auf den Staat kann dabei möglicherweise nicht nur zu einer besseren Verhandlungsposition der Gemeinde im Einzelfall, sondern auch bei der Frage nach der finanziellen Grundausstattung führen.

Wegen dieser präventiven Eigenschaften des Chapter 9-Verfahrens wird dessen größter Erfolg darin gesehen, dass es vergleichsweise selten zum Einsatz kommt.[1299] Es ermöglicht damit nicht nur eine ex post-Effizienz in Form eines geordneten Verfahrens zur Bewältigung extremer Haushaltskrisen, sondern auch eine ex ante-

---

[1293] Vgl. HOFFMANN (2012), S. 247.
[1294] Vgl. WATKINS (2013), S. 108-112.
[1295] Vgl. FRIELINGHAUS (2007), S. 206 f.
[1296] Vgl. HOFFMANN (2012), S. 247.
[1297] Vgl. WATKINS (2013), S. 96.
[1298] Vgl. HOFFMANN (2012), S. 206, 248.
[1299] Vgl. JOCHIMSEN (2007), S. 521. Die eingangs genannte Zahl von über 600 Fällen wird stark durch den Betrachtungszeitraum seit 1937 und das große Feld potentieller Anwender relativiert. So existieren in den USA allein 39.044 general purpose local governments, vgl. https://www.nlc.org/number-of-municipal-governments-population-distribution [letzter Abruf: 11.03.2019]. Dazu kommen noch die weiteren insolvenzverfahrensfähigen Organisationen im Sinne von § 109 (c) (1) i. V. m. § 101 (40) USBC.

Effizienz, in dem aus der Insolvenzverfahrensfähigkeit und der damit verbundenen Ausfallgefährdung ein Wirtschaftsgefüge entsteht, das Anreize zur Vermeidung neuer Krisen setzt.

5.4.4 Würdigung des Chapter 9-Verfahrens als Bezugspunkt eines deutschen Kommunalinsolvenzverfahrens

Es stellt sich die Frage, inwieweit das Chapter 9-Verfahren als Vorbild eines Kommunalinsolvenzverfahrens in Deutschland zweckdienlich ist. Dazu ist zuerst einmal zu diskutieren, ob die Verfahrenseigenschaften kompatibel zu den von der InsO verfolgten Zielen sind. Oberstes Ziel der InsO ist die gemeinschaftliche Gläubigerbefriedigung. Wenngleich von der vollständigen Vermögensliquidation und -verteilung im Regelverfahren durch die Aufstellung eines Insolvenzplans zum Erhalt und zur Sanierung des schuldnerischen Unternehmens abgewichen werden kann, liegt die Entscheidung hierüber nach wie vor in den Händen der Gläubiger. Da sie die Verfahrensalternative wählen, mit der sich ihre Ansprüche am besten realisieren lassen, ist auch das Planverfahren in das Ziel der Haftungsverwirklichung eingebettet.[1300] Allein aus dem Wortlaut des § 1 S. 1 InsO ergibt sich, dass die bestmögliche Durchsetzung der Gläubigeransprüche Ziel des Insolvenzverfahrens ist, es der InsO jedoch gleich ist, wie dies erreicht wird - ob durch Liquidation oder abweichende Regelung im Insolvenzplan. Wenngleich Letztgenannter den Erhalt des Schuldnerunternehmens anstrebt, wird die zentrale Zielsetzung der Haftungsverwirklichung dadurch nicht verdrängt.[1301]

Im Chapter 9-Verfahren hat der Schuldner aufgrund seiner besonderen Rechtseigenschaften eine hervorgehobene Stellung. Durch § 904 USBC sind der Einflussnahme von Insolvenzgericht und Gläubigern starke Grenzen gesetzt, da nach dem zehnten Zusatzartikel der US-Verfassung jederzeit, d. h. auch im Insolvenzverfahren, sichergestellt sein muss, dass die Kontrolle über die Regierungsangelegenheiten bei der Kommune verbleibt. Allein dadurch genießt der Schuldner einen weit größeren Freiraum, als im Chapter 11-Verfahren oder im InsO-Planverfahren; dieser Freiraum korrespondiert logischerweise mit Rechtsverlusten der anderen Beteiligten, insbesondere der Gläubiger.[1302] Die verbesserte Position des Schuldners bei gleichzeitiger Beschränkung der Rechte der anderen Beteiligten äußert sich vordergründig an folgenden Stellen:

- Insolvenzverwaltung:
  Während nach der InsO sowie im Chapter 11 USBC die (vorläufige) Eigenverwaltung lediglich auf Antrag gewährt wird, liegen im Chapter 9-Verfahren

---
[1300] Vgl. Kapitel 5.3.1.
[1301] Vgl. A. FABER (2005), S. 944, HOFMANN (2018), Rn. 11.
[1302] Vgl. NAGUSCHEWSKI (2011), S. 67, HOFFMANN (2012), S. 169, 239.

5.4 Das Chapter 9-Verfahren des US Bankruptcy Code als möglicher Bezugspunkt

sowohl Verwaltung als auch Verfügungsbefugnis von Beginn an automatisch beim Schuldner.[1303] Verantwortlich bleiben also auch im Insolvenzverfahren der Rat und der Bürgermeister oder - wie im Insolvenzverfahren Detroits - der Notfallmanager, welcher auf außerinsolvenzrechtlicher Grundlage vom Staat mit der Übernahme der Geschäfte betraut wurde.[1304] Eine Beendigung der Eigenverwaltung auf Antrag der Gläubiger in Misstrauensfällen o. Ä. ist ebenfalls nicht vorgesehen. Ein Insolvenzverwalter kommt allenfalls zur Durchführung von Insolvenzanfechtungen zum Einsatz.[1305]

- Anspruchsrechte der Anleihegläubiger:
  Die Anleihegläubiger können grob in zwei Katergorien eingeteilt werden:[1306] Inhaber allgemeiner Anleihen - sog. general obligation bonds - können bei ihrer Haftungsverwirklichung (z. B. im Rahmen der Zwangsvollstreckung) grundsätzlich auf das gesamte Schuldnervermögen zurückgreifen, bei der Kommunalinsolvenz jedoch mangels Massedefinition auf keinerlei Werte. Spezialanleihen - sog. special revenue bonds - finanzieren hingegen spezifische Projekte, sodass die Erträge hieraus nicht dem Schuldner oder anderen Gläubiger zustehen, sondern der Zinszahlung an die Spezialanleihegläubiger dienen. Dementsprechend sind diese hinsichtlich ihrer Anspruchsverwirklichung auf Einnahmen beschränkt, die aus diesen Projekten erzielt werden.[1307] Im Insolvenzfall können sie nach § 1111 (b) USBC allerdings auch auf andere Einnahmen des Schuldners zugreifen. § 927 USBC schließt dies bei Gläubigern von Gemeinden jedoch aus. Dadurch soll sichergestellt werden, dass auch die Spezialanleihegläubiger nicht auf Steuereinnahmen der Kommune, die diese zur Aufgabenfortführung benötigt, zugreifen können.[1308] Verglichen mit den Gläubigern im Chapter 11-Verfahren sind also auch sie im Kommunalverfahren deutlich benachteiligt. Um diese Einschränkung abzumildern, werden die Spezialanleihegläubiger durch § 922 (d) USBC zwar vom automatic stay ausgenommen; einer erhöhten Gefährdung sind sie jedoch trotzdem ausgesetzt, da der Insolvenzplan auch einen (Teil-) Erlass ihrer Ansprüche vorsehen kann.[1309]

- Eingriffe in das kommunale Vermögen:
  Im Chapter 9-Verfahren wird keine Insolvenzmasse definiert, die zur potentiellen Verwertung herangezogen werden kann.[1310] Eine Alternative zum Insol-

---

[1303] Vgl. § 903 (5) USBC.
[1304] Vgl. AMROMIN und CHABOT (2013), S. 1.
[1305] Vgl. § 926 (a) USBC.
[1306] Vgl. BARBAROSH, DINE und JOHNSON (2012), S. 19, DICK (2018), S. 84 f.
[1307] Vgl. FRIELINGHAUS (2007), S. 185.
[1308] Vgl. NAGUSCHEWSKI (2011), S. 64.
[1309] Vgl. NAGUSCHEWSKI (2011), S. 64.
[1310] Vgl. Kapitel 5.4.2.3.

venzplanverfahren, in der es zu einer solchen Liquidation kommt, existiert ohnehin nicht. Inwieweit der Schuldner also Vermögen zur Verwertung freigibt, bestimmt er selbst unter Berücksichtigung der damit verbundenen Erfolgsaussichten des vorgelegten Insolvenzplans. Da es mangels Verfahrensalternative jedoch nicht zu einem rechnerischen best interest-Test kommt, ist der Anreiz gering, viel Vermögen zur Überzeugung der Gläubiger freizugeben. Die Gläubiger können damit de facto weder unmittelbar (gemeinschaftlich) auf das Vermögen zugreifen, noch größeren Druck in der Form ausüben, dass der vorgeschlagene Plan ansonsten scheitert.

- Erfüllungswahlrecht bei Arbeitsverträgen u. Ä.:
  Die Regelungen zur Erfüllung noch nicht vollständig erfüllter Verträge nach § 365 USBC ähneln stark den §§ 103-128 InsO, finden jedoch auch bei Tarif-, Arbeits- und Pensionsverträgen Anwendung.[1311] Da nach deutschem Recht Dienstverhältnisse nach der Insolvenzeröffnung fortgelten,[1312] ermöglicht § 113 InsO lediglich eine verkürzte Kündigungsfrist. Pensionen sind zudem durch die Beträge an den Pensionssicherungsverein auf Gegenseitigkeit (PS-VaG) geschützt.[1313] Damit der Schuldner im Planfahren nach Chapter 11 USBC dennoch nicht ohne Weiteres einseitige Eingriffe in Tarif- oder Arbeitsverträge vornehmen oder Pensionszusagen widerrufen kann, knüpfen die §§ 1113 f. USBC zahlreiche Voraussetzungen an solche Eingriffe, die insbesondere auf erforderliche Verhandlungen und ausführliche Informationspflichten abzielen.[1314] In Folge des Verweises des § 901 USBC auf § 365 USBC gelten die allgemeinen Regelungen zur Erfüllungswahl zwar auch für den Kommunalschuldner, jedoch ist dieser mangels Verweis nicht an die §§ 1113 f. USBC gebunden.[1315] Er kann damit wesentlich einfacher in entsprechende Verträge eingreifen, wodurch Arbeitnehmern und Pensionären im Chapter 9-Verfahren deutlich weniger Schutz geboten wird.[1316] Diese Möglichkeit stellt zweifelsohne einen der Hauptmotivatoren zur Einleitung eines Chapter 9-Verfahrens für die Städte dar, was sich allein darin zeigt, dass Pensionsansprüche u. Ä. regelmäßig im Mittelpunkt der Verhandlungen stehen.[1317]

- Plangenehmigung und best interest-Test:
  Das Insolvenzgericht darf nach § 904 USBC keinerlei Einfluss auf die politischen Entscheidungs- und Regierungsstrukturen sowie das Vermögen, die Steuern und das kommunale Leistungsspektrum ausüben. Die größte Ein-

---

[1311] Vgl. JEWELER (2007), S. 8.
[1312] Vgl. § 108 Abs. 1 S. 1 InsO.
[1313] Vgl. § 14 BetrAVG.
[1314] Vgl. NAGUSCHEWSKI (2011), S. 57.
[1315] Vgl. FEDERAL JUDICIAL CENTER (2017), S. 54.
[1316] Vgl. FRIELINGHAUS (2007), S. 188.
[1317] Vgl. DICK (2018), S. 86 f.

flussmöglichkeit ist mit der Plangenehmigung und der damit verbundenen Frage, inwieweit der Plan gläubigergerecht und durchführbar ist, verbunden.[1318] Da die Entscheidung, ob der Plan mit den von der Gemeinde vorgesehenen Steuersätzen, Vermögensverwertungen u. Ä. für die Gläubiger zumutbar ist, jedoch immer unter Berücksichtigung der Einschränkungen des § 904 USB erfolgen muss, befindet sich das Gericht in einem deutlichen Spannungsverhältnis zwischen Gläubigeransprüchen und Aufgabenwahrnehmung des öffentlichen Schuldners. Zudem existiert mangels Rückgriff auf einen rechnerischen best interest-Test kein quantifizierbarer Maßstab, anhand dessen die Entscheidung bezüglich der Gläubigergerechtigkeit getroffen werden kann. Beides gereicht dem Kommunalschuldner bei der Durchsetzung seines Plans zum Vorteil.

Daneben sind das exklusive Antragsrecht des Schuldners und dessen ausschließliches Planinitiativrecht zu berücksichtigen.

In der Gesamtschau kommt es somit zu einer Zielverschiebung: Während in der InsO die Sanierung lediglich unter der Prämisse vorgesehen ist, dass sie eine mindestens gleichwertige Haftungsverwirklichung ermöglicht, steht im Chapter 9-Verfahren die finanzielle Rehabilitation des öffentlichen Schuldners bei fortwährender Aufgabenwahrnehmung an oberster Stelle.[1319] Zwar soll dabei eine gleichmäßige und größtmögliche Befriedigung der Gläubigeransprüche erreicht werden, jedoch stellt sich dies unter Berücksichtigung der o. g. Rechtsverhältnisse lediglich als Nebenziel heraus. Die Wahrung einer Balance zwischen den schutzwürdigen Interessen sowohl des Schuldners als auch der Gläubiger steht dadurch nicht mehr im Mittelpunkt - im Gegenteil: Die Gewährleistung der absoluten Eigenständigkeit des Schuldners erfolgt auf Kosten der Rechte der Gläubiger.[1320] Im Kern des Verfahrens steht die Beschneidung der Gläubigeransprüche zur Befreiung der Gemeinde von ihren Schulden.[1321] Nach GEISSLER bedeutet Chapter 9 USBC daher „am Ende nichts anderes, als mit den Gläubigern über Zins, Laufzeit und Rückzahlungsquote zu verhandeln; die Gläubiger verlieren Geld"[1322]. Chapter 9 USBC ermöglicht es der Gemeinde also, einen Schuldenbereinigungsplan auf den Weg zu bringen, wenn außerinsolvenzliche Verhandlungen scheitern.[1323] Aufgrund dieser Fokusverlagerung verliert es den Charakter eines klassischen Gesamtvollstreckungsverfahrens, wie es das deut-

---
[1318] Vgl. FRIELINGHAUS (2007), S. 198.
[1319] Vgl. HOFFMANN (2012), S. 238, NAGUSCHEWSKI (2011), S. 27, CRANSHAW (2007), S. 86.
[1320] Vgl. NAGUSCHEWSKI (2011), S. 31.
[1321] Vgl. CRANSHAW (2007), S. 82.
[1322] GEISSLER (2014), Teil 3. Eine häufig Anwendung findende Sanierungstaktik besteht beispielsweise darin, bestehende Anleihen durch die Begebung neuer Bonds mit längerer Laufzeit und niedrigerem Zinssatz abzulösen. Je nach Wertverfall des Geldes führt die Verlängerung zu einer noch stärkeren Kürzung, als die niedrigen Zinsen erscheinen lassen. Zugleich bleibt das Ausfallrisiko für die Gläubiger natürlich bestehen, vgl. CRANSHAW (2007), S. 87.
[1323] Vgl. FRIELINGHAUS (2007), S. 212.

sche Insolvenzrecht vorsieht. Des Weiteren ist zu beachten: Unter Berücksichtigung mangelnder Kompetenzen des Insolvenzgerichts und der Gläubiger erscheint das Chapter 9-Verfahren zwar bei Finanzkrisen, die auf einmaligen Ereignissen (z. B. Fehlspekulationen wie im Fall Orange County) bei ansonsten gesunder Finanzlage basieren,[1324] als ultima ratio brauchbar; zur Lösung struktureller und politischer Probleme ist es indes kaum geeignet, da wenig Druck auf den Schuldner zur Durchsetzung von nachhaltigen Veränderungen im Bereich der Aufgabenwahrnehmung und Ressourcenverwendung aufgebaut werden kann.[1325] Eine leistungswirtschaftliche Reorganisation erfolgt daher nicht.

Neben den divergierenden Zielen von Chapter 9 USBC und dem Planverfahren nach den §§ 217 ff. InsO erscheint eine Übernahme nach Deutschland auch aufgrund der unterschiedlichen föderalen und kommunalen Strukturen problematisch.[1326] Abseits der abweichenden Finanzierung, die in den USA mitverantwortlich für die Notwendigkeit eines geordneten Verfahrens ist, ist zu berücksichtigen, dass die USA keinen Finanzausgleich kennen.[1327] Dies lässt sich u. a. darauf zurückführen, dass in den USA wesentlich stärker vom Privatrecht und freiem Wettbewerb geprägte Vorstellungen von Staat und Gemeinden herrschen; amerikanische Städte ähneln damit im Vergleich zu deutschen eher großen Wirtschaftsunternehmen.[1328] Da den Kommunen genau wie den Privaten durch die traditionell liberale Wirtschaftspolitik der USA großzügige Freiheiten gewährt werden, wird die Eigenverantwortung wesentlich stärker betont, als dies in Deutschland der Fall ist.[1329] Im privaten Bereich ist die Insolvenz daher eine weit verbreitete Erscheinung, der im Gegensatz zu Deutschland kein so großer Makel (im Sinne der Vorstellung eines Scheiterns) anhaftet.[1330] Das US-Insolvenzrecht ist daher primär auf das Ermöglichen eines *fresh start* für den Schuldner ausgerichtet.[1331] Dieser Gedanke wird konsequent auf die Gemeinden übertragen, die als reguläre Marktteilnehmer ebenfalls dem Risiko des Scheiterns ausgeliefert sind.[1332] Ein solch großes Maß an Eigenverantwortung i. V. m. mit der Möglichkeit individuellen Scheiterns ist in den deutschen Staatsstrukturen hingegen nicht vorgesehen, was insbesondere die Existenz von übergeordneten

---

[1324] Vgl. DEITCH (2015), S. 2717 f.
[1325] Vgl. FRIELINGHAUS (2007), S. 213, COORDES (2018), S. 1264, NAGUSCHEWSKI (2011), S. 163 f.
[1326] Vgl. BRAND (2014), S. 150.
[1327] Vgl. REHM (2012), S. 309.
[1328] Vgl. BULL (2010), S. 345.
[1329] Vgl. NAGUSCHEWSKI (2011), S. 164. Dies zeigt sich auch daran, dass die USA keine Staatsaufsicht im Sinne des deutschen Rechts kennen. Staatliche Eingriffe beziehen sich auf absolute Ausnahmesituationen, in denen es zur Einsetzung von Notfallmanagern kommt, die die Gewalt über die Gemeinde übernehmen, vgl. GEISSLER (2014), Teil 6.
[1330] Vgl. NAGUSCHEWSKI (2011), S. 164.
[1331] Vgl. JOCHIMSEN und KONRAD (2006), S. 16, PAULUS (2002), S. 11.
[1332] Vgl. NAGUSCHEWSKI (2011), S. 164.

Ausgleichsmechanismen, die Regelungen zur staatlichen Aufsicht und die Diskussion um eine angemessene Finanzausstattung zeigen.[1333]

Eine unmittelbare Übertragung des Chapter 9-Verfahrens ist unter Berücksichtigung der unterschiedlichen Verfahrensziele und Rahmenbedingungen damit insgesamt nicht empfehlenswert. Dennoch: Die Existenz des Chapter 9-Verfahrens zeigt, dass die in Deutschland postulierte Insolvenzverfahrensunfähigkeit der Gemeinden kein unabrückbares Naturgesetz ist. Die Idee, durch eine Öffnung der Insolvenzordnung für die Gemeinden ein Verfahren bereitzustellen, das einen geordneten Ablauf zum Umgang mit Schulden sowie Anreize zur Vermeidung einer neuen übermäßigen Schuldenaufnahme vorsieht, ist damit unbedingt weiterzuverfolgen. Das Chapter 9-Verfahren kann hierbei zumindest in Bezug auf einzelne Elemente, wenn auch nicht in seiner Gesamtheit, als Bezugspunkt eines Verfahrens für deutsche Gemeinden herangezogen werden.[1334]

5.5 Vorschlag für ein kommunales Insolvenzverfahren

5.5.1 Vorbemerkungen

Es gilt im Folgenden, ein Insolvenzverfahren zu entwickeln, das unter Berücksichtigung der rechtlichen und wirtschaftlichen Eigenschaften der NRW-Gemeinden und der Impulse aus dem Chapter 9-Verfahren kompatibel zum restlichen Insolvenzrecht ist. Gleichzeitig muss das Verfahren die Anforderungen an ein Stabilisierungssystem - die ex ante- sowie die ex post-Effizienz - erfüllen. Im Gegensatz zum Chapter 9-Verfahren sollte diese Effizienz nicht nur in einer Kappung vorhandener Schulden bestehen, sondern auch in der Fähigkeit zur Bewältigung der die Krise verursachenden strukturellen und politischen Defizite, um hierdurch wiederum neuen Finanzproblemen vorbeugen zu können.

5.5.2 Verfahrensalternativen

Die einfachste Verwirklichung der Schuldnerhaftung innerhalb eines Insolvenzverfahrens besteht in der vollständigen Vermögensliquidation und anschließenden Verteilung an die Gläubiger. Eine solche Form der Haftungsdurchsetzung kommt für öffentliche Schuldner jedoch nicht in Frage, da das Insolvenzverfahren in keinem Fall zu einer Einstellung der öffentlichen Aufgaben der Gemeinde führen darf.[1335] Eine Auflösung in Folge eines Insolvenzregelverfahrens würde damit in direktem Widerspruch zum obersten Gebot des Haushaltsrechts, der Sicherung der stetigen Auf-

---
[1333] Vgl. Kapitel 2.3, 3.3 und 4.5.1.
[1334] Vgl. BRAND (2014), S. 150, HOFFMANN (2012), S. 249.
[1335] Vgl. CRANSHAW (2008), S. 98, HOFFMANN (2012), S. 278, SCHULZE (2011), S. 51.

gabenerfüllung, stehen. Auch § 89 Abs. 2 BGB für Körperschaften des öffentlichen Rechts, die zum Insolvenzverfahren zugelassen sind, zeichnet ein ähnliches Bild, indem er nur auf § 42 Abs. 2 BGB verweist; die in § 42 Abs. 1 BGB geregelte Auflösung in Folge eines Insolvenzverfahrens ist damit für hypothetisch insolvenzverfahrensfähige Gemeinden nicht vorgesehen.[1336] Zudem ist zu bedenken: Wenngleich Art. 28 Abs. 2 GG zwar nur das Institut der selbstverwaltenden Gemeinde, nicht aber die individuelle Gebietskörperschaft schützt,[1337] wäre eine Auflösung im Rahmen insolvenzrechtlicher Maßnahmen unmöglich, da es - genau wie zur Gemeindeeinrichtung - eines öffentlich-rechtlichen Rechtsaktes bedarf.[1338] Abseits aller formalrechtlichen Bedenken ist außerdem festzuhalten: Eine Gemeindeauflösung, infolge derer ein gemeindeloses Gebiet entsteht, ist schlichtweg undenkbar.[1339]

Das Regelverfahren scheidet damit für Gemeinden aus. Für die Insolvenzverfahrensfähigkeit der Gemeinden stellt dies jedoch kein Hindernis dar, da die InsO mit dem Planverfahren eine gleichwertige Alternative anbietet, derer sich auch Chapter 9 USBC bedient.[1340] Das kommunale Insolvenzverfahren erhält damit den Charakter einer Sanierungsinsolvenz, die auf den Erhalt und die Wiederherstellung der wirtschaftlichen Handlungsfähigkeit des Schuldners gerichtet ist.[1341] Hier zeigt sich: Das Argument, die Insolvenzverfahrensunfähigkeit der Gemeinden beruhe auf deren Auflösungsunfähigkeit, hat seit der Ablösung der Konkursordnung durch die InsO und der damit verbundenen Einführung eines Planverfahrens keinen Bestand mehr.[1342] Wenngleich der grundsätzliche Aufbau des Planverfahrens - Planinhalt, Gruppenbildung, Erörterungs- und Abstimmungstermin usw. - grundsätzlich übernommen werden kann, bedarf es im Detail einer Anpassung an die kommunale Sonderstellung.[1343]

Vorschläge, sich bei der Ausgestaltung eines kommunalspezifischen Verfahrens am Verbraucherverfahren nach §§ 301 ff. InsO zu orientieren,[1344] sind dabei übrigens strikt abzulehnen. Das auf wenige Gläubiger und die dadurch anzustrebende Einigung im Vorfeld der eigentlichen Verfahrenseröffnung abzielende Verfahren wird der Komplexität des Gemeindeschuldners, dessen Aufgabengeflecht sowie der al-

---

[1336] Vgl. LEWINSKI (2014), S. 215.
[1337] Der fehlende Individualschutz zeigt sich auch darin, dass Gebietsänderungen, Eingemeindungen u. Ä. grundsätzlich zulässig und - wenngleich unter strengen Voraussetzungen - sogar gegen der Willen der Gemeindeorgane möglich sind, vgl. NJW 1979, 1347 (1348).
[1338] Vgl. NAGUSCHEWSKI (2011), S. 91.
[1339] Vgl. NAGUSCHEWSKI (2011), S. 92.
[1340] Vgl. PAULUS (2010), S. 338, LEWINSKI (2014), S. 215, HERRMANN (2011), S. 93.
[1341] Vgl. A. FABER (2005), S. 939, KONRAD (2008), S. 164.
[1342] Vgl. NAGUSCHEWSKI (2011), S. 92.
[1343] Vgl. HOFFMANN (2012), S. 273, PAULUS (2010), S. 341.
[1344] Vgl. beispielsweise BRAND (2013), S. 91, SCHUPPERT und ROSSI (2006), S. 42, ähnlich auch der dem Chapter 9-Verfahren zugrunde liegende Gedanke, vgl. Kapitel 5.4.2.4.

lein betragsmäßigen Größenordnung der zu regelnden Verbindlichkeiten kaum gerecht.[1345]

5.5.3 Eröffnungsgründe

5.5.3.1 Vorbemerkungen

Die Frage, unter welchen Voraussetzungen ein mögliches Insolvenzverfahren einsetzen soll, stellt zusammen mit der Frage nach der Insolvenzmasse einen der am stärksten diskutierten Aspekte im Schrifttum dar. Zu ermitteln ist, welche der in der InsO genannten Eröffnungsgründe für ein kommunales Verfahren fortgelten und ob es ggf. einer Erweiterung dieses Katalogs bedarf. Viele Autoren sehen insbesondere die Variabilität der kommunalen Einnahmen als Anlass, die klassischen Eröffnungsgründe in Frage zu stellen.[1346] So hat die Gemeinde insbesondere mit den ihr zustehenden Steuern wiederkehrende Einnahmen, die unabhängig von ihrem Aufgabengeflecht sind und die sie zudem auch noch weitestgehend frei in ihrer Höhe beeinflussen kann.[1347]

5.5.3.2 Zahlungsunfähigkeit

Zahlungsunfähigkeit im Sinne von § 17 InsO wird als zulässiger Eröffnungsgrund regelmäßig in Frage gestellt, da aus Sicht einiger Autoren eine Gemeinde die Zahlungsunfähigkeit theoretisch auch bei hohen Schulden vermeiden kann, indem sie sich Einnahmen zur Leistung von Zins- und Tilgungszahlungen notfalls aus Abgabenerhöhungen beschafft.[1348] Vereinzelt wird deshalb eine Modifizierung in der Form gefordert, dass eine Zahlungsunfähigkeit zu bejahen ist, wenn unter Einbeziehung künftiger Einnahmen dauerhaft keine Besserung der Liquidität zu erwarten ist.[1349]

Wann genau es zu einer solchen Besserung kommen soll und welcher Liquiditätsstatus als Vergleichsmaßstab dienen soll, wird dabei nicht betrachtet. Des Weiteren ist bereits der grundlegenden Annahme, die Gemeinde könne ihre Abgaben im Zweifelsfall erhöhen, um zahlungsfähig zu bleiben, Ablehnung zu bescheinigen: Während die Gemeinden auf ihre Anteile an der Einkommen- und Umsatzsteuer keinen direkten Einfluss haben, gelten die Hebesätze für die Realsteuern (Grund- und Gewerbesteuer) für das gesamte Kalenderjahr; spontane Hebesatzerhöhungen

---
[1345] Vgl. LEWINSKI (2014), S. 211.
[1346] Vgl. z. B. NAGUSCHEWSKI (2011), S. 105, CRANSHAW (2008), S. 101.
[1347] Vgl. BRÜNING (2014), S. 242, BRAND (2014), S. 169, A. FABER (2005), S. 940.
[1348] Vgl. BULL (2010), S. 344.
[1349] Vgl. HOFFMANN (2012), S. 284, BRAND (2014), S. 169, A. FABER (2005), S. 941.

müssten also rückwirkend für das gesamte Jahr erfolgen.[1350] Diese sind im Sinne des Vertrauensschutzes jedoch nur durch bis zum 30.06. eines Jahres getroffene Ratsbeschlüsse möglich.[1351] Zahlungsengpässe in der zweiten Jahreshälfte können also nicht durch Hebesatzänderungen abgefangen werden. Auch örtliche Verbrauch- und Aufwandsteuern können grundsätzlich nicht rückwirkend erlassen oder modifiziert werden.[1352] Ein Blick auf die restlichen kommunalen Einnahmen[1353] zeigt schnell, dass auch dort keine unbeschränkte Beeinflussbarkeit gegeben ist:

- Gebühren und Beiträge sowie Bußgelder u. Ä. sind ebenfalls per Satzung oder gesetzlich fixiert und können zudem aufgrund fester Bemessungsgrundlagen in der Regel nicht erhöht werden.[1354]

- Finanzzuweisungen werden landesseitig festgelegt.

- Bei den privatrechtlichen Entgelten (Eintrittsgelder etc.) sind die gleichen Preis-Absatz-Effekte zu berücksichtigen, wie bei privatwirtschaftlichen Unternehmen.

- Die Insolvenzverfahrensfähigkeit der Gemeinden zielt darauf ab, dass die (Liquiditäts-) Kredite nicht mehr unbegrenzt zur Verfügung gestellt werden, sodass eine kurzfristige Engpassüberbrückung nicht mehr unbeschränkt möglich sein wird.

Unter Berücksichtigung der tatsächlich also nur wenig - zumindest ad hoc - beeinflussbaren Einnahmen steht der Übernahme des Eröffnungsgrundes *Zahlungsunfähigkeit* somit nichts im Wege. Laut Rechtsprechung tritt die Zahlungsunfähigkeit ein, wenn eine Lücke im Finanzstatus existiert, diese auch nach drei Wochen noch mindestens 10 % beträgt und auch nicht demnächst - in Ausnahmefällen innerhalb von drei bis sechs Monaten - geschlossen werden kann.[1355] Eine solche Situation kann durchaus bei einer Gemeinde eintreten, wenn in einem Zeitpunkt die liquiden Mittel nicht zur Begleichung bestehender Verbindlichkeiten ausreichen und die Lücke aufgrund der überwiegenden satzungsgemäßen Fixierung der Einnahmen im aktuellen Haushaltsjahr nicht mehr beseitigt werden kann, sondern erst mittels Veranlagung der Abgabepflichtigen - dann ggf. mit erhöhten Hebesätzen - im darauffolgenden Jahr. Der verbleibende Spielraum der Gemeinde zur Vermeidung einer Zahlungsunfähigkeit, z. B. in Form der Einstellung freiwillig an Dritte geleisteter Zuschüsse, steht der Zulässigkeit des Eröffnungsgrundes dabei nicht im Wege. Nutzt die Gemeinde diese Möglichkeiten, ist die akute Gefahr abgewandt und

---
[1350] Vgl. §§ 25 Abs. 2 GrStG, 16 Abs. 2 GewStG.
[1351] Vgl. §§ 25 Abs. 3 GrStG, 16 Abs. 3 GewStG.
[1352] Vgl. die Verwaltungsvorschrift zu § 2 KAG und MUTSCHLER und STOCKEL-VELTMANN (2017), S. 61.
[1353] Vgl. Kapitel 2.3.
[1354] Eine Erhöhung der Gebühren dient immer nur zur Deckung erhöhter Kosten.
[1355] Vgl. Kapitel 5.3.2.

ein Insolvenzverfahren nicht mehr nötig; nutzt sie sie nicht, verzichtet sie auf die eine Zahlungsunfähigkeit abwendende Maßnahmen, sodass eine Verfahrenseröffnung insbesondere zum Schutz der Gläubiger geboten ist.

Die Zahlungsunfähigkeit als Eröffnungsgrund bietet sich bei näherer Betrachtung geradezu für öffentliche Schuldner an, da die künftige Entwicklung in Form des pflichtig aufzustellenden und vorgabenkonform auszuführenden Haushaltsplans festgehalten wird.[1356] Neben der Ermittlung des aktuellen Finanzstatus' dürfte damit auch die Aufstellung des Finanzplans zur Beurteilung der weiteren Entwicklung einer Liquiditätslücke keine Probleme bereiten, da entsprechendes Datenmaterial bereits vorliegt. Eine Prüfung der Zahlungsunfähigkeit dürfte damit jederzeit möglich sein - spätestens im Rahmen der ohnehin pflichtig zu betreibenden unterjährigen Liquiditätsplanung.[1357]

Die im Schrifttum vereinzelt aufgeworfene Kritik, ein Insolvenzregime auf Basis des Eröffnungsgrundes der Zahlungsunfähigkeit sei nach Einführung der kommunalen Doppik ein Rückschritt,[1358] ist nicht nachvollziehbar. Zum einen basiert auch die Insolvenz privater Unternehmen, die seit langem ein ressourcenorientiertes Rechnungswesen betreiben, auf der Zahlungsunfähigkeit als primären Eröffnungstatbestand. Zum anderen bedeutet Doppik letztlich nichts anderes als periodengerechte Zuordnung von Zahlungsströmen, sodass am Ende immer noch die Frage nach der Liquidität zur Aufrechterhaltung des betrieblichen Geschehens bzw. der öffentlichen Aufgabenerfüllung steht.

Die Zahlungsunfähigkeit hat damit auch als Eröffnungsgrund eines kommunalen Insolvenzverfahrens Gültigkeit.

5.5.3.3 Drohende Zahlungsunfähigkeit

Auch ein kommunales Insolvenzverfahren wartet im Idealfall nicht ausschließlich, bis der Schuldner tatsächlich zahlungsunfähig ist, da dies zwangsläufig mit einer zumindest vorübergehenden Einschränkung der Aufgabenerfüllung einhergeht. Kritisch ist dies im kommunalen Kontext zu bewerten, wenn Pflichtzahlungen gegenüber Sozialhilfeempfängern u. Ä. betroffen sind.[1359] Grundsätzlich erscheint also auch die Aufnahme der drohenden Zahlungsunfähigkeit im Sinne von § 18 InsO in den Katalog der Eröffnungsgründe geboten. Dies trifft insbesondere vor dem Hintergrund des Ziels der Schuldnersanierung bei gleichzeitigem Schutz der Gläubigergesamtheit zu.[1360] Wie bei der Prüfung der Zahlungsunfähigkeit gilt im

---

[1356] Vgl. HOFFMANN (2012), S. 320.
[1357] Vgl. § 31 Abs. 6 KomHVO NRW.
[1358] Vgl. insbesondere MAGIN (2011), S. 224 f.
[1359] Vgl. LEWINSKI (2014), S. 221.
[1360] Vgl. FRIELINGHAUS (2007), S. 230, NAGUSCHEWSKI (2011), S. 106.

Übrigen auch hier: Da viele kommunale Einnahmen und Ausgaben mittels Satzungen fixiert werden und die Gemeinde im Rahmen der Haushaltsplanung ohnehin die zur Beurteilung notwendigen Daten ermittelt hat, lässt sich auch eine drohende Zahlungsunfähigkeit jederzeit ohne großen Aufwand ermitteln. § 18 InsO ist damit auch in ein kommunales Insolvenzverfahren zu übernehmen.

5.5.3.4 Überschuldung

Als juristische Person kommt für die Gemeinde grundsätzlich auch die Überschuldung im Sinne von § 19 InsO als Eröffnungstatbestand in Frage. Deren Feststellung wird im Schrifttum jedoch als schwierig eingestuft, sodass der Überschuldungstatbestand in der Regel noch stärker diskutiert wird, als die (drohende) Zahlungsunfähigkeit.[1361] PAULUS begründet dies damit, dass die Feststellung der Überschuldung bereits im privaten Kontext nicht frei von Problemen sei, sodass eine Übernahme auf den öffentlichen Bereich noch mehr Schwierigkeiten erwarten lasse.[1362] Uneinigkeit besteht hinsichtlich eines kommunalspezifischen Überschuldungstatbestands dabei nicht nur auf der zweiten Prüfungsstufe (Gegenüberstellung von Vermögen und Schulden). So erfordert § 19 InsO zuvor eine negative Fortbestehensprognose. Da die Gemeinden nicht aufgelöst werden sollen, müsse diese laut dem Großteil der Autoren zwangsweise positiv ausfallen.[1363] Die Überschuldung könnte also allein aus der Rechtsnatur des Schuldners heraus nie entstehen. Grundsätzlich denkbar ist, in diesem Fall auf § 19 Abs. 2 InsO in der Fassung vom 12.12.2007[1364] zurückzugreifen, nach dem eine positive Fortbestehensprognose die Überschuldung nicht pauschal ausschloss, jedoch die Vermögensbewertung zu Fortführungswerten verlangte. Befürworter des Überschuldungstatbestands versuchen in diesem Kontext Insolvenz- und kommunales Haushaltsrecht zu verknüpfen, indem sie auf die im Rahmen des doppischen Jahresabschlusses ohnehin vorhandene Gegenüberstellung von Vermögen und Schulden zu Fortführungswerten[1365] verweisen; seit dem NKF sei folglich eine Überschuldungsprüfung auf Basis von Fortführungswerten ohne Weiteres möglich.[1366]

Diese Sichtweise greift allerdings zu kurz: Wenngleich die Doppik eine solche Prüfung zwar grundsätzlich erleichtert, da sie im Gegensatz zur Kameralistik überhaupt eine vollständige Erfassung des Gemeindevermögens vorsieht, kann die insolvenzrechtliche Überschuldung nicht einfach aus der Bilanz nach GO NRW / KomHVO

[1361] Vgl. CRANSHAW (2008), S. 101.
[1362] Vgl. PAULUS (2002), S. 17.
[1363] Vgl. NAGUSCHEWSKI (2011), S. 107, FRIELINGHAUS (2007), S. 286, KODEK (2012b), S. 149 f.
[1364] Vgl. BGBl. I S. 2840.
[1365] Vgl. Kapitel 3.2.6.1.
[1366] Vgl. FRIELINGHAUS (2007), S. 235, BRAND (2014), S. 171, A. FABER (2005), S. 941, HOFFMANN (2012), S. 286 f.

NRW abgelesen werden, da diese gänzlich andere Ziele verfolgt. Letztlich wird auch bei juristischen Personen des Privatrechts nicht einfach die Handelsbilanz herangezogen, sondern ein gesonderter, auf den Zweck der Überschuldungsprüfung ausgerichteter Vermögensstatus aufgestellt.[1367] Auf dessen Basis ist festzustellen, ob im Ernstfall die bestehenden Verbindlichkeiten durch aus Vermögensveräußerungen erzielbare Erlöse gedeckt werden können.[1368]

Ein Abstellen auf den alten Rechtsstand sowie die Heranziehung der NKF-Bilanz ist damit nicht zweckmäßig. Auch im Kommunalverfahren sollte deshalb an der Zweistufigkeit in der Form festgehalten werden, dass zuerst einmal die Fortbestehensprognose negativ ausfallen muss. Dass dies aufgrund der Rechtsnatur des Schuldners niemals passieren kann, stellt sich bei näherer Betrachtung als Trugschluss heraus. Denn: Bei der Fortbestehensprognose handelt es sich um eine reine Zahlungsfähigkeitsprognose, an die die gleichen Anforderungen wie an die Prüfung der drohenden Zahlungsunfähigkeit zu stellen sind.[1369] Diese wirtschaftliche Beurteilung hat nichts mit einer etwaigen rechtlichen oder faktischen Unmöglichkeit der Gemeindeauflösung zu tun.[1370] Im Falle eines Finanzplandefizits und damit drohender Zahlungsunfähigkeit fällt die Fortbestehensprognose somit negativ aus, obwohl die Gemeinde auf die ein oder andere Art fort existieren wird.

Anschließend ist in die zweite Stufe der Überschuldungsprüfung einzusteigen. Hierbei ist entsprechend des Zwecks der Überschuldungsprüfung sämtliches einzeln verwertbare Vermögen anzusetzen, also die potentielle Insolvenzmasse.[1371] Um die Überschuldung als Tatbestand eines kommunalen Insolvenzverfahrens würdigen zu können, bedarf es folglich der Definition einer Insolvenzmasse. Die Überschuldung als Eröffnungsgrund wird daher im späteren Untersuchungsverlauf nochmals aufgegriffen.[1372]

5.5.3.5 Mögliche Eröffnungsgründe außerhalb der Insolvenzordnung

Im Schrifttum werden vereinzelt Ideen zur Modifizierung der §§ 17-19 InsO aufgeworfen. Aus Sicht der Autoren ersetzen sie dabei die Eröffnungsgründe im Sinne der bisherigen Konkretisierung durch die Rechtsprechung. Da sich diese Modifizierungen so stark von dem bisherigen Verständnis unterscheiden, können sie auch als eigenständige Eröffnungsgründe bewertet werden.

[1367] Vgl. IDW S 11, S. 19 f.
[1368] Vgl. IDW S 11, S. 17, 19.
[1369] Vgl. IDW S 11, S. 17, 23.
[1370] Vgl. KODEK (2012b), S. 150.
[1371] Vgl. IDW S 11, S. 19, HOFFMANN (2012), S. 285. Unpfändbare Vermögensgegenstände, die nach § 36 Abs. 1 S. 1 InsO nicht zur Masse gehören, bleiben somit außer Betracht.
[1372] Vgl. Kapitel 5.5.4.

HOFFMANN knüpft beispielsweise die Zahlungsunfähigkeit an die Möglichkeit der Aufgabenwahrnehmung: Wenn die Kommune sowohl ihre freiwilligen als auch gesetzlichen Pflichtaufgaben nicht mehr erfüllen kann, ist davon auszugehen, dass sie ihre Verbindlichkeiten nicht mehr begleichen kann und somit zahlungsunfähig ist.[1373]

Diese Definition ist allerdings wesentlich enger gefasst, als die Zahlungsunfähigkeit im Sinne von § 17 InsO, nach der bereits eine 10 %ige Liquiditätslücke zur Verfahrenseröffnung führen kann. Wird hingegen auf die Unfähigkeit zur Aufgabenwahrnehmung abgestellt, wird das Verfahren erst wesentlich später eingeleitet. Dann ist einerseits das Selbstverwaltungsrecht des Art. 28 Abs. 2 GG bereits verletzt, andererseits ist ein massiver Verlust an Sanierungschancen hinzunehmen.[1374] Es ist somit nicht ersichtlich, wieso die Zahlungsunfähigkeit im Sinne des § 17 InsO dergestalt modifiziert oder die beschriebene Ausgestaltung als zusätzlicher Eröffnungsgrund aufgenommen werden sollte.

KRATZMANN hat noch unter den Regimen der Konkursordnung und der Kameralistik vorgeschlagen, die Zahlungsunfähigkeit bei hoher Verschuldung mit stark progressiver Entwicklung bei gleichzeitig andere Tätigkeiten erstickenden Zins- und Tilgungspflichten anzunehmen. Die Zahlungsfähigkeit wird also fingiert und soll konkret bejaht werden, wenn[1375]

1. der Schuldendienst ein Drittel der Gesamtausgaben eines Haushaltsjahres ausmacht und

2. die Verschuldung innerhalb der letzten drei Haushaltsjahre auf das Doppelte oder mehr der Gesamtausgaben des aktuellen Jahres angestiegen ist.

Die Untauglichkeit dieser Konstruktion wird recht schnell sichtbar: Wie sind die Grenzwerte begründet und wieso soll gerade diese Ausprägung die Eröffnung eines Insolvenzverfahrens ökonomisch begründen? Diese Modifizierung ist ebenfalls abzulehnen.

Ein Bedarf nach weiteren Eröffnungsgründen ist nicht erkennbar.

[1373] Vgl. HOFFMANN (2012), S. 283.
[1374] Vgl. HOFFMANN (2012), S. 283.
[1375] Vgl. KRATZMANN (1982), S. 323 f.

5.5.4 Insolvenzmasse

5.5.4.1 Problemstellung

Die Bestimmung der Insolvenzmasse stellt eine Kernproblematik eines potentiellen Gemeindeinsolvenzrechts dar.[1376] Wenngleich nach HOFFMANN praktische Abgrenzungsprobleme keine ausreichende Rechtfertigung sind, eine kommunale Insolvenzverfahrensfähigkeit auszuschließen,[1377] muss Folgendes berücksichtigt werden: Die Definition einer Insolvenzmasse entscheidet darüber, ob die gemeinschaftliche Haftungsverwirklichung als Primärziel der InsO mit der zu gewährleistenden Aufrechterhaltung der kommunalen Aufgaben vereinbar ist. Gelingt diese Zusammenführung nicht, ist eine kommunale Insolvenzverfahrensfähigkeit konsequent abzulehnen. Ziel ist folglich, möglichst umfassend Insolvenzmasse zu bestimmen, um der Haftungsverwirklichung gerecht zu werden, ohne dass der Gemeinde für die Aufgabenerfüllung benötigtes Vermögen entzogen wird.[1378] Da der Entzug von Vermögen in der Regel unmittelbar zu einer Einschränkung der Aufgabenwahrnehmung führt, wird über die Definition der Insolvenzmasse indirekt das zur Disposition stehende Aufgabenspektrum bestimmt. Umgekehrt könnte durch die Festlegung von potentiell einstellbaren Aufgaben die Insolvenzmasse festgelegt werden.

Das US-amerikanische Chapter 9-Verfahren liefert bezüglich der Bestimmung der Insolvenzmasse keine Vorschläge für die Ausgestaltung eines Insolvenzverfahrens für deutsche Kommunen, da es auf eine Massedefinition verzichtet und dadurch den Schuldner weitestgehend unantastbar macht. Es wurde bereits gezeigt, dass dies nicht mit dem Ziel der bestmöglichen Haftungsverwirklichung vereinbar ist.[1379]

5.5.4.2 Würdigung von Lösungsvorschlägen aus dem Schrifttum

Im Schrifttum wurden bisher unterschiedlichste Lösungsvorschläge zur Definition der Insolvenzmasse diskutiert.

Nach A. FABER könnte ein möglicher Ansatz darin bestehen, auf eine Insolvenzmasse vollständig zu verzichten; Vermögensgegenstände könnten dann keinesfalls potentiell verwertet werden, um aus den Erlösen Gläubiger zumindest quotal zu befriedigen.[1380]

Damit stünde eine leistungswirtschaftliche Reorganisation des Schuldners außer Frage: Ist das gesamte kommunale Vermögen geschützt, gilt Gleiches auch für das

---

[1376] Vgl. FRIELINGHAUS (2007), S. 237, LEWINSKI (2014), S. 222.
[1377] Vgl. HOFFMANN (2012), S. 298.
[1378] Vgl. NAGUSCHEWSKI (2011), S. 123.
[1379] Vgl. Kapitel 5.4.4.
[1380] Vgl. A. FABER (2005), S. 945.

Aufgabenspektrum. Die Sanierung müsste damit ausschließlich von den Gläubigern getragen werden.[1381] Letztlich entspricht eine solche Gestaltung weitestgehend den Regelungen in Chapter 9 USBC und ist daher abzulehnen.

BORCHERT regt eine sog. *beschränkte Insolvenz* an, die lediglich eine Verwertung des Kommunalvermögens vorsieht, welches den freiwilligen Aufgaben dient.[1382] Neben der Veräußerung von den freiwilligen Aufgaben dienendem Vermögen sollen auch Verträge, die zu Zahlungspflichten für freiwillige Aufgaben führen, wirkungslos werden. Hoheitliche Aufgaben wie Meldewesen, die Tätigkeiten des Ordnungsamts etc. sollen in der gesetzlich vorgeschriebenen Weise weitergeführt werden.[1383] Faktisch würde dadurch der freiwillige Selbstverwaltungsbereich aufgegeben.[1384] Wenn beispielsweise das städtische Theater samt Mobiliar veräußert wird, wäre dem entsprechenden freiwilligen kulturellen Aufgabenbereich die Grundlage entzogen.[1385] Eine Rückmietung kommt nicht in Frage, da solche Verträge für freiwillige Aufgaben nicht geschlossen werden sollen, sodass die Aufgabe faktisch eingestellt werden müsste. Nach BORCHERT sei dies zwar bedauerlich, aber nur so könne die Aufrechterhaltung der Pflichtaufgaben weiter gewährleistet werden.[1386]

Diese Sichtweise ist stark zu kritisieren, da eine vollständige Einstellung freiwilliger Aufgaben den absolut geschützten Kernbereich kommunaler Selbstverwaltung verletzt und damit gegen Art. 28 Abs. 2 GG verstößt.[1387] Eine beschränkte Insolvenz führt zwangsläufig zum „Ausverkauf der freiwilligen Aufgaben als wichtigsten Bereich kommunaler Selbstverwaltung"[1388]. Kommunen würden entgegen der verfassungsrechtlichen Garantie des Art. 28 Abs. 2 GG also zum bloßen Vollzugsorgan für vom Staat vorgegebene Pflichtaufgaben degradiert.[1389] Weiterhin wird kritisiert, dass eine beschränkte Insolvenz Fälle ignoriert, in denen Finanzprobleme nicht nur durch die Kommune selbst verursacht wurden, sondern möglicherweise aus staatlichen Aufgabenübertragungen o. Ä. resultieren.[1390] Ein Insolvenzverfahren mit einer rein auf den freiwilligen Bereich beschränkten Massedefinition ignoriert folglich das Ursachengeflecht der begründenden Finanznot.[1391] Diese kann im Übrigen auch aus der unwirtschaftlichen Erfüllung von Pflichtaufgaben bestehen, z. B. durch zu hohen Vermögenseinsatz, was von BORCHERT allerdings nicht betrachtet wird. Eine beschränkte Insolvenz ist daher sowohl verfassungswidrig als

---

[1381] Vgl. CRANSHAW (2008), S. 103.
[1382] Vgl. BORCHERT (2004), S. 2, FRIELINGHAUS (2007), S. 224, HOFFMANN (2012), S. 291.
[1383] Vgl. BORCHERT (2004), S. 2.
[1384] Vgl. FRIELINGHAUS (2007), S. 225.
[1385] Vgl. A. FABER (2005), S. 945.
[1386] Vgl. BORCHERT (2004), S. 2.
[1387] Vgl. HOFFMANN (2012), S. 291.
[1388] A. FABER (2005), S. 945.
[1389] Vgl. HOFFMANN (2012), S. 282.
[1390] Vgl. FRIELINGHAUS (2007), S. 225.
[1391] Vgl. BRAND (2014), S. 142.

auch unzweckmäßig.[1392] Darüber hinaus werden die Abgrenzungsprobleme nicht vollständig gelöst. Unklar ist beispielsweise, wie bestimmt wird, welcher Teil des städtischen Fuhrparks für Pflicht- und welcher für freiwillige Aufgaben benötigt wird.

Einen ähnlichen Weg schlägt NAGUSCHEWSKI ein, wenn sie eine Abgrenzung anhand der *öffentlichen Aufgabe* vornehmen will. So soll Vermögen, das der Erfüllung bestimmter Aufgaben dient, zur Gläubigerbefriedigung eingesetzt werden.[1393] Da die Pflichtaufgaben jedoch nicht eingeschränkt werden dürfen, ist das dort benötigte Vermögen unantastbar - es verbleibt somit nur das Vermögen der freiwilligen Aufgaben.[1394] NAGUSCHEWSKI betont zwar, dass es dadurch zwar nicht zu einer völligen Abschaffung des freiwilligen Selbstverwaltungsbereichs kommen darf und verweist auf das im Rahmen des Kernbereichs kommunaler Aufgaben zu gewährleistende Minimum.[1395] Wo diese Grenze allerdings gezogen werden soll, bleibt jedoch ungeklärt. Insgesamt ist der Vorschlag daher genauso abzulehnen wie die beschränkte Insolvenz nach BORCHERT.

Alternativ könnte eine Massebestimmung auch unabhängig von der pauschalen Aufgabekategorisierung in freiwillig oder verpflichtend erfolgen. Bei beiden Aufgabenvarianten müsste dann eine Herausnahme der für diese Aufgaben nicht dringend benötigten Vermögensgegenstände erfolgen.[1396] Hierzu greift FRIELINGHAUS als einer von vielen Autoren auf das Zwangsvollstreckungsrecht zurück und versucht, die Insolvenzmasse über den Begriff der *Unentbehrlichkeit* abzugrenzen.[1397] Dieses Vorgehen entspricht dem Gleichlauf-Gedanken zwischen dem Insolvenzrecht als Gesamtvollstreckung und den Bestimmungen der Einzelzwangsvollstreckung, welcher in den §§ 35, 36 InsO deutlich wird. Danach gehört sämtliches Vermögen des Schuldners zur Insolvenzmasse, mit Ausnahme des unpfändbaren Vermögens, welches von der Zwangsvollstreckung ausgenommen ist. Bei einer öffentlichen Körperschaft fallen grundsätzlich sämtliche Vermögensgegenstände einschließlich der Steuereinnahmen und Finanzzuweisungen unter das pfändbare, der Zwangsvollstreckung unterliegenden Vermögen.[1398] Eine Einschränkung erfolgt allerdings durch § 882a Abs. 2 S. 1 ZPO: Die Zwangsvollstreckung ist unzulässig in Sachen, die für die Erfüllung öffentlicher Aufgaben des Schuldners unentbehrlich sind oder deren Veräußerung ein öffentliches Interesse entgegensteht. Diese Vorgaben haben schuldnerschützenden Charakter und rechtfertigen sich aus dem Erfordernis, die Funktionsfähigkeit

---

[1392] Vgl. so auch HOFFMANN (2012), S. 292.
[1393] Vgl. NAGUSCHEWSKI (2011), S. 132.
[1394] Vgl. NAGUSCHEWSKI (2011), S. 132, 135.
[1395] Vgl. NAGUSCHEWSKI (2011), S. 133.
[1396] Vgl. A. FABER (2005), S. 945.
[1397] Vgl. FRIELINGHAUS (2007), S. 237, NAGUSCHEWSKI (2011), S. 124, CRANSHAW (2008), S. 101.
[1398] Vgl. FRIELINGHAUS (2007), S. 238.

des Staates aufrecht zu erhalten.[1399] Die Entscheidung darüber, ob eine Sache unentbehrlich ist bzw. öffentliches Interesse ihrer Veräußerung entgegensteht, muss aus rechtsstaatlichen Gründen einem Gericht übertragen werden; indem vor der Entscheidung der zuständige Minister anzuhören ist, kann sichergestellt werden, dass die öffentlich-rechtlichen Belange bei der Entscheidung hinreichend berücksichtigt werden.[1400] Das Schrifttum definiert näher:

- Eine Sache ist für die öffentliche Aufgabenerfüllung unentbehrlich, wenn ohne diese spezifische Sache eine öffentliche Aufgabe nicht erfüllt werden kann und damit ein besonders dringender Bedarf angezeigt ist.[1401] Während also ein Polizeifahrzeug unter Pfändungsschutz steht, ist ein gewöhnlicher Dienstwagen im Zweifel entbehrlich.[1402]

- Von einem der Veräußerung entgegenstehendem Interesse sind Sachen erfasst, an denen die Öffentlichkeit affektive und / oder wissenschaftliche Interessen hat, z. B. Kunstschätze sowie Archiv- und Bibliotheksinhalte. Diese Gegenstände werden somit geschützt, obwohl sie grundsätzlich als entbehrlich einzustufen sind.[1403]

Zur besseren Handhabung der Begriffe werden im Folgenden auch die Sachen, bei denen ein öffentliches Interesse der Veräußerung entgegensteht, als *unentbehrlich* bezeichnet.

Nach § 15 Nr. 3 EGZPO gelten die Vorgaben des § 882a ZPO nur für Bund und Länder, nicht jedoch die Gemeinden. Hier herrschen eigene landesrechtliche Schutzvorschriften, in NRW beispielsweise in § 128 Abs. 1 GO NRW. Hiernach ist für die Zwangsvollstreckung eine Zulassungsverfügung der Aufsichtsbehörde nötig, in der bestimmt wird, in welche Gegenstände zu welchem Zeitpunkt vollstreckt werden darf.[1404] Die Zwangsvollstreckung gegen Gemeinden ist damit erst einmal losgelöst vom § 882a ZPO. Allerdings knüpfen die landesrechtlichen Zulassungsverfügungen in der Regel an die gleichen Voraussetzungen wie § 882a ZPO, sodass der Begriff *Unentbehrlichkeit* auch hier maßgeblich für die Entscheidung ist.[1405]

[1399] Vgl. A. FABER (2005), S. 939.
[1400] Vgl. § 882a Abs. 2 S. 2, 3 ZPO und BUNDESTAG DRUCKSACHE 3284 vom 05.04.1952, S. 24.
[1401] Vgl. BENDTSEN (2015), Rn. 13, U. BECKER (2016), Rn. 6.
[1402] Vgl. RIEDEL (2016), Rn. 15.
[1403] Vgl. BUNDESTAG DRUCKSACHE 3284 vom 05.04.1952, S. 23 f.
[1404] Die Einschränkung umfasst nur Geldforderungen; bei der Verfolgung dinglicher Rechte - z. B. zur Herausgabe von Sachen - bedarf es zur Zwangsvollstreckung keiner Zulassungsverfügung, vgl. § 128 Abs. 1 S. 1 GO NRW. Da die Gemeinde nach § 86 Abs. 5 S. 1 GO NRW jedoch regelmäßig keine Sicherheiten bestellen darf, fällt dieser Forderungskreis gering aus und kann hier vernachlässigt werden.
[1405] Vgl. für NRW insbesondere die Ausführungen in WINKEL (2018b), S. 598, KLEIN (2016b), S. 557, BENDER (2018b). Eine Abweichung zwischen dem Vollstreckungsverbot in § 882a ZPO und dem des § 128 Abs. 1 GO NRW besteht jedoch im Umfang des Schutzbereichs:

Die Aufsichtsbehörde nimmt also genau wie auf Landes- und Bundesebene das zuständige Gericht eine Abwägung zwischen dem öffentlichen Interesse am Schutz des öffentlichen Vermögens zur Aufrechterhaltung der Funktionsfähigkeit und dem Interesse des Gläubigers an der Durchsetzung seines Anspruchs vor.[1406] Die Insolvenzmasse einer Gemeinde könnte damit grundsätzlich danach bestimmt werden, ob ihr Vermögen entbehrlich ist.[1407] Das Abstellen auf die Regelungen der Zwangsvollstreckung und den Begriff der Unentbehrlichkeit ermöglicht nach HOFFMANN eine auf den Einzelfall abgestimmte Aufgabenkritik, die auch die Ressourcen der Pflichtaufgaben einbezieht. Indem die Entscheidung darüber, welches Vermögen zur Insolvenzmasse gehört, der Aufsichtsbehörde überlassen wird, könne eine objektive Bestimmung gewährleistet werden.[1408]

Hierbei wird allerdings ein zentrales Problem verkannt: Eine Massebestimmung im Einzelfall und erst nach Verfahrenseröffnung öffnet willkürlichem Handeln Tür und Tor, sodass sämtliche Planungssicherheit abhanden kommt.[1409] So können die Gläubiger nicht ein mal Tendenzen erahnen, welches Vermögen der Gemeinde nun genau potentiell verwertbar ist. Gleichzeitig stellt sich für die Aufsichtsbehörde nach wie vor die übliche Abgrenzungsfrage: Wie wird im Einzelfall bestimmt, welche Gegenstände unentbehrlich sind und daher nicht zur Insolvenzmasse gehören? Die Vorstellung, Leitlinien entwickeln zu können, anhand derer die Aufsicht - oder im Streitfall: das Verwaltungsgericht[1410] - die Zuordnung des Vermögens in einen pfändbaren (entbehrlichen) und einen unpfändbaren (unentbehrlichen) Teil vornimmt, erscheint unmöglich. So müsste in einem ersten Schritt entschieden werden, wann eine kommunale Tätigkeit notwendig im Sinne der Versorgung der Bevölkerung ist. Zu diskutieren ist z. B. ob der Theaterbetrieb eine notwendige Tätigkeit darstellt oder möglicherweise erst ab einer bestimmten Gemeindegröße. Anschließend müsste für jede dieser Aufgaben festgelegt werden, welche Ressourcen dafür benötigt werden und welche nicht. Hier stellen sich z. B. Fragen nach der Notwendigkeit eines Dienstwagens für den Bürgermeister und der Ausstattung eines Sachbearbeiterbüros. Die Aufstellung entsprechender Richtlinien erscheint kaum möglich, solange ein wissenschaftlicher Anspruch an Transparenz und Nachvollziehbarkeit gewährleistet werden soll. So hat sich die Abgrenzungsproblematik bereits 1929 im zu dieser Zeit zulässigen Konkursverfahren der Stadt Glashütte ge-

---

Während § 882a ZPO allein auf den Begriff der Sache nach § 90 BGB, § 808 Abs. 2 ZPO abstellt, also körperliche Gegenstände einschließlich Bargeld, schützt § 128 Abs. 1 GO NRW Vermögensgegenstände, d. h. auch immaterielle Werte wie Rechte und Forderungen, vgl. HOFFMANN (2012), S. 293.
[1406] Vgl. BENDER (2018b).
[1407] Vgl. NAGUSCHEWSKI (2011), S. 127.
[1408] Vgl. HOFFMANN (2012), S. 297, 303.
[1409] Vgl. BRAND (2014), S. 173, CRANSHAW (2007), S. 97 f.
[1410] Die Zulassungsverfügung der Aufsichtsbehörde stellt einen Verwaltungsakt dar, gegen den sowohl die Gemeinde als auch der Gläubiger per Anfechtungsklage vorgehen können, vgl. WINKEL (2018b), S. 598, KLEIN (2016b), S. 558.

zeigt.¹⁴¹¹ Der sächsische Innenminister hatte im Verordnungswege zu bestimmen, welcher Vermögensteil für die gemeindliche Aufgabenerfüllung benötigt und daher dem Gläubigerzugriff entzogen werden sollte. In seiner Verordnung folgte der Minister weitestgehend der Stadt Glashütte, die von der Unentbehrlichkeit fast aller Vermögensgegenstände ausging; infolgedessen drohte eine Verfahrenseinstellung mangels Masse. Nach Einschaltung durch den Konkursverwalter hob das OVG SACHSEN die Verordnung auf und gab einen Großteil der ursprünglich als unentbehrlich gekennzeichneten Vermögensgegenstände für den Gläubigerzugriff frei. Im Ergebnis wird jedoch auch diese Zuordnung als kaum nachvollziehbar gekennzeichnet.¹⁴¹²

Die Abgrenzungsproblematik zeigt sich besonders deutlich beim Neuerwerb nach § 35 InsO, für welchen ebenfalls entschieden werden muss, ob er unentbehrlich ist oder nicht. Während Kostenerstattungen für staatlich veranlasste Aufgaben eine deutliche öffentliche Zweckbindung aufweisen und damit zum unpfändbaren Vermögen gehören, gestaltet sich eine Zuordnung der restlichen öffentlich-rechtlichen Forderungen - insbesondere aus Steuern - als schwieriger: Hier müsste der Teil bestimmt werden, der für die Funktionserhaltung notwendig ist, während der Rest der Masse zugute kommt. FRIELINGHAUS und HOFFMANN schlagen hierzu vor, über einen interkommunalen Vergleich festzustellen, wie viele Einnahmen vergleichbare Kommunen für ihre Aufgaben benötigen.¹⁴¹³ Es bleibt jedoch offen, nach welchem Kriterium der Kreis der Vergleichskommunen gebildet werden soll. Zudem ist die generelle Sinnhaftigkeit eines solchen Vergleichs zu hinterfragen: Handeln alle Vergleichskommunen unwirtschaftlich, ist der Aussagegehalt der Referenzgröße in Frage zu stellen. Unter Berücksichtigung all dieser Kritikpunkte kann daher festgehalten werden: Wenngleich der Rückgriff auf die Regelungen der Zwangsvollstreckung grundsätzlich sinnvoll erscheint, ist er im kommunalen Kontext in den bisher diskutierten Formen weitestgehend unbrauchbar, da eine objektive und im Vorfeld durchführbare Vermögenszuordnung anhand des Begriffs der Unentbehrlichkeit nicht möglich ist, solange sich kein allgemeingültiger Kriterienkatalog aufstellen lässt.

FRIELINGHAUS sieht die *öffentlich-rechtliche Widmung* als alternativen Weg der Bestimmung einer Insolvenzmasse.¹⁴¹⁴ Er distanziert sich damit vom Rückgriff des Insolvenzrechts auf das Recht der Zwangsvollstreckung. Eine Widmung stellt einen Verwaltungsakt im Sinne von § 35 S. 2 VwVfG dar, der per Gesetz, Rechtsverordnung oder Satzung eine das zivilrechtliche Eigentum überlagernde öffentlich-rechtliche Sachherrschaft begründet.¹⁴¹⁵ Dazu bedarf es eines entsprechenden Re-

---
¹⁴¹¹ Vgl. zu den nachfolgenden Erläuterungen STEINIGER (1930), S. 1420-1424.
¹⁴¹² Vgl. FRIELINGHAUS (2007), S. 240, sowie bereits STEINIGER (1930), S. 1423.
¹⁴¹³ Vgl. FRIELINGHAUS (2007), S. 243-245, HOFFMANN (2012), S. 301 f.
¹⁴¹⁴ Vgl. FRIELINGHAUS (2007), S. 241.
¹⁴¹⁵ Vgl. ERBGUTH (2018), S. 520-522.

alaktes, d. h., die gewidmete Sache muss tatsächlich in Dienst gestellt werden.[1416] In Folge der öffentlich-rechtlichen Widmung werden alle Verfügungen, die den Bedingungen der öffentlich-rechtlichen Sachherrschaft widersprechen - darunter auch solche im Rahmen der Zwangsvollstreckung - gem. § 134 BGB nichtig.[1417] Argumentativer Ausgangspunkt bei FRIELINGHAUS sind die Ziele des Kommunalinsolvenzverfahrens: Neben der Haftungsverwirklichung soll es zu einer Sanierung des Schuldners kommen, in Folge dessen dieser seine Aufgaben fortführen kann. Dafür ist jedoch nicht zwangsläufig zivilrechtliches Eigentum am dafür benötigten Vermögen erforderlich, sondern die Gewährleistung, dass das Vermögen den öffentlichen Widmungszweck erfüllt.[1418] Grundsätzlich stellt danach alles Vermögen der Gemeinde Insolvenzmasse dar und kann verwertet werden, solange nicht die ggf. darauf liegende öffentlich-rechtliche Widmung verletzt wird. So kann das Rathaus beispielsweise veräußert werden, solange es anschließend zur Erfüllung des Widmungszwecks zurück gemietet werden kann. Dadurch werden Abgrenzungsprobleme umgangen und auch die Tatsache, dass die Gemeinde selbst den Umfang des gewidmeten Vermögens bestimmt, ist unproblematisch.[1419]

Allerdings ist die damit implizierte sale-and-lease-back-Konstellation durchaus kritisch zu sehen. Im Extremfall würde das gesamte kommunale Vermögen veräußert und zurückgemietet werden. Das Zurückmieten kann dann aber u. U. teurer sein als das bisherige Eigentum, sodass das Sanierungsziel verfehlt wird. Dabei ist auch zu berücksichtigen, dass ein potentieller Erwerber eines gewidmeten Vermögensgegenstandes Nachteile hat, da er aufgrund der Mietgarantie eingeschränkt in der Verwendung ist und sich dies in einem entsprechend geringeren Kaufpreis niederschlagen dürfte. Denkbar wäre es lediglich, eine nachteilige sale-and-lease-back-Konstellation durch eine Vorprüfung auszuschließen, in der die finanziellen Belastungen aus Eigentumsfortsetzung und Miete verglichen werden. Dabei müssten jedoch zwangsläufig Barwerte für die Handlungsalternativen berechnet werden. Hier stellt sich jedoch schnell die Frage nach dem Kapitalisierungszins und dem zugrunde zu legenden Zeitraum. Des Weiteren ist zu berücksichtigen, dass bei der öffentlich-rechtlichen Widmung unterstellt wird, dass das derzeit gewidmete Vermögen weiterhin unbedingt benötigt wird. Es wird hingegen nicht geprüft, ob auch solches Vermögen einer Widmung unterzogen wurde, das aus Sicht einer wirtschaftlichen Gemeinde nicht für die Aufgabenerfüllung benötigt wird.[1420] Die Frage nach einer möglichen Entwidmung wird nicht berücksichtigt.

[1416] Vgl. SODAN und ZIEKOW (2018), Rn. 5.
[1417] Vgl. FRIELINGHAUS (2007), S. 242, HOFFMANN (2012), S. 295.
[1418] Vgl. FRIELINGHAUS (2007), S. 242.
[1419] Vgl. FRIELINGHAUS (2007), S. 242 f.
[1420] Vgl. HOFFMANN (2012), S. 296.

Die vorhergehenden Erläuterungen zeigen, dass eine zufriedenstellende Bestimmung der Insolvenzmasse dem Schrifttum bis heute nicht gelungen ist. Die Vorschläge erscheinen allesamt wenig brauchbar, insbesondere da sie regelmäßig

- zu einer einseitigen Kürzung bestimmter Aufgaben führen (vgl. die Vorschläge von BORCHERT und NAGUSCHEWSKI),
- den Bereich der Massegegenstände stark einschränken oder gar auf null reduzieren (vgl. den Vorschlag von A. FABER) oder
- zu sehr einzelfallabhängig sind und keine Planungssicherheit bieten (vgl. die Vorschläge von FRIELINGHAUS und HOFFMANN zum Abstellen auf die Regelungen der Zwangsvollstreckung i. V. m. Einzelverfügungen der Aufsichtsbehörde).

Insbesondere eine mangelnde Planungssicherheit läuft dabei konträr zum eigentlich durch das Insolvenzverfahren zu erreichenden Ziel: die Etablierung eines Marktgefüges, in dem die Kreditgeber nicht mehr unbeschränkt, sondern risikoabhängig Fremdkapital vergeben. Eine Einpreisung des Ausfallrisikos ist für die Gläubiger aber nur dann möglich, wenn eine potentielle Insolvenzmasse zur (Teil-) Befriedigung der Ansprüche im Voraus feststeht.[1421] Es bedarf folglich einer Lösung, die eine Bestimmung des potentiellen Haftungsvermögens im Vorfeld der Insolvenz vorsieht.

5.5.4.3 Entwicklung eines neuen Vorschlags für eine Definition der Insolvenzmasse

In einem zweckgerechten kommunalen Insolvenzverfahren muss es bereits vor der Verfahrenseröffnung zu einer Vermögenszuordnung kommen, auf Basis derer der Kapitalgeber seine Konditionen bestimmt.[1422] Da eine Identifizierung von Zuordnungskriterien unter Wahrung eines wissenschaftlichen Anspruchs nicht möglich ist, ist zu überlegen, die Zuordnungsbefugnis vollständig auf die Gemeinde zu übertragen und sie an ihre Entscheidung zu binden. Einen ähnlichen Vorschlag hat bereits BRAND unterbreitet[1423] und auch FRIELINGHAUS hat die von ihm vorgeschlagene (und zuvor bereits erläuterte) Masse-Zuordnung mittels öffentlichrechtlicher Widmung auf eine freiwillige Basis gestellt.[1424] Beide Autoren haben sich jedoch nicht im Detail mit den Folgen und dem hinter einer solchen freiwilligen Zuordnung stehenden Anreizmechanismus beschäftigt.

[1421] Vgl. BRAND (2014), S. 173.
[1422] Vgl. BLANKART und FASTEN (2009), S. 49.
[1423] Vgl. BRAND (2014), S. 175.
[1424] Vgl. Kapitel 5.5.4.2.

Zuerst einmal ist hierzu festzuhalten: Wie eine freiwillige Zuordnung formal erfolgt, spielt nur eine untergeordnete Rolle, solange sie zu einer Zweiteilung des Vermögens in potentielle Masse und absolut geschütztes Vermögen führt und die Gemeinde daran gebunden ist. Wegen des Gleichlaufs zwischen dem Zwangsvollstreckungsrecht und dem Insolvenzrecht bietet es sich jedoch an, die Zuordnung an den bereits erläuterten Begriff der *Unentbehrlichkeit* nach § 882a ZPO bzw. § 128 GO NRW anzuknüpfen. Die Gemeinde bestimmt also anstelle der Aufsichtsbehörde selber, welche ihrer Vermögensgegenstände unentbehrlich sind und welche nicht. Erstgenannte sind sowohl innerhalb als auch außerhalb eines Insolvenzverfahrens vor dem Gläubigerzugriff geschützt, während Letztere die potentielle Insolvenzmasse bilden und der Zwangsvollstreckung zugänglich sind.

Hintergrund dieser Überlegung ist ein einfacher Anreizmechanismus: Je mehr Vermögensgegenstände im Vorfeld zur potentiellen Masse im Insolvenzfall erklärt werden, desto besser ist die Stellung bei den Gläubigern und desto bessere Kreditkonditionen kann die Gemeinde aushandeln.[1425] Denn: Im Insolvenzfall muss der Gläubiger nicht so große Ausfälle befürchten, wie im Fall, in dem nur wenige Vermögensgegenstände der Haftungsmasse zugeordnet wurden oder diese gar nicht erst bekannt ist, weil sie erst nach Verfahrenseröffnung im Einzelfall bestimmt wird. Überlegenswert erscheint es in diesem Kontext auch, das Verbot der Sicherheitenbestellung nach § 86 Abs. 5 GO NRW für das Haftungsvermögen zu kippen. In jedem Fall gilt: Über die selbst gewählte Zuordnung kann die Kommune direkten Einfluss auf die Kreditkosten nehmen.[1426] Die Gemeinde sieht sich also einem Trade-off ausgesetzt: Dem Anreiz, möglichst viel Vermögen als unentbehrlich zu erklären, um es so vor Fremdzugriff zu schützen und die eigene Aufgabenbasis nicht zu gefährden, wirkt der Anreiz entgegen, einen Teil des Vermögens doch freizugeben, um bessere Kreditkonditionen zu erhalten. Die Gemeinde hat daher zu entscheiden, welcher Teil ihres Vermögens im Zweifelsfall nicht benötigt wird, um diesen in die Kreditverhandlungen einzubringen.[1427] Diese Zuordnungsfreiheit hat den entscheidenden Vorteil, dass nicht automatisch nur der freiwillige Bereich zur Disposition steht, sondern die Gemeinde selber entscheidet, welchen Aufgaben Vermögen entzogen

---
[1425] Vgl. BRAND (2014), S. 175.
[1426] Vgl. BRAND (2014), S. 175.
[1427] Fraglich ist allerdings, wie stark sich eine Mehrung der potentiellen Haftungsmasse tatsächlich auf die Verhandlungsposition der Gemeinde mit Dritten, insbesondere Kreditgebern, auswirkt. Dass ein solcher Effekt dem Grunde nach jedenfalls bestehen wird, lässt sich damit begründen, dass mehr Haftungsvermögen die Gläubigerposition in jedem Fall stärkt. Ist der Effekt im Übrigen sehr stark, ist die Gemeinde dazu verleitet, übermäßig viel Vermögen zur Haftung freizugeben, um kurzfristig ihre Kreditkonditionen zu verbessern. Um zu vermeiden, dass dabei Vermögen freigegeben wird, welches eigentlich zur Erfüllung der Pflichtaufgaben zwingend notwendig ist, ist die Einführung einer Genehmigungspflicht durch die Aufsichtsbehörde denkbar. Im Falle der überschwänglichen Zuordnung von benötigtem Vermögen, könnte die Aufsicht dies beanstanden oder im Zweifelsfall durch Ersatzvornahme rückgängig machen.

werden kann - egal, ob es sich um eine Pflicht- oder freiwillige Aufgabe handelt. Bei Letzteren steht es der Gemeinde natürlich nach wie vor frei, sämtliches dafür benötigte Vermögen der potentiellen Insolvenzmasse zuzuordnen, sodass es bei einer Liquidation zwangsläufig zu einer Einstellung der Aufgabe kommen muss.

Um kurzfristige Manipulationen durch die Gemeinde auszuschließen, ist sicherzustellen, dass die Deklaration eines Vermögensgegenstandes als entbehrlich nicht jederzeit verändert werden kann - andernfalls besteht die Gefahr, dass die Gemeinde Vermögen nach erfolgreichen Verhandlungen mit Gläubigern als unentbehrlich erklärt und damit die Haftungsmasse wieder reduziert. Hier müsste eine Bindungswirkung, z. B. über eine rechtliche Fixierung in Kreditverträgen u. Ä., verpflichtend eingeführt werden.

Da der Jahresabschluss der Gemeinden gem. § 95 Abs. 1 GO NRW ein den tatsächlichen Verhältnissen entsprechendes Bild der Vermögens-, Finanz- und Ertragslage zu vermitteln hat, können die Informationen hinsichtlich Vermögenstrennung und Haftung in diesen integriert werden. Daraus folgt, dass die Aktivseite in zwei Bereiche zu teilen ist. Entsprechend der bisher verwendeten Terminologie wird vorgeschlagen, diese als *unenbehrliches* sowie *entbehrliches*, d. h. zur Haftungsverwirklichung freigegebenes Vermögen, zu bezeichnen.[1428] Eine solche Vermögenstrennung wird im privatwirtschaftlichen Bereich nicht betrieben. Hier ist sie aber auch nicht nötig, da bis auf wenige Ausnahmen grundsätzlich alles Vermögen pfändbar ist.[1429]

A	Bilanz	P
Unentbehrliches Vermögen		Eigenkapital
Entbehrliches Vermögen		Fremdkapital

Abbildung 5.2: Bilanz mit getrenntem Vermögensausweis

Ähnliche Überlegungen zu einer Vermögenstrennung - in sog. Betriebs- und in Veräußerungsgegenstände - hat bereits H. V. SIMON im Rahmen der Fortführungsstatik angestellt.[1430] LÜDER hat diesen Gedanken auf das kommunale Rechnungswesen übertragen, indem er im sog. Speyerer Verfahren[1431] zwischen dem der Wahrnehmung von Verwaltungsaufgaben dienendem Vermögen - dem Verwaltungsvermögen - und den veräußerbaren Vermögensgegenständen - dem realisierbaren Vermögen

---
[1428] Vgl. Abbildung 5.2.
[1429] Vgl. Kapitel 5.5.4.2.
[1430] Vgl. H. V. SIMON (1899), S. 326.
[1431] Vgl. Kapitel 3.2.6.2.

- unterschieden hat.[1432] Letztgenanntes besteht der Bezeichnung folgend aus dem monetären Umlaufvermögen (liquide Mittel, Forderungen, sonstige Vermögensgegenstände), dem restlichen Umlaufvermögen sowie denjenigen Gegenständen des Anlagevermögens, die aus Sicht der Gemeinde nicht (mehr) den öffentlichen Aufgaben dienen - entweder, weil sie lediglich mit Gewinnerzielungs- oder Wertsteigerungsabsicht gehalten werden oder weil sie durch den Rat von ihrer Bindung an die öffentliche Aufgabenerfüllung befreit wurden.[1433] Zusätzlich muss dieses Anlagevermögen marktfähig sein, d. h., es müssen eine Nachfrage sowie zuverlässig ermittelbare Marktpreise existieren.[1434]

Für die aus dem hier vorgeschlagenen Zuordnungswahlrecht resultierende Vermögenstrennung können die Ideen des Speyerer Verfahrens grundsätzlich als Orientierungspunkte dienen. D. h.: Anlagevermögen - egal, ob zur Gewinnerzielung gehalten oder nicht - kann dem *entbehrlichen* Vermögen zugeordnet werden, wenn es per Ratsbeschluss nicht mehr benötigt wird und des Weiteren marktfähig ist, damit eine Verwertung auch tatsächlich erfolgen kann. Eine Zuordnung von beispielsweise nicht verwertbaren Gemeindestraßen in den entbehrlichen Bereich ist demnach regelmäßig nicht zulässig, auch wenn diese aus Gemeindesicht nicht mehr benötigt werden.[1435] Bei einer Zuordnung zum entbehrlichen Vermögen sollte in jedem Fall im Anhang aufgelistet werden, welche Vermögensgegenstände möglicherweise als Sicherheit eingebracht wurden.

Beim Umlaufvermögen muss nun allerdings vom Speyerer Verfahren abgewichen werden. Nach diesem gehört das Umlaufvermögen automatisch zum realisierbaren Vermögen.[1436] Diese Sichtweise kann jedoch nicht auf die Unterteilung in *unentbehrliches* und *entbehrliches* Vermögen übertragen werden, da die Zielsetzungen andere sind: Beim realisierbaren Vermögen geht es um den Ausweis der finanziellen Mittel bzw. Vermögensgegenstände, die zeitnahe in finanzielle Mittel umgewandelt werden können - also noch nicht realisiert wurden, aber eben realisierbar sind. Die Entbehrlichkeit für die öffentlichen Aufgaben dient hier nur als Mittel zum Zweck, denn nur entbehrliche Gegenstände lassen sich zeitnahe in Forderungen oder liquide Mittel transformieren. Bei dem hier entwickelten Vermögensbegriff geht es hingegen um den Ausweis einer Haftungsmasse, von der sämtliches Vermögen auszuschließen ist, das aus Sicht der Gemeinde zum Aufgabenerhalt benötigt wird. So sind auch an das Umlaufvermögen grundsätzlich die Anforderungen der Verkaufsfreigabe durch den Rat und die Marktfähigkeit zu stellen, damit nicht z. B.

[1432] Vgl. LÜDER (2006), S. 609.
[1433] Die Veräußerungsentscheidung muss spätestens zum Bilanzstichtag getroffen worden sein; eine bloße Absichtsüberlegung reicht nicht aus, vgl. LÜDER (2007), S. 7.
[1434] Vgl. LÜDER (2003), S. 4, 19. Für Immobilen und Beteiligungen können die Marktpreise auch über anerkannte Bewertungsverfahren näherungsweise bestimmt werden.
[1435] Vgl. BRAND (2014), S. 174 f.
[1436] Vgl. LÜDER (2003), S. 24.

im Winter dringend benötigte Streusalzvorräte veräußert werden müssen. Folglich kann auch das Umlaufvermögen grundsätzlich beiden Vermögensbereichen - dem unentbehrlichen oder dem entbehrlichen Vermögen - zugeordnet werden. Dadurch werden auch definitorische Probleme vermieden, da nicht mehr benötigtes Anlagevermögen streng genommen nicht mehr der Definition des § 34 Abs. 1 S. 2 KomHVO NRW („Gegenstände (...), die dazu bestimmt sind, dauernd der Aufgabenerfüllung der Kommune zu dienen") genügt und damit dem Umlaufvermögen zuzuordnen wäre. Besondere Anforderungen ergeben sich darüber hinaus jedoch in Bezug auf das monetäre Umlaufvermögen. Aufgrund der hohen Volatilität der Positionen - Forderungen werden beglichen und zu liquiden Mitteln, liquide Mittel fließen zur Befriedigung von Verbindlichkeiten ab - macht es wenig Sinn, Teile dieser Vermögenspositionen pauschal als entbehrlich oder unentbehrlich zu deklarieren. Stattdessen erscheint es sinnvoller, die Zuordnung an die Entstehungsursache dieser Vermögensgegenstände zu knüpfen.

Daher wird vorgeschlagen, auf die im kommunalen Haushaltsrecht ohnehin vorgesehene Unterteilung der gesamten Haushaltswirtschaft in Produktbereiche[1437] zurückzugreifen. Es könnte jeder Produktbereich (bzw. die tiefste produktorientierte Gliederungsebene) binär zugeordnet werden: Entweder ist es eine Kernfunktion, also ein *unentbehrliches Produkt*, oder ein *entbehrliches*. Monetäres Umlaufvermögen, das aus entbehrlichen Produkten generiert wird, wird dabei dem Gläubigerzugriff zugänglich gemacht, da dieses Produkt im Zweifelsfall auch eingestellt werden kann. Dies gilt entsprechend § 35 Abs. 1 InsO natürlich auch für den Neuerwerb. Führt eine Gemeinde also beispielsweise eine Musikschule und kennzeichnet das entsprechende Produkt als entbehrlich, fließen sämtliche Einnahmen, die aus Leistungen dieses Produkts generiert werden, z. B. aus Mitgliedschaftsbeiträgen oder öffentlichen Auftritten, der Insolvenzmasse zu - auch nach Eröffnung des Insolvenzverfahrens. Einnahmen aus unentbehrlichen Produkten bleiben hingegen vor dem Gläubigerzugriff geschützt.

Die Vermögenszuordnung erfolgt damit wie in Abbildung 5.3.

[1437] Vgl. Kapitel 3.2.5.

5.5 Vorschlag für ein kommunales Insolvenzverfahren

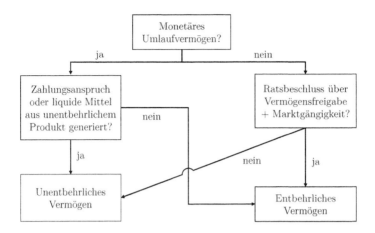

Abbildung 5.3: Vorgehensweise bei der Vermögenseinteilung

Diese Zuordnung hat immer dann zu erfolgen, wenn die Kommune in Kreditverhandlungen mit potentiellen Gläubigern tritt, spätestens jedoch zu jedem Abschlussstichtag.

Bei einer solchen Vorgehensweise macht es Sinn, auch alle anderen Vermögensgegenstände produktorientiert einzuteilen. Durch die Zuordnung sämtlichen Vermögens zu einzelnen Produkten, die dann wiederum in Gänze als unentbehrlich oder entbehrlich gekennzeichnet werden, wird auf den ersten Blick ersichtlich, welche Konsequenzen im Insolvenzfall eintreten; dies dient der Klarheit und Übersichtlichkeit. Dann stünde das gesamte Produkt mitsamt sämtlichem Anlage- und Umlaufvermögen zur Disposition, d. h.:

- Bestehendes Vermögen kann zur Haftungsverwirklichung verwertet werden.
- Während des Verfahrens generierte Vermögensmehrungen erhöhen die Haftungsmasse.
- Das gesamte Produkt und die damit verbundene öffentliche Aufgabe steht zur Diskussion und kann im Insolvenzverfahren eingestellt werden.

Entsprechend der zuvor erläuterten Anforderungen an entbehrliches Vermögen können nur Vermögensgegenstände, die auch marktfähig sind, entbehrlichen Produkten zugeordnet werden. Entscheidet der Rat, dass Vermögensgegenstände unentbehrlicher Produkte nicht mehr benötigt werden und sind diese marktfähig, muss im Übrigen eine Umgliederung in ein entbehrliches Produkt[1438] erfolgen,

---
[1438] Hierzu ist ggf. ein Platzhalterprodukt *Vermögensveräußerung* im Produktbereich 16 zu etablieren.

da der Liquidationserlös sonst nicht der Haftungsmasse zugutekäme, sondern im geschützten Bereich verbliebe.

Zu überlegen ist noch, wie mit Fallkonstellationen umzugehen ist, in denen nichtmonetäres Vermögen (z. B. ein Gebäude) von mehreren Produkten in Anspruch genommen wird. Eine anteilige Zuordnung ergibt wenig Sinn, wenn der Vermögensgegenstand in Hinblick auf eine potentielle Liquidation nicht gespalten werden kann. Im Fall der Mehrfachnutzung muss sich die Gemeinde folglich für ein Produkt entscheiden, wobei sie zu beachten hat: Wird der Vermögensgegenstand einem entbehrlichen Produkt zugeordnet, wird er im Zweifelsfall zur Haftungsverwirklichung verwertet, sodass er auch anderen Produkten nicht mehr zur Verfügung steht. Die Gemeinde muss bei ihrer Zuordnungswahl also immer mögliche Verbundeffekte mit anderen Produkten berücksichtigen.[1439]

Dem in der kommunalen Bilanz geführten entbehrlichen Vermögen sind damit insgesamt folgende Vermögensgegenstände zuzuordnen:

- Das den entbehrlichen Produkten zugeordnete nicht mehr benötigte und marktfähige Anlagevermögen und nicht-monetäre Umlaufvermögen.

- Forderungen und sonstige Vermögensgegenstände, die aus Leistungen entbehrlicher Produkte, Veräußerungen des o. g. Vermögens u. Ä. entstanden sind.

- Liquide Mittel aus dem Einzug der Forderungen entbehrlicher Produkte und aus dortigen Direkteinzahlungen.

Die liquiden Mittel werden dabei durch Auszahlungen für das Begleichen von Verbindlichkeiten reduziert. Letztere lassen sich in vielen Fällen keinem spezifischen Produkt zuordnen - ein Liquiditätskredit wird in der Regel nicht für einen bestimmten Leistungsbereich aufgenommen, sondern immer dann, wenn es der Überbrückung eines Liquiditätsengpasses unabhängig von dessen Entstehungsursache bedarf. Auch Investitionskredite werden nicht einzeln pro Investition aufgenommen - nicht umsonst sieht § 20 KomHVO NRW vor, dass die Kreditaufnahme insgesamt zur Deckung der Investitionstätigkeit dient.[1440] Die Finanzierungsseite lässt sich folglich nicht im Einzelnen mit der Mittelverwendungs- bzw. Investitionsseite verknüpfen. So erklärt KOSIOL: „In der Regel ist es *nicht möglich*, einzelne Kapitalteile (zum Beispiel Bankschulden) bestimmten Vermögensteilen (zum Beispiel Forderungen, Anlagewerten oder Warenvorräten) *zuzurechnen*. Die Übereinstimmung von Vermögen und Kapital gilt nur *insgesamt und summarisch*

[1439] Betreibt die Gemeinde eine stufenweise Fixkostendeckungsrechnung, gibt diese bereits erste Hinweise darauf, welche (Fixkosten-verursachenden) Vermögensgegenstände von welchen Produkten genutzt werden. Vgl. zur gestuften Fixkostendeckungsrechnung KILGER, PAMPEL und VIKAS (2012), S. 91 f.

[1440] Vgl. GORNAS (2009), S. 31.

[Hervorhebung durch den Verfasser]"[1441]. Würden die aus einem entbehrlichen Produkt generierten Einzahlungen exklusiv zur Deckung der nur durch genau dieses Produkt verursachten Auszahlungen dienen (z. B. indem dafür ein separates Bankkonto eingerichtet würde), entstünde das Problem, dass die Kommune einen produktübergreifenden Liquiditätskredit u. U. nicht zurückzahlen dürfte, obwohl sie eigentlich noch liquide Mittel - und zwar die aus den entbehrlichen Produkten generierten Mittel auf dem separaten Bankkonto - übrig hätte. Dadurch würde eine Zahlungsunfähigkeit aus dem Tatbestand der Zahlungseinstellung[1442] geschaffen. Die Absurdität einer solchen Situation wird spätestens bei der Betrachtung der weiteren rechtlichen Möglichkeiten des Liquiditätskredit-Gläubigers deutlich: Er könnte per Zwangsvollstreckung auf die ihm zuvor verweigerten liquiden Mittel aus entbehrlichen Produkten zugreifen oder diese stehen im Insolvenzverfahren zur Verteilung an die Gläubiger zur Verfügung. Es muss der Gemeinde daher erlaubt sein, bestehende Verbindlichkeiten aus Einzahlungen aus entbehrlichen Produkten zu bedienen - egal, ob die Verbindlichkeit theoretisch einen entbehrlichen Produkt zugeordnet werden könnte oder nur einem unentbehrlichen oder (wie in den meisten Fällen) als produktübergreifend zu sehen ist. Schließlich dient das entbehrliche Vermögen sowohl innerhalb als auch außerhalb eines Insolvenzverfahrens genau dazu: um Verbindlichkeiten zu bedienen.

Das entbehrliche Vermögen unterliegt daher im Regelbetrieb, d. h. außerhalb eines Insolvenzverfahrens, ständigen Schwankungen, da es durch aus entbehrlichen Produkten generierten Einzahlungen erhöht und durch das Begleichen von (produktunabhängigen) Verbindlichkeiten reduziert wird. In Hinblick auf den Anreizmechanismus bei der Vermögens- bzw. Produktzuordnung (mehr entbehrliches Vermögen verbessert die Position der Gemeinde bei Kreditverhandlungen) sei Folgendes anzumerken: Das dem entbehrlichen Bereich zugeordnete Anlage- und nicht monetäre Umlaufvermögen kann per Definition jederzeit veräußert und in liquide Mittel umgewandelt werden, mit denen anschließend Verbindlichkeiten gegenüber

---

[1441] KOSIOL (1976), S. 98. Vgl. hierzu auch die Kritik an der goldenen Finanzierungsregel bzw. der drauf aufbauenden goldenen Bilanzregel in WÖHE, BILSTEIN u. a. (2013), S. 41-43. Selbst wenn jedoch eine Zuordnung zu einzelnen Produkten und damit eine Unterteilung der Schulden nach der Zugehörigkeit zum unentbehrlichen oder entbehrlichen Bereich möglich wäre, würden damit die Zwecke des Insolvenzverfahrens ausgehebelt werden. Der entbehrliche Bereich entspräche damit de facto einer insolvenzfähigen juristischen Person, während für den unentbehrlichen Bereich die gleichen Regeln wie bisher gelten würden. Dieser Teil der Gemeinde könnte sich folglich unbegrenzt verschulden, da die hiervon betroffenen Gläubiger keinerlei Ausfall zu befürchten hätten, während die dem entbehrlichen Bereich zugeordneten Schulden ggf. quotal aus der Verwertung des dortigen Vermögens befriedigt werden, vgl. so auch CRANSHAW (2008), S. 102. Die Gemeinde hätte folglich einen Anreiz, möglichst wenige Produkte dem entbehrlichen Bereich zuzuordnen, um den Status quo in Form unbegrenzten Kreditzugangs aufrecht zu erhalten. Eine Insolvenzverfahrensfähigkeit würde damit ad absurdum geführt. Eine Schuldentrennung ist daher strikt abzulehnen.

[1442] Vgl. § 17 Abs. 2 S. 2 InsO.

einem beliebigen Gläubiger (im Folgenden: A) beglichen werden können. Die Haftungsmasse wird also reduziert. Hat nun ein anderer Gläubiger (B) der Gemeinde einen Kredit unter der Prämisse der ursprünglich bestehenden Haftungsmasse gegeben, wird das für ihn potentiell zugängliche Vermögen (per Zwangsvollstreckung oder im Insolvenzverfahren) durch die Überweisung an A reduziert. Dies ist jedoch nicht schädlich und verhält sich im Rechtverkehr privater Schuldner und Gläubiger schließlich genauso. Wenn Gläubiger B also ein exklusives Verwertungsrecht beispielsweise an bestimmten Gegenständen des entbehrlichen Anlagevermögens haben will, muss dies als Sicherheit im Kreditvertrag vereinbart werden.

Letztlich verhält es sich mit dem entbehrlichen Vermögen damit also insgesamt genauso, wie mit dem Vermögen eines privaten Schuldners. Da außerhalb des Insolvenzverfahrens Verbindlichkeiten durch liquide Mittel, die sowohl aus entbehrlichen wie auch unentbehrlichen Produkten stammen, bedient werden, hat die Zuordnung von Produkten in den entbehrlichen und unentbehrlichen Bereich weniger im Regelbetrieb, sondern vielmehr bei der Eröffnung eines Insolvenzverfahrens Bedeutung, ist dafür allerdings auch unverzichtbar. So bedarf es zwingend der Produktdefinition, um bestimmen zu können,

1. welches Vermögen bei Verfahrenseröffnung der Insolvenzmasse zugerechnet wird (der zu dem Zeitpunkt aktuelle Stand des entbehrlichen Vermögens, in welchem möglicherweise auch für noch nicht zur Verbindlichkeitenbefriedigung eingesetzte liquide Mittel aus entbehrlichen Produkten enthalten sind)[1443] und

2. welche Vermögensmehrungen nach Verfahrenseröffnung als Neuerwerb der Insolvenzmasse zugerechnet werden (sämtliche Mehrungen aus entbehrlichen Produkten).

Wegen des Gleichlaufs von Insolvenz- und Zwangsvollstreckungsrecht bedarf es der Produktzuordnung aber natürlich auch, um bei Zwangsvollstreckungen einzelner Gläubiger das in diesem Zeitpunkt zugängliche Vermögen zu bestimmen.

5.5.4.4 Überlegungen zur differenzierten Vermögensbewertung

Im Falle eines getrennten Vermögensausweises stellt sich die Frage, ob den beiden Bereichen unterschiedliche Bewertungskonzepte zugrunde liegen sollten. Die Rechnungslegung nach dem NKF sieht grundsätzlich eine Bewertung des Vermögens

---

[1443] Die Summe aus Anlagevermögen und Umlaufvermögen (einschließlich der generierten liquiden Mittel) aller entbehrlichen Produkte stellt dabei lediglich die Obergrenze für die Insolvenzmasse dar. Da die liquiden Mittel in der Regel bereits zur Begleichung von produktunabhängigen Verbindlichkeiten eingesetzt wurden, ist der tatsächlich Stand bei dieser Position regelmäßig niedriger als diese Obergrenze. Insbesondere bei einer Verfahrenseröffnung wegen Zahlungsunfähigkeit sind die liquiden Mittel in der Regel vollständig erschöpft.

zu fortgeführten Anschaffungs- oder Herstellungskosten vor,[1444] differenziert aber auch nicht explizit zwischen einem unentbehrlichen und einem entbehrlichen Teil. Das Speyerer Verfahren, in welchem eine Trennung vorgesehen ist, zeichnet sich indes durch unterschiedliche Bewertungskonzepte aus: Da das realisierbare Vermögen dasjenige ist, welches in liquide Mittel umgewandelt werden kann und soll, ist es mit Zeitwerten in Form von Marktpreisen zu bewerten.[1445] Begründet wird dies mit einer sehr weiten Auffassung des Realisationsprinzips: Die erfolgswirksame Aufdeckung stiller Reserven erfolgt nicht erst bei der Veräußerung eines Vermögensgegenstandes (der Realisation), sondern bereits bei Realisierbarkeit, also sobald die Möglichkeit besteht, Nichtgeldvermögen jederzeit in Zahlungsansprüche oder Zahlungen zu tauschen.[1446] Beim realisierbaren Vermögen ist dies per Definition durch die Freigabe des Rates sowie die Marktgängigkeit gegeben.[1447] Beim Verwaltungsvermögen besteht diese Möglichkeit aufgrund der Unentbehrlichkeit für die Aufgabenerfüllung hingegen nicht; der Zeitwert bietet hier folglich keinen Informationsnutzen.[1448] Stattdessen wird hier dem Ansatz fortgeführter Anschaffungs- oder Herstellungskosten gefolgt, damit den einzelnen Generationen, die den jeweiligen Vermögensgegenstand nutzen, über die Abschreibungen dessen tatsächlicher Ressourcenverbrauch angelastet werden kann.[1449] Durch eine solche getrennte Bewertung ist die Kommunalbilanz in der Lage, das aktuelle Schuldendeckungspotential in Form des realisierbaren Vermögens zu zeigen bzw. eine Nettogesamtverschuldung zu ermitteln, indem von den Gesamtschulden (Verbindlichkeiten und Rückstellungen) das realisierbare Vermögen in Abzug gebracht wird.[1450]

[1444] Vgl. § 36 Abs. 1 KomHVO NRW. Eine Ausnahme bilden Fälle von Instandhaltungen, die zu einer Nutzungsdauerverlängerung beim betreffenden Vermögensgegenstand führen. Hier werden gem. § 37 Abs. 5 S. 1 KomHVO NRW die Instandhaltungsaufwendungen aktiviert, obwohl es sich nicht um nachträgliche Herstellungskosten im Sinne von § 34 Abs. 3 KomHVO handelt, vgl. FRITZE (2019), S. 15 f.

[1445] Vgl. LÜDER (1999), S. 43. Bei Beteiligungen bzw. Immobilien können auch anerkannte Verfahren der Unternehmens- bzw. Immobilienbewertung zur Schätzung des Marktpreises herangezogen werden, vgl. LÜDER (2003), S. 4.

[1446] Vgl. LÜDER (2007), S. 20. Diese weite Auffassung des Realisationsprinzips lässt sich damit begründen, dass LÜDER bei der Konzeption des Speyerer Verfahrens dem Ansatz eines informationellen Schutzes durch die Bereitstellung von nicht durch spezielle Gewinnermittlungsregelungen verzerrten Informationen folgt, vgl. LÜDER (2006), S. 607, LÜDER (2007), S. 18, sowie Kapitel 3.2.6.2.

[1447] Vgl. LÜDER (2006), S. 608.

[1448] Vgl. LÜDER (2006), S. 608 f.

[1449] Vgl. MÜHLENKAMP und GLÖCKNER (2010), S. 495. Eine Bewertung zu Wiederbeschaffungswerten ist weder beim Verwaltungs-, noch beim realisierbaren Vermögen vorgesehen, vgl. LÜDER (1999), S. 43. Bei letztgenanntem ergibt dies auch wenig Sinn, da das realisierbare Vermögen schließlich veräußert und eben nicht bei Verbrauch ersetzt werden soll. Bezüglich des Verwaltungsvermögens würde eine solche Bewertung indes dem Ziel der Zurechnung des verursachten Ressourcenverbrauchs widersprechen, vgl. MÜHLENKAMP und GLÖCKNER (2010), S. 497.

[1450] Vgl. LÜDER (2007), S. 8.

Die Realisierbarkeitsvoraussetzungen treffen vollumfänglich auf das zuvor skizzierte entbehrliche Vermögen zu - auch hier wird nicht mehr benötigtes, marktgängiges Vermögen zugeordnet. Eine differenzierte Bewertung wäre damit grundsätzlich denkbar: Das unentbehrliche Vermögen wird wie bisher mit fortgeführten Anschaffungs- oder Herstellungskosten bewertet, während beim entbehrlichen Vermögen der Zeitwert maßgeblich ist. Dadurch kann auch hier ein Schuldendeckungspotential ausgewiesen werden. Dieses kann für Fremdkapitalgeber bereits im Speyerer Verfahren als eine durchaus interessante Information charakterisiert werden,[1451] gewinnt in der vorliegenden Einbettung in eine kommunale Insolvenzverfahrensfähigkeit jedoch noch mehr an Bedeutung. Denn: Das entbehrliche Vermögen weist dann zu jedem Abschlussstichtag jeweils den aktuellen Wert der potentiellen Haftungsmasse aus, auf den die Gläubiger im Rahmen der Zwangsvollstreckung oder im Insolvenzfall (als Insolvenzmasse) notfalls zugreifen können.

Bei der Bewertungsfrage dürfen etwaige Kritikpunkte am Zeitwert jedoch nicht unberücksichtigt bleiben. So definieren die IAS / IFRS den sog. beizulegenden Zeitwert - im Folgenden wie bisher nur noch *Zeitwert* - als Preis, der „zwischen Marktteilnehmern am Bemessungsstichtag für den Verkauf eines Vermögenswerts eingenommen (...) würde"[1452] und setzen damit einen aktiven Markt voraus: Die identische Transaktion muss regelmäßig stattfinden, damit Preise jederzeit leicht ablesbar sind.[1453] Existiert für den betreffenden Vermögensgegenstand ein solcher Markt nicht, ist der Zeitwert durch den Rückgriff auf zu beobachtende vergangene Preise des Vermögensgegenstandes oder aktuelle Preise eines ähnlich beschaffenen Vermögensgegenstands zu ermitteln.[1454] Ist auch dies nicht möglich, ist der Marktwert des Vermögensgegenstands ersatzweise durch ein Bewertungsverfahren, z. B. auf Basis der geschätzten zukünftigen Liquiditätsflüsse, zu approximieren.[1455] Der Zeitwert kann daher insgesamt über drei Stufen ermittelt werden, wobei sich die dritte und untere Stufe - die Approximation durch Bewertungsverfahren - weit von der Idealvorstellung, den Wert aus einer identischen Markttransaktion abzulesen, entfernt.[1456] Die Ersatzverfahren auf der unteren Stufen eröffnen daher Ermessensspielräume und bilanzpolitische Gestaltungsmöglichkeiten, sodass interessengeleitete Schätzungen des Bilanzierenden in die Zeitwertermittlung einfließen.[1457]

[1451] Vgl. MÜHLENKAMP und GLÖCKNER (2010), S. 496 f.
[1452] IAS 16.6, IFRS 13.9.
[1453] Vgl. IFRS 13 Anhang A.
[1454] Vgl. IFRS 13.82. Diese zweite Stufe kommt regelmäßig bei gebrauchten Sachanlagen zur Anwendung, bei denen zwar möglicherweise ein Preis auf einem aktiven Markt ablesbar ist, jedoch Zu- oder Abschläge aufgrund des individuellen Zustands des Vermögensgegenstands vorgenommen werden müssen, vgl. PETERSEN, BANSBACH und DORNBACH (2015), S. 114.
[1455] Vgl. IFRS 13.86-90, B36.
[1456] Vgl. BIEG u. a. (2008), S. 2543.
[1457] Vgl. K. KÜTING und KUSSMAUL (2009), S. 94. Das MODELLPROJEKT DOPPISCHER KOMMUNALHAUSHALT IN NRW hat dieses Problem ebenfalls erkannt und sich gegen eine Zeit-

5.5 Vorschlag für ein kommunales Insolvenzverfahren

In Bezug auf den hier vorliegenden Gegenstand der Zeitwertbilanzierung ist allerdings zu berücksichtigen, dass er sich per Definition gerade durch die Möglichkeit, einen Marktpreis aus einer Transaktion eines identischen oder zumindest vergleichbaren Vermögensgegenstandes zu ermitteln, auszeichnet. Denn wenn der Vermögensgegenstand nicht marktfähig ist (und sich ein Zeitwert daher nur über ein Ersatzverfahren schätzen lässt), darf er dem entbehrlichen Vermögen erst gar nicht zugeordnet werden. Eine Zuverlässigkeit der Zeitwerte ist somit durch die Zuordnungskriterien des entbehrlichen Vermögens gesichert.[1458] Die Zeitwerte können damit bei ausreichender Zuverlässigkeit durch ihre höhere Wirklichkeitsnähe die Informationsqualität erhöhen.[1459] An einem zweiten Kritikpunkt, nämlich dem im Vergleich zu fortgeführten Anschaffungs- oder Herstellungskosten höheren Ermittlungsaufwand des Zeitwertes, ändert dies jedoch auch nichts. Hierbei ist auch anzumerken, dass eine (teilweise) Bewertung des Vermögens der Gemeinde zu Zeitwerten die Gesamtabschlussaufstellung verkompliziert, da die zugrunde liegenden Bewertungskonzepte zwischen Kernverwaltung und Auslagerungen sich nun stärker voneinander unterscheiden.[1460]

Des Weiteren ist zu beachten, dass aus einer Zeitwertbilanzierung resultierende Wertschwankungen zu einer Substanz- bzw. Eigenkapitalveränderung beim Bilanzierenden führen.[1461] So besteht die Gefahr, dass Erträge aus Werterhöhungen über die historischen Anschaffungs- / Herstellungskosten hinaus (obwohl streng genommen noch unrealisiert) den Gewinn erhöhen und anschließend über Ausschüttungen dem Bilanzierenden entzogen werden - im öffentlichen Bereich zwar regelmäßig nicht über solch direkte Zahlungsströme, jedoch in der Form, dass daraus neue Aufwendungen finanziert oder andere Erträge (z. B. aus Steuern) reduziert werden.[1462]

---

wertbilanzierung ausgesprochen, vgl. MODELLPROJEKT DOPPISCHER KOMMUNALHAUSHALT IN NRW (2003), S. 287. Sogar Niedersachsen, das ursprünglich eine Reform nach dem Vorbild des Speyerer Verfahrens angestrebt hat, sprach sich nach einer Testphase gegen eine Vermögenstrennung samt Zeitwertbilanzierung aus, vgl. MARETTEK, DÖRSCHELL und HELLENBRAND (2006), S. 53. Die Gesetzgeber haben sich bei der Abwägung zwischen Wirklichkeitstreue (spricht für den Zeitwert) und geringer Ermessensspielräume (spricht für fortgeführte Anschaffungs- oder Herstellungskosten) damit für eine Priorisierung des Letztgenannten entschieden, vgl. LÜDER (2007), S. 9.

[1458] Lüder argumentiert analog für die Zeitwertbilanzierung beim realisierbaren Vermögen, vgl. LÜDER (2007), S. 10.
[1459] Vgl. LÜDER (2007), S. 10.
[1460] Vgl. HENKES (2008), S. 520.
[1461] Vgl. BAETGE, KIRSCH und THIELE (2017), S. 222.
[1462] Selbst wenn die Bürger erkennen, dass diese zusätzlichen Aufwendungen oder geringeren Erträge aus unrealisierten Gewinnen finanziert werden, dürften sie sich kaum gegen die entsprechenden Zusatzleistungen, Steuergeschenke o. Ä. zur Wehr setzen, vgl. MÜHLENKAMP und GLÖCKNER (2010), S. 495.

Dieses Defizit kann jedoch durch die Bildung einer gesonderten Neubewertungsrücklage innerhalb des Eigenkapitals umgangen werden, in die solche Erträge aus Zeitwertschwankungen erfolgsneutral fließen. So unterscheiden die IAS / IFRS bei der Folgebewertung zu Zeitwerten zwischen

1. einem sog. Neubewertungsmodell (z. B. bei immateriellen Vermögenswerten und Sachanlagen),[1463] also der erfolgsneutralen Einbuchung möglicher Werterhöhungen gegen die genannte Rücklage,

2. und einem Modell des beizulegenden Zeitwerts (z. B. bei als Finanzinvestition gehaltenen Immobilien),[1464] nach dem auch Werterhöhungen über die historischen Anschaffungs- / Herstellungskosten erfolgswirksam zu erfassen sind.

Da in beiden Modellen dennoch immer vom *beizulegenden Zeitwert* gesprochen wird, soll auch hier im Folgenden nach wie vor der allgemeine Ausdruck *Zeitwert* verwendet werden, ggf. ergänzt um das zugrunde liegende Bewertungsmodell.

Bezüglich der hier nun diskutierten Überlegung, das entbehrliche Vermögen zu Zeitwerten zu bilanzieren, kann geschlussfolgert werden: Durch eine flächendeckende Verfolgung des Neubewertungsmodells könnte eine Art Ausschüttungssperre geschaffen werden, sodass Wertsteigerungen über die historischen Anschaffungs- / Herstellungskosten des entbehrlichen Vermögens niemals zur Deckung von (zusätzlichen) Aufwendungen herangezogen können. Auch diese ändert jedoch nichts an der nach wie vor höheren Eigenkapitalvolatilität (vergleichen mit einer Bewertung zu fortgeführten Anschaffungs- oder Herstellungskosten), die aufgrund der Eigenkapitalgliederung für Analysten zwar erkennbar sein mag, beim Bürger als Adressaten der kommunalen Rechnungslegung jedoch auf wenig Verständnis stoßen dürfte.[1465]

Einer gesonderten Betrachtung bedarf die Frage, ob eine Zeitwertbilanzierung auch bei einer Insolvenzverfahrensfähigkeit der Gemeinden vertretbar ist - immerhin ist LÜDER beim Rückgriff auf Zeitwerte davon ausgegangen, dass die Gemeinden de lege lata nicht am Insolvenzverfahren teilnehmen und Kredite damit grundsätzlich nicht ausfallgefährdet sind.[1466] Das hier zu entwerfende Stabilisierungssystem zielt jedoch auf eine Ausfallgefährdung des Fremdkapitals ab, sodass nicht nur die aktuellen und zukünftigen Bürger zu schützen sind, sondern auch die nun bedrohten Gläubiger. Hierzu könnte analog der handelsrechtlichen Argumentationslinie ins Feld geführt werden, dass Zeitwerte insbesondere auf den unteren Ermittlungsstufen nicht zuverlässig genug für die Bonitätsbeurteilung durch die Kreditgeber und

---

[1463] Vgl. analog IAS 38.85 f. und IAS 16.39 f.
[1464] Vgl. IAS 40.33, 35.
[1465] Vgl. MÜHLENKAMP und GLÖCKNER (2010), S. 493, 495.
[1466] Vgl. LÜDER (2006), S. 608.

daher für den Gläubigerschutz nur eingeschränkt brauchbar sind bzw. schlimmstenfalls Fehlinformationen dergestalt liefern, dass sich der Bilanzierende besser darstellen kann, als er wirklich ist.[1467] Durch die Zuordnungskriterien des entbehrlichen Vermögens wird allerdings - wie oben gezeigt - eine ausreichende Zuverlässigkeit garantiert. Eine Gläubigergefährdung durch vorzeitigen Entzug nicht realisierter Gewinne aus Wertschwankungen kann zudem durch besagte Neubewertungsrücklage vorgebeugt werden.

Unter den beschriebenen Voraussetzungen ist eine ausreichende Zuverlässigkeit der Zeitwerte des entbehrlichen Vermögens sowie ein Schutz auch der nun von Forderungsausfällen bedrohten Gläubigern gewährleistet, während gleichzeitig der Informationswert der Bilanz erhöht wird. Eine Bewertung des unentbehrlichen Vermögens zu fortgeführten Anschaffungs- oder Herstellungskosten und des entbehrlichen Vermögens zu Zeitwerten auf Basis des Neubewertungsmodells ist damit möglich.

5.5.4.5 Folgen für den Tatbestand der Überschuldung als Eröffnungsgrund

Die Überschuldung als möglicher Eröffnungsgrund eines kommunalen Insolvenzverfahrens wurde noch nicht abschließend gewürdigt. Es wurde zwar festgestellt, dass einer Gemeinde durchaus eine negative Fortbestehensprognose bescheinigt werden kann und damit in die zweite Prüfungsstufe - die Gegenüberstellung von Vermögen und Schulden - einzusteigen ist; offen blieb jedoch die Frage nach dem anzusetzenden Vermögen.[1468]

In der Überschuldungsprüfung ist sämtliches einzeln verwertbare Vermögen, d. h. das gesamte als potentielle Insolvenzmasse zur Verfügung stehende Vermögen, zu berücksichtigen.[1469] Im zuvor entwickelten Konzept einer Insolvenzmassebestimmung umfasst das einzeln verwertbare Vermögen das entbehrliche Vermögen der Gemeinde. Dieses ist folglich in der Überschuldungsprüfung anzusetzen, während das unentbehrliche Vermögen außer acht gelassen wird. In der Logik der zweistufigen Überschuldungsprüfung ist dieses Vermögen zu Einzelveräußerungspreisen zu bewerten.[1470] Dies ist als unproblematisch zu kennzeichnen, wenn das entbehrliche Vermögen ohnehin mit Zeitwerten bilanziert wird. Die bisher im Schrifttum angeführten Bewertungsprobleme für große Teile des Kommunalvermögens werden damit gelöst.[1471]

[1467] Vgl. K. KÜTING und KUSSMAUL (2009), S. 94, BIEG u. a. (2008), S. 2543 f.
[1468] Vgl. Kapitel 5.5.3.4.
[1469] Vgl. IDW S 11, S. 19.
[1470] Vgl. Kapitel 5.3.2.
[1471] BULL führt beispielsweise an, dass das kommunale Vermögen nicht nur aus Wertpapieren und anderen leicht veräußerbaren Vermögensgegenständen besteht, sondern zu einem nicht

Daraus folgt: Ist die Fortbestehensprognose negativ und der Wert des entbehrlichen Vermögens geringer als der Gesamtbetrag der Schulden, liegt eine Überschuldung im Sinne von § 19 InsO vor.

Fraglich ist allerdings, ob diese Sichtweise zu kurz greift, da Gemeinden ihre Verbindlichkeiten wie bereits gezeigt sowohl aus dem entbehrlichen Vermögen bedienen, wie auch aus dem unentbehrlichen. So könnte die Gemeinde beispielsweise den Bau eines neuen Kreisverkehrs fremdfinanzieren und die Tilgung sowie Zinsen aus eigentlich unentbehrlichen Steuereinnahmen leisten. Auf den ersten Blick dürfte die beschriebene Ausgestaltung des Überschuldungstatbestands daher bei vielen Kommunen zu einer wertmäßigen Überschuldung führen, obwohl die Gemeinden aktuell durchaus in der Lage sind, ihre Verbindlichkeiten zu bedienen. Dies stellt einen der zentralen Kritikpunkte am Eröffnungsgrund *Überschuldung* in einem möglichen kommunalen Insolvenzverfahren dar.[1472]

Diese Argumentation widerspricht jedoch dem Normzweck der Überschuldung, da Folgendes zu berücksichtigen ist: Wenn der Schuldner aktuell zahlungsfähig ist (z. B. weil er seine Verbindlichkeiten aus unentbehrlichen Steuereinnahmen leistet), dies in Zukunft mit überwiegender Wahrscheinlichkeit jedoch nicht mehr sein wird (seine Fortbestehensprognose also negativ ausfällt), so hat er nach § 17 InsO zuerst einmal keine Antragspflicht. Grundsätzlich kann der Schuldner vorerst weiter wirtschaften wie bisher. Ist nun allerdings aufgrund der negativen Fortbestehensprognose absehbar, dass der Schuldner früher oder später zahlungsunfähig wird, soll es nicht zu einer unnötigen Verzögerung der Verfahrenseröffnung kommen. Das Verfahren ist spätestens dann zu eröffnen, wenn bereits die aktuelle Haftungsmasse nicht mehr zur Deckung aller Schulden ausreicht, da ein weiteres Hinauszögern lediglich zu einer Vernichtung zusätzlicher Werte führen wird.[1473] Übertragen auf den kommunalspezifischen Kontext bedeutet dies: Auch wenn die Gemeinde derzeit liquide ist, weil sie Verbindlichkeiten beispielsweise aus unentbehrlichen Steuereinnahmen bedient, ihr jedoch für die Zukunft Zahlungsunfähigkeit droht, so ist zu prüfen, ob das aktuell vorhandene Vermögen ausreicht, um die bestehenden Gläubiger vollständig zu bedienen. Da die Gläubiger jedoch aktuell und in Zukunft nur auf das entbehrliche Vermögen zugreifen können (ggf. im Wege der Zwangsvollstreckung), muss dies konsequenterweise auch das für die Überschuldungsprüfung maßgebliche Vermögen sein. Reicht dieses nicht aus, d. h., ist der Wert des entbehrlichen Vermögens geringer als der der aktuellen Schulden, ist eine vollständige

---

unerheblichen Teil aus Straßen, Wegen. Kanälen usw., deren Bewertung mangels eines aktiven Markts äußerst unsicher ist, vgl. BULL (2010), S. 344. Durch die Zuordnungskriterien des entbehrlichen Vermögens wird allerdings sichergestellt, dass ein am Markt ablesbarer Preis auch tatsächlich existiert.

[1472] Vgl. stellvertretend CRANSHAW (2008), S. 102, BRAND (2014), S. 174, HOFFMANN (2012), S. 286.

[1473] Vgl. Kapitel 5.3.2.

Befriedigung bereits jetzt nicht möglich und aufgrund der negativen Fortbestehensprognose auch für die Zukunft nicht zu erwarten. Eine Verfahrenseröffnung ist daher ökonomisch geboten, um weitere Wertevernichtung zu vermeiden.

Die Überschuldung nach § 19 InsO ist damit als Eröffnungsgrund neben der Zahlungsunfähigkeit und drohenden Zahlungsunfähigkeit zu befürworten.[1474] Nur so kann vermieden werden, dass bei zwar aktuell vorhandener Zahlungsfähigkeit, jedoch negativer Fortbestehensprognose und einem bereits bestehenden Überhang der Schulden gegenüber dem Haftungsvermögen, die Gemeinde weiter Fremdkapital aufnimmt und die Gläubigeransprüche dadurch zunehmend gefährdet.

5.5.5 Insolvenzverwaltung

Neben den Problemen, die sich aus einem Ausschluss der Liquidation sowie bei der Bestimmung der Insolvenzmasse ergeben, ist ein häufig geführtes Argument gegen eine kommunale Insolvenzverfahrensfähigkeit die Inkompatibilität des Instituts *Insolvenzverwalter* mit dem verfassungsgemäßen Selbstverwaltungsrecht der Gemeinden - Letzteres sei nicht mit dem Übergang der Verwaltungs- und Verfügungsbefugnis auf einen Dritten zu vereinbaren.[1475] Zudem müssen zur Wahrung des Demokratie- und des Rechtsstaatprinzips nach Art. 20 Abs. 1, 2 GG der Erlass von Verwaltungsakten sowie die Festsetzung von Steuer-, Gebühren- und Beitragsforderungen durch die vom Volk gewählten Gemeindeorgane vorgenommen werden.[1476]

Diese Problematik kann durch die Möglichkeit der Eigenverwaltung nach §§ 270 ff. InsO umgangen werden. I. V. m. der vorläufigen Eigenverwaltung nach § 270a Abs. 1 InsO kann der Schuldner im gesamten Zeitraum zwischen Antragstellung und Aufhebung des Insolvenzverfahrens die Kontrolle behalten, sodass dem obigen Argument der Funktionsgefährdung der Boden entzogen wird.[1477] Die Eigenverwaltung stellt damit die ausschließliche Verfahrensmöglichkeit dar, die auch nicht in Ausnahmefällen durchbrochen werden darf.[1478] Damit folgt das kommunale Insol-

---

[1474] Einer Modifizierung des Überschuldungstatbestandes, wie dies das BUNDESMINISTERIUM DER FINANZEN (2005), S. 17, beispielsweise durch Einbeziehung des Barwerts künftiger Einnahmen vorschlägt, bedarf es nicht, solange dem Konzept des entbehrlichen Vermögens gefolgt wird. Vom BUNDESMINISTERIUM DER FINANZEN nicht weiter vertiefte Fragen nach dem Diskontzins oder dem Planungshorizont sind daher obsolet.
[1475] Vgl. stellvertretend BULL (2010), S. 345, HERRMANN (2011), S. 93, HOFFMANN (2012), S. 303. Hierbei wird insbesondere mit einer analogen Anwendung der BVERFG-Rechtsprechung argumentiert, die eine Konkursfähigkeit von Kirchen u. a. abgelehnt hat, da ein Verlust der Verwaltungs- und Verfügungsbefugnis den kirchlichen Auftrag massiv gefährde, vgl. BVERFG vom 13.12.1983, NJW 1984, 2401 (2402).
[1476] Vgl. FRIELINGHAUS (2007), S. 249, BRÜNING (2014), S. 243.
[1477] Vgl. NAGUSCHEWSKI (2011), S. 92.
[1478] Vgl. NAGUSCHEWSKI (2011), S. 139, HOFFMANN (2012), S. 307. Einer Prüfung von der Eigenverwaltung entgegenstehenden Tatsachen durch das Gericht bedarf es daher nicht.

venzverfahren den Regelungen des Chapter 9 USBC. Abseits verfassungsrechtlicher Restriktionen kann eine Eigenverwaltung auch ökonomisch begründet werden: Die im Zuge der Reorganisation zu treffenden Entscheidungen sind richtungsweisend für die Gemeinde und verlangen deshalb, von der Kommune selbst getroffen zu werden.[1479]

Die Eigenverwaltung als unabrückbare Regel setzt die Gläubiger allerdings einem erhöhten Risiko schuldnerischen Unvermögens oder Missbrauchs aus.[1480] Um dieses Risiko zu verringern, ist die Einsetzung eines Sachverwalters grundsätzlich denkbar.[1481] Dieser nimmt Beratungs- und Prüfungstätigkeiten wahr.[1482] Sollten vorgenommene Handlungen mit der kommunalen Selbstverwaltungsgarantie kollidieren, wäre Letztere vorrangig - die Rechte des Sachverwalters würden also eingeschränkt.[1483] Um dies zu vermeiden und den Sachverwalter als Korrektiv zu erhalten, empfiehlt sich die Einsetzung eines Beauftragten im Sinne von § 124 GO NRW.[1484] Dieser darf durchaus in das gemeindliche Selbstverwaltungsrecht eingreifen,[1485] sodass es zu keiner Einschränkung der Kompetenzen des Sachverwalters kommt. In dieser Hinsicht würde ein deutsches Verfahren folglich vom Chapter 9-Verfahren abweichen, welches den *trustee* nur für Fälle der Insolvenzanfechtung vorsieht.[1486]

5.5.6 Insolvenzplan

5.5.6.1 Grundsätzliches

Durch den Ausschluss des Regelverfahrens bzw. der vollständigen Liquidation samt Auflösung des Schuldners bleibt das Insolvenzplanverfahren mit dem Ziel *Erhalt und Sanierung des Schuldners* die einzig denkbare Verfahrensalternative im gemeindespezifischen Kontext.[1487]

Da im Insolvenzplan grundsätzlich alles zur Befriedigung der Gläubiger und Sanierung des Schuldners Notwendige geregelt werden kann, solange nicht gegen geltendes Recht verstoßen wird, bietet er die nötige Flexibilität, die auch in einem kommunalen Verfahren geboten ist.[1488] Die Selbstverwaltungsgarantie sowie der

---

[1479] Vgl. DUVE (2008), S. 285.
[1480] Vgl. NAGUSCHEWSKI (2011), S. 138.
[1481] Vgl. PAULUS (2010), S. 342.
[1482] Vgl. § 274 InsO.
[1483] Vgl. PAULUS (2010), S. 342.
[1484] Vgl. FRIELINGHAUS (2007), S. 252.
[1485] Vgl. Kapitel 3.3.3.3.
[1486] Vgl. § 926 (a) USBC und Kapitel 5.4.1.
[1487] Vgl. Kapitel 5.5.2.
[1488] Vgl. FRIELINGHAUS (2007), S. 253.

5.5.6.2 Planinitiativrecht

Die im deutschen Insolvenzrecht bestehende Möglichkeit, dass neben dem Schuldner auch der Insolvenzverwalter dem Gericht einen Insolvenzplan vorlegt[1489] - ggf. nachdem er von der Gläubigerversammlung hiermit beauftragt wurde[1490] -, kann mangels Insolvenzverwalter nicht für das kommunale Verfahren gelten. Möglich wäre allerhöchstens, den Sachverwalter hiermit zu beauftragen.[1491] Da die Gemeinde jedoch regelmäßig einen deutlichen Wissensvorsprung gegenüber Dritten bezüglich ihrer Aufgabenstruktur, Finanzen etc. hat, erscheint ein Planinitiativrecht des Sachverwalters unnötig.[1492] Es kann somit dem Vorbild des Chapter 9-Verfahrens gefolgt werden, welches der Gemeinde ein exklusives Vorlagerecht zugesteht.[1493] Dies entspricht im Übrigen den Vorlagerechten des HSK, welches im geltenden Recht ebenfalls nur von der Gemeinde eingebracht werden kann.[1494]

Der Sachverwalter wird damit höchstens in beratender Rolle tätig.[1495]

5.5.6.3 Planannahme

Hinsichtlich des Prozesses der Insolvenzplanannahme ist grundsätzlich kein Änderungsbedarf ersichtlich: Es ist in Gruppen abzustimmen, wobei eine Gruppe zustimmt, wenn Kopf- und Summenmehrheit erreicht wird.[1496] Ein Bedarf nach einer Modifizierung in Form einer 2/3-Mehrheit der Forderungsbeträge, wie § 1126 (c) USBC dies verlangt, lässt sich nicht begründen. Unabhängig davon: Im Vergleich zu einer außergerichtlichen Einigung kann die insolvente Gemeinde im Planverfahren leichter eine Zustimmung zur von ihr beabsichtigten Sanierung erreichen, da sie nicht mehr das Einverständnis sämtlicher Gläubiger benötigt.[1497]

[1489] Vgl. § 218 Abs. 1 InsO.
[1490] Vgl. § 157 S. 2 i. V. m. § 218 Abs. 1 InsO.
[1491] Vgl. § 284 Abs. 1 InsO.
[1492] Vgl. HOFFMANN (2012), S. 314.
[1493] Vgl. § 941 USBC.
[1494] Vgl. PAULUS (2010), S. 341.
[1495] Vgl. NAGUSCHEWSKI (2011), S. 141.
[1496] Vgl. §§ 243 f. InsO.
[1497] Vgl. BULL (2010), S. 343.

5.5.6.4 Verbindlichkeitenerlass und Schlechterstellungsverbot

Nach § 227 Abs. 1 InsO wird der Schuldner mit der Bestätigung des Insolvenzplans und der damit vorgesehenen Befriedigung der Gläubiger von seinen restlichen Verbindlichkeiten befreit. In Chapter 9 USBC ist dies genauso vorgesehen.[1498] Die zur *discharge* führende Plangenehmigung wurde allerdings bereits stark kritisiert, da sie - neben anderen Verfahrenseigenschaften - zu einer deutlichen Bevorteilung des Schuldners führt. Mit dem Ziel der gemeinschaftlichen Haftungsverwirklichung kann dies nicht vereinbart werden.[1499] Es stellt sich daher die Frage, ob ein solcher Schuldenschnitt unter Berücksichtigung der bisher ermittelten Eigenschaften des deutschen Kommunalverfahrens mit der InsO-Zielsetzung konform ist.[1500]

Dazu ist zunächst der ökonomische Hintergrund des § 227 InsO zu betrachten. Die Befreiung von den Restschulden basiert hier nicht auf einer von den Gläubigern hinzunehmenden gerichtlichen Anordnung, sondern ist Ergebnis einer individuellen Regelung im Insolvenzplan.[1501] Nur, wenn die Gläubiger den Plan angenommen haben, kann er genehmigt werden, sodass es zum Schuldenschnitt kommt. Eine bestmögliche Haftungsverwirklichung wird also dadurch gewahrt, dass die Gläubiger selber entscheiden, ob die im Insolvenzplan vorgesehene Befriedigung bei gleichzeitiger Befreiung des Schuldners von seinen Restverbindlichkeiten für sie akzeptabel ist. Dies wird nur dann der Fall sein, wenn sie sich aus dem Insolvenzplan eine bessere Befriedigung, als aus der vollständigen Liquidation erwarten, beispielsweise durch langfristige Teilhabe am Erfolg des sanierten Schuldners.[1502] Die Planannahme ist folglich geboten, wenn mindestens ein Gläubiger durch diesen besser und alle anderen zumindest nicht schlechter gestellt werden, als in einem hypothetischen Regelverfahren.[1503]

In einem kommunalen Verfahren ist nun allerdings zu berücksichtigen, dass es nicht zu einer Liquidation im Regelverfahren kommen kann.[1504] Wenn die Gläubiger ihre Entscheidung über Annahme oder Ablehnung des Plans fällen, werden sie ihm zustimmen, wenn sie sich aus diesem eine bessere Befriedigung erhoffen, als in dem Fall, in dem das Insolvenzverfahren eingestellt wird. Das Ziel der bestmöglichen

---

[1498] Vgl. § 944 (b), (c) USBC.
[1499] Vgl. Kapitel 5.4.4.
[1500] Auf einen Erlass zu verzichten, d. h., § 227 InsO für die Anwendung im Gemeindeverfahren zu streichen, ist unzweckmäßig, da der Erlass ein notwendiges Element des Planverfahrens ist. Zudem würden ohne einen solchen Erlass die Ziele des kommunalen Planverfahrens verfehlt: Zum einen käme es zu keiner finanzwirtschaftlichen Sanierung in Form einer Schuldenbereinigung, zum anderen würde mangels Forderungsausfall keine risikoabhängige Kreditvergabe durch die Gläubiger entstehen, da sie wie bisher an der vermeintlichen Werthaltigkeit ihrer Forderungen festhalten würden, vgl. NAGUSCHEWSKI (2011), S. 150.
[1501] Vgl. LEWINSKI (2014), S. 210.
[1502] Vgl. NAGUSCHEWSKI (2011), S. 149.
[1503] Vgl. BUNDESTAG DRUCKSACHE 12/2443 vom 15.04.1992, S. 78.
[1504] Vgl. Kapitel 5.5.2.

5.5 Vorschlag für ein kommunales Insolvenzverfahren

Haftungsverwirklichung wird also auch hier gewahrt. Die Gläubiger haben schließlich für sich entschieden, dass sie sich aus dem Insolvenzplan die größte Befriedigung ihrer Ansprüche versprechen.

Als zentral für die Frage, ob das kommunale Insolvenzplanverfahren zielkonform ist - es den Schuldner also nicht gegenüber den Gläubigern bevorteilt - erweist sich allerdings das Obstruktionsverbot bzw. das darin enthaltene Schlechterstellungsverbot nach § 245 Abs. 1 Nr. 1 InsO. Denn: Wenn nicht alle Gläubigergruppen dem Plan zustimmen, kann das Insolvenzgericht ihre Zustimmung ersetzen - jedoch u. a. nur, wenn die Befriedigungsquote der übergangenen Gruppe nicht schlechter ist, als in einem alternativen Regelverfahren.[1505] Der zuvor aufgeworfene Grundgedanke, dass die Plannahme geboten ist, wenn mindestens ein Gläubiger besser und keiner sonst schlechter gestellt wird, wird hier konsequent weitergestrickt. Das Ziel der bestmöglichen Haftungsverwirklichung wird also auch in diesem Fall gewahrt, wenngleich die Entscheidung den Gläubigern abgenommen wird. Als problematisch sieht das Schrifttum im kommunalen Kontext jedoch den Umstand, dass das Insolvenzgericht keinen Vergleichsmaßstab in Form der hypothetischen Befriedigungsquote aus dem Regelverfahren hat. FRIELINGHAUS, NAGUSCHEWSKI und HOFFMANN plädieren daher für ein ersatzloses Streichen des § 245 Abs. 1 Nr. 1 InsO.[1506] Dies führt allerdings dazu, dass das Insolvenzgericht bereits dann die Zustimmung einer Gruppe ersetzen kann, wenn die restlichen Anforderungen des § 245 Abs. 1 InsO - Zustimmung der Mehrheit der Gruppen und eine angemessene Beteiligung am wirtschaftlichen Wert - erfüllt sind.[1507] Für den Schuldner wird es dadurch wesentlich einfacher, einen Insolvenzplan durchzusetzen, der im Extremfall für 49 % der Gläubigergruppen nachteilhaft bezüglich ihrer Anspruchsbefriedigung ist. Das Ziel der bestmöglichen Haftungsverwirklichung wird dann verfehlt, der Schuldner auf Kosten der Gläubigerrechte bevorteilt.

Fraglich ist daher, wie das Schlechterstellungsverbot alternativ ausgestaltet werden kann, wenn das Insolvenzgericht als Vergleichsmaßstab nicht die Befriedigungsquote eines hypothetischen Regelverfahrens zugrunde legen kann. Eine Inspiration durch die Genehmigungsvoraussetzungen Chapter 9 USBC ist wie bereits gezeigt abzulehnen: Wenn die Frage, ob eine Gläubigergruppe durch den Plan schlechter gestellt wird, gleichbedeutend mit der Frage ist, ob Einschnitte in Gläubigerrechte durch Steuererhöhungen u. Ä. hätten vermieden werden können, handelt es sich um einen vagen, nicht operationalisierbaren Vergleichsmaßstab, der politischer Beeinflussung Tür und Tor öffnet.[1508] Zudem dürfte eine solch weiche Vergleichsbeurteilung des Gerichts verfassungsrechtlich bedenklich sein, da sie schnell einen unzulässigen Eingriff der Judikative in das Selbstverwaltungsrecht der Gemein-

---
[1505] Vgl. Kapitel 5.3.9.
[1506] Vgl. FRIELINGHAUS (2007), S. 254, NAGUSCHEWSKI (2011), S. 144, HOFFMANN (2012), S. 317.
[1507] Vgl. HOFFMANN (2012), S. 317.
[1508] Vgl. Kapitel 5.4.4.

de darstellen kann. Das Insolvenzgericht hat dadurch einen Anreiz, tendenziell zu Gunsten des Schuldners zu entscheiden - d. h., Gläubigerstimmen zu ersetzen und den Plan zu genehmigen -, um unzulässige Eingriffe zu vermeiden.

Eine grundsätzlich denkbare Lösung wäre es, vollständig von der Möglichkeit zur Stimmersetzung abzurücken. In diesem Fall kommt ein Insolvenzplan nur zustande, wenn sämtliche Gläubigergruppen zustimmen.[1509] Lehnt eine Gruppe ab, ist das Vorhaben gescheitert und das Verfahren müsste eingestellt werden bzw. der Schuldner legt - ggf. in einem Nachfolgeverfahren - einen neuen Plan vor. Zu einer Benachteiligung der Gläubiger kann es hierbei nicht kommen, da der Insolvenzplan einschließlich der Befreiung von den Restverbindlichkeiten nur dann rechtskräftig wird, wenn alle Gruppen zu dem Schluss gekommen sind, dass ihre Ansprüche so am besten befriedigt werden und sie dem Plan somit zugestimmt haben. Als problematisch erweist sich in diesem Fall also nicht die Wahrung der Gläubigerrechte, sondern die Umsetzbarkeit des Plans bzw. dessen Erfolgsaussicht. Das Obstruktionsverbot zielt schließlich gerade darauf ab, dass missbräuchliche Gegenvoten einzelner Gläubigergruppen umgangen werden können. Ohne die Möglichkeit der Stimmersetzung dürfte ein erfolgreiches Verabschieden eines Insolvenzplans daher in den meisten Fällen praktisch unmöglich sein.[1510]

Um zu einer zielgerechten Lösung zu gelangen, ist ein genauerer Blick auf die Folgen einer möglichen Planablehnung zu werfen. Bei privatwirtschaftlichen Schuldnern kommt es zur Einleitung eines Regelverfahrens, welches dem Kommunalschuldner nicht zugänglich ist. Lehnen die Gläubiger den Plan also ab, wird das Insolvenzverfahren nicht in einer anderen Form fortgeführt, sondern muss eingestellt werden. Den Gläubigern bleibt zur Befriedigung ihrer Forderungen somit erneut nur die reguläre Einzelzwangsvollstreckung in das entbehrliche Vermögen. Insgesamt kommt es bei Ablehnung des Insolvenzplans folglich zu einer Befriedigung maximal im Wert des vorhandenen entbehrlichen Vermögens.[1511] Dieser Wert könnte somit als Vergleichsmaßstab in einem rechnerischen best interest-Test dienen. Die Voraussetzung des § 245 Abs. 1 Nr. 1 InsO zur Stimmersetzung kann damit als erfüllt gelten, wenn der Wert, der den Gläubigern bei Annahme des Insolvenzplans zufließt, mindestens so groß ist wie der Wert des entbehrlichen Vermögens, in das alternativ vollstreckt werden könnte.

[1509] Vgl. NAGUSCHEWSKI (2011), S. 150.
[1510] Vgl. NAGUSCHEWSKI (2011), S. 150.
[1511] Solange Ansprüche nicht voll befriedigt wurden und noch keine Anspruchsverjährung eingetreten ist, können die Gläubiger auch auf zukünftige Einnahmen aus entbehrlichen Produkten zugreifen. Eine Einbeziehung dieser - z. B. durch eine Ermittlung mittels Finanzplan und Abzinsung auf den aktuellen Zeitpunkt - ist jedoch nicht nötig, da es bei vollstreckungsbedingtem Verlust des entbehrlichen Vermögens auch regelmäßig zu einer Einstellung des zugehörigen entbehrlichen Produkts kommen dürfte.

5.5 Vorschlag für ein kommunales Insolvenzverfahren

Eine solche Ausgestaltung des Schlechterstellungsverbots erhöht auf den ersten Blick den Anreiz für die Gemeinde, wenig bis gar kein entbehrliches Vermögen zu definieren, um einen geringwertigen Vergleichsmaßstab bei der möglichen Stimmersetzung zu haben. Hierbei ist allerdings erneut zu berücksichtigen, dass vorhergehende Kreditverhandlungen dadurch erschwert werden. Zudem ist zu bedenken, dass selbst bei gar keinem vorhandenen entbehrlichen Vermögen der kommunale Schuldner einen Plan nicht einfach erzwingen kann, da für eine Stimmersetzung durch das Gericht überhaupt erst einmal die Mehrheit der gebildeten Gruppen zustimmen muss.[1512]

Die hier vorgeschlagene Auffassung des Schlechterstellungsverbots dürfte jedoch nicht frei von Kritik bleiben. Letztlich basiert sie auf einem Vergleich mit einer durchschnittlichen Befriedigungsquote aus der Summe der möglichen Einzelzwangsvollstreckungen. Wenngleich dem Teilziel *bestmögliche Gläubigerbefriedigung* im Sinne der höchsten Quote damit Rechnung getragen wird, bleibt der Aspekt der Gesamtvollstreckung - sprich: der *gemeinschaftlichen* Haftungsverwirklichung - außer acht. Es wird eine durchschnittliche Befriedigungsquote als Vergleichsmaßstab angesetzt, die ignoriert, wenn ein Gläubiger vollständig befriedigt wird, weil er am schnellsten vollstreckt hat, und ein anderer Gläubiger dadurch leer ausgeht. Der dem Insolvenzrecht zugrunde liegende Gedanke, den Vollstreckungswettbewerb auszuschalten und stattdessen eine gemeinschaftliche Befriedigung zu erreichen,[1513] wird hierbei ignoriert.

Sollte die vorgeschlagene Auffassung des Schlechterstellungsverbots aus diesem Grund abgelehnt werden, stellt sich die Frage, ob sich eine Befreiung der Gemeinde von ihren Restverbindlichkeiten andersartig rechtfertigen lässt. Dazu ist zu betrachten, wann es nach der InsO noch zu einem solchen Ergebnis kommen kann und ob sich der zugrunde liegende Sachverhalt auf die Gemeinde als Schuldner übertragen lässt.

Im deutschen Insolvenzrecht herrscht grundsätzlich ein Nachforderungsrecht nach § 201 Abs. 1 InsO, d. h., nach der Verfahrensaufhebung können die Gläubiger ihre restlichen Forderungen unbeschränkt geltend machen. Abseits des bereits betrachteten Erlasses nach § 227 InsO wird das Nachforderungsrecht noch in zwei weiteren wesentlichen Fällen ausgeschaltet:

1. Im Anschluss an das Regelverfahren für juristische Personen des Privatrechts erfolgt regelmäßig deren Löschung, sodass die Restforderungen mangels Schuldner untergehen.[1514]

[1512] Vgl. § 245 Abs. 1 Nr. 3 InsO.
[1513] Vgl. Kapitel 5.3.1.
[1514] Vgl. § 394 Abs. 1 S. 2 FamFG.

2. Privat haftende natürliche Personen können im Anschluss an das Insolvenzverfahren nach einer Wohlverhaltensperiode von ihren Restschulden befreit werden.[1515]

Der erste Fall ist für die vorliegende Untersuchung irrelevant, da ein Regelverfahren, in dessen Anschluss der Schuldner aufgelöst wird, im kommunalen Kontext ausgeschlossen ist.[1516]

Die Rechtfertigung einer discharge aus dem Vergleich zur Restschuldbefreiung natürlicher Personen stellt indes die argumentative Basis im Chapter 9-Verfahren dar - der US-amerikanische Gesetzgeber geht von einer parallelen Interessenlage der Gemeinde zu derjenigen einer natürlichen Person aus.[1517] U. U. lässt sich dies auch auf den deutschen Rechtsraum übertragen, sodass eine Befreiung zwar als nachteilig für die Gläubiger gekennzeichnet werden muss, durch die Eigenschaften des Schuldners jedoch wieder gerechtfertigt wird. Die Restschuldbefreiung nach § 286 InsO stellt letztlich die einzige Ausnahme im deutschen Insolvenzrecht dar, in der das Ziel der bestmöglichen Gläubigerbefriedigung wegen der besonderen Schutzwürdigkeit des Schuldners durchbrochen wird.[1518]

Wie im US-Recht könnte auch für die deutsche Kommunalinsolvenz folgender Vergleich gezogen werden: Bei andauernder Forthaftung aufgrund der Unauflösbarkeit der Gemeinde erhöht sich der Unmut der abgabepflichtigen Bürger, da ihre Gelder nicht mehr in den Erhalt und Ausbau des Gemeinwesens fließen, sondern den Gläubigern zugeführt werden.[1519] Genau wie eine natürliche Person, deren Einkommen dauerhaft bis auf ein Existenzminimum gepfändet wird, wäre der Schuldner schlimmstenfalls zu lebenslanger Schuldknechtschaft verpflichtet. Anreize, Mittel oberhalb des Existenzminimums zu erwirtschaften, werden dadurch unterdrückt - sie kommen ohnehin nicht dem Schuldner bzw. den Gemeindebürgern zugute. Bereits zu beobachten ist eine solche Wirkung im Kontext der zuvor erläuterten Vergeblichkeitsfalle.[1520] Die natürliche Person soll nun durch die Restschuldbefreiung nach § 286 InsO aus dieser Situation befreit und motiviert werden, wieder am Wirtschaftsleben teilzunehmen. Aufgrund ihrer Unauflösbarkeit - wenngleich nur der Institution - und des parallelen Motivationsproblems könnte die Gemeinde in diesem Kontext durchaus eher als natürliche Person denn als juristische Person betrachtet werden. Eine Restschuldbefreiung und eine damit verbundene Durchbrechung der optimalen Haftungsverwirklichung könnte daher aufgrund einer parallelen Interessenlage geboten sein.

[1515] Vgl. § 286 InsO.
[1516] Vgl. 5.5.2.
[1517] Vgl. Kapitel 5.4.2.4.
[1518] Vgl. ähnlich GOTTWALD (2015), S. 61. FOERSTE (2018), Rn. 528, kennzeichnet die Einführung der Restschuldbefreiung für natürliche Personen daher als „rein politische Entscheidung".
[1519] Vgl. PICKER und MCCONNELL (1993), S. 470.
[1520] Vgl. Kapitel 4.2.

5.5 Vorschlag für ein kommunales Insolvenzverfahren

Bei natürlichen Personen fußt die Befreiung auf dem Grundrecht der Menschenwürde gem. Art 1 Abs. 1 GG und dem Sozialstaatsgebot des Art. 20 Abs. 1 GG, wonach dem in Not Geratenen (dem Schuldner) Hilfe zu gewähren ist.[1521] Die Gemeinde kann sich mangels Grundrechtsfähigkeit jedoch nicht auf Art. 1 GG berufen. Auch ist sie nicht Gegenstand des Sozialstaatsgebots, da es als Teil der Staatsverwaltung eben ihre Aufgabe ist, dieses auszuführen.[1522] Da das Recht der Gemeinde von dem des Einzelnen losgelöst ist und die Gemeinde auch kein gesellschaftsähnlicher Zusammenschluss der Gemeindebürger ist, lässt sich eine Restschuldbefreiung auch nicht aus der Anwendung der Art. 1, 20 GG auf die Gemeindebürger begründen.[1523] Im Übrigen dürfte eine analoge Anwendung des § 286 InsO auf den Kommunalschuldner aber alleine an der finanziellen Dimension der betroffenen Verbindlichkeiten scheitern: Der Schuldenschnitt bei einer natürlichen Person wird nicht so groß sein, wie der in einer potentiellen Gemeindeinsolvenz. Ob eine Durchbrechung der Haftungsverwirklichung hier nach wie vor gerechtfertigt wäre, ist durchaus fragwürdig. Eine Restschuldbefreiung auf Basis von § 286 InsO ist daher strikt abzulehnen. Es bleibt also nur der bereits diskutierte Verbindlichkeitenerlass nach § 227 InsO.

Sollte hierbei das Schlechterstellungsverbot auf Basis eines Vergleichs der Befriedigungsquote aus dem Insolvenzplan mit der durchschnittlichen Befriedigungsquote aus den möglichen Einzelzwangsvollstreckungen abgelehnt werden, ginge das Insolvenzplanverfahren folglich mit einer nicht zu rechtfertigenden Beschneidung der Gläubigerrechte einher. Die Haftungsverwirklichung würde damit zu einem zwar immer noch wichtigen, jedoch der Schuldnersanierung untergeordneten Zielsetzung.[1524] Die schwächere Rechtsstellung der Gläubiger erhöht das Risiko höherer Verlustquoten im Vergleich zum Insolvenzverfahren privater Schuldner.[1525] In dieser Hinsicht wäre ein deutsches Insolvenzverfahren für Gemeinden genauso kritisch zu betrachten wie das Chapter 9-Verfahren des USBC.

Im Ergebnis ist am Schlechterstellungsverbot des § 245 Abs. 1 Nr. 1 InsO somit auch in einem kommunalen Insolvenzverfahren festzuhalten. Als Vergleichsmaßstab ist dabei auf die hypothetische (durchschnittliche) Befriedigungsquote bei Einstellung des Insolvenzverfahrens und damit Zwangsvollstreckung der einzelnen Gläubiger in das entbehrliche Vermögen abzustellen. Eine Planannahme und ein damit verbundener Verbindlichkeitenerlass kann daher grundsätzlich auch in einem kommunalen Verfahren ohne Zustimmung aller Gläubigergruppen erfolgen.

[1521] Vgl. HOFFMANN (2012), S. 323, FOERSTE (2018), S. 527 f.
[1522] Vgl. NAGUSCHEWSKI (2011), S. 147, HOFFMANN (2012), S. 324.
[1523] Vgl. NAGUSCHEWSKI (2011), S. 148.
[1524] Vgl. so auch die Ergebnisse in CRANSHAW (2007), S. 101, BRAND (2014), S. 162, NAGUSCHEWSKI (2011), S. 167, die in ihren Systementwürfen allesamt eine Streichung des Schlechterstellungsverbots vorsehen.
[1525] Vgl. HOFFMANN (2012), S. 328.

5.5.7 Antragsrecht

Abweichend von den §§ 15, 15a InsO sieht das Chapter 9-Verfahren ein exklusives sowie lediglich freiwillig auszuübendes Antragsrecht des Schuldners vor.[1526] Das Schrifttum spricht sich geschlossen für die Übernahme dieser Regelung in ein mögliches deutsches Insolvenzverfahren für Kommunen aus. Begründet wird dies mit dem Selbstverwaltungsrecht der Gemeinden und der Bedeutung der kommunalen Aufgabenerfüllung, die einerseits keinen Eingriff von außen - namentlich den Gläubigern - zulassen und andererseits die Gemeinde durch eine Eigenantragspflicht nicht zwingen kann, sich einem solchen Verfahren zu unterwerfen.[1527]

Wird das Antragsrecht exklusiv dem Kommunalschuldner - in Form des Bürgermeisters und Gemeinderates - zugesprochen, geht ein nicht unerheblicher Teil der Disziplinierungsfunktion eines Insolvenzverfahrens verloren, da die Gemeinde nicht befürchten muss, von einem Dritten in das Verfahren gezwungen zu werden.[1528] Dieses Problem kann entschärft werden, indem zwar nicht den Gläubigern, aber zumindest der Aufsichtsbehörde ein Antragsrecht zugesprochen wird.[1529] Eine vergleichbare Konstellation existiert beispielsweise im Falle einer Bankeninsolvenz, in der den Gläubigern die Antragsbefugnis entzogen und diese stattdessen an die Bundesanstalt für Finanzdienstleistungsaufsicht übergeben wird.[1530]

Fraglich bleibt allerdings, ob die Antragspflichten des § 15a Abs. 1 InsO in ein kommunalspezifisches Verfahren übernommen werden sollen oder dem Vorbild des § 301 USBC gefolgt und die Antragstellung (unabhängig vom Eröffnungstatbestand) lediglich freiwillig erfolgen soll. Letzteres ermöglicht dem Schuldner allerdings, die Verfahrenseröffnung beliebig weit hinauszuzögern und die Gläubigerforderungen damit zunehmend zu gefährden. Mit dem Ziel der gemeinschaftlichen Gläubigerbefriedigung ist dies nicht vereinbar. Eine Antragspflicht in den Fällen der Zahlungsunfähigkeit und Überschuldung ist daher geboten.

Allerdings könnte die Gemeinde trotz Antragspflicht die Reorganisation möglicherweise umgehen, indem sie nach Antragstellung einen Insolvenzplan in Form eines Scheinplans vorlegt, der von vornherein zum Scheitern verurteilt ist. Ein privater Schuldner würde dies niemals tun, da im Falle der Planablehnung durch die Gläubiger das Regelverfahren eingeleitet wird und es zu einer vollständigen Vermögensliquidation kommt. Das Regelverfahren ist in der Kommunalinsolvenz jedoch ausgeschlossen.[1531] Eine Antragspflicht könnte daher zu unnötigem Verfah-

---
[1526] Vgl. § 301 USBC.
[1527] Vgl. stellvertretend NAGUSCHEWSKI (2011), S. 104, LEWINSKI (2014), S. 222, FRIELINGHAUS (2007), S. 227.
[1528] Vgl. HOFFMANN (2012), S. 281, PAULUS (2010), S. 341.
[1529] Vgl. LEWINSKI (2014), S. 222.
[1530] Vgl. § 46b Abs. 1 S. 4 KWG.
[1531] Vgl. Kapitel 5.5.2.

rensaufwand in Fällen führen, in denen die Gemeinde nicht auch freiwillig einen Antrag stellen würde. Hier ist allerdings zu bedenken, dass sich die Gemeinde bei Ablehnung eines solchen Scheinplans wieder der Einzelvollstreckung in ihr entbehrliches Vermögen hingibt. Der Anreiz zur Aufstellung von Scheinplänen scheint daher vernachlässigbar, sodass eine Antragspflicht nach wie vor geboten und sinnvoll ist.

Zusätzliche Antragsvoraussetzungen, wie sie § 109 (c) (5) USBC verlangt, sind in der vorliegenden Ausgestaltung eines Insolvenzverfahrens für deutsche Gemeinden nicht nötig. Die genannten Voraussetzungen laufen allesamt darauf hinaus, dass der Antragsteller die Notwendigkeit und Ernsthaftigkeit seines Insolvenzplanvorhabens glaubhaft macht, um eine allzu schnelle Flucht in die Insolvenz zu vermeiden.[1532] Da das Chapter 9-Verfahren den Kommunalschuldner gegenüber den Gläubigern stark bevorteilt, sind zusätzlichen Verfahrenshürden dort durchaus geboten. Der hier aufgezeigte Verfahrensentwurf bemüht sich jedoch, ein solches Ungleichgewicht zu vermeiden, sodass es keiner zusätzliche Antragshürden bedarf.

Insgesamt sind die Antragspflichten des § 15a InsO damit beizubehalten. Bei drohender Zahlungsunfähigkeit hat die Gemeinde weiterhin ein Antragsrecht. Freiwillige Fremdanträge sind nur durch die Aufsichtsbehörde zulässig.

5.5.8 Verfahrensstillstand

Es wurde bereits gezeigt, dass der automatic stay des Chapter 9-Verfahrens grundsätzlich den Sicherungsmaßnahmen der InsO ähnelt, jedoch deutlich darüber hinaus geht.[1533] Diese Unterschiede werden jedoch nicht durch die Besonderheiten des kommunalen Schuldners begründet, sondern sind auf die generelle Unterschiedlichkeit von USBC und InsO zurückzuführen.[1534] Es ist daher keine Notwendigkeit erkennbar, von den durch die §§ 21, 89 InsO bereitgestellten Sicherungsmaßnahmen abzuweichen.[1535]

5.5.9 Besondere Gläubigerstellungen

Die grundsätzliche Gleichbehandlung aller Gläubiger einer identischen Rechtsstellung im Insolvenzverfahren für Private[1536] ist damit zu begründen, dass es den Gläubigern im Rahmen ihrer Privatautonomie freisteht, mit wem sie Verträge schließen.[1537] Übertragen auf ein kommunales Verfahren gilt diese Prämisse jedoch

---

[1532] Vgl. Kapitel 5.4.1.
[1533] Vgl. Kapitel 5.4.2.2.
[1534] Vgl. NAGUSCHEWSKI (2011), S. 111.
[1535] Vgl. HOFFMANN (2012), S. 289, PAULUS (2010), S. 342.
[1536] Vgl. Kapitel 5.3.5.
[1537] Vgl. Art. 2 Abs. 1 GG und § 311 Abs. 1 BGB..

nur eingeschränkt, da ein Teil der Gläubiger sich ihren Schuldner nicht aussuchen konnten, sondern dieser gesetzlich vorgegeben wird. Ihr Anspruch basiert nicht auf privatrechtlichen Verträgen, sondern erwächst aus einer öffentlich-rechtlichen Pflicht der Gemeinde. Stellvertretend zu nennen sind hier die Sozialhilfeempfänger, deren Ansprüche Ergebnis sozialstaatlicher Abwägungen sind.[1538] Es stellt sich daher die Frage, inwieweit ein Insolvenzplan Eingriffe in diese Forderungen ermöglichen darf, d. h., ob Forderungsverzichte für diese Gläubigergruppe zumutbar sind. Das Schrifttum ist sich hier einig, dass Anspruchskürzungen bei diesen Gruppen in jedem Fall ausgeschlossen sein müssen.[1539] Gläubiger kraft öffentlichen Rechts sind absolut schutzwürdig.[1540] Ihnen darf kein Bonitätsrisiko aufgebürdet werden.[1541] Letztlich würde die Gemeinde auch eindeutig gegen ihre - auch im Insolvenzverfahren zu schützenden - Pflichtaufgaben verstoßen, wenn diese Gläubiger Ausfälle hinnehmen müssten. CRANSHAW wirft allerdings eine Abgrenzungsfrage auf: Wenn der Sozialhilfeempfänger schutzwürdig ist, muss dies nicht auch für den örtlichen Handwerker gelten, der auf kommunale Aufträge angewiesen ist?[1542]

Dies ist entschieden zu verneinen, da solche Gruppen keine Empfänger öffentlich-rechtlich normierter Ansprüche sind, sondern im Rahmen ihrer Vertragsfreiheit den Vertragspartner selber wählen. Selbst Gläubiger, die Ansprüche aus der Erfüllung unentbehrlicher Aufgaben durch die Gemeinde generieren, deren Ansprüche aber auf privatrechtlicher Vertragsfreiheit fußen, haben keine schützenswerte Stellung. Auch der Bauunternehmer, der für die Gemeinde ein Flüchtlingsheim oder ein Schulgebäude errichtet, ist somit nicht anders zu behandeln, sondern trägt ein Ausfallrisiko.

Verbindlichkeiten gegenüber öffentlich-rechtlich normierten Leistungsempfängern sind daher vom Insolvenzplanverfahren auszunehmen. Für diese Gläubiger bedarf es keiner Gruppenbildung, da ihre Ansprüche absolut gesichert bleiben und der Plan nicht in ihre Rechte eingreifen kann. Sie müssen folglich auch nicht über ihn abstimmen.

5.5.10 Erfüllungswahlrecht

Gegen eine Übernahme der Erfüllungswahlrechte nach §§ 103-128 InsO sprechen keine bedeutenden Argumente. Fraglich ist allerdings, ob im kommunalen Kon-

---

[1538] Vgl. LEWINSKI (2014), S. 214 und § 1 S. 1 SGB XII.
[1539] Vgl. stellvertretend KONRAD (2008), S. 165, CRANSHAW (2008), S. 103, A. FABER (2005), S. 933 f.
[1540] Vgl. CRANSHAW (2007), S. 103.
[1541] Vgl. A. FABER (2005), S. 946.
[1542] Vgl. CRANSHAW (2007), S. 103.

text eine Erweiterung des Wahlrechts auf Tarif-, Arbeits- und Pensionsverträge entsprechend des Chapter 9-Vorbilds[1543] zulässig und sinnvoll ist.

Zwar würde eine solche Eingriffskompetenz der insolventen Gemeinde größeren Sanierungsspielraum eröffnen, es lässt sich allerdings kaum begründen, wieso für den Arbeitnehmerschutz bei einem öffentlich-rechtlichen Schuldner andere - und zwar schwächere - Regeln als bei einem privaten Schuldner gelten.[1544] Eine Erweiterung ist daher strikt abzulehnen. Tariflich beschäftigte Arbeitnehmer der Gemeinde sind daher genauso geschützt wie Arbeitnehmer privater Unternehmen.[1545] Die InsO erlaubt der Gemeinde abseits der verkürzten Frist des § 113 InsO im Falle betriebsbedingter Kündigungen damit keine besonderen Kündigungsmöglichkeiten. Solange die rechtliche Existenz der Gemeinde als Dienstherr nicht in Frage gestellt wird, sind Eingriffe in Beamtenverhältnisse im Übrigen auch in einem Insolvenzverfahren gänzlich unmöglich.

Eine erweiterte Eingriffsmöglichkeit besteht lediglich in Bezug auf Betriebsvereinbarungen, z. B. über die leistungsorientierte Bezahlung. Im Insolvenzverfahren können diese gem. § 120 Abs. 1 InsO mit einer Frist von drei Monaten gekündigt werden, sofern sie die Insolvenzmasse belasten. Ob diese Voraussetzung erfüllt ist, hängt letztlich von der Zuordnung des Personals zu Produkten - hier also den entbehrlichen - ab.

5.5.11 Weitere Elemente eines kommunalen Insolvenzverfahrens

Die Insolvenzanfechtung nach den §§ 129 ff. InsO gilt unverändert auch für das Kommunalverfahren, damit gläubigerbenachteiligende Wirkungen rückgängig gemacht werden können.[1546]

Hinsichtlich der Kreditaufnahme während des Verfahrens zeigt sich auch keine Änderungsnotwendigkeit. Dass eine Möglichkeit zur weiteren Fremdkapitalbeschaffung auch in einem kommunalen Insolvenzverfahren gegeben sein muss, lässt sich insbesondere mit dem sog. Hockey-Stick-Modell begründen: In einer akuten Krisensituation greifen mögliche Sanierungsmaßnahmen selten augenblicklich, sondern der Abwärtstrend hält trotz der Einleitung von Änderungen zumindest für eine gewisse Zeit an, bevor es zum sog. Turn-Arround kommt. Zuvor ist daher eine kurzfristige Liquiditätssicherung von größter Bedeutung.[1547] § 264 InsO erlaubt nun die Kreditaufnahme unter Einräumung eines Vorrangrechts des Kreditgebers bis zur Höhe des in der Vermögensübersicht gelisteten Wertes, in einem kommuna-

---

[1543] Vgl. Kapitel 5.4.4.
[1544] Vgl. NAGUSCHEWSKI (2011), S. 114.
[1545] Vgl. BORCHERT (2012), S. 4.
[1546] Vgl. PAULUS (2010), S. 342.
[1547] Vgl. GROSS und AMEN (2002), S. 442.

len Insolvenzverfahren also des entbehrlichen Vermögens.[1548] Voraussetzung sollte auch hier bleiben, dass der gestaltende Teil des Insolvenzplans eine Überwachung der Plandurchführung vorsieht - im kommunalen Verfahren natürlich durch den Sachverwalter. Zu beachten sind hier lediglich die möglichen Kreditaufnahmebeschränkungen des Gemeindehaushaltsrechts, d. h., je nach Verwendungsform gilt die Obergrenze des § 86 Abs. 1 GO NRW (Investitionskredite nur bis zur Höhe der vorgesehenen Investitionen) bzw. die in der Haushaltssatzung selbst auferlegte Obergrenze für Liquiditätskredite nach § 89 Abs. 2 GO NRW. Aus dem Chapter 9 USBC ableitbarer Modifizierungsbedarf ergibt sich im Wesentlichen nicht, da auch hier den Gläubigern unbesicherter Kredite, die während des Verfahrens aufgenommen werden, ein Vorrang vor anderen Gläubigern eingeräumt werden kann.[1549]

Einer Übernahme des Schutzschirmverfahrens, welches dem Schuldner nach Antragstellung eine bis zu drei Monate währende Frist zur Ausarbeitung eines Insolvenzplans gewährt, bevor das Verfahren eröffnet wird,[1550] steht ebenfalls nichts entgegen. Aufgrund der Aufgaben- und Finanzierungskomplexität des kommunalen Schuldners bietet sich eine solche Vorbereitungszeit, in der die Gemeinde bereits durch Sicherungsmaßnahmen geschützt wird, geradezu an. Modifizierungsbedarf ergibt sich lediglich in Bezug auf die Voraussetzungen des § 270b Abs. 1 InsO. So ist der vorausgesetzte Antrag auf Eigenverwaltung unnötig, wenn diese im kommunalen Verfahren der Standardfall ist.[1551] Das Bescheinigen der anderen Voraussetzungen durch einen in Insolvenzangelegenheiten erfahrenen Dritten kann durch die Aufsichtsbehörde übernommen werden; diese stellt anschließend ohnehin den Sachverwalter. Die Bestimmung des vorläufigen Sachverwalters durch den Kommunalschuldner ist damit auch obsolet.

[1548] Vgl. Kapitel 5.3.9.
[1549] Vgl. § 901 (a) i. V. m. § 364 (c)-(f) USBC. Das Einräumen eines Vorrangrechtes für unbesicherte Forderungen erfordert hiernach allerdings eine Genehmigung des Insolvenzgerichts, während § 264 Abs. 1 InsO stattdessen auf die genannte Obergrenze und das Überwachungserfordernis abstellt.
[1550] Vgl. Kapitel 5.3.9.
[1551] Vgl. Kapitel 5.5.5.

5.5.12 Zusammenfassende Darstellung des Systemvorschlags

Die nachfolgende Darstellung[1552] zeigt, in welcher Form ein kommunales Insolvenzverfahren Regelungen der InsO übernimmt und an welchen Stellen es zu Modifizierungen kommt, um der besonderen Rechtsstellung des Kommunalschuldners gerecht zu werden:

Eigenschaft	Regelung für Unternehmen	Regelung für Gebietskörperschaften
Verfahrensform	Regelverfahren oder Planverfahren	Planverfahren
Eröffnungsgründe	Zahlungsfähigkeit, drohende Zahlungsfähigkeit, Überschuldung	Zahlungsfähigkeit, drohende Zahlungsfähigkeit, Überschuldung
Antragspflicht	bei Zahlungsunfähigkeit und Überschuldung	bei Zahlungsunfähigkeit und Überschuldung
Zulässigkeit von Fremdanträgen	Gläubiger	Aufsichtsbehörde
Verwaltung	Fremdverwaltung oder Eigenverwaltung mit Sachverwalter	Eigenverwaltung mit Sachverwalter (durch Aufsichtsbehörde gestellt)
Sicherungsmaßnahmen	Vollstreckungsschutz	Vollstreckungsschutz
Insolvenzmasse	alles, außer unpfändbares Vermögen	entbehrliches Vermögen auf Basis selbst gewählter Zuordnung
Planinitiativrecht	Schuldner und Insolvenzverwalter	Schuldner
Zustimmungsfiktion bzw. Stimmersetzung	möglich, wenn Quote des Planverfahrens nicht geringer als Quote des Regelverfahrens	möglich, wenn Quote des Planverfahrens nicht geringer als Durchschnittsquote aus Zwangsvollstreckung in entbehrliches Vermögen
Erüllungswahlrecht	schwebende Verträge, nicht Tarif-, Arbeits- und Pensionsverträge	schwebende Verträge, nicht Tarif-, Arbeits- und Pensionsverträge

---

[1552] Vgl. Tabelle 5.1.

Kreditaufnahme	bei Planüberwachung möglich bis zur Vermögenshöchstgrenze	bei Planüberwachung möglich bis zur Höchstgrenze des entbehrlichen Vermögens, gedeckelt durch haushaltsrechtliche Vorgaben
Gläubigergleichbehandlung	Rangbildung entsprechend der §§ 38, 39 und 47-55 InsO	Rangbildung und besonderer Schutz von Leistungsempfängern aus öffentlich-rechtlicher Verpflichtung
Schutzschirmverfahren (3-Monatsfrist)	zulässig nach § 270b Abs. 1 InsO	zulässig ohne gesonderten Eigenverwaltungsantrag, Bescheinigung durch Aufsichtsbehörde

Tabelle 5.1: Insolvenzverfahren für Private und Kommunen

Spätestens seit der Ablösung der Konkursordnung durch die InsO und den damit verbundenen Möglichkeiten zum Fortbestehen des Schuldners, dem Abweichen von einer Fremdverwaltung u. v. a. m., besteht zumindest aus rechtlicher Sicht kein Grund mehr, eine Insolvenzverfahrensfähigkeit der Gemeinden pauschal auszuschließen. Die kommunale Selbstverwaltung nach Art. 28 Abs. 2 GG entfaltet keine absolute Sperrwirkung, sondern stellt vielmehr den zu gewährleistenden Rahmen bei der konkreten Ausgestaltung eines kommunalen Verfahrens dar.[1553] Denn: Eine einfache Übernahme sämtlicher InsO-Regelungen auf den kommunalen Kontext ist nach wie vor nicht verfassungskonform. Das Insolvenzrecht ist aber flexibel genug, um durch die genannten Modifikationen eine Kompatibilität herzustellen, ohne, dass es zu außerordentlichen Umwälzungen in der InsO kommen muss.[1554] Formal bietet es sich dabei an, einen zusätzlichen Abschnitt zur Insolvenz von Gebietskörperschaften einzufügen, in dem die besonderen Verfahrenseigenschaften festgehalten werden und der ansonsten auf die allgemeinen Vorschriften, z. B. zum Planverfahren, verweist.[1555]

[1553] Vgl. CRANSHAW (2008), S. 100, HOFFMANN (2012), S. 350.
[1554] Vgl. HOFFMANN (2012), S. 329.
[1555] Vgl. HOMBURG und RÖHRBEIN (2007), S. 16.

5.6 Auswirkungen einer kommunalen Insolvenzverfahrensfähigkeit

5.6.1 Finanzwirtschaftliche Sanierung und Schuldenbereinigung

Nach geltendem Recht ist eine unmittelbare Beteiligung der Gläubiger an der Bewältigung einer finanziellen Krise einer Kommune nicht vorgesehen. Eine solche Beteiligung ist nun zentrales Strukturmerkmal der kommunalen Insolvenzverfahrensfähigkeit.[1556] Durch die geregelte Abwicklung von bestehenden Verbindlichkeiten dergestalt, dass im Insolvenzplan Vereinbarungen über Stundungen, Zinsmodifizierungen u. v. a. m. getroffen werden und sämtliche restlichen Verbindlichkeiten mit der Planbestätigung erlassen werden, erhält die Gemeinde die Möglichkeit eines finanziellen Neustarts. Sie wird von einem Teil ihrer Schuldenlast befreit und trifft entsprechend ihrer Möglichkeiten Neuregelungen über die Rückzahlungsmodalitäten der nicht erlassenen Verbindlichkeiten. Die Erzielung einer Einigung ist dabei einfacher, als außerhalb des Insolvenzverfahrens, da nicht mehr die Zustimmung aller Gläubiger benötigt wird. Dabei erfolgt die Sanierung nicht mehr ausschließlich zu Lasten der Bürger und des örtlichen Gewerbes, die bei Steuererhöhungen, Leistungskürzungen u. Ä. exklusiv betroffen sind.[1557]

Das Insolvenzverfahren ist folglich mit einem Forderungsausfall verbunden. Es wurde bereits gezeigt, dass solche Ausfälle der Gläubiger - mit Ausnahme der öffentlich-rechtlich normierten Leistungsempfänger[1558] - grundsätzlich zulässig und mit den Zielen der InsO vereinbar sind, solange ein quantifizierbarer Maßstab für das Schlechterstellungsverbot existiert.[1559] Es stellt sich jedoch die Frage, ob dies für alle Forderungen unabhängig vom Zeitpunkt ihrer Begründung gilt. Näher zu untersuchen ist, ob Forderungen, die vor dem Inkrafttreten einer kommunalen Insolvenzverfahrensfähigkeit begründet wurden, aufgrund der bis dato geltenden Rechtslage möglicherweise schutzwürdig sind.

BRAND fordert diesbezüglich einen absoluten Bestandsschutz.[1560] NAGUSCHEWSKI hingegen lehnt dies ab: Die Begründung, die Kreditvergabe erfolgte unter der Annahme, dass eine Insolvenzverfahrensfähigkeit des Kreditnehmers ausgeschlossen ist, sei nicht stichhaltig.[1561] Auch für HOFFMANN sind Ausfälle von Altforderungen gerechtfertigt, da eine solche Möglichkeit den Mechanismen einer Marktwirtschaft entspreche.[1562] Beide Autoren zielen darauf ab, dass der Glaube an die

---
[1556] Vgl. LEWINSKI (2014), S. 209.
[1557] Vgl. BLANKART und FASTEN (2009), S. 44.
[1558] Vgl. Kapitel 5.5.9.
[1559] Vgl. Kapitel 5.5.6.4.
[1560] Vgl. BRAND (2014), S. 144, 179.
[1561] Vgl. NAGUSCHEWSKI (2011), S. 151.
[1562] Vgl. HOFFMANN (2012), S. 327.

Nicht-Ausfallgefährdung von Forderungen gegenüber Gemeinden nicht auf einer expliziten Regelung einer Einstandsgarantie von Land oder Bund fußt, sondern eher aus dem Verhalten dieser in der Vergangenheit. Wenngleich eine solche Pflicht tatsächlich nicht existiert,[1563] wurde dennoch gezeigt, dass Regelungen bestehen, die die Kreditgeber aus ihren Prüfungspflichten entlassen und gleichzeitig eine 0 %-Risikopositionierung bei Kommunalkrediten verlangen.[1564] Unabhängig davon, ob die Kreditgeber hieraus einen Einstandswillen des Staates ablesen oder nicht, ergibt sich aus diesen Vorschriften, dass Kredite an Gemeinden wie solche ohne Ausfallrisiko zu behandeln sind. Das Argument des Vertrauensschutzes ist also allein aus diesem Grund zutreffend. Konsequenterweise muss eine Öffnung der InsO für Gemeinden also auch mit einem ersatzlosen Streichen dieser Regelungen einhergehen, um Widersprüche bezüglich der Risikobehaftung kommunaler Kredite zu vermeiden. Sofern die Forderungen vor diesem Änderungszeitpunkt begründet wurden, sind sie damit aber auch schutzwürdig.

Zudem ist zu berücksichtigen, dass ohne eine kommunale Insolvenzverfahrensfähigkeit keinerlei andere Rechtsvorschriften existieren, die zu einem rechtlichen Ausfall der Forderungen führen können. Selbst wenn eine Gemeinde zwischenzeitig zahlungsunfähig ist und es zu keinem Bailout kommt, geht der Anspruchstitel des Gläubigers trotzdem nicht unter. Solange es nicht zu einer Verjährung kommt, kann der Anspruch also durchaus befriedigt werden, nur eben zu einem späteren Zeitpunkt. Letztlich hat auch die Rechtsprechung bestätigt, dass staatsrechtliche Änderungen - hier also die Öffnung der InsO für Gemeinden[1565] - unter normalen und friedlichen Verhältnissen nicht zu einem Untergang bestehender Forderungen gegenüber Staat und Gemeinden führen dürfen; ansonsten läge ein unzulässiger Eingriff in die Eigentumsgarantie des Art. 14 GG vor.[1566] Zwar wurde 1962 ein Schuldenschnitt infolge eines Staatsbankrotts - dort bezogen auf die faktische Insolvenz des Deutschen Reichs - grundsätzlich als gerechtfertigt eingestuft, wenn nur durch Eingriffe in die Eigentumsrechte der Gläubiger die Funktionsfähigkeit des Staates aufrecht erhalten werden kann.[1567] Es konnte jedoch bisher keine allgemeingültige völkerrechtliche Regelung festgestellt werden, die es Staaten erlaubt, in Notständen die Erfüllung privatrechtlicher Zahlungsansprüche zu verweigern.[1568] Solche Bedenken, die bereits gegen souveräne Gesamtstaaten geäußert werden,

---

[1563] Vgl. Kapitel 4.5.1.
[1564] Vgl. § 21 Abs. 2 Nr. KWG, § 27 Nr. 1 a) i. V. m. § 26 Nr. 2 a) SolvV.
[1565] Vgl. BRAND (2014), S. 178.
[1566] Vgl. BGH vom 14.12.1977, NJW 1977, 628 (628 f.). Einschränkend ist im kommunalen Kontext allerdings anzumerken, dass ein Großteil der Verbindlichkeiten gegenüber öffentlich-rechtlichen Banken besteht, die sich mangels Grundrechtsfähigkeit nicht auf Art. 14 GG berufen können, vgl. HOFFMANN (2012), S. 187, BRAND (2014), S. 179.
[1567] Vgl. BVERFG vom 14.11.1962, NJW 1963, 32 (33).
[1568] So beispielsweise auch in Bezug auf den Staatsnotstand Argentiniens, vgl. BVERFG vom 08.05.2007, NJW 2007, 2610 (2611).

dürften umso mehr Gewicht haben, wenn eine kommunale Gebietskörperschaft als bloßes Teilelement im Staatsaufbau einen einseitigen Schuldenschnitt erwägt. Selbst wenn bei einem Staatsbankrott also eine Schuldenbefreiung eindeutig bejaht werden könnte, kann dies nicht auf eine Kommune übertragen werden - insbesondere dann nicht, wenn auf übergeordneter Ebene (Bund, Land oder gar andere Länder) noch Mittel zur Gläubigerbefriedigung vorhanden sind.[1569]

Im Ergebnis kann damit festgehalten werden: Ausfälle von Forderungen im Rahmen des Insolvenzplanverfahrens sind damit nur zulässig, sofern sie nach der rechtlichen Etablierung einer kommunalen Insolvenzverfahrensfähigkeit begründet wurden. Altforderungen sind stattdessen absolut schutzwürdig. Eine finanzwirtschaftliche Sanierung kann somit nur für nach dem Inkrafttreten des Stabilisierungssystems begründete Schulden der Gemeinde erfolgen.

5.6.2 Kreditregulierung durch den Kapitalmarkt und weitere Leistungsanpassungen durch Dritte

Durch die §§ 128 Abs. 2 GO NRW, 21 Abs. 1 Nr. 1 KWG und 27 Nr. 1 a) SolvV wird der kommunale Kreditnehmer im geltenden Recht unabhängig von seiner tatsächlichen Haushaltslage mit der höchsten Bonität bewertet und die Kreditvergabe als risikolos eingestuft. Diese geliehene Bonität zusammen mit einer Verschuldungsautonomie der Gemeinden ruft Fehlanreize bei allen Beteiligten hervor, die als mitverantwortlich für die hohe Verschuldung der Gemeinden gekennzeichnet wurden.[1570]

Ein Streichen der o. g. Vorschriften, d. h. eine konsequenten Öffnung der InsO für Gemeinden, ist mit einem nun bestehenden Ausfallrisiko der Forderungen der Gemeindegläubiger verbunden. Wird über die Gemeinde ein Insolvenzverfahren eingeleitet, steht an dessen Ende möglicherweise ein genehmigter Insolvenzplan, der Forderungsverzichte der Gläubiger vorsieht. Die bisher aufgrund der o. g. Vorschriften implizierte pauschale Höchstbonität entfällt damit.[1571] Das unbeschwerte Vertrauen der Gläubiger in die Rückzahlung des gewährten Kredits einschließlich Zinsen würde dadurch schwinden.[1572] Wenn finanzielle Fehlentwicklungen der Gemeinde dazu führen können, dass die Gläubiger nicht mehr sämtliche ihrer Ansprüche einlösen können, werden diese bereits bei der Kreditvergabe darauf reagieren.[1573] Können die Gläubiger das Risiko des anteiligen Forderungsausfalls in diesem Moment antizipieren, werden sie die Kreditbedingungen auf dieses Risiko

---
[1569] Vgl. BULL (2010), S. 346.
[1570] Vgl. Kapitel 4.4.1.
[1571] Vgl. A. FABER (2005), S. 945.
[1572] Vgl. BRÜNING (2014), S. 243, PAULUS (2010), S. 339.
[1573] Vgl. FRIELINGHAUS (2007), S. 264, HOFFMANN (2012), S. 330.

abstimmen.¹⁵⁷⁴ Das zentrale Instrument hierfür ist der Zinssatz: Ein Schuldner, der Tilgung und Zins mit einer Wahrscheinlichkeit von weniger als 100 % zurückzahlen wird, kann Fremdkapital nur zu einem höheren Entgelt beziehen, als der Schuldner, bei dem Tilgungs- und Zinszahlungen als völlig sicher gelten.¹⁵⁷⁵ Mit sinkender Bonität steigen die Zinsen und ab einer gewissen Ausfallwahrscheinlichkeit kommt es sogar zu einer Kreditrationierung, d. h., der potentielle Kreditnehmer wird unabhängig von den Zinsen, die er zu zahlen bereit ist, keinen Kreditgeber finden, der sich auf ein Geschäft mit ihm einlässt.¹⁵⁷⁶ Mit sinkender Bonität steigen also die Kosten der Kreditaufnahme bzw. die quantitativen Möglichkeiten der Kreditaufnahme verringern sich. Es greift die sog. Marktdisziplinierungshypothese: Zinszuschläge und Kreditrationierungen sind nicht Ausdruck eines Marktversagens, sondern Instrumente zur Disziplinierung von Schuldnern.¹⁵⁷⁷ Durch diese Disziplinierung wird eine exzessive Verschuldung, wie sie in der Vergangenheit insbesondere im Bereich der Kassenkredite zu beobachten gewesen ist, bereits im Voraus vermieden.¹⁵⁷⁸ Die Etablierung einer kommunalen Insolvenzverfahrensfähigkeit aktiviert folglich - über die nun bestehende Ausfallgefährdung von Forderungen - den bisher unterdrückten Steuerungsmechanismus des Kapitalmarktes.¹⁵⁷⁹ Dieser Marktmechanismus stellt somit eine Art „natürliche (...) Schuldenbremse"¹⁵⁸⁰ dar. Diszipliniert werden dabei nicht nur die potentiellen Kreditnehmer, die nicht mehr unbegrenzt und ohne Preisaufschläge Fremdkapital beziehen können, sondern auch die Kreditgeber, die dieses Kapital eben nicht mehr bedenkenlos zur Verfügung stellen.¹⁵⁸¹ Die in der derzeitigen Rechtslage ausbleibende Kontrollfunktion der Kreditinstitute¹⁵⁸² wird aktiviert. Das kommunale Insolvenzverfahren entfaltet seine Wirkung daher nicht nur durch seine konkrete Durchführung - unter Einschränkung in Form der Altschuldenproblematik -, sondern vielmehr durch seine bloße Existenz und das dadurch implizierte Ausfallrisiko der Forderungen. Zukünftigen Finanzproblemen in Form exzessiver Verschuldung wird damit vorgebeugt.¹⁵⁸³

Bereits die bloße Etablierung der kommunalen Insolvenzverfahrensfähigkeit schafft erste Anreize auf Seiten der Kreditgeber zur Regulierung der zukünftigen Verschuldungsmöglichkeiten.¹⁵⁸⁴ Spätestens aber der erste größere Fall einer kommuna-

---

¹⁵⁷⁴ Vgl. BLANKART und EHMKE (2014), S. 174.
¹⁵⁷⁵ Vgl. KONRAD (2008), S. 160 f.
¹⁵⁷⁶ Vgl. BÖSCH (2016), S. 245, BLANKART und FASTEN (2009), S. 44, JOCHIMSEN (2007), S. 519.
¹⁵⁷⁷ Vgl. LANE (1993), S. 55-58, RESTOY (1996), S. 1641, HOMBURG und RÖHRBEIN (2007), S. 15.
¹⁵⁷⁸ Vgl. MAGIN (2011), S. 221.
¹⁵⁷⁹ Vgl. CRANSHAW (2008), S. 100.
¹⁵⁸⁰ MAGIN (2011), S. 221.
¹⁵⁸¹ Vgl. JOCHIMSEN (2007), S. 519.
¹⁵⁸² Vgl. Kapitel 4.4.1.
¹⁵⁸³ Vgl. stellvertretend für die Vielzahl diesbezüglicher Aussagen HOFFMANN (2012), S. 336, JOCHIMSEN (2007), S. 25, PAULUS (2002), S. 4, DUVE (2010), S. 12, CRANSHAW (2007), S. 55, LEWINSKI (2014), S. 213.
¹⁵⁸⁴ Vgl. HOFFMANN (2012), S. 330.

5.6 Auswirkungen einer kommunalen Insolvenzverfahrensfähigkeit

len Zahlungsunfähigkeit und eines damit verbundenen Insolvenzverfahrens würde die bisher zugebilligte Höchstbonität obsolet machen.[1585] Voraussetzung hierfür ist allerdings, dass der Staat bei sich abzeichnenden Zahlungsschwierigkeiten auf einen Bailout verzichtet.[1586] Ansonsten käme es zum bereits gekennzeichneten Problem staatlicher Rettungsmaßnahmen: Wenngleich keine rechtliche Grundlage existiert, können die Fremdkapitalgeber insbesondere bei *too big to fail*-Schuldnern von einer stillschweigenden staatlichen Rettungsgarantie ausgehen.[1587] Anreize zur Bonitätskontrolle und damit verbundener Zinsbemessung und Kreditrationierung werden dadurch geschwächt.[1588] Die mit der Insolvenzverfahrensfähigkeit intendierten Reaktionen des Kapitalmarktes bleiben damit aus oder fallen zumindest deutlich milder aus.[1589] Die Erwartungshaltung eines Bailouts ist nur durch ein anderes Image des Staates änderbar: Um die Annahme der Landes- oder Bundeshilfen in Notfällen zu erschüttern, müssten die Regierungen ein Exempel in Form eines Kommunalbankrotts statuieren.[1590] Nur so käme es zur Einleitung eines Insolvenzverfahrens, an dessen Ende erstmals ein anteiliger Forderungsverzicht der Gläubiger steht, der ihnen die zukünftige Ausfallgefährdung vor Augen führt.[1591] Dieses Exempel müsste jedoch ein hinreichend großes Ausmaß haben. Fälle kleinerer Gemeinden, denen das Land in der Vergangenheit Hilfe verweigert hat, konnten den Glauben der Kreditgeber an die Bonität der Kommunen nicht erschüttern.[1592] Notwendige Bedingung einer wirksamen kommunalen Insolvenzverfahrensfähigkeit ist damit ein striktes Verbot der Unterstützung durch andere Gebietskörperschaften.[1593]

Eine Disziplinierung der kommunalen Schuldenaufnahme setzt des Weiteren voraus, dass der Kapitalmarkt die individuellen Ausfallwahrscheinlichkeiten für die Gemeinden antizipieren kann.[1594] Im Gegensatz zum derzeitigen Kreditvergabeprozess hat der Kreditgeber daher einen starken Anreiz, sich über die individuelle Bonität der Gemeinde zu informieren, indem er den potentiellen öffentlichen Schuldner dahingehend prüft, ob er voraussichtlich in der Lage sein wird, seine Schulden zurückzuzahlen. Die Beobachtung der Zentralstaatsbonität reicht hierzu nicht mehr aus.[1595] Bezugspunkt der gemeindeindividuellen Beurteilung wird insbesondere die kommunale Haushaltslage und -entwicklung sein.[1596] Zentrale In-

---
[1585] Vgl. A. FABER (2005), S. 447.
[1586] Vgl. BRAND (2014), S. 185.
[1587] Vgl. Kapitel 4.5.2.
[1588] Vgl. BERK und DEMARZO (2016), S. 564.
[1589] Vgl. BRAND (2014), S. 186.
[1590] Vgl. BRAND (2014), S. 135.
[1591] Vgl. BUNDESMINISTERIUM DER FINANZEN (2005), S. 18 f.
[1592] Vgl. Kapitel 4.4.1.
[1593] Vgl. BUNDESMINISTERIUM FÜR WIRTSCHAFT UND ARBEIT (2005), S. 24.
[1594] Vgl. HOFFMANN (2012), S. 332 f.
[1595] Vgl. KONRAD (2008), S. 166.
[1596] Vgl. SCHWARTING (2012), S. 6.

formationsquellen sind daher der Jahresabschluss der Gemeinde sowie der Haushaltsplan.[1597] Ihre Grenze findet die Marktdisziplinierung in unvollständigen Informationen; hier würde es zu Marktversagen kommen.[1598] Da die Informationsbeschaffungskosten für eine individuelle Kreditanfrage trotz Öffentlichkeit von Jahresabschluss und Haushaltsplan hoch sind, ist es wahrscheinlich, dass die Notwendigkeit einer effizienten Beurteilung des gemeindeindividuellen Ausfallrisikos zur flächendeckenden Etablierung eines Kommunalratings führt.[1599] So geschehen beispielsweise auch in der Schweiz: Nachdem sich die Gemeinde Leukerbad in den 1990er Jahren hoch verschuldet hatte und das Kanton Wallis sich weigerte, für die Schulden einzustehen, drohte den Gläubigern erstmals ein Ausfall ihrer Forderungen gegenüber einer öffentlichen Körperschaft. In der Folge entstand ein landesweites Ratingsystem, welches seinerseits zu Reformen im Rechnungswesen führte, um mehr Transparenz zu gewährleisten.[1600] Letztgenannter Schritt wurde in NRW in Form der kommunalen Doppik vorweggenommen; ein Ratingsystem war bisher jedoch mangels Ausfallgefährdung der Forderungen gegenüber Kommunen nicht notwendig. Die Banken werden für eine Kreditvergabe also voraussetzen, dass die Gemeinden eine Rating-Agentur beauftragen, die individuellen Ausfallwahrscheinlichkeiten zu schätzen und diese Ergebnisse frei zu veröffentlichen.[1601] Aus diesem Rating leiten die Banken anschließend die Risikozuschläge auf die Zinsen ab.[1602] Dadurch können die Kreditgeber abgestuft auf das Insolvenz- und Ausfallrisiko reagieren, sodass entsprechend der Marktdisziplinierungshypothese der Spielraum der politischen Entscheidungsträger in feinen Schritten eingeschränkt wird.[1603] Zu beobachten ist dies beispielsweise in Kanada gewesen, wo ein striktes Selbsthaftungsprinzip herrscht und die Kreditvergabe ratingbasiert erfolgt. Als in den 1980er und 1990er Jahren die kanadischen Provinzen zunehmend auf Kredite zur Finanzierung ihrer Aufgaben zurückgriffen, kam es zu einer stetigen Verschlechterung der Ratings. Bevor diese jedoch soweit sanken, dass sich eine Kreditrationierung einstellte, begannen die Provinzen aus Eigenanstrengung mit der Reduzierung der Neuverschuldung.[1604]

[1597] Vgl. CRANSHAW (2008), S. 100.
[1598] Vgl. HEWEL und NEUBÄUMER (2017), S. 28, vertiefend DREWELLO, KUPFERSCHMIDT und SIEVERING (2018), S. 231-236.
[1599] Vgl. A. FABER (2005), S. 945, HOFFMANN (2012), S. 332.
[1600] Vgl. JOCHIMSEN (2007), S. 523, BLANKART und FASTEN (2009), S. 47. Vgl. ausführlich zum Fall Leukerbad UEBERSAX (2005).
[1601] Vgl. BLANKART und EHMKE (2014), S. 179.
[1602] Vgl. SCHWARTING (2012), S. 6, BLANKART und EHMKE (2014), S. 179.
[1603] Vgl. LEWINSKI (2014), S. 213.
[1604] Vgl. hierzu ausführlich TER-MINASSIAN (1997).

5.6 Auswirkungen einer kommunalen Insolvenzverfahrensfähigkeit

Dass die Aufgabenerfüllung der Gemeinde nicht ausschließlich durch die Kernverwaltung sondern auch ausgelagerte Organisationen erfolgt,[1605] macht eine Beurteilung des gesamten Kommunalkonzerns im Vorfeld der Kreditvergabe bzw. beim Rating notwendig. Werden beispielsweise defizitäre Auslagerungen ignoriert, wird die Gefahr einer plötzlichen Verschlechterung der Haushaltswirtschaft durch einen einmaligen Verlustausgleich und die daraus resultierende Erhöhung des Ausfallrisikos verkannt. Durch eine Beurteilung der aus ausgelagerten Aufgabenbereichen resultierenden Haftungsrisiken bei der Bonitätsprüfung bzw. dem Rating trägt das System einer kommunalen Insolvenzverfahrensfähigkeit der Konzernbildung jedoch ausreichend Rechnung.[1606]

Wenn Fremdkapitalgeber die Kreditvergabe abhängig von der Ausfallwahrscheinlichkeit machen, wird es bei den meisten Kommunen zu einer Verteuerung der Kreditaufnahme kommen.[1607] Allein durch die Notwendigkeit der oben beschriebenen Bonitätsbeurteilung werden sich die Transaktionskosten der Kreditanbahnung erhöhen, welche auf den Kreditpreis aufgeschlagen werden. Dazu kommt, dass einem Großteil der Gemeinden nun eben nicht mehr die bisher unterstellte 0 %-Risikogewichtung bescheinigt werden kann, wodurch die Banken zusätzliche Risikoprämien auf die Zinsen aufschlagen. Die Fremdfinanzierung der Gemeinden wird damit insgesamt teurer.[1608] Dies war auch in der Schweiz zu beobachten, in der der Fall Leukerbad zu einer Erhöhung der Fremdkapitalkosten der gesamten Gemeindeebene geführt hat.[1609] Die derzeit aus einer Kombination von geliehener Bonität und Niedrigzinsniveau resultierende extrem günstige Fremdfinanzierung würde sich damit zu einem bedeutenden Kostentreiber in den kommunalen Haushalten entwickeln. Von einer Zinserhöhung betroffen wären dabei natürlich nicht nur die Liquiditätskredite, sondern auch die Investitionskredite - dies könnte zu einem neuen Hemmnis für die Investitionstätigkeit der Gemeinden führen. Indirekt würden von der Kreditverteuerung auch die Altschulden betroffen sein: Wenngleich hierfür Bestandsschutz besteht und die Zinsen vertraglich festgeschrieben sind, schlagen sich die erhöhten Zinsen spätestens bei einer möglichen (teilweisen) Anschlussfinanzierung nieder.[1610] Letztere unterliegt nun dem Insolvenz- und Ausfallrisiko, sodass die Banken hierfür Risikozuschläge verlangen werden.

[1605] Vgl. Kapitel 2.2.
[1606] Werden die Auslagerungen der Gemeinde in Bezug auf Haftungsfragen zugerechnet, da sie entweder rechtlich unselbstständig sind (wie z. B. der Eigenbetrieb) oder zwar rechtlich selbstständig, jedoch unter einer Gewährträgerhaftung der Gemeinde stehen (wie z. B. die AöR), werden sie von der Insolvenzverfahrensfähigkeit der Gemeinde umfasst. Auslagerungen in haftungsbeschränkter Rechtsform (z. B. die GmbH) sind indes selbst Gegenstand des Insolvenzrechts. Entstehen in Teilen des kommunalen Konzerns somit finanzielle Schieflagen, sind sämtliche Organisationsformen gleichermaßen vom Insolvenzrecht abgedeckt.
[1607] Vgl. LEWINSKI (2014), S. 224, BRAND (2014), S. 185, CRANSHAW (2007), S. 225.
[1608] Vgl. MENSCH (2011), S. 3, BULL (2010), S. 343.
[1609] Vgl. JOCHIMSEN (2007), S. 523.
[1610] Vgl. KONRAD (2008), S. 167.

Eine plötzliche Ausfallgefährdung von Forderungen gegenüber Gemeinden dürfte aber nicht nur Auswirkungen auf die individuelle Finanzierung einer Kommune haben. Sobald die erste Gemeinde die Eröffnung eines Insolvenzverfahrens beantragt und dieses mit einem partiellen Forderungsverzicht der Gläubiger endet, wird nicht nur das Vertrauen in die Kreditwürdigkeit eben dieser Gemeinde erschüttert, sondern auch der anderen Kommunen sowie möglicherweise sogar der Staatsbehörden.[1611] Wenn der Staat (z. B. das Land NRW) bonitätsabhängige Kreditvergaben für Kommunen zulässt, nährt er nach Ansicht vereinzelter Autoren auch Zweifel an seiner eigenen Bonität und damit seiner bisherigen Rating-Einstufung.[1612] Aus der Öffnung des Kommunalsektors für kapitalmarktbasierte Sanktionsmechanismen könnte folglich eine Ansteckungsgefahr für den restlichen öffentlichen Bereich resultieren.[1613] Die Zahlungsunfähigkeit und der anteilige Forderungsausfall als Ergebnis eines kommunalen Insolvenzverfahrens würde damit das gesamte bisherige Fremdfinanzierungssystem in Frage stellen.[1614]

Nicht nur die Fremdkapitalgeber werden sich bei einem drohenden Forderungsverlust genau überlegen, ob und, wenn ja, zu welchen Konditionen sie ein Vertragsverhältnis mit der Kommune eingehen, sondern auch die anderen Stakeholder. Wenn sie nicht mehr uneingeschränkt darauf vertrauen können, dass ihre Forderungen - wenngleich evtl. verspätet oder durch einen staatlichen Bailout - auf jeden Fall beglichen werden, werden private Leistungspartner wie Lieferanten und Dienstleister bei der Auswahl der Gemeinde als Vertragspartner größere Achtsamkeit walten lassen und genau überlegen, zu welchen Preisen sie ihre Leistungen erbringen.[1615] Gleiches gilt für potentielle Kommunalbedienstete, die zumindest mit dem Eingehen eines privatrechtlichen Arbeitsverhältnisses zögern werden, wenn ihrem potentiellen Arbeitgeber ein Insolvenzverfahren droht, in dessen Rahmen insbesondere Dienstverhältnisse auf Probe möglicherweise der Sanierung zum Opfer fallen.[1616] Dritte werden also insgesamt eine größere Achtsamkeit bei der Auswahl der Kommune als Vertragspartner walten lassen. Letztlich erfolgt dadurch eine Angleichung an die Gegebenheiten des Rechtsverkehrs unter ausschließlich Privaten.[1617] Die Gemeinden werden somit in der Möglichkeit beschnitten, überbordende Leistungen anzubieten, weil die Beschaffungsmärkte die hierfür notwendigen Produktionsfaktoren restriktiver als bisher zur Verfügung stellen. Ein solches Hemmnis kann genau

---

[1611] Vgl. BULL (2010), S. 343.
[1612] Vgl. z. B. BRAND (2014), S. 197. Da auch die Länder sich ihre Bonität letztlich beim Bund als Gesamtstaat leihen und in der Vergangenheit ein gegenseitiges Einstehen der Länder aus dem bündischen Prinzip abgeleitet wurde (vgl. BVERFG vom 27.05.1992, JZ 1992, 962), wirken sich die bisherigen Ratings faktisch kaum auf die Kreditvergabe aus.
[1613] Vgl. JOCHIMSEN (2007), S. 520.
[1614] Vgl. SCHWARTING (2012), S. 9.
[1615] Vgl. A. FABER (2005), S. 945.
[1616] Vgl. FRIELINGHAUS (2007), S. 266.
[1617] Vgl. A. FABER (2005), S. 945.

wie die Kreditdisziplinierung präventiv in Bezug auf neue Finanzprobleme wirken, bedeutet aber auch gleichzeitig eine zusätzliche finanzielle Belastung der Gemeinden.

Neben höheren Zinsen und Entgelten für Leistungen Dritter werden die Kommunalhaushalte bei einer Insolvenzverfahrensfähigkeit zusätzlich durch die dann notwendige Insolvenzgeldumlage sowie die Beiträge zum PSVaG belastet.[1618] Nicht vergessen werden dürfen auch die für die Abwicklung des Insolvenzverfahrens anfallenden Kosten, z. B. für Gutachten u. Ä.

5.6.3 Leistungswirtschaftliche Sanierung und Reorganisation

Im zuvor entwickelten Vorschlag für ein kommunales Insolvenzverfahren kommt es zu einer Annahme des Insolvenzplans nur, wenn

- sämtliche Gläubigergruppen entscheiden, dass der Plan für sie von Vorteil ist, oder

- bei Ablehnung vereinzelter Gruppen durch einen rechnerischen Vergleich sichergestellt ist, dass sie trotzdem nicht schlechter gestellt werden.

Vergleichsmaßstab ist dabei immer die hypothetische Befriedigungsquote, die aus einer Einstellung des Insolvenzverfahrens und damit der (Wieder-) Einleitung der individuellen Zwangsvollstreckungen resultiert.[1619] Die Gemeinde muss den Gläubigern bzw. dem die Zustimmung ersetzenden Insolvenzgericht daher glaubhaft machen, dass die Planannahme einschließlich des damit verbundenen Verbindlichkeitenerlasses die Gläubiger mindestens genauso gut oder gar besser befriedigt, als dies bei einer Verfahrenseinstellung der Fall wäre. Dies wird der Schuldner kaum schaffen, wenn er weiterhin an seinem Leistungsangebot, seinen Abgabesätzen, seinem Personalstamm und sämtlichen die Insolvenz begründenden Determinanten festhält. Stattdessen muss er glaubhaft darstellen, wie er seine Leistungswirtschaft in Zukunft umstellt, damit wieder ausreichend Erträge erwirtschaftet werden können, aus denen die Gläubigerforderungen bedient werden können. Es muss also beispielsweise zu Wirtschaftlichkeitssteigerungen im Verwaltungshandeln, der Veräußerung nicht mehr benötigten Vermögens und der Einstellung nicht dringend gebotener Aufgaben kommen. In den Fokus rückt dabei konsequenterweise das entbehrliche Vermögen und die damit zusammenhängenden Produkte. Diesen vom Schuldner selber als nicht zwangsläufig notwendig eingestuften Bereich wird er nur schwer aufrecht erhalten können, wenn er eine Planannahme einschließlich teilweisem Forderungsverzicht und / oder -aufschub der Gläubiger anstrebt. Das Insolvenzplanverfahren in seiner hier vorgeschlagenen Ausgestaltung impliziert so-

---
[1618] Vgl. KATZ (2004), S. 50, FRIELINGHAUS (2007), S. 266.
[1619] Vgl. Kapitel 5.5.6.4.

mit - im Gegensatz zu den bisherigen Vorschlägen des Schrifttums - nicht nur eine finanzwirtschaftliche, sondern auch die Notwendigkeit einer leistungswirtschaftlichen Sanierung des kommunalen Schuldners. Durch die teilweise Einstellung des entbehrlichen Bereichs besinnt sich die Gemeinde auf ihre selbst erklärten Kernkompetenzen.

Die Möglichkeiten der leistungswirtschaftlichen Sanierung werden im Rahmen des Insolvenzverfahrens dabei wesentlich erweitert. So ermöglichen die Erfüllungswahlrechte nach §§ 103 ff. InsO Eingriffe in laufende Leistungsverträge. Insbesondere § 113 InsO kann dabei auf tarifvertragliche Anstellungsverhältnisse Anwendung finden und Fristen betriebsbedingter Kündigungen heruntersetzen, wodurch angestelltes Personal ggf. schneller freigesetzt werden kann.[1620] Auch die Möglichkeiten der Insolvenzanfechtung nach den §§ 129 ff. InsO können die leistungswirtschaftliche Sanierung unterstützen, indem vor Verfahrenseröffnung schädlicherweise erbrachte Leistungen zurückverlangt werden können. Die Insolvenzanfechtung erzeugt im Übrigen bereits im Vorfeld eines Insolvenzverfahrens Disziplinierungsdruck auf besonders drängende Gläubiger, da sie eben jene Rückforderungen befürchten müssen.[1621] Im Übrigen wird die leistungswirtschaftliche Sanierung indirekt durch die Sicherungsmaßnahmen der §§ 21, 89 InsO sowie das Schutzschirmverfahren nach § 270b InsO unterstützt, die dem Schuldner allesamt Zeit zur Ausarbeitung eines fundierten Insolvenzplans einschließlich Vorschlägen zur leistungswirtschaftlichen Sanierung geben.[1622]

5.6.4 Schaffung von Wirtschaftlichkeitsanreizen

Wenn durch die kommunale Insolvenzverfahrensfähigkeit die bisher unbeschränkte Finanzierung laufender Ausgaben über Liquiditätskredite eingeschränkt wird, müssen die kommunalen Entscheidungsträger zur Aufgabenerfüllung auf eine anderweitige Finanzierung zurückgreifen. Mit Blick auf die Deckungsmittel nach § 77 GO NRW bleiben die sonstigen Finanzmittel, Entgelte sowie Steuern.[1623] Um das kommunale Leistungsangebot aufrecht erhalten zu können, müssen folglich Mieten und Pachten erhöht, Steuern angehoben, Gebühren bis zur Kostendeckungsgrenze ausgereizt werden usw.[1624] Während den Bürgern die Gefahren zusätzlicher Abgaben- und weiterer Entgeltbelastungen derzeit durch die vermeintlich unerschöpfliche Finanzierungsquelle *Kommunalkredit* kaum bewusst sind und sie der Schuldenillusion[1625] unterliegen, werden ihnen durch die Kreditbeschränkung die Folgen über-

---

[1620] Vgl. zu den Erfüllungswahlrechten im Kommunalverfahren Kapitel 5.5.10.
[1621] Vgl. PAULUS (2002), S. 23.
[1622] Vgl. FRIELINGHAUS (2007), S. 259.
[1623] Vgl. Kapitel 2.3.
[1624] Vgl. JOCHIMSEN (2007), S. 25.
[1625] Vgl. Kapitel 4.3.

mäßiger Leistungsexpansion und unwirtschaftlichen Verwaltungshandelns vor Augen geführt.[1626] Da die Bürger spätestens bei der Einleitung eines Insolvenzverfahrens größere Abgabenerhöhungen und Leistungskürzungen befürchten müssen, werden sie sich intensiver als bisher mit der kommunalen Haushaltswirtschaft auseinandersetzen müssen. Sie werden also bereits im Vorfeld eine nachhaltigere Haushaltswirtschaft fordern, die insbesondere auf Unwirtschaftlichkeit und ein unnötiges Leistungsangebot verzichtet, um die Insolvenz im Vorfeld auszuschließen. Die Plattform zur Äußerung dieser Forderungen sind dabei primär die Kommunal- und Bürgermeisterwahlen.[1627] Kommunalpolitiker haben also einen Anreiz, die Haushaltswirtschaft nicht durch Zusatzleistungen, Steuergeschenke u. Ä. zu gefährden, damit ein zweifelsohne öffentlichkeitswirksames und prestigebedrohendes Insolvenzverfahren vermieden werden kann.[1628] Durch eine kommunale Insolvenzverfahrensfähigkeit entsteht also die Notwendigkeit, verstärkt politisch zu diskutieren, welche Leistungen tatsächlich von den Bürgern gewünscht sind und was ihnen diese in Form von Steuern, Gebühren etc. wert sind, statt das Leistungsangebot im Zweifelsfall über Kommunalkredite zu finanzieren.[1629]

Die auf den Rat und den Bürgermeister wirkenden Wirtschaftlichkeitsanreize werden allerdings durch die eingeschränkte zeitliche Verantwortung der Organträger beschnitten. So besteht trotz Insolvenzverfahrensfähigkeit das Risiko, dass Entscheidungsträger lediglich bis zum Ende ihrer Legislaturperiode denken und zunehmend Leistungen kreditfinanzieren.[1630] Von der möglichen Insolvenz sind dann u. U. die politischen Nachfolger belastet, die dadurch in ihren Handlungsmöglichkeiten beschränkt werden.[1631] Im Vergleich zu den aus der Insolvenzverfahrensfähigkeit resultierenden Wirtschaftlichkeitsanreizen bei Privaten zeigt sich im kommunalen Kontext zudem folgende Problematik: Die Disziplinierungsfunktion wird auf der einen Seite zusätzlich geschwächt, wenn das Insolvenzverfahren ausschließlich eine Eigenverwaltung vorsieht - die kommunalen Entscheidungsträger haben also niemals zu befürchten, in Folge ihrer Handlungen das Steuer aus der Hand geben zu müssen.[1632] Auf der anderen Seite ist eine persönliche Haftung (abgesehen von Veruntreuungstatbeständen u. Ä.) gänzlich ausgeschlossen, sodass die Entscheidungsträger maximal einen Reputationsverlust befürchten müssen, jedoch keine unmittelbaren finanziellen Konsequenzen.[1633] Letztlich muss in der Gemeinde im

---
[1626] Vgl. BORCHERT (2004), S. 3.
[1627] Vgl. HOFFMANN (2012), S. 247, 336.
[1628] Vgl. A. FABER (2005), S. 945.
[1629] Vgl. BRAND (2013), S. 93.
[1630] Vgl. FRIELINGHAUS (2007), S. 262.
[1631] Vgl. JOCHIMSEN (2007), S. 520.
[1632] Vgl. HOFFMANN (2012), S. 307.
[1633] Vgl. BULL (2010), S. 343.

Gegensatz zu privaten Unternehmern bzw. Anteilseignern von Unternehmen auch niemand befürchten, dass die Kommune ihre Geschäftstätigkeit in Folge des Insolvenzverfahrens einstellen muss und dadurch als Geldquelle wegfällt.

5.7 Würdigung des entwickelten Systems einer kommunalen Insolvenzverfahrensfähigkeit

5.7.1 Eingeschränkte ex post-Effizienz und generelle ex ante-Effizienz des Systems

Ein System zur Stabilisierung der Kommunalfinanzen hat mindestens zwei Anforderungen zu erfüllen: es musss ex post- und ex ante-effizient sein, d. h., das System muss in der Lage sein, bestehende Finanzprobleme zu beseitigen und zukünftigen im Vorfeld vorzubeugen.[1634]

Eine im Insolvenzplanverfahren erfolgte Neustrukturierung der Schulden kann maßgeblich zur Beseitigung der bestehenden finanziellen Problemlage beitragen, sodass dies einen Beitrag zur ex post-Effizienz leistet. Aus dem Umstand, dass Forderungen, die vor der Einführung einer kommunalen Insolvenzverfahrensfähigkeit begründet wurden, absolut geschützt sind,[1635] ergibt sich allerdings eine zentrale Erkenntnis: Die geforderte ex post-Effizienz ist nur für zukünftige Finanzprobleme der Gemeinden erfüllt. Während sich der Kommunalschuldner dort mittels eines Insolvenzverfahrens eines Teils seiner Schulden entledigen kann, bleiben aktuelle Verbindlichkeiten unberührt. Das derzeitige Problem der hohen Kassenkreditverschuldung lässt sich folglich jedoch nicht auf diesem Weg lösen.[1636] Die kommunale Insolvenzverfahrensfähigkeit stößt hier an eine bedeutende Grenze, da sie eine zentrale Forderung an ein Stabilisierungssystem nur eingeschränkt erfüllen kann.

Seitens der Politik und des Schrifttums wurden zur Bewältigung des Altschuldenproblems immer wieder Konzepte eines Schuldenfonds entwickelt, in dem sämtliche Kommunalschulden gesammelt und gemeinschaftlich beglichen werden. BORCHERT, BRAND und KONRAD versuchen damit explizit an die Schwächen der kommunalen Insolvenzverfahrensfähigkeit anzuknüpfen.[1637] Unterschiedliche Konzepte sehen beispielsweise folgendermaßen aus:

- KONRAD schlägt vor, dass der ursprüngliche kommunale Schuldner weiterhin für Zins und Tilgung verantwortlich ist, die Gemeinschaft jedoch im Notfall den Einstand garantiert.[1638]

[1634] Vgl. Kapitel 4.6.
[1635] Vgl. Kapitel 5.6.1.
[1636] Vgl. BRAND (2014), S. 179.
[1637] Vgl. BORCHERT (2012), S. 2, BRAND (2014), S. 179, KONRAD (2008), S. 167.
[1638] Vgl. KONRAD (2008), S. 167-169.

- U. ZIMMERMANN schlägt indes eine Übernahme der Schulden durch die übergeordnete Gebietskörperschaft vor, die verantwortlich für Zins und Tilgung ist, wobei diese durch Zahlungen der Gemeinden entsprechend ihrer Schuldenanteile unterstützt werden.[1639]

- STRÜBIG plädiert für einen risikoorientierten Sicherungsfonds, in den die teilnehmenden Kommunen entsprechend ihrer Risikosituation einzahlen - je höher also die Gefahr, dass eine Gemeinde Mittel aus dem Fond zur Tilgung und Zinszahlung in Anspruch nehmen muss, desto höher ist auch ihr Beitrag.[1640]

Es ist jedoch schnell erkennbar: All diese Lösungen sind unabhängig von der Frage der kommunalen Insolvenzverfahrensfähigkeit und stellen de facto reine Schuldenumverteilungen dar. An einer eingeschränkten ex post-Effizienz des hier betrachteten Systems ändern sie folglich nichts. Dieser Mangel lässt sich nicht beheben.

Eine ex ante-Effizienz kann der kommunalen Insolvenzverfahrensfähigkeit indes grundsätzlich bescheinigt werden. Indem Forderungen gegenüber Gemeinden von einer Ausfallgefährdung betroffen sind, kommt es zu einer Marktdisziplinierung: Kreditgläubiger werden Fremdkapital in Abhängigkeit der Rückzahlungswahrscheinlichkeit vergeben und bepreisen, gleichzeitig werden Lieferanten, Dienstleister und Bedienstete ihre Geschäftsbeziehungen zur Gemeinde überdenken, wenn sie damit rechnen müssen, dass diese ihre Leistungen nicht mehr erbringen kann.[1641] Eine stetige Ausweitung des Leistungsangebots bei gleichzeitig niedrigen Abgabesätzen und einer Finanzierung durch Liquiditätskredite ist damit nicht mehr möglich, sodass künftige Finanzkrisen im Vorfeld verhindert werden. Gleichzeitig setzt der durch eine Insolvenzeröffnung entstehende Prestige- und Stimmverlust der Kommunalpolitiker bereits im Vorfeld Anreize zur Erhöhung der Wirtschaftlichkeit bzw. Unterbindung ausufernder Leistungsversprechen, damit es erst gar nicht zu einer Verfahrenseröffnung kommt.

Eine Vorbeugung neuer Finanzkrisen ergibt sich zudem aus dem durch das System etablierten Zwang zur leistungswirtschaftlichen Sanierung während des Insolvenzverfahrens. Gerade dieser Zwang wird im Schrifttum allerdings regelmäßig in Frage gestellt, sodass der kommunale Insolvenzverfahrensfähigkeit nur eine eingeschränkte Anwendbarkeit bescheinigt wird. So beschränken NAGUSCHEWSKI und BRAND den Anwendungsbereich auf Finanzkrisen, die aufgrund einmaliger, außerordentlicher Ereignisse eintreten - beispielsweise Naturkatastrophen oder umfangreiche Fehlspekulationen, wie im Insolvenzfall Orange Countys in den USA.[1642] Fälle, in denen die Probleme aus einer zu großen (teils selbst auferlegten) Aufga-

---
[1639] Vgl. U. ZIMMERMANN (2015), S. 39.
[1640] Vgl. STRÜBIG (2007), S. 588.
[1641] Vgl. Kapitel 5.6.2.
[1642] Vgl. DEITCH (2015), S. 2717 f.

benlast, unwirtschaftlichem Verwaltungshandeln usw. resultieren, seien hingegen nicht lösbar.[1643] Die Insolvenz diene daher höchstens der Linderung der Symptome, indem Schulden beschnitten werden; zu einer Beseitigung der eigentlichen Problemursachen komme es jedoch nicht.

Ursächlich für diese Sichtweise ist die gänzlich andere Ausrichtung der vom bisherigen Schrifttum entwickelten Vorschläge zur Ausgestaltung eines kommunalen Insolvenzverfahrens. Indem insbesondere auf eine kommunalspezifische Massedefinition verzichtet und dadurch das Schlechterstellungsverbot im Rahmen der Zustimmungsfiktion eingeschränkt oder gestrichen werden muss, enden die bisherigen Vorschläge stets in einer Bevorteilung des Kommunalschuldners auf Kosten der Rechte der Gläubiger.[1644] Da der Schuldner aufgrund seiner besonderen Rechtsstellung verhältnismäßig einfach einen Insolvenzplan durchsetzen kann, der seine Schulden kürzt, hat er kaum Anreize, sein Leistungsprogramm zu verändern und in Zukunft wirtschaftlicher zu handeln.

Die Gefahr der Schuldnerbevorteilung wurde in der vorliegenden Untersuchung jedoch bei der Diskussion um die Rechtfertigung eines Verbindlichkeitenerlasses berücksichtigt. Indem als essentiell für die Wahrung der Gläubigerrechte und die Zielkonformität des kommunalen Insolvenzverfahrens ein Schlechterstellungsverbot auf quantifizierbarer Basis identifiziert wurde, weicht die vorliegende Untersuchung *deutlich* vom o. g. Ergebnis der bisherigen Arbeiten ab: Durch den Vergleich der Befriedigungsquoten aus der Planannahme einerseits und der Zwangsvollstreckung außerhalb des Insolvenzverfahrens andererseits wird die Möglichkeit zum vergleichsweise einfachen Schuldenschnitt auf Kosten der Gläubigerrechte eliminiert.[1645] Da der Schuldner den Gläubigern (und dem Insolvenzgericht) nun glaubhaft machen muss, dass sie durch die Planannahme nicht schlechter gestellt werden, muss er sich um eine Reorganisation seines Leistungsgeflechts bemühen. Nur so kann er die Gläubiger an zukünftigen Erfolgen beteiligen, wodurch sie durch den Insolvenzplan besser gestellt werden, als bei einer Verfahrensaufhebung. Eine leistungswirtschaftliche Sanierung, die neuen Krisen vorbeugt und damit zur ex ante-Effizienz beiträgt, ist im hier vorgeschlagenen System einer kommunalen Insolvenzverfahrensfähigkeit daher unumgänglich.

Zusammenfassend kann die ex post-Effizienz des Systems daher als stark eingeschränkt gekennzeichnet werden, da Altschulden von einem Verbindlichkeitenerlass ausgenommen sind, während die Forderung nach einer ex ante-Effizienz aufgrund des Zwangs zur leistungswirtschaftlichen Sanierung sowie der Disziplinierung durch

---

[1643] Vgl. NAGUSCHEWSKI (2011), S. 164, BRAND (2014), S. 146. So auch schon COORDES (2018), S. 1264, in Bezug auf Chapter 9 USBC.
[1644] Vgl. HOFFMANN (2012), S. 328, BRAND (2014), S. 162, A. FABER (2005), S. 944, CRANSHAW (2007), S. 101, NAGUSCHEWSKI (2011), S. 166 f.
[1645] Vgl. Kapitel 5.5.6.4.

den Kreditmarkt und andere Leistungspartner grundsätzlich als erfüllt anzusehen ist.

5.7.2 Betonung des Subsidiaritätsprinzips

Das Insolvenzverfahren selbst ist natürlich keine Garantie dafür, dass sämtliche potentiellen Finanzprobleme im Vorfeld vermieden werden; genauso wenig wird es bei bestehenden Finanzproblemen automatisch zu einer Lösung dieser führen, da es über die materielle Sanierung keine Aussagen macht - hier muss nach wie vor eine Einigung zwischen Schuldner und Gläubigern gefunden werden. Es bietet jedoch einen geordneten Rechtsrahmen, innerhalb dessen dieser Findungsprozess nach festen und für alle Beteiligten gleichen Regelungen stattfinden kann.[1646] Wenngleich es dafür einer einmaligen Gesetzesänderung in Form der Erweiterung der InsO bedarf, stellt sich die kommunale Insolvenzverfahrensfähigkeit insgesamt als gesetzessparendes Mittel heraus: Indem die Existenz dieses Verfahrens sämtliche Beteiligten dazu anreizt, zukünftige Krisen zu vermeiden, bedarf es keines Gesetzes, das festlegt, wann eine Haushaltskrise eintritt, wie die Gemeinde darauf zu reagieren hat und welche Sanktionen sie bei abweichendem Verhalten zu erwarten hat.[1647] Stattdessen wird die Regulierung durch die Aktivierung der marktwirtschaftlichen Disziplinierungsfunktion ersetzt.[1648] Hierdurch wird das Subsidiaritätsprinzip betont, nach welchem der Staat lediglich dann einzugreifen hat, wenn das Marktgefüge nicht zum gewünschten Ergebnis führt.[1649] Letzteres besteht hier in der Disziplinierung zur Vermeidung exzessiver Verschuldung, was unter Geltung einer kommunalen Insolvenzverfahrensfähigkeit durch den Kapitalmarkt erfolgt, sodass eine staatliche Regulierung unnötig ist.

Durch den weitestgehenden Verzicht auf staatliche Regulierung wird auch ein Problem des geltenden Sicherungssystems behoben: die politische Beeinflussbarkeit.[1650] Es wurde bereits gezeigt, dass die im derzeitigen System vorgesehenen Pflichten und Rechte der Aufsichtsbehörden weitestgehend unwirksam sind, da Maßnahmen, die dem Opportunitätsprinzip unterliegen, aufgrund personeller Verflechtungen u. Ä. häufig unterlassen werden.[1651] Da bei einer kommunalen Insolvenzverfahrensfähigkeit Unwirtschaftlichkeit und ausufernde Leistungsangebote nun aber nicht mehr durch das Land zu sanktionieren sind, sondern der Markt aktiv wird,

---

[1646] Vgl. PAULUS (2002), S. 6, HOFFMANN (2012), S. 338.
[1647] Vgl. HOFFMANN (2012), S. 331.
[1648] Vgl. BRAND (2013), S. 87.
[1649] Vgl. zur Definition des Subsidiaritätsprinzips in der Finanzwissenschaft SPRINGER FACHMEDIEN WIESBADEN (2013), S. 204, ähnlich auch Kapitel 2.1.
[1650] Vgl. HOMBURG und RÖHRBEIN (2007), S. 15.
[1651] Vgl. Kapitel 4.4.3.3.

kann die Gemeinde auch nicht auf ein Stillhalten des Disziplinierenden hoffen. Die drohenden Sanktionen sind damit erstmals glaubwürdig.[1652]

5.7.3 Stärkung der Gläubigerposition

Im Gegensatz zu privaten Schuldnern sind die Kommunen bisher in zweierlei Hinsicht vor ihren Gläubigern geschützt:[1653] zum einen durch den Ausschluss eines Gesamtvollstreckungsverfahrens, zum anderen durch die Ausgestaltung der Regelungen zur Einzelzwangsvollstreckung, die dem Vorbehalt aufsichtsbehördliche Freigabe unterliegt.[1654] Mit dem derzeitigen Ausschluss der Insolvenzverfahrensfähigkeit ist natürlich nicht die Möglichkeit eliminiert, dass es tatsächlich dazu kommen kann, dass eine Gemeinde ihre Zahlungen einstellt.[1655] Bei einer solchen faktischen Insolvenz herrscht ein großes Maß an Unsicherheit, da kein eindeutiger Regelungsrahmen existiert, auf den sich Schuldner, Aufsicht und Gläubiger berufen bzw. mit dem sie planen können.[1656] Wenngleich diese Situation aufgrund der bisherigen staatlichen Rettungsmaßnahmen noch nie in größerem Maßstab eingetreten ist, kann sie nicht vollkommen ausgeschlossen werden.[1657] Dies zeigt einerseits das Beispiel Leukerbad aus der Schweiz,[1658] andererseits hält ihn auch der deutsche Gesetzgeber nicht für unmöglich, was insbesondere § 12 Abs. 2 InsO verdeutlicht: Danach können die Beschäftigten der Gemeinde ihren Anspruch auf Insolvenzgeld und Versorgung gegen das Land richten, sollte eine Gemeinde ohne Zugang zum Insolvenzverfahren zahlungsunfähig werden. Bei einer solchen faktischen Insolvenz bleibt den anderen Gläubigern also lediglich die Möglichkeit der Einzelzwangsvollstreckung, über die die Aufsichtsbehörde im Einzelfall entscheidet. Hierbei müssen die Gläubiger schlimmstenfalls damit rechnen, dass sämtliches kommunale Vermögen als unentbehrlich eingestuft wird und damit keine Befriedigungsmöglichkeit für die Gläubiger existiert.[1659] Ohne ein geregeltes Verfahren besteht also die Gefahr, dass sich die Politik auf radikalem Wege der Verschuldung zu entledigen versucht.[1660] Da dies nicht klagefrei bleiben dürfte, käme letztlich der Rechtsprechung die Aufgabe zu, im Einzelfall zu entscheiden.[1661] Dies zeigte sich in ähnlicher Konstellation bereits im Streitfall über die Finanzhilfen für den Stadtstaat Berlin, als der Rechtsprechung die Aufgabe zufiel, Kriterien für das Bestehen einer Haushaltsnot-

---

[1652] Vgl. KONRAD (2008), S. 157 f.
[1653] Vgl. HOFFMANN (2012), S. 346.
[1654] Vgl. § 128 Abs. 1, 2 GO NRW.
[1655] Vgl. CRANSHAW (2008), S. 99, BLANKART, FASTEN und KLAIBER (2006), S. 571.
[1656] Vgl. BRAND (2014), S. 180.
[1657] Vgl. BLANKART, FASTEN und KLAIBER (2006), S. 570.
[1658] Vgl. Kapitel 5.6.2.
[1659] Vgl. BRAND (2014), S. 145.
[1660] Vgl. BRAND (2013), S. 92.
[1661] Vgl. BRAND (2014), S. 180.

lage zu entwickeln,[1662] obwohl es zweifelsfrei nicht ihre Aufgabe ist, als eine Art Ersatzgesetzgeber ein Notalgenregime zu definieren.[1663] Durch ein geregeltes Gesamtvollstreckungsverfahren in Form des kommunalen Insolvenzverfahrens hätten die Gläubiger somit im Voraus Klarheit darüber, wie mit ihren Forderungen umgegangen wird.[1664] Wenngleich dies natürlich keinen Forderungsverlust ausschließt - das Insolvenzplanverfahren ist ja gerade auf einen Kompromiss zum Erhalt des Schuldners ausgelegt -, dient das Verfahren dennoch der Minimierung der Verluste.[1665] Insbesondere werden dadurch schließlich Verlustrisiken ausgeschaltet, die aus schnellen Einzelzwangsvollstreckungen vereinzelter Gläubiger resultieren.[1666]

Einschränkend sei hier allerdings anzumerken, dass trotz der derzeit begrenzten Möglichkeiten der Einzelzwangsvollstreckung tatsächliche Forderungsausfälle der Gläubiger im geltenden Recht eher unwahrscheinlich sind. Dies ist insbesondere darin zu begründen, dass die Gemeinde mit den Steuern regelmäßige wiederkehrende Einnahmen hat.[1667] Die Gläubiger müssen also u. U. lediglich länger auf die Befriedigung ihrer Ansprüche warten; ein Ausfallrisiko entsteht nur durch die mögliche Verjährung.[1668] Dies ändert aber nichts daran, dass es zu einem Vollstreckungswettrennen kommt, sobald die Gemeinde wieder liquide geworden ist. Trotz der im Vergleich zu privaten Schuldnern also möglicherweise geringeren Ausfallrisiken stärkt ein kommunales Insolvenzverfahren damit zweifelsohne die Gläubigerposition.

5.7.4 Stärkung der Eigenverantwortung und Finanzansprüche der Gemeinde

Da die Aktivierung der marktwirtschaftlichen Disziplinierung ein Bailout-Verbot des Staates erfordert,[1669] wird die Verschuldungsautonomie der Gemeinden mit der strikten Verantwortung für die Rückzahlung der Schulden verbunden.[1670] Letztlich wird dadurch die Selbstverwaltungsautonomie noch stärker gewichtet als bisher: Die eigenverantwortlich wirtschaftende Gemeinde trägt selbst die Konsequenzen einer möglichen Misswirtschaft und hat selbst zu entscheiden, wie sie mit ihren Schulden umgehen will - ausformuliert in Form des vorgelegten Insolvenzplans.[1671]

Da die Gemeinde nun selbstständig und alleinverantwortlich ihre finanziellen Probleme lösen muss, wird vielfach die Befürchtung geäußert, dass Bund und Land

---
[1662] Vgl. BVERFG vom 19.10.2006, NVwZ 2007, 67.
[1663] Vgl. SCHUPPERT und ROSSI (2006), S. 26.
[1664] Vgl. BULL (2010), S. 344.
[1665] Vgl. RAFFER (2012), S. 34.
[1666] Vgl. BLANKART und EHMKE (2014), S. 180.
[1667] Vgl. BUNDESTAG DRUCKSACHE 15/4968 vom 25.02.2005, S. 3
[1668] Vgl. LEWINSKI (2014), S. 216.
[1669] Vgl. Kapitel 5.6.1.
[1670] Vgl. KONRAD (2008), S. 170, JOCHIMSEN (2007), S. 519.
[1671] Vgl. NAGUSCHEWSKI (2011), S. 155.

durch eine kommunale Insolvenzverfahrensfähigkeit einen Anreiz haben, zunehmend Aufgaben ohne Kostenkompensation auf die Gemeinden zu übertragen. Begründet wird diese Sichtweise damit, dass die Gemeinden durch das Insolvenzverfahren eine Möglichkeit hätten, sich leichtfertig der aus einer Aufgabenübertragung ggf. entstehenden Schulden zu entledigen und die Staatsebene damit Finanzierungspflichten auf Kosten der Gläubiger umgehen könne.[1672] Eine Insolvenzverfahrensfähigkeit sei daher mit „unbilliger Härte"[1673] verbunden, da die Gemeinde die insolvenzbegründenden Missstände nicht immer alleine zu verantworten hätte.

Dieser Sichtweise ist aus mindestens dreierlei Gründen Ablehnung zu bescheinigen:

1. Einerseits ist eine kompensationsfreie Aufgabenübertragung unabhängig von der Frage der Insolvenzverfahrensfähigkeit bei Fortgeltung des strikten Konnexitätsprinzips nicht möglich bzw. per Verfassungsbeschwerde angreifbar.

2. Zum anderen ist eine leichtfertige Abwälzung der Schulden in der vorliegenden Ausgestaltung eines kommunalen Insolvenzverfahrens nicht möglich, da die Gläubiger über die Planannahme entsprechend des daraus für sie erwachsenden Vorteils entscheiden. Die getätigte Aussage hat damit allerhöchstens in den bisher entwickelten Verfahrensentwürfen Gültigkeit, die eine einfache Schuldenbefreiung auf Kosten der Gläubigerrechte zulassen.[1674]

3. Letztlich dürfte unter Berücksichtigung einer möglichen Ansteckungsgefahr der bonitätsabhängigen Kreditvergabe das Interesse von Bund und Land gering sein, die Gemeinden regelmäßig in Insolvenzverfahren zu treiben.

Damit ergibt sich in der Gesamtbetrachtung das Gegenteil der genannten Befürchtungen: Eine kommunale Insolvenzverfahrensfähigkeit kann die Position der Gemeinde sogar stärken. Würde es nach der Öffnung des Insolvenzrechts für Gemeinden zu einer Vielzahl von Insolvenzverfahren kommen, müssten Bund und Land nicht nur die erwähnte Ansteckung befürchten. Insbesondere das Land müsste zusätzlich die von ihm gewährte Finanzausstattung überdenken - nicht zuletzt, weil in Folge der Insolvenzen und damit verbundener Auswirkungen auf die Bürger Wählerrufe hiernach laut werden dürften.[1675] Kommen die Bürger nämlich zu der Überzeugung, dass die Insolvenzen in erster Linie durch eine generelle Unterfinanzierung hervorgerufen wurden, werden sie auf Landesebene Verfechter der bisherigen Finanzierung durch Stimmentzug abstrafen. Dieser Effekt wird zusätzlich durch die Struktur des Insolvenzplanverfahrens verstärkt: Im darstellenden Teil des Insolvenzplans sind die finanziellen Verhältnisse der Gemeinde einschließlich möglicher

---

[1672] Vgl. CRANSHAW (2007), S. 102 f.
[1673] BRAND (2013), S. 91.
[1674] Vgl. 5.6.3.
[1675] Vgl. BRAND (2013), S. 93, HOFFMANN (2012), S. 337 f.

Finanzierungslücken aufzudecken.[1676] Das Insolvenzverfahren trägt daher dazu bei, eine Unterfinanzierung überhaupt erst aufzuzeigen, sodass diese Informationen als Basis anschließender Diskussionen um einer Veränderung der Grundausstattung dienen können.[1677]

5.7.5 Verteuerung der Fremdfinanzierung und weitere Zusatzbelastungen

Die aus einer Ausfallgefährdung von Forderungen gegenüber Kommunen resultierende bonitätsabhängige Kreditvergabe kann insbesondere bei derzeit sehr finanzschwachen Gemeinden zu einer Verschärfung der Probleme führen: Sie erhalten ab dem Wirksamwerden der kommunalen Insolvenzverfahrensfähigkeit entweder gar keine oder nur hoch bepreiste Kredite.[1678] Eine solche Kreditverteuerung oder stellenweise sogar -rationierung würde unmittelbar zur Zahlungsunfähigkeit und damit in ein Insolvenzverfahren führen.[1679] Sofern sich die Gemeinde darin leistungswirtschaftlich saniert,[1680] kann sie hieraus gestärkt hervorgehen, sodass sie durch erfolgreiche Sanierungsschritte wieder Fremdkapital zu günstigeren Konditionen erhält.[1681] Sind allerdings negative sozioökonomische Rahmenbedingungen, wie beispielsweise der Strukturwandel der ehemaligen Montanregion Ruhrgebiet, eine bedeutende Determinante der Finanzschwäche,[1682] wird ein elementares Defizit der kommunalen Insolvenzverfahrensfähigkeit sichtbar: Leistungsschwache Akteure werden im Gegensatz zum Insolvenzverfahren der Unternehmen nicht von der weiteren Marktteilnahme ausgeschlossen, indem ihr Vermögen liquidiert und die Gesellschaft aufgelöst wird. Kommunen, deren Leistungsschwächen aus schwer bzw. nur langsam beeinflussbaren Rahmenbedingungen resultieren, werden auf jeden Fall fortgeführt und müssen sich auch nach dem Durchlaufen eines Insolvenzverfahrens unter sehr hohen Kosten finanzieren, da ihre Bonität weiterhin niedrig eingestuft wird.[1683] Die Spielräume dieser Gemeinden werden dadurch stark eingeschränkt; denn obwohl sie dies bereits im geltenden Recht sind, müssen sich die Verantwortlichen im Status Quo zumindest nicht mit dem Problem hoher Finanzierungskosten oder gar einer Kreditrationierung beschäftigen. Herrscht allerdings eine generelle Ausfallgefährdung der Kommunalkredite, werden die Banken ihre Geschäftsbeziehungen auf diejenigen Gemeinden fokussieren, die aufgrund vorteilhafterer sozioökonomischer Rahmenbedingungen eine erhöhte

---
[1676] Vgl. § 220 InsO sowie GEIWITZ (2014), Rn. 9.
[1677] Vgl. FRIELINGHAUS (2008), S. 997.
[1678] Vgl. CRANSHAW (2008), S. 100.
[1679] Vgl. BRAND (2014), S. 184.
[1680] Vgl. Kapitel 5.6.3.
[1681] Vgl. FRIELINGHAUS (2007), S. 265, HOFFMANN (2012), S. 333.
[1682] Vgl. Kapitel 4.1 und 4.3.
[1683] Vgl. BRAND (2014), S. 184.

Grundleistungsfähigkeit aufweisen. Dadurch werden allerdings genau die Gemeinden in Mitleidenschaft gezogen, die sich nicht innerhalb kurzer Zeit aus eigener Kraft sanieren können, weil sie beispielsweise o. g. Strukturwandel bewältigen müssen.[1684] Ihre Chancen, die strukturelle Unterlegenheit zu überwinden, sinken drastisch und sie sind in einer vermeintlich ausweglosen Situation gefangen. Für die örtliche Bevölkerung sowie das lokale Gewerbe bietet sich dadurch noch weniger Perspektive auf eine Situationsverbesserung, sodass es schlimmstenfalls zu Bevölkerungs- und Gewerbeabwanderungen und dadurch zum Zerfall ganzer Regionen kommen kann. Der Abstand zwischen finanzstarken und -schwachen Kommunen wird dadurch weiter erhöht. Dies ist nicht nur aus sozioökonomischer Perspektive kritisch zu sehen, sondern auch aus rechtlicher Sicht zu hinterfragen. Denn: Aus dem Sozialstaatsgebot des Art. 20 Abs. 1 GG kann das Ziel der Gewährleistung ähnlicher Lebensverhältnisse im gesamten Bundesgebiet abgeleitet werden.[1685] Führt die bonitätsabhängige Kreditvergabe in die oben beschriebene Ausweglosigkeit, wird jedoch die Gefahr interkommunaler Spaltung erhöht, sodass es möglicherweise zu einem Verstoß gegen das Sozialstaatsgebot kommt.[1686]

Neben den Zusatzbelastungen der Gemeinde durch die allgemeine Kreditverteuerung (aufgrund zusätzlicher Prüfungspflichten der Banken etc.) und durch Risikozuschläge führen auch Preisaufschläge der Vertragspartner - z. B. handwerklicher Firmen, die nun ebenfalls das Ausfallrisiko ihrer Forderungen einpreisen[1687] - zu erhöhten Aufwendungen der Kommunen, was insbesondere bei strukturschwache Gemeinden zur zuvor thematisierten Ausweglosigkeit beitragen kann. Auch die Insolvenzgeldumlage sowie die Zahlungen an den PSVaG, die bisher systembedingt unterbleiben, belasten die kommunalen Haushalte. Darüber hinaus sind auch Wirkungen zu berücksichtigen, die aus Forderungsausfällen der Gläubiger entstehen und auf die Gemeinde zurückfallen. So ist in Bezug auf die Fremdkapitalgeber zu bedenken, dass auch Sparkassen, deren Träger die insolventen Gemeinden sind, Leidtragende eines Forderungsausfalls sein dürften.[1688] Wenngleich seit dem 18.07.2005 die vormals herrschende Gewährträgerhaftung der Gemeinden für ihre Sparkassen zur Vermeidung von Wettbewerbsvorteilen dieser gegenüber Privatbanken abgeschafft wurde,[1689] geht ein größerer Forderungsausfall trotzdem nicht spurlos an der Trägergemeinde vorbei, da sie zumindest mit ihrer Einlage

---
[1684] Vgl. BRAND (2013), S. 89.
[1685] Vgl. HÄDE (2006), S. 565.
[1686] Vgl. BRAND (2014), S. 191.
[1687] Vgl. 5.6.2.
[1688] So dienen die Sparkassen explizit der kreditwirtschaftlichen Versorgung ihres jeweiligen Trägers, vgl. § 2 Abs. 1 SpkG.
[1689] Dies basiert auf dem sog. Brüsseler Kompromiss vom 17.07.2001, vgl. EUROPÄISCHE KOMMISSION vom 28.02.2012: http://europa.eu/rapid/press-release_IP-02-343_de.htm [letzter Abruf: 11.03.2019].

5.7 Würdigung des entwickelten Systems

haftet.[1690] Indirekt betroffen sind die Gemeinden aber auch von den durch sie verursachten Forderungsausfällen bei anderen Banken sowie regionalen Unternehmen:[1691] Kommt es bei diesen zu Forderungsverlusten, entstehen Abschreibungen, die wiederum die Steuereinnahmen der Gemeinde mindern.[1692] Schlimmstenfalls werden private Gläubiger so stark in Mitleidenschaft gezogen, dass es bei ihnen zu Insolvenzen kommt.[1693] Dies kann zu Verwerfungen auf dem Arbeitsmarkt führen, welche für die Gemeinden in sozialen Lasten resultieren.[1694]

Wenngleich die Anpassung der Kreditvergabe und der anderen Leistungen elementarer Bestandteil der kommunalen Insolvenzverfahrensfähigkeit ist, darf insgesamt somit nicht verkannt werden, dass zum einen sämtliche Gemeinden davon betroffen sind und sich selbst die Haushaltsbelastungen für gut wirtschaftende Kommunen wegen der allgemeinen Kreditverteuerung und weiterer Aufwendungen erhöhen und zum anderen Kommunen mit schwer zu beeinflussenden Strukturproblemen in eine weitestgehend auswegslose Situation gedrängt werden. In diesen Fällen versagt die kommunale Insolvenzverfahrensfähigkeit vollständig, sodass auch die Forderung nach einer ex ante-Effizienz nicht mehr als erfüllt angesehen werden kann. Es stellt sich damit die Frage, ob die Opferung der günstigen kommunalen Fremdfinanzierung für eine kapitalmarktbasierte Disziplinierung der Haushalte ökonomisch gesehen Sinn ergibt. Vergessen werden dürfen hierbei auch nicht mögliche Ansteckungsgefahren für die restliche Staatsebene und deren Fremdfinanzierung.[1695] Dass der Erhalt der günstigen Kreditfinanzierungsmöglichkeiten auch in Zukunft notwendig ist, haben nicht zuletzt die Flüchtlingskrise und die damit einhergehenden Belastungen der Gemeinden gezeigt: Wenngleich die Länder diese Belastungen mittelfristig über die Bereitstellung zusätzlicher Mittel ausgleichen,[1696] müssen bzw. mussten die Gemeinden zuerst in Vorleistung treten. Insbesondere, wenn dringend größere Maßnahmen notwendig sind, wie z. B. der Unterkunftsausbau für den Winter, ist es unerlässlich, dass Gemeinden uneingeschränkten Zugriff auf Fremdkapital haben, aber auch, dass der Haushalt durch die daraus entstehenden Zinsen so wenig wie möglich belastet wird. Eine Kreditverteuerung und -rationierung würde dem

---

[1690] Vgl. § 7 Abs. 2 SpkG.
[1691] Vgl. BUNDESTAG DRUCKSACHE 15/4968 vom 25.02.2005, S. 1.
[1692] Vgl. LEWINSKI (2014), S. 225.
[1693] Vgl. MAGIN (2011), S. 229.
[1694] Vgl. CRANSHAW (2007), S. 103. Bei all diesen Befürchtungen ist allerdings zu bedenken, dass die vom Forderungsausfall betroffenen Gläubiger ihr Ausfallrisiko zuvor über die Zinsen bzw. das Leistungsentgelt erwirtschaften konnten, vgl. BLANKART und FASTEN (2009), S. 44. Zudem wird es trotz Betroffenheit der Bankgläubiger kaum zu Turbulenzen oder gar einem Kollaps des Kreditmarktes kommen, da die Größenordnung des Forderungsausfalls bei der Insolvenz vereinzelter Kommunen kein systematisches Risiko darstellt, welches die Funktionsfähigkeit des Marktes gefährdet, vgl. KONRAD (2008), S. 166.
[1695] Vgl. Kapitel 5.6.2.
[1696] Vgl. Kapitel 4.4.6.

entgegenstehen, da Gemeinden mit niedrigem Rating in solchen Fällen nur sehr teuer Fremdkapital beziehen können oder es ihnen gar verweigert wird. Ein kommunales Insolvenzverfahren ohne Inkaufnahme der Verteuerungs- und Rationierungseffekte ist systemlogisch jedoch nicht möglich. Ein Ausweichen auf alternative Fremdfinanzierungsformen wie die Emission von Anleihen u. Ä. ändert hieran grundsätzlich nichts, da zwar die Gläubiger wechseln, sich diese aber auch des Ausfallrisikos bewusst sind und dieses entsprechend einpreisen. Eine gleichwertige Alternative zum augenblicklich begünstigten Kredit für öffentliche Körperschaften existiert daher nicht. Neben der durch die Schutzwürdigkeit von Altforderungen eingeschränkten ex post-Effizienz stellt das Problem der Kreditverteuerungen (insbesondere für strukturschwache Gemeinden) und der weiteren Zusatzbelastungen eine zentrale, nicht behebbare Schwäche des vorgeschlagenen Systems dar.

6 Stabilisierungssystem II: Entwicklung eines Vorschlags für eine regulative Stabilisierung

6.1 Vorüberlegungen

Die im vorhergehenden Kapitel diskutierte kommunale Insolvenzverfahrensfähigkeit setzte zur Stabilisierung der Kommunalfinanzen primär auf die Etablierung einer Ausfallgefährdung kommunaler Kredite und damit auf eine Aktivierung der Disziplinierung durch den Kapitalmarkt. Die Steuerung kommunaler Haushalte über einen Marktmechanismus führte allerdings insbesondere zum aufgezeigten Problem der steigenden Finanzierungskosten, was gerade strukturschwache Gemeinden stark gefährdet und zu einer interkommunalen Spaltung führen kann. Als Gegenentwurf ist deshalb im Folgenden ein System zu entwerfen, welches nicht auf Forderungsausfälle setzt, sodass die geliehene Bonität der Gemeinden einschließlich der günstigen und grundsätzlich unbegrenzten Fremdfinanzierung erhalten bleibt. Wie im derzeit geltenden kommunalen Finanzsystem ist der Markt als Steuerungsmechanismus also im Folgenden wieder auszuklammern. Wo der Markt nicht aktiv wird und über interessengerichtete Anreize nicht zu einer Verhaltenssteuerung führen kann, bedarf es entsprechender Regeln in gesetzlicher Form, die die Kommunen zu einer stabilen Haushaltswirtschaft verpflichten und abweichendes Verhalten sanktionieren.[1697] Notwendig ist also eine entsprechende staatliche Regulierung der kommunalen Haushaltswirtschaft.

Grundsätzlich existiert eine solche Regulierung bereits. Das haushalts- und aufsichtsrechtliche Regelwerk soll wie bereits beschrieben dafür sorgen, dass auch bei veränderten Rahmenbedingungen die stetige Aufgabenerfüllung gesichert bleibt.[1698] Es konnte allerdings gezeigt werden, dass die bestehende Regulierung nicht ausreicht, um dieses Ziel zu erfüllen.[1699] Die festgestellten Mängel können damit jedoch den Ausgangspunkt für ein zu entwerfendes Alternativsystem bilden, dass anstelle der Marktdisziplinierung auf eine weiterentwickelte staatliche Regulierung setzt. Genau wie beim vorherigen Systementwurf gilt dabei: Angesichts der zum Teil kritischen Lage der kommunalen Haushalte und der Verantwortung für nachfolgende Generationen darf es keinerlei Diskussionstabus geben.[1700]

Für eine regulative Bewältigung der Finanzprobleme anstelle einer Einbeziehung der Gläubiger spricht neben der gezeigten Problematik verteuerter oder gar ratio-

---

[1697] Vgl. HOMBURG und RÖHRBEIN (2007), S. 13, FRIELINGHAUS (2007), S. 85, HOFFMANN (2012), S. 152.
[1698] Vgl. Kapitel 3.
[1699] Vgl. Kapitel 4.4.
[1700] Vgl. A. FABER (2005), S. 940.

nierter Fremdfinanzierung insbesondere die Eigenschaft des Untersuchungsobjekts Kommune als verfassungsrechtlicher Teil des Staates und damit nicht vollständig autonome Organisation.[1701] Während bei natürlichen oder privaten juristischen Personen die Insolvenzverfahrensfähigkeit das Korrelat zur finanziellen Freiheit darstellt, ist Letztere bei den unter Landesaufsicht stehenden Gemeinden beschränkt.[1702] So ist auch die für Private grundsätzlich selbstverständliche Finanzierung über Kredite für Gemeinden eigentlich nur in Grenzen zulässig - in NRW beispielsweise durch den in § 86 Abs. 1 GO NRW geforderten Einklang mit der dauerhaften Leistungsfähigkeit. Soweit der Staat zugelassen hat, dass Gemeinden diese Grenze überschreiten, steht er in der Verantwortung, die Folgen zu bereinigen.[1703] Dies spricht dafür, dass ein System zur Stabilisierung der Kommunalfinanzen an die Land-Gemeinde-Beziehung ansetzen muss und damit eine regulative Herangehensweise geboten ist.

Im Folgenden werden daher zunächst Vorschläge und Entwicklungen aus der Forschung und Praxis der jüngsten Vergangenheit gewürdigt, die durch eine veränderte Regulierung eine solche Stabilisierung zu erreichen versuchen.

6.2 Würdigung ausgewählter Systementwicklungen aus Forschung und Praxis

6.2.1 Kommunalschuldenbremse nach Bundes- und Ländervorbild

Im Zuge der Föderalismusreform II[1704] wurde zum 01.08.2009 eine Schuldenbremse verfassungsrechtlich verankert, nach der der Bund seit 2016 jährlich maximal eine Netto-Neuverschuldung (d. h. eine Schuldenaufnahme abzüglich der Schuldentilgung) i. H. v. 0,35 % des Bruttoinlandsprodukts betreiben darf und sich die Länder ab 2020 gar nicht mehr netto neu verschulden dürfen.[1705] Gemeinden sind von dieser Regelung jedoch ausgenommen. Wenngleich sie staatsrechtlich Teil der Länder sind, wurde eine Einbeziehung in die Länderschuldenbremse mit dem Argument inhaltlich und zeitlich unerfüllbarer Informationsanforderungen abgelehnt.[1706] Die Steuerung der Kommunalverschuldung sollen stattdessen die Länder durch eigene regulatorische Maßnahmen übernehmen.[1707]

[1701] Vgl. Kapitel 2.1.
[1702] Vgl. LEWINSKI (2014), S. 213.
[1703] Vgl. BULL (2010), S. 345.
[1704] Vgl. das Gesetz zur Änderung des Grundgesetzes (Artikel 91c, 91d, 104b, 109, 109a, 115, 143d) vom 29.07.2009.
[1705] Vgl. Art. 109 Abs. 3 i. V. m. Art. 143d Abs. 1 GG. Zu beachten ist, dass eine Schuldenaufnahme wegen konjunktureller Schwankungen hiervon ausgenommen ist.
[1706] Vgl. KOMMISSIONSDRUCKSACHE 174 vom 05.03.2009, S. 7.
[1707] Vgl. PINKL (2012), S. 141.

6.2 Würdigung ausgewählter Systementwicklungen aus Forschung und Praxis

Denkbar wäre in diesem Zuge die Einführung einer kommunalen Schuldenbremse, z. B. verankert in der GO NRW, die ähnlich der verfassungsrechtlichen Variante ein Neuverschuldungsverbot der Gemeinden vorsieht.[1708] In einem solchen Fall stünde eine Gemeinde auch nicht mehr in Konkurrenz zu anderen Gemeinden, die schuldenfinanzierte Mehrleistungen erbringen, da jene nur noch über zusätzlich erwirtschaftete Erträge - im Zweifelsfall aus Steuern - finanziert werden können.[1709]

Es wird jedoch schnell ersichtlich, dass ein solches absolutes Verschuldungsverbot auf kommunaler Ebene wenig Sinn ergibt. Zum Einen dürfte dieses stark dämpfend auf kommunale Investitionen wirken, sodass auf lange Sicht eine marode Infrastruktur die Folge wäre. Vorschläge für solche Schuldenbremsen sehen deshalb häufig auch Ausnahmen vor, z. B. in der Form, dass Kreditaufnahmen zur Erhöhung des Anlagevermögens zulässig sind. Dies bezieht sich jedoch nur auf Zuwächse, die über die Ersatzinvestitionen hinausgehen. Während nämlich die Ersatzinvestitionen zum Erhalt des nominalen Vermögens bei einem ausgeglichenen Haushalt aus den Abschreibungen des Anlagevermögens finanziert werden, ließen sich zusätzliche Nettoinvestitionen nur aus erwirtschafteten Gewinnen finanzieren. Da dies aber nicht primäres Ziel der Gemeinden ist, wird hier eine Kreditaufnahme als zulässig angesehen. Dieser stehe letztlich auch eine dauerhafte Vermögensmehrung in gleicher Höhe gegenüber.[1710] Andere Autoren plädieren hingegen für eine Schuldenbremse, die erst ab einem bestimmten Schwellenwert greift, z. B. einen bestimmten Prozentsatz des Eigenkapitals. Die Kreditaufnahme müsste dann konsequenterweise unter einen Genehmigungsvorbehalt der Aufsichtsbehörde gestellt werden, sodass Letztere bei drohender Überschreitung der Höchstgrenze die geplante Schuldenaufnahme verweigern kann.[1711] Wie solche Grenzwerte begründet werden, wird jedoch nicht diskutiert.

Insbesondere auf der Ebene doppisch rechnender Kommunalhaushalte wird zudem schnell die Problematik von Kreditaufnahmeverboten deutlich: implizite Schulden in Form von Rückstellungen werden in der Berechnung nicht berücksichtigt.[1712] Auf Bundes- und Landesebene ist die Daseinsberechtigung eines absoluten Verschuldungsverbots auf den kameralen Rechnungsstil zurückzuführen; auf kommunaler Ebene stehen jedoch andere Informationen zur Verfügung, die eine andersartige Ausgestaltung einer Schuldenbremse ermöglichen bzw. nötig machen. So gibt es in § 86 Abs. 1 S. 2 GO NRW streng genommen bereits eine ausreichende Höchstgrenze für Kredite: Die Gemeinde darf sie solange aufnehmen, bis die daraus entstehenden Verpflichtungen nicht mehr mit der dauerhaften Leistungsfähigkeit in Einklang

---

[1708] Vgl. PINKL (2012), S. 141, HERRMANN (2011), S. 89 f.
[1709] Vgl. H. ZIMMERMANN (2016), S. 199.
[1710] Vgl. STÜBER und KEYHANIAN (2013), S. 259 f. Hierbei ist auch das Problem der inflationsbedingten Verteuerung der Ersatzinvestitionen zu berücksichtigen, vgl. Kapitel 3.2.2.
[1711] Vgl. HERRMANN (2011), S. 85, 91, F.-S. NIEMANN und EBINGER (2017), S. 105, 113.
[1712] Vgl. FISCHER und GNÄDINGER (2009), S. 284.

stehen. Die dauerhafte Leistungsfähigkeit - so bereits gezeigt[1713] - gilt als gesichert, wenn regelmäßig der Haushaltsausgleich erreicht wird. Im Umkehrschluss bedeutet das: Die Schuldenaufnahme ist solange zulässig, wie ihre Folgebelastungen in Form von Zinsaufwendungen sowie der aus dem finanzierten Vorgang erwachsende Aufwand - z. B. Abschreibung des fremdfinanzierten Vermögens - nicht den Haushaltsausgleich verhindern.[1714] Eine solche Forderung berücksichtigt auch die Entstehung von Rückstellungen dergestalt, dass der sie bildende Aufwand durch Einsparungen an anderer Stelle oder zusätzliche Erträge zu finanzieren ist.

Eine kommunale Schuldenbremse nach Bund-Länder-Vorbild ist folglich strikt abzulehnen und bezüglich der Schuldenbegrenzung auf § 86 Abs. 1 S. 2 GO NRW abzustellen. Dass es trotz dieser bereits existierenden Anforderung zu einer Verschuldung im zweifellos unverträglichen Ausmaß gekommen ist, steht im Einklang mit der Vielzahl unausgeglichener Haushalte.[1715] Anstelle eines absoluten Kreditaufnahmeverbots bedarf es also vielmehr eines Mechanismus, der sicherstellt, dass der Haushaltsausgleich erreicht wird. Ein solcher in der jüngeren Vergangenheit immer wieder diskutierter Mechanismus wird unter dem Begriff *Generationenbeitrag* geführt und wird im Folgenden betrachtet.

6.2.2 Generationenbeiträge

Das Konzept des Generationenbeitrags basiert auf einer einfachen Kausalität: Erreicht eine Gemeinde keinen Haushaltsausgleich, ist diese verpflichtet, einen Generationenbeitrag in der Höhe zu erheben, dass mit ihm der Haushaltsausgleich erreicht wird.[1716] Der Generationenbeitrag besteht damit letztlich aus zusätzlichen Erträgen, die den sonst entstehenden Jahresfehlbetrag vollständig ausgleichen. Die Bezeichnung *Generationenbeitrag* rührt daher, dass erst durch ihn Generationengerechtigkeit - operationalisiert durch den Haushaltsausgleich - erreicht wird.[1717]

[1713] Vgl. Kapitel 3.2.2.
[1714] Vgl. BURTH (2012), S. 29.
[1715] Vgl. Kapitel 4.1.
[1716] Vgl. KEILMANN, GNÄDINGER und BURTH (2015), S. 15.
[1717] Vgl. BERTELSMANN STIFTUNG (2013), S. 167, und Abbildung 6.1.

6.2 Würdigung ausgewählter Systementwicklungen aus Forschung und Praxis

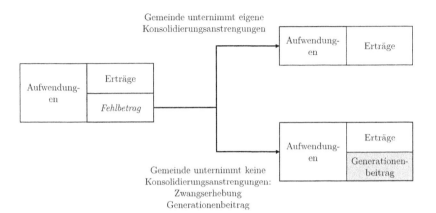

Abbildung 6.1: Generationenbeitrag[1718]

Bezüglich der Art der zusätzlich zu generierenden Erträge wird regelmäßig auf die Erträge aus der Grundsteuer B abgestellt. Konkret bedeutet das: Bei einer geplanten Verfehlung des Haushaltsausgleichs ist der Grundsteuer B-Hebesatz so weit zu erhöhen, bis dadurch die Lücke zwischen Erträgen und Aufwendungen geschlossen wird.[1719] Im Gegensatz zur zweiten gemeindlichen Realsteuer, der Gewerbesteuer, hat die Grundsteuer B die Vorteile, dass sie wenig konjunkturanfällig ist, sich weniger auf die Standortattraktivität auswirkt und sozialverträglich ist - zumindest, wenn unterstellt wird, dass Wohlhabende in der Regel hochwertiger wohnen.[1720] Zudem belastet sie direkt oder indirekt (über die Mietpreise oder Nebenkosten) alle Einwohner und Unternehmen einer Kommune.[1721]

Durch den Generationenbeitrag wird der Finanzierung konsumtiver Ausgaben durch zunehmende Verschuldung der politische Reiz genommen: Während diese für die Bürger vermeintlich kostenlos ist, da sie wenig auf die verfehlte Zielgröße *Haushaltsausgleich* achten, müssen zu hohe Aufwendungen nun durch Steuererhöhungen

---

[1718] Vgl. BURTH (2012), S. 27.
[1719] Vgl. SCHWARTING (2015), S. 402 f.
[1720] Vgl. KEILMANN, GNÄDINGER und BURTH (2015), S. 15, JUNKERNHEINRICH u. a. (2011), S. 282.
[1721] Vgl. HILGERS und BURTH (2011), S. 249.

kompensiert werden.[1722] Somit wird der Zusammenhang zwischen kommunalem Leistungsangebot und dessen Finanzierung für die Bürger erfahr- bzw. spürbar[1723] - vorausgesetzt natürlich, dass eine klare Kommunikation bezüglich der Ursache der (möglicherweise jährlich schwankenden) Grundsteuerfestsetzung erfolgt. Sollte es zur Erhebung eines Generationenbeitrags kommen, müssen die Entscheidungsträger ihren Bürgern vermitteln, wieso gerade sämtliche vorgesehenen Leistungen so zwingend nötig sind, dass an keiner anderen Stelle der Aufwand gesenkt werden kann, um die Belastung durch die Grundsteuer B-Erhöhung zu vermeiden.[1724] Durch die Drohkulisse des Generationenbeitrags kann somit ein innergemeindlicher Diskussionprozess in Gang gesetzt werden.[1725] Überlegungen zu Aufwandssenkungen werden politisch diskutabler; insbesondere aufwandsintensive Leistungen für kleine Wählergruppen verlieren daher schnell an Attraktivität bzw. werden hinterfragt.[1726]

Generationenbeiträge werden derzeit von vereinzelten Kommunen auf freiwilliger Basis vorgesehen. Im Rahmen sog. Nachhaltigkeitssatzungen legen sich diese Gemeinden eine Selbstverpflichtung auf, bei einem unausgeglichenen Haushalt die Grundsteuer B soweit zu erhöhen, bis die fehlenden Erträge erwirtschaftet wurden.[1727] Zur Stabilisierung der Kommunalfinanzen ist es daher denkbar, eine *Pflicht* zur Erhebung eines Generationenbeitrags in Form einer Grundsteueranpassung für alle Gemeinden gesetzlich zu verankern.[1728] Wenn eine Gemeinde dabei gegen die Erhebungspflicht verstößt und ihren Hebesatz nicht auf das notwendige Niveau anhebt, kann die Aufsichtsbehörde eine Erhebung anordnen und ggf. per Ersatzvornahme selber durchführen.

Bei näherer Betrachtung des Stabilisierungsinstruments *Generationenbeitrag* ergeben sich jedoch eine Reihe von Fragen. Zuerst ist der Blick auf Gemeinden zu richten, die seit Jahren Fehlbeträge in größerem Umfang verzeichnen. Sobald die Pflicht zur Generationenbeitragserhebung rechtskräftig wird, würde dies bedeuten, dass sie ein hohes Defizit möglicherweise nur durch extrem hohe Grundsteuer B-Hebesätze ausgleichen können, die schnell jenseits von 1.000 % liegen können.[1729] Auch wenn in NRW keine Höchsthebesätze vorgesehen sind,[1730] und auch die Rechtsprechung

---

[1722] Vgl. JUNKERNHEINRICH u. a. (2011), S. 113.
[1723] Vgl. BERTELSMANN STIFTUNG (2013), S. 180.
[1724] Vgl. KEILMANN, GNÄDINGER und BURTH (2015), S. 15.
[1725] Vgl. JUNKERNHEINRICH u. a. (2011), S. 114.
[1726] Vgl. HILGERS und BURTH (2011), S. 249, KEILMANN, GNÄDINGER und BURTH (2015), S. 15.
[1727] Vgl. z. B. die Nachhaltigkeitssatzung der Stadt Spenge: http://www.spenge.de/PDF/Nach haltigkeitssatzung_der_Stadt_Spenge.PDF?ObjSvrID=1492&ObjID=4042&ObjLa=1&Ext =PDF&WTR=1&_ts=1547716367 [letzter Abruf: 11.03.2019]. Vgl zusätzlich die Beispiele in SCHWARTING (2015), S. 402 f.
[1728] Vgl. JUNKERNHEINRICH u. a. (2011), S. 138.
[1729] Vgl. KEILMANN, GNÄDINGER und BURTH (2015), S. 15.
[1730] § 26 GrStG ermöglicht dem Landesgesetzgeber grundsätzlich die Festlegung einer solchen Grenze.

keine Absolutwerte definiert hat, findet die Steuererhebung dennoch eine Begrenzung in der erdrosselnden Wirkung: Sie ist unzulässig, wenn die Steuerbelastung für sich genommen das der Besteuerung zugrunde liegende Verhalten unmöglich macht und damit einem Verbot gleichkommt.[1731] In Bezug auf die Grundsteuer bedeutet das vereinfachend: Ein Hebesatz ist unzulässig, wenn die steuerliche Belastung dadurch so hoch ist, dass der Immobilienbesitz faktisch unmöglich wird und die Steuer damit gegen das Eigentumsrecht des Art. 14 GG verstößt.[1732] Hier stößt der Generationenbeitrag an seine natürliche Grenze.

Für stark defizitäre Gemeinden könnte zumindest eine Übergangsregelung geschaffen werden, nach der das Defizit über einen gewissen Zeitraum schrittweise abzubauen ist, d. h., für jedes Jahr sind Zielwerte mit sinkenden Defiziten vorzugeben, sodass ein Generationenbeitrag nur zur Erreichung dieses geringeren Defizits erhoben werden muss. Sobald der Haushaltsausgleich dann erstmals erreicht ist, gilt wie für alle anderen Gemeinden die Kopplung des Hebesatzes an das Ziel-Jahresergebnis i. H. v. null.[1733]

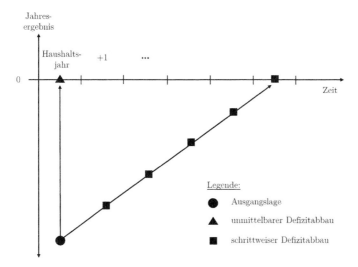

Abbildung 6.2: Schrittweiser Defizitabbau[1734]

[1731] Vgl. BVerwG vom 15.10.2014, NVwZ 2015, 992 (994).
[1732] Vgl. VG Gelsenkirchen vom 25.10.2012, BeckRS 2012, 58684.
[1733] Vgl. Bertelsmann Stiftung (2013), S. 173-175, und Abbildung 6.2.
[1734] Vgl. Bertelsmann Stiftung (2013), S. 174.

Weiterhin ist festzustellen, dass der Generationenbeitrag nicht zwischen endogenen und exogenen Ursachen eines unausgeglichenen Haushalts unterscheidet. Kommt es also beispielsweise in Folge von Konjunkturschwankungen zu Einbrüchen der Gewerbesteuererträge, wird unmittelbar die Kommunalpolitik adressiert, die einen entsprechenden Generationenbeitrag zu erheben hat, um die Ertragslücke auszugleichen. Problematisch wird dies wie im zuvor beschriebenen Fall, wenn die entstehende Ertragslücke so groß ist, dass sie nur durch eine massive Grundsteuer B-Erhöhung aufgefangen werden kann, die möglicherweise erdrosselnde Wirkung hat.

Kritisch zu hinterfragen ist der Generationenbeitrag damit auch unter Berücksichtigung der Mitverantwortung der Gemeinden für die gesamtwirtschaftliche Entwicklung gem. § 75 Abs. 1 S. 3 GO NRW.[1735] Der Generationenbeitrag ist regelmäßig nicht in konjunkturellen Hochphasen zu erheben, da dort der Haushaltsausgleich über ein entsprechendes Gewerbesteueraufkommen sichergestellt werden kann. In Abschwungphasen muss er jedoch sinkende Gewerbesteueraufkommen kompensieren und stellt damit eine zusätzliche Belastung der abgabepflichtigen Wirtschaftssubjekte da, welche weiter nachfragedämpfend wirkt.[1736]

Das Problem plötzlicher, massiver Hebesatzanhebungen kann behoben und ein gewisses Maß an antizyklischem Verhalten erreicht werden, wenn erneut die eigentliche Pflicht zum sofortigen Haushaltsausgleich mittels Generationenbeitrag durchbrochen wird. So könnte sich die Pflicht zum Haushaltsausgleich nicht auf ein Jahr beziehen, sondern auf einen mehrjährigen Zeitraum - z. B. also einen in fünf Jahren im Durchschnitt ausgeglichenen Haushalt. Dann dürfte der Haushaltsausgleich beispielsweise in drei Jahren verfehlt werden, wenn die damit verbundenen Verluste in den zwei anderen Jahren durch Gewinne kompensiert werden.[1737]

Fraglich ist hierbei allerdings, was das passende Intervall für eine solche Durchschnittsbetrachtung darstellen soll. Wissenschaftlich fundieren ließe sich eine solche Festlegung nur schwierig. Im Übrigen ist schnell zu erkennen, dass eine Flexibilisierung des Haushaltsausgleichs auch ohne Generationenbeitrag bereits existiert: Die Ausgleichsrücklage nach § 75 Abs. 3 GO NRW ermöglicht es Gemeinden, einen fiktiven Haushaltsausgleich auch in Verlustjahren zu erreichen, wenn zuvor ein entsprechender Puffer aus Gewinnen gebildet wurde.[1738] Wird ein Generationenbeitrag zeitlich flexibilisiert, damit er in der Realität der kommunalen Haushaltswirtschaft anwendbar ist, ist außerdem zu bedenken, dass der zentrale Vorteil dieses Mechanismus' verloren geht: die Spürbarkeit. Wird ein eigentlich verfehlter Haushaltsausgleich erst mehrere Jahre später durch einen Generationenbeitrag gewissermaßen

---
[1735] Vgl. Kapitel 3.2.2.
[1736] Vgl. BERTELSMANN STIFTUNG (2013), S. 176, GNÄDINGER und HILGERS (2010), S. 197.
[1737] Vgl. BERTELSMANN STIFTUNG (2013), S. 176.
[1738] Vgl. § 75 Abs. 2 S. 3 GO NRW.

nachträglich erreicht, ist der Zusammenhang zwischen Abgabenerhöhung und daraus finanzierten Aufwendungen für die Bürger genauso gut oder schlecht erkennbar, wie es derzeit unter Anwendung der Ausgleichsrücklage der Fall ist. Wieso die Ausgleichsrücklage also durch einen flexiblen Generationenbeitrag abzulösen ist, ist nicht ersichtlich.

Letztlich ist der Generationenbeitrag auch in Hinblick auf eine zeitliche Gleichmäßigkeit der Besteuerung zu kritisieren. So ist zu erwarten, dass sich die Hebesätze der Gemeinden bei einer Pflicht zur Generationenbeitragserhebung im Jahrestakt ändern werden und in den Grenzen des § 25 Abs. 3 GrStG sogar rückwirkend angepasst werden. Für die Grundsteuerpflichtigen ist dies mit entsprechender Verunsicherung verbunden, die die Planung der Belastung erschwert.

Zusammenfassend ist festzuhalten: Eine Pflicht zur Generationenbeitragserhebung würde nur dann ihren Zweck erfüllen, wenn sie in Reinform, d. h. periodisch bezogen, ausgestaltet wird. Bei einem in der kommunalen Praxis notwendigerweise zeitlich zu flexibilisierenden Generationenbeitrag entspricht dieser streng genommen der bereits bestehenden Ausgleichsrücklage und ist daher redundant. Das Kernproblem, nämlich die trotz der Ausgleichspflicht zu beobachtende Vielzahl von Verlust erwirtschaftenden Gemeinden, kann damit nicht auf den eigentlichen Ausgleichsmechanismus - flexibler Generationenbeitrag / Ausgleichsrücklage - zurückgeführt werden, sondern ist eine Frage der Durchsetzung dieser Pflicht. Selbst wenn eine Erhebungspflicht für einen Generationenbeitrag eingeführt wird, Verstöße hiergegen aber nicht ausreichend geahndet werden, ist die Wirksamkeit dieses Instruments in Bezug auf die Sicherung der stetigen Aufgabenerfüllung letztlich auch nur eine Art Schönfärberei.

6.2.3 Der Stärkungspakt Stadtfinanzen

6.2.3.1 Grundlegende Struktur

Um eine übermäßige Kassenkreditverschuldung abzubauen und flächendeckende Haushaltsausgleiche wiederherzustellen, haben vereinzelte Länder Hilfsprogramme eingeführt, in deren Rahmen befristet Landesmittel zur Verfügung gestellt werden.[1739] Wenngleich sich die einzelnen Programme teils stark in Bezug auf die Form und das Unterstützungsvolumen sowie die konkreten Voraussetzungen zur Teilnahme am Hilfsprogramm unterscheiden, so haben sie alle doch eine Gemeinsamkeit: Die Hilfe empfangenden Gemeinden haben konkrete Gegenleistungen in Form von Maßnahmen zur Haushaltskonsolidierung zu erbringen.[1740] Mit diesen Verpflichtungen wird den verhaltenstheoretischen Problemen staatlicher Hilfsmaßnahmen

---
[1739] Vgl. Kapitel 4.5.2.
[1740] Vgl. ANDRAE und KAMBECK (2014), S. 164.

Rechnung getragen, sodass trotz des Wissens um Unterstützung ein negativer Effekt auf die Haushaltsdisziplin vermieden werden soll.[1741]

Das zentrale Hilfsprogramm in NRW ist der Stärkungspakt Stadtfinanzen, welcher 2010 ins Leben gerufen wurde und auf dem zwischen der damalige NRW-Landesregierung und den kommunalen Spitzenverbänden vereinbarten Eckepunktepapier zur Stärkung der Kommunalhaushalte basiert.[1742] Ziel des Stärkungspaktes ist es, Gemeinden in einer besonders schwierigen Haushaltssituation einen nachhaltigen Haushaltsausgleich zu ermöglichen.[1743] Mit einem dafür vorgesehenen Gesamtvolumen von knapp 5,76 Mrd. EUR[1744] stellt es bundesweit das größte Hilfsprogramm dar.[1745] Zu beachten ist, dass der genannte Betrag nicht ausschließlich aus dem Landeshaushalt erbracht wird, sondern die Finanzierung auch zu über einem Drittel durch die Gemeinden erfolgt. Zum einen geschieht dies durch einen Vorwegabzug bei der Finanzausgleichsmasse nach dem GFG, sodass das an die Kommunen jährlich zu verteilende Zuweisungsvolumen geschmälert wird.[1746] Zum anderen erfolgt eine Finanzierung durch eine von den Gemeinden erhobene Solidaritätsumlage, die von nachhaltig abundante Gemeinden - d. h. solchen, die mehrere Jahre in Folge aufgrund erhöhter Steuerkraft keinen Anspruch auf Schlüsselzuweisungen nach dem GFG haben - erhoben wird.[1747]

Der Teilnehmerkreis des Stärkungspaktes ist in drei Stufen unterteilt:

1. Stufe: Von den vom Land aufgebrachten Mitteln kommen während des Zeitraums 2011 bis 2020 jährlich 350 Mio. EUR den pflichtig am Stärkungspakt teilnehmenden Gemeinden zu. Hierunter fallen sämtliche Gemeinden, deren Haushaltssatzung des Jahres 2010 eine bilanzielle Überschuldung für 2010 oder in der zugehörigen mittelfristigen Planung (2011-2013) vorsahen[1748] - also alle Gemeinden, die 2010 ihr Eigenkapital verbraucht hatten oder planten, dies bis 2013 zu tun.

2. Stufe: Für den Zeitraum 2012 bis 2020 können die restlichen Konsolidierungshilfen, die überwiegend gemeindeseitig aufzubringen sind, Kommunen zugutekommen, deren Planung eine Überschuldung erst zwischen den Jahren 2014

[1741] Vgl. Kapitel 4.5.2.
[1742] Vgl. LANDESREGIERUNG NRW U. A. (2010), S. 2.
[1743] Vgl. § 1 S. 3 StPG.
[1744] Vgl. § 2 Abs. 1, 2 StPG.
[1745] Vgl. ANDRAE und KAMBECK (2014), S. 164.
[1746] Vgl. § 2 Abs. 3 S. 3 StPG, § 3 Nr. 2 GFG 2019.
[1747] Vgl. § 2 Abs. 3 S. 4, 5 StPG. Die Beteiligung der abundanten Gemeinden an der Finanzierung des Stärkungspaktes wurde in Folge einer Kommunalverfassungsbeschwerde geprüft und als zulässig befunden, vgl. VERFGH NRW vom 30.08.2016, KommJur 2017, 22.
[1748] Vgl. § 3 StPG.

und 2016 erwarten ließen und die freiwillig eine Teilnahme am Stärkungspakt bis zum 31.03.2012 beantragt haben.[1749].

3. Stufe: Durch eine Gesetzesänderung vom 15.11.2016 können auf Antrag bis zum 31.01.2017 Gemeinden in den Jahren 2017 bis 2022 Konsolidierungshilfen erhalten, wenn sich aus ihren Jahresabschlüssen 2014 eine Überschuldung ergeben hat oder sie diese für 2015 in der Haushaltssatzung geplant haben und diese Überschuldung dann auch tatsächlich eingetreten ist.[1750] Die Finanzierung der Konsolidierungshilfen erfolgt aus nicht abgerufenen Konsolidierungshilfen der Stufen 1 und 2.[1751]

Zu beachten ist bereits hier: Gemeinden, bei denen sich eine Überschuldung erst nach 2016 abzeichnet bzw. nach 2015 eintritt, können nicht am Stärkungspakt teilnehmen. Sie haben keinerlei Anspruch auf Konsolidierungshilfen.

Die gemeindeindividuelle Höhe der Konsolidierungshilfen ergibt sich aus einem Pauschalbetrag je Einwohner sowie einem darüber hinausgehenden Betrag, der nach dem Anteil der Gemeinden an der sog. strukturellen Lücke - ein einmalig ermittelter Wert unter Berücksichtigung vergangenheitsbezogener Personalausgaben und Soziallasten sowie zukünftiger Zinslasten[1752] - so bestimmt wird, dass das abrufbare Volumen an Konsolidierungshilfen nicht überschritten wird.[1753] Im Gegensatz zu anderen Ländern wie beispielsweise Hessen hat sich NRW nicht für eine partielle Schuldenübernahme entschieden, sondern leistet unterstützende Zuweisungen, die von den Empfängern grundsätzlich frei verwendet werden können, nach Möglichkeit aber bestehende Liquiditätskredite tilgen sollen.[1754]

Im Gegenzug zu den Konsolidierungshilfen müssen die teilnehmenden Gemeinden einen strikten Sanierungskurs einschlagen, den sie im sog. Haushaltssanierungsplan (HSP) darstellen.[1755] Der HSP ersetzt damit das HSK nach § 76 GO NRW,[1756] zu welchem sämtliche Stärkungspakt-Gemeinden aufgrund ihrer Haushaltslage eigentlich verpflichtet sind. Genau wie beim HSK ist im HSP darzustellen, welche Maßnahmen ergriffen werden, um innerhalb einer bestimmten Frist einen Haushaltsausgleich wieder zu erreichen. Bei der Ausarbeitung des HSP können die Kommunen Beratungsleistungen der Gemeindeprüfungsanstalt (GPA) in Anspruch

---

[1749] Vgl. § 4 Abs. 1, 2 StPG.
[1750] Vgl. § 12 Abs. 2, Abs. 3 S. 1 StPG.
[1751] Vgl. § 12 Abs. 1 S. 3 i. V. m. § 2 Abs. 8 StPG.
[1752] Vgl. JUNKERNHEINRICH u. a. (2011), S. 173, LANDTAG NRW DRUCKSACHE 15/3418 vom 06.12.2011, S. 43.
[1753] Vgl. 5 Abs. 1, 2 StPG.
[1754] Vgl. § 5 Abs. 4 StPG. Es liegt die Vermutung nahe, dass durch den Verzicht auf eine Schuldenübernahme die negativen Wirkungen auf die Haushaltsdisziplin so gut wie möglich vermieden werden sollen.
[1755] Vgl. § 5 Abs. 3 StPG.
[1756] Vgl. § 6 Abs. 3 StPG.

nehmen, die hierfür ebenfalls Mittel aus dem Stärkungspakt erhält.[1757] Die Aufsichtsbehörde überwacht die Einhaltung des HSP. Hierzu hat die Gemeinde dreimal jährlich Bericht über den Stand der Umsetzung zu erstatten.[1758]

Der HSP, der erstmals 2012 aufzustellen war und seitdem spätestens einen Monat vor Beginn des nächsten Haushaltsjahres vorzulegen ist, bedarf der Genehmigung durch die Aufsichtsbehörde.[1759] Diese knüpft an drei legal definierte Kriterien:[1760]

1. Der HSP sieht unter Einbeziehung der Konsolidierungshilfen einen echten Haushaltsausgleich, d. h. durch Erträge vollständig gedeckte Aufwendungen, spätestens ab 2016 (für Stufe 2-Gemeinden ab 2018, Stufe 3 ab 2020) vor.

2. Anschließend sind die Konsolidierungshilfen degressiv abzubauen, sodass spätestens ab 2021 (für Stufe 3-Gemeinden: 2023) ein Haushaltsausgleich aus eigener Kraft erreicht wird.

3. Mögliche Konsolidierungsbeiträge ausgelagerter Aufgabenbereiche werden berücksichtigt.

Nach dem Gesetzeswortlaut können Gemeinden ausnahmsweise auch von der Frist 2016 (bzw. 2018 für Stufe 2-Gemeinden) abweichen.[1761] Die Rechtssprechung hat diese Ausnahmetatbestände in den vergangenen Jahre konkretisiert, indem sie zuletzt „grundlegende Umstände struktureller Art oder sonstige die Finanzkraft der Kommunen regelhaft beeinflussende Faktoren"[1762] als nicht zulässig erklärt hat. Verweigert die Ratsmehrheit also aufgrund der Befürchtung einer zu hohen Belastung der Abgabepflichtigen eine Hebesatzerhöhung, die zur Zielerreichung notwendig ist, liegt Unvermögen und nicht Unmöglichkeit vor, sodass von der Regelfrist nicht abgewichen werden darf.[1763]

Grundsätzlich ähnelt der HSP einschließlich seiner Genehmigungsvoraussetzungen damit stark dem HSK: Es sind Maßnahmen aufzuzeigen, wie innerhalb einer bestimmten Frist der Haushalt wieder ausgeglichen werden kann. Einen entscheidenden Unterschied sieht der Stärkungspakt allerdings vor, wenn die Gemeinde keinen HSP vorlegt, dieser nicht genehmigungsfähig ist oder die Gemeinde vom genehmigten HSP abweicht bzw. dessen Ziele nicht erreicht: Wenn eine von der Aufsichtsbehörde individuell gesetzte Nachbesserungsfrist erfolglos verstrichen ist, hat die Aufsichtsbehörde einen Beauftragten gem. § 124 GO NRW zu entsenden, der

---

[1757] Vgl. §§ 9, 2 Abs. 7 StPG.
[1758] Vgl. § 7 Abs. 1 StPG.
[1759] Vgl. § 6 Abs. 2, 3 StPG.
[1760] Vgl. § 6 Abs. 2, § 12 Abs. 6 StPG.
[1761] Beachte: Stufe 3-Gemeinden haben keine Abweichungsmöglichkeit. Von der Frist zur Erreichung des Haushaltsausgleichs aus eigener Kraft kann im Übrigen keine Gemeinde abweichen.
[1762] OVG NRW vom 04.07.2014, NWVBl. 2014, 437 (439).
[1763] Vgl. KNIRSCH (2012), S. 99.

diese Nachbesserungen durchführt.[1764] Zum Vergleich: Kann das HSK beispielsweise nicht genehmigt werden, existiert keine rechtskräftige Haushaltssatzung, sodass es lediglich zur vorläufigen Haushaltsführung kommt.[1765] Zu beachten ist hierbei, dass es sich um eine Bestellungs*pflicht* der Aufsichtsbehörde handelt - sie kann also nicht nach eigenem Ermessen und im Einzelfall entscheiden, wie sie beispielsweise auf einen nicht genehmigungsfähigen HSP reagiert. Das StPG folgt hier also strikt dem Legalitätsprinzip anstelle des sonst in der Rechtsaufsicht vorherrschenden Opportunitätsprinzips.[1766] Bei der Beauftragtenbestellung bedarf es damit auch nicht der sonst notwendigen Prüfung der schwächeren Aufsichtsmittel nach §§ 121 bis 123 GO NRW.[1767] Anwendung fand die Stärkungspakt-basierte Beauftragtenbestellung bereits mehrfach. Die Räte der Gemeinde Nideggen und Altena sind beispielsweise in Folge ihrer Weigerung zur Hebesatzerhöhung von einem Beauftragten ersetzt worden.[1768] Neben der Beauftragtenbestellung kommt es bei Pflichtverstößen der Stärkungspakt-Gemeinden konsequenterweise auch zu einer vorübergehenden Einstellung der Hilfszahlungen.[1769]

6.2.3.2 Kritik am Stärkungspakt Stadtfinanzen

Insbesondere aus dem für die Genehmigungsfähigkeit vorgesehenen zweistufigen Zeithorizont - zuerst Wiederherstellung eines Haushaltsausgleichs mit Konsolidierungshilfen, anschließend Erhalt des Haushaltsausgleichs unter schrittweisem Abbau der Unterstützungsleistung - kann schnell das primäre Ziel des Stärkungspakts identifiziert werden: Gemeinden sollen dazu gebracht werden, stärker als Nicht-Stärkungspakt-Kommunen Haushaltskonsolidierungen voranzutreiben, um so ihre Defizite abzubauen.[1770] Die Unterschiede zwischen den Rechengrößen Ertrag / Aufwand, die den Haushaltsausgleich determinieren, und Einzahlung / Auszahlung, die die Aufnahme von Krediten und damit die Verschuldung determinieren, ergeben sich im kommunalen Kontext fast ausschließlich aus einer abweichenden zeitlichen Zuordnung. Wenn eine Gemeinde folglich einen ausgeglichenen Haushalt aufweist, bedarf sie abgesehen von kurzfristigen Überbrückungen grundsätzlich auch keiner Liquiditätskredite zur Finanzierung ihrer laufenden Verwaltungstätigkeit. Damit kann dem Stärkungspakt auch das Ziel unterstellt werden, das Liquiditätskredit-Wachstum zu bremsen und im besten Fall Verschuldung abzubauen. Explizit äußert sich dies darin, dass überschüssige Konsolidierungshilfen zur Reduzierung der Li-

---

[1764] Vgl. § 8 Abs. 1 StPG.
[1765] Vgl. Kapitel 3.3.2.2.
[1766] Vgl. Kapitel 4.4.3.3.
[1767] Vgl. KNIRSCH (2012), S. 99.
[1768] Vgl. ANDRAE und KAMBECK (2014), S. 170.
[1769] Vgl. § 5 Abs. 3 StPG.
[1770] Vgl. BUSCH (2016), S. 130.

quiditätskredite einzusetzen sind.[1771] Eine Bewertung des Stärkungspakts hat folglich anhand dessen Fähigkeit zur Erreichung dieser Ziele zu erfolgen.

In Bezug auf die verhaltenstheoretischen Probleme staatlicher Hilfsleistungen kann natürlich auch dem Stärkungspakt Stadtfinanzen vorgeworfen werden, dass er einen Verstoß gegen das Selbsthaftungsprinzip darstellt und durch das Vertrauen auf Unterstützung Anreize zu einer mangelnden Haushaltsdisziplin erzeugt.[1772] Besonders präsent wird diese Kritik, wenn die Hilfsleistungen nicht nur durch das Land, sondern auch andere, vermeintlich wohlhabende Gemeinden finanziert werden. Durch die Abundanzumlage kann also möglicherweise auch die Haushaltsdisziplin dieser Gemeinden negativ in der Form beeinflusst werden, dass sie die eigene Ressourcenausstattung vorzeitig für andere Zwecke verausgaben, um nicht mehr in den Kreis der abundanten und damit leistenden Gemeinden zu fallen.[1773] Obwohl die Heranziehung zur Solidaritätsumlage grundsätzlich anhand einer normierten Steuerkraft und nicht der tatsächlichen Haushaltssituation erfolgt, stellt § 6 Abs. 2 StPG zum Teil auch auf die tatsächliche Einnahmesituation ab. Damit kann eine Gemeinde durch eine Hebesatzgestaltung ihre Zahlungsverpflichtungen zum Teil selbst beeinflussen und ist damit dem beschriebenen Fehlanreiz ausgesetzt.[1774] Insgesamt ist damit zu bezweifeln, ob trotz der Pflichten der teilnehmenden Gemeinden die mit den Hilfsleistungen verbundenen Fehlanreize vermieden werden können.[1775]

Positiv zu würdigen ist indes die gesetzliche Pflicht einer Beauftragtenbestellung im Fall von Pflichtverstößen einer teilnehmenden Gemeinde. Das Opportunitätsprinzip, dass eine solche Entscheidung außerhalb des Stärkungspakts dem Ermessen der Aufsichtsbehörde unterstellt, öffnet politischer Einflussnahme Tür und Tor, sodass dieses Mittel in verhaltenssteuerndern Hinsicht seine Wirkung verliert.[1776] Der Gesetzgeber hat dieses Problem erkannt, sodass Sanktionen bei festgestellten Rechtsverstößen tatsächlich geahndet werden und damit erstmals glaubhaft sind. Stellte die Beauftragtenbestellung bisher lediglich ein abstraktes Drohpotential dar, rückt der Staatskommissar für die Stärkungspakt-Gemeinden damit in greifbare Nähe.[1777]

Abseits dieser verhaltenstheoretischen Aspekte ist der Stärkungspakt insbesondere wegen seines begrenzten Zeithorizonts zu kritisieren: Gemeinden, bei denen sich eine Überschuldung erst nach den gesetzlichen Fristen ergeben hat, können nicht nachträglich in den Stärkungspakt eintreten. Einerseits können sie damit keine Konsolidierungshilfen beziehen, andererseits wird damit auch nicht der im

---

[1771] Vgl. § 5 Abs. 4 S. 1 StPG.
[1772] Vgl. BRAND (2014), S. 133.
[1773] Vgl. JOCHIMSEN und KONRAD (2006), S. 21.
[1774] Vgl. THORMANN (2014), S. 152, TYSPER (2013), S. 87.
[1775] Vgl. BOETTCHER (2012), S. 79.
[1776] Vgl. Kapitel 4.4.3.3.
[1777] Vgl. KNIRSCH (2012), S. 100.

Stärkungspakt vorgesehene Konsolidierungsdruck durch die drohende Bestellung eines Beauftragten ausgeübt. Denn: Für alle nicht-teilnehmenden Gemeinden mit unausgeglichenen und ggf. überschuldeten Haushalten kommt § 124 GO NRW nach den regulären Vorschriften, d. h. nach dem Ermessen der Aufsichtsbehörde und vorheriger Prüfung der milderen Aufsichtsmittel, zur Anwendung.

Im Übrigen stellt sich jedoch auch bezüglich der Stärkungspakt-Gemeinden die Frage nach der langfristigen Wirksamkeit. Sobald der Stärkungspakt ausläuft, herrschen wieder die normalen Rechtsverhältnisse, die bereits als unzureichend in Bezug auf die Aufgabensicherung gekennzeichnet wurden. Es ist demnach nicht unwahrscheinlich, dass Gemeinden, die durch die Hilfen des Stärkungspaktes sowie den durch die Beauftragtenbestellung nach dem Legalitätsprinzip ausgeübten Druck einen Haushaltsausgleich wiederhergestellt haben, mittelfristig wieder in alte Gewohnheiten verfallen, indem sie beispielsweise ihr gekürztes Leistungsprogramm wieder ausweiten und Abgaben senken.

Die begrenzte Wirksamkeit wird zusätzlich bei der Betrachtung der Zielgröße des Stärkungspaktes deutlich. Die Genehmigungsfähigkeit des HSP knüpft ausschließlich an die Wiederherstellung des Haushaltsausgleichs. Die Teilnehmer-Gemeinden sind jedoch allesamt überschuldete Gemeinden. Kommunen mit genehmigtem HSP, die nicht von diesem abweichen, haben mit Ende des Stärkungspaktes also nicht zwangsläufig die Überschuldung ab- und damit Eigenkapital aufgebaut, da hierfür die Erwirtschaftung von Jahresüberschüssen notwendig wäre. Dies verlangt der Gesetzgeber jedoch nicht. Schlimmstenfalls haben Gemeinden, die formal gesehen erfolgreich aus dem Stärkungspakt herausgehen, somit lediglich die weitere Überschuldung gebremst.

BUSCH hat zum Stand 31.12.2016 eine Evaluierung der Stärkungspakt-Wirkungen durchgeführt. Auf den ersten Blick hat sich bei den Teilnehmern seit dem Programmbeginn 2011 ein deutlicher Rückgang des Liquiditätskredite-Wachtums gegenüber dem Vergleichszeitraum 2004 bis 2010 ergeben.[1778] Dies war auch nicht anders zu erwarten, da die Gemeinden die zuvor über Liquiditätskredite finanzierten laufenden Ausgaben nun teilweise über die Hilfsleistungen aus dem Stärkungspakt decken können. Ziel des Stärkungspaktes ist es jedoch nicht, die Kreditfinanzierung durch zusätzliche Landesmittel zu ersetzen, sondern über die oben beschriebene Ausgestaltung des Programms Anreize zu deutlichen Konsolidierungsanstrengungen zu setzen.[1779] Werden demnach die Konsolidierungshilfen herausgerechnet, läge die Liquiditätskreditverschuldung im Evaluierungszeitraum in etwa genauso hoch, wie in der Vergleichsperiode.[1780] Daraus lässt sich schlussfolgern, dass sich an der

---

[1778] Vgl. BUSCH (2017), S. 133.
[1779] Vgl. BUSCH (2016), S. 130.
[1780] Vgl. Abbildung 6.3.

defizitären Situation der Stärkungspakt-Gemeinden nicht viel geändert hat und lediglich die Form der Defizitfinanzierung eine andere ist.[1781]

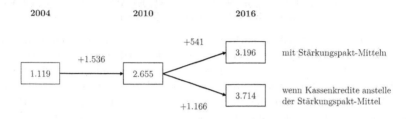

Abbildung 6.3: Liquiditätskredite pro Einwohner mit / ohne Stärkungspaktmittel (in EUR)[1782]

Fraglich ist dabei allerdings noch, ob die Stagnation durch mangelnde Konsolidierungsanstrengungen zu begründen ist. BUSCH führt das generelle Vorhandensein überproportionaler Konsolidierungsanstrengungen auf Hebesatzerhöhungen der Stärkungspakt-Gemeinden zurück, die im Vergleich zu den Erhöhungen der restlichen NRW-Kommunen stärker ausfallen.[1783] Wenngleich Konsolidierung nicht nur in Hebesatzerhöhungen besteht, deuten auch die Ergebnisse der Evaluierungsberichte der Landesregierung[1784] in diese Richtung. Die Stagnation kann stattdessen dadurch begründet werden, dass sich trotz erhöhter Konsolidierungsanstrengungen die sozioökonomischen Rahmenbedingungen der Stärkungspakt-Kommunen im Vergleich zum Rest von NRW deutlich verschlechtert haben. So hat sich beispielsweise die Zahl der sozialhilfeberechtigten Bedarfsgemeinschaften erhöht, während die Beschäftigtenzahl weit weniger stark gestiegen ist, als im NRW-Durchschnitt.[1785]

Auch diese Ergebnisse weisen auf einen der oben identifizierten Schwachpunkte des Stärkungspakts hin: die zeitliche Begrenzung. Gleichzeitig wird ein anderer kritischer Aspekt deutlich: Die Hilfsleistungen differenzieren nicht nach den Ursachen der Überschuldung.[1786] Sämtliche Stärkungspakt-Gemeinden werden gleich behandelt bzw. erhalten gleichermaßen pauschale Zuwendungen - unabhängig davon, ob die defizitäre Situation durch sozioökonomische Rahmenbedingungen verursacht

---

[1781] Vgl. BUSCH (2016), S. 130.
[1782] Vgl. BUSCH (2017), S. 133 f.
[1783] Vgl. BUSCH (2017), S. 135 f.
[1784] Vgl. für die Stufe 1-Gemeinden LANDTAG NRW VORLAGE 16/2198 vom September 2014, für Stufe 2-Gemeinden LANDTAG NRW VORLAGE 16/3379 vom 02.11.2015 und für beide Stufen LANDTAG NRW VORLAGE 16/4682 vom 18.01.2017. Eine Evaluation der dritten Stufe muss bis zum 31.12.2019 erfolgen, vgl. § 13 S. 3 StPG.
[1785] Vgl. BUSCH (2017), S. 137.
[1786] Vgl. BRAND (2014), S. 133.

wurde oder im Extremfall schlichtweg auf verschwenderischem Handeln der Kommunalverantwortlichen basiert. Eine Berücksichtigung sozioökonomischher Faktoren erfolgt lediglich über die Berechnung der strukturellen Lücke, die wiederum zumindest in Teilen die Höhe der Konsolidierungshilfen determiniert. Hierbei darf jedoch nicht vergessen werden, dass dieser Wert einmalig ermittelt wurde und blind für jüngste Veränderungen ist.[1787]

6.2.4 Übergreifende Würdigung der Entwicklungen

Während eine kommunale Schuldenbremse nach Vorbild der Bundes- und Länderschuldenbremse strikt abzulehnen ist, erscheint eine Erhebungspflicht eines Generationenbeitrags zumindest auf den ersten Blick als ein brauchbares Instrument zur Stabilisierung der Kommunalfinanzen. Durch die notwendige zeitliche Flexibilisierung verliert der Generationenbeitrag allerdings sein zentrales Charakteristikum, die Spürbarkeit. Damit erfüllt er faktisch die gleichen Funktionen wie die bereits bestehende Ausgleichsrücklage und erweist sich folglich als redundant. Die zuletzt vorgestellte Entwicklung, der Stärkungspakt Stadtfinanzen, zeigt indes viele zielführende Ansätze - insbesondere der Wechsel zum Legalitätsprinzip und die damit verbundene Abkehr von Ermessensspielräumen bei der Sanktion von Pflichtverstößen sind positiv zu würdigen. Insgesamt erscheint der Stärkungspakt jedoch auch keine brauchbare Lösung zur Wiederherstellung einer gesicherten stetigen Aufgabenerfüllung, was u. a. in seiner zeitlichen Begrenzung, dem ausschließlichen Fokus auf die Zielgröße *Haushaltsausgleich* ohne Berücksichtigung der Überschuldung sowie den pauschalen Finanzzuweisungen zu begründen ist.

Auch die jüngsten Entwicklungen bzw. Vorschläge können damit als unzureichend gekennzeichnet werden. Es bedarf folglich der Entwicklung eines neuen Systems einer regulativen Stabilisierung.

6.3 Vorschlag für eine regulative Stabilisierung

6.3.1 Leitgedanke: Legalitäts- statt Opportunitätsprinzip in der Aufsicht

Wenn die Grenzen von Verschuldung und Misswirtschaft nicht wie bei der kommunalen Insolvenzverfahrensfähigkeit über den Markt gesetzt werden, sondern durch das Haushaltsrecht zu bestimmen sind, zeigt dies nur Wirkung, wenn jenes tatsächlich durchgesetzt wird. Zentrale Voraussetzung hierfür ist eine Abkehr vom bisher prägenden Opportunitätsprinzip, welches politische Beeinflussung und damit das stillschweigende Billigen von Verstößen gegen das Haushaltsrecht

---

[1787] Vgl. zur Berechnung der strukturellen Lücke JUNKERNHEINRICH u. a. (2011), S. 173.

ermöglicht hat. Mit dem Stärkungspakt Stadtfinanzen und der dort nach dem Legalitätsprinzip geregelten Pflicht zur Beauftragtenbestellung hat der Gesetzgeber bereits einen entsprechenden Gegenentwurf aufgestellt. Denn: Sollen finanzpolitische Fehlentwicklungen bereits frühzeitig verhindert werden, müssen regelgebundene Vorkehrungen den Gemeindeverantwortlichen die Folgen ihrer Entscheidungen deutlich machen. Dies setzt voraus, dass die Regeln keinen Ermessensspielraum einräumen, sondern automatisch greifen, d. h.: Rechtsverstöße müssen mit eindeutigen vorher definierten Folgen verbunden sein.[1788] Nur so werden kommunale Entscheidungsträger nachhaltig unter Druck gesetzt, da ein Stillhalten der Aufsicht nicht antizipiert werden kann.[1789]

Wenn der Aufsicht ein bestimmtes Vorgehen gesetzlich vorgeschrieben ist und ein Tätigwerden nicht mehr in ihrem Ermessen liegt, sind Interessenkonflikte im Umfeld der Aufsicht irrelevant. Ein Einschreiten hängt damit nicht mehr von der Unbefangenheit und dem Pflichtgefühl der Aufsicht ab.[1790] Damit würde trotz einer Einschränkung der Kompetenz zur eigenständigen Entscheidungsfindung die Stellung der Aufsichtsbehörde deutlich gestärkt, da sie an Unabhängigkeit gewinnt und politischer Druck von ihr genommen wird.[1791] Eine von vereinzelten Autoren geforderte Verlagerung der Kommunalaufsicht z. B. in die Rechnungshöfe, Rechnungsprüfungsämter oder die GPA[1792] wäre damit zur Sicherung der Unabhängigkeit gar nicht erst notwendig.

Bei der Forderung nach einer Abkehr vom Opportunitätsprinzip ist zu berücksichtigen, dass eine falsch verstandene Nachsicht der Aufsicht langfristig weder im Interesse der Kommunen noch der Aufsichtsbehörden selber liegt. Während die kommunale Selbstverwaltung bei einem Fortbestehen der zum Teil kritischen Haushaltslagen auf Dauer sehr viel stärker eingeschränkt ist, als durch vereinzelte Eingriffe der Aufsicht bereits im Vorfeld einer solchen Situation, sichert ein konsequentes Handeln auch die Aufsichtsbehörde ab.[1793] So besteht nicht die Gefahr, dass Amtshaftungsansprüche nach Art. 34 GG i. V. m. § 839 BGB wegen einer Verletzung ihrer Schutzpflicht gegenüber den Kommunen gegen sie geltend gemacht werden.[1794]

Es bedarf folglich einer ausschließlich an rechtlichen Kausalketten ausgemachten Entscheidungsfindung der Kommunalaufsicht, durch die sie bei Überschreitung

---

[1788] Vgl. LINDLAR und KOTZEA (2011), S. 538.
[1789] Vgl. BRÜNING (2014), S. 244.
[1790] Vgl. HERRMANN (2011), S. 83 f.
[1791] Vgl. BRÜNING (2014), S. 244.
[1792] Vgl. HERRMANN (2012a), S. 163, MAGIN (2011), S. 227 f.
[1793] Vgl. OVG NRW vom 04.07.2014, NWVBl. 2014, 437 (440).
[1794] Zur Bestätigung solcher Amtshaftungsansprüche, vgl. BGH vom 12.12.2002, NJW 2003, 1318 (1319).

bestimmter Parameter vorgeschriebene Maßnahmen ergreifen muss.[1795] Zentraler Baustein eines regulativen Stabilisierungssystems muss damit ein in haushaltsrechtlichen Fragen flächendeckendes und - im Gegensatz zum Stärkungspakt Stadtfinanzen - dauerhaftes Legalitätsprinzip für die Kommunalaufsicht sein.

6.3.2 Klassenstruktur

Die vom Opportunitätsprinzip geprägte Aufsicht wurde jedoch nicht als einzige Schwachstelle im aktuellen System zur Sicherung der stetigen Aufgabenerfüllung identifiziert.[1796] Selbst wenn also eine unabhängige Aufsicht dafür sorgt, dass die Gemeinden die aktuellen haushaltsrechtlichen Vorgaben ernster nehmen, kann dadurch nicht zwangsläufig eine stabile Haushaltswirtschaft hergestellt werden. Eine vom Legalitätsprinzip geprägte Aufsicht stellt damit eine notwendige, aber keine hinreichende Bedingung dar.

Ziel des Stabilisierungssystems ist die Wiederherstellung und der Erhalt einer geordneten Haushaltswirtschaft zur Sicherung der stetigen Aufgabenerfüllung der Gemeinde. Wird dieses Ziel mit dem zuvor geforderten Legalitätsprinzip in Verbindung gebracht, bedeutet dies: Das System muss finanzwirtschaftliches Wohlverhalten genauso wie finanzwirtschaftliches Fehlverhalten definieren und für Letzteres Eingriffe / Sanktionen durch die Aufsichtsbehörde festlegen, die diese rechtlich verbindlich ausführen muss. Diese Definitionen und Rechtsfolgen müssen dauerhaft wirken und nicht bloß zeitlich begrenzt, wie der Stärkungspakt Stadtfinanzen. Solche Regeln sorgen einerseits dafür, dass bestehende Finanzprobleme behoben werden können, andererseits beugen sie solchen Fehlentwicklungen bereits vor, indem sie den Verantwortlichen klare Grenzen aufzeigen, zu denen sie einen gewissen Sicherheitsabstand halten müssen, wenn sie nicht von den aufsichtsrechtlichen Eingriffen betroffen sein wollen.[1797] Genau wie das zuvor beschriebene Insolvenzregime muss das regulative Stabilisierungssystem also einen oder mehrere für alle Beteiligten erkennbare(n) Fixpunkt(e) bieten, ab dem / denen Rechtsfolgen entstehen, damit es präventive Wirkungen entfalten kann.[1798]

Da die Rechtsfolgen nur im Falle finanzwirtschaftlichen Fehlverhaltens greifen, sollten sie grundsätzlich in Einschränkungen der kommunalen Selbstverwaltung bestehen. Dies lässt sich damit rechtfertigen, dass solche Sanktionen ein entsprechendes Drohpotential gegenüber den kommunalen Entscheidungsträgern haben, gleichzeitig aber auch offensichtlich notwendig sind, da die betroffene Gemeinde sich bei

---

[1795] Vgl. BRÜNING (2014), S. 244, HERRMANN (2011), S. 83, LINDLAR und KOTZEA (2011), S. 538 f.
[1796] Vgl. Kapitel 4.4.
[1797] Vgl. HOMBURG und RÖHRBEIN (2007), S. 13 f.
[1798] Im Insolvenzverfahren sind dies die Eröffnungsgründe gewesen, vgl. Kapitel 5.5.3.

völliger Eigenverantwortlichkeit nicht richtig verhalten und die stetige Aufgabenerfüllung gefährdet hat.

Da finanzwirtschaftliches Fehlverhalten unterschiedliche Ausmaße annehmen kann und damit die stetige Aufgabenerfüllung in unterschiedlich starker Weise gefährdet, würde eine ausschließliche Definition eines einzelnen Fixpunktes, ab dem die kommunale Selbstverwaltung umfassend eingeschränkt wird, nicht genügen.[1799] Wenn das Stabilisierungssystem beispielsweise ausschließlich Fehlverhalten mit *bilanzielle Überschuldung* und die zugehörige automatische Rechtsfolge mit *Entsendung eines Beauftragten* vorsähe, wäre dies zwar durchaus ein erkennbarer Fixpunkt, zu dem die Kommunalverantwortlichen Abstand halten wollen; wirklich ernst genommen wird dieser Punkt jedoch erst, wenn schon über längere Zeit Eigenkapital abgebaut wurde und sich die Gemeinde nun der völligen Aufzehrung nähert. Zu diesem Zeitpunkt ist die Situation aber höchstwahrscheinlich bereits so festgefahren, dass eigene Konsolidierungsanstrengungen gar nicht schnell genug wirken, um die Überschuldung und damit die Beauftragtenbestellung noch zu vermeiden. Die präventive Wirkung des Stabilisierungssystem wäre damit nur eingeschränkt vorhanden. Es bedarf folglich einer abgestuften Definition finanzwirtschaftlichen Fehlverhaltens sowie damit verbundener Rechtsfolgen. Damit das System einerseits präventive Wirkung entfaltet, andererseits bestehende Schieflagen beheben kann, muss gelten: Je drastischer das Fehlverhalten und damit die Gefährdung der stetigen Aufgabenerfüllung, desto stärker der daraus folgende Eingriff in die kommunale Selbstverwaltung. Damit wird ein ganzheitliches System entworfen, welches sich - beispielsweise im Gegensatz zum Stärkungspakt Stadtfinanzen - nicht nur an die Gemeinden mit der kritischsten Haushaltslage richtet.

Durch die Notwendigkeit einer Abstufung unterschiedlicher Eskalationsstufen sowie der klaren, für alle Beteiligten jederzeit erkennbaren Definition dieser, empfiehlt sich der Aufbau des regulativen Stabilisierungssystems als Klassensystem. Jede Gemeinde ist hierbei abhängig von ihrer Haushaltslage eindeutig einer Klasse zuzuordnen, aus der die Rechtsfolgen für die Gemeinden hervorgehen. Unter Geltung des Legalitätsprinzips hat die Zuordnung zu einer Klasse durch die Aufsichtsbehörde zu erfolgen. Von dieser Klasse ausgehend kann die Gemeinde erkennen, welche weniger einschränkenden Rechtsfolgen in der höheren Klasse für sie gelten und was sie tun muss, um diese zu erreichen, bzw. ab wann sie im Klassensystem weiter absteigt und welche drastischeren Rechtsfolgen sie dort treffen. So können Anreize für kommunale Entscheidungsträger gesetzt werden, ihre Haushaltswirtschaft zu ordnen und im Klassensystem auf- und nicht abzusteigen.

[1799] Solche singulären Fixpunkte werden häufig von Autoren gefordert, die auf die Einrichtung eines dauerhaften Notlagenregimes abzielen, vgl. z. B. BRAND (2014), S. 145.

6.3.3 Bezugsgröße(n) der Klassenschwellen

6.3.3.1 Grundsätzliche Überlegungen

Die Überlegung, Gemeinden entsprechend des Status ihrer Haushaltswirtschaft in unterschiedliche Klassen einzuteilen, geht automatisch mit der Frage einher, anhand welcher Bezugsgröße(n) die Zuordnung in diese Klassen erfolgt. Da das Ziel des Stabilisierungssystems die Sicherstellung der stetigen Aufgabenerfüllung ist, muss gelten: Die gewählte Größe eignet sich als Bezugsgröße, wenn aus ihrer Ausprägung eindeutige Rückschlüsse auf den Grad der Gefährdung der Aufgabenerfüllung gezogen werden können. Wenn beispielsweise ein hoher Wert der Bezugsgröße darauf schließen lässt, dass die Aufgabenerfüllung stark gefährdet ist, müsste die Gemeinde in eine entsprechend niedrige Klasse eingestuft werden, die mit starken Eingriffen zur Wiederherstellung einer ordnungsgemäßen Haushaltswirtschaft verbunden ist. Da das Stabilisierungssystem eine abgestufte Klassifizierung und nicht bloß eine binäre Zuordnung vorsehen soll, bedarf es zudem einer kardinal messbaren Zielgröße. Nur so ist für Gemeinden jederzeit erkennbar, was sie für einen Klassenaufstieg leisten müssen bzw. wie weit sie sich vom Abstieg entfernt befinden.

6.3.3.2 Das doppische Jahresergebnis als zentrale Bezugsgröße

Durch die mit dem Wechsel von der Kameralistik auf die Doppik erfolgte Abkehr des kommunalen Haushaltsrechts von einer ausschließlichen Zahlungsorientierung sowie der Nebenbedingung, dass im regulativen Stabilisierungssystem Forderungsausfälle der Gläubiger strikt zu vermeiden sind, kann geschlussfolgert werden, dass eine zahlungsmittelbasierte Bezugsgröße ungeeignet ist. Größen wie beispielsweise die Zahlungsunfähigkeit oder drohende Zahlungsunfähigkeit scheiden damit per Definition aus, da es im vorliegenden System gar nicht zu solchen Zuständen kommen soll.

Einen Hinweis, welche Größe Rückschlüsse darauf zulässt, ob die stetige Aufgabenerfüllung der Gemeinde gefährdet ist oder nicht, liefert das geltende Haushaltsrecht. So wurde bereits zuvor gezeigt, dass die unbestimmten (Rechts-) Begriffe Generationengerechtigkeit und Sicherung der stetigen Aufgabenerfüllung bzw. der dauerhaften Leistungsfähigkeit durch den Haushaltsausgleich operationalisiert werden: Eine Gemeinde hat in einem Haushaltsjahr generationengerecht gewirtschaftet, wenn sie in dieser Periode einen ausgeglichenen Haushalt ausweist; wird der Haushalt dauerhaft ausgeglichen, ist die stetige Aufgabenerfüllung bzw. dauerhafte Leistungsfähigkeit gesichert.[1800]

[1800] Vgl. Kapitel 3.2.2.

Da der Haushaltsausgleich am Saldo von Erträgen und Aufwendungen und damit dem doppischen Jahresergebnis ausgemacht wird, kann das regulative Stabilisierungssystem auf diese Bezugsgröße abstellen. Aufgrund der in der Regel lediglich unterschiedlichen Periodisierung von Zahlungs- und Erfolgsgrößen im kommunalen Haushaltsrecht kann dem Stabilisierungssystem genau wie dem Stärkungspakt Stadtfinanzen damit auch unterstellt werden, dass es das Liquiditätskredite-Wachstum bremsen und im besten Fall Verschuldung abbauen soll.[1801] Die Reduktion der (Alt-) Schulden steht dabei jedoch nicht im Zentrum der Betrachtung, da bei einem Haushaltsausgleich die daraus erwachsende Belastung in Form von Zinsaufwendungen als tragbar einzustufen ist. Der Gemeinde bleibt es folglich selbst überlassen, ob sie die bestehende Verschuldung (aus Gewinnen) abbauen will, um die Zinsbelastung zu reduzieren und dadurch z. B. Abgabesätze verringern zu können, oder ob sie den bisherigen Schuldenstand hält - solange sie den daraus entstehenden Ressourcenverbrauch ertragsseitig deckt. Der Fokus auf das Jahresergebnis bietet zudem den zentralen Vorteil, dass diese Größe bereits im geltenden Recht ermittelt wird: Mit dem pflichtig aufzustellenden Haushaltsplan liegt ein Rechenwerk vor, welches Planwerte für die Zukunft - das nächste Haushaltsjahr sowie die drei darüber hinausgehenden Jahre - liefert.[1802] Daneben sind natürlich Ist-Daten zu beziehen, sodass als weitere Quelle der Bezugsgröße auch der Jahresabschluss dienen muss. Dies entspricht insgesamt der Grundlogik des bestehenden Haushaltsrechts.[1803] Die grundsätzliche Eignung des Jahresergebnisses als Bezugsgröße der Klasseneinteilung zeigt sich des Weiteren dadurch, dass auch im geltenden Haushaltsrecht Gemeinden streng genommen anhand der Erfolgsgröße unterschiedlich eingestuft werden - so gibt es neben den regulären Kommunen solche in der Haushaltssicherung und (zumindest derzeit) solche, die am Stärkungspakt Stadtfinanzen teilnehmen.

Vereinzelte Kritik am haushaltsrechtlichen Fokus auf das Jahresergebnis kann als nicht nachvollziehbar gekennzeichnet werden. So kritisiert KIAMANN diesen beispielsweise dahingehend, dass ein finanzielles Erfolgsmaß kein Nachweis dafür sein kann, inwieweit eine Organisation Aufgaben der Gemeinwohlförderung wahrnimmt.[1804] Grundsätzlich ist diesem auch zuzustimmen, es ändert jedoch nichts an der Eignung des Jahresergebnisses als Bezugsgröße. Es geht bei diesem schließlich nicht darum, zu beurteilen, inwieweit die Gemeinde ihre Sachziele erfüllt. Es soll lediglich gesichert werden, dass auch zukünftig noch ausreichend Ressourcen vorhanden sind, um diese Aufgaben weiterhin wahrzunehmen.

[1801] Vgl. Kapitel 6.2.3.2.
[1802] Vgl. § 84 GO NRW.
[1803] Das HSK und der Stärkungspakt Stadtfinanzen beziehen ihre Informationen ebenfalls aus der mittelfristigen Haushaltsplanung und dem Jahresabschluss, vgl. Kapitel 3.2.3 und 6.2.3.1.
[1804] Vgl. KIAMANN (2010), S. 193.

6.3 Vorschlag für eine regulative Stabilisierung

Das Stabilisierungssystem kann sich damit auf die gleiche Größe wie das geltende Haushaltsrecht stützen. Zu überlegen wäre ggf. noch, ob sich die Bezugsgröße ausschließlich auf das ordentliche Ergebnis bezieht, wie dies beim Haushaltsausgleich in vereinzelten Bundesländern der Fall ist.[1805] Da jedoch auch außerordentliche Aufwendungen einen Ressourcenverbrauch darstellen, der durch Ressourcenaufkommen zu decken ist, wenn keine Lasten in die Zukunft verschoben und die dortige Aufgabenerfüllung nicht gefährdet werden soll, ist eine solche Einschränkung nicht nachvollziehbar.

6.3.3.3 Würdigung des Eigenkapitals und des Überschuldungstatbestands

Da im kommunalen Drei-Komponenten-System des Jahresergebnis untrennbar mit dem bilanziellen Eigenkapital verbunden ist und auch schon das geltende Haushaltsrecht eine Aufzehrung des Eigenkapitals verbietet,[1806] ist es naheliegend, auch dieses als Bezugsgröße zu untersuchen.

Dass eine Reduzierung des Eigenkapitals grundsätzlich als finanzwirtschaftliches Fehlverhalten zu deuten ist, ist nur konsequent, wenn eine solche Reduzierung durch Jahresfehlbeträge erfolgt, d. h. durch nicht ausgeglichene Haushalte.[1807] Eine Eigenkapitalreduzierung stellt folglich eine Gefährdung der dauerhaften Leistungsfähigkeit dar. Da jeder Jahresfehlbetrag im System der doppelten Buchführung zu einer Eigenkapitalreduzierung führt, bedarf es eigentlich keiner gesonderten Betrachtung der bilanziellen Größe.[1808]

Im geltenden Haushaltsrecht spielt das Eigenkapital über das Jahresergebnis hinaus jedoch eine Rolle in der Form, dass bei einer bilanziellen Überschuldung möglicherweise zusätzliche Rechtsfolgen eintreten - so wird die Teilnahme am Stärkungspakt Stadtfinanzen an diesem Schwellenwert ausgemacht[1809] und grundsätzlich sollen die Aufsichtsbehörden die HSK-Genehmigung versagen, wenn trotz Haushaltsausgleich die betroffene Kommune es nicht schafft, ihr Eigenkapital wiederherzustellen.[1810] Im geltenden Haushaltsrecht wird aus der bilanziellen Überschuldung also auf eine besonders starke Gefährdung der dauerhaften Leistungsfähigkeit geschlossen.[1811] Im Folgenden ist damit zu prüfen, ob das Eigenkapital als zusätzliche

---
[1805] Vgl. z. B. § 92 Abs. 4 HGO sowie die beispielhaften Nachhaltigkeitssatzungen in SCHWARTING (2015), S. 402 f.
[1806] Vgl. das Überschuldungsverbot in § 75 Abs. 7 GO NRW.
[1807] Auf die Bedeutung von Gewinnrücklagen wird im späteren Verlauf dieses Kapitels noch eingegangen.
[1808] Von entnahme- und einlagebedingten Eigenkapitalveränderungen kann im kommunalen Kontext abstrahiert werden.
[1809] Vgl. Kapitel 6.2.3.1.
[1810] Vgl. Kapitel 3.3.2.2.
[1811] Vgl. MINISTERIUM FÜR INNERES UND KOMMUNALES NRW (2016), S. 477 f.

Bezugsgröße in der Form zu berücksichtigen ist, dass ab dem Schwellenwert i. H. v. null tatsächlich auf eine stärkere Gefährdung geschlossen werden kann und überschuldete Kommunen damit anders zu klassifizieren sind als nicht überschuldete.

Das kommunale Eigenkapital besteht aus vier Elementen: Der Allgemeinen Rücklage, der Ausgleichsrücklage, der Sonderrücklage sowie dem Jahresüberschuss oder -fehlbetrag des Haushaltsjahres.[1812] Die Sonderrücklage stellt eine vom restlichen Gemeindehaushalt weitestgehend isolierte Position dar. Sie ist insbesondere zu bilden für Zuweisungen, bei denen der Zuwendungsgeber eine ertragswirksame Behandlung dieser ausschließt.[1813] Die mit der Zuwendung verbundene Eigenkapitalmehrung stellt damit kein Deckungsmittel für den Ergebnishaushalt dar.[1814] Aufgrund ihres isolierten Charakters kann die Sonderrücklage damit in der weiteren Untersuchung außer acht gelassen werden.[1815] Die Ausgleichsrücklage soll der Gemeinde indes ermöglichen, auf defizitäre Haushaltslagen mit einem verträglichen Abbau des Eigenkapitals zu reagieren.[1816] Sie kann durch Jahresüberschüsse gebildet und in den Folgejahren genutzt werden, um trotz eines Jahresfehlbetrags noch einen Haushaltsausgleich zu erreichen.[1817] Sie hat damit den Charakter einer Gewinnrücklage. Darüber hinausgehende Beträge sind damit der Allgemeinen Rücklage als Residualposition zuzuführen.

Überschuldung entsteht in der Kommunalbilanz nach geltendem Recht, sobald das Eigenkapital null beträgt, also das Fremdkapital so groß wie die Aktiva ist.[1818] Übersteigt das Fremdkapital sogar die Aktiva, ist auf der Aktivseite die Korrektivgröße *Nicht durch Eigenkapital gedeckter Fehlbetrag* auszuweisen, damit die beiden Bilanzseiten ausgeglichen sind.[1819] Das Gemeindehaushaltsrecht nennt als Entstehungsursache dieser Korrekturposition zwar nur jenen Überschuss der Passiv- gegenüber den Aktivposten, die eigentliche Ursache kann jedoch analog aus § 268 Abs. 3 HGB abgelesen werden: die Aufzehrung des Eigenkapitals durch Verluste.[1820] So

---

[1812] Vgl. § 42 Abs. 4 Nr. 1 KomHVO NRW.
[1813] Vgl. § 44 Abs. 4 KomHVO NRW.
[1814] Vgl. MINISTERIUM FÜR INNERES UND KOMMUNALES NRW (2016), S. 515. Regelhafter Anwendungsfall sind beispielsweise Zuwendungen für gemeindeeigene Stiftungen, die vom restlichen Haushalt isoliert werden sollen.
[1815] So wird die Sonderrücklage auch bei der nachfolgend zu diskutierenden Bildung einer Ausgleichsrücklage sowie dem Tatbestand der bilanziellen Überschuldung ausgeklammert, vgl. MINISTERIUM FÜR INNERES UND KOMMUNALES NRW (2016), S. 507, 531.
[1816] Vgl. MINISTERIUM FÜR INNERES UND KOMMUNALES NRW (2016), S. 474.
[1817] Vgl. § 75 Abs. 2 S. 2, Abs. 3 S. 2 GO NRW.
[1818] Vgl. § 75 Abs. 7 S. 2 GO NRW.
[1819] Vgl. § 44 Abs. 7 KomHVO NRW. Als Posten sind im Gesetzeswortlaut all jene mit Ausnahme der Eigenkapitalposition bzw. der Fehlbetragsposition zu verstehen, vgl. P. KÜTING und GRAU (2014), S. 731.
[1820] Dass das kommunale Haushaltsrecht diese Ursache nicht explizit nennt, dürfte mit der späten Umstellung von der Kameralistik auf die Doppik zusammenhängen. So konnte es vorkommen, dass in der Eröffnungsbilanz einer Gemeinde bereits ein nicht durch Eigenkapital gedeckter

6.3 Vorschlag für eine regulative Stabilisierung

sind Jahresfehlbeträge entsprechend Sinn und Zweck der Ausgleichsrücklage zuerst mit dieser zu verrechnen und reduzieren anschließend die Allgemeine Rücklage.[1821] Ist die Allgemeine Rücklage ebenfalls aufgebraucht, liegt Überschuldung vor.[1822]

Da Überschuldung grundsätzlich aus Defiziten der Vergangenheit resultiert, geht der Gesetzgeber bei ihr von einer Gefährdung der stetigen Aufgabenerfüllung in höchstem Maße aus.[1823] Bei der Frage, ob diese Sichtweise gerechtfertigt ist und damit eine spezielle Klassifizierung von Gemeinden erforderlich macht, sind die kommunalen Besonderheiten zu berücksichtigen. So ist zuvorderst zu bedenken, dass sich das kommunale Eigenkapital nicht wie bei Privaten aus einer Kapitaleinlage im Gründungszeitpunkt ergibt. In der privaten Rechnungslegung stellt das Eigenkapital - insbesondere das gezeichnete Kapital als betragsmäßig konstantes Nominalkapital[1824] - daher die Beteiligungsschuld des Unternehmens gegenüber den Eigenkapitalgebern dar und verfolgt damit eine Haftungsfunktion; eine solche Sicht kann auf den öffentlichen Bereich mangels Eigenkapitalgebern nicht unmittelbar übertragen werden.[1825] Stattdessen fiel den Gemeinden ihre Anfangsausstattung per Grenzsetzung zu. Für einen nicht unerheblichen Teil ihres Vermögens, insbesondere Ländereien und Gewässer, haben die Gemeinden also weder etwas bezahlt, noch hat es jemand Drittes eingebracht, der daraus Ansprüche generieren kann.[1826] Auch nach der eigentlichen Gemeindegründung kamen solche unentgeltlichen und anspruchslosen Übertragungen von Vermögen auf die Gemeinden weiter vor, insbesondere im Zuge der Säkularisation.[1827]

Handelsrechtlich können unentgeltliche Vermögenszugänge entweder entsprechend der Vorstellung eines erfolgsneutralen Erwerbs mit einem Wert von null oder alternativ zu einem vorsichtig zu schätzenden Anschaffungswert aktiviert werden, wenn mit der Vermögenszuwendung eine Verbesserung der Kapitalstruktur, Finanz- oder Ertragslage bezweckt werden soll.[1828] Angenommen, die Gemeinden hätten von Beginn an Bücher nach den heutigen Regeln der Doppik geführt, kann eine solche Zwecksetzung in den Zeitpunkten der Gemeindegründung, der Säkularisation sowie etwaigen weiteren Vermögensverstaatlichungen durchaus unterstellt werden.

Fehlbetrag ausgewiesen werden musste, die Gemeinden aber in den vorhergehenden Jahren gar keine doppischen Jahresergebnisse ermittelt haben.

[1821] Vgl. MINISTERIUM FÜR INNERES UND KOMMUNALES NRW (2016), S. 475.
[1822] Da die Sonderrücklage bei der Überschuldungsprüfung nicht berücksichtigt wird, kann diese auch dann vorliegen, wenn das gesamte Eigenkapital zwar positiv ist, jedoch nur noch aus der Sonderrücklage besteht.
[1823] Vgl. LANDTAG NRW DRUCKSACHE 13/5567 vom 18.06.2004, S. 182, MINISTERIUM FÜR INNERES UND KOMMUNALES NRW (2016), S. 477 f.
[1824] Vgl. COENENBERG, HALLER und SCHULTZE (2016), S. 332.
[1825] Vgl. FUDALLA, TÖLLE u. a. (2017), S. 105, REICHARD (1987), S. 303.
[1826] Vgl. STOCKEL-VELTMANN (2010b), S. 2.
[1827] Vgl. MÜHLENKAMP und MAGIN (2010), S. 9.
[1828] Vgl. W. J. SCHUBERT und GADEK (2018), Rn. 100 f.

Insbesondere im Gründungszeitpunkt hätten die Gemeinden ohne die Besitzergreifung der Ländereien sonst keinerlei Vermögen gehabt, mit dem sie wirtschaften könnten bzw. auf Basis dessen sie hoheitliche Einnahmen, wie z. B. Grundsteuern, generieren könnten. Aus diesen Überlegungen kann geschlussfolgert werden: Im Gründungszeitpunkt würde die Gemeinde auf der Aktivseite den Wert des ihr per Gründungsakt zugesprochenen Vermögens ansetzen, sodass das Eigenkapital genau diesem Wert entspräche.[1829] Angenommen, die Gemeinde hätte seit diesem Zeitpunkt sämtliche Aufwendungen durch Erträge gedeckt und damit zumindest im Durchschnitt ausgeglichene Haushalte, müsste das heutige Eigenkapital dem historischen Wert der verstaatlichten Aktiva entsprechen.[1830] Der Aktivierungswert dieses nicht-pagatorischen Vermögens bildet daher die „natürliche"[1831] Eigenkapitalausstattung einer Kommune.

Ein aktuell niedrigeres Eigenkapital würde damit bedeuten, dass die Gemeinde in der Vergangenheit keinen durchschnittlich ausgeglichenen Haushalt hatte, d. h. irgendwann Verluste verzeichnet hat, die zu keinem anderen Zeitpunkt durch Gewinne ausgeglichen wurden.[1832] Damit könnte an die Gemeinden die Forderung gestellt werden, dieses Eigenkapitalniveau wiederherzustellen. Ist dieses Level erreicht, könnte ein seit Gemeindegründung zumindest durchschnittlich ausgeglichener Haushalt unterstellt werden, sodass keinerlei Lasten in die Zukunft verschoben wurden und die Aufgabenerfüllung damit nicht gefährdet ist. Wird diese Überlegung nun auf den vorliegend zu untersuchenden Überschuldungstatbestand übertragen, wird schnell ersichtlich: Ein Eigenkapital von mindestens 0,01 EUR zu fordern, wie dies § 75 Abs. 7 GO NRW macht, ist gerechtfertigt, wenn eine Gemeinde mit der kleinsten denkbaren Verstaatlichung von Vermögen i. H. v. 0,01 EUR gegründet wurde und seitdem kein weiteres Vermögen hinzugekommen ist. Ein solcher Extremfall dürfte in der Realität jedoch nicht zu finden sein. Hat eine Gemeinde in ihrer Bestehensgeschichte mehr als 0,01 EUR an Vermögenswert verstaatlicht und wird von ihr lediglich verlangt, 0,01 EUR Eigenkapital vorzuhalten, so wird mit diesem Zielwert nicht erreicht, dass die Gemeinde durchschnittlich ausgeglichene Haushalte hatte und damit keinerlei Lasten in die Zukunft verschoben hat.

Ein Eigenkapital von null oder gar ein nicht durch Eigenkapital gedeckter Fehlbetrag lässt somit zwar durchaus auf unausgeglichene Verluste der Vergangenheit schließen, geht jedoch nicht weit genug. Die Nullgrenze ist lediglich der kleinste gemeinsame Nenner. Dieser bevorteilt jedoch Gemeinden, die historisch gesehen

---

[1829] Vgl. MÜHLENKAMP und GLÖCKNER (2010), S. 9.
[1830] Vgl. MÜHLENKAMP und GLÖCKNER (2010), S. 9.
[1831] MAGIN (2011), S. 163.
[1832] Vgl. MAGIN (2011), S. 163.

viel verstaatlichtes Vermögen aufweisen, wie das nachfolgende, einfache Beispiel zeigt.[1833]

Gemeinde	A	B
historisch verstaatlichtes Vermögen	100.000,- EUR	10.000.000,- EUR
aktuelles Eigenkapital	-10.000,- EUR	-10.000,- EUR
notwendige Gewinnerwirtschaftung, um § 75 Abs. 7 GO zu genügen	10.000,01 EUR =	10.000,01 EUR
notwendige Gewinnerwirtschaftung für Generationengerechtigkeit seit Gemeindegründung	110.000,- EUR <	10.010.000,- EUR

Abbildung 6.4: Ungleichbehandlung des § 75 Abs. 7 GO NRW

Nach geltendem Recht haben beide Gemeinden also den gleichen Zielwert (Gewinnerwirtschaftung i. H. v. 10.000,01 EUR), sodass Gemeinde B in diesem Beispiel 9.900.000 EUR an eigentlich notwendigen Konsolidierungsanstrengungen gegenüber Gemeinde A *sparen* würde.[1834] Aus diesem Beispiel wird ersichtlich: Um die Kommunen nicht ungleich zu behandeln und diejenigen mit wertmäßig höherem verstaatlichten Vermögen nicht zu bevorteilen, muss das Überschuldungsverbot dahingehend modifiziert werden, dass die Kommunen Eigenkapital in Höhe des Gesamtaktivierungsbetrags dieses unentgeltlich erworbenen Vermögens vorhalten müssen. Dieser Wert stellt das nominal zwingend zu erhaltende Eigenkapital dar. Eigenkapitalbestände unterhalb dieses Zielwerts rechtfertigen damit verstärkte Eingriffe in das kommunale Selbstverwaltungsrecht, sowie dies derzeit lediglich beim Überschuldungstatbestand der Fall ist.

Zu beachten ist dabei, dass in diesen Zielwert ausschließlich verstaatlichtes Vermögen einzubeziehen ist, d. h. solches, das die Gemeinde bei Gründung oder später per Hoheitsakt gewissermaßen beschlagnahmt hat. Daneben gibt es weitere Formen unentgeltlichen Vermögenserwerbs, die im kommunalen Kontext relevant sind, jedoch nicht auf Verstaatlichungen beruhen - allen voran die (Sach-) Spenden. Solche sind ebenfalls zum zu schätzenden Anschaffungswert zu aktivieren, jedoch mit einem Sonderposten, und nicht dem Eigenkapital, gegen zu buchen.[1835] Dieser Sonder-

---
[1833] Vgl. Abbildung 6.4.
[1834] Auch Gemeinde A hat natürlich Konsolidierungsanstrengungen gespart, wenn sie lediglich ein Eigenkapital i. H. v. 0,01 EUR statt 100.000 EUR anstreben muss, nur eben nicht so viel wie Gemeinde B.
[1835] Vgl. MINISTERIUM FÜR INNERES UND KOMMUNALES NRW (2016), S. 3873 f.

posten ist entsprechend der Abnutzung des zugewendeten Vermögensgegenstandes ertragswirksam aufzulösen bzw. im Falle nicht abnutzbaren Anlagevermögens bei dessen Abgang (also Realisation) vollständig ertragswirksam aufzulösen.[1836]

Mit dem Gesamtaktivierungsbetrag der historisch verstaatlichten Aktiva liegt grundsätzlich ein Eigenkapital-Zielwert vor, der der Forderung nach Sicherung der dauerhaften Leistungsfähigkeit gerechter wird, als das Überschuldungsverbot des § 75 Abs. 7 GO NRW. Als problematisch erweist sich dabei allerdings die Ermittlung eines solchen Wertes, da die Umstellung auf die Doppik und damit die Bewertung von Vermögen erst vor wenigen Jahren erfolgte, d. h. zu einem Zeitpunkt, in dem das ursprüngliche Vermögen nicht mehr oder nur unter größtem Aufwand rekonstruierbar gewesen ist.[1837] Bei verstaatlichtem abnutzbarem Vermögen wird die Problematik besonders deutlich: Dieses Vermögen ist heute möglicherweise bereits vollständig verbraucht, sodass keinerlei Möglichkeit besteht, seine ursprüngliche Aktivierung nachzuvollziehen. Selbst beim nicht abnutzbaren Anlagevermögen kann auf Basis historischer Dokumente zwar vielleicht nachvollzogen werden, ob dieses Vermögen beispielsweise durch entgeltlichen Erwerb oder per Grenzziehung in den Besitz der Gemeinde gekommen ist; es ist in letztgenanntem Fall allerdings nur schwer nachzuvollziehen, mit welchem Wert das Vermögen damals hätte aktiviert werden müssen. Davon abgesehen: Wurde solches Vermögen in der Zwischenzeit veräußert, kann seine fiktive historische Aktivierung ebenfalls nicht rekonstruiert werden.[1838] Diese Problematik hat auch der Gesetzgeber im Rahmen der Doppik-Umstellung erkannt und deshalb festgelegt, bei der Vermögensbewertung nicht historische Anschaffungswerte nachzuvollziehen und diese um fiktive Abschreibungen bis zum Umstellungsstichtag zu reduzieren.[1839] Stattdessen wurde sämtliches Vermögen zu diesem Zeitpunkt neu bewertet.[1840] Eine Berücksichtigung des Eigenkapitals als Bezugsgröße in der hier beschriebenen Form ist damit nicht möglich.

Die vorangehenden Überlegungen haben aber auch gezeigt, dass die vom Gesetzgeber vorgesehene Eigenkapital-Schwelle i. H. v. null wenig aussagekräftig ist, da sie ungleiche Kommunen gleich behandelt. Allerdings könnte sich eine besondere Berücksichtigung dieses Grenzwertes aus dem Aussagegehalt des Ergebnisses aus einer Gegenüberstellung von Aktiva und restlichen Passiva rechtfertigen lassen. Wie bereits erläutert, sind die Überschuldungsaspekte *Überschuss der Passiva über die Aktiva (ohne Fehlbetrag)* und *Eigenkapitalaufzehrung durch Verluste* grundsätzlich

---

[1836] Vgl. analog § 44 Abs. 5 KomHVO NRW.
[1837] Vgl. MÜHLENKAMP und GLÖCKNER (2010), S. 9, MARETTEK, DÖRSCHELL und HELLENBRAND (2006), S. 50.
[1838] Vgl. MAGIN (2011), S. 163.
[1839] Vgl. MARETTEK, DÖRSCHELL und HELLENBRAND (2006), S. 50, MINISTERIUM FÜR INNERES UND KOMMUNALES NRW (2016), S. 1183.
[1840] Vgl. die nachfolgenden Erläuterungen in diesem Kapitel.

6.3 Vorschlag für eine regulative Stabilisierung

deckungsgleich.[1841] Im kommunalen Kontext ist allerdings zu berücksichtigen, dass die Gemeinden im Zuge der Doppik-Umstellung eine Art Neustart zu verzeichnen hatten und vergangene Verluste gar nicht aufgezeichnet haben. Es stellt sich daher die Frage, ob aus der bloßen Gegenüberstellung von Aktiva und Passiva gefordert werden kann, dass das Eigenkapital als Residualgröße eine bestimmte Höhe annehmen muss.

Unter bestimmten Voraussetzungen kann eine solche Gegenüberstellung dazu dienen, im Sinne des Gläubigerschutzes zu ermitteln, ob die Ansprüche der Fremdkapitalgeber durch das vorhandene Vermögen gedeckt werden können.[1842] Der Wert des Vermögens kann aus dieser Perspektive als Schuldendeckungspotential interpretiert werden.[1843] Hieraus wäre zu fordern, dass das Eigenkapital mindestens einen Wert i. H. v. 0,01 EUR annehmen muss, damit der Bilanzierende alle Schulden aus seinem Vermögen bedienen kann und anschließend noch über Restvermögen verfügt.[1844] Das Eintreten der Überschuldung als besonders kritischen Zustand zu kennzeichnen, wäre damit gerechtfertigt. Damit diese Sichtweise Gültigkeit besitzt, müssten die Vermögensgegenstände allerdings mit den Beträgen bewertet werden, die bei einer potentiellen Veräußerung zu erzielen sind. In der handelsrechtlichen Bilanz ist das nicht der Fall, da hier fortgeführte Anschaffungs- und Herstellungskosten zugrunde gelegt werden.[1845] Diesen Umstand weiß auch das Insolvenzrecht zu würdigen, indem es bei der Überschuldungsprüfung nicht auf handelsbilanzielle Werte zurückgreift.[1846]

Bei den Kommunen wurde zur erstmaligen Anwendung der Doppik-Regeln nun gerade nicht auf fortgeführte Anschaffungskosten abgestellt, d. h., bei der Bewertung der kommunalen Vermögensgegenstände zum Stichtag 01.01.2009 wurde nicht deren Historie rekonstruiert (ursprünglicher Anschaffungs- oder Herstellungskosten abzüglich Abschreibung, ergänzt um mögliche nachträgliche Herstellungskosten), sondern für sämtliche Vermögensgegenstände der aktuelle Zeitwert vorsichtig geschätzt.[1847] Begründet wurde dies zum einem mit der Unwirtschaftlichkeit der historischen Rekonstruktion, zum anderen aber auch damit, dass die Eröffnungsbilanz zum 01.01.2009 am Beginn des doppischen Rechnungswesen steht und ein den tatsächlichen Verhältnissen entsprechendes Bild vermitteln soll.[1848] Die hier anzusetzenden Zeitwerte sind jedoch deckungsgleich nicht mit den bereits thematisierten *beizulegenden Zeitwerten* in Form von Marktpreisen.[1849] Stattdessen

---
[1841] Vgl. P. KÜTING und GRAU (2014), S. 732.
[1842] Vgl. Kapitel 5.5.4.4.
[1843] Vgl. COENENBERG, HALLER und SCHULTZE (2016), S. 1282.
[1844] Vgl. P. KÜTING und GRAU (2014), S. 737.
[1845] Vgl. § 253 Abs. 1 S. 1 HGB.
[1846] Vgl. Kapitel 5.3.2.
[1847] Vgl. § 92 Abs. 2 S. 1 GO NRW.
[1848] Vgl. MINISTERIUM FÜR INNERES UND KOMMUNALES NRW (2016), S. 1181 f.
[1849] Vgl. Kapitel 5.5.4.4.

wurden erwerbswirtschaftlich genutzte Vermögensgegenstände mit deren Ertragswert neu bewertet, dem Sachziel *Gemeinwohlförderung* dienende Vermögensgegenstände hingegen mit deren Nutzungswert.[1850] Letzterer wird dadurch bestimmt, dass die Gemeinde den betrachteten Vermögensgegenstand zur Aufgabenerfüllung erwerben müsste, wenn er nicht bereits vorhanden wäre und ist damit aus dem Preis ablesbar, der für diesen Vermögengegenstand gezahlt werden müsste. Damit ist er deckungsgleich mit den Wiederbeschaffungskosten am 01.01.2009, korrigiert um Alterswertabschläge, wenn der in der Gemeinde vorhandene Vermögensgegenstand nicht neuwertig ist.[1851] Maßgeblich ist damit der tatsächliche Zustand eines Vermögensgegenstandes, und nicht dessen buchhalterische Historie in Form von Anschaffungs- / Herstellungskosten und Abschreibungen.[1852] Daraus wird schnell ersichtlich: In der Eröffnungsbilanz stehen sich nicht die Marktwerte des Vermögens und die Schulden gegenüber. Der zum 01.01.2009 ausgewiesene Wert des kommunalen Vermögens spiegelt damit nicht das Schuldendeckungspotential wider. Insbesondere dem Sachziel dienendes Vermögen wird mit einem Wert angesetzt, der aufgrund der Spezifität des Vermögensgegenstandes für die kommunale Aufgabenerfüllung bei einer Weiterveräußerung nur schwer zu erzielen wäre. Damit ist im Zeitpunkt der Eröffnungsbilanz eine Forderung nach einer bestimmten Eigenkapitalhöhe, die aus der Gegenüberstellung von Aktiva und Passiva (ohne Eigenkapitalpositionen) resultiert, nicht zu rechtfertigen.[1853]

Diese Aussage gewinnt bei Betrachtung der Bilanzierung in den Folgejahren an zusätzlicher Bestandskraft, da nach dem Stichtag der Eröffnungsbilanz das Anschaffungs- / Herstellungskostenprinzip gilt - die Zeitwerte der Vermögensgegenstände der Eröffnungsbilanz gelten dazu als fortgeführte Anschaffungs- / Herstellungskosten.[1854] Die begrenzte Aussagekraft handelsbilanzieller Vermögensansätze kann also genauso auf die kommunale Bilanzierung nach dem Umstellungsstichtag übertragen werden.[1855] Dies bekräftigt auch das MINISTERIUM FÜR INNERES UND KOMMUNALES NRW, indem es das gemeindliche Vermögen aufgrund dessen Spezifität und Bedeutung für die Sachzielerfüllung nicht als Schuldendeckungspotential interpretiert wissen will.[1856] Ansatz und Bewertung sollen sich stattdessen am Informationsbedarf zur Bestimmung intergenerativer Gerechtigkeit ausrichten, d. h., die Vermögensabbildung dient insbesondere dazu, den periodischen Ressourcenverbrauch in Form von Abschreibungen ermitteln zu können.[1857] Es soll folglich gar

---

[1850] Vgl. MARETTEK, DÖRSCHELL und HELLENBRAND (2006), S. 64-66.
[1851] Vgl. MARETTEK, DÖRSCHELL und HELLENBRAND (2006), S. 46, MINISTERIUM FÜR INNERES UND KOMMUNALES NRW (2016), S. 1183.
[1852] Vgl. STOCKEL-VELTMANN (2010b), S. 3.
[1853] Vgl. MÜHLENKAMP und MAGIN (2010), S. 10.
[1854] Vgl. § 92 Abs. 2. S. 2 GO NRW, § 34 KomHVO NRW.
[1855] Vgl. KIAMANN (2010), S. 192, STOCKEL-VELTMANN (2010b), S. 1.
[1856] Vgl. MINISTERIUM FÜR INNERES UND KOMMUNALES NRW (2016), S. 456.
[1857] Vgl. KIAMANN und WIELENBERG (2010), S. 49, STREIM (2000), S. 266.

6.3 Vorschlag für eine regulative Stabilisierung

nicht erst die Idee aufkommen, dass Schulden aus Vermögensveräußerungen bedient werden könnten.[1858] Das Eigenkapital als Residualgröße liefert damit wenig Erkenntnisse, solange das Vermögen nicht zu Veräußerungswerten bilanziert wird.[1859] Der Informationswert wird durch den Wechsel von nicht erfolgter Bilanzierung über Zeitwertbilanzierung zum Eröffnungsbilanzstichtag bis hin zur Bilanzierung nach dem Anschaffungs- / Herstellungskostenprinzip in den Folgejahren stark beschnitten. Die absolute Höhe des Eigenkapitals erlaubt damit weder im Zeitpunkt der Eröffnungsbilanz noch später eine belastbare Aussage über die Handlungsfähigkeit der Gemeinde.[1860]

Vereinzelte Autoren kennzeichnen das kommunale Eigenkapital daher als *Zufallsgröße*.[1861] Dieser Sicht kann allerdings nur eingeschränkt zugestimmt werden. Trotz der Unmöglichkeit historischer Rekonstruktion und der bewertungsbedingten mangelnden Aussagekraft aus einer Gegenüberstellung von Aktiva und Passiva, muss wenigstens erkannt werden: Das Eigenkapital ist zumindest tendenziell das Ergebnis von Entwicklungen und Entscheidungen der Vergangenheit. So werden Städte, die mit einer hohen Anfangsausstattung gegründet wurden sowie eine gute Steuerbasis besitzen und auch zu kameralistischen Zeiten an der Instandhaltung ihres Vermögens interessiert waren, über hohe Aktiva in der Eröffnungsbilanz verfügen und somit tendenziell ein positives Eigenkapital ausweisen. Steuerschwache Städte, die in ihrer Historie zudem nur wenig Vermögen verstaatlicht haben, werden hingegen eher von Liquiditätskrediten leben und daher eher überschuldet sein.[1862] Dennoch: Auch wenn das kommunale Eigenkapital nicht ausschließlich zufällig bestimmt ist, kann von einer Aufzehrung dieses nicht automatisch auf eine stärkere Gefährdung der stetigen Aufgabenerfüllung geschlossen werden.

Die bilanzielle Überschuldung als gesonderte Bezugsgröße des Stabilisierungssystems ist daher abzulehnen. Der Fokus liegt stattdessen auf der Ergebnisrechnung. Da hier die Forderung eines ausgeglichenen Haushalts zu stellen ist, wird also auf nominale Kapitalerhaltung abgezielt.[1863] Daraus kann geschlussfolgert werden, dass

---

[1858] Eine solche Sichtweise bekräftigt auch § 44 Abs. 3 KomHVO NRW, nach dem Erträge aus Anlagevermögensveräußerungen nicht Teil des Jahresergebnisses sind und damit nicht zur Erreichung des Haushaltsausgleichs beitragen können.
[1859] Vgl. MAGIN (2011), S. 150.
[1860] Vgl. MÜHLENKAMP und MAGIN (2010), S. 11.
[1861] Vgl. beispielsweise MÜHLENKAMP und MAGIN (2010), S. 9, M. FABER (2012), S. 97, HURLEBAUS (2013), S. 122. Es wird daher sogar vorgeschlagen, die Bilanzposition *Eigenkapital* vollständig zu streichen und stattdessen eine unausgeglichene Bilanz aufzustellen, in der lediglich die Jahresergebnisse auf einem extra Konto abgebildet werden, vgl. MAGIN (2011), S. 149-151. Insbesondere in Hinblick auf das technische Verständnis des Rechnungswesens sowie der zugrunde liegenden Buchungslogik - durchgehend ausgeglichene Seiten - ist ein solcher Vorschlag jedoch strikt abzulehnen.
[1862] Vgl. HANSMANN (2013), S. 98 f.
[1863] Vgl. SCHUSTER (2008), S. 28, H.-J. SCHMIDT (2009), S. 350, FUDALLA, TÖLLE u. a. (2011), S. 46.

das Eigenkapital selber nicht gleichgültig ist, da zumindest der erstmals ausgewiesene Wert zu erhalten ist - egal, wie dessen Vorzeichen lautete und wie hoch dessen absoluter Betrag gewesen ist.[1864] Wenngleich ein Eigenkapitalzielwert i. H. v. 0,01 EUR abzulehnen ist, ist somit konsequenterweise zu fordern, dass das in der ersten Eröffnungsbilanz erstmals ausgewiesene Eigenkapital in seiner absoluten Höhe zu erhalten ist. Ist dies der Fall, sind zumindest seit der Umstellung auf die Doppik durchschnittlich ausgeglichene Haushalte gewährleistet, sodass keine Lasten in die Zukunft verschoben wurden. Frühere Verschiebungen lassen sich jedoch wie gezeigt nicht ausschließen, da eine historische Rekonstruktion der Anfangsausstattung der Gemeinden nicht mehr möglich ist.

Das kommunale Eigenkapital ist daher in der Form als Bezugsgröße des Stabilisierungssystems heranzuziehen, dass eine Unterschreitung des Referenzwertes aus der ersten Eröffnungsbilanz eine besondere Klassifizierung mit besonderen Maßnahmen erfordert. Ziel des Stabilisierungssystems sollte es dann sein, nicht nur den Haushaltsausgleich wiederherzustellen, sondern Jahresüberschüsse zu erzielen, mit denen das Eigenkapital auf seinen Referenzwert zurückgeführt wird. Mit diesem Ziel wird auch dem Schuldenabbau Rechnung getragen:[1865] Während ein Haushaltsausgleich in Form deckungsgleicher Erträge und Aufwendungen im Zweifelsfall lediglich ein Stopp des Kreditwachstums impliziert, können Gewinne der Schuldentilgung dienen. Ist der Eigenkapital-Referenzwert erreicht, genügen indes Jahresergebnisse i. H. v. null. Werden diese sichergestellt, kann das einhergehende Schuldenniveau als tragbar eingestuft werden.

Es ist abschließend noch einmal darauf hinzuweisen, dass trotz der Heranziehung des Eigenkapitalbestandes aus der ersten Eröffnungsbilanz dieser Wert nicht zwangsläufig eine finanziell gesunde Gemeinde repräsentiert. Stattdessen dient der Wert lediglich als der erste verfügbare Referenzpunkt, um Generationengerechtigkeit und damit eine nominale Kapitalerhaltung seit der Doppik-Umstellung zu gewährleisten. Egal, ob dieser Referenzpunkt einen positiven oder negativen Wert annimmt, können hieraus aufgrund oben erläuterter Mängel in der Aussagekraft des kommunalen Eigenkapitals keine Rückschlüsse auf die Lage der Gemeinde gezogen werden.

6.3.3.4 Schlussfolgerungen

Zusammenfassend kann Folgendes festgehalten werden: Unter der Annahme einer doppelten Buchführung seit Gemeindegründung müsste die Kommune im Falle eines bis heute durchschnittlich ausgeglichenen Haushalts Eigenkapital in Höhe des aktivierten verstaatlichten Vermögens ausweisen. Da dieser Wert jedoch nicht re-

---
[1864] Vgl. MÜHLENKAMP und MAGIN (2010), S. 11, MAGIN (2011), S. 163.
[1865] Vgl. Kapitel 6.3.3.2.

konstruierbar ist, scheidet er als Zielwert für die Klassenstruktur aus. Alternativ könnte wie im geltenden Haushaltsrecht ein Eigenkapital von 0,01 EUR als Zielwert festgelegt werden. Dies würde allerdings Gemeinden mit viel historisch verstaatlichtem Vermögen deutlich gegenüber Gemeinden mit geringer Anfangsausstattung bevorzugen. Zudem ist zu berücksichtigen, dass das kommunale Vermögen im Umstellungszeitpunkt mit Zeitwerten (in Form von Ertrags- und Nutzungswerten) angesetzt wurde, sodass aus der Eigenkapitalhöhe nicht zweifelsfrei auf mögliche Verluste der Vergangenheit geschlossen werden kann. Und auch aus der reinen Gegenüberstellung von Vermögen und Fremdkapital kann kein solcher Zielwert gefordert werden, da Überschuldung in der Kommunalbilanz nicht mit mangelnder Schuldendeckungsfähigkeit gleichgesetzt werden kann. Dies ist damit zu begründen, dass die Zeitwerte im Umstellungszeitpunkt nicht den zu erzielenden Marktpreisen bei einer Vermögensveräußerung entsprechen und in Folgejahren durch ein Anschaffungs- / Herstellungskostenprinzip erweitert wurden.

Unter Berücksichtigung des Ziels der Sicherung der dauerhaften Leistungfähigkeit (und damit der Generationengerechtigkeit) ist die maßgebliche Zielgröße damit grundsätzlich das Jahresergebnis als Saldo der Erträge und Aufwendungen, welcher mindestens null betragen muss. Das geplante und das realisierte Ergebnis bilden damit die objektiv erkennbaren Schwellenwerte, d. h., eine Klassifizierung erfolgt in Abhängigkeit der jährlich zu betrachtenden Erfolgslage. Durch die Verknüpfung von Ergebnisrechnung und Eigenkapitalkonto ist ein ausgeglichener Haushalt dabei gleichbedeutend mit der nominalen Erhaltung des Eigenkapitals. Unabhängig von der mangelnden Aussagekraft des kommunalen Eigenkapitals kann damit eine zweite Bezugsgröße identifiziert werden: Das Eigenkapital der ersten Eröffnungsbilanz einer Gemeinde bildet den Referenzwert, an dem ihre Haushaltswirtschaft zu messen ist. Wird dieser Wert nicht unterschritten, kann zumindest sichergestellt werden, dass die Gemeinde seit dem Umstellungsstichtag im Durchschnitt keine Lasten in die Zukunft verschoben hat.

Wenn nun der Eigenkapitalbestand aus der Eröffnungsbilanz als Zielwert dient, kann dieser natürlich auch einen negativen Wert annehmen. Im geltenden Haushaltsrecht würde dies durch einen nicht durch Eigenkapital gedeckten Fehlbetrag gezeigt werden.[1866] Da der Überschuldungstatbestand im Stabilisierungssystem jedoch grundsätzlich keine Rolle mehr spielt, erscheint es sinnvoll, diese Regelung zu modifizieren. So kann zum einen der Zielwert als *Ursprungskapital* bezeichnet werden, um dessen Eigenschaft als unveränderlicher Eigenkapitalbestandteil zu unterstreichen. Es wird damit deutlich, dass es sich um einen in keiner Weise positiv oder negativ konnotierten Posten handelt - im Gegensatz zum erwähnten Fehlbetrag bzw. der Allgemeinen Rücklage. Damit würde das Ursprungskapital gewissermaßen das kommunale Pendant zum gezeichneten Kapital im Handelsrecht

---

[1866] Vgl. § 44 Abs. 7 KomHVO NRW.

werden. Letztgenanntes ist immer mit dem Nennbetrag anzugeben, auch wenn das gesamte Eigenkapital negativ sein mag.[1867] Andererseits sollte das Eigenkapital unabhängig vom rechnerischen Vorzeichen auf der Passivseite verbleiben. Ein solcher Ausweis ist außerhalb handelsrechtlicher Vorschriften auch nicht unüblich - so sehen beispielsweise die IFRS mangels HGB-analoger Vorschrift einen Negativausweis auf der Passivseite vor.[1868]

Das regulative Stabilisierungssystem macht damit eine rückwirkende Neubetrachtung des kommunalen Eigenkapitals notwendig. Bei einer im Umstellungszeitpunkt nicht bilanziell überschuldeten Kommune ist das Ursprungskapital als Summe der Allgemeinen Rücklage sowie der Ausgleichsrücklage zu berechnen. Eine etwaige Sonderrücklage ist wie im bisherigen System isoliert zu betrachten.[1869] Bei einer Gemeinde, die aufgrund eines Fremdkapitalüberschusses in diesem Zeitpunkt keine Allgemeine Rücklage mehr aufweist, ergibt sich das Ursprungskapital aus dem nicht durch Eigenkapital gedeckten Fehlbetrag abzüglich einer möglichen Sonderrücklage.[1870]

[1867] Vgl. § 272 Abs. 1 S. 1 HGB. Indem die Allgemeine Rücklage im geltenden Haushaltsrecht aufgebraucht werden, d. h. mit dem Wert null ausgewiesen werden kann, zeigt sich, dass sie eben nicht als ein solches unabänderliches Nominalkapital konzipiert ist.
[1868] Vgl. P. KÜTING und GRAU (2014), S. 736.
[1869] Vgl. Kapitel 6.3.3.3.
[1870] Vgl. Abbildung 6.5.

6.3 Vorschlag für eine regulative Stabilisierung

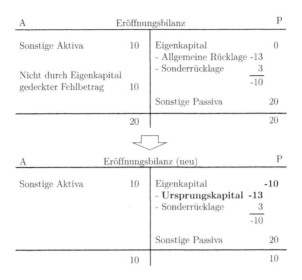

Abbildung 6.5: Beispielhafte Ursprungskapitalbestimmung bei bilanzieller Überschuldung

Während sich die Allgemeine Rücklage also von ihrem Wesensgehalt und der Bezeichnung stark ändert bzw. ersetzt wird, kann die Ausgleichsrücklage in ihrer bisherigen Form grundsätzlich bestehen bleiben. Obwohl der kommunale Aufgabenträger im Vergleich zum Privaten grundsätzlich nicht mit Gewinnerzielungsabsicht handelt, kann es durchaus erstrebenswert für ihn sein, Jahresüberschüsse zu erwirtschaften, um einen Puffer für schlechtere Zeiten anzulegen. Mit diesen Überschüssen können also spätere Jahresfehlbeträge ausgeglichen werden, wodurch ein zumindest im Durchschnitt ausgeglichener Haushalt sichergestellt ist. Aufgrund dieser Funktion kann die Bezeichnung *Ausgleichsrücklage* somit bestehen bleiben. Da das Ursprungskapital in seiner absoluten Höhe zu erhalten ist, ergibt jedoch die bisherige Restriktion des § 75 Abs. 3 S. 2 GO NRW wenig Sinn, nach der Gewinne nur der Ausgleichsrücklage zugeführt werden dürfen, wenn die Allgemeinen Rücklage mindestens 3 % der Bilanzsumme ausmacht. Jahresüberschüsse sind damit im Stabilisierungssystem grundsätzlich der Ausgleichsrücklage zuzuführen und zwar unabhängig von dem Anteil des Ursprungskapitals an einer Bilanzsumme.

Wenn das Ursprungskapital in seiner Höhe feststeht, bedeutet dies jedoch auch, dass es einer weiteren Eigenkapitalposition bedarf, wenn die Gemeinde keine Ausgleichsrücklage besitzt und weiter Defizite erwirtschaftet. Diese Position hat demnach immer ein negatives Vorzeichen und entspricht inhaltlich dem handelsbilanziellen Verlustvortrag nach § 266 Abs. 3 HGB. Als Spiegelbild der Ausgleichsrücklage ersetzt sie diese und zeigt, wie weit sich die Gemeinde durch Jahresfehlbeträge vom zu erhaltenden Ursprungskapital wegbewegt hat. Der Posten kann folglich mit *Kapitaldefizit* betitelt werden. Er dient damit neben dem Jahresüberschuss als zentrale Bezugsgröße des Klassensystems. Weist die Gemeinde ein Kapitaldefizit aus, sind Jahresüberschüsse folglich diesem zuzuführen, bis das Kapitaldefizit abgebaut wurde. Erst dann wird die Ausgleichsrücklage gebildet.

Für den Zeitpunkt einer Umstellung des bisherigen Haushaltsrechts auf das regulative Stabilisierungssystem ergeben sich damit folgende Konsequenzen: Wenn das Eigenkapital abzüglich der isolierten Sonderrücklage bei Inkrafttreten des Stabilisierungssystems kleiner ist, als das aus der ersten Eröffnungsbilanz zu errechnende Ursprungskapital, ist die Differenz als Kapitaldefizit mit negativem Vorzeichen auszuweisen.[1871] Diesem Posten sind solange Jahresüberschüsse zuzuführen, bis er den Wert null annimmt, sodass das Eigenkapital dem Wert aus der ersten Eröffnungsbilanz entspricht. Ist das Eigenkapital abzüglich Sonderrücklage bei Inkrafttreten des Stabilisierungssystems indes größer als das rückwirkend berechnete Ursprungskapital, ist die Differenz vollständig als positiver Wert der Ausgleichsrücklage auszuweisen. Dieser Wert repräsentiert dann die seit der Doppik-Umstellung erzielten Jahresüberschüsse.

Eröffnungsbilanz nach Doppik-Umstellung

Allgemeine Rücklage	100
Ausgleichsrücklage	20
Sonderrücklage	10
Eigenkapital	130

Jahresabschluss vor Umstellung auf Stabilisierungssystem

Allgemeine Rücklage	90
Ausgleichsrücklage	0
Jahresfehlbetrag	-20
Sonderrücklage	5
Eigenkapital	75

Eröffnungsbilanz nach Umstellung auf Stabilisierungssystem

Ursprungskapital	120
Kapitaldefizit	-50
Jahresfehlbetrag	0
Sonderrücklage	5
Eigenkapital	75

verglichen mit Ursprungskapital

Abbildung 6.6: Beispielhafte Bestimmung des Kapitaldefizits

[1871] Vgl. Abbildung 6.6.

6.3 Vorschlag für eine regulative Stabilisierung

Das Eigenkapital im Stabilisierungssystem ist damit in folgende Größen zu unterteilen:

- Das Ursprungskapital stellt den unabänderlichen Kern des Eigenkapitals dar. Es ist betragsmäßig auf den Wert zum Stichtag der ersten Eröffnungsbilanz zu fixieren.

- Die Ausgleichsrücklage stellt den variablen, also den durch Jahresüberschüsse oder -fehlbeträge zu verändernden Teil dar und hat den Charakter einer Gewinnrücklage. Sie nimmt mindestens den Wert 0,01 EUR an.

- Das Kapitaldefizit stellt den alternativen variablen Teil des Eigenkapitals dar, wenn die Ausgleichsrücklage aufgebraucht ist und die Gemeinde ihr Eigenkapital durch Jahresfehlbeträge weiter reduziert. Wenn das Kapitaldefizit auszuweisen ist, nimmt es somit immer einen negativen Wert an.

- Die Sonderrücklage bildet nach wie vor eine isoliert zu betrachtende Position für Kapitalzuführungen, die nicht der Deckung im allgemeinen Haushalt dienen sollen.

- Der Jahresüberschuss / -fehlbetrag ist der Saldo aus Erträgen und Aufwendungen eines Haushaltsjahres und wird nach seiner Feststellung auf das Ausgleichsrücklagen- oder Kapitaldefizitkonto umgebucht.

Mit dieser Ausgestaltung des kommunalen Eigenkapitals geht der Vorteil einher, dass bei Inkrafttreten des Stabilisierungssystems kein vollständiger Neustart erfolgt. Die bisherigen Größen können mit wenig Aufwand in die neuen Größen transformiert werden. Zudem bleiben Konsolidierungsanstrengungen der letzten Jahre nicht unberücksichtigt, da sie sich in dem entsprechenden Betrag der Ausgleichsrücklage äußern.

Einer zentralen Anpassung bedarf es allerdings: Mit dem 1. NKFWG NRW wurde der derzeitige § 44 Abs. 3 KomHVO NRW eingefügt, nach dem Erträge und Aufwendungen aus der Veräußerung von Anlagevermögen sowie Wertänderungen des Finanzanlagevermögens nicht mehr in das Jahresergebnis eingehen, sondern mit der Allgemeinen Rücklage zu verrechnen sind. Diese Vorgänge sind damit faktisch erfolgsneutral zu erfassen, um Veräußerungsvorgänge vom Haushaltsausgleich loszulösen.[1872] Da das Ursprungskapital als Ersatzposition der Allgemeinen Rücklage jedoch wertmäßig konstant zu halten ist, ist eine solche Vorgehensweise nicht mehr angezeigt. § 44 Abs. 3 KomHVO NRW ist folglich ersatzlos zu streichen, sodass die betroffenen Vorgänge nun wieder den Haushaltsausgleich und die Höhe der Ausgleichsrücklage beeinflussen. Eine rückwirkende Bereinigung der Jahre vor dem Inkrafttreten des Stabilisierungssystems ist dabei nicht nötig, da die Vorgänge -

---
[1872] Vgl. LANDTAG NRW DRUCKSACHE 16/47 vom 12.06.2012, S. 59, FUDALLA, TÖLLE u. a. (2017), S. 162.

wenngleich sie nicht erfolgswirksam waren - dennoch das Eigenkapital beeinflusst haben und daher bei der Neustrukturierung dieses berücksichtigt werden.

Aus den vorhergehenden Überlegungen zur Bezugsgrößenwahl lassen sich nun mindestens drei verschiedene Haushaltssituationen ausmachen, aus denen auf unterschiedliche Grade der Gefährdung der dauerhaften Leistungsfähigkeit geschlossen werden kann:

- Jahresergebnisse i. H. v. mindestens null.
- Jahresfehlbeträge, die durch die Ausgleichsrücklage aufgefangen werden können.
- Jahresfehlbeträge, die zu Kapitaldefiziten führen.

Es lassen sich folglich drei Klassen identifizieren, denen Kommunen zuzuordnen sind. Je niedriger die Klasse, desto dringender ist dabei der gebotene Handlungsbedarf und desto stärker haben dementsprechend die Eingriffe in die kommunale Selbstverwaltung zu sein. Zusätzlich ist eine vierte Klasse zu diskutieren, die den Besonderheiten aus dem Übergang vom aktuellen Sicherungssystem in das regulative Stabilisierungssystem Rechnungen trägt.

Da bei den Bezugsgrößen sowohl deren Plan- als auch Ist-Werte herangezogen werden können, muss gelten: Wenn eine Klassenschwelle durch Planwerte überschritten wird, muss die Auf- und Abstufung mit Wirkung zum 1.1. des Haushaltsjahres erfolgen, aus dessen Haushaltssatzung und -plan sich die Überschreitung ergeben hat. Unter Berücksichtigung der mittelfristigen Planung nach § 84 GO NRW stehen damit Planwerte für das aktuelle, aber noch nicht abgeschlossene Haushaltsjahr (im Folgenden: Jahr 0), das Haushaltsjahr, auf das sich die Haushaltssatzung bezieht (Jahr +1) sowie die drei Folgejahre (Jahre +2 bis +4) zur Verfügung. Wird eine Überschreitung hingegen erst im Rahmen des Jahresabschlusses festgestellt (also aus den Ist-Werten des Jahres -1), erfolgt eine sofortige Auf- oder Abstufung, damit die neuen Klassenvorgaben bereits bei der Aufstellung der nächsten Haushaltssatzung Berücksichtigung finden.

Eine erste Klassenübersicht einschließlich der in den nachfolgenden Kapiteln herzuleitenden Klassenschwellen und rechtlichen Vorgaben findet sich in nachfolgender Tabelle 6.1.

	Klasse A: Geordnete Haushaltswirtschaft
Eintrittsschwelle	alle Planergebnisse (Jahre 0 bis +4) und letztes Rechnungsergebnis (Jahr -1) mindestens null; kein Kapitaldefizit
Vorgaben	keine
	Klasse B: Ungleichmäßige Haushaltswirtschaft
Eintrittsschwelle	negatives, aber von der Ausgleichsrücklage gedecktes Ergebnis in mindestens einem Planungsjahr (Jahre 0 bis +4) oder letztem Rechnungsjahr (Jahr -1)
Vorgaben	Beratereinsetzung inkl. Veröffentlichung von Vorschlägen und Stellungnahmen des Rates
	Klasse C: Eigenkapital verzehrende Haushaltswirtschaft
Eintrittsschwelle	Aufbau eines Kapitaldefizits in mindestens einem Planungsjahr (Jahre 0 bis +4) oder letztem Rechnungsjahr (Jahr -1)
Vorgaben	(1) Beratereinsetzung inkl. Veröffentlichung von Vorschlägen und Stellungnahmen des Rates (2) Aufstellung eines genehmigungsfähigen Kapitalsicherungsplans (Genehmigungsvoraussetzung: Haushaltsausgleich innerhalb von vier und Abbau des Kapitaldefizits innerhalb weiterer drei Jahre) (3) Vollzug des genehmigten Kapitalsicherungsplans
	Klasse Ü: Übergangsklasse
Eintrittsschwelle	Kapitaldefizit in erster Eröffnungsbilanz nach Systemumstellung
Vorgaben	(1) Beratereinsetzung inkl. Veröffentlichung von Vorschlägen und Stellungnahmen des Rates (2) Aufstellung eines genehmigungsfähigen Kapitalsicherungsplans innerhalb verlängerter Frist (vier Jahre für Haushaltsausgleich; vom Kapitaldefizit abhängige Frist für Abbau dieses) (3) Vollzug des genehmigten Kapitalsicherungsplans

Tabelle 6.1: Klassenübersicht

6.3.4 Klasse A: Geordnete Haushaltswirtschaft

Klasse A stellt den Ausgangspunkt des Systems dar und beinhaltet finanziell gesunde Gemeinden, d. h. solche mit einer geordneten Haushaltswirtschaft. Ziel sämtlicher Gemeinden sollte es sein, eine A-Klassifizierung zu erreichen und zu halten. Gleichzeitig wird damit das übergeordnete Ziel des regulativen Stabilisierungssystems definiert: Kommunen die institutionellen Möglichkeiten zu geben und Anreize zu setzen, eine A-Klassifizierung zu erlangen.

Klasse A-Kommunen zeichnen sich dadurch aus, dass sie in Planung und Rechnung einen echten Haushaltsausgleich erreichen. Konkret bedeutet das: Eine Gemeinde ist in Klasse A einzuordnen, wenn

1. die geplanten Jahresergebnisse in jedem Jahr der mittelfristigen Planung (Jahre 0 bis +4) mindestens null betragen,

2. das Jahresergebnis aus dem letzten Jahresabschluss (Jahr -1) mindestens null beträgt und

3. in keinem der genannten Zeitpunkte ein Kapitaldefizit besteht.

Gemeinden der Klasse A sind aufgrund ihrer nachweisbar geordneten Haushaltswirtschaft keinerlei explizite Einschränkungen aufzuerlegen, sodass auch keine mit deren Nichteinhaltung verbundene Sanktionen vorgesehen werden müssen. Klasse A-Kommunen können ihre kommunale Selbstverwaltung damit vollumfänglich wahrnehmen und sind lediglich von den allgemeinen haushaltsrechtlichen Bestimmungen betroffen.

6.3.5 Klasse B: Ungleichmäßige Haushaltswirtschaft

Im derzeitigen Haushaltsrecht gilt der Haushalt auch dann als ausgeglichen, wenn ein Jahresfehlbetrag durch die Inanspruchnahme der Ausgleichsrücklage kompensiert werden kann.[1873] Es wurde bereits gezeigt, dass eine solche Flexibilisierung durchaus geboten ist, insbesondere unter Berücksichtigung der gemeindlichen Rechtspflicht, zur Wahrung des gesamtwirtschaftlichen Gleichgewichts beizutragen.[1874] Diese grundlegende Systematik kann problemlos in das Stabilisierungssystem übernommen werden. Sie entspricht der Situation, in der kein Haushaltsausgleich in Form eines Jahresergebnisses i. H. v. null oder mehr erreicht ist, aber der Jahresfehlbetrag nicht größer als die Ausgleichsrücklage ist. Dies bedeutet: Aktuell ist der Ressourcenverbrauch zwar größer als das Ressourcenaufkommen, sodass grundsätzlich Lasten in die Zukunft geschoben werden würden. Da eine vergangene Generation jedoch zu stark belastet wurde - repräsentiert durch vergangene Jahresüberschüsse, die der Ausgleichsrücklage zugeordnet wurden - kann das aktuelle Mehr an Ressourcenverbrauch zumindest im Zeitablauf wieder ausgeglichen werden. Über mehrere Perioden gesehen werden also keine Lasten in die Zukunft geschoben. Wenngleich solche Ungleichmäßigkeiten der kommunalen

---

[1873] Vgl. § 75 Abs. 2 S. 3 GO NRW.
[1874] Vgl. Kapitel 3.2.2 und 6.2.2.

6.3 Vorschlag für eine regulative Stabilisierung

Haushaltswirtschaft damit insgesamt keine explizite Gefährdung der dauerhaften Leistungsfähigkeit darstellen, erscheint es dennoch sinnvoll, bereits in einer solchen Phase Maßnahmen einzuleiten, die die Gemeinde davor bewahren, ihre Ausgleichsrücklage vollständig aufzuzehren. Insbesondere für Gemeinden mit nur geringer Ausgleichsrücklage erscheint ein solcher Eingriff geboten, aber auch Kommunen mit betragsmäßig großer Ausgleichsrücklage sind davor zu bewahren, den Zeitpunkt des passenden Absprungs zu verpassen, ab dem sie wieder ein Jahresergebnis i. H. v. null erzielen müssen, bevor die Ausgleichsrücklage in ein Kapitaldefizit umschwingt.

Abgesehen von der Angabe des Betrags, um den die Ausgleichsrücklage reduziert wird, in der Haushaltssatzung, sieht das geltende Haushaltsrecht für die oben beschriebenen Fälle keinerlei Rechtsfolgen vor.[1875] Dies äußert sich bereits darin, dass der Haushalt in solchen Fällen ebenfalls als ausgeglichen gilt.[1876] Wenn im Stabilisierungssystem nun bereits Eingriffe in die kommunale Selbstverwaltung vorgesehen werden sollen, erscheint es indes widersprüchlich, noch immer von einem ausgeglichenen Haushalt zu sprechen. Stattdessen sind die betreffenden Gemeinden in Klasse B einzustufen. Dies hat somit zu erfolgen, wenn

1. in mindestens einem Jahr der mittelfristigen Planung (Jahre 0 bis +4) ein Jahresfehlbetrag vorgesehen ist oder das Jahresergebnis im letzten Jahresabschluss (Jahr -1) negativ ist

   und

2. eine ausreichend hohe Ausgleichsrücklage besteht, die die den jeweiligen Fehlbetrag kompensieren kann.

Die aus einer so definierten Ungleichmäßigkeit der Haushaltswirtschaft entstehenden Pflichten für die Gemeinde und die Aufsicht sind darauf auszulegen, die Ergebnisverwerfungen in Zukunft zu vermeiden, d. h. eine geordnete Haushaltswirtschaft (Klasse A) wiederherzustellen. Unter Berücksichtigung des vergleichsweise geringen Gefährdungspotentials sollte die Eindämmung der Ungleichmäßigkeit unter geringstmöglicher Einschränkung der kommunalen Selbstverwaltung erfolgen. Hierzu bietet sich insbesondere die Einsetzung eines Beraters auf Kosten der Gemeinde an, die in der Vergangenheit bereits vereinzelt auf freiwilliger Basis erfolgte.[1877]

Sobald die Beratungsmandate zu einem pflichtigen Element im Stabilisierungssystem werden, ist zu erwarten, dass die Einsetzung wesentlich häufiger als bisher erfolgt. Es erscheint daher geboten, den Beraterposten in gewissem Umfang zu insti-

---

[1875] Vgl. § 78 Abs. 2 S. 1 Nr. 2 GO NRW.
[1876] Vgl. § 75 Abs. 2 S. 3 GO NRW.
[1877] Vgl. Kapitel 3.3.3.4. Einen ähnlichen Vorschlag hat bereits FRIELINGHAUS (2007), S. 228, unterbreitet.

tutionalisieren. Mit Blick auf bestehende Regelungen bietet sich hier ein Rückgriff auf die GPA an, die derzeit zum einen im Stärkungspakt fest installiert ist,[1878] zum anderen aber auch unabhängig davon Wirtschaftlichkeitsanalysen im Rahmen der gesetzlich vorgeschriebenen überörtlichen Prüfung durchführt.[1879] Letztere sind derzeit jedoch lediglich in einem gewissen Turnus vorgesehen,[1880] während sie im Stabilisierungssystem an die Klassifizierung und damit die Haushaltssituation anknüpfen. Unter dem Ziel der Herstellung einer geordneten Haushaltswirtschaft ist die Beratungstätigkeit dabei schwerpunktmäßig auf drei Aspekte zu beziehen: Wirtschaftlichkeitssteigerungen bei der Aufgabenerfüllung, Identifizierung von Aufgabenreduzierungspotential und Identifizierung von Ertragssteigerungspotential. Hierzu ist dem Berater ein entsprechendes Informationsrecht einzuräumen. Er kann dabei jedoch nur Empfehlungen für bestimmte Maßnahmen aussprechen, diese aber nicht selbst anordnen oder ersatzvornehmen, da er sonst faktisch die Rolle eines Beauftragten nach § 124 GO NRW einnehmen würde. Dessen Einsetzung wäre in diesem Stadium der Haushaltswirtschaft jedoch völlig unverhältnismäßig. Um dennoch einen gewissen Konsolidierungsdruck auszuüben und den Berater nicht zu einem stumpfen Schwert verkommen zu lassen, kann eine Pflicht der Gemeinde implementiert werden, seine Vorschläge (einschließlich deren voraussichtlicher Auswirkungen) sowie die Stellungnahmen der Gemeindeverantwortlichen hierzu zu veröffentlichen und über die Umsetzung angenommener Konsolidierungsvorschläge zu berichten. Dadurch kann eine öffentliche Diskussion in Gang gesetzt werden, die Rat und Bürgermeister bei ihrer Entscheidungsfindung berücksichtigen müssen.

Sollte sich die Klasse B-Gemeinde weigern, den Berater einzusetzen oder dessen Ergebnisse zu veröffentlichen und hierzu Stellung zu nehmen, ist für die Aufsicht gemäß des Legalitätsprinzips eine Pflicht vorzusehen, für eine ordnungsgemäße Einsetzung zu sorgen. Die Aufsicht ist somit per Gesetz zu verpflichten, von ihren repressiven Mitteln gem. § 123 GO NRW Gebrauch zu machen: Zuerst ist die Beratereinsetzung bzw. Ergebnis- und Stellungnahmenveröffentlichung nochmals anzuordnen und anschließend im Rahmen der Ersatzvornahme und auf Kosten der Kommune durchzuführen, wenn die Gemeinde auch die Anordnung ignoriert.

Da der Berater in einer Phase eingesetzt wird, in der die stetige Aufgabenerfüllung (noch) nicht akut bedroht ist und damit im Gegensatz zu den freiwilligen Beratereinsetzungen der Vergangenheit nicht befürchtet werden muss, dass er bei Nichtverfolgung der Vorschläge zu einem Staatskommissar umgewandelt wird,[1881] dürfte die Einsetzung rechtlich unbedenklich sein. Sie entspricht zudem dem Grundsatz der Verhältnismäßigkeit, weil sie der präventiven Aufsicht in Form von Beratung

---

[1878] Vgl. § 9 StPG.
[1879] Vgl. § 105 Abs. 3 S. 2 GO NRW.
[1880] Vgl. http://gpanrw.de/de/aktuelles/termine/termine-uberortliche-prufung-105-go-nrw-/6_5 1.html [letzter Abruf: 11.03.2019].
[1881] Vgl. Kapitel 3.3.3.4.

zuzuordnen ist, die der repressiven Aufsicht vorzugehen hat.[1882] Dies gilt insbesondere unter Berücksichtigung des Umstands, dass die GPA gem. § 105 Abs. 2 GO NRW unabhängig und nicht an Weisungen der Aufsicht gebunden ist.

Ein verpflichtender Beratereinsatz in Klasse B dürfte wirksamer sein als die bisherigen freiwilligen Einsetzungen, da der Berater in dieser Haushaltssituation zum einen noch relativ viel Spielraum hat und Konsolidierungsvorschläge damit nicht zu einschneidend ausfallen und somit tendenziell Gehör bei den Gemeindeverantwortlichen finden dürften. Zum anderen hat die Gemeinde allein wegen der zusätzlichen Kostenbelastung einen Anreiz, im Klassensystem aufzusteigen, damit das Mandat beendet werden kann. Zudem ist sich die Gemeinde aufgrund der Transparenz des Klassensystems bewusst: Wenn sie den Beratervorschlägen nicht folgt und sich ihre Haushaltswirtschaft weiter verschlechtert, droht der Abstieg in Klasse C mit den dortigen Rechtsfolgen.

Eine Hochstufung in Klasse A ist vorzunehmen, sobald die Gemeinde die zuvor beschriebenen Anforderungen erfüllt.[1883]

6.3.6 Klasse C: Eigenkapital verzehrende Haushaltswirtschaft

6.3.6.1 Klassenschwelle

Sobald eine Gemeinde ihre etwaige zuvor gebildete Ausgleichsrücklage verbraucht hat, reduzieren weitere Jahresfehlbeträge das Eigenkapital unter den Referenzwert aus der ersten Eröffnungsbilanz, auszuweisen in Form eines Kapitaldefizits. Eine solche Situation lässt sich als Gefährdung der dauerhaften Leistungsfähigkeit einstufen, da sie folgenden Sachverhalt repräsentiert: Der aktuelle Ressourcenverbrauch ist (geplant) höher als das Ressourcenaufkommen und vergangene Überschüsse reichen nicht aus, um diesen Mehrbedarf im Zeitablauf auszugleichen. Die aktuelle Generation lebt damit zweifelsfrei auf Kosten zukünftiger Generationen und schränkt deren Handlungsspielraum ein. Eine so agierende Gemeinde ist daher in eine niedrigstufigere Klasse einzuordnen.

Für diese Klasse C ergeben sich daher folgende Schwellen: Eine Gemeinde ist Klasse C zuzuordnen, wenn

1. in mindestens einem Jahr der mittelfristigen Planung (Jahre 0 bis +4) ein Kapitaldefizit aufgebaut wird oder
2. sich im letzten Jahresabschluss (Jahr -1) ein Kapitaldefizit aufgebaut hat.

[1882] Vgl. Kapitel 3.3.3.1.
[1883] Vgl. Kapitel 6.3.4.

Einer solchen Aufzehrung des Eigenkapitals muss schnellstmöglich entgegen gewirkt werden. Die pflichtigen Maßnahmen in Klasse C sind also auf zwei Ziele auszulegen: In einem ersten Schritt ist der weitere Aufbau des Kapitaldefizits zu stoppen, um in einem zweiten Schritt dieses vollständig abzubauen. Ist dies erreicht, ist das ursprüngliche Eigenkapitalniveau wiederhergestellt, sodass zumindest über das Zeitintervall seit Herabstufung in Klasse C von Generationengerechtigkeit gesprochen werden kann. Eine Hochstufung in Klasse B oder gar A ist somit vorzunehmen, wenn

1. sich in keinem Jahr der mittelfristigen Planung (Jahre 0 bis +4) ein Kapitaldefizit ergibt und

2. im letzten Jahresabschluss (Jahr -1) kein Kapitaldefizit bestand.[1884]

Im Kern ist Klasse C damit auf die Erzielung von Jahresüberschüssen auszurichten, mit denen die Kapitaldefizite zurückgeführt werden.

6.3.6.2 Pflicht zur Aufstellung eines Kapitalsicherungsplans

Aufgrund der im Vergleich zu Klasse B erhöhten Gefährdung der dauerhaften Leistungsfähigkeit der Gemeinde sind stärkere Eingriffe in die kommunale Selbstverwaltung angezeigt. Dennoch sollten auch hier keine strikten Konsolidierungsvorgaben, wie z. B. Hebesatzanpassungen oder Vermögensveräußerungen, implementiert werden, da diese einerseits - trotz Legalitätsprinzip - mit den eingeschränkten Rechten der Rechtsaufsicht kollidieren,[1885] andererseits der Gemeinde grundsätzlich auch die Möglichkeit gegeben werden sollte, einen eigenen Weg aus der Krise zu finden. Dieser Grundgedanke findet sich auch im aktuellen Haushaltsrecht wieder, was nicht zuletzt die Regelungen im Stärkungspakt zeigen, in dem der teilnehmenden Gemeinde der Weg zur Wiederherstellung einer geordneten Haushaltswirtschaft grundsätzlich selbst überlassen wird.[1886] Es ergibt daher Sinn, den Eintritt in Klasse C mit der Pflicht zur Aufstellung eines Sanierungsplans zu verbinden. Im Gegensatz zum HSP nach § 6 StPG oder dem HSK nach § 76 GO NRW genügt es entsprechend obiger Zielsetzung jedoch nicht, diesen Plan auf die bloße Wiederherstellung eines Haushaltsausgleichs auszurichten; dies stellt lediglich den ersten Schritt dar. Anschließend muss der Plan auf die Erwirtschaftung von Jahresüberschüssen abzielen, mit denen das Kapitaldefizit abgebaut wird, sodass

---

[1884] Werden dabei in sämtlichen Jahren -1 bis +4 nicht-negative Jahresergebnisse geplant bzw. erzielt, hat die Hochstufung direkt in Klasse A zu erfolgen. Ist beispielsweise in einem Jahr der mittelfristigen Planung ein Jahresfehlbetrag vorgesehen, der jedoch durch eine in einem vorherigen Planjahr aus Überschüssen planmäßig zu bildende Ausgleichsrücklage kompensiert wird, erfolgt die Hochstufung in Klasse B.
[1885] Vgl. Kapitel 3.3.1.
[1886] Vgl. Kapitel 6.2.3.

6.3 Vorschlag für eine regulative Stabilisierung

der aus dem Ursprungskapital ablesbare Zielwert wiederhergestellt wird. Der Plan kann daher als Kapitalsicherungsplan (KSP) bezeichnet werden.

Fraglich ist, welche Frist für die genannten Ziele zu stellen sind. Werden HSP und HSK als Referenz herangezogen, ist von einer Zehn-Jahres-Frist auszugehen. Zu berücksichtigen ist, dass vor dem 1. NKFWG NRW für das HSK lediglich der Zeitraum der mittelfristigen Planung vorgesehen war.[1887] Da dieser Zeitaum wesentlich mehr Konsolidierungsdruck ausübt und die Gefahr mindert, dass Sanierungsmaßnahmen hinausgezögert werden, kann er auch für den KSP zugrunde gelegt werden - zumindest für das erste Ziel, die Wiederherstellung des Haushaltsausgleichs. Für den Abbau des Kapitaldefizits erscheint jedoch eine verlängerte Frist geboten, da sie erst nach erfolgter Wiederherstellung des Haushaltsausgleichs möglich ist. Statt hierfür pauschal z. B. zehn Jahre vorzugeben, können die beiden Ziele zeitlich miteinander verknüpft werden, sodass der Abbau z. B. innerhalb eines weiteren Zeitraums der mittelfristigen Planung ab Wiederherstellung des Haushaltsausgleichs zu erfolgen hat.[1888]

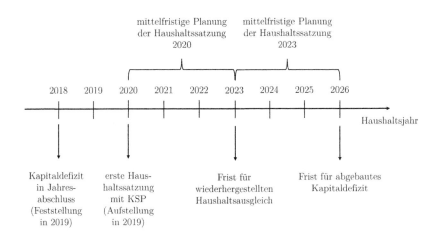

Abbildung 6.7: Beispielhafte Berechnung der KSP-Fristen[1889]

[1887] Vgl. § 76 Abs. 2 S. 3 GO NRW in der Fassung vom 13.12.2011, GVBl. NRW S. 685.
[1888] Vgl. Abbildung 6.7.
[1889] Die mittelfristige Planung nach § 84 GO NRW umfasst auch das aktuelle, noch nicht beendete Haushaltsjahr (im Beispiel 2019). Zur besseren Übersichtlichkeit beschränkt sich die mittelfristige Planung in der Abbildung auf die zukünftigen Haushaltsjahre.

Werden beide Zielfristen kumuliert, ergibt sich eine maximale Gesamtfrist von sieben Jahren. Dadurch wird die Planungsunsicherheit auch in Grenzen gehalten. Eine längere Gesamtfrist erscheint unnötig, da Gemeinden, die aus Klasse A oder B in C herabgestuft werden, auf einen Schlag kaum ein so großes Kapitaldefizit aufbauen können, als dass dieses nicht innerhalb von sieben Jahren zurückgeführt werden kann.

In den Folgejahren nach erstmaliger Herabstufung in Klasse C ist der KSP solange fortzuschreiben, bis die Gemeinde die Aufstiegvoraussetzungen für Klasse B oder A erfüllt. Da zum Klassenaufstieg nicht nur ein Abbau des Kapitalsdefizits in der Planung erfolgen muss, sondern dieser tatsächlich im Jahresabschluss nachzuweisen ist, bezieht sich der KSP im letzten Haushaltsjahr lediglich noch auf die fortgeführten Ansätze des dann laufenden Jahres.[1890]

6.3.6.3 Genehmigungserfordernis und Sanktionsmechanismus

Damit der KSP als Instrument zur Wiederherstellung des Eigenkapital-Zielwerts auch Wirksamkeit entfaltet, ist eine Genehmigungspflicht samt Sanktionsmechanismus im Falle nicht erfolgter Genehmigung zu implementieren. Unter Berücksichtigung nicht zulässiger Zweckmäßigkeitsüberlegungen der Aufsichtsbehörde ist die Genehmigung daran zu knüpfen, ob die beiden Ziele *Haushaltsausgleich* und *vollständiger Abbau des Kapitaldefizits* innerhalb der Frist erreicht werden und die zugrunde liegenden Annahmen plausibel sind. Ist dies nicht der Fall, ist die Genehmigung entsprechend Legalitätsprinzip durch die Aufsichtsbehörde zu verweigern. Gleiches gilt, wenn erst gar kein KSP vorgelegt wird. Um den KSP nicht zu einer reinen Fiktion verkommen zu lassen, ist im fortgeschriebenen KSP späterer Jahre über den aktuellen Stand zu berichten. Es bietet sich dabei an, auf die Regelungen des Stärkungspaktes zurückzugreifen und die Gemeinde nicht nur im Zuge der Vorlage der nächsten Haushaltssatzung, sondern auch parallel zur Jahresabschlussanzeige und zu einem weiteren unterjährigen Termin berichten zu lassen.[1891] Ergibt sich eine Abweichung von den ursprünglich geplanten Konsolidierungsmaßnahmen, die dazu führt, dass die beiden Ziele nicht innerhalb der gesetzlichen Frist erreicht werden können, ist die Genehmigung zu verweigern.[1892]

[1890] Im Beispiel aus Abbildung 6.7 ist das Kapitaldefizit spätestens durch den Jahresüberschuss aus 2026 abzubauen. Das Jahresergebnis 2026 wird jedoch erst 2027 festgestellt, sodass die Haushaltssatzung für 2027 noch ein KSP beinhalten muss. Dieses bezieht sich dabei auf die fortgeführten Ansätze des Jahres 2026, welche mindestens ein Ergebnis in der Höhe vorsehen müssen, dass damit das Kapitaldefizit abgebaut wird. Sobald dies dann durch den Jahresabschluss zum 31.12.2026 nachgewiesen wird, erfolgt der Klassenaufstieg und damit eine Entbindung von der KSP-Aufstellungspflicht.
[1891] Vgl. § 7 Abs. 1 StPG.
[1892] Wird eine geplante Konsolidierungsmaßnahme also unterlassen oder kann nicht wie geplant realisiert werden, ist sie durch eine wirkungsgleiche zu ersetzen.

6.3 Vorschlag für eine regulative Stabilisierung

Eine Genehmigungsverweigerung ist mit entsprechenden Sanktionen zu verbinden. In finanzieller Form machen diese allerdings wenig Sinn, insbesondere unter Berücksichtigung des Umstands, dass sich eine Klasse C-Gemeinde ohnehin schon durch eine gefährdete Haushaltswirtschaft auszeichnet. Entsprechend der bisher verfolgten Logik hat die Sanktion stattdessen in einer Beschränkung der Selbstverwaltungsautonomie zu bestehen. Der Blick auf die HSK-Thematik zeigt als Vorbild die vorläufige Haushaltsführung.[1893] Da diese jedoch nicht der Konsolidierung dient, sondern für Situationen konzipiert ist, in denen die politische Ebene bis zum Beginn des Haushaltsjahres keinen Konsens findet, ist ein solches Vorgehen abzulehnen.[1894] Stattdessen ist ein Mechanismus zu implementieren, der das Klassenziel berücksichtigt, d. h., der in der Lage ist, auch ohne entsprechende Mitwirkung der Gemeindeverantwortlichen den vollständigen Abbau des Kapitaldefizits innerhalb der 7-Jahresfrist zu erreichen. Da die Rechtsaufsicht mangels Kompetenz zu Zweckmäßigkeitsüberlegungen keinen eigenen KSP aufstellen darf, der den nicht genehmigungsfähigen Plan der Gemeinde ersetzt, bleibt streng genommen nur eine Alternative: Legt die Gemeinde keinen oder einen mangels fristgerechter Zielerreichung nicht genehmigungsfähigen KSP vor, ist ein Beauftragter gem. § 124 GO NRW in die Kommune zu entsenden, der einen genehmigungsfähigen KSP aufstellt und umsetzt. Da der Beauftragte ein Gemeindeorgan ersetzt und damit selbst zu einem solchen wird, ist er nicht den Beschränkungen der Rechtsaufsicht unterworfen,[1895] sodass er eigenständig über die zweckdienlichsten Konsolidierungsmaßnahmen entscheiden kann.[1896] Die Aufsichtsbehörde hat dabei entsprechend des im Stabilisierungssystem vorherrschenden Legalitätsprinzips eine Entsendungspflicht, ähnlich wie dies derzeit lediglich in § 8 Abs. 1 StPG vorgesehen ist. Für die Kommunalpolitik ist damit ein zu vermeidender Zustand klar definiert: Wer ein Kapitaldefizit aufbaut und nicht in der Lage ist, dieses innerhalb der Gesamtfrist von sieben Jahren abzubauen bzw. den Weg zu diesem Abbau aufzuzeigen, der wird durch einen Beauftragten ersetzt. Nur durch einen solchen Automatismus gerät die örtliche Politik ausreichend unter Zugzwang, sodass eine solche Situation im Zweifelsfall erst gar nicht entsteht. Und wenn doch, kann sie unabhängig von politischen Beeinflussungen durch den Beauftragten beseitigt werden. An den von diesem vorzulegenden KSP sind deshalb natürlich die gleichen Anforderungen zu stellen, wie bisher: Der Beauftragte muss also sämtliche Maßnahmen identifizieren, durch die die Gemeinde zuerst einen Haushaltsausgleich und anschließend einen vollständigen Abbau des Kapitaldefizits herbeiführen kann. Es kann davon ausgegangen werden, dass die Aufsichtsbehörden ihrer eigenen Rechtspflicht auch nachkommen und eine solchen genehmigungsfähigen KSP vorlegen, da sie einen Anreiz haben, die Gemeinden erst in saniertem Zustand an die örtlichen Verantwortlichen

---
[1893] Vgl. § 80 Abs. 5 S. 5 i. V. m. § 82 GO NRW.
[1894] Vgl. Kapitel 4.4.5.
[1895] Vgl. OVG NRW vom 04.07.2014, NWVBl. 2014, 437 (439).
[1896] Vgl. HÄDE (2006), S. 566.

zurückzugeben. Andererseits müsste gerechtfertigt werden, wieso kommunale Entscheidungsträger durch den Beauftragten verdrängt wurden, obwohl dieser auch keine geordnete Haushaltswirtschaft wiederherstellt.

6.3.6.4 Rechtliche Zulässigkeit einer automatisierten Beauftragtenbestellung

Fraglich ist dabei, ob eine solche automatische Entsendung rechtlich überhaupt zulässig ist. Die Bestellung eines Beauftragten ist grundsätzlich erst dann möglich, wenn die Zustände in der Gemeinde in erheblichem Umfang von geordneten Verhältnissen abweichen und andere Aufsichtsmaßnahmen zur Beseitigung dieses Zustands nicht zweckmäßig sind. Eine Entsendung ist folglich nur bei besonderen Gefahren für das Gemeindeleben und die gemeindliche Aufgabenerfüllung möglich.[1897] Aus diesem Grund ist im Stabilisierungssystem auch keine automatische Entsendung direkt bei der Herabstufung in Klasse C vorgesehen, sondern vom weiteren Umgang der Gemeinde mit der Situation abhängig. Solange nicht ausgeschlossen werden kann, dass eine Sanierung unter eigener Führung erfolgreich verläuft, ist die Beauftragtenbestellung zweifelsohne unverhältnismäßig. Verspricht die Sanierung in Eigenverwaltung Erfolg - nachgewiesen durch einen genehmigungsfähigen KSP -, ist die schädliche Eigenkapitalsenkung lediglich als temporärer Zustand zu charakterisieren, der zwar vorübergehende Einschränkungen mit sich bringt, aufgrund des absehbaren Endes aber zu keiner langfristigen Erschütterung des Gemeindelebens führt. Erst, wenn die Gemeindeverantwortlichen in Form eines nicht genehmigungsfähigen oder gar nicht erst vorgelegten KSP zeigen, dass sie selbst nicht in der Lage sind, einen geordneten Zustand wiederherzustellen und die substanzverzehrende Situation damit langfristig bestehen bliebe, kann von einer Gefährdung des Gemeindelebens und der gemeindlichen Aufgabenerfüllung ausgegangen werden, welche eine Beauftragtenbestellung rechtfertigt. Zusätzlich untermauert wird die Zulässigkeit durch den aktuellen § 75 Abs. 5 S. 2 GO NRW, der die Möglichkeit zur Beauftragtenbestellung bereits explizit vorsieht, wenn die Gemeinde schlechter wirtschaftet als geplant, sowie die Sicht des MODELLPROJEKT NKF-GESAMTABSCHLUSS, nach der die Bestellung insbesondere in Betracht kommt, wenn die Gemeinde ihrer Pflicht zur HSK-Aufstellung nicht nachkommt.[1898]

Letztlich kann die Zulässigkeit insbesondere der *automatisierten* Entsendung auch aus dem Konstrukt der Beauftragtenbestellung im Stärkungspakt Stadtfinanzen abgeleitet werden. So bestätigt die Rechtsprechung, dass eine nach dem Legalitätsprinzip erfolgte Entsendung nicht gegen die Selbstverwaltungsgarantie des Art. 28 Abs. 2 GG verstößt: Da bei Vorlage eines nicht genehmigungsfähigen HSP (oder gar keiner Vorlage) der rechtmäßige Zustand durch die milderen Aufsichtsmit-

---
[1897] Vgl. Kapitel 3.3.3.3.
[1898] Vgl. Kapitel 3.3.3.3.

6.3 Vorschlag für eine regulative Stabilisierung

tel der Anordnung und Ersatzvornahme mangels Recht zur Zweckmäßigkeitsüberlegung nicht hergestellt werden kann, bleibt lediglich noch die Beauftragtenbestellung.[1899] Der Umstand, dass der Beauftragte anstelle eines demokratisch legitimierten Rates und / oder Bürgermeisters entscheidet, stellt dabei auch keine Verletzung des Gewaltenteilungsprinzips des Art. 20 Abs. 2, 3 GG dar. Da die Aufgaben der Gemeinde ausschließlich auf dem Gebiet der Verwaltung liegen, sind Rat und Bürgermeister reine Verwaltungsorgane, die der staatlichen Aufsicht unterstellt sind. Es handelt sich folglich um Exekutiv- und nicht Legislativorgane (wie dem Land- oder Bundestag). Wenn ein Beauftragter bestellt wird, kommt es folglich nur zu einem Übergang der Handlungsbefugnis innerhalb der Exekutive; die Gewaltenteilung ist hiervon nicht berührt.[1900] Als von der Aufsichtsbehörde eingesetzter Organersatz leidet der Beauftragte ohnhin nicht unter einem Demokratiedefizit.[1901]

6.3.6.5 Beauftragtenkompetenzen und Einsatzdauer

Es stellt sich anschließend die Frage, mit welchen konkreten Befugnissen der Beauftragte auszustatten ist und wie lange er eingesetzt wird. Bezüglich erstgenannter Teilfrage bietet sich ein Blick auf die bereits erfolgten Beauftragtenbestellungen im Rahmen von § 8 Abs. 1 StPG an. Im Falle der Bestellung in die Stärkungspakt-Gemeinde Nideggen wurden dem Beauftragten Kompetenzen für sämtliche haushaltswirtschaftlichen Entscheidungen sowie alle zu deren Vorbereitung erforderlichen Beschlüsse übertragen - konkret die Entscheidungen gem. § 41 Abs. 1 h), i) und q) GO NRW, z. B. die Beschlussfassung über die Haushaltssatzung einschließlich HSP sowie über die öffentlichen Abgaben und privatrechtlichen Entgelte.[1902] Da die Beauftragteneinsetzung mit dem Ziel erfolgt, einen genehmigungsfähigen KSP zu vorzulegen, kann dies analog auf die Bestellungspflicht im Stabilisierungssystem übertragen werden. Der Beauftragte übernimmt folglich nur Teile der Ratsaufgaben. Dieser bleibt damit tätig, hat allerdings nur Mitwirkungs- und Entscheidungskompetenzen in den nicht dem Beauftragten zugewiesenen Aufgaben.[1903] Dort sind die Ratsmitglieder hingegen auf die regulären Rechte eines Gemeindebürgers beschränkt.[1904] Da dem Bürgermeister die Aufgabe zufällt, Rats-

---

[1899] Vgl. OVG NRW vom 04.07.2014, NWVBl. 2014, 437 (439).
[1900] Vgl. VG AACHEN vom 27.03.2014, BeckRS 2015, 42674.
[1901] Vgl. BRÜNING (2014), S. 244.
[1902] Vgl. LANDTAG NRW DRUCKSACHE 16/3198 vom 06.06.2013, S. 3, VG Aachen vom 27.03.2014, Beck RS 2015, 42674.
[1903] Selbst bei vollständiger Aufgabenübernahme bleibt der Rat rechtlich gesehen bestehen; die bisherigen Mitglieder werden lediglich in ihren Rechten beschnitten. Würde der Rat aufgelöst werden, müssten gem. § 125 GO NRW spätestens nach drei Monaten Neuwahlen durchgeführt werden, was den Handlungsspielraum des Beauftragten stark einschränken würde.
[1904] Vgl. LANDTAG NRW DRUCKSACHE 16/3198 vom 06.06.2013, S. 2.

beschlüsse vorzubereiten und auszuführen,[1905] müssen seine Aufgaben nicht vom Beauftragten übernommen werden - es sei denn, die Bestellung ist durch die Weigerung des Bürgermeisters zur Umsetzung der Ratsbeschlüsse verursacht worden. Unabhängig vom Umfang der übernommenen Aufgaben gilt jedenfalls: Da der Beauftragte im Außenverhältnis als das jeweilige Organ handelt, müssen sich Dritte (z. B. Bürger) so behandeln lassen, als hätten Rat oder Bürgermeister in seiner bisherigen personellen Besetzung den jeweiligen Beschluss gefasst.[1906]

Auch in zeitlicher Hinsicht ist die Beauftragtenbestellung zielorientiert auszugestalten. Die Einsetzung im Fall Nideggen erfolgte dabei, bis die Haushaltssatzung einschließlich Hebesätze und HSP beschlossen und von der Aufsichtsbehörde genehmigt wurden.[1907] Der Beauftragte bleibt im Stabilisierungssystem also solange im Amt, bis er einen KSP beschlossen hat und dieser von der Aufsichtsbehörde genehmigt wurde.[1908] Anschließend können Rat und Bürgermeister wieder ihre regulären Aufgaben übernehmen. Sollten Sie allerdings vom genehmigten KSP abweichen, wird dies spätestens in der nächsten Genehmigungsrunde aufgedeckt, sodass hier erneut eine Beauftragtenbestellung erfolgt. Verfassungsrechtlich ist dies unproblematisch, da der Beauftragtenbestellung keinerlei zeitliche Grenzen gesetzt sind, sondern sich die Einsatzzeit allein aus der Zielerreichung ergibt.[1909] Der Beauftragte ist also solange einzusetzen, bis er dafür gesorgt hat, dass die Ursache seiner Bestellung beseitigt wurde.[1910] Er kann damit grundsätzlich bis zum vollständigen Abbau des Kapitaldefizits, d. h. dem Aufstieg in Klasse B oder A, im Amt bleiben.

6.3.6.6 Individuelle Finanzhilfen

Die Erfahrungen der Vergangenheit haben gezeigt, dass allein die Entsendung eines Beauftragten mitunter auch nicht ausreicht, um die gemeindliche Haushaltswirtschaft wieder zu ordnen. Sowohl Berater als auch Staatskommissare haben vereinzelt darauf hingewiesen, dass auch sie ohne finanzielle Unterstützung des Landes eine Sanierung nicht herbeiführen konnten.[1911] Auch dem Gesetzgeber scheint bewusst zu sein, dass eine eigenständige Sanierung nicht immer möglich ist, weshalb

---

[1905] Vgl. § 62 Abs. 2 GO NRW.
[1906] Vgl. VG AACHEN vom 27.03.2014, BeckRS 2015, 42674.
[1907] Vgl. LANDTAG NRW DRUCKSACHE 16/3198 vom 06.06.2013, S. 3.
[1908] Dies entspricht den Forderungen der Kommentarliteratur, nach der Beauftragte nur zur Erreichung eines bestimmten Ziels einzusetzen und nach der Zielerreichung abzuziehen sind, vgl. WINKEL (2018a), S. 595, KLEIN (2016a), S. 549.
[1909] Vgl. VG AACHEN vom 27.03.2014, BeckRS 2015, 42674.
[1910] Dies bestätigen die Einsatzzeiten der zwischen 1990 und 2004 bestellten Beauftragten, von denen immerhin 21 % länger als ein Jahr aktiv waren, vgl. FRIELINGHAUS (2007), S. 98 f.
[1911] Vgl. DUVE (2008), S. 290 f., genauso HOLTKAMP (2012), S. 64. Auch hier sind die im Hockey-Stick-Modell beschriebenen zeitlichen Verzögerungen der Wirkung von Sanierungsmaßnahmen zu berücksichtigen, vgl. Kapitel 5.5.11.

er im Stärkungspakt Stadtfinanzen entsprechende Unterstützungsleistungen vorsieht.[1912] In diesem Kontext ist insbesondere auf die Ergebnisse von BUSCH hinzuweisen, der die haushaltswirtschaftliche Stagnation der Stärkungspakt-Gemeinden auf sich weiter verschlechternde sozioökonomische Rahmenbedingungen zurückgeführt hat.[1913] Wenngleich im Stabilisierungssystem - ausgehend vom Idealfall einer Klasse A-Kommune - die plötzlichen Defizite in der Regel nicht so groß ausfallen dürften, dass der Beauftragte diese mit strikten Konsolidierungsmaßnahmen nicht abbauen kann, so ist eine Überforderung nicht gänzlich ausgeschlossen. Eine Beauftragteneinsetzung ist demnach nur geboten, wenn dieser tatsächlich besser als das bisherige Organ in der Lage ist, die kritische Finanzsituation zu entschärfen.[1914] Dies ist insbesondere dann der Fall, wenn Konsolidierungsmöglichkeiten grundsätzlich vorhanden sind, der Rat diese jedoch aus politischen Gründen nicht ergreift. Ist hingegen auch der Beauftragte nicht in der Lage, die klassenspezifischen Vorgaben zu erfüllen (KSP mit Abbau des Kapitaldefizits innerhalb von sieben Jahren), bedeutet das, dass sämtliche Konsolidierungspotentiale ausgeschöpft sind. Daraus lässt sich schlussfolgern, dass die Entstehung des Kapitaldefizits nicht aus Fehlentscheidungen der Gemeindeverantwortlichen resultiert. Wäre dies der Fall, z. B. in Form unwirtschaftlich erfüllter Aufgaben oder zu niedriger Hebesätze, hätte der Beauftragte noch Konsolidierungspotential, mit dem er einen genehmigungsfähigen KSP erarbeiten und umsetzen könnte. Wenn die Gemeindeführung jedoch keine Verantwortung an der Situation trägt und sie nicht beseitigen kann, ist die Ursache zwangsläufig auf eine den individuellen Gemeindeaufgaben nicht gerecht werdende Finanzierung zurückzuführen. Daraus kann nur eine Schlussfolgerung gezogen werden: An einem solchen Punkt ist das Land in Verantwortung zu ziehen, indem es die Unterfinanzierung durch Konsolidierungshilfen auszugleichen hat.

Unter Berücksichtigung der individuellen Finanzhilfen kann nun ein genehmigungsfähiger KSP aufgestellt werden. In Anbetracht der Landesverantwortung wäre es unverhältnismäßig, hierfür nach wie vor den Beauftragten einzusetzen. Wenn dieser nach seiner Bestellung also feststellt, dass sich kein genehmigungsfähiger KSP aufstellen lässt und das Land damit zu Finanzhilfen verpflichtet wird, ist die Bestellung aufzuheben. Entsprechend der bisher verfolgten Logik kommt es damit erst wieder zu einer Beauftragteneinsetzung, wenn der Rat auch mit den Finanzhilfen keinen genehmigungsfähigen KSP aufstellen will bzw. später vom Konsolidierungskurs abweicht.

Mit der Implementierung eines Automatismus, der unabhängig von politischen Kalkülen ermittelt, wann Finanzhilfen gewährt werden müssen, ist noch nicht die Frage geklärt, in welcher Höhe diese zu leisten sind und wie sie finanziert werden.

[1912] Vgl. Kapitel 6.2.3.1.
[1913] Vgl. BUSCH (2016), S. 133, BUSCH (2017), S. 138.
[1914] Vgl. STOCKEL-VELTMANN (2010a), S. 40.

Da im Gegensatz zum Stärkungspakt Stadtfinanzen die Zahl der empfangsberechtigten Kommunen aufgrund des flexiblen Klassensystems jährlich variieren kann, ist auch das insgesamt notwendige Aufkommen eine variable Größe. Vor der Frage der Finanzierung ist daher zuerst einmal zu bestimmen, wie sich die Höhe der Finanzzuweisungen berechnet.

Mit Blick auf den Stärkungspakt Stadtfinanzen erscheint eine Pro-Kopf-Pauschale, ggf. ergänzt um Zulagen auf Basis eines Kennzahlenanteils (wie der strukturellen Lücke[1915] im Stärkungspakt), denkbar. Eine Übertragung dieses Mechanismus auf das Stabilisierungssystem berücksichtigt jedoch nicht den Kontext, der zur Gewährung der Finanzhilfen führt: Die Zuweisungen dienen der Erreichung des sonst unerreichbaren Klassenziels *Abbau des Kapitaldefizits*. Bei pauschalen Pro-Kopf-Zuweisungen besteht die Gefahr, dass sie entweder nicht ausreichen, um diesen Zielwert zu erreichen oder dass sie darüber hinausschießen. Aus dieser Problematik lässt sich jedoch unmittelbar die einzig gebotene Ermittlungsart ableiten: Stellt der Beauftragte fest, dass er unter Ausschöpfung sämtlichen Konsolidierungspotentials auch keine Kapitalrückführung innerhalb der vorgegeben Frist erreichen kann, so sind die Finanzhilfen exakt in der Höhe zu gewähren, die der Lücke zwischen dem KSP-Ergebnis (also dem maximal erreichbaren Eigenkapitalniveau) und dem Zielwert des Kapitaldefizits (null) entspricht. Hierbei ist es unbedingt notwendig, dass das KSP-Ergebnis auf dem Vorschlag des Beauftragten basiert, da die Gemeinde ansonsten einen Anreiz hat, in ihrem KSP-Entwurf nicht alle Potentiale auszuschöpfen, um die Lücke zum Zielwert zu vergrößern und damit mehr Zuweisungen zu generieren. Dadurch ergäbe sich eine strategische Anfälligkeit in Form absichtlich unterlassener Anstrengungen. Wenn die Finanzhilfen aus dem KSP-Entwurf des Beauftragten ermittelt werden, dieser anschließend jedoch wieder abgezogen wird, müssen die Kommunalverantwortlichen lediglich den Beauftragten-Entwurf übernehmen, um die bescheidenen Finanzhilfen ergänzen und beschließen, damit dieser genehmigungsfähig ist. Im Sinne der Selbstverwaltungsautonomie haben sie natürlich grundsätzlich auch das Recht, vom genannten Entwurf abzuweichen. Aus dem Umstand, dass dieser Entwurf bereits sämtliches Konsolidierungspotential ausgeschöpft hat, folgt jedoch, dass Abweichungen nur möglich sind, wenn sie eine vom Beauftragten vorgesehene Konsolidierungsmaßnahme durch eine gleichwertige Alternative ersetzen, die zu Erstgenannter im Ausschlussverhältnis steht.

Es verbleibt damit noch die Frage nach der Finanzierung der Hilfszuweisungen. Eine Abundanzumlage, wie sie beispielsweise § 2 Abs. 4-6 StPG vorsieht, ist hierbei strikt abzulehnen. Dies ist mit der Natur der Finanzhilfen zu begründen: Sie sind zu gewähren, wenn der Eintritt in Klasse C aus einer unzureichenden Finanzausstattung der Gemeinde resultiert und damit in der Verantwortung des Landes liegt.

[1915] Vgl. § 5 Abs. 1, 2 StPG.

6.3 Vorschlag für eine regulative Stabilisierung

Folglich ist es auch an diesem, die finanziellen Lasten aus der Beseitigung dieses Missstandes zu tragen. Andernfalls hätte das Land wenig Interesse daran, solche Fälle von objektiv hilfsbedürftigen Kommunen zu vermeiden.

Mit einer solchen Ausgestaltung der Zuweisungen werden auch die zuvor bereits erläuterten Probleme von staatlichen Hilfsprogrammen ausreichend berücksichtigt.[1916] Das Stabilisierungssystem begegnet den bereits thematisierten Problemaspekten wie folgt:

1. Finanzhilfen unterliegen politisch beeinflussbaren Ermessensentscheidungen:[1917]
   Während dies insbesondere bei kurzfristigen, einmaligen Hilfen der Fall ist, unterliegt die Gewährung von Hilfszuweisungen im Stabilisierungssystem einem objektiven Mechanismus. Das Land wird verpflichtet, in einer zuvor definierten Situation Hilfen in exakt berechenbarer Höhe zu leisten. Das System ist damit nicht anfällig für politische Beeinflussungen und basiert nicht auf einem Abwägen zwischen Nutzen und Kosten des Bailouts.

2. Finanzhilfen tragen nicht zur Lösung tief verwurzelter Problemursachen bei, sondern lindern lediglich deren Symptome:[1918]
   Da die Finanzhilfen erst gewährt werden, wenn sämtliches Konsolidierungspotential bereits ausgeschöpft ist, erfolgt dies somit in einer Situation, in der die Finanzausstattung der individuellen Lage der Gemeinde nicht gerecht wird. Die Gemeinde hat also offensichtlich mit Problemen zu kämpfen, die so tief verwurzelt sind, das Sparanstrengungen, Wirtschaftlichkeitsverbesserungen etc. nicht ausreichen, um diese Defizite zu kompensieren. Damit steht fest, dass der Gemeinde vom Land eine finanzielle Grundausstattung gewährt wird, die ihrer sozioökonomischen Situation nicht gerecht wird - sie ist unterfinanziert. Die Finanzhilfen decken nun diese Unterfinanzierungslücke, sodass mit ihnen eine Ausstattung sichergestellt wird, die notwendig ist, um mit diesen Problemen umzugehen.

3. Finanzhilfen wecken Fehlanreize zu unwirtschaftlichem Verhalten:[1919]
   Negative Anreizeffekte drohen insbesondere immer dann, wenn die Finanzhilfen nicht mit strikten Gegenleistungen durch den Empfänger sowie klaren Sanktionen im Fall von Pflichtverstößen verbunden sind.[1920] Diesen Anforderungen trägt das Stabilisierungssystem in Klasse C Rechnung, indem Finanzhilfen nur bei Ausschöpfung des Konsolidierungspotentials gewährt werden. Verhält sich eine Gemeinde im Vertrauen auf die normierten Hilfszuweisun-

---
[1916] Vgl. Kapitel 4.5.2.
[1917] Vgl. BRAND (2014), S. 136.
[1918] Vgl. HERRMANN (2011), S. 79.
[1919] Vgl. JOCHIMSEN und KONRAD (2006), S. 22.
[1920] Vgl. MENSCH (2011), S. 6, BOETTCHER (2012), S. 78 f.

gen lediglich unwirtschaftlich, steigt deshalb in Klasse C ab und legt keinen genehmigungsfähigen KSP vor, werden die Gemeindeverantwortlichen durch den Beauftragten verdrängt. Dieser erkennt entsprechendes Sanierungspotential, aus dem er einen genehmigungsfähigen KSP erstellen kann, sodass die Gemeinde keine Hilfen erhält. Handelt die Kommune also mit Absicht unwirtschaftlich, ist ihr aufgrund der Transparenz des Stabilisierungssystems bewusst, dass sie keine Hilfen erhalten wird, sondern mit der Beauftragtenentsendung der denkbar stärkste Eingriff in die Selbstverwaltung erfolgen wird.

Durch die Zuweisungspflicht des Landes kann auch ein weiterer, von FRIELINGHAUS identifizierter Mangel behoben werden: Beauftragte fühlen sich nach ihrer Bestellung weitestgehend auf sich allein gestellt, da die Aufsichtsbehörde selbst sich wieder anderen Dingen zuwendet.[1921] Da die weitere Verpflichtung des Landes im Stabilisierungssystem jedoch von den Ergebnissen des Beauftragten abhängt, wird auch die Aufsichtsbehörde ein Interesse daran haben, ihren Beauftragten so gut wie möglich bei seiner Tätigkeit zu unterstützen - insbesondere in Bezug auf die Aufdeckung möglichen Sanierungspotentials.

6.3.6.7 Berücksichtigung von landesseitigen Fehlanreizen

Der Beauftragte ist als Vertreter der Aufsichtsbehörde vollständig an deren Weisung gebunden.[1922] Obwohl seine Bestellung im Stabilisierungssystem nicht mehr im Ermessen der Aufsichtsbehörde liegt und auch die Gewährung von Finanzhilfen an eine objektive Berechnungsformel geknüpft ist, lassen sich politische Abwägungen nicht gänzlich ausschließen. Dies ist darin zu begründen, dass sich keine objektiven Werte für das maximal ausschöpfbare Konsolidierungspotential feststellen lassen, welches darüber entscheidet, ob und in welcher Höhe Zuweisungen zu leisten sind.

Da der Beauftragte die kommunalen Erträge durch Maßnahmen wie massive, vorher nie da gewesenen Hebesatzsteigerungen, Vermögensveräußerungen u. v. a. m. kurzfristig stark steigern kann, wird ihm - und damit dem Land - faktisch ein Wahlrecht eröffnet: Wenn Landeszuweisungen vermieden werden sollen, nimmt der Beauftragte genau solche langfristig schädlichen, weil die kommunale Finanzbasis angreifenden Konsolidierungsmaßnahmen in den KSP auf, damit mit diesen das Klassenziel fristgerecht erreicht wird. Selbst im Extremfall, dass Hebesatzsteigerungen im vierstelligen Prozentpunktebereich nicht ausreichen, kann durch die Aufnahme solcher Maßnahmen das Volumen der Finanzhilfen zumindest minimiert werden. Das Land könnte sich damit aus seiner Unterstützungspflicht stehlen.

[1921] Vgl. FRIELINGHAUS (2007), S. 263.
[1922] Vgl. GEIS (2016), S. 265, T. I. SCHMIDT (2014), S. 241.

6.3 Vorschlag für eine regulative Stabilisierung

Hierbei ist allerdings Folgendes zu berücksichtigen: Wenn das Land die Gemeindeorgane personell absetzt, die Sanierung aber nur durch extrem hohe Hebesätze oder ähnliche Maßnahmen erreicht, wird dies einen starken Widerstand sowohl seitens der betroffenen Bürger, als auch der gesamten Gemeindeebene auslösen. Der Umstand, dass das Land selbst nur eine Sanierung durch solch überzogene Maßnahmen erreicht, ist ein deutliches Zeichen, dass die der Gemeinde gewährte Finanzausstattung zu niedrig ist, das Land dies aber nicht zugeben will. Gleiches gilt, wenn zwar geringe Finanzhilfen geleistet werden, der Gemeinde aber nach wie vor unermesslich hohe Vorgaben gemacht werden. Zwar muss hier der wiedereingesetzte Rat diese faktisch alternativlosen Maßnahmen beschließen - diese dürften politisch jedoch zweifelsohne dem Druck des Landes zugerechnet werden. Weigert sich der Rat, den Beauftragten-KSP zu beschließen, übernimmt dieser ohnehin erneut die Führung, sodass die Verantwortlichkeit des Landes für diese Maßnahmen noch deutlicher hervortritt. Die hier thematisierten Konsolidierungsmaßnahmen würden also massive politische Kosten in Form von Stimmeinbußen für die Landespolitik mit sich bringen. Sieht der Beauftragte hingegen von solchen Maßnahmen ab und gewährt das Land entsprechende Finanzhilfen, stellt dies zwar auch ein offenes Eingeständnis dar, dass die bisher gewährte Finanzausstattung zu niedrig ist; allerdings sind hierbei kaum größere politische Folgekosten zu erwarten, da das Land sich schließlich seiner Versäumnisse stellt und diese durch die Zuweisungen behebt. Wenn überhaupt, so dürfte die Reputation der landespolitischen Ebene hierdurch eher positiv beeinflusst werden.

Natürlich schwebt bei dem hier thematisierten Wahlrecht auch immer die gegenteilige Gefahr mit, dass das Land sich tendenziell für den politisch einfachsten Weg entscheidet, indem der Beauftragte den Gemeinde-KSP pauschal als maximal erreichbare Konsolidierung übernimmt und die daraus errechenbaren Finanzhilfen gewährt werden. Problematisch ist dies dahingehend, dass die eigentlich notwendige Konsolidierung damit möglicherweise unterbleibt und Unwirtschaftlichkeit gefördert wird; die zuvor aufgezeigten Probleme staatlicher Finanzhilfen keimen damit wieder auf.[1923] Hierbei darf allerdings nicht vergessen werden, dass auch das Land unter finanziellem Druck steht und daher nicht pauschal jeder Klasse C-Gemeinde Finanzhilfen gewähren kann.

Der Beauftragte wird in seinem KSP deshalb gerade so viele Konsolidierungsmaßnahmen vorsehen, dass die politischen Kosten für mögliche unpopuläre Maßnahmen nicht die tatsächlichen Kosten in Form von Finanzhilfen beim Unterlassen ebendieser Maßnahmen übersteigen.

Je weniger eine Gemeinde in einem KSP-Vorschlag also ihr Sanierungspotential ausgeschöpft hat und je offensichtlicher es daher ist, dass Sanierungsmaßnahmen durchgeführt werden müssen, desto eher wird der Beauftragte diese ergreifen - sie

---
[1923] Vgl. Kapitel 6.3.6.6.

werden schließlich mit nur geringen politischen Kosten einhergehen. Umgekehrt gilt natürlich: Je stärker die Sanierungspotentiale bereits ausgeschöpft sind, sodass zur Umgehung von Finanzhilfen notwendige Maßnahmen hohe politische Kosten verursachen, desto eher wird das Land zum Mittel der Zuweisungen greifen. Grundsätzlich befindet sich das Land (über den Beauftragten als Mittelsmann) hier also wieder in der klassischen Abwägesituation zwischen Bailout und No-Bailout.[1924] Hier ist diese Entscheidung jedoch in der Form abgewandelt, als dass sich die Kosten des No-Bailouts nicht aus den Folgen des Unterlassens (insbesondere Gefährdung des kommunalen Finanzierungssystems) ergeben, sondern aus den Folgen eines dann zwingend durchzuführenden Eingriffs in die kommunale Selbstverwaltung. Mit der vorliegenden Konstellation wird im Übrigen die Frage nach der Verantwortung kommunaler Finanzkrisen gelöst - jedoch nicht durch Versuche, vergangenes Handeln auf Schuldhaftigkeit zu untersuchen, sondern indem Verantwortungen durch ein politisches Anreizsystem aufgedeckt werden, in dem jeder zum Handeln gezwungen ist.

Durch die Rahmenbedingungen dieses Entscheidungskalküls können landesseitige Fehlanreize somit weitestgehend vermieden werden.

6.3.6.8 Beratungsmandat

Neben der Pflicht zur Aufstellung eines genehmigungsfähigen KSP kann in Klasse C genauso wie in B die verpflichtende Beauftragung eines Beraters vorgesehen werden. Der Berater führt also auch hier Wirtschaftlichkeitsanalysen u. Ä. durch, deren Ergebnisse nach Ermessen der Kommunalverantwortlichen Einzug in den KSP erhalten können. Kommt es indes zur Bestellung eines Beauftragten, kann dieser durch den Berater in seiner Tätigkeit unterstützt werden - dies bietet sich insbesondere an, da der Beauftragte letztlich ein Gemeindeexterner ist, der sich erst einmal in die örtlichen Strukturen einfinden muss. Der seit der Abstufung in Klasse B aktive Berater kann hier wertvolle Empfehlungen aus bisherigen Untersuchungen anbieten, die in der Vergangenheit möglicherweise vom Rat abgelehnt wurden, nun aber zur zügigen Verabschiedung eines genehmigungsfähigen KSP beitragen können. Es besteht folglich kein Bedarf, von den Rahmenbedingungen des Beratereinsatzes aus Klasse B abzuweichen. Das Mandat endet damit erst, wenn die Gemeinde in Klasse A aufsteigt.

6.3.6.9 Schlussfolgerungen

Der zeitliche Ablauf in Klasse C lässt sich wie folgt zusammenfassen.[1925]

[1924] Vgl. Kapitel 4.5.2.
[1925] Vgl. Abbildung 6.8.

6.3 Vorschlag für eine regulative Stabilisierung

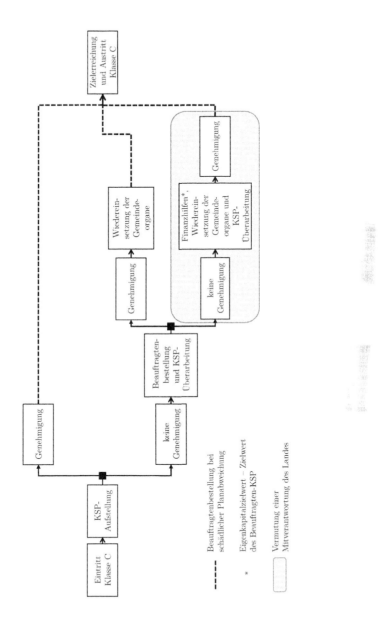

Abbildung 6.8: Klasse C-Verlauf

Eine Einschränkung der kommunalen Selbstverwaltung erfolgt damit erst einmal nur dahingehend, dass die Gemeinde ein bestimmtes Resultat (Haushaltsausgleich und Abbau des Kapitaldefizits) in einer bestimmten Frist (vier und drei weitere Jahre) erreichen muss bzw. den Weg dorthin im KSP festlegt; Vorgaben, wie dieses Ziel zu erreichen ist, werden nicht gemacht. Erst, wenn sich die Gemeinde des KSP verweigert, wird der Eingriff verstärkt. Unter Berücksichtigung der Bedeutung der kommunalen Haushaltswirtschaft für die dauerhafte Leistungsfähigkeit der Gemeinde sowie dem Umstand geschuldet, dass mildere Aufsichtsmittel nicht verfügbar sind, muss dieser Eingriff zwangsläufig in der Entsendung eines Beauftragten bestehen. Sobald jedoch erkennbar wird, dass die finanzielle Schieflage nicht in der Verantwortung der Gemeinde steht, wird der Mitverantwortung des Landes über pflichtige Hilfszuweisungen Rechnung getragen.

Ausgehend von einer Gemeinde mit zuvor geordneter oder ungleichmäßiger Haushaltswirtschaft (Klasse A oder B) kann durch die Ausgestaltung von Klasse C eine langfristig anhaltende Eigenkapitalreduzierung nicht eintreten. Dies ist darin zu begründen, dass die Klasse so konstruiert ist, dass die Gemeinde auf die eine oder andere Art innerhalb der 7-Jahres-Frist ihr Kapitaldefizit zurückgeführt hat und anschließend in Klasse B oder A aufsteigt. Entweder geschieht dies durch effektive Konsolidierungsanstregungen der Gemeindeverantwortlichen oder durch solche, die der Beauftragte an ihrer Stelle beschließt, oder durch Finanzhilfen im Falle offengelegter Landesverantwortung.

Damit unterscheidet sich das klassenbasierte Stabilisierungssystem massiv vom geltenden Haushaltsrecht, auch wenn dieses ebenfalls abgestufte Rechtsfolgen vorsieht. Hier ergeben sich aus einer Reduzierung der Allgemeinen Rücklage[1926] zwei mögliche Rechtsfolgen: Bei geringfügigen Reduzierungen ist lediglich eine Genehmigung der Haushaltssatzung einzuholen, bei Überschreitung bestimmter Schwellenwert ist ein ebenfalls zu genehmigendes HSK aufzustellen.[1927] Beide Rechtsfolgen unterliegen im Gegensatz zu den Klasse C-Mechanismen jedoch den Problemen des Opportunitätsprinzips. Sofern sie somit überhaupt vollumfänglich durchgesetzt werden, zielen sie zudem lediglich auf eine Wiederherstellung des Haushaltsausgleichs ab.[1928] Eine Rückführung der bis dahin erfolgten Reduzierung des Eigenkapitals ist nicht vorgesehen. Damit schafft es das geltende Haushaltsrecht nicht, Generationengerechtigkeit seit der Umstellung auf die Doppik zu sichern. Wird lediglich der Haushaltsausgleich als Ziel definiert, leistet dies wenig bis gar keinen Beitrag zum Schuldenabbau - für diesen bedarf es der Erwirtschaftung von Gewinnen.[1929] Temporär werden die beiden Regelungen zwar durch die Sondervorschriften des Stärkungspakts Stadtfinanzen erweitert, welcher bezüglich der Rechts-

---

[1926] Im Stabilisierungssystem entspricht dies weitestgehend dem Aufbau eines Kapitaldefizits.
[1927] Vgl. §§ 75 Abs. 4, 76 Abs. 1 GO NRW.
[1928] Vgl. Kapitel 4.4.4.
[1929] Vgl. Kapitel 6.3.3.2 und 6.3.3.3.

6.3 Vorschlag für eine regulative Stabilisierung

folgen bei einem nicht genehmigungsfähigen HSP zumindest dem Legalitätsprinzip folgt;[1930] allerdings zielt auch der Stärkungspakt lediglich auf die Wiederherstellung des Haushaltsausgleichs ab und zeichnet sich zudem negativ durch die nicht ursachenbezogene Gewährung pauschaler Finanzhilfen aus.[1931]

Das Stabilisierungssystem kann damit als wesentlich zielführender bewertet werden und weist im direkten Vergleich folgende Vorteile auf:

- Durch das vorherrschende Legalitätsprinzip steht der Aufsicht nun auch faktisch ein effektives Eingriffsinstrument zur Verfügung, von dem in der Vergangenheit wegen politischer Unwägbarkeiten häufig abgesehen wurde.

- Durch die zwingende Beauftragtenbestellung bei nicht genehmigungsfähigem KSP werden für die Gemeindeverantwortlichen klare Grenzen gesetzt, die es zu vermeiden gilt, und die zu dafür notwendigen Konsolidierungsanstrengungen anreizen.

- Der KSP zielt nicht nur auf die Wiederherstellung des Haushaltsausgleichs, sondern auch auf die Rückführung des Kapitaldefizits ab; dadurch wird periodenübergreifend Generationengerechtigkeit hergestellt und der gewinnfinanzierte Schuldenabbau vorangetrieben.

- Die finanzielle Verantwortung des Landes wird nicht ignoriert, kommt jedoch (im Gegensatz zum Stärkungspakt) nicht pauschal zum Einsatz, sondern bei deutlichen Hinweisen auf eine individuelle Unterfinanzierung der Gemeinde.

- Das Stabilisierungssystem ist vollumfänglich auf die Wiederherstellung einer geordneten Haushaltswirtschaft ausgelegt: Bei Nicht-Genehmigung des KSP wird sich nicht einfach der vorläufigen Haushaltsführung bedient, in der Hoffnung, diese trage ausreichend zur Konsolidierung bei; stattdessen greifen Rechtsfolgen, die vollständig auf die Konsolidierung ausgelegt sind.

- Die Klassenziele sind nach der 7-jährigen Frist in jedem Fall erreicht. Insbesondere wegen ausbleibender Sanktionen sind im geltenden Recht spätere Abweichungen von HSP oder HSK möglich, die die Wiederherstellung des Haushaltsausgleichs verzögern.

Für die bisherigen HSK-Regelungen sowie die Sondervorschriften des Stärkungspakts Stadtfinanzen besteht im Stabilisierungssystem foglich kein Bedarf mehr. Sie würden durch die Regelungen über das Klassensystem ersetzt werden, welche in den §§ 75 f. GO NRW Einzug erhalten könnten.

Durch die vergleichsweise starken drohenden Einschränkungen der Klasse C haben die Gemeinden einen Anreiz, eine Herabstufung zu vermeiden. Da diese erfolgt,

---
[1930] Vgl. § 8 Abs. 1 S. 2 StPG.
[1931] Vgl. Kapitel 6.2.3.

sobald die Ausgleichsrücklage aufgebraucht ist, werden Kommunen angereizt, Gewinne zu erzielen und diesem Polster zuzuführen, um dauerhaft auf Abstand zu Klasse C zu bleiben. Damit wird indirekt auch konjunkturpolitischen Anforderungen Rechnung getragen: Verzichtet die Gemeinde in konjunkturellen Hochphasen auf von den Bürgern und dem Gewerbe geforderte Steuersenkungen, kann sie mit den so erzielten Gewinnen Abschwungphasen durchleben, ohne von den Klasse C-Einschränkungen unmittelbar bedroht zu werden.

So einschneidend das Stabilisierungssystem damit insbesondere wegen der Beauftragtenbestellung auch wirken mag, birgt es abseits der Anreize zum Selbstschutz auch einen sehr zentralen Vorteil für die Gemeinden: Mögliche Anreize des Landes, seinen eigenen Haushalt auf Kosten der Gemeinden zu konsolidieren, werden massiv eingedämmt. Werden unter Berücksichtigung der verfassungsmäßigen Schuldenbremse beispielsweise Finanzzuweisungen im Rahmen des GFG gekürzt, wird die Zahl der Klasse C-Kommunen, bei denen weder die Gemeindeverantwortlichen, noch der Beauftragte einen genehmigungsfähigen KSP vorlegen kann, steigen. Die zuvor eingesparten Finanzzuweisungen werden folglich in Form der nun pflichtigen Hilfsleistungen zu zahlen sein. Damit macht das Stabilisierungssystem auch seit Jahren geführten Diskussionen um einen absolut geschützten Kernbereich kommunaler Selbstverwaltung sowie die Definition einer entsprechenden Mindestausstattung[1932] überflüssig: Der Kernbereich gilt als verletzt, wenn der Beauftragte keinen genehmigungsfähigen KSP aufstellen kann; die finanzielle Mindestausstattung ist diejenige, die zur Rückführung des Kapitaldefizits - also der Aufrechterhaltung des Ursprungskapitals - notwendig ist.

Weitreichende Folgen kann dies insbesondere für die bereits thematisierte Sozialkostenproblematik[1933] haben: Städte mit kritischen sozioökonomischen Rahmenbedingungen, die ihr Sanierungspotential ausgeschöpft haben, werden sich regelmäßig in Klasse C wiederfinden. Selbst wenn sie sie mit Hilfe der Landeszuweisungen zwischenzeitig verlassen, werden sie nur schwer in der Lage sein, sich in Klasse A oder B zu halten. Fällt eine Gemeinde regelmäßig zurück in Klasse C und beansprucht das Land in Form von Hilfszuweisungen, zeigt dies dem Gesetzgeber die mangelnde Realitätsnähe seines Finanzausgleichssystems, was möglicherweise in einer Überarbeitung mündet, die die Rahmenbedingungen der betroffenen Gemeinde besser würdigt. In jedem Fall profitiert die Gemeinde im Vergleich zum geltenden Haushaltsrecht: Entweder erhält sie wegen ihrer individuellen Situation regelmäßig Klasse C-Zuweisungen oder der Gesetzgeber spricht ihr eine erhöhte finanzielle Grundausstattung zu, sodass sie - wirtschaftliches Handeln vorausgesetzt - sich in Klasse A oder B bewegt.

[1932] Vgl. Kapitel 4.5.1.
[1933] Vgl. Kapitel 4.4.7.

Im Stabilisierungssystem haben damit sowohl die kommunale als auch die Landesseite ein Interesse daran, für eine geordnete Haushaltswirtschaft zu sorgen bzw. diese durch angemessene Finanzausstattung zu fördern, damit eine Gemeinde nicht in Klasse C herabgestuft wird und sämtliche Beteiligten dadurch in entsprechende Pflicht genommen werden.

6.3.7 Klasse Ü: Übergangsklasse bei Erstanwendung

Bei der vorhergehenden Ausgestaltung des Klassensystems wurde davon ausgegangen, dass Gemeinden ihren Startpunkt in Klasse A haben und bei einer Verschlechterung der finanziellen Situation über Klasse B in Klasse C absteigen. Dabei wurde allerdings noch nicht betrachtet, dass beim Inkrafttreten des regulativen Stabilisierungssystems nicht alle Kommunen als gesund, d. h. mit einer geordneten Haushaltswirtschaft, einzustufen sind. Gemeinden, die seit der Umstellung auf die Doppik im Durchschnitt Verluste verzeichnet haben, werden im Zeitpunkt der Umstellung auf das Stabilisierungssystem ein Kapitaldefizit ausweisen. Sie sind damit augenblicklich Klasse C zuzuordnen, damit der Eigenkapitalzielwert innerhalb der 7-Jahres-Frist wiederhergestellt wird.

Nun ist zu berücksichtigen, dass beim Inkrafttreten des Stabilisierungssystems die Gemeinden bereits seit einigen Jahren doppisch bilanzieren - spätestens seit 2009.[1934] In dieser Zeit haben diverse Gemeinden größere Fehlbeträge verzeichnet,[1935] die dazu führen, dass sie im Moment der Umstellung auf das Stabilisierungssystem ein ausgeprägtes Kapitaldefizit ausweisen. Diese Gemeinden befinden sich in einer wesentlich schwierigeren Ausgangslage als solche, die erst nach Inkrafttreten des Stabilisierungssystems in Klasse C herabgestuft werden, da sie ihr Eigenkapital nicht erst seit kurzem, sondern möglicherweise kontinuierlich seit Jahren reduziert haben. Da ein solcher Aufbau eines Kapitaldefizits jedoch unter einem anderem Rechtsregime erfolgte, in dem die Gemeinden mangels Legalitätsprinzip und klarer Sanktionsmechanismen die Folgen solcher Verluste nur eingeschränkt antizipieren konnten, erscheint es unverhältnismäßig, ihnen ebenfalls eine Frist von insgesamt sieben Jahren zur Rückführung des Kapitaldefizits zu setzen. Solchen Kommunen ist folglich eine verlängerte Frist zur Zielerreichung zu gewähren.

Dieser Sonderstellung kann durch eine zusätzliche Übergangsklasse Ü Rechnung getragen werden. Basierend auf den vorhergehenden Überlegungen sind Gemeinden der Klasse Ü zuzuordnen, wenn sie nach Inkrafttreten des Stabilisierungssystems ein Kapitaldefizit in ihrer Eröffnungsbilanz ausweisen. Gemeinden, die nach der Umstellung kein Kapitaldefizit ausweisen, ein solches sich jedoch im Rahmen der mittelfristigen Haushaltsplanung ergibt, sind hingegen regulär Klasse C zu zu-

---

[1934] Vgl. § 1 NKFEG NRW.
[1935] Vgl. Kapitel 4.1.

ordnen; für sie ist keine gesonderte Frist zur Wiederherstellung einer geordneten Haushaltswirtschaft notwendig.

Da die Klasse Ü-Gemeinden nach der Umstellung auf das Stabilisierungssystem unterschiedlich weit vom Ziel *Abbau des Kapitaldefizits* entfernt sind, ist von einer starren Frist zur Erreichung dieses Ziels abzusehen. Bezüglich des Zeitraums zur Erreichung des ersten Teilziels - des Haushaltsausgleichs - bedarf es keiner Abweichung von der bisher vorgegebenen mittelfristigen Planung. Aufgrund der unterschiedlich hohen Kapitaldefizite im Umstellungszeitpunkt sollte die Frist für das zweite Teilziel jedoch in Abhängigkeit der Höhe des abzubauenden Kapitaldefizits bestimmt werden. Denkbar ist für die Berechnung einer solchen individuellen Frist beispielsweise die Unterstellung eines durchschnittlich in jeder Periode zu erzielenden Jahresüberschusses ab Wiederherstellung des Haushaltsausgleichs, der jährlich um eine fest definierte Wachstumsrate zu steigern ist. Sollte die so errechnete Frist unterhalb der regulären Klasse C-Frist von drei Jahren liegen, ist letztere zu gewähren.

Abseits der Fristverlängerung gelten in Klasse Ü jedoch grundsätzlich die gleichen Regelungen wie in Klasse C. Die Gemeinde hat einen Berater einzusetzen, der sie bei der Ausarbeitung eines vorzulegenden KSP unterstützt. Ist dieser nicht genehmigungsfähig, wird ein Beauftragter bestellt, der den KSP überarbeitet. Kann auch dieser keine Zielerreichung innerhalb der (verlängerten) Frist vorweisen, fließen Finanzhilfen.

In Bezug auf Letztgenannte ist hier anzumerken, dass ein Anspruch auf Hilfszuweisungen in Klasse Ü nicht zwangsläufig auf eine Landesverantwortung zurückzuführen ist. Im Gegensatz zu Gemeinden, die erst nach Inkrafttreten des Stabilisierungssystems in Klasse C herabrutschen, ist die Zielverfehlung trotz Ausschöpfung aller Sanierungspotentiale nicht zwangsläufig Ausdruck einer unzureichenden Finanzausstattung. Stattdessen kann die Unmöglichkeit der fristgerechten Zielerreichung aus Fehlentscheidungen der Kommunalverantwortlichen resultieren, die seit der Doppik-Umstellung erfolgt sind und sich seitdem so stark aufsummiert haben, dass die Situation ohne finanzielle Unterstützung nicht mehr zu bewältigen ist.[1936] Dies kann sich beispielsweise in einer erdrückenden Zinslast oder einem unverhältnismäßig großen Personalstamm äußern. Es sollte daher überlegt werden, die Klasse Ü-Finanzhilfen nicht aus Landesmitteln zu finanzieren, sondern beispielsweise aus einer Abundanzumlage.

Unter Berücksichtigung der individuellen Gesamtfristen in Klasse Ü ist des Weiteren die Dauer der Beauftragtenbestellung kritisch zu hinterfragen. In Klasse C wird der Beauftragte grundsätzlich nur eingesetzt, um ein nicht genehmigungsfähigen KSP zu überarbeiten; sobald die Genehmigung erfolgt ist, wird die ursprüngliche

---

[1936] Vgl. BOETTCHER (2012), S. 77, SCHULZE (2011), S. 50.

Rats- und / oder Bürgermeisterbesetzung wieder installiert. Über einen längeren Zeitraum kommt der Beauftragte erst zum Einsatz, wenn die Gemeinde später von diesem KSP abweicht und damit die Zielerreichung gefährdet; diese Einsetzung ist zeitlich nur durch die KSP-Gesamtfrist (sieben Jahre) begrenzt.[1937] Übertragen auf die Situation einer Klasse Ü-Gemeinde könnte dies beispielsweise Folgendes bedeuten: Wird eine Gesamtfrist von 15 Jahren gewährt und der Rat aufgrund von KSP-Abweichungen durch einen Beauftragten ersetzt, könnte die Kommune im Extremfall bis zu 15 Jahre fremdverwaltet werden. Obwohl der Beauftragte demokratisch legitimiert ist und seine Einsetzung auch nicht mit dem Gewaltenteilungsprinzip kollidiert, erscheint ein solcher Zeitraum dennoch fragwürdig. Denn: Wäre der Beauftragte nicht bestellt worden, hätten die Bürger in der Zwischenzeit die Möglichkeit gehabt, den Gemeindekurs in der nächsten Wahl neu zu definieren. Daher sollte die Dauer der Beauftragteneinsetzung an die Wahlperiode des zu ersetzenden Organs geknüpft werden. Der Beauftragte ist damit maximal bis zur Wahl einer neuen Rats- / Bürgermeisterbesetzung in der Gemeinde zu halten. Anschließend ist den neuen Verantwortlichen das Steuer zu übergeben. Lediglich, wenn auch diese schädlich vom KSP abweichen und damit die Zielerreichung gefährden, ist der Beauftragte wiedereinzusetzen.

Sobald die letzte Klasse Ü-Gemeinde ihr Kapitaldefizit abgebaut hat und damit in die Klassen A oder B aufsteigt, ist Klasse Ü aus dem Stabilisierungssystem zu streichen. Späteren Kapitaldefiziten ist regulär über Klasse C zu begegnen.

6.3.8 Überlegungen zur Erweiterung der Bezugsgröße

6.3.8.1 Defizite des Kernverwaltungs-Jahresergebnisses als Bezugsgröße

Eine Einordnung in die unterschiedlichen Klassen erfolgt auf Basis des geplanten und realisierten Jahresergebnisses unter zusätzlicher Berücksichtigung der Frage, ob durch dieses das Eigenkapital unter seinen in der ersten Eröffnungsbilanz festgestellten Wert sinkt.[1938] Betrachtet wird damit der Erfolg und das Reinvermögen, wie sie aus dem Haushaltsplan und dem Jahresabschluss der Kommunalverwaltung abgelesen werden können. Nun wurde recht früh im Untersuchungsverlauf allerdings festgestellt, dass Teil des kommunalen Selbstverwaltungsrechts nach Art. 28 Abs. 2 GG auch die Organisationshoheit ist, durch die die Gemeinde Aufgaben in andere rechtlich unselbstständige oder selbstständige Organisationsformen auslagern kann, z. B. einen Eigenbetrieb oder eine GmbH.[1939] Ist diese Organisation verpflichtet, einen eigenen Jahresabschluss aufzustellen (und ggf. einen eigenen

---
[1937] Vgl. Kapitel 6.3.6.5.
[1938] Vgl. Kapitel 6.3.3.2 und 6.3.3.3.
[1939] Vgl. Kapitel 2.2.

Wirtschaftsplan) werden die finanziellen Konsequenzen dieser Aufgabenerledigung vom Haushalt der Kernverwaltung isoliert. Der Haushaltsplan und der Jahresabschluss der Kernverwaltung zeigen in diesen Fällen nicht den Erfolg, der aus der gesamten Aufgabenerfüllung resultiert, sondern nur denjenigen, der in Zusammenhang zu den von der Kernverwaltung wahrgenommenen Aufgaben steht.[1940] Je nach Umfang der Aufgabenauslagerung verliert das Kernverwaltungsergebnis daher an Aussagekraft sowie an Vergleichbarkeit mit anderen Gemeinden.[1941]

Eine buchhalterische Verbindung zum Kernhaushalt besteht letztlich in nur zwei Formen. Zum einen wird die Auslagerung als Finanzanlage- oder Sondervermögen bilanziert, deren Wert sich verändern kann. Wirtschaftet der ausgelagerte Aufgabenbereich stark defizitär, wird irgendwann möglicherweise eine außerplanmäßige Abschreibung notwendig. Dies erfolgt jedoch zeitversetzt und spiegelt nicht eins zu eins die Defizite der Auslagerung wider.[1942] Eine unmittelbare Verbindung zum Kernhaushalt wird lediglich hergestellt, wenn es zur Verlustübernahme kommt (oder im positiven Fall einer Gewinnabführung).[1943] Diese Fällen treten allerdings nicht regelmäßig auf.[1944] Bei privatrechtlichen Auslagerungen wird der Abschluss unbeschränkter Verlustübernahmeverträge gar verboten.[1945] Früher oder später kann sich die Notwendigkeit einer solchen Übernahme aber möglicherweise allein schon ergeben, um eine Existenzvernichtungshaftung nach § 826 BGB zu vermeiden.[1946] In Jahren ohne Gewinnabführung oder Verlustausgleich zeigt die Bezugsgröße des Stabilisierungssystems damit ausschließlich den Erfolg aus den von der Gemeinde unmittelbar erbrachten Aufgaben.

Dadurch werden Anreize geweckt, defizitäre Aufgabenbereiche auszulagern, um einschränkende Rechtsfolgen in den Klassen B und insbesondere C zu umgehen. Hierdurch büßt das Stabilisierungssystem an Wirksamkeit ein. Sammelt eine Auslagerung beispielsweise drei Jahre Jahresfehlbeträge, während die Kernverwaltung ausgeglichene Haushalte aufweist, und erfolgt erst im vierten Jahr ein Verlustausgleich durch die Gemeinde, wird diese erst dann in Klasse B oder gar C herabgestuft - obwohl dies bereits im ersten Jahr geschehen wäre, wenn die Gemeinde die

---

[1940] Vgl. Kapitel 3.2.7.1.
[1941] Vgl. BALS und FISCHER (2014), S. 192, KÖHRMANN (2009), S. 17, MAGIN (2011), S. 170.
[1942] Im geltenden Haushaltsrecht wird dieses Problem dadurch verstärkt, dass Wertschwankungen beim Finanzanlagevermögen gem. § 44 Abs. 3 KomHVO NRW nicht in das Jahresergebnis eingehen, sondern mit der Allgemeinen Rücklage zu verrechnen sind und damit keinen Einfluss auf den Haushaltsausgleich haben, vgl. MUTSCHLER und STOCKEL-VELTMANN (2017), S. 279 f.
[1943] Vgl. KÄMPFER (2000), S. 329, BERNHARDT u. a. (2013), S. 679.
[1944] Vgl. F. MÜLLER (2011), S. 166.
[1945] Vgl. § 108 Abs. 1 S. 1 Nr. 5 GO NRW.
[1946] Vgl. BGH vom 16.07.2007, NJW 2007, 2689, weiterführend SCHANZE (2007), WAGNER (2017), S. 167-173.

Aufgabe selbst erfüllt hätte. Die Rechtsfolgen, die auf die Wiederherstellung einer geordneten Haushaltswirtschaft abzielen, greifen also zu spät.

6.3.8.2 Erweiterung durch Konzernbetrachtung

Ausgehend von der zuvor identifizierten Problemstellung ist es naheliegend, die Bezugsgröße des Stabilisierungssystem so zu erweitern, dass nicht nur der Erfolg der Kernverwaltung, sondern zusätzlich der aller Auslagerungen betrachtet wird. Die diesbezüglich heranzuziehende Größe wurde bereits früher in der Untersuchung identifiziert:[1947] das Gesamtergebnis, welches im Rahmen der Gesamtabschlussaufstellung nach § 116 Abs. 1, 3 GO NRW ermittelt wird. Dieses zeigt nicht nur die jährliche Veränderung der Ressourcenausstattung der Gebietskörperschaft als haushaltsrechtliche Einheit, sondern der wirtschaftlichen Einheit Kommune.[1948]

Wird als Bezugsgröße für die Klassifizierung das Gesamtergebnis herangezogen, spielt es keine Rolle mehr, in welcher organisatorischen Form die Gemeinde ihre Aufgaben erfüllt. Dadurch erfolgt eine interkommunale Angleichung der Anforderungen an eine gesicherte stetige Aufgabenerfüllung.[1949] Gleichzeitig wird der zuvor thematisierte Anreiz zur Budgetflucht ausgehebelt einschließlich der Möglichkeit sachverhaltsgestaltender Maßnahmen zur Verlagerung von Vermögen, Schulden, Aufwendungen und Erträgen innerhalb des kommunalen Konzerns.[1950] Durch die Bezugnahme auf das Gesamtergebnis wird zudem deutlich gemacht, dass sich die Verantwortungssphäre des Rates nicht bloß auf den Kernhaushalt beschränken, sondern auf die gesamte Aufgabenerfüllung - unabhängig von deren Organisationsform.[1951] Ein aus einer zeitversetzten Verlustübernahme entstehendes time-lag in der Reaktion des Stabilisierungssystems wird vermieden, wenn bei der Klassifizierung die Ergebnisse aller Träger kommunaler Aufgaben betrachtet werden. Nur so kann erreicht werden, dass das Stabilisierungssystem der Sicherung der stetigen Aufgabenerfüllung dient.[1952]

Ziel des Stabilisierungssystems sollte folglich nicht mehr nur ein ausgeglichenes Jahresergebnis der Kernverwaltung sein, sondern ein ausgeglichenes Gesamtergebnis.[1953] Nur durch die Deckung des gesamten Ressourcenverbrauchs durch das gesamte Ressourcenaufkommen der Gemeinde kann Generationengerechtigkeit und damit die Sicherung der dauerhaften Leistungsfähigkeit gewährleistet werden.[1954]

[1947] Vgl. Kapitel 3.2.7.
[1948] Vgl. F. MÜLLER (2011), S. 166, 174.
[1949] Vgl. F. MÜLLER (2011), S. 174.
[1950] Vgl. HERRMANN (2012a), S. 84, KÄMPFER (2000), S. 330.
[1951] Vgl. GORNAS (2009), S. 4.
[1952] Vgl. KÄMPFER (2000), S. 331.
[1953] Vgl. F. MÜLLER (2011), S. 168.
[1954] Vgl. SROCKE (2004), S. 240, MAGIN (2011), S. 175.

Bei einer Erweiterung des Stabilisierungssystems auf das Gesamtergebnis als Bezugsgröße dürfen kommunale Konzerne natürlich in keinem Fall von der Pflicht zur Aufstellung eines Gesamtabschlusses befreit werden. Der mit dem 2. NKFWG NRW eingeführte § 116a GO NRW ist damit ersatzlos zu streichen, sodass - wie im bis zum 31.12.2018 geltenden kommunalen Haushaltsrecht - jede Kommune, die über mindestens eine voll zu konsolidierende Auslagerung verfügt, einen Gesamtabschluss aufzustellen hat.[1955]

6.3.8.3 Entstehung und Zusammensetzung des Gesamtergebnisses

Das Gesamtergebnis ist die Differenz aus sämtlichen in der Gesamtabschlussaufstellung ermittelten Erträgen und Aufwendungen. Diese Ermittlung ist dabei geprägt von der Einheitstheorie, sodass das Gesamtergebnis in der Regel von der bloßen Summe der einbezogenen Jahresergebnisse der vollzukonsolidierenden Auslagerungen abweicht.[1956] Bedingt ist dies durch notwendige Anpassungen im Rahmen der Vereinheitlichung der Jahresabschlüsse sowie durch die im Anschluss an die Aufsummierung dieser Abschlüsse vorzunehmenden Konsolidierungsmaßnahmen.[1957] So wirkt sich die Kapitalkonsolidierung zwar nicht im Zeitpunkt der Erstkonsolidierung aus; Ergebniswirkungen ergeben sich jedoch in den Folgeperioden durch die Abschreibung aufgedeckter stiller Reserven und eines möglichen GoF oder der Auflösung stiller Lasten.[1958] Ebenfalls erfolgswirksam zu behandeln sind mögliche Aufrechnungsdifferenzen aus der Schuldenkonsolidierung sowie die erstmalige Eliminierung von Zwischenergebnissen.[1959] Die Verrechnung von Erträgen und Aufwendungen aus konzerninternen Lieferungen und Leistungen kann abseits der Kürzung der Ergebnisbestandteile, die am Saldo jedoch nichts ändern, ebenfalls zu einer Veränderung des Gesamterfolgs führen, wenn Aufrechnungsdifferenzen entstehen - im kommunalen Kontext insbesondere durch den Umstand bedingt, dass die Gemeinde im Gegensatz zu privaten Auslagerungen nicht vorsteuerabzugsberechtigt ist.[1960] Schüttet eine vollzukonsolidierende Auslagerung außerdem ohne einen Ergebnisabführungsvertrag Gewinne aus, ist der Beteiligungsertrag des Kernhaushalts zurückzunehmen, da das Ergebnis sonst doppelt ausgewiesen wird.[1961] Ähnlich ist dies bei Auslagerungen, die im Rahmen der Equity-Bewertung Berücksichtigung finden: Gewinnausschüttungen dieser bzw. Verlustübernahmen

---
[1955] Vgl. MINISTERIUM FÜR INNERES UND KOMMUNALES NRW (2016), S. 1701.
[1956] Vgl. F. MÜLLER (2011), S. 163.
[1957] Vgl. hierzu Kapitel 3.2.7.4.
[1958] Vgl. MODELLPROJEKT NKF-GESAMTABSCHLUSS (2009), S. 86, GRÄFER und SCHELD (2016), S. 168.
[1959] Vgl. KOMMUNALE GEMEINSCHAFTSSTELLE FÜR VERWALTUNGSMANAGEMENT (2011), S. 62, 65, COENENBERG, HALLER und SCHULTZE (2016), S. 735.
[1960] Vgl. ADAM u. a. (2015), S. 333.
[1961] Vgl. KOMMUNALE GEMEINSCHAFTSSTELLE FÜR VERWALTUNGSMANAGEMENT (2011), S. 70. Besteht ein Ergebnisabführungsvertrag, steht dem Beteiligungsertrag ein Aufwand aus Ge-

sollen sich auch hier nicht auswirken, sodass sie erfolgswirksam zu eliminieren sind.[1962] Da bei der Vollkonsolidierung die Ergebnisrechnungen der einzelnen Tochterunternehmen auch bei einer Beteiligungsquote unter 100 % vollständig in die Gesamtergebnisrechnung eingehen, ist schlussendlich noch zu berücksichtigen, dass Minderheitenanteile am Gesamtergebnis dieses faktisch verringern, obwohl der Ausweis dieser Reduzierung erst nach der eigentlichen Gesamtergebnisermittlung erfolgt.[1963] Als Bezugsgröße ist also das Gesamtergebnis nach Abzug des den Konzernminderheiten zustehenden Anteils heranzuziehen.

Zu diskutieren ist noch, inwieweit das so entstehende Gesamtergebnis tatsächlich Rückschlüsse auf eine Generationengerechtigkeit und die Sicherung der dauerhaften Leistungsfähigkeit zulässt. Diesbezüglich werden regelmäßig drei zentrale Kritikpunkte angeführt:

1. Die Mängel des Jahresergebnisses als Bezugsgröße der Generationengerechtigkeitsfrage, beispielsweise bedingt durch die Regelungen zur vorzeitigen Verlustberücksichtigung, werden durch die Gesamtabschlusserstellung nicht kompensiert, sondern gelten fort.[1964]

2. Die Aussagekraft des Gesamtergebnisses leidet möglicherweise darunter, dass es aus der Konsolidierung von Organisationen erfolgt, die zum Teil öffentliche, zum Teil erwerbswirtschaftliche Ziele verfolgen.[1965]

3. Das Gesamtergebnis wird durch bilanzpolitische Spielräume verfälscht.[1966]

Dem ersten Punkt ist grundsätzlich zuzustimmen. Allerdings wurde im Zuge der Diskussion der Kritik an der HGB-Orientierung des NKF bereits herausgearbeitet, dass diese Anlehnung gerechtfertigt ist.[1967] Es ist folglich nicht schädlich, dass diese vermeintlichen Mängel in der Gesamtabschlussaufstellung fortgeführt werden. Genau durch jene HGB-Orientierung verliert auch der zweitgenannte Kritikpunkt an Bedeutung. Indem für die einen öffentlichen Zweck verfolgenden Konzernmitglieder zumindest ähnliche Bilanzierungsvorschriften gelten, wie für die erwerbswirtschaftlichen, ist die Ausrichtung nachrangig. Die Infragestellung des Gesamtergebnisses aufgrund dessen bilanzpolitischer Beeinflussbarkeit kann im Übrigen zumindest seit dem BilMoG, welches aufgrund des Verweises des § 51 Abs. 1 KomHVO NRW auch im haushaltsrechtlichen Kontext einschlägig ist, zumindest abgemildert werden.

---

winnabführung gegenüber, sodass die Eliminierung im Rahmen der Aufwands- und Ertragskonsolidierung erfolgt, vgl. F. MÜLLER (2011), S. 165. BAETGE, KIRSCH und THIELE (2015), S. 318 f.

[1962] Vgl. F. MÜLLER (2011), S. 165, COENENBERG, HALLER und SCHULTZE (2016), S. 723 f.
[1963] Vgl. § 51 Abs. 1 KomHVO NRW i. V. m. § 307 Abs. 2 HGB.
[1964] Vgl. KIAMANN (2010), S. 194.
[1965] Vgl. KIAMANN (2010), S. 188, 196.
[1966] Vgl. F. MÜLLER (2011), S. 176.
[1967] Vgl. Kapitel 3.2.6.2.

Mit diesem wurden diverse Wahlrechte abgeschafft, sodass auch die damit einhergehenden Ermessenspielräume des Bilanzierenden begrenzt wurden.[1968] Insgesamt ist die Kritik am Gesamtergebnis damit als nicht fundiert einzustufen, sodass der Heranziehung als Bezugsgröße zur Klassenzuordnung nichts entgegensteht.

6.3.8.4 Eigenkapitalveränderungen auf Konzernebene

Das Stabilisierungssystem bezieht sich zwar primär auf die Größe *Jahresergebnis*, betrachtet dabei jedoch auch die Größenordnung der damit zusammenhängenden Eigenkapitalveränderungen. So ist ein Jahresfehlbetrag entweder mit einer Herabstufung in Klasse B oder Klasse C verbunden - je nachdem, ob die dadurch entstehende Reduzierung des Eigenkapitals bloß in einer Senkung der Ausgleichsrücklage besteht, oder ob dadurch ein Kapitaldefizit entsteht.[1969] Wird die Klassifizierung nun um das Gesamtergebnis erweitert, muss folglich auch auf Konzernebene betrachtet werden, wie sich ein Gesamtfehlbetrag auf das gesamte Eigenkapital auswirkt.

Das Eigenkapital im Gesamtabschluss besteht im geltenden Recht aus den Elementen Allgemeine Rücklage, Sonderrücklage, Ausgleichsrücklage, Gesamtergebnis und Minderheitenposition[1970] und soll - wie anschließend zu erläutern ist - für das regulative Stabilisierungssystem in die in Abbildung 6.9 gezeigten Positionen überführt werden.

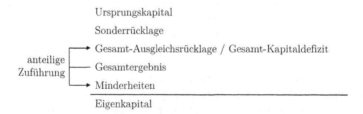

Abbildung 6.9: Eigenkapital im Gesamtabschluss

Entsprechend der Systematisierung auf Basis des Kernverwaltungs-Jahresergebnisses hat eine Herabstufung in Klasse B zu erfolgen, wenn das Gesamtergebnis negativ ist, jedoch durch Rücklagen aufgefangen wird, die aus vergangenen Überschüssen

---

[1968] Beispielhaft zu nennen sind hier die Beschränkung auf die Neubewertungsmethode, vgl. § 301 Abs. 1 S. 2 HGB, sowie die zwingende Abschreibung des GoF, vgl. § 309 Abs. 1 HGB. Vgl. weiterführend PETERSEN, ZWIRNER und KÜNKELE (2010).
[1969] Vgl. Kapitel 6.3.6.1.
[1970] Vgl. mit leicht abweichenden Bezeichnungen Anlage 27 VVMGOGemHVO.

gebildet wurden. Diese Rücklagen bestehen aus der Ausgleichsrücklage der Kernverwaltung sowie den Gewinnrücklagen sämtlicher Auslagerungen, die aus deren *nach* dem Zeitpunkt der Erstkonsolidierung erzielten anteiligen Gewinnen gebildet wurden.[1971] Die Gewinnanteile der Minderheiten sind hingegen in die Minderheitsposition umzubuchen.

Die Ausgleichsrücklage der Mutter sowie die anteiligen Gewinnrücklagen der Auslagerungen werden in der Gesamtbilanz im geltenden Recht ebenfalls als Ausgleichsrücklage betitelt.[1972] Zu sprachlichen Unterscheidbarkeit sollte diese im Folgenden *Gesamt-Ausgleichsrücklage* genannt werden. Diese Position erfüllt damit im Gesamtabschluss die gleiche Funktion für das Stabilisierungssystem wie die Ausgleichsrücklage im Jahresabschluss der Kernverwaltung: positive Gesamtergebnisse (immer ohne den Minderheitenanteil am Ergebnis) können ihr zugeführt werden, negative werden durch sie ausgeglichen.[1973]

Ebenfalls analog zur Einzelbetrachtung der Kernverwaltung kann für den Konzern ein Ursprungskapital bestimmt werden, welches sich aus dem ersten Gesamtabschluss ergibt und dort aus der Allgemeinen Rücklage, der (Gesamt-) Ausgleichsrücklage und dem Gesamtergebnis zusammengesetzt wird. Das so entstehende *Gesamt-Ursprungskapital* entspricht dem Ursprungskapital der Konzernmutter, d. h. der Kommune, da bei der Erstkonsolidierung sämtliche Eigenkapitalpositionen der Auslagerungen gegen die Beteiligung der Mutter und eine Minderheitenposition ausgebucht werden.[1974] In der nachfolgenden Betrachtung wird also nicht mehr zwischen dem Ursprungskapital und dem Gesamt-Ursprungskapital als Referenzpunkt des regulativen Stabilisierungssystems differenziert.[1975]

Demnach kann auch für die Gesamtabschluss-Betrachtung eine Position *Gesamt-Kapitaldefizit* bestimmt werden. Dieses entsteht, wenn ein Gesamtfehlbetrag größer als eine etwaige noch vorhandene Gesamt-Ausgleichsrücklage ist, sodass das Eigenkapital des Konzerns (ohne Sonderrücklage und Minderheitenposition) unter

---

[1971] Bei der Erhöhung dieser Gewinnrücklage im Gesamtabschluss sind natürlich auch die in der jeweils letzten Folgekonsolidierung durchgeführten Gewinnreduzierungen aus der anteiligen Abschreibung der aufgedeckten stillen Reserven und der Abschreibung eines GoF abzuziehen, die das Gesamtergebnis belasten, vgl. die Kapitel 3.2.7.4 und 6.3.8.3.
[1972] Vgl. Anlage 27 VVMGOGemHVO.
[1973] Anzumerken sei hier, dass die Gesamt-Ausgleichsrücklage beim Ausscheiden einer Auslagerung aus dem Konzernverbund in der Endkonsolidierung um die Gewinnrücklage (aus Konzernsicht) der ausscheidenden Gesellschaft reduziert wird. Dafür wird dem Konzern fortan natürlich auch nicht mehr das anteilige Ergebnis dieser ehemaligen Auslagerung zugerechnet.
[1974] Vgl. Kapitel 3.2.7.4.
[1975] Zu beachten ist hierbei, dass der erste Gesamtabschluss nicht zwangsläufig zeitgleich zum ersten Jahresabschluss bzw. der ersten Eröffnungsbilanz der Kommune, aus der das Ursprungskapital errechnet wurde, aufgestellt wurd. Vgl. hierzu die Aufstellungspflichten in §§ 1 f. NKFEG NRW. Aufgrund einer solchen zeitlichen Verschiebung kann in der Praxis das erstmals errechnete Ursprungskapital vom erstmals errechneten Gesamt-Ursprungskapital abweichen, was hier jedoch nicht weiter thematisiert werden soll.

den Referenzwert des Ursprungskapitals sinkt. In einem solchen Fall hat eine Herabstufung in Klasse C zu erfolgen. Da sowohl das Gesamtergebnis als auch die Gesamt-Ausgleichsrücklage nicht deckungsgleich mit ihren entsprechenden Pendants aus dem Jahresabschluss der Kernverwaltung sind, kann auch das Gesamt-Kapitaldefizit vom Kapitaldefizit abweichen.

Die durch das 2. NKFWG NRW eingeführte Pflicht zur Aufstellung eines Eigenkapitalspiegels[1976] ist diesbezüglich zu begrüßen. Aus diesem können die Eigenkapitalveränderungen und ihre Ursachen abgelesen werden, damit eine Schwellenwertüberschreitung einfacher ermittelbar ist.

6.3.8.5 Verpflichtung zum Haushaltsausgleich auf Konzernebene

Gem. §§ 75 ff. GO NRW ist der Gesamtabschluss für die Beurteilung des Haushaltsausgleichs im geltenden Recht irrelevant. Wenn das Stabilisierungssystem nun an die Bezugsgröße *Gesamtergebnis* knüpft und Ziel damit ein solches i. H. v. mindestens null ist, entspricht dies einem Haushaltsausgleich auf Konzernebene. Es ist daher naheliegend, die Pflicht zu einem solchen zu kodifizieren. Damit käme es zu einem deutlichen Paradigmenwechsel in der kommunalen Konzernrechnungslegung. Denn bisher wird mit dem Gesamtabschluss lediglich ein informationeller Schutz verfolgt, der darin besteht, dass der Gesamtabschluss Informationen zur Verfügung stellt, anhand derer die Adressaten - insbesondere Rat, Verwaltung und Bürger - beurteilen können, ob der Konzern Gemeinde auch in Zukunft in der Lage sein wird, sämtliche seiner Aufgaben zu erfüllen.[1977] Ein solcher Schutz wurde jedoch bereits als bedenklich eingestuft, da die Versuchung von Politik und Wählern, heute übermäßig viele Ressourcen in Anspruch zu nehmen, zu groß sein dürfte, als dass das bloße Wissen um die daraus resultierende Benachteiligung zukünftiger Generationen ausreicht, um die Verantwortlichen von einem solchen Verhalten abzuhalten.[1978] Es bedarf daher eines institutionellen Schutzes, der durch die Bezugnahme des Stabilisierungssystems auf das Gesamtergebnis und damit die Rechtspflicht zum Haushaltsausgleich auf Konzernebene hergestellt werden kann.

Fraglich ist allerdings, ob es rechtlich zulässig ist, den Konzern Kommune zu einem ausgeglichenen Gesamtergebnis zu verpflichten und Verstöße durch die Rechtsfolgen der Klassen B und C zu sanktionieren, da hiervon nicht nur die unter dem GO NRW- / KomHVO NRW-Regime stehende Kernverwaltung betroffen ist, sondern möglicherweise auch rechtlich selbstständige Auslagerungen, für die das Gesellschaftsrecht maßgeblich ist. Letzteres wird als Bundesrecht nicht dadurch gebrochen, dass die Gesellschaft im Besitz der Gemeinde ist, sodass eine privatrechtliche

---
[1976] Vgl. § 116 Abs. 2 GO NRW.
[1977] Vgl. HENKES (2008), S. 503, und Kapitel 3.2.7.1.
[1978] Vgl. Kapitel 3.2.6.2.

Auslagerung nicht dazu verpflichtet werden kann, ein Jahresergebnis von null zu erreichen und damit einen entsprechenden Beitrag zum ausgeglichenen Gesamtergebnis zu leisten.

Eine solche Verpflichtung sämtlicher Organisationen des Konzerns Kommune ist jedoch auch gar nicht nötig. Es genügt, wenn der Gemeinde als Konzernmutter die Pflicht auferlegt wird, sowohl einen ausgeglichenen Haushalt auf Einzelebene als auch auf Gesamtebene aufzustellen, da sie die Verantwortung für den gesamten Konzern trägt. Damit sind auch sämtliche Rechtsfolgen aus einem nicht ausgeglichenen Gesamthaushalt ausschließlich an die Kernverwaltung zu adressieren. Daraus folgt, dass die politischen Entscheidungsträger zur Vorbeugung einer Herabstufung in Klasse B oder C auf ihre Auslagerungen einwirken müssen, dass diese Jahresergebnisse erzielen, mit denen zusammen mit dem Kernverwaltungsergebnis ein insgesamt ausgeglichenes Gesamtergebnis erzielt werden kann. Dadurch erhöht das Stabilisierungssystem deutlich die Anreize der Kommunalverantwortlichen, ihre Eingriffsrechte und Steuerungsmöglichkeiten wahrzunehmen.

6.3.8.6 Anpassung der Aufstellungspflichten

Nach aktueller Rechtslage hat die Gemeinde neun Monate Zeit zur Aufstellung eines Gesamtabschlusses und Bestätigung dieses durch den Bürgermeister.[1979] Unter Berücksichtigung der Bedeutung des Gesamtabschlusses für das regulative Stabilisierungssystem erscheint eine Fristverkürzung sinnvoll. Zwar bedarf es zur aufsichtsseitigen Überprüfung des Ist-Gesamtergebnisses nicht unbedingt der Prüfung des Abschlusses und Feststellung durch den Rat[1980] - die HSK-Pflicht wird im geltenden Recht schließlich auch an den bestätigten, aber noch nicht zwangsläufig festgestellten Jahresabschluss geknüpft[1981] -, eine Überprüfungsmöglichkeit erst nach dem 30.09. ist jedoch nicht zielführend. Wird z. B. erst im Oktober eine Schwellenwert-Überschreitung und damit Herabstufung festgestellt, muss die betroffene Gemeinde innerhalb kürzester Zeit ein KSP aufstellen, um dieses der Haushaltssatzung des Folgejahres beifügen zu können. Denkbar ist deshalb, die Aufstellungsfrist an die des HGB anzupassen. Danach ist der Konzernabschluss innerhalb von fünf Monaten aufzustellen.[1982] Eine solche beschleunigte Aufstellung dient dabei natürlich auch der Steuerung des kommunalen Konzerns. So kritisieren GRUNWALD und POOK diesbezüglich, dass eine Konzernsteuerung auf Basis des Gesamtabschluss kaum möglich ist, wenn dieser erst viele Monate nach dem En-

---

[1979] Vgl. § 116 Abs. 8 i. V. m. § 95 Abs. 5 GO NRW.
[1980] Diese hat innerhalb von 12 Monaten nach dem Abschlussstichtag zu erfolgen, vgl. § 116 Abs. 9 S. 2 i. V. m. § 96 Abs. 1 S. 1 GO NRW.
[1981] Vgl. § 76 Abs. 1 S. 2 GO NRW.
[1982] Vgl. § 290 Abs. 1 HGB. Bei kapitalmarktorientierten Unternehmen verkürzt sich diese Frist auf vier Monate.

de des Haushaltsjahres aufgestellt ist.[1983] Diskutiert werden sollte daher ggf. auch die Möglichkeit eines sog. *Fast Close*.[1984] Denkbar ist zudem auch, eine verspätete Aufstellung durch eine Klassen-Herabstufung zu sanktionieren.

Zu berücksichtigen ist hierbei jedoch der aktuelle Stand der Gesamtabschlussaufstellung. Auf diesen hat der Gesetzgeber zuletzt mit dem Gesetz zur Beschleunigung der Aufstellung kommunaler Gesamtabschlüsse vom 25.06.2015 (KomGesAbschlG), aktualisiert durch das 2. NKFWG, reagiert. So wird den Gemeinden ausnahmsweise erlaubt, der Anzeige des Gesamtabschlusses 2018 bei der Aufsichtsbehörde die Gesamtabschlüsse der Haushaltsjahre 2011 bis 2017 beizufügen, sofern eine Anzeige bisher nicht erfolgt ist.[1985] Da diese eigentlich unverzüglich nach der Feststellung zu erfolgen hat,[1986] zeigt dies, dass die Gesamtabschlüsse der Haushaltsjahre 2011 und später teilweise noch immer nicht festgestellt wurden, was einen klaren Rechtsverstoß darstellt.[1987] Mit dem KomGesAbschlG legalisiert der Gesetzgeber nachträglich diese Verspätungen. Bezüglich der verkürzten Aufstellungsfristen im Stabilisierungssystem ist demnach eine Übergangsphase in Erwägung zu ziehen, innerhalb der die Frist beispielsweise jährlich um einen Monat von anfangs neun auf später fünf Monate zurückgesetzt wird.

6.3.8.7 Notwendigkeit einer Gesamtergebnisplanung

Wird das regulative Stabilisierungssystem in seiner Bezugsgröße auf den Konzern Kommune erweitert, bedarf es nicht nur der Betrachtung des Gesamtergebnisses im Gesamtabschluss. Da die Klassifizierung auch auf Basis geplanter Eigenkapitalveränderungen erfolgt, ist konsequenterweise auch ein Plan-Gesamtergebnis zu berücksichtigen. Die Ermittlung eines solchen ist im geltenden Recht nicht vorgesehen.[1988]

Das MODELLPROJEKT NKF-GESAMTABSCHLUSS spricht bisher lediglich die *Empfehlung* zu einer mittelfristigen Konzernplanung aus.[1989] Aus betriebswirtschaftlicher Sicht ist diese auch dringend geboten, da ohne eine Gesamtplanung die mit der Gesamtabschlussaufstellung intendierte Steuerung des Kommunalkonzerns[1990] faktisch ins Leere läuft: Der Gesamtabschluss stellt lediglich ein Kontrollinstrument dar, welches einer vorherigen Zielsetzung und Plangrößenermittlung bedarf, um

---
[1983] Vgl. GRUNWALD und POOK (2011), S. 35.
[1984] Vgl. ausführlich zum Fast Close O. SCHULTE (2006).
[1985] Vgl. § 1 S. 1 KomGesAbschlG.
[1986] Vgl. § 116 Abs. 9 S. 2 i. V. m. § 96 Abs. 2 S. 1 GO NRW.
[1987] Die eigentlichen Anzeigevoraussetzungen werden zudem durch § 1 S. 2 KomGesAbschlG aufgeweicht, indem hierfür die vom Bürgermeister bestätigte anstelle der vom Rat festgestellten Fassung genügt.
[1988] Vgl. F. MÜLLER (2011), S. 153, HENKES (2008), S. 504.
[1989] Vgl. MODELLPROJEKT NKF-GESAMTABSCHLUSS (2009), S. 110.
[1990] Vgl. Kapitel 3.2.7.1.

steuerungsrelevante Informationen zu generieren.[1991] Nur durch eine Gesamtergebnisplanung kann damit die in der Ratsverantwortung liegende Kontrolle und Steuerung der gesamten kommunalen Aufgabenerfüllung erfolgen.[1992] Dadurch kann dem in der Praxis häufig zu beobachtenden Problem begegnet werden, dass sich der Rat trotz der Ingerenzpflichten des § 108 GO NRW wenig verantwortlich für seine Auslagerungen sieht und sich nur wenig mit ihrer Entwicklung beschäftigt, sodass sie ein eigentlich ungewolltes Eigenleben entwickeln.[1993] Da der Jahres- bzw. Gesamtabschluss im öffentlichen Kontext tendenziell weniger im Fokus politischer Diskussionen steht, als der Haushaltsplan,[1994] wird durch eine Gesamtergebnisplanung erstmals auch für den Bürger transparent, dass Teile der Aufgaben außerhalb der Kernverwaltung erbracht werden.[1995]

Da das geltende Recht keinerlei Gesamtergebnisplanung vorsieht, bedarf es im Stabilisierungssystem einer rechtlichen Verpflichtung hierzu. Bei einer rein freiwilligen und ggf. nicht öffentlichen Konzernplanung könnte eine Bezugsgrößenerweiterung lediglich für diejenigen Kommunen erfolgen, die eine solche Planung tatsächlich vornehmen. Alle anderen müssten hingegen auf Basis des Jahresergebnisses der Kernverwaltung beurteilt werden, was mit den zuvor genannten Steuerungsmängeln und Fehlanreizen einhergeht. Folglich ist in der GO NRW / KomHVO NRW eine Pflicht der Gemeinde zu installieren, einen Gesamtergebnisplan für den Zeitraum der mittelfristigen Planung nach § 84 GO NRW aufzustellen. Die grundsätzliche Verpflichtung der Gemeinde dürfte dabei unproblematisch sein.

Fraglich ist allerdings, ob der Gemeinde auch die hierzu notwendigen Daten in Form der Einzelplanungen ihrer Auslagerungen zur Verfügung stehen.[1996] Hierbei ist ähnlich wie beim Haushaltsausgleich auf Konzernebene zu berücksichtigen, dass regelmäßig Haushaltsrecht mit Gesellschaftsrecht zusammentrifft.[1997] Da Letzteres aber keine Pflicht vorsieht, dass z. B. eine GmbH einen fünfjährigen Plan aufstellt, könnte eine Bezugsgrößenerweiterung an der Sicherstellung der notwendigen Datengrundlage scheitern. Diesbezüglich ist allerdings auf die Ingerenzpflichten der Gemeinden abzustellen. So muss die Gemeinde bereits nach geltendem Recht darauf hinwirken, dass eine privatrechtliche Auslagerung einen Wirtschaftsplan für den Zeitraum der mittelfristigen Planung aufstellt, wenn die Gemeinde die Anteilsmehrheit an dieser Gesellschaft besitzt.[1998] Durch das Bestehen einer Mehrheitsbeteiligung kann eine solche Verpflichtung der jeweiligen Auslagerung auch

---

[1991] Vgl. GORNAS (2009), S. 32, HEILING und LASARZIK (2010), S. 267, DÖRSCHELL und HELLENBRAND (2011).
[1992] Vgl. F. MÜLLER (2011), S. 173.
[1993] Vgl. F. MÜLLER (2011), S. 154, KIAMANN (2010), S. 197.
[1994] Vgl. Kapitel 3.2.1.
[1995] Vgl. HERRMANN (2012a), S. 97.
[1996] Vgl. MODELLPROJEKT NKF-GESAMTABSCHLUSS (2009), S. 110.
[1997] Vgl. F. MÜLLER (2011), S. 172.
[1998] Vgl. § 108 Abs. 3 S. 1 Nr. 1 a), b) GO NRW.

durchgesetzt werden. Von Wirtschaftsplänen der Minderheitsbeteiligungen kann im Übrigen abgesehen werden, da diese ohnehin nicht vollkonsolidiert werden. Da Eigenbetriebe und AöR durch das Haushaltsrecht explizit verpflichtet sind, Wirtschaftspläne aufzustellen,[1999] kann damit die notwendige Datengrundlage gesichert werden. Es läge anschließend in der Verantwortung der Kernverwaltung als Konzernmutter, aus ihrem Haushaltsplan und den Wirtschaftsplänen der Auslagerungen einen Gesamtergebnisplan aufzustellen. Eines Gesamtfinanzplans bzw. einer Plan-Kapitalflussrechnung des Konzerns Kommune bedarf es im Übrigen nicht, da das Stabilisierungssystem ausschließlich ressourcenorientierte Größen heranzieht. Davon unabhängig erfolgt eine Steuerung der Zahlungsflüsse und Liquidität ohnehin auf Ebene der einzelnen Konzernorganisationen,[2000] sodass es keiner Gesamtplanung hierfür bedarf.

Diesbezüglich ist jedoch ein insbesondere praktisches Problem zu thematisieren: Die zeitliche Umsetzbarkeit einer solchen Planung. Im geltenden Recht ist für die Aufstellung der Haushaltssatzung eine Soll-Frist bis zum 30.11. des Vorjahres vorgesehen, damit der Aufsichtsbehörde ausreichend Zeit zur Prüfung bzw. Genehmigung bleibt.[2001] Bei der Aufstellung eines Gesamtplans ist jedoch zu berücksichtigen, dass hierzu nicht bloß die Einzelpläne aller (voll zu konsolidierenden) Konzernorganisationen ausreichen, sondern diese den gleichen Arbeitsschritten zu unterwerfen sind, wie die späteren Jahresabschlüsse für die Aufstellung des Gesamtabschlusses. Es muss daher zusätzliche Zeit oder mehr personelle Kapazität für Anpassungs- und Konsolidierungsmaßnahmen eingeplant werden.

Wenngleich die erstmalige Gesamtabschlussaufstellung spätestens zum 31.12.2010 deutlich gemacht hat, dass Vereinheitlichung und Konsolidierung ein umfangreiches Aufgabenfeld darstellen,[2002] darf dies nicht als Entschuldigung für eine ausbleibende Gesamtplanung genutzt werden. Dies ist abseits aller Anforderungen des Stabilisierungssystems allein damit zu begründen, dass die Steuerung des gesamten Konzerns faktisch nur auf Basis einer Gesamtplanung erfolgen kann. Die zeitliche Realisierbarkeit wird zudem dadurch gefördert, dass die Gemeinden durch die seit 2010 geltende Pflicht zur Gesamtabschlussaufstellung mittlerweile ausreichend Erfahrung in Bezug auf die Konsolidierung gesammelt haben dürften, sodass dieser Prozess mittlerweile weit weniger ressourcenintensiv sein dürfte. Davon abgesehen: Im privatwirtschaftlichen Umfeld ist eine Konzernplanung nichts Ungewöhnliches.[2003] Eine fristgerechte Aufstellung ist damit auch einer Gemeinde zuzumuten.

[1999] Vgl. §§ 14, 18 EigVO NRW und § 114a Abs. 11 i. V. m. § 84 GO NRW.
[2000] Vgl. SROCKE (2004), S. 239.
[2001] Vgl. § 80 Abs. 5 S. 2 GO NRW.
[2002] Vgl. ADAM u. a. (2015), S. 337.
[2003] Vgl. F. MÜLLER (2011), S. 170, BORKENHAGEN und KAPPES (2015), S. 150.

6.3 Vorschlag für eine regulative Stabilisierung

Entscheidend für eine rechtzeitige Aufstellung eines Gesamtergebnisplans ist die Organisation des Planungsprozesses sowie die IT-seitige Unterstützung eines solchen.[2004] Die Planungsaktivitäten der einzelnen Konzernorganisationen sind mit der Gesamtergebnisplanung in Einklang zu bringen.[2005] Verantwortlich hierfür ist die Kämmerei zusammen mit dem Beteiligungsmanagement.[2006] Grundsätzlich sind dabei der Gesamtergebnisplanung die Aufstellung des Haushaltsplans und der einzelnen Wirtschaftspläne voranzustellen, um diese anschließend zusammenzuführen.[2007] Dabei ist jedoch zu berücksichtigen, dass der Rat als zentrales Entscheidungsorgan zuvor Ziele für den gesamten Konzern zu definieren hat, die in den Einzelplänen zu berücksichtigen sind.[2008] Hieraus ergibt sich die Notwendigkeit einer eher Top-Down-orientierten Planungsweise.[2009] Unter Berücksichtigung dieser Vorgaben ist die in Abbildung 6.10 dargestellte Terminplanung denkbar.

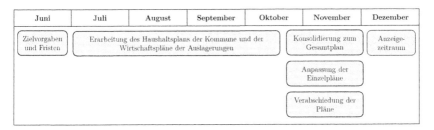

Abbildung 6.10: Zeitlicher Ablauf einer Gesamtergebnisplanung[2010]

Es stellt sich allerdings die Frage, inwieweit die im Gesamtergebnisplan enthaltenen Positionen rechtliche Verbindlichkeit besitzen. In der Kernverwaltung stellen die einzelnen Aufwandspositionen Ermächtigungen des Rates in Form von Obergrenzen dar, die die Verwaltung grundsätzlich nicht überschreiten darf.[2011] Da im Kommunalkonzern auch an dieser Stelle Haushaltsrecht und Gesellschaftsrecht miteinander kollidieren, ist es nicht möglich, einer privatrechtlichen Auslagerung eine solche Ermächtigung vorzugeben. Und selbst bei den öffentlich-rechtlichen Auslagerungen ist eine verbindliche Vorgabe nicht möglich, da die einschlägigen Vorschrif-

---

[2004] Vgl. HEILING und LASARZIK (2010), S. 268, BORKENHAGEN und KAPPES (2015), S. 156, WENNER, CORSMEIER und OEHLER (2015), S. 267.
[2005] Vgl. MODELLPROJEKT NKF-GESAMTABSCHLUSS (2009), S. 110.
[2006] Vgl. HEILING und LASARZIK (2010), S. 268.
[2007] Vgl. F. MÜLLER (2011), S. 169.
[2008] Vgl. F. MÜLLER (2011), S. 170.
[2009] Vgl. BORKENHAGEN und KAPPES (2015), S. 150 f.
[2010] Vgl. HEILING und LASARZIK (2010), S. 268, WENNER, CORSMEIER und OEHLER (2015), S. 255.
[2011] Vgl. § 79 Abs. 3 S. 2 GO NRW. Eine Überschreitung ist lediglich im Rahmen der Budgetbildung nach § 22 KomHVO NRW sowie der Bewilligung außer- oder überplanmäßiger Mittel nach § 83 GO NRW oder einer Nachtragssatzung nach § 81 GO NRW möglich.

ten keine explizite Regelung diesbezüglich vorsehen und auch nicht auf § 79 Abs. 3 S. 2 GO NRW verweisen. Damit besteht keinerlei rechtliche Grundlage, durch die sich die Positionen der Wirtschaftspläne der Auslagerungen verbindlich festschreiben lassen. Auf die Einhaltung der Planpositionen kann die Gemeinde - insbesondere unter Berücksichtigung ihres beherrschenden Einflusses oder der einheitlichen Leitung - aber zumindest indirekt über eine mögliche Weisungsbefugnis gegenüber ihren Vertretern in den Beschlussgremien der Auslagerungen einwirken.[2012]

Im Ergebnis kann damit auch der aus den Einzelplänen abgeleitete Gesamtergebnisplan keine unmittelbare *gesetzliche* Ausführungsverbindlichkeit haben. Dem Mechanismus des Stabilisierungssystems schadet dies jedoch grundsätzlich nicht, da die Gemeinde sich für das Gesamtergebnis verantwortlich zeichnet und rechtliche Konsequenzen ausschließlich an sie geknüpft werden.[2013] Hält sich eine Auslagerung also nicht an ihre Planvorgaben und überschreitet beispielsweise eine Aufwandsposition, muss die Gemeinde die Konsequenzen in Form eines dadurch möglicherweise unausgeglichenen Gesamtergebnisses im nächsten Gesamtabschluss und damit einer Herabstufung in Klasse B oder C tragen. An die verursachende Auslagerung kann dieser Sachverhalt über vertragsindividuelle (personelle) Konsequenzen weitergegeben werden.

6.3.8.8 Modifikation der Klassen

Da Hauptadressat des Stabilisierungssystems auch bei einer Bezugsgrößenerweiterung immer noch die Kernverwaltung ist, tritt diese Erweiterung nicht anstelle, sondern neben die bisherige Betrachtung des Jahresergebnisses und Eigenkapitals der Kernverwaltung. Ein Klassenwechsel erfolgt daher, wenn die Schwellenwerte auf Ebene der Haushaltsplanung bzw. des Jahresabschlusses der Kernverwaltung überschritten sind, genauso jedoch auch, wenn die Schwellen lediglich beim geplanten oder realisierten Gesamtergebnis überschritten werden. Eine Herabstufung kann folglich vorgenommen werden, wenn die Haushaltswirtschaft der Kernverwaltung ordnungsgemäß verläuft, das Gesamtbild des Kommunalkonzerns jedoch ein anderes Bild zeichnet. Nur so können Fehlanreize zur Auslagerung defizitärer Aufgabenbereiche vermieden werden.

Klasse A - den Gemeinden mit geordneter Haushaltswirtschaft - sind demnach Kommunen zuzuordnen, die

- auf Ebene des Kernverwaltungshaushalts Plan-Ergebnisse in allen Jahren (0 bis +4) sowie ein Ist-Ergebnis im letzten Jahresabschluss (Jahr -1) von mindestens null sowie kein Kapitaldefizit ausweisen *und*

[2012] Vgl. § 108 Abs. 5 GO NRW.
[2013] Vgl. Kapitel 6.3.8.5.

- auf Konzernebene in jedem Jahr der Gesamtergebnisplanung (Jahre 0 bis +4) sowie im letzten Gesamtabschluss (Jahr -1) ein Gesamtergebnis von mindestens null ausweisen und kein Gesamt-Kapitaldefizit verzeichnen.

In Klasse B (ungleichmäßige Haushaltswirtschaft) sind Gemeinden herabzustufen, wenn sie

- auf Ebene des Kernverwaltungshaushalts in mindestens einem Plan- oder dem letzten Rechnungsjahr (Jahre -1 bis +4) ein negatives Jahresergebnis ausweisen, welches jedoch von der Ausgleichsrücklage gedeckt werden kann *oder*
- auf Konzernebene der Gesamtergebnisplan oder letzte Gesamtabschluss (Jahre -1 bis +4) in mindestens einem Jahr einen Gesamtfehlbetrag ausweist, der jedoch von der Gesamt-Ausgleichsrücklage gedeckt wird.

Eine Herabstufung in Klasse B geht mit der Einsetzung eines Beraters einher.[2014] Dessen Tätigkeit erstreckt sich aufgrund der haushaltsrechtlichen Grenzen zwangsläufig auf die Kernverwaltung. In diesem Rahmen hat er jedoch auch Konsolidierungspotential bei den Auslagerungen - z. B. eine mögliche Anteilsveräußerung - zu prüfen.[2015]

Eine Hochstufung in Klasse A erfolgt, sobald die dortigen Voraussetzungen erfüllt sind.

Eine Herabstufung in Klasse C (Eigenkapital verzehrende Haushaltswirtschaft) erfolgt hingegen, wenn die Gemeinde

- im Kernverwaltungshaushalt in mindestens einem Planjahr (Jahre 0 bis +4) oder dem letzten Rechnungsjahr (Jahr -1) ein Kapitaldefizit aufbaut *oder*
- im Gesamtergebnisplan oder letzten Gesamtabschluss (Jahre -1 bis +4) in mindestens einem Jahr ein Gesamt-Kapitaldefizit aufbaut.

Die Herabstufung in Klasse C ist mit der Pflicht zur Aufstellung eines genehmigungsfähigen KSP sowie der Fortsetzung des Beratermandats verbunden.[2016] Die KSP-Aufstellung ist dabei zu modifizieren, wenn die Gemeinde wegen eines nicht gedeckten Gesamtfehlbetrags in Klasse C herabgestuft wird: Dann ist im KSP aufzuzeigen, wie auf Konzernebene innerhalb der mittelfristigen Planung ein

---

[2014] Vgl. Kapitel 6.3.5.
[2015] Von einer Herabstufung in Klasse B ausschließlich auf Basis eines negativen Gesamtergebnisses kann alternativ auch abgesehen werden, da steuerliche und ähnliche Gestaltungsgründe zu berücksichtigen sind. So kann es durchaus vorkommen, dass die Kernverwaltung einen ausgeglichenen Haushalt ausweist, eine Auslagerung jedoch aus solchen Gestaltungsüberlegungen einen Jahresfehlbetrag, der auf Konzernebene durch die Gesamt-Ausgleichsrücklage aufgefangen wird. Es stellt sich dann die Frage, wie viel Sinn eine Herabstufung ergibt, wenn der Berater ohnehin nur in der Kernverwaltung einzusetzen ist.
[2016] Vgl. Kapitel 6.3.6.2 und 6.3.6.8.

ausgeglichenes Gesamtergebnis wiederhergestellt und innerhalb des anschließenden zweiten Planungshorizonts das aufgebaute Gesamt-Kapitaldefizit durch Gewinne zurückgeführt wird. Ist die Gemeinde sowohl wegen der Schwellenwert-Überschreitung auf Konzernebene als auch auf Kernverwaltungs-Ebene herabgestuft worden, muss der KSP zusätzlich den Haushaltsausgleich und die Rückführung des Kapitaldefizits auf Einzelebene zeigen, um genehmigungsfähig zu sein. Zu beachten ist hierbei nach wie vor, dass die Gemeinde für die Zielerreichung verantwortlich ist. Weicht also eine Auslagerung von den KSP-Vorlagen ab, muss die Gemeinde dies ausgleichen, um eine Beauftragtenbestellung zu vermeiden. Hierbei kann es natürlich auch zu einer möglichen Rekommunalisierung der ausgelagerten Aufgabe kommen.

Fraglich ist dabei, wie die mögliche Gewährung von Finanzhilfen zu gestalten ist, wenn die Herabstufung durch einen ungedeckten Gesamtfehlbetrag erfolgt. Auf Einzelebene ist die Zuweisungshöhe aus der Differenz zwischen dem nicht genehmigten Beauftragten-KSP und dem Klassenziel zu errechnen.[2017] Auf Konzernebene gilt demnach die gleiche Berechnungslogik: Die Zuweisungen bestimmen sich aus der Differenz zwischen dem im Beauftragten-KSP vorgesehenen Gesamtergebnis und dem Zielwert dieses.[2018] Dabei stellt sich die Frage, ob es dann überhaupt noch einer Beachtung der Einzelebene bedarf. So könnte angeführt werden, dass bei einem Zuweisungsbedarf ausschließlich auf Einzelebene dieser Bedarf theoretisch auch durch einen Ausgleich innerhalb des Konzerns erfolgen könnte, d. h., die Tochterunternehmen könnten die notwendigen Mittel für die Kommune bereitstellen. Allerdings sind genau diese Möglichkeiten innerhalb ihrer rechtlichen Grenzen (insbesondere zur Vermeidung eines existenzvernichtenden Eingriffs)[2019] bereits im KSP zu prüfen und spätestens vom Beauftragten auszuschöpfen. Ergibt sich dennoch ein Zuweisungsbedarf auf Einzelebene, ist dieser als unvermeidbar anzusehen, sodass Zuweisungen berechtigt sind. Erfolgt die Herabstufung sowohl auf Basis eines schädlichen Fehlbetrags auf Einzel- als auch Konzernebene, ist der höhere der sich aus beiden Berechnungen ergebende Zuweisungsbetrag zu gewähren - nur so kann schließlich das Klassenziel sowohl für die Kernverwaltung als auch den Kommunalkonzern erreicht werden. Zu erwähnen ist hierbei noch, dass Empfänger der Finanzhilfen die Kernverwaltung bleibt, die diese natürlich grundsätzlich innerhalb der rechtlichen Grenzen umverteilen kann.

Eine Hochstufung erfolgt, sobald das Kapitaldefizit und Gesamt-Kapitaldefizit zurückgeführt wurden und der Haushaltsplan und Gesamtergebnisplan keine neuen, nicht ausgeglichenen Defizite vorsehen.

[2017] Vgl. Kapitel 6.3.6.6.
[2018] Praktisch dürfte dieser Fall wenig Relevanz haben, da dem Beauftragten immer die Möglichkeit bleibt, eine defizitäre Auslagerung abzustoßen.
[2019] Vgl. Kapitel 6.3.8.1.

Schlussendlich ist noch die Übergangsklasse Ü zu diskutieren, die eine verlängerte KSP-Frist vorsieht und in die die Gemeinden beim Inkrafttreten des regulativen Stabilisierungssystems einzustufen sind, wenn sie dort bereits ein Kapitaldefizit ausweisen.[2020] Übertragen auf den kommunalen Konzern muss auch hier wieder das Gesamt-Kapitaldefizit im Umstellungszeitpunkt betrachtet werden.[2021] Vorgabe der Klasse Ü ist auch auf Konzernebene die Wiederherstellung eines Haushaltsausgleichs innerhalb von vier Jahren. Für das zweite Teilziel, den Abbau des Gesamt-Kapitaldefizits, ist bei der individuellen Festlegung der Frist nun nicht nur die Größe des Kapitaldefizits auf Einzelebene, sondern auch auf Gesamtebene zu berücksichtigen. Da Gemeinden die Klasse Ü erst bei vollständig abgebautem Kapitaldefizit und Gesamt-Kapitaldefizit verlassen, ist die längere der beiden Fristen zu gewähren.[2022] Bezüglich der Gewährung von Finanzhilfen kann die Regelung aus Klasse C übernommen werden.

6.3.8.9 Konzernplanung auf Segmentbasis

Zur Verbesserung der kommunalen Konzernplanung und Erweiterung der Steuerungsmöglichkeiten ist zu überlegen, die kommunale Berichterstattung um eine Segmentierung zu erweitern, wie sie die Rechnungslegungsvorschriften für private Unternehmen teilweise verpflichtend vorsehen.[2023] Eine solche ist haushaltsrechtlich bisher nicht vorgesehen.[2024] Vereinzelte Autoren haben sie im Zuge der Verbesserung der Informationsqualität aber bereits in der Vergangenheit gefordert.[2025]

Ziel der Segmentberichterstattung ist es, die aggregierten Informationen des Abschlusses eines diversifizierten Unternehmens disaggregiert darzustellen.[2026] Auf Konzernabschlussebene erfolgt damit zuerst eine Aggregation der einzelnen Jahresabschlüsse zum Konzernabschluss, welcher wiederum in Segmente disaggregiert

---

[2020] Vgl. Kapitel 6.3.7.
[2021] Da in der Konzernrechnungslegung in der Regel keine Eröffnungsbilanz erstellt wird, ist das Gesamt-Kapitaldefizit aus einer nachträglichen Umrechnung des Eigenkapitals in der letzten Konzern-Schlussbilanz vor Umstellung auf das regulative Stabilisierungssystem zu ermitteln.
[2022] Praktisch gesehen dürfte das Gesamt-Kapitaldefizit bei Inkrafttreten des Stabilisierungssystems selten größer als das Kapitaldefizit sein. Bei den Auslagerungen müssen Defizite früher oder später im Zweifelsfall durch die Gemeinde ausgeglichen werden, um die Eröffnung eines Insolvenzverfahrens zu vermeiden bzw. der Gewährträgerhaftung nach § 114a Abs. 5 GO NRW gerecht zu werden. Diese Verlustübernahmen gleichen folglich die Haushalte der Auslagerungen im Zeitablauf aus, belasten jedoch den der Kernverwaltung.
[2023] § 297 Abs. 1 S. 2 HGB sieht die Segmentberichterstattung als freiwillige Ergänzung des Konzernabschlusses vor, § 264 Abs. 1 S. 1 HGB als Wahlrecht auf Jahresabschlussebene für kapitalmarktorientierte Unternehmen. IFRS 8.2 verpflichtet kapitalmarktorientierte Unternehmen indes zu einer Segmentberichterstattung im Einzelabschluss und Konzernabschluss.
[2024] Vgl. VOGELPOTH (2011), S. 87.
[2025] Vgl. stellvertretend GORNAS (2009), S. 30, SROCKE (2004), S. 221.
[2026] Vgl. SROCKE (2004), S. 207, A. SIMON (2014), S. 153, BAETGE, KIRSCH und THIELE (2015), S. 528.

wird.²⁰²⁷ Letztgenannter Schritt erfolgt logischerweise nach anderen Kriterien, als die vorherige Aggregation - ansonsten entstünden im Ergebnis wieder die Jahresabschlüsse. Die Aufteilung auf Segmente erfolgt stattdessen unabhängig von der rechtlichen Struktur des Konzerns nach wirtschaftlichen Gesichtspunkten.²⁰²⁸ Ein Segment kann damit beispielsweise eine Tätigkeit widerspiegeln, die von mehreren Konzernunternehmen wahrgenommen wird. Begründet wird das Bedürfnis nach einer Segmentberichterstattung aus einem Informationsdefizit des Konzernabschlusses: Da dieser lediglich ein Gesamtbild des Konzerns zeigt, wird dessen wirtschaftliche Heterogenität außer acht gelassen; eine detaillierte Analyse insbesondere der Erfolgsquellen einzelner Aktivitäten des Konzerns ist damit nicht möglich.²⁰²⁹ Dieses Defizit kann erst recht auf den kommunalen Gesamtabschluss übertragen werden, welcher die Vielfalt die kommunalen Aufgaben²⁰³⁰ kaum widerspiegelt.²⁰³¹ Eine disaggregierte Darstellung ist daher gerade für den kommunalen Bereich geeignet, wertvolle Informationen zur Beurteilung der Leistungsfähigkeit wirtschaftlich abgrenzbarer Konzernbereiche zu liefern. Nur so kann letztlich Auskunft über die Erfüllung öffentlicher Aufgaben über die unterschiedlichen Organisationsgrenzen hinweg gegeben werden, ohne dass der Adressat selbstständig sämtliche Einzelberichterstattungen der Konzernmitglieder zusammentragen und hieraus eigenständig aufgabenbezogene Informationen filtern muss.²⁰³² Dadurch kann in einem nächsten Schritt auch eine leistungsgerechte Budgetierung verbessert werden, was sich unmittelbar in der Qualität der Haushaltsplanung niederschlägt.²⁰³³ Schlussendlich ermöglicht eine solche Disaggregation auch eine fundierte Aufgabenkritik, was insbesondere im Rahmen der konzernweiten Haushaltskonsolidierung der Klassen B und C von Bedeutung ist.

Bei einer Übertragung der Segmentberichterstattung auf den Kommunalkonzern ist zu diskutieren, nach welchen Kriterien Segmente zu bilden sind. Grundsätzlich existieren zwei Ansätze zur Segmentabgrenzung:

1. Nach dem *risks and rewards approach* sind Segmente so zu bilden, dass sie hinsichtlich ihres Erfolgschancen sowie des Risikos für den Gesamterfolg homogen sind.²⁰³⁴

2. Der *management approach* sieht hingegen eine Segmentierung nach der Struktur der internen Berichterstattung vor.²⁰³⁵ Ein Segment ist danach für einen

---

²⁰²⁷ Vgl. VOGELPOTH (2011), S. 85.
²⁰²⁸ Vgl. A. SIMON (2014), S. 153, BUSSE VON COLBE u. a. (2010), S. 600.
²⁰²⁹ Vgl. BAETGE, KIRSCH und THIELE (2015), S. 528, SROCKE (2004), S. 207.
²⁰³⁰ Vgl. Kapitel 2.1.
²⁰³¹ Vgl. GORNAS (2009), S. 30.
²⁰³² Vgl. KIAMANN (2010), S. 197.
²⁰³³ Vgl. SROCKE (2004), S. 215.
²⁰³⁴ Vgl. BAETGE, KIRSCH und THIELE (2015), S. 526.
²⁰³⁵ Vgl. BUSSE VON COLBE u. a. (2010), S. 600.

wirtschaftenden Geschäftsbereich zu bilden, für den Finanzinformationen vorliegen und dessen Ergebnis von Hauptentscheidungsträgern überwacht wird.[2036]

In der handelsrechtlichen sowie der IFRS-Rechnungslegung erfolgt die Abgrenzung grundsätzlich nach letztgenanntem Ansatz.[2037] So soll den externen Adressaten am besten vermittelt werden, wie das Unternehmen tatsächlich geführt wird.[2038] Daraus folgt, dass eine Abgrenzung nach dem management approach im Idealfall natürlich deckungsgleich mit der nach dem risks and rewards approach ist.[2039]

Im kommunalen Bereich drängt sich eine aufgabenorientierte Segmentierung geradezu auf.[2040] Wenngleich das Haushaltsrecht den Begriff der Segmentberichterstattung nicht verwendet, enthält es mit der pflichtigen Produktorientierung des § 4 KomHVO NRW[2041] faktisch bereits eine solche.[2042] Auf Gesamtabschlussebene wird diese hingegen nicht fortgesetzt.[2043] Dies führt dazu, dass die von der Gemeinde auszuweisenden Produktbereiche trotz Vorgabe der inhaltlichen Abgrenzung[2044] wenig vergleichbar sind, da das Volumen eines Teilhaushalts entscheidend davon abhängt, in welchem Umfang die Kommune diese Aufgabe in der Kernverwaltung oder mittels einer Auslagerung wahrnimmt.[2045] Um eine solche Vergleichbarkeit herzustellen, muss die Produktorientierung genauso auf Konzernebene gelten. Damit bilden die Produkthaushalte der Kernverwaltung bereits einen Teil des Segments ab. Wird die Leistung ausschließlich von der Kernverwaltung bereitgestellt, sind Konzern-Segment und Teilhaushalt der Kernverwaltung sogar deckungsgleich. Die Gemeinde sollte daher für ihre Konzernberichterstattung nicht zu einer anderen Untergliederung gezwungen werden, als für ihren Kernhaushalt.[2046] Da die Produktorientierung auch mit der Definition von Produkt(-bereichs oder -gruppen)-Verantwortlichen einhergeht,[2047] ist eine Segmentierung nach den haushaltsrechtlichen Produktbereichen dem management approach zuzuordnen.[2048]

[2036] Vgl. GRÄFER und SCHELD (2016), S. 412.
[2037] Vgl. DRS 3.8 und IFRS 8.5.
[2038] Vgl. BAETGE, KIRSCH und THIELE (2015), S. 526.
[2039] So folgt DRS 3 in Teilen ohnehin dem risks and reward approach: Ergeben sich aus der Abgrenzung nach DRS 3.8 mehrere mögliche Segmentierungen, ist diejenige auszuwählen, die die Chancen- und Risikostruktur des Unternehmens bzw. Konzerns am besten widerspiegelt, vgl. DRS 3.11.
[2040] Vgl. A. SIMON (2014), S. 153, MODELLPROJEKT NKF-GESAMTABSCHLUSS (2009), S. 107.
[2041] Vgl. Kapitel 3.2.5.
[2042] Vgl. VOGELPOTH (2011), S. 86, SROCKE (2004), S. 213.
[2043] Vgl. HENKES (2008), S. 506.
[2044] Vgl. Anlage 5 VVMGOGemHVO.
[2045] Vgl. SROCKE (2004), S. 247 f.
[2046] Vgl. SROCKE (2004), S. 222.
[2047] Vgl. Anlage 7 VVMGOGemHVO.
[2048] Vgl. A. SIMON (2014), S. 154.

Eine Disaggregation des Gesamtabschlusses hat damit für die 17 Produktbereiche nach Anlage 5 VVMGOGemHVO zu erfolgen. Einem Segment sind dabei alle produktbereichsbezogenen Leistungen zuzuordnen - unabhängig davon, durch welche Organisationseinheit sie erbracht werden.[2049] Technisch ist eine solche Zuordnung unproblematisch, wenn die Auslagerungen beim Buchen lediglich die gleichen Produktschlüssel verwenden wie die Kernverwaltung. Die Segmente können des Weiteren genau wie die Produktbereiche im Kernhaushalt freiwillig in Detailsegmente unterteilt werden, wobei nach wie vor die eindeutige inhaltliche Zuordnung zu wahren ist. So ist zumindest eine interkommunale Vergleichbarkeit der Hauptsegmente gewährleistet.[2050]

Damit ein identifiziertes Segment tatsächlich berichtspflichtig wird, bedarf es in der Rechnungslegung der privaten Unternehmen der Überschreitung bestimmter Schwellenwerte bei Umsatz, Ergebnis und Vermögenswerten des Segments.[2051] Bezogen auf die kommunale Segmentberichterstattung kann indes festgehalten werden: Da die Produktorientierung im Kernhaushalt keine Schwellenwerte vorsieht, ab denen ein Produktbereich erst berichtspflichtig wird, ist von solchen Schwellenwerten auch auf Gesamtabschlussebene abzusehen. Alle Segmente / Produktbereiche sind damit berichtspflichtig.

Nach der Segmentabgrenzung stellt sich die Frage, welche Angaben innerhalb eines Segments zu tätigen sind. Auch diesbezüglich unterscheiden sich risks and rewards und management approach: Während Letzterer eine Angabe der zur internen Steuerung verwendeten Informationsgrößen verlangt und damit beispielsweise auch die Verwendung kalkulatorischer Kosten in der Rechnungslegung ermöglicht, verlangt der risks and rewards approach die Angabe nach den Bilanzierungsgrundsätzen der restlichen Konzernrechnungslegung.[2052] Da die Gemeinden abseits der Gebührenkalkulation ohnehin häufig keine umfassende Kostenrechnung betreiben,[2053] kann der management approach in dieser Hinsicht als irrelevant gekennzeichnet werden. Dadurch werden auch keine Überleitungsrechnungen in die Daten des restlichen Abschlusses notwendig[2054] und die interkommunale Vergleichbarkeit wird nicht gefährdet. Eine Überleitungsrechnung dergestalt, dass die Segmente zusammengerechnet nicht sämtliche Informationen des Gesamtabschlusses (z. B. den Gesamtbetrag der Aufwendungen) enthalten, ist ebenfalls nicht notwendig, wenn die Dissagregation des Gesamtabschlusses in die 17 Produktbereiche bzw. Segmen-

---

[2049] Vgl. GORNAS (2009), S. 31.
[2050] Vgl. SROCKE (2004), S. 251.
[2051] Vgl. DRS 3.15 und IFRS 8.13.
[2052] Vgl. BAETGE, KIRSCH und THIELE (2015), S. 526. DRS 3 setzt auf den risks ands rewards approach, vgl. DRS 3.19, während IFRS 8 konsequent dem manegment approach folgt, vgl. IFRS 8.25-27.
[2053] Vgl. diesbezüglich die Studienergebnisse aus K. SCHULTE, LÖCKE und BRAST (2013), S. 9 f.
[2054] Vgl. IFRS 8.28.

6.3 Vorschlag für eine regulative Stabilisierung

te genau wie bei der Produktbereichsbildung des kommunalen Jahresabschlusses *vollständig* sein soll.[2055]

Die Vorschriften zur Segmentberichterstattung privater Unternehmen verlangen für jedes Segment die Angabe zahlreicher Ertrags- und Aufwandspositionen (z. B. Umsatzerlöse, Abschreibungen etc.), aber auch des Segmentvermögens und der Segmentschulden.[2056] Fraglich ist, ob die beiden letztgenannten Angaben auch in einer kommunalen Segmentberichterstattung zu fordern sind. Dagegen spricht, dass die Produktorientierung nach § 4 KomHVO NRW für die Kernverwaltung nur die Angabe von Erfolgs- und Zahlungsgrößen verlangt. Da sowohl im geltenden Haushaltsrecht, aber insbesondere im regulativen Stabilisierungssystem der Steuerungsfokus klar auf dem Ergebnishaushalt liegt, erscheint eine Vermögens- und Schuldensegmentierung unnötig - im Übrigen genauso wie eine Finanzrechnungssegmentierung.[2057] Zudem ist eine Disaggrgation dieser Größen allein schon wegen des Gesamtdeckungsgrundsatzes[2058] fragwürdig und praktisch nur unter großem Aufwand möglich.[2059] In den Segmenten sind daher ausschließlich alle Erträge und Aufwendungen dieses Produktbereichs anzugeben. Es kann damit die Gliederung der Teilergebnisrechnung übernommen werden.[2060] Idealerweise sollten dabei konzerninterne Transaktionen zwischen einzelnen Segmenten ebenfalls ausgewiesen werden, um deren tatsächliche Leistungsfähigkeit beurteilen zu können.[2061]

Wird die Gemeinde zu einer Segmentberichterstattung verpflichtet, sollte sich diese konsequenterweise nicht nur auf die Gesamtabschlusserstellung beziehen, sondern bereits Teil der Konzernplanung sein. Bereits zuvor wurde gezeigt, dass es zur Steuerung der kommunalen Aufgabenerfüllung notwendig ist, Ziele vorzugeben, daraus abgeleitete Bezugsgrößen zu planen und diese anschließend im Rahmen des periodischen Abschlusses zu kontrollieren - nur so können steuerungsrelevante Informationen generiert werden.[2062] Auf Ebene der Kernverwaltung passiert dies grundsätzlich bereits, wie §§ 4 Abs. 2, 41 Abs. 2 KomHVO NRW zeigen: Für jeden Produktbereich (oder die jeweilige Untergliederungsebene) sind im Rahmen der Haushaltsplanung Ziele und Kennzahlen zur Messung der Zielerreichung zu definieren und im Jahresabschluss ist hierüber Bericht zu erstatten, um diese Informationen zur Grundlage der weiteren Steuerung zu machen. Es ist daher nur

---

[2055] Vgl. § 4 Abs. 1 KomHVO NRW.
[2056] Vgl. DRS 3.31 und IFRS 8.20-24.
[2057] Vgl. A. SIMON (2014), S. 154 f.
[2058] Vgl. § 20 Nr. 2 KomHVO NRW.
[2059] Alternativ könnte eine Zuordnung nur der *eindeutig* zurechenbaren Größen erfolgen, was dann wiederum eine Überleitungsrechnung unter Nennung der nicht einem Segment zugeordneten Werte notwendig machen würde. Der hierfür notwendige Aufwand lässt eine solche Vorgehensweise unter Berücksichtigung des Nutzens aber fraglich erscheinen.
[2060] Vgl. Anlage 19 VVMGOGemHVO.
[2061] Vgl. SROCKE (2004), S. 224.
[2062] Vgl. Kapitel 6.3.8.7.

konsequent, genau diese Vorgehensweise auf die Konzernebene zu übertragen. Im Ergebnis ist die Konzernplanung folglich um eine Segmentplanung zu erweitern. Diesen Segmenten sind Ziele und Kennzahlen zur Zielmessung beizufügen.[2063]

Durch eine Konzernstrukturierung in Segmente sowohl in der Planung als auch Abrechnung wird eine organisationsübergreifende Planungs- und Steuerungsstruktur geschaffen.[2064] Der Vorteil einer solchen Betrachtung wird insbesondere bei der Budgetierung deutlich: Nur, indem in der Konzernplanung eine Segmentierung erfolgt, kann berücksichtigt werden, dass an einer Aufgabe unterschiedlicher Organisationen beteiligt sind bzw. dass die Mittel einer Konzerneinheit möglicherweise für die Erfüllung unterschiedlicher Aufgaben eingesetzt werden.[2065] Es kann damit ein zweistufiger Budgetierungsprozess erfolgen:

1. Zieldefinition und Ableitung des Globalbudgets für jede Aufgabe bzw. jedes Segment.

2. Aufteilung des Segmentbudgets auf die beteiligen Konzernorganisationen.

Ist eine Konzerneinheit also an mehreren Segmenten beteiligt, setzt sich ihr Gesamtbudget aus mehreren Budgets der zweiten Stufe zusammen.[2066]

Nur durch ein solches Vorgehen, für welches eine Segmentplanung immanent ist, kann eine fundierte Mittelzuweisung erfolgen, statt wie bisher eine Mittelzuweisung im ersten Schritt nach Organisationseinheiten vorzunehmen, die diese Mittel anschließend auf ihre Aufgaben aufteilen. Gleichzeitig wird durch eine Segmentierung auf Konzernebene eine Aufgabenkritik erst wirklich möglich, da nun die Aufgabe in Gänze gesehen wird.[2067] Budgetkürzungen erfolgen damit nicht vordergründig nach Organisationseinheiten, sondern ergeben sich aus der Gesamtkürzung der Aufgabe und dem Beteiligungsgrad einer Organisationseinheit.

6.3.9 Zusammenfassende Darstellung des Systemvorschlags

Zentrales Charakteristikum des regulativen Stabilisierungssystems ist eine konsequente Abkehr vom aufsichtsrechtlichen Opportunitätsprinzip hin zu einem flächendeckenden Legalitätsprinzip, damit politische Einflussnahmen minimiert werden und Rechtsfolgen für alle Beteiligten transparent sind. Diese Rechtsfolgen zielen dabei auf die Wiederherstellung einer geordneten Haushaltswirtschaft ab, woraus sich die Notwendigkeit ergibt, Zustände zu definieren, in denen diese nicht gegeben ist. Da die Gefährdung der dauerhaften Leistungsfähigkeit unterschiedliche

---

[2063] Vgl. GORNAS (2009), S. 31.
[2064] Vgl. ANTENSTEINER und LAUTERBRUNNER (2010), S. 119.
[2065] Vgl. SROCKE (2004), S. 246.
[2066] Vgl. SROCKE (2004), S. 250.
[2067] Vgl. SROCKE (2004), S. 250.

6.3 Vorschlag für eine regulative Stabilisierung

Ausmaße annehmen kann, bedarf es hierbei einer Abstufung, die im Stabilisierungssystem durch eine Klasseneinteilung erfolgt. Die Zuordnung zu einer Klasse erfolgt dabei durch die Bezugsgröße Jahresergebnis und dessen Wirkung auf das Eigenkapital. Dadurch sind Fehlbeträge in zwei unterschiedliche Eskalationsstufen zu unterteilen: Können Sie durch eine aus vergangenen Jahresüberschüssen gebildete Ausgleichsrücklage kompensiert werden, ist die Gefährdung der dauerhaften Leistungsfähigkeit weniger akut, als wenn der Jahresfehlbetrag das Eigenkapital unter den Wert senkt, den die Gemeinde in ihrer ersten Eröffnungsbilanz nach der Umstellung auf die Doppik ausgewiesen hat. Eine Berücksichtigung der bilanziellen Überschuldung als gesonderter Klassifizierungstatbestand wird indes aufgrund der mangelnden Aussagekraft dieser Größe sowie einer damit einhergehenden Ungleichbehandlung von Gemeinden abgelehnt.

Aufgrund der Organisationshoheit der Gemeinden und der damit verbundenen Möglichkeit, Teile der Aufgabenerfüllung auf andere Rechtsträger auszulagern und sie damit dem Stabilisierungssystem zu entziehen, sind neben dem Jahresergebnis und Eigenkapital der Kernverwaltung auch das Gesamtergebnis und das Gesamt-Eigenkapital zu betrachten. Rechtsfolgen in Form eines Klassenabstiegs können sich daher für eine Gemeinde auch dann ergeben, wenn ihr Kernhaushalt zwar ausgeglichen ist, die Gesamtsituation jedoch durch defizitäre Auslagerungen auf eine Gefährdung der über die Rechtsformgrenzen hinweg wahrzunehmenden Aufgaben schließen lässt. Um sämtliche für eine solche Beurteilung erforderlichen Daten bereitzustellen, bedarf es einer Gesamtergebnisplanung des Konzerns Kommune. Diese ist dadurch sicherzustellen, dass die Gemeindeverantwortlichen im Rahmen der Ingerenzpflichten die Auslagerungen zu einer Wirtschaftsplanung analog der mittelfristigen Haushaltsplanung der Kommune verpflichten. Die Kernverwaltung trägt anschließend die Verantwortung dafür, aus sämtlichen Einzelplänen den Gesamtergebnisplan zu erstellen. Um dies fristgerecht zu ermöglichen, bedarf es einer klaren Strukturierung und IT-seitigen Unterstützung des gesamten Planungsprozesses.

Grundsätzlich ist eine Gemeinde anhand o. g. Bezugsgrößen in eine von drei Klassen einzuordnen, die unterschiedliche Gefährdungsstadien der dauerhaften Leistungsfähigkeit repräsentieren und mit sich verschärfenden Rechtsfolgen für die Gemeinde verbunden sind. Für die Umstellungsphase ist zudem eine Übergangsklasse vorzusehen, die dem Ausmaß vergangener Defizite Rechnung trägt. Diese Klassen zielen immer auf das Halten oder die Wiederherstellung eines Haushaltsausgleichs und die Rückführung etwaiger Kapitaldefizite auf Einzel- und Konzernebene ab. Einer Gemeinde werden dabei keine konkreten Konsolidierungsmaßnahmen vorgegeben, sondern sie wird lediglich zur Erreichung der genannten Ziele innerhalb einer starren Frist verpflichtet. Kann sie die Zielerreichung nicht gewährleisten, ist die Aufsichtsbehörde zu Eingriffen verpflichtet. Dies beinhaltet im Fall der niedrigstmöglichen Klassifizierung die Entsendung eines Beauftragten, der die notwendigen Sanierungsmaßnahmen umsetzt. Ist auch dieser dazu nicht in der Lage, zeigt dies eine unzureichende Finanzausstattung der Gemeinde, die durch Hilfszuweisungen des Landes zu kompensieren sind.

Insgesamt ist die Klassifizierung damit wie folgt ausgestaltet:[2068]

Klasse A: Geordnete Haushaltswirtschaft	
Eintrittsschwelle	Kernverwaltung: alle Planergebnisse (Jahre 0 bis +4) und letztes Rechnungsergebnis (Jahr -1) mindestens null; kein Kapitaldefizit *und* Konzern: alle Planergebnisse (Jahre 0 bis +4) und letztes Rechnungsergebnis (Jahr -1) mindestens null; kein Gesamt-Kapitaldefizit
Vorgaben	keine
Rechtsfolgen bei Verstoß	keine
Klasse B: Ungleichmäßige Haushaltswirtschaft	
Eintrittsschwelle	Kernverwaltung: negatives, aber von der Ausgleichsrücklage gedecktes Ergebnis in mindestens einem Planungsjahr (Jahre 0 bis +4) oder letztem Rechnungsjahr (Jahr -1) *oder* Konzern: negatives, aber von der Gesamt-Ausgleichsrücklage gedecktes Gesamtergebnis in mindestens einem Planungsjahr (Jahre 0 bis +4) oder letztem Rechnungsjahr (Jahr -1)
Vorgaben	Beratereinsetzung (beschränkt auf Kernverwaltung) inkl. Veröffentlichung von Vorschlägen und Stellungnahmen des Rates
Rechtsfolgen bei Verstoß	Anordnung und Ersatzvornahme der Beratereinsetzung und / oder Veröffentlichung
Klasse C: Eigenkapital verzehrende Haushaltswirtschaft	
Eintrittsschwelle	Kernverwaltung: Aufbau eines Kapitaldefizits in mindestens einem Planungsjahr (Jahre 0 bis +4) oder letztem Rechnungsjahr (Jahr -1) *oder* Konzern: Aufbau eines Gesamt-Kapitaldefizits in mindestens einem Planungsjahr (Jahre 0 bis +4) oder letztem Rechnungsjahr (Jahr -1)

[2068] Vgl. Tabelle 6.2.

Vorgaben	(1) Beratereinsetzung (beschränkt auf Kernverwaltung) inkl. Veröffentlichung von Vorschlägen und Stellungnahmen des Rates (2) Aufstellung eines genehmigungsfähigen KSP (Genehmigungsvoraussetzung: Haushaltsausgleich auf Kernverwaltungs- und Konzernebene innerhalb von vier und Abbau des Kapitaldefizits und Gesamt-Kapitaldefizits innerhalb weiterer drei Jahre) (3) Vollzug des genehmigten KSP
Rechtsfolgen bei Verstoß	(1) Bei Verstoß gegen Beratervorgabe: Anordnung und Ersatzvornahme der Beratereinsetzung und / oder Veröffentlichung (2) Bei Nichtvorlage oder Vorlage eines nicht genehmigungsfähigen KSP: Beauftragtenbestellung bis zur KSP-Genehmigung; aus Landeshaushalt bereitgestellte Finanzhilfen, wenn Beauftragter keine Genehmigung erreicht (Höhe: Differenzbetrag zwischen Zielwert und Wert des Beauftragten-KSP) (3) Bei schädlicher Abweichung im KSP-Vollzug: Beauftragtenbestellung maximal bis zum Klassenaustritt
Klasse Ü: Übergangsklasse	
Eintrittsschwelle	Kernverwaltung: Kapitaldefizit in erster Eröffnungsbilanz nach Systemumstellung *oder* Konzern: Gesamt-Kapitaldefizit nach Systemumstellung
Vorgaben	(1) Beratereinsetzung (beschränkt auf Kernverwaltung) inkl. Veröffentlichung von Vorschlägen und Stellungnahmen des Rates (2) Aufstellung eines genehmigungsfähigen KSP innerhalb verlängerter Frist (vier Jahre für Haushaltsausgleich auf Einzel- und Konzernebene; vom Kapitaldefizit und Gesamt-Kapitaldefizit abhängige Frist für Abbau dieses) (3) Vollzug des genehmigten KSP

Rechtsfolgen bei Verstoß	(1) Bei Verstoß gegen Beratervorgabe: Anordnung und Ersatzvornahme der Beratereinsetzung und / oder Veröffentlichung (2) Bei Nichtvorlage oder Vorlage eines nicht genehmigungsfähigen KSP: Beauftragtenbestellung bis zur KSP-Genehmigung; aus Abundanzumlage o. Ä. bereitgestellte Finanzhilfen, wenn Beauftragter keine Genehmigung erreicht (Höhe: Differenzbetrag zwischen Zielwert und Wert des Beauftragten-KSP) (3) Bei schädlicher Abweichung im KSP-Vollzug: Beauftragtenbestellung maximal bis zur Neuwahl des ersetzten Organs

Tabelle 6.2: Die Klassen des regulativen Stabilisierungssystems

Sowohl zur Unterstützung des Planungsprozesses als auch zur nachhaltigen Steuerung des Konzerns Kommune und der Identifizierung möglichen Konsolidierungspotentials empfiehlt sich zudem eine Segmentberichterstattung im Rahmen der Gesamtergebnisplanung und des Gesamtabschlusses. Die Segmenteinteilung erfolgt dabei anhand der Produktbereichseinteilung des Kernhaushalts. Nur durch eine aufgabenfokussierte Zielsetzung und Bezugsgrößenplanung mit anschließender Gegenüberstellung der Ist-Werte können rechtsformübergreifende Steuerungsinformationen generiert werden, die eine fundierte Aufgabenkritik ermöglichen und damit die zukünftige Budgetierung verbessern.

6.4 Gesamtwürdigung des regulativen Stabilisierungssystems

Zentraler Ausgangspunkt des regulativen Stabilisierungssystems ist die anhaltende Ausschaltung des Bepreisungs- und Rationierungsmechanismus des Kreditmarktes. Indem wie im aktuellen System Forderungen gegenüber Gemeinden grundsätzlich nicht ausfallgefährdet sind, kann die flächendeckende und günstige Fremdfinanzierung gesichert werden. Aus bonitätsabhängigen Kreditvergaben resultierende Gefahren[2069] können damit vermieden werden. Damit mangelt es jedoch auch an den durch eine solche Vergabe gesetzten Anreizen, kritische Haushaltssituationen gar nicht erst entstehen zu lassen.

Solche Anreize und damit eine ex ante-Effizienz sollen jedoch durch eine spezifische haushaltsrechtliche Regulierung gesetzt werden. Erreicht wird dies insbe-

---
[2069] Vgl. insbesondere Kapitel 5.7.

6.4 Gesamtwürdigung des regulativen Stabilisierungssystems

sondere durch die Transparenz des Stabilisierungssystems: Da für die Gemeinden zu jedem Zeitpunkt klar ablesbar ist, unter welchen Bedingungen sie im Klassensystem herabgestuft werden und welche Rechtsfolgen sie dort treffen, können sie frühzeitig Vorkehrungen zur Vermeidung eines solchen Abstiegs treffen. Dass diese Rechtsfolgen tatsächlich abschreckend wirken, ist insbesondere mit dem vorherrschenden Legalitätsprinzip zu begründen, das das Hoffen auf ein Unterbleiben von Sanktionen vergeblich macht. Mit der rechtlichen Verankerung der Beauftragtenbestellung ist zudem ein sehr starker Eingriff in die kommunale Selbstverwaltung vorhanden, der ausreichend bedrohlich auf die kommunalen Entscheidungsträger wirkt. Und auch eine Aussicht auf den Empfang von Hilfszuweisungen schadet der ex ante-Effizienz nicht, da Fehlanreize zu unwirtschaftlichem Handeln durch die Bedingung zur Gewährung der Hilfen - das Ausschöpfen sämtlichen Konsolidierungspotentials - unterbunden werden. Jedoch wird die ex ante-Effizienz nicht nur durch die Rechtsfolgen und Sanktionen der Klasse C herbeigeführt, sondern auch durch die generelle Abstufung des Stabilisierungssystem nach Schweregrad der haushaltswirtschaftlichen Gefährdung. Dadurch existiert nicht bloß ein einzelner Fixpunkt, in dem die zuvor unbeschränkt agierende Gemeinde plötzlich massiv in ihrer Handlungsfreiheit eingeschränkt wird. Stattdessen besteht mit Klasse B eine Zwischenstufe, die weitere Verschlechterungen durch das Aufdecken von Konsolidierungspotential und die Ingangsetzung einer damit verbundene politischen Diskussion vermeiden soll.

Eine ex post-Effizienz, d. h. die Möglichkeit zur Beseitigung bestehender finanzwirtschaftlicher Problemlagen, wird indes durch die jeweiligen Klassenziele erreicht und den Umstand, dass zumindest das Klasse C-Ziel auf die eine oder andere Art auf jeden Fall erreicht wird. So wird eine Gemeinde, deren Haushaltswirtschaft eine Gefährdung der stetigen Aufgabenerfüllung aufzeigt, ihren Eigenkapital-Zielwert in jedem Fall innerhalb einer siebenjährigen Frist wiederherstellen - entweder durch eigens verfolgte Konsolidierungsanstrengungen, durch solche eines Beauftragten oder durch Finanzhilfen des Landes.[2070] Die ex post-Effizienz erstreckt sich jedoch nicht auf die Zeit nach dem eigentlichen Inkrafttreten des Stabilisierungssystem, sondern berücksichtigt bereits die aktuellen Haushaltslagen, indem es eine Übergangsklasse mit längeren Zielfristen, einer abweichenden Finanzierung der Finanzhilfen sowie einer zeitlichen Beschränkung der Beauftragtenbestellung vorhält.

Der hohen Verschuldung, insbesondere durch Liquiditätskredite, und dessen Abbau trägt das Stabilisierungssystem nicht explizit Rechnung. Durch den Fokus auf einen in Erträgen und Aufwendungen ausgeglichenen Haushalt auf dem Niveau des erstmals ausgewiesenen Eigenkapitals wird jedoch auch die Verschuldung ausrei-

---

[2070] Hierdurch ist auch zu rechtfertigen, dass das System von einer uneingeschränkten Zahlungsfähigkeit der Kommunen und damit nicht existenter Ausfallgefährdung der Forderungen gegenüber Gemeinden ausgeht.

chend berücksichtigt. So kann das Schuldenniveau einer Klasse A-Gemeinde als tragbar eingestuft werden, da die Gemeinde trotz der bestehenden Verpflichtungen keine Lasten in die Zukunft verschiebt. Eine Klasse C-Gemeinde wird indes zur Gewinnerzielung verpflichtet, aus der eine Schuldentilgung erfolgen kann, um Zinsaufwendungen und damit die Ergebnisbelastung zu reduzieren.

Ein zentraler Vorteil des regulativen Stabilisierungssystems dürfte dabei auch in dessen Anknüpfung an bekannte haushaltsrechtliche Elemente liegen. So kann das Jahresergebnis als Bezugsgröße mit Ausnahme des zu streichenden § 44 Abs. 3 KomHVO NRW wie bisher ermittelt werden und auch die rückwirkende Überführung der bisherigen Eigenkapitalelemente in die neuen Größen ist problemlos möglich. Auch die Rechtsfolgen bedienen sich bereits existenter Mittel der Rechtsaufsicht. Da also mit wenigen Ausnahmen, wie z. B. der Gesamtergebnisplanung und Segmentierung, bestehende Mechanismen lediglich angepasst und neu verknüpft werden, geht eine Umstellung auf das regulative Stabilisierungssystem für sämtliche Beteiligten mit verhältnismäßig wenig Aufwand einher.

Positiv zu würdigen ist das Stabilisierungssystem indes auch hinsichtlich der Einbeziehung des Landes in die Wiederherstellung und den Erhalt geordneter kommunaler Haushalte. So wird das Land nicht nur durch eine Rechtspflicht zur Entsendung eines Beauftragten und damit die Übernahme (haushaltsrelevanter) Geschäfte einer Kommune in die Pflicht genommen, sondern auch durch Finanzhilfen, die zu gewähren sind, wenn die kommunale Finanzausstattung als unzureichend identifiziert wurde. Letztgenannter Punkt knüpft nicht mehr an Fragen nach einem möglichen Aufgaben-Kernbereich u. Ä., sondern ergibt sich aus dem ausschöpfbaren Konsolidierungspotential. Damit sind die Finanzhilfen in ihrer Höhe exakt berechenbar, sodass sie zielgerecht gewährt werden - es besteht keine Gefahr, dass zu viel Unterstützung erfolgt und genauso wenig, dass die Zuweisungen nicht ausreichen, um die gemeindliche Haushaltswirtschaft zu stabilisieren. Ein gänzliches Ausschalten politischer Abwägungen gelingt hierbei jedoch nicht, da kein fester Maßstab für das maximale Konsolidierungspotential existiert, sondern dies durch den Beauftragten - und damit einen Landesvertreter - bestimmt wird. Dass das maximale Konsolidierungspotential jedoch nicht so hoch angesetzt wird, dass es der Gemeinde nachhaltig schadet, wird durch das für das Land notwendige Abwägen zwischen politischen Kosten unpopulärer Sanierungsmaßnahmen und den tatsächlichen Kosten der Finanzhilfen sichergestellt.

Auch die Aufsichtsfunktion wird im Stabilisierungssystem elementar gestärkt. Indem klare Rechte und vom Legalitätsprinzip geprägte Pflichten der Aufsichtsbehörden festgelegt werden, sind sie weitestgehend immun gegenüber politischer Beeinflussung. Jedoch wird durch den großen Umfang der Prüfungsaufgaben - nicht nur der Klasseneinordnung, sondern insbesondere der Genehmigungsfähigkeit der KSP - sowie die institutionalisierte Beauftragtenbestellung ihre Arbeitsbelastung wesentlich intensiviert. Ohne zusätzliche Mittel kann den einschlägigen Pflichten damit kaum nachgekommen werden.[2071]

Durch die Bezugsgrößenerweiterung auf das Gesamtergebnis und das Gesamt-Eigenkapital ist das Stabilisierungssystem des Weiteren in der Lage, die gesamte kommunale Aufgabenwahrnehmung und die daraus entstehenden finanziellen Konsequenzen zu berücksichtigen. Dadurch besteht keine Gefahr, dass eine Gemeinde im Zuge einer Aufgabenauslagerung Rechtsfolgen des Stabilisierungssystems umgeht. Gleichzeitig wird durch eine damit verbundene Gesamtergebnisplanung das Verantwortungsbewusstsein der kommunalen Führung für sämtliche Aufgabenträger und nicht bloß die Kernverwaltung gefördert. Durch eine Segmentberichterstattung im Rahmen der Planung und des Periodenabschlusses wird zudem erstmals eine organisationsübergreifende Aufgabenkritik und eine leistungsgerechte Budgetierung möglich.

Schlussendlich darf in diesem Kontext jedoch nicht der zusätzliche Arbeitsaufwand zur Generierung der notwendigen Datengrundlage ignoriert werden. Vereinzelte Studien haben in der Vergangenheit gezeigt, dass die Bürger wenig an kommunaler Finanzberichterstattung, insbesondere periodischen Abschlüssen, interessiert sind.[2072] Dies dürfte gerade auch für einen ohnehin schwieriger zu verstehenden Gesamtabschluss gelten. Es besteht damit die Gefahr, dass das Desinteresse des Bürgers dazu führt, dass der Gesamtabschluss auch im Stellenwert der politischen Ebene sinkt.[2073] Kritisiert wird deshalb vielfach, dass der einzig und allein der Information dienende Gesamtabschluss in seiner Erstellung eines großen Ressourceneinsatzes bedarf, der nicht durch den Nutzen gerechtfertigt wird.[2074] Daraus resultierten in der Vergangenheit immer wieder Vorschläge, anstelle eines Gesamtabschlusses lediglich einen „Anregungsinformationen"[2075] liefernden Summenabschluss ohne Konsolidierungsbuchungen zu erstellen oder sogar ganz auf den Gesamtabschluss zu verzichten und stattdessen die Beteiligungen der Kernverwaltung mithilfe der Eigenkapitalspiegelmethode zu bilanzieren.[2076] Der Gesetzgeber hat die Kritik mit

---

[2071] Bereits im Stärkungspakt Stadtfinanzen erhalten die Bezirksregierungen jährlich zusätzliche 800.000 EUR, um ihren erweiterten Pflichten nachzukommen, vgl. § 2 Abs. 7 StPG.
[2072] Vgl. zuletzt beispielsweise KLOBY (2009), S. 368-392, für den seit längerer Zeit die Doppik anwendenden US-amerikanischen Raum. Für Deutschland - wenngleich veraltet und damit nur eingeschränkt aussagekräftig - vgl. MERSCHBÄCHER (1987), S. 141.
[2073] Vgl. A. SIMON (2014), S. 43.
[2074] Vgl. stellvertretend M. RICHTER (2015), S. 123, KIAMANN (2010), S. 196, BALS und FISCHER (2014), S. 192.
[2075] M. RICHTER (2015), S. 123.
[2076] Vgl. BALS und FISCHER (2014), S. 192 f. Bei dieser Bilanzierungsmethode wird jede erfolgsbedingte Eigenkapitalveränderung einer Beteiligung unmittelbar in den Bilanzwert der Beteiligung im Kernverwaltungshaushalt gespiegelt. Dies stellt eine Abkehr vom sonst geltenden Realisationsprinzip dar, da sich durch Gewinne der Auslagerungen auch Beteiligungswerte oberhalb der historischen Anschaffungskosten ergeben können. Indem sich der Erfolg einer Auslagerung über Ab- und Zuschreibungen der Beteiligungen spiegelbildlich bei der Kernver-

dem 2. NKFWG NRW in der Form aufgegriffen, dass er über § 116a GO NRW eine Möglichkeit zur größenabhängigen Befreiung von der Aufstellungspflicht eingeführt hat. Im Stabilisierungssystem gewinnt nun die Kritik am Kosten-Nutzen-Verhältnis auf den ersten Blick an Bedeutung, da der aufwendig zu erstellende Gesamtabschluss nun wieder in jedem Fall verpflichtend ist und noch um weitere Rechenwerke - eine Konzernplanung sowie ggf. eine Segmentberichterstattung - ergänzt wird. Auf den zweiten Blick wird aber schnell klar, dass diese Rechenwerke trotz des zusätzlichen Erstellungsaufwands das Kosten-Nutzen-Verhältnis der Konzernberichterstattung deutlich verbessern. Denn: In der im Stabilisierungssystem geforderten Form dient sie nicht bloß der Rechenschaft gegenüber Dritten, insbesondere dem Bürger. Stattdessen wird die Informationsfunktion mittels der Bezugsgrößenerweiterung auf das Gesamtergebnis erstmals um eine explizite Forderung nach nominaler Kapitalerhaltung erweitert. Die kommunale Konzernrechnungslegung dient daher auch einer Ausschüttungsbemessungsfunktion. Zudem wird die Steuerungsfunktion, die eigentlich bereits dem Gesamtabschluss im bestehenden Haushaltsrecht zugesprochen wird,[2077] faktisch erst ermöglicht, wenn dem Gesamtabschluss ein Zielsetzungsprozess und eine Plangrößenermittlung vorangestellt werden. Obwohl der Erstellungsaufwand für Gesamtergebnisplan, Gesamtabschluss und Segmentierung also größer sein mag, als dies derzeit lediglich bei der Erstellung des Gesamtabschlusses (sofern keine Befreiung vorliegt) der Fall ist, wird sein Nutzen erst durch diese zusätzlichen Rechenwerke elementar erweitert. Die Konzernberichterstattung erfüllt damit die gleichen Funktionen wie die Planung, Abrechnung und Kontrolle in der Kernverwaltung.

---

waltung niederschlägt, wird der Anreiz zur Auslagerung defizitärer Aufgaben auch ohne Gesamtabschluss genommen, vgl. M. RICHTER (2015), S. 123. Problematisch ist allerdings, dass im Gegensatz zum Gesamtabschluss konzerninterne Verflechtungen nicht eliminiert werden. Außerdem wird eine bilanziell überschuldete Auslagerung immer noch mit einem Erinnerungswert von 1 EUR geführt, sodass sich weitere Verluste nicht mehr im Kernverwaltungsergebnis bemerkbar machen.

[2077] Vgl. Kapitel 3.2.7.1.

7 Vergleich der Stabilisierungssysteme

7.1 Kriterienkatalog

Die beiden aufgezeigten Stabilisierungssysteme folgen grundlegend verschiedenen Ansätzen: Während unter dem Regime einer kommunalen Insolvenzverfahrensfähigkeit die Stabilisierung der kommunalen Finanzen durch den Kreditmarkt erfolgen soll und der Staat lediglich die Rahmenbedingungen hierfür zu setzen hat, ist sie im entworfenen Alternativsystem durch eine konkrete landesseitige Regulierung herbeizuführen. Um diese beiden unterschiedlichen Ansätze abschließend zu würdigen, bedarf es einer vergleichenden Gegenüberstellung. Für eine solche sind in einem vorhergehenden Schritt Kriterien zu identifizieren, anhand derer die Beurteilung erfolgt.

Die zwei zentralen Kriterien wurden bereits identifiziert: die *ex post*- und die *ex ante-Effizienz* (nachfolgende Kriterien 1 und 2), also die Fähigkeit des jeweiligen Stabilisierungssystems, eine bestehende Finanzkrise zu beseitigen und die Entstehung neuer zu verhindern.[2078] Basierend auf den im bisherigen Untersuchungsverlauf identifizierten Rahmenbedingungen und Herausforderungen der kommunalen Haushaltswirtschaft lassen sich jedoch noch weitere Kriterien ermitteln. Hierbei sind auch sich abzeichnende Entwicklungen der nahen Zukunft sowie Erfahrungen aus vergangenen Reformen im kommunalen Sektor zu berücksichtigen.

Als weiteres Kriterium neben den beiden bereits genannten Zentraleigenschaften ist daher der aus einem Systemwechsel resultierende *Umstellungsaufwand* (3) zu betrachten. Dieser Aufwand ist dabei einerseits in Hinblick auf den gesetzgebenden Prozess und einer möglicherweise vorhergehenden Systemerprobung in Pilotkommunen abzuschätzen, andererseits vor allem in Form des praktischen Umstellungsaufwands aller Beteiligten in ihrem laufenden Betrieb. Letztgenanntes ist insbesondere angezeigt unter Berücksichtigung der in der NKF-Umstellung gemachten Erfahrungen: Diese hat umfassende Ressourcen beansprucht - in Form von Softwareanpassungen, Mitarbeiterschulungen, neu zu schaffenden Stellen zur Bewältigung des veränderten Arbeitsvolumens - und daher schnell die Frage nach dem Kosten-Nutzen-Verhältnis aufgeworfen.[2079]

Im Kontext des Umstellungsaufwand ist auch die Frage zu stellen, inwieweit die Systeme zu einer möglichen, zukünftigen Internationalisierung (bzw. Europäisierung) des öffentlichen Rechnungswesen kompatibel sind. So beschäftigt sich die

---

[2078] Vgl. Kapitel 4.6.
[2079] Vgl. BOGUMIL und HOLTKAMP (2012), S. 116, allgemein bezogen auf die Doppik-Umstellung J. WEISS (2013), S. 243.

EUROPÄISCHE KOMMISSION bereits seit längerem mit den sog. European Public Sector Accounting Standards, kurz: EPSAS.[2080] Diese Rechnungslegungsstandards basieren auf den IPSAS, welche ihrerseits Ergebnis eines Transfers der IAS / IFRS auf den öffentlichen Sektor darstellen.[2081] Unabhängig von der der Frage nach einer Notwendigkeit einer europaweiten Harmonisierung der öffentlichen Rechnungslegung sowie der Eignung der IPSAS als Referenz sind die Stabilisierungssysteme also auch danach zu beurteilen, wie sehr ihre haushaltsrechtlichen Vorgaben eine *EPSAS-Kompatibilität* (4) aufweisen oder von den internationalen Standards abweichen. So kann ein potentieller Umstellungsaufwand im Falle der zukünftigen EPSAS-Einführung abgeschätzt werden.

Des Weiteren ist zu vergleichen, inwieweit durch die Systeme eine *Berücksichtigung der Aufgabenauslagerung* (5) und Konzernbildung erfolgt. In Anbetracht des Umfangs der Aufgabenauslagerung[2082] und der grundsätzlich damit einhergehenden Möglichkeit zu umfassender Budgetflucht[2083] stellt die Organisationsfreiheit eine bedeutende Variable der Leistungsfähigkeit eines Stabilisierungssystems dar, wenn dieses den Anspruch hat, die gesamte kommunale Aufgabenerfüllung sicherzustellen.

Ein weiteres Vergleichskriterium sollte in der Frage nach der *Einbeziehung des Landes* (6) in die Stabilisierung der Kommunalhaushalte bestehen. Dies ist allein schon darin zu begründen, dass die Gemeinden staatsrechtlicher Teil der Länder sind und damit trotz ihrer verfassungsrechtlichen Selbstverwaltungsgarantie in deren Verantwortung fallen.[2084] Zudem wurde im Rahmen der Untersuchung des Ursachengeflechts der kritischen kommunalen Finanzlage das Land in unterschiedlicher Form als mitverantwortlich identifiziert, insbesondere durch aufsichtsrechtliche Mängel.[2085] Darüber hinaus ist zu berücksichtigen, dass ein großer Teil des Schrifttums und der Kommunalpraxis regelmäßig Rufe nach einer erhöhten Verantwortungsübernahme des Landes ausstößt, was sich häufig in Forderungen nach Sozialkostenübernahmen u. Ä. äußert.[2086] Die Systeme sind folglich dahingehend zu vergleichen, inwieweit sie in der Lage sind, eine Mitverantwortung des Landes für kommunale Finanzprobleme zu identifizieren und das Land anschließend in die Problemlösung angemessen einzubeziehen.

In diesem Kontext lässt sich als weiteres Vergleichskriterium der Umfang der *Eingriffe in die Selbstverwaltungsgarantie* (7) der Kommunen identifizieren. Der Auto-

---

[2080] Vgl. EUROPÄISCHE KOMMISSION BERICHT COM(2013) 114 FINAL vom 06.03.2013, S. 10-14.
[2081] Vgl. BUNDESRECHNUNGSHOF (2017), S. 13.
[2082] Vgl. Kapitel 2.2.
[2083] Vgl. Kapitel 3.2.7.1.
[2084] Vgl. Kapitel 3.3.1.
[2085] Vgl. Kapitel 4.4.3.
[2086] Vgl. Kapitel 4.4.7.

nomiegrundsatz des Art. 28 Abs. 2 GG ist dem Kommunalsektor und dem gesamten Staatsaufbau immanent und stellt deshalb eine maßgebliche, unabänderliche Rahmenbedingung der vorliegenden Untersuchung dar.[2087] Ein Stabilisierungssystem darf daher keinesfalls unzulässig in dieses Recht eingreifen.

Zuletzt sind die Systeme in Hinblick auf ihre potentielle *Akzeptanz im legislatorischen Entscheidungsfindungsprozess* (8) miteinander zu vergleichen. Eine solche Akzeptanz kann sich aus vielen Bausteinen zusammensetzen, die überwiegend in den vorhergehenden Kriterien widergespiegelt werden. So dürfte ein Stabilisierungssystem, welches das kommunale Selbstverwaltungsrecht eindeutig verletzt, auch kaum eine gesetzliche Umsetzung finden. Dadurch müsste ein Entwurf eines ansonsten möglicherweise leistungsfähigen Stabilisierungssystems jedoch genau das bleiben: ein Entwurf, der für eine praktische Anwendung nicht in Frage kommt. Hierbei ist allerdings anzumerken, dass auch ein System mit geringem Akzeptanzpotential eine forschungsseitige Daseinsberechtigung hat, da es vielleicht nicht in Gänze akzeptiert wird, aber dennoch Problemaspekte und Lösungen aufzeigen kann. Dieses Kriterium ist damit als untergeordnet einzustufen.

7.2 Vergleichende Würdigung

7.2.1 Ex post-Effizienz

Der kommunalen Insolvenzverfahrensfähigkeit wurde grundsätzlich eine ex post-Effizienz in der Form bescheinigt, dass finanzielle Schieflagen durch eine Neustrukturierung der Schulden bereinigt werden können. Einschränkend wurde jedoch festgestellt, dass diese Neustrukturierung nur für nach einem Inkrafttreten des Systems begründete Schulden besteht - Altschulden unterliegen stattdessen einem Bestandsschutz. Eine Beseitigung der aktuellen Finanzprobleme lässt sich folglich nicht herbeiführen, was eine entscheidende Schwäche des Systems darstellt. Hierfür bedarf es von der kommunalen Insolvenzverfahrensfähigkeit unabhängiger Lösungen, wie beispielsweise Entschuldungsfonds.

Das regulative Stabilisierungssystem führt eine ex post-Effizienz indes herbei, indem es die Gemeinde dazu verpflichtet, Maßnahmen zur Wiederherstellung einer geordneten Haushaltswirtschaft zu ergreifen oder indem es - sofern die Gemeinde dazu nicht in der Lage oder willens ist - das Land dazu verpflichtet, diese mittels eines Beauftragten selber durchzusetzen oder Finanzhilfen zu leisten. Am Ende dieses Prozesses steht in jedem Fall ein ausgeglichener Haushalt auf dem individuellen Eigenkapitalniveau, welches erstmals bei der Doppik-Umstellung ermittelt wurde. Wenngleich der Schuldenabbau nicht explizit im Mittelpunkt steht, wird dieser durch den Fokus auf das Jahresergebnis dennoch indirekt berücksichtigt.

[2087] Vgl. Kapitel 4.6.

Die besonderen Herausforderungen im Zeitpunkt des Inkrafttretens des Stabilisierungssystems berücksichtigt dieses durch eine Übergangsklasse, die in Abhängigkeit des kumulierten Defizits aus der Vergangenheit zwar eine längere Frist zur Wiederherstellung des Eigenkapital-Zielniveaus zulässt - das Ergebnis bleibt jedoch gleich. Dem regulativen Stabilisierungssystem kann daher uneingeschränkte ex post-Effizienz bescheinigt werden.

7.2.2 Ex ante-Effizienz

Die kommunale Insolvenzverfahrensfähigkeit führt eine ex ante-Effizienz primär durch die damit etablierte Möglichkeit des Forderungsausfalls herbei. Diese führt dazu, dass sämtliche Partner der Gemeinde - insbesondere die Kreditgeber - Leistungsbeziehungen nur noch in Abhängigkeit der Gemeindebonität eingehen. Eine übermäßige Verschuldung wird damit durch vorher greifende Kreditrationierungen begrenzt. Die Gemeinde hat daher einen starken Anreiz, sich wirtschaftlich zu verhalten und dies entsprechend zu präsentieren. Dadurch wird neuerlichen Finanzkrisen vorgebeugt. Indem das Verfahren in der hier entworfenen Form den Kommunalschuldner dazu zwingt, den Gläubigern bzw. dem Insolvenzgericht glaubhaft zu machen, dass eine Zustimmung zum Insolvenzplan nicht nachteilig für sie ist, zwingt es während eines Verfahrens zudem zu einer leistungswirtschaftschaftlichen Sanierung, für die auch ein durch die InsO erweitertes Instrumentarium zur Verfügung steht und nach der die Gemeinde sich auf ihre Kernkompetenzen besonnen hat. Zu berücksichtigen ist jedoch, dass die bonitätsabhängige Kreditvergabe insbesondere in sozioökonomischen Problemregionen zu einem Regionenzerfall führen kann, da die betroffenen Gemeinden nur geringe Möglichkeiten haben, in der Gunst der Kreditgeber aufzusteigen und sich schlimmstenfalls von Insolvenzverfahren zu Insolvenzverfahren hangeln.

Der Gegenentwurf eines regulativen Stabilisierungssystem folgt hier einem gänzlich anderen Ansatz, der letztlich jedoch genauso auf eine positive Anreizsetzung bei den Kommunalverantwortlichen abzielt. Erreicht werden soll dies jedoch nicht durch Kreditbepreisungen und -rationierungen bei wirtschaftlichem Fehlverhalten, sondern durch klar erkennbare Rechtsfolgen, die in einer temporären Ablösung des Rates und / oder Bürgermeisters gipfeln. Dass diese tatsächliches Drohpotential entfalten, wird durch ein Legalitätsprinzip in der Aufsicht erreicht. Sozioökonomischen Problemfällen begegnet das regulative Stabilisierungssystem dabei durch die pflichtige Gewährung von Finanzhilfen, wenn auch der Beauftragte keine Sanierung herbeiführen kann. Zu einem Regionenzerfall kommt es daher nicht.

7.2.3 Umstellungsaufwand

In legislatorischer Hinsicht wurde die kommunale Insolvenzverfahrensfähigkeit als gesetzessparendes Instrument gekennzeichnet, da keine umfassende Vorschriftensammlung zum Umgang mit Haushaltskrisen notwendig ist, sondern eine Erweiterung der InsO genügt, um die notwendigen Rahmenbedingungen zu setzen. Alles weitere regelt der Marktmechanismus, sodass die kommunale Insolvenzverfahrensfähigkeit dem Subsidiaritätsprinzip Rechnung trägt. Als kritisch wird sich dabei jedoch eine Systemerprobung gestalten, da der Marktmechanismus erst bei explizitem Inkrafttreten der InsO-Erweiterung und einem ersten Insolvenzfall greift.

Demgegenüber erfordert das regulative Stabilisierungssystem entsprechend seiner Natur eine explizite Kodifizierung der Systembestandteile, insbesondere der Klassenschwellen samt Rechtsfolgen. Hierbei profitiert es jedoch von dem Umstand, dass es an viele bekannte Elemente anknüpft, sodass es keiner grundlegend neuen Struktur des Haushaltsrechts bedarf, sondern GO NRW und KomHVO NRW an ausgewählten Stellen modifiziert werden können. Eine Systemerprobung in ausgewählten Pilot-Kommunen, die klassifiziert werden und für die die vorgesehenen Rechtsfolgen nach dem Legalitätsprinzip wirken, ist zudem ohne Probleme möglich.

Hinsichtlich des Umstellungsaufwands im laufenden Betrieb ist die kommunale Insolvenzverfahrensfähigkeit durch ihre Andersartigkeit im Vergleich zum traditionellen Haushaltswesen geprägt. So führt die Ausfallgefährdung kommunaler Kredite zu erhöhten Transaktionskosten bei der Kreditanbahnung. Gleichzeitig muss sich zur Funktionsfähigkeit des Systems überhaupt erst einmal ein landesweites Rating-System etablieren, um die notwendige Informationsversorgung sicherzustellen. Zuletzt ergeben sich Umstellungsarbeiten innerhalb der Kommunalverwaltung insbesondere aus der veränderten Bilanzierung. So ist die Vermögenstrennung für NRW-Kommunen bereits Neuland und gerade die Bewertung des entbehrlichen Vermögens zu Zeitwerten nach dem Neubewertungsmodell aufwendiger, als die bisherige Bewertung zu fortgeführten Anschaffungs- und Herstellungskosten.

Das regulative Stabilisierungssystem dürfte diesbezüglich grundsätzlich einfacher in den laufenden Betrieb zu integrieren sein. Die bilanziellen Änderungen beschränken sich auf eine Umstrukturierung des Eigenkapitals, die problemlos rückwirkend durchgeführt werden kann, sowie die Abschaffung der Verrechnung nach § 44 Abs. 3 KomHVO NRW. Allerdings ergibt sich ein nicht unerheblicher Zusatzaufwand aus den gestiegenen Planungsanforderungen: Während die Aufstellung von Wirtschaftsplänen in den meisten Auslagerungen aufgrund der herrschenden rechtlichen Vorgaben bereits heute etabliert sein dürfte, muss die Gemeinde die Einzelpläne nun zu einem Gesamtergebnisplan zusammenführen. Zumindest anfangs stellt eine Segmentierung von Gesamtergebnisplan und Gesamtergebnisrechnung ebenfalls zusätzlichen Aufwand dar, wenngleich dies nach einer gewissen Umstellungsphase die Gesamtplanung erleichtern dürfte. Die Fremdkapitaltransaktionen erfolgen indes wie bisher und ein Ratingsystem muss sich ebenfalls nicht zwingend etablieren. Wesentlicher zusätzlicher Aufwand fällt allerdings auch für die Aufsichtsbehörden an, deren Prüfungspflichten steigen und die allein durch den institutionalisierten Beauftragten personell aufstocken müssen. Des Weiteren belasten mögliche Finanzhilfen natürlich den Landeshaushalt.

7.2.4 EPSAS-Kompatibilität

Mit den EPSAS will die EUROPÄISCHE KOMMISSION insbesondere der europäischen Staatsschuldenkrise Rechnung tragen, indem durch ein einheitliches, doppisches Rechnungswesen die Transparenz und Vergleichbarkeit der öffentlichen Haushalte erhöht wird. Dadurch soll eine verbesserte Haushaltsüberwachung ermöglicht werden, um frühzeitig Maßnahmen zur Vermeidung künftiger Staatsschuldenkrisen ergreifen zu können.[2088] Unabhängig von konkreten Detailregelungen sollen zudem durch die flächendeckende Abkehr vom zahlungsbasierten hin zu einem ressourcenorientierten Rechnungssystem Generationengerechtigkeit und bessere Steuerungsmöglichkeiten gefördert werden[2089] - ganz ähnlich also der Zielsetzung der NKF-Einführung.[2090] Hierzu wurde die EUROPÄISCHE KOMMISSION 2011 vom Rat beauftragt, zu prüfen, ob die IPSAS für diesen Zweck geeignet sind.[2091] Mittels öffentlicher Konsultation hat die Kommission festgestellt, dass diese zwar nicht eins zu eins übernommen werden können, sie jedoch als grundsätzlicher Bezugsrahmen harmonisierter Rechnungslegungsregeln dienen können. Sie sind allerdings in vielerlei Hinsicht anzupassen, z. B. bezüglich der Behandlung spezifischer öffentlicher Geldflüsse, wie Steuern und Sozialleistungen, die bisher nicht vollständig und praktikabel geregelt sind.[2092] Der aktuelle Zeitplan, der anschließend von der mit der EPSAS-Entwicklung und -Einführung beauftragten EUROSTAT aufgestellt wurde, sieht aktuell ein zweistufiges Vorgehen vor: Bis ca. 2020 werden das Rahmenwerk

---

[2088] Vgl. Präambel, Abs. 3, 7 der EU-Richtlinie 2011/85/EU des Rates über die Anforderungen an die haushaltspolitischen Rahmen der Mitgliedstaaten vom 08.11.2011. Kritik an diesem Ziel bzw. der Realisierbarkeit soll an dieser Stelle nicht Gegenstand der vorliegenden Untersuchung sein. Vgl. hierzu stellvertretend ADAM (2014), GERHARDS (2015), BUNDESRECHNUNGSHOF (2017).
[2089] Vgl. BUNDESRECHNUNGSHOF (2017), S. 6.
[2090] Vgl. Kapitel 3.2.2.
[2091] Vgl. Art. 16 Abs. 3 EU-Richtlinie 2011/85/EU des Rates über die Anforderungen an die haushaltspolitischen Rahmen der Mitgliedstaaten vom 08.11.2011.
[2092] Vgl. EUROPÄISCHE KOMMISSION BERICHT COM(2013) 114 FINAL vom 06.03.2013, S. 10. Es wurde in diesem Zuge auch eine Einordnung der einzelnen zu diesem Zeitpunkt existierenden IPSAS bezüglich des Ausmaßes der notwendigen Anpassungen vorgenommen, vgl. EUROPEAN COMMISSION STAFF WORKING DOCUMENT SWD(2013) 57 FINAL vom 06.03.2013, S. 125-128, und übersichtlich in ADAM (2014), S. 10.

7.2 Vergleichende Würdigung

und die Standards erarbeitet und freiwillige Einführungen eines doppischen Rechnungswesens, z. B. der IPSAS, finanziell unterstützt. In weiteren fünf Jahren, also bis ca. 2025, soll anschließend eine stufenweise Einführung der EPSAS erfolgen.[2093] Dies soll auf Basis einer Verordnung erfolgen, sodass die Standards verbindlich von allen Mitgliedstaaten anzuwenden sein werden.[2094] Betroffen sind davon sämtliche staatlichen Ebenen, in Deutschland neben Bund und Ländern auch die Kommunen.[2095]

Die derzeit 42 IPSAS, die der EPSAS-Entwicklung mit dem Ziel geringstmöglicher Abweichungen[2096] zugrunde gelegt werden, wurden vom privat organisierten IPSAS-Board[2097] überwiegend aus den IFRS entwickelt.[2098] Bedingt durch diese Basis unterscheiden sich die IPSAS von dem HGB-orientierten kommunalen Haushaltsrecht in NRW (und vielen anderen Ländern) im Wesentlichen in zwei zentralen Merkmalen:[2099]

1. Die IPSAS sind als *case law* ausgestaltet. Aufgrund der internationalen Anwendbarkeit ist der Standardgeber dazu gezwungen, seine Regelungen detailliert darzustellen und unmittelbar um eigene Erläuterungen und Interpretationen zu ergänzen, um eine gleichartige Anwendung aller Bilanzierenden sicherzustellen. Die in Deutschland sonst vorherrschende Form der Interpretation durch Forschung, Wirtschaftsprüfer und Rechtsprechung wird somit vom IPSAS-Board vorweggenommen, was zu einem wesentlichen größeren Umfang des Regelwerks führt.[2100]

2. Da die IFRS primär auf die Vermittlung entscheidungsnützlicher Informationen für (potentielle) Investoren ausgerichtet sind,[2101] ist auch in den IPSAS das Ziel der *true and fair view*, also die Abbildung der tatsächlichen Verhältnisse, dominant.[2102] Damit einher geht eine Abkehr vom Vorsichtsprinzip.[2103] Ein Imparitäts- und ein Realisationsprinzip, wie es die kommunale Rech-

---

[2093] Vgl. MAKARONIDIS (2016), S. 12 f.
[2094] Vgl. BUNDESRECHNUNGSHOF (2017), S. 7.
[2095] Vgl. BUNDESRECHNUNGSHOF (2017), S. 19.
[2096] Vgl. EUROPÄISCHE KOMMISSION BERICHT COM(2013) 114 FINAL vom 06.03.2013, S. 12.
[2097] Das IPSAS-Board ist folglich nicht demokratisch legitimiert, obwohl es Rechnungslegungsstandards für den öffentlichen Sektor entwickelt, vgl. BUNDESRECHNUNGSHOF (2017), S. 14. Eine solche Legitimation würden die EPSAS letztlich nur über die Anerkennung durch die EUROPÄISCHE KOMMISSION erhalten.
[2098] Vgl. die Übersichtstabelle in DELOITTE (2018), S. 8 f.
[2099] Eine ausführliche Gegenüberstellung findet sich in BISKOPING-KRIENING (2014), S. 25-30.
[2100] Vgl. WILLENBORG (2015), S. 158, ADAM (2014), S. 3.
[2101] Vgl. hierzu insbesondere das IFRS-Rahmenkonzept, INTERNATIONAL ACCOUNTING STANDARDS BOARD (2001), Rn. 9, bzw. seit 2018 INTERNATIONAL ACCOUNTING STANDARDS BOARD (2018), Rn. 1.2, sowie SCHWEMER und HAUSCHILD (2015), S. 195, L. BUCHHOLZ und GERHARDS (2016), S. 16, MÖLLER, HÜFNER und KETTENISS (2018), S. 58.
[2102] Vgl. WILLENBORG (2015), S. 158.
[2103] Vgl. GERHARDS (2013), S. 71, SCHMALZHAF (2015), S. 611.

nungslegung auch nach dem 2. NKFWG NRW noch kennt, existiert jeweils nicht.[2104] Die Anschaffungskostenrestriktion kann damit vielfach durch Wahlrechte zur Zeitwertbilanzierung durchbrochen werden.[2105] Teilweise ist eine Zeitwertangabe sogar pflichtig.[2106] Im Falle von Wertsteigerungen über die historischen Anschaffungs- / Herstellungskosten werden dadurch Erträge ausgewiesen, denen keine Einzahlungen gegenüberstehen.[2107] Allerdings sind solche Wertveränderungen wie in den IAS / IFRS entsprechend des Neubewertungsmodells[2108] ergebnisneutral mit einer Neubewertungsrücklage im Eigenkapital zu verrechnen.[2109] Ausnahmen - und damit eine erfolgswirksame Erfassung von Werterhöhungen entsprechend des Modells des beizulegenden Zeitwerts - treten im Wesentlichen bei Finanzinstrumenten auf.[2110] Zu beachten ist, dass die die Zeitwertbilanzierung beinhaltenden Standards von der EUROPÄISCHEN KOMMISSION zwar teilweise als anpassungsbedürftig eingestuft wurden, sich dies jedoch nicht aus dem grundsätzlichen Rückgriff auf Zeitwerte (egal, ob erfolgsneutral oder erfolgswirksam zu verbuchen) ergibt.[2111] Damit ist - entsprechend dem Ziel geringstmöglicher Abweichungen zu den IPSAS und IFRS - ein Festhalten der EPSAS an der Zeitwertorientierung zu erwarten. Weitere zentrale Ansatz- und Bewertungsunterschiede bestehen z. B. bei der Behandlung von Investitionszuwendungen,[2112] Instandhaltungsrückstellungen[2113] und Pensionsrückstellungen.[2114]

Aktuell schwer zu beantworten ist die Frage, wie wahrscheinlich eine tatsächliche EPSAS-Einführung ist. Von deutscher Seite erhält das Projekt zwar deutlichen Widerstand, da eine EU-weite Vereinheitlichung aufgrund nationaler Besonderheiten für nicht umsetzbar gehalten und bezweifelt wird, dass der Nutzen eines sol-

---

[2104] Vgl. ADAM (2014), S. 11.
[2105] Vgl. stellvertretend IPSAS 17.42, nach dem bei der Folgebewertung von Sachanlagevermögen und immateriellen Vermögensgegenständen grundsätzlich die Wahl zwischen der Zeitwertbilanzierung und der zu fortgeführten Anschaffungs- / Herstellungskosten besteht.
[2106] Zur Erzielung von Mieteinnahmen oder zu Wertsteigerungszwecken gehaltene Immobilien müssen zum Teil mit ihren Zeitwerten ausgewiesen werden, vgl. IPSAS 16.39, 43. Wertpapiere sind grundsätzlich zum Zeitwert zu bilanzieren, vgl. IPSAS 29.45, 48.
[2107] Vgl. WILLENBORG (2015), S. 159.
[2108] Vgl. Kapitel 5.5.4.4.
[2109] Vgl. z. B. IPSAS 17.54 f. beim Sachanlagevermögen.
[2110] Vgl. IPSAS 29.64 f.
[2111] Vgl. EUROPEAN COMMISSION STAFF WORKING DOCUMENT SWD(2013) 57 FINAL vom 06.03.2013, S. 126.
[2112] Es erfolgt keine Sonderpostenbildung wie nach § 44 Abs. 5 KomHVO NRW, sondern eine vollständige ertragswirksame Vereinnahmung, vgl. IPSAS 23.17.
[2113] IPSAS 19.28 sieht im Gegensatz zu § 37 Abs. 4 KomHVO NRW ein Ansatzverbot vor.
[2114] Es erfolgt u. a. eine Diskontierung mit dem aktuellem Marktzins anstelle eines fixen Zinssatzes, vgl. IPSAS 39.85, 88.

7.2 Vergleichende Würdigung

chen Systems die Einführungskosten rechtfertigt.[2115] Allerdings kann Deutschland alleine eine mit qualifizierter Mehrheit zu beschließende Verordnung nicht verhindern.[2116] Die Projektskeptiker sind derzeit jedoch in der deutlichen Minderheit.[2117] Gegen ein vorzeitiges Scheitern des Projekts sprechen zudem weitere Umstände: Zum einen untersucht die EUROPÄISCHE KOMMISSION keine Alternativen zu einer EPSAS-Einführung, zum anderen bereitet sie diese bereits jetzt durch die finanzielle Förderung von freiwilligen Umstellungen auf ein doppisches Rechnungswesen vor.[2118] Gleichzeitig wird bereits die Einführung von Lehrmodulen zu einer harmonisierten europäischen Rechnungslegung an Hochschulen forciert.[2119] Wird also davon ausgegangen, dass eine EPSAS-Einführung früher oder später erfolgen wird, stellt sich die Frage, inwieweit die beiden hier entworfenen Systeme kompatibel zu einer solchen Internationalisierung des öffentlichen Haushalts- und Rechnungswesens sind. Da aktuell noch keine EPSAS zur Verfügung stehen, erfolgt der Vergleich mit den IPSAS.

Eine wesentliche Modifizierung des Rechnungswesens ergibt sich im System der kommunalen Insolvenzverfahrensfähigkeit aus der Trennung in unentbehrliches und entbehrliches Vermögen sowie der damit einhergehenden unterschiedlichen Bewertung. Im Bereich des entbehrlichen Vermögens nähert sich das System damit den IPSAS an, indem es auf eine Bewertung zum Zeitwert setzt. Dabei wird flächendeckend dem Neubewertungsmodell gefolgt, sodass Werterhöhungen über die historischen Anschaffungs- / Herstellungskosten nicht erfolgswirksam sind. Eine Zeitwertorientierung beim unentbehrlichen Vermögen ist jedoch nicht vorgesehen, die IPSAS würden diese aber auch hier zum Teil verlangen. Diesbezüglich ist jedoch zu beachten, dass eine Zeitwertbilanzierung für das unentbehrliche Vermögen lediglich wegen des nicht vorhandenen Zusatznutzens abgelehnt wurde: Die betroffenen Vermögensgegenstände sollen per Definition langfristig im Unternehmen verbleiben, sodass aktuelle Marktpreise (sofern überhaupt ermittelbar) nur geringe Zusatzinformationen liefern. Wenn nun die IPSAS trotz dieser Kritik eine Zeitwertbilanzierung verlangen, kann zwar sicherlich die Frage nach dem Kosten-Nutzen-Verhältnis und den sich ergebenden Ermessensspielräumen gestellt werden.[2120] Mit

---

[2115] Vgl. BUNDESTAG DRUCKSACHE 18/4182 vom 03.03.2015, S. 4, und BUNDESRAT DRUCKSACHE 811/13 vom 14.02.2014, S. 1 f. Die Kosten für eine Einführung in Deutschland werden auf bis zu 2,4 Mrd. EUR geschätzt, wobei der Studienherausgeber explizit auf die lokalen Besonderheiten hinweist, die die Kosten weiter in die Höhe treiben können, vgl. PwC (2014), S. 10-12, 85.
[2116] Hierfür bedürfte es einer Sperrminorität, welche mindestens vier Ratsmitglieder, die zusammen mehr als 35 % der EU-Bevölkerung vertreten, erfordert, vgl. Art. 16 Abs. 4 EUV.
[2117] Vgl. LORSON und HAUSTEIN (2017), S. M5.
[2118] Vgl. BUNDESRECHNUNGSHOF (2017), S. 9, 22.
[2119] Siehe hierzu das Projekt *Developing an implementing European Public Sector Accounting modules*, vgl. https://www.wiwi.uni-rostock.de/en/diepsam/home/[letzter Abruf: 11.03.2019].
[2120] Begründet werden können die Zeitwerte auch beim restlichen Anlagevermögen mit einer strikten Zukunftsorientierung: Während Abschreibungen auf Basis historischer Anschaffungswerte

dem hier entworfenen System kommt es jedoch zu keiner Kollision, da die zentrale Größe das entbehrliche Vermögen als Schuldeckungspotential und Grundlage der Verhandlungen mit Kapitalgebern darstellt. Ein systemseitiger Konflikt beim Aufeinandertreffen von kommunaler Insolvenzverfahrensfähigkeit und IPSAS existiert lediglich in der Ausweisform: Das hier entworfene System verlangt eine explizite Zweiteilung des Vermögens nach den Kriterium der Veräußerungsfreigabe und Marktfähigkeit, während die IPSAS dies nicht vorsehen. Hieraus würde sich die Notwendigkeit ergeben, neben der IPSAS-Bilanz eine zweite mit einer solchen Trennung aufzustellen. Da die Wertansätze jedoch die gleichen sein können, ist eine solche Aufstellung mit wenig Arbeit verbunden.

Das regulative Stabilisierungssystem verändert nichts an den bisherigen Bilanzierungsgrundsätzen des NKF. Zeitwerte würden hier also eine genauso große Neuerung sein, wie das in der aktuellen Rechtslage der Fall wäre. Da das Stabilisierungssystem jedoch zentral auf der Rechengröße Jahresergebnis sowie dessen Wirkungen auf das Eigenkapital fußt, stellt sich die Frage, ob eine Zeitwertbilanzierung hiermit kollidiert. Da bei den IPSAS mit Ausnahme vereinzelter Vermögensgegenstände (insbesondere Finanzinstrumenten) das Neubewertungsmodell zum Tragen kommt, wirken sich Wertsteigerungen oberhalb der historischen Kosten nicht auf das Jahresergebnis aus, sodass Letzteres in seiner Aussagekraft nicht eingeschränkt wird und daher nach wie vor als zentrale Bezugsgröße dienen kann. Konsequenterweise müsste die Neubewertungsrücklage, in die die Änderungen stattdessen einfließen, vom Klassifizierungssystem isoliert werden, da Herabstufungen nur in Folge von fehlbetragsbedingten Eigenkapitalreduzierungen vorgenommen werden sollen. Es müsste somit eine weitere Unterposition im Eigenkapital geschaffen werden, die ähnlich der Sonderrücklage regelmäßig auszuklammern ist. Damit wirken sich Zeitwerte letztlich erst bei Vermögenabgängen aus, wenn die Neubewertungsrücklage aufgelöst und der Veräußerungsgewinn / -verlust tatsächlich realisiert wird.

Darüber hinaus ergibt sich eine wesentliche Gemeinsamkeit des regulativen Stabilisierungssystems mit den IPSAS in Bezug auf die Segmentberichterstattung. IPSAS 18 verlangt sowohl auf Einzel- als auch Gesamtabschlussebene eine solche mit einer leistungsbezogenen Segmentunterteilung.[2121] Dies kann im aktuellen haushaltsrechtlichen Kontext der pflichtigen Aufstellung von Teilhaushalten nach Produktbereichen entsprechen, welche im regulativen Stabilisierungssystem nicht nur beim Periodenabschluss, sondern bereits bei der Planung gefordert wird bzw. werden kann. Kommunen im regulativen Stabilisierungssystem wären damit bestens auf diese IPSAS-Anforderung vorbereitet, da sie im Umstellungszeitpunkt bereits eine

---

zu einer Refinanzierung des betroffenen Vermögensgegenstandes in Höhe eben genau dieses vergangenen Wertes führen, liegt dem Zeitwert die Überlegung zugrunde, dass eine künftige Ersatzinvestition getätigt werden muss, die möglicherweise zu einem veränderten Preis erfolgt, vgl. WILLENBORG (2015), S. 158 f.

[2121] Vgl. D. SCHUBERT und VORLAUF (2015), S. 139.

Segmentberichterstattung betreiben. Wenngleich diese IPSAS-seitig aktuell zwar nur im Abschluss gefordert wird, ist es nicht unwahrscheinlich, dass die EPSAS dies auf die Planung ausweiten - immerhin steht die Haushaltsplanung traditionell deutlich mehr im Fokus politischer Diskussionen als der spätere Abschluss. Eine absehbare Erweiterung wird jedoch im Umfang der Segmentberichterstattung notwendig, da die IPSAS auch eine Teilvermögensübersicht fordern.[2122] Im regulativen Stabilisierungssystem wurde von dieser abgesehen.

7.2.5 Berücksichtigung der Aufgabenauslagerung

Grundsätzlich ignoriert die kommunale Insolvenzverfahrensfähigkeit die Existenz kommunaler Konzerne, da sie ausschließlich die Kernverwaltung adressiert. Rechtlich selbstständige Auslagerungen des Privatrechts sind jedoch selber Gegenstand des Insolvenzrechts, was den Anreiz zur Auslagerung defizitärer Aufgabenbereiche dämpft. Nichtsdestotrotz können die Konzernmitglieder nicht ausschließlich isoliert betrachtet werden, da defizitäre Auslagerungen auch die Kernverwaltung in Form von Verlustübernahmen zur Vermeidung einer Insolvenz in Mitleidenschaft ziehen können. Diese Anforderung ist jedoch nicht durch eine explizite gesetzliche Regelung zu würdigen, sondern wird von der Bonitätsbeurteilung abgedeckt: Bei der Beurteilung der Kreditwürdigkeit einer Gemeinde sind auch die Risiken aus Auslagerungen zu berücksichtigen. Letztlich werden kommunale und private Konzerne damit gleich behandelt.

Im regulativen Stabilisierungssystem erfolgt eine explizite Würdigung des Konzerntatbestands durch eine Erweiterung der Bezugsgröße auf das Gesamtergebnis bzw. Konzern-Eigenkapital. Dies ist auch zwingend notwendig, da ausgelagerte Aufgabenbereich ansonsten den Rechtsfolgen entzogen werden. Zwar sind die Auslagerungen auch bei einer Konzernbetrachtung niemals expliziter Gegenstand der Rechtsfolgen, z. B. einer Beauftragtenbestellung, jedoch wird die Gemeinde angereizt, positiv auf ihre Auslagerungen einzuwirken, um Rechtsfolgen für die Kernverwaltung zu vermeiden. Einem Anreiz zur Budgetflucht wird folglich genauso wie im Insolvenzregime vorgebeugt.

7.2.6 Einbeziehung des Landes

Das System der kommunalen Insolvenzverfahrensfähigkeit sieht keine unmittelbare Einbeziehung des Landes vor. Ganz im Gegenteil: Durch einen zwingend notwendigen Bailout-Verzicht, ohne den die Ausfallgefährdung der Forderungen nicht glaubhaft ist, wird das Land sogar explizit ausgeklammert. Systemadressat ist ausschließlich die insolvente Gemeinde. Allerdings sorgen die veränderten Bedingungen

---
[2122] Vgl. IPSAS 18.53.

der Fremdfinanzierung zumindest indirekt dafür, dass das Land nicht völlig unbeteiligt bleibt. Da es ein Interesse an der Vermeidung von Kommunalinsolvenzen hat, um keine Zweifel an seiner eigenen Bonität zu nähren, es diese aber nicht durch explizite Bailouts verhindern darf, entsteht zumindest ein Anreiz zur Verbesserung der grundlegenden Finanzausstattung.

Das regulative Stabilisierungssystem sieht hingegen eine direkte Einbeziehung des Landes in die Lösung kommunaler Finanzprobleme vor - mehr noch, als dies im geltenden Recht der Fall ist. So wird die Verantwortung des Landes zum einen durch die Ablösung des Opportunitäts- durch das Legalitätsprinzip erhöht sowie damit verbunden die institutionalisierte Pflicht zur Beauftragtenbestellung in Klasse C. Eine explizite Einbeziehung des Landes in die Lösung kommunaler Finanzprobleme erfolgt jedoch insbesondere durch die Rechtspflicht zur Leistung von Hilfszuweisungen, wenn das Konsolidierungspotential in der Gemeinde ausgeschöpft ist. Über diesen Mechanismus trägt das Stabilisierungssystem der Frage nach der Verantwortung für die finanzielle Schieflage Rechnung.

7.2.7 Eingriffe in die Selbstverwaltungsgarantie

Entgegen der sonst aus der Praxis und dem Schrifttum geäußerten Befürchtungen, geht eine kommunale Insolvenzverfahrensfähigkeit in der hier vorliegenden Ausgestaltung nicht mit unzulässigen Eingriffen in die Selbstverwaltung einher. Dies wird insbesondere durch eine zwingende Eigenverwaltung sowie den Ausschluss des Liquidationsverfahrens erreicht. Auch Ideen zu einer beschränkten Insolvenzverfahrensfähigkeit, die eine pflichtige Einstellung freiwilliger Selbstverwaltungsaufgaben vorsehen, werden nicht übernommen. Stattdessen kann die hier entworfene Ausgestaltung eines kommunalen Insolvenzverfahrens als eine Stärkung der Selbstverwaltungsgarantie gewertet werden: Die eigenverantwortlich wirtschaftende Gemeinde trägt selbst die Konsequenzen einer möglichen Misswirtschaft und ist mittels Insolvenzplanvorlage für die Problemlösung zuständig. Zudem erfährt die Eigenverantwortlichkeit eine deutliche Stärkung, indem die Gemeinde selber über die Zuordnung ihres Vermögens in den entbehrlichen oder unentbehrlichen Bereich entscheidet.

Auch im regulativen Stabilisierungssystem erfolgen keine unzulässigen Eingriffe in das Selbstverwaltungsrecht. Die pflichtige Beauftragtenbestellung in Klasse C konnte analog der Ausgestaltung im Stärkungspakt Stadtfinanzen als rechtlich zulässig gewertet werden. Nichtsdestotrotz stellt ein solcher Eingriff eine starke Einschränkung der Selbstverwaltungsgarantie dar, da eine Gemeinde temporär fremdverwaltet wird. Darüber hinaus ergeben sich jedoch keine bedeutenden Veränderungen gegenüber dem geltenden Recht, da auch im regulativen Stabilisierungssystem die Gemeinde den Weg der Sanierung mittels des KSP grundsätzlich selbst bestimmen kann.

7.2.8 Akzeptanz im legislatorischen Entscheidungsfindungsprozess

Eine kommunale Insolvenzverfahrensfähigkeit stellt einen massiven Paradigmenwechsel im System der öffentlichen Finanzwirtschaft dar. Indem die finanzielle Eigenverantwortlichkeit der Kommune wesentlich stärker betont wird, erfolgt in gewisser Weise eine Entkoppelung vom Land - obwohl die Gemeinden staatsrechtlich nach wie vor Teil dieses sind. Dem Staat wird damit weitestgehend die Kompetenz entzogen, finanzwirtschaftliche Tatsachen der Kommunen zu schaffen. Stattdessen wird diese Verantwortung in die Hand des Kapitalmarktes gelegt. Trotz vereinzelter Vorstöße aus der politischen Praxis[2123] dürfte ein solcher Paradigmenwechsel daher im Gesetzgebungsprozess nur wenig Zustimmung finden. Zudem dürfte eine Akzeptanz bereits daran scheitern, dass durch die Insolvenzverfahrensfähigkeit die günstige und sichere Fremdfinanzierung der Kommunen aufgegeben wird und Ansteckungen auf die restliche öffentliche Finanzierung zumindest nicht gänzlich ausgeschlossen werden können. Insgesamt ist das System der kommunalen Insolvenzverfahrensfähigkeit mit zu vielen Unsicherheiten - sowohl für die kommunalen Schuldner, als auch den restlichen öffentlichen Sektor und die Gläubiger - verbunden, als dass es Anklang finden dürfte. Die zuvor identifizierten Schwächen, insbesondere in Form der lediglich eingeschränkten ex post-Effizienz, bestärken diese Vorbehalte nur noch.

Für das regulative Stabilisierungssystem ist indes mehr Akzeptanz zu erwarten. Dies ist insbesondere mit der strukturellen Nähe zum geltenden Recht, dem Erhalt des Kreditprivilegs sowie natürlich der unbeschränkten ex ante- und ex post-Effizienz zu begründen. Kritisch in Bezug auf eine Zustimmungsfähigkeit ist jedoch der flächendeckende Wechsel vom Opportunitäts- zum Legalitätsprinzip zu sehen. Das Land würde sich hiermit deutlich mehr Verantwortung aufbürden, als es derzeit trägt. Gleichzeitig dürfen auch die finanziellen Belastungen durch Hilfszuweisungen nicht vergessen werden. Es stellt sich damit die Frage, ob für das Land ein Festhalten an der bisherigen Vorgehensweise attraktiver ist und größeren Finanzproblemen bei Bedarf und im Einzelfall durch ad hoc-Hilfsprogramme wie dem Stärkungspakt Stadtfinanzen begegnet wird, statt sich im Vorfeld so umfangreich die Hände zu binden. Letztlich lässt das regulative Stabilisierungssystem politischen Spielraum nur noch in der Frage nach dem ausschöpfbaren Konsolidierungspotential zu.

[2123] Vgl. stellvertretend LANDTAG NRW DRUCKSACHE 16/3646 vom 19.07.2013 und BUNDESTAG DRUCKSACHE 15/4968 vom 25.02.2005.

7.3 Gesamtergebnis

Zusammengefasst ergibt eine Gegenüberstellung der beiden Stabilisierungssysteme das in Tabelle 7.1 dargestellte Bild.

Kriterium	Kommunale Insolvenzverfahrensfähigkeit	Regulatives Stabilisierungssystem
(1) Ex post-Effizienz	Neustrukturierung der Schulden; keine Anwendung auf Bestandsschulden	Ausnahmslose Wiederherstellung eines ausgeglichenen Haushalts auf ursprünglichen Eigenkapitalniveau durch Gemeinde, Beauftragten oder Finanzhilfen
(2) Ex ante-Effizienz	Zwang zur leistungswirtschaftlichen Reorganisation, um Insolvenzplan durchsetzen zu können; Wirtschaftlichkeitsanreize durch bonitätsabhängige Kreditbepreisung / -rationierung; Gefahr des Regionenzerfalls in Kommunen mit sozioökonomischer Problemstruktur	Anreize zur Wirtschaftlichkeit durch drohende Rechtsfolgen (insbesondere Beauftragtenbestellung), die im Rahmen des Legalitätsprinzips durchgesetzt werden; Kommunen mit sozioökonomischer Problemstruktur erhalten Finanzhilfen, wenn das Konsolidierungspotential ausgeschöpft ist

(3) Umstellungsaufwand	Legislatorisch: Ausschließlich InsO-Erweiterung, restliche Regelung über Marktmechanismus; keine Systemerprobung möglich	Legislatorisch: Explizite haushaltsrechtliche Änderungen; Systemerprobung in Pilot-Kommunen unproblematisch
	Im laufenden Betrieb: Erhöhte Transaktionskosten bei Kreditanbahnung; Etablierung eines Rating-Systems notwendig; veränderte Bilanzierungspraxis durch Vermögenstrennung und partielle Zeitwert-Bewertung	Im laufenden Betrieb: Bilanzielle Änderungsbeschränkungen sich auf Umstrukturierung des Eigenkapitals und Wegfall des § 44 Abs. 3 KomHVO NRW; Gesamtergebnisplanung und Segmentberichterstattung bringen wesentlichen Mehraufwand mit sich; Erhöhte Belastung von Land (Finanzhilfen) bzw. Aufsichtsbehörden (Prüfungspflichten und feste Etablierung des Beauftragten)
(4) EPSAS-Kompatibilität	Zeitwertbilanzierung für entbehrliches Vermögen ohnehin vorgesehen; Vermögenstrennung macht Aufstellung einer zweiten Bilanz notwendig	Keine Konflikte bei Bildung einer Neubewertungsrücklage; Segmentierung ähnlich der von IPSAS 18 geforderten
(5) Berücksichtigung der Aufgabenauslagerung	Insolvenzverfahrensfähigkeit sämtlicher Konzernorganisationen; Berücksichtigung von Auslagerungsrisiken in der Bonitätsbeurteilung	Bezugnahme der Klassifizierung auf Kernverwaltungs- und Gesamtergebnis

(6) Einbeziehung des Landes	Indirekte Adressierung durch Anreize zur Vermeidung von Kommunalinsolvenzen mittels verbesserter Finanzausstattung	Verstärkte Aufsichtspflichten inkl. Beauftragtenbestellung; Rechtspflicht zur Leistung von Hilfszuweisungen, wenn Konsolidierungspotential der Gemeinde ausgeschöpft ist
(7) Eingriffe in die Selbstverwaltungsgarantie	Keine unzulässigen Eingriffe durch Ausschluss von beschränkter Insolvenz, Fremdverwaltung und Liquidationsverfahren; Stärkung der Selbstverwaltungsgarantie durch Planautonomie und Vermögenszuordnung nach eigenem Ermessen	Zwingende Beauftragtenentsendung als starker, jedoch rechtlich zulässiger Eingriff; Würdigung der Selbstverwaltungsautonmie durch grundsätzlich gemeindeseitige KSP-Aufstellung
(8) Akzeptanz im legislatorischen Entscheidungsfindungsprozess	Gering, da Paradigmenwechsel und Unsicherheit für Kommunen, restlichen öffentlichen Sektor und Gläubiger; zudem vereinzelte Mängel, insbesondere in Bezug auf ex post-Effizienz	Grundsätzlich hoch, da strukturelle Nähe zur bisherigen Systematik und gesicherte ex ante- und ex post-Effizienz; Selbstbindung durch Legalitätsprinzip kann Akzeptanz reduzieren

Tabelle 7.1: Systemvergleich

Es wird schnell deutlich: Das regulative Stabilisierungssystem ist der kommunalen Insolvenzverfahrensfähigkeit im direkten Vergleich überlegen. Insbesondere die Mängel in der ex post-Effizienz und die Gefahr des Regionenzerfalls, aber auch darüber hinausgehende Probleme wie eine fehlende Möglichkeit zur Systemerprobung und die unzureichende Einbeziehung des Landes in die Lösung kommunaler Finanzprobleme sind als zentrale Kritikpunkte an einer kommunalen Insolvenzverfahrensfähikeit anzuführen. Das regulative Stabilisierungssystem zeichnet sich hingegen durch unbeschränkte ex post- und ex ante-Effizienz aus und ist aufgrund der Nähe zum aktuellen System wesentlich leichter umsetzbar und dürfte demnach auch deutlich mehr politische Akzeptanz finden. Für beide Systeme ist jedoch festzuhalten: Ganz ohne Zusatzaufwand kann keine Umstellung erfolgen, sowohl bezüglich Einmalkosten als auch im laufenden Betrieb. Da das Ziel - die Stabilisierung der Kommunalfinanzen - jedoch alles andere als unbedeutend ist, dürfte diese Restriktion einem Umsetzungsbestreben allerdings kaum im Wege stehen.

8 Fazit

8.1 Untersuchungsablauf und zentrale Ergebnisse

Ziel der vorliegenden Untersuchung war die Identifizierung von Defiziten im derzeitigen System zur Sicherung der stetigen Aufgabenerfüllung von Kommunen und darauf aufbauend die Entwicklung von Stabilisierungssystemen, die in der Lage sind, die aktuellen Finanzprobleme zu bereinigen und die Entstehung neuer zu unterbinden.

Hierzu wurden zuerst die wesentlichen rechtlichen und wirtschaftlichen Grundlagen dargestellt. Neben dem kommunalen Aufgabengeflecht, der Finanzierung dieses sowie der Möglichkeit zur Auslagerung und rechtlichen Verselbstständigung von Aufgabenbereichen wurde in Hinblick auf das Ziel dieser Untersuchung insbesondere die Sicherung der stetigen Aufgabenerfüllung näher beleuchtet. Dies erfolgte einerseits im Kontext des kommunalen Haushalts- und Rechnungswesens, welches durch die Umstellung einer kameralistischen Buchführung auf ein doppisches, am HGB orientierten Rechnungswesen einschließlich Konzernrechnungslegung geprägt ist. Die stetige Aufgabenerfüllung soll hierbei durch den Mechanismus des doppischen Haushaltsausgleichs erreicht werden, welcher die gemeindliche Haushaltswirtschaft als generationengerecht kennzeichnet. Auf der anderen Seite wurde die Sicherung der dauerhaften Leistungsfähigkeit auch als Aufgabe der Kommunalaufsicht des Landes dargestellt, welche hierzu auf eine Reihe präventiver sowie repressiver Instrumente zurückgreifen kann. Im Ergebnis wurde ein System identifiziert, welches in der Theorie fähig sein soll, die kommunale Aufgabenerfüllung auch bei sich ändernden wirtschaftlichen, rechtlichen und politischen Rahmenbedingungen abzusichern und die Gemeinde vor Fehlentscheidungen der Verantwortlichen bewahren soll.

Daher wurde anschließend die bereits einführend zugrunde gelegte Lage der kommunalen Haushalte in NRW näher überprüft. Dabei konnte mit einem hohen Bestand an Liquiditätskrediten sowie unausgeglichenen und teilweise bilanziell überschuldeten Haushalten bei einer Vielzahl von Kommunen eine klare Gefährdung der dauerhaften Leistungsfähigkeit identifiziert werden, wozu es entsprechend der zuvor dargestellten Idealvorstellung des Systems zur Sicherung der stetigen Aufgabenerfüllung nicht hätte kommen dürfen. Daher wurde dieses System anschließend einer näheren Betrachtung unterzogen und eine Reihe institutioneller Defizite aufgedeckt, die dazu führen, dass Fehlentwicklungen nicht entschieden genug entgegen gewirkt wird und das System nicht in der Lage ist, eine dadurch entstehende Gefährdung der Aufgabenerfüllung wieder zu beseitigen. Als zentrale

---

© Springer Fachmedien Wiesbaden GmbH, ein Teil von Springer Nature 2019
C. Fritze, *Entwicklung rechnungswesenbasierter Systeme zur Stabilisierung der Kommunalfinanzen*, https://doi.org/10.1007/978-3-658-27480-1_8

Mängel wurden dabei die Risikolosigkeit der Kreditfinanzierung, zum Teil ungeeignete Aufsichtsinstrumente sowie das vorherrschende Opportunitätsprinzip, welches ein stillschweigendes Hinnehmen von Unwirtschaftlichkeit und haushaltsrechtlichen Verstößen ermöglicht, identifiziert.

Wissend um diese Defizite wurden anschließend Lösungsvorschläge erarbeitet, indem zwei alternative Stabilisierungssysteme entworfen wurden, durch die die Finanzprobleme der Gemeinden behoben und neuen Fehlentwicklungen vorgebeugt werden soll. Diese Forderungen wurden als ex post- und ex ante-Effizienz betitelt. Ein System, welches diese Anforderungen erfüllt, ist insbesondere notwendig, da gezeigt werden konnte, dass für das Land keine rechtliche Pflicht zum Einstand für die Schulden seiner Kommunen besteht und finanzielle Hilfen allerhöchstens Ausdruck einer freiwilligen, politisch motivierten Unterstützung sind, die jedoch schnell mit negativen Einflüssen auf die Haushaltsdisziplin einher gehen können.

Der erste Vorschlag für ein System zur Stabilisierung der Kommunalfinanzen stellte die kommunale Insolvenzverfahrensfähigkeit in den Mittelpunkt und ging damit Forderungen nach einer gemeindeindividuellen Verantwortungsübernahme für die eigenen Schulden nach. Indem eine Gemeinde genau wie ein Unternehmen im Falle der Zahlungsunfähigkeit, drohenden Zahlungsunfähigkeit oder Überschuldung die Eröffnung eines Insolvenzverfahrens beantragen muss bzw. kann, wird eine Sanierungsmöglichkeit im Rahmen des Insolvenzplanverfahrens geschaffen - sowohl in finanzwirtschaftlicher Form (durch die Restrukturierung der Schulden) als auch in leistungswirtschaftlicher (durch ein Sanierungskonzept im von den Gläubigern zu genehmigenden Insolvenzplan). Da durch eine Insolvenz Forderungen gegenüber Kommunen erstmals ausfallgefährdet sind, wird zudem eine bonitätsbezogene Regulierung der Fremdkapitalaufnahme durch den Kreditmarkt aktiviert. Dadurch sind die Gemeinden gezwungen, wirtschaftlich zu handeln, um weiterhin eine Fremdfinanzierung sicherstellen zu können.

Bezüglich der konkreten Ausgestaltung einer kommunalen Insolvenzverfahrensfähigkeit wurde als erster Bezugspunkt das Chapter 9-Verfahren des USBC untersucht. Eine ungefilterte Übernahme dieses auf den deutschen Rechtsraum wurde jedoch abgelehnt, da der kommunale Schuldner aufgrund seiner hervorgehobenen Rechtsstellung im US-amerikanischen Verfahren diverse Freiheiten genießt, die einerseits Anreize zu einer leistungswirtschaftlichen Sanierung unterdrücken und andererseits in einer den Zielen des deutschen Insolvenzrechts widersprechenden Benachteiligung der Gläubiger resultieren.

Im Folgenden sollte daher ein ex post- und ex ante-effizientes Verfahren entwickelt werden, welches unter Berücksichtigung der besonderen Rechtsstellung des Kommunalschuldners und der Impulse aus dem Chapter 9-Verfahren kompatibel zum deutschen Insolvenzrecht bleibt. Das so entworfene Verfahren weicht in einer Reihe von Eigenschaften von dem der privaten Schuldner ab, indem es beispielsweise auf ein Planverfahren in Eigenverwaltung beschränkt ist und Leistungsempfänger aus öffentlich-rechtlichen Verpflichtungen unter besonderen Schutz stellt. Einer ausführlichen Untersuchung wurde zudem die Insolvenzmasse unterzogen, da deren Definition als zentral für die Frage identifiziert wurde, ob das kommunalspezifische Verfahren über das Instrument der Zustimmungsfiktion die Gläubigerrechte unzulässig einschränkt. Damit wurde ein Problemaspekt in den Mittelpunkt gestellt, der in den bisherigen Untersuchungen einer kommunalen Insolvenzverfahrensfähigkeit entweder ignoriert oder nur oberflächlich betrachtet wurde. Als unmittelbar verbunden mit der Definition des Massebegriffs stellten sich dabei Ansatz, Bewertung und Ausweis von kommunalem Vermögen heraus. Im Ergebnis wurde die Notwendigkeit zur bilanziellen Zweiteilung des Kommunalvermögens in entbehrliches und unentbehrliches Vermögen nach dem Kriterium der freiwilligen Zuordnung herausgearbeitet.

Grundsätzlich konnte dem System in Folge der aufgestellten Definition der Insolvenzmasse und der daraus abgeleiteten Ausgestaltung des Schlechterstellungsverbots zwar eine ex post-Effizienz bescheinigt werden. Einzuschränken ist dies allerdings durch den Umstand, dass vor dem Inkrafttreten der kommunalen Insolvenzverfahrensfähigkeit begründete Forderungen einen Bestandsschutz genießen müssen und daher nicht ausfallgefährdet sind - somit ist eine finanzwirtschaftlichen Bereinigung der aktuellen Schulden nicht möglich. Eine ex ante-Effizienz konnte indes bejaht werden, da das Insolvenzverfahren die Gemeinde einerseits zu einer leistungswirtschaftlichen Sanierung zwingt; andererseits wird durch die Ausfallgefährdung der nach dem System-Inkrafttreten begründeten Forderungen die Kreditbepreisung und -rationierung der Kapitalgeber aktiviert, d. h. eine Disziplinierung durch den Markt erfolgt. Eine stetige Ausweitung des kommunalen Leistungsangebots bei gleichbleibenden Abgabsätzen und Finanzierung über Kommunalkredite ist damit nicht mehr möglich. Dadurch sowie durch den drohenden Reputationsverlust im Insolvenzfall werden Wirtschaftlichkeits- und Transparenzanreize gesetzt. Notwendig ist dabei die Etablierung eines Rating-Systems, durch welches die Gläubiger die Ausfallgefährdung einschätzen können. Durch die Ausfallgefährdung ist insgesamt jedoch eine Verteuerung der Fremdfinanzierung zu erwarten, was die kommunalen Haushalte zusätzlich belastet. Diese Entwicklung ist insbesondere in Kommunen mit schwierigen, nur langsam veränderbaren sozioökonomischen Rahmenbedingungen kritisch zu sehen, da hier die Gefahr eines Regionenzerfalls deutlich steigt. Eine zuvor bereits untersuchte Möglichkeit, dass es aufgrund der Basel III-Regeln auch ohne kommunale Insolvenzverfahrensfähigkeit zu einer bonitätsabhängigen Kreditbepreisung und -rationierung kommt, wurde als nicht zu erwarten eingestuft.

Wissend um die Defizite der kommunalen Insolvenzverfahrensfähigkeit, insbesondere eine eingeschränkte ex post-Effizienz und die Gefahren für sozioökonomisch belastete Gemeinden, wurde anschließend ein Alternativsystem entworfen. Dieses sollte wie im geltenden Recht keine Kreditmarktdisziplinierung vorsehen und stattdessen auf eine Regulierung durch den Landesgesetzgeber zurückgreifen. Daher wurden mit einer absoluten Schuldenbremse, Generationenbeiträgen und dem Stärkungspakt Stadtfinanzen zuerst aktuelle Entwicklungen aus Forschung und Praxis untersucht, die sich jedoch durch eine Reihe systematischer Mängel auszeichnen und daher in Bezug auf die Stabilisierung der kommunalen Haushalte abgelehnt wurden - zumindest als eigenständige Systeme. Einzelne Elemente konnten jedoch übernommen werden, insbesondere der Fokus auf die Rechengröße Jahresergebnis sowie eine Abkehr vom Opportunitäts- zum Legalitätsprinzip. Daraus konnte ein abgestuftes System entwickelt werden, welches vorsieht, jede Gemeinde auf Basis ihrer realisierten und geplanten Jahresergebnisse sowie der Höhe des Eigenkapitals einer von drei Klassen zuzuordnen. Die bilanzielle Überschuldung als Bezugsgröße wurde dabei detailliert untersucht und aufgrund mangelnder Aussagekraft abgelehnt. Stattdessen wurde eine Erweiterung auf das Gesamtergebnis bzw. gesamte Eigenkapital des Konzerns Kommune vorgenommen, um Anreize zur Budgetflucht zu unterbinden. Dies erfordert jedoch auch eine Gesamtergebnisplanung, für welche die Gemeindeverwaltung die Verantwortung trägt, da sie alleiniger Adressat des regulativen Stabilisierungssystems ist. Hierbei stellte sich auch die Etablierung einer Segmentberichterstattung in der Planung und im Abschluss als empfehlenswert heraus, wodurch die zugehörigen Arbeitsprozesse allerdings wesentlich umfangreicher als bisher ausfallen.

Während Klasse A im regulativen Stabilisierungssystem eine geordnete Haushaltswirtschaft repräsentiert, sind die Klassen B und C für Gemeinden vorgesehen, die ihre Haushaltswirtschaft leicht bzw. akut gefährden. Eine Einstufung in eine dieser Klassen geht mit Rechtsfolgen einher, die auf die Herstellung eines Haushaltsausgleichs sowie die Rückführung der Eigenkapitalreduzierung ausgerichtet sind. Durch die Transparenz der Klassenschwellen und der Rechtsfolgen sowie durch das Wissen der Verantwortlichen, dass diese Rechtsfolgen im Rahmen des Legalitätsprinzips sicher eintreten, entstehen Anreize zur Vermeidung einer Herabstufung. Daraus ergibt sich eine ex ante-Effizienz. Eine ex post-Effizienz konnte dem System bescheinigt werden, da es in jedem Fall eine Wiederherstellung einer geordneten Haushaltswirtschaft vorsieht - entweder durch die Gemeinde selbst oder durch einen vom Land einzusetzenden Beauftragten oder durch Finanzhilfen. Da Letztgenannte daran knüpfen, dass das Konsolidierungspotential vom Beauftragten als ausgeschöpft festgestellt wird, werden keine Fehlanreize in Bezug auf die Haushaltsdisziplin geweckt. Gleichzeitig wird einer landesseitigen Verantwortung Rechnung getragen, da Hilfszuweisungen auf Mängel in der finanziellen Grundausstattung der Gemeinde schließen lassen.

Eine die Untersuchung abschließende vergleichende Gegenüberstellung der beiden grundlegend verschiedenen System zeigte, dass das regulative Stabilisierungssystem der kommunalen Insolvenzverfahrensfähigkeit in wesentlichen Aspekten, insbesondere durch die uneingeschränkte ex ante- und ex post-Effizienz, überlegen ist.

8.2 Bedeutung der Ergebnisse für Forschung und Praxis

Die vorliegende Analyse liefert wesentliche Erkenntnisse in Bezug auf die Möglichkeiten zur Stabilisierung der kommunalen Haushalte. Wenngleich die kommunale Insolvenzverfahrensfähigkeit ein bereits mehrfach diskutierter Vorschlag ist, haben sich die bisherigen Untersuchungen nur unbefriedigend mit zentralen Problemaspekten wie der Bestimmung der Insolvenzmasse und der Ausgestaltung des Schlechterstellungsverbots beschäftigt. Dies kann sicherlich darin begründet werden, dass sie durch die starke Konzentration auf die besondere Rechtsstellung des Kommunalschuldners nur im seltensten Falle die von der InsO gesetzten Ziele ausreichend berücksichtigen. Fragen des öffentlichen Rechnungswesens, die sich fast schon automatisch ergeben müssen, wenn die kommunale Haushaltswirtschaft untersucht wird, werden in den bisherigen Arbeiten zudem gänzlich ausgeklammert. Die vorliegende Arbeit geht damit über die bisherigen Untersuchungen hinaus und liefert durch eine umfassende Analyse wesentliche Erkenntnisse in Bezug auf die Vor- und Nachteilhaftigkeit eines solchen Systems sowie die notwendigen Anpassungen im öffentlichen Rechnungswesen. In der Untersuchung werden auch zentrale, nicht lösbare Kritikpunkte, wie die mangelnde ex post-Effizienz aufgrund des Bestandsschutzes von Altforderungen oder die Gefahren für Kommunen mit schwerem sozioökonomischen Stand, deutlich.

Sowohl in Bezug auf die Forschung als auch Praxis kann die Diskussion der kommunalen Insolvenzverfahrensfähigkeit aus Sicht des Verfassers damit (vorerst) abgeschlossen werden. Dies zeigte sich im Untersuchungsverlauf bereits dadurch, dass die entworfene Alternative - das regulative Stabilisierungssystem - der kommunalen Insolvenzverfahrensfähigkeit in wesentlichen Punkten überlegen ist. Mit diesem Entwurf wird ein Vorschlag für ein System gemacht, welches sich durch eine gewisse Nähe zum aktuellen Recht auszeichnet, dieses aber konsequent und zielgerichtet weiterführt. Da gezeigt werden konnte, dass das System in jedem Fall in der Lage ist, eine bestehende Finanzkrise zu beseitigen und zukünftige durch passende Anreize zu unterbinden, stellt es eine mächtige Alternative dar. Wenngleich die politische Akzeptanz durch die dem System immanente Selbstbindung des Landes mittels Legalitätsprinzip sowie durch den erhöhten Arbeitsaufwand zur Ermittlung der notwendigen Daten eingeschränkt wird, ist das regulative Stabilisierungssystem damit dennoch unbedingt in kommenden Diskussionen zu berücksichtigen - in

NRW beispielsweise insbesondere in Hinblick auf den in wenigen Jahren auslaufenden Stärkungspakt Stadtfinanzen.

Die Untersuchung liefert darüber hinaus wesentliche Erkenntnisse in einzelnen Teilaspekten. So wird beispielsweise der Überschuldungstatbestand zwar eigentlich im Rahmen der Anwendung im regulativen Stabilisierungssystem gewürdigt; die gewonnenen Erkenntnisse fundieren damit aber natürlich gleichzeitig Kritik am Überschuldungsverbot des § 75 Abs. 7 GO NRW sowie dem Stärkungspakt Stadtfinanzen. Eine vom vorliegenden Systementwurf isolierte Erkenntnisübertragung ist auch in diversen anderen Bereichen möglich, z. B. der Gesamtergebnisplanung und der Segmentberichterstattung. Selbst bei einer Ablehnung des Lösungsvorschlags beinhaltet dieser damit genug Einzelerkenntnisse, die bei isolierter Übernahme in die Gesetzgebung und die kommunale Praxis zumindest zu einer Verbesserung der Situation beitragen können.

8.3 Ausblick

Wenngleich in der vorliegenden Arbeit eine umfassende Auseinandersetzung mit der Stabilisierung der Kommunalhaushalte erfolgt ist, ergibt sich natürlich weitergehender Forschungsbedarf in einzelnen Teilaspekten.

Allen voran ist hierbei die Übertragung der gewonnenen Erkenntnisse auf veränderte rechtliche Rahmenbedingungen zu nennen. So wurde zu Beginn der Untersuchung eine Eingrenzung auf den Rechtsraum NRW vorgenommen, um die Analyse auf konkrete Rechtsvorschriften und Daten zu stützen. Wenngleich die Kenntnisse im Allgemeinen sicherlich auf die gesamte Kommunallandschaft übertragen werden können, bedarf es im Detail dennoch einer Betrachtung der landesseitigen Besonderheiten. Dass eine landesübergreifende Ausweitung eines Stabilisierungssystems zwingend notwendig ist, hat die Rechtssprechung bereits 2006 deutlich gemacht, als sie rügte, dass nicht einmal wesentliche Kennzahlen der öffentlichen Gebietskörperschaften miteinander vergleichbar und Aussagen über Haushaltsnotlagen allein deshalb schon schwer möglich seien.[2124]

Eine tiefergehende Auseinandersetzung bedingen zudem auch die Erkenntnisse bezüglich der institutionellen Defizite bei der Sicherung der stetigen Aufgabenerfüllung sowie der Entwurf des regulativen Stabilisierungssystems: Erstgenannte ergaben sich insbesondere in Form unzureichender Kommunalaufsicht, sodass Letztgenanntes auf eine konsequente Ablehnung des Opportunitätsprinzips setzte. Es ist in dieser Hinsicht allerdings zu untersuchen, inwieweit eine unzureichende Aufsicht möglicherweise auch aus mangelnder Qualifikation oder Überbelastung erfolgt. Sollte es zu einer Veränderung der Kommunalaufsicht in der hier beschrie-

---

[2124] Vgl. BVERFG vom 19.10.2006, NVwZ 2007, 67 (72).

8.3 Ausblick

benen Form kommen, wäre eine solche Erkenntnis unbedingt zu berücksichtigen - andernfalls kann das System an der generellen Umsetzungsbefähigung eines zentralen Akteurs scheitern.

Trotz dieses Bedarfs an vertiefender Auseinandersetzung leistet die vorliegende Arbeit einen wesentlichen Diskussionsbeitrag in Bezug auf die Stabilisierung der kommunalen Finanzen. Es bleibt damit zu hoffen, dass sie die notwendigen Impulse für Gesetzesänderungen sowie eine Anpassung der Verhaltensweisen sämtlicher beteiligter Akteure der kommunalen Haushaltswirtschaft liefert.

Literaturverzeichnis

ABRUSZAT, Kai und Tobias BROCKE (2014): „Kommunalverschuldung in Nordrhein-Westfalen 2014". In: *der gemeindehaushalt*, Nr. 8, 150. Jg., S. 180–187.

ADAM, Berit (2013): *Einführung in IPSAS. Grundlagen und Fallstudie*. Berlin: Erich Schmidt Verlag.

— (2014): *Gutachterliche Stellungnahme zu Abweichungen der IPSASs/EPSASs von kommunalem Haushaltsrecht und Einschätzung des resultierenden Umstellungsaufwands*. Im Auftrag der Bertelsmann Stiftung, des Deutschen Städtetags, des Deutschen Städte- und Gemeindebunds, des deutschen Landkreistags und der Kommunalen Gemeinschaftsstelle für Verwaltungsmanagement. URL: https://www.bertelsmann-stiftung.de/fileadmin/files/Projekte/79_Nachhaltige_Finanzen / Stellungnahme_AbweichungIPSAS - EPSAS . pdf. Letzter Abruf: 11.03.2019.

ADAM, Berit u. a. (2015): *Doppik-Leitfaden. Von der Projektierung zum Gesamtabschluss*. 3. Auflage. Wiesbaden: Kommunal- und Schulverlag.

AHRENS, Martin (2015): „§ 81 Grundlagen des Verbraucherinsolvenzverfahrens". In: *Insolvenzrechts-Handbuch*. Hrsg. von Peter GOTTWALD. 5. Auflage. München: Verlag C. H. Beck.

AMBROSIUS, Gerold (2011): „Öffentliche Aufgabenerfüllung in Zeiten von Haushaltsnotlagen: die historische Perspektive". In: *ZögU*, Nr. 3, 34. Jg., S. 301–312.

AMEN, Matthias (2015): „Kapitalflussrechnung". In: *Handbuch des Jahresabschlusses*. Hrsg. von Joachim SCHULZE-OSTERLOH, Joachim HENNRICHS und Jens WÜSTEMANN. Lieferung 62. Köln: Otto Schmidt, Abteilung VI, Beitrag 7.

AMROMIN, Gene und Ben CHABOT (2013): *Detroit's bankruptcy: The uncharted waters of Chapter 9*. Chicago Fed Letter 316. URL: https://www.chicagofed.org/~/media/publications/chicago-fed-letter/2013/cflnovember2013-316-pdf.pdf. Letzter Abruf: 11.03.2019.

ANDRAE, Kathrin und Rainer KAMBECK (2014): „Kommunale Konsolidierungshilfen der Länder. Fass ohne Boden oder alternativlose Maßnahme zur Standortrettung?" In: *Zeitschrift für Wirtschaftspolitik*, Nr. 2, 63. Jg., S. 162–172.

ANTENSTEINER, Ernst und Andreas LAUTERBRUNNER (2010): „Trends und Strategien in der Konzernplanung und -steuerung. Wie integrierte BI-Systeme Planungsqualität und -prozesse verbessern können". In: *CFO aktuell: Zeitschrift für Finance & Controlling*, Nr. 3, 4. Jg., S. 119–123.

ARBEITSGEMEINSCHAFT DER KOMMUNALEN SPITZENVERBÄNDE NRW, Hrsg. (2014): *„Landesregierung darf Evaluierung und Novellierung des Konnexitätsausführungsgesetzes nicht weiter verschleppen": Antrag der Fraktion der*

CDU, Drucksache 16/4829. Öffentliche Anhörung des Ausschusses für Kommunalpolitik am 29. August 2014. URL: https://www.landtag.nrw.de/Dokumentenservice/portal/WWW/dokumentenarchiv/Dokument/MMST16-1973.pdf. Letzter Abruf: 11.03.2019.

ARTICUS, Stephan, Bernd Jürgen SCHNEIDER und Jochen DIEKMANN, Hrsg. (2016): *Gemeindeordnung Nordrhein-Westfalen. Kommentar.* 5. Auflage. Stuttgart: Kohlhammer.

BAETGE, Jörg (1974): *Betriebswirtschaftliche Systemtheorie. Regelungstheoretische Planungs-Überwachungsmodelle für Produktion, Lagerung und Absatz.* Opladen: Westdeutscher Verlag.

BAETGE, Jörg, Hans-Jürgen KIRSCH und Stefan THIELE (2015): *Konzernbilanzen.* Düsseldorf: IDW-Verlag.

— (2017): *Bilanzen.* 14. Auflage. Düsseldorf: IDW-Verlag.

BAHADORI, Barbara (2013): „Kommunalhaushalte in Nordrhein-Westfalen". In: *der gemeindehaushalt*, Nr. 8, 114. Jg., S. 176–180.

BAJOHR, Stefan (2009): „Beratender Sanierungsmanager in einer hoch verschuldeten Kommune. Ein Erfahrungsbericht aus der Stadt Hagen". In: *VM*, Nr. 4, 15. Jg., S. 171–186.

— (2011): „Können Städte ihre Haushalte aus eigener Kraft konsolidieren?" In: *Kommunalfinanzen in der Krise.* Hrsg. von Marc HANSMANN. Berlin: Berliner Wissenschafts-Verlag, S. 215–237.

BALS, Hansjürgen und Edmund FISCHER (2014): *Finanzmanagement im öffentlichen Sektor.* 3. Auflage. Heidelberg u. a.: Jehle.

BANK FÜR INTERNATIONALEN ZAHLUNGSAUSGLEICH, Hrsg. (2004): *Internationale Konvergenz der Eigenkapitalmessung und der Eigenkapitalanforderungen.* URL: https://www.bis.org/publ/bcbs107ger.pdf. Letzter Abruf: 11.03.2019.

— Hrsg. (2010): *Basel III: Ein globaler Regulierungsrahmen für widerstandsfähigere Banken und Bankensysteme.* URL: https://www.bis.org/publ/bcbs189_de.pdf. Letzter Abruf: 11.03.2019.

— Hrsg. (2013): *Basel III Monitoring Report September 2013.* URL: https://www.bis.org/publ/bcbs262.pdf. Letzter Abruf: 11.03.2019.

— Hrsg. (2017): *Basel III: Finalising post-crisis reforms.* URL: https://www.bis.org/bcbs/publ/d424.pdf. Letzter Abruf: 11.03.2019.

BANNER, Gerhard (2008): „Logik des Scheiterns oder Scheitern an der Logik? Kommentar zu Lars Holtkamp "Das Scheitern des Neuen Steuerungsmodells"". In: *dms*, Nr. 2, 1. Jg., S. 447–455.

BARBAROSH, Craig A., Karen B. DINE und Brandon R. JOHNSON (2012): „California Restricts Access of Municipalities to Chapter 9 of the Bankruptcy Code". In: *Pratt's Journal of Bankruptcy Law*, Nr. 1, 8. Jg., S. 18–22.

BARTHEL, Thomas (2008): *Beteiligungscontrolling im öffentlichen Bereich. Dargestellt am Beispiel der Steuerung im Konzern Kommune.* Hamburg: Verlag Dr. Kovač.

BARTLING, Hartwig und Franz LUZIUS (2014): *Grundzüge der Volkswirtschaftslehre. Einführung in die Wirtschaftstheorie und Wirtschaftspolitik.* 17. Auflage. München: Verlag Franz Vahlen.

BÄTGE, Frank (2016): *Kommunalrecht Nordrhein-Westfalen.* 4. Auflage. Heidelberg: C.F. Müller.

BAUMANN, Erika (1978): *Das System Unternehmung. Einführung in die Betriebswirtschaftslehre.* Stuttgart: Kohlhammer.

BEAUCAMP, Guy und Lutz TREDER (2015): *Methoden und Technik der Rechtsanwendung.* 3. Auflage. Heidelberg: C.F. Müller.

BECKER, Stefan (2013): „"Basel III und die möglichen Auswirkungen auf die Kommunalfinanzierung". In: *der gemeindehaushalt,* Nr. 2, 114. Jg., S. 34–39.

BECKER, Udo (2016): „Kommentar zu § 882a ZPO". In: *Zivilprozessordnung mit Gerichtsverfassungsgesetz. Kommentar.* Hrsg. von Hans-Joachim MUSIELAK und Wolfgang VOIT. 13. Auflage. München: Verlag Franz Vahlen.

BENDER, Gregor (2018a): „Kommentar zu § 124 GO NRW". In: *Gemeindeordnung Nordrhein-Westfalen. Kommentar für die kommunale Praxis.* Hrsg. von Klaus-Viktor KLEERBAUM und Manfred PALMEN. 3. Auflage. Recklinghausen: KPV-DBG.

— (2018b): „Kommentar zu § 128 GO NRW". In: *Gemeindeordnung Nordrhein-Westfalen. Kommentar für die kommunale Praxis.* Hrsg. von Klaus-Viktor KLEERBAUM und Manfred PALMEN. 3. Auflage. Recklinghausen: KPV-DBG.

BENDTSEN, Ralf (2015): „Kommentar zu § 882a ZPO". In: *Gesamtes Recht der Zwangsvollstreckung. ZPO, ZVG, Nebengesetze, Europäische Regelungen, Kosten. Handkommentar.* Hrsg. von Johann KINDL, Caroline MELLER-HANNICH und Hans-Joachim WOLF. 3. Auflage. Baden-Baden: Nomos.

BENVENUTTI, Peter J. u. a. (2010): *An Overview of Chapter 9 of the Bankruptcy Code: Municipal Debt Adjustments.* Jones Day Whitepaper. URL: https://www.jonesday.com/files/Publication/d518067b-5e02-47c5-9768-fc692bb8ccd8/Presentation/PublicationAttachment/55c686be-d108-4786-aee6-de946542d3da/Chapter%209%20Municipal%20Debt.pdf. Letzter Abruf: 11.03.2019.

BERENS, Wolfgang u. a. (2005): „Eckpunkte für die Grundsätze ordnungsmäßiger Buchführung im öffentlichen Haushalts- und Rechnungswesen auf Basis der Integrierten Verbundrechnung". In: *WPg,* Nr. 16, 58. Jg., S. 887–890.

BERGER, Thomas Müller-Marqués und Uwe KREBS, Hrsg. (2010): *Der kommunale Gesamtabschluss. Zielsetzung, Grundlagen und Erstellung.* Stuttgart: Schäffer-Poeschel.

BERK, Jonathan und Peter DEMARZO (2016): *Grundlagen der Finanzwirtschaft. Analyse, Entscheidung und Umsetzung.* 3. Auflage. Hallbergmoos: Pearson.

BERNHARDT, Horst u. a. (2013): *Kommunales Finanzmanagement NRW. Fachbuch mit prakischen Übungen und Lösungen.* 7. Auflage. Witten: Bernhardt-Witten.

BERTELSMANN STIFTUNG, Hrsg. (2013): *Kommunaler Finanzreport 2013. Einnahmen, Ausgaben und Verschuldung im Ländervergleich.* Gütersloh: Bertelsmann Stiftung.

— Hrsg. (2017): *Kommunaler Finanzreport 2017.* Gütersloh: Bertelsmann Stiftung.

BIEG, Hartmut u. a. (2008): „Die Saarbrücker Initiative gegen den Fair Value". In: *Der Betrieb*, Nr. 47, 61. Jg., S. 2543–2546.

BISKOPING-KRIENING, Ludwig (2014): „IPSAS, EPSAS und das NKF". In: *der gemeindehaushalt*, Nr. 2, 115. Jg., S. 25–41.

BLANKART, Charles B. und David Christoph EHMKE (2014): „Kostenkontrolle im Föderalismus". In: *Zeitschrift für Wirtschaftspolitik*, Nr. 2, 63. Jg., S. 173–184.

BLANKART, Charles B. und Erik R. FASTEN (2009): „Wer soll für die Schulden im Bundesstaat haften? Eine vernachlässigte Frage der Föderalismusreform II". In: *Perspektiven der Wirtschaftspolitik*, Nr. 1, 10. Jg., S. 39–59.

BLANKART, Charles B., Erik R. FASTEN und Achim KLAIBER (2006): „Föderalismus ohne Insolvenz?" In: *Wirtschaftsdienst*, Nr. 9, 86. Jg., S. 567–571.

BOETTCHER, Florian (2012): „Kommunale Haushaltsdefizite: Umfang, Ursachen und Lösungsmöglichkeiten. Finanzwissenschaftliche Analyse am Beispiel der kreisfreien Städte in Nordrhein-Westfalen". In: *dms*, Nr. 1, 5. Jg., S. 65–84.

BOETTCHER, Florian, Ronny FREIER u. a. (2017a): „Entwicklung und Verteilung der Kassenkredite". In: *Kommunaler Finanzreport 2017.* Hrsg. von BERTELSMANN STIFTUNG. Gütersloh: Bertelsmann Stiftung.

— (2017b): „Kommunale Finanzlage im Jahr 2016". In: *Kommunaler Finanzreport 2017.* Hrsg. von BERTELSMANN STIFTUNG. Gütersloh: Bertelsmann Stiftung.

BOGUMIL, Jörg, Falk EBINGER und Lars HOLTKAMP (2011): „Vom Versuch, das Neue Steuerungsmodell verpflichtend einzuführen. Wirkungen des Neuen Kommunalen Finanzmanagements in NRW". In: *VM*, Nr. 4, 17. Jg., S. 171–180.

BOGUMIL, Jörg und Lars HOLTKAMP (2012): „Doppik in der Praxis: Bisher vor allem intransparent und ineffizient!" In: *VM*, Nr. 3, 18. Jg., S. 115–117.

BOGUMIL, Jörg und Werner JANN (2009): *Verwaltung und Verwaltungswissenschaft in Deutschland.* 2. Auflage. Wiesbaden: VS Verlag für Sozialwissenschaften.

BOLSENKÖTTER, Heinz (2011): „Ansatz- und Bewertungsunterschiede HGB, NKF und BilMoG". In: *ZögU*, Nr. Beiheft 40 - Der kommunale Gesamtabschluss, 34. Jg., S. 4–9.

BORCHERT, Hartmut (2004): „Beschränkte Insolvenzfähigkeit für Kommunen?" In: *Die Gemeinde*, Nr. 1, 56. Jg., S. 2–3.

— (2012): *Beschränkte Insolvenzfähigkeit für Kommunen?* URL: http://www.steuerzahler.de/files/19386/BdST_Kom_Insolvenzfaehigkeit__2_.pdf. Letzter Abruf: 11.03.2019.

BORKENHAGEN, Bastian und Michael KAPPES (2015): „Moderne Konzernplanung als Basis für eine aktive Konzernsteuerung". In: *Moderne Instrument der Planung und Budgetierung. Innovative Ansätze und Best Practice für die Unternehmenssteuerung*. Hrsg. von Ronald GLEICH u. a. 2. Auflage. Freiburg u. a.: Haufe, S. 147–160.

BÖSCH, Martin (2016): *Finanzwirtschaft. Invesition, Finanzierung, Finanzmärkte und Steuerung*. 3. Auflage. München: Verlag Franz Vahlen.

BOYSEN-HOGREFE, Jens (2015): „Determinanten kommunaler Verschuldung und die Rolle der Länder". In: *der gemeindehaushalt*, Nr. 2, 116. Jg., S. 25–26.

BRAND, Stephan (2013): „Die Kommunalinsolvenz als Folge der kommunalen Finanznot?" In: *Wirtschaftsdienst*, Nr. 2, 93. Jg., S. 87–93.

— (2014): *Kommunale Insolvenz und Kommunalrating als Steuerungsinstrumente einer nachhaltigen kommunalen Finanz- und Haushaltspolitik*. Münster: LIT Verlag.

BRAND, Stephan und Johannes STEINBRECHER (2018): *Kommunales Altschuldenproblem: Abbau der Kassenkredite ist nur ein Teil der Lösung*. KfW Research Nr. 203. URL: https://www.kfw.de/PDF/Download-Center/Konzernthemen/Research/PDF-Dokumente-Fokus-Volkswirtschaft/Fokus-2018/Fokus-Nr.-203-April-2018-Altschulden.pdf. Letzter Abruf: 11.03.2019.

BREDE, Helmut (1989): „Ziele öffentlicher Verwaltungen". In: *Handwörterbuch der Öffentlichen Betriebswirtschaft*. Hrsg. von Klaus CHMIELEWICZ und Peter EICHHORN. Stuttgart: Schäffer-Poeschel, Sp. 1867-1877.

— (2005): *Grundzüge der Öffentlichen Betriebswirtschaftslehre*. 2. Auflage. München u. a.: Oldenbourg Wissenschaftsverlag.

BREIDERT, Ulrike und Andreas RÜDINGER (2008): „Zur Eignung der handelsrechtlichen GoB für die Rechnungslegung der öffentlichen Verwaltung. Erste Erkenntnisse aus dem Reformprojekt in Hessen". In: *Der Konzern*, Nr. 1, 6. Jg., S. 32–42.

BREMEIER, Wolfram, Hans BRINCKMANN und Werner KILLIAN (2006): *Public Governance kommunaler Unternehmen. Vorschläge zur politischen Steuerung ausgegliederter Aufgaben auf der Grundlage einer empirischen Erhebung*. Düsseldorf: Hans-Böckler-Stiftung.

BRINKTRINE, Ralf und Stephanie STICH (2016): „Die Kommunalaufsicht und ihre Massnahmen im Fokus der Verwaltungs- und Zivilgerichtlichen Judikatur". In: *Die Verwaltung*, Nr. 1, 49. Jg., S. 81–103.

BRUGGER, Jochen (2010): „Kommunale Besonderheiten im Rahmen der Konsolidierung". In: *Der kommunale Gesamtabschluss. Zielsetzung, Grundlagen und*

Erstellung. Hrsg. von Thomas Müller-Marqués BERGER und Uwe KREBS. Stuttgart: Schäffer-Poeschel, S. 203–214.

BRÜNING, Christoph (2014): „Zur Insolvenz von Kommunen". In: *der gemeindehaushalt*, Nr. 11, 115. Jg., S. 241–245.

— (2015): „Dürfen klamme Kommunen Konzerne kaufen? Zum Zusammenhang von Kommunalwirtschaft, Haushaltslage, Staatsaufsicht". In: *NWVBl.* Nr. 7, 29. Jg., S. 245–247.

BRÜNING, Christoph und Klaus VOGELGESANG (2009): *Die Kommunalaufsicht. Aufgaben - Rechtsgrundlagen - Organisation.* 2. Auflage. Berlin: Erich Schmidt Verlag.

BUCHHOLZ, Liane und Ralf GERHARDS (2016): *Internes Rechnungswesen. Kosten- und Leistungsrechnung, Betriebsstatistik und Planungsrechnung.* 3. Auflage. Berlin, Heidelberg: Springer Gabler.

BUCHHOLZ, Rainer (2016): *Grundzüge des Jahresabschlusses nach HGB und IFRS. Mit Aufgaben und Lösungen.* 9. Auflage. München: Verlag Franz Vahlen.

BUDÄUS, Dietrich (2005): „Reform des öffentlichen Haushalts- und Rechnungswesens und dafür erforderliche Grundsätze ordnungsmäßiger Buchführung (GoöB)". In: *Beiträge zum Finanz-, Rechnungs- und Bankwesen. Stand und Perspektiven.* Hrsg. von Stefan MÜLLER, Thorsten JÖHNK und Andreas BRUNS. Wiesbaden: Springer Gabler, S. 607–623.

BUDÄUS, Dietrich, Christine AHLGRIMM und Klaus LÜDER, Hrsg. (2000): *Neues öffentliches Rechnungswesen. Stand und Perspektiven.* Wiesbaden: Gabler.

BUHREN, Gert D. (2004): *Allgemeines Kommunalrecht Nordrhein-Westfalen. Grundriss für die Ausbildung und Fortbildung.* 7. Auflage. Stuttgart: Kohlhammer.

BULL, Hans Peter (2010): „Insolvenzfähigkeit von Gemeinden. Contra". In: *NordÖR*, Nr. 9, 13. Jg., S. 343–346.

BUNDESINSTITUT FÜR BAU-, STADT- UND RAUMFORSCHUNG, Hrsg. (2012): *Kommunale Kassenkredite.* BBSR-Analysen Kompakt 07/2012. URL: https://www.bbsr.bund.de/BBSR/DE/Veroeffentlichungen/AnalysenKompakt/2012/DL_7_2012.pdf;jsessionid=87CB040844BCC7041231E265AB4F77FB.live11292?__blob=publicationFile&v=2. Letzter Abruf: 11.03.2019.

BUNDESMINISTERIUM DER FINANZEN, Hrsg. (2005): *Haushaltskrisen im Bundesstaat. Gutachten des Wissenschaftlichen Beirats beim Bundesministerium der Finanzen.* URL: http://www.bundesfinanzministerium.de/Content/DE/Standardartikel/Ministerium/Geschaeftsbereich/Wissenschaftlicher_Beirat/Gutachten_und_Stellungnahmen/Ausgewaehlte_Texte/Gutachten_Haushaltskrisen_im_Bundesstaat_anl.pdf?__blob=publicationFile&v=2. Letzter Abruf: 11.03.2019.

BUNDESMINISTERIUM FÜR WIRTSCHAFT UND ARBEIT, Hrsg. (2005): *Zur finanziellen Stabilität des deutschen Föderalstaates.* Dokumentation Nr. 551.

URL: https://www.bmwi.de/Redaktion/DE/Publikationen/Ministerium/Veroeffentlichung-Wissenschaftlicher-Beirat/zur-finanziellen-stabilitaet-des-deutschen-foederalstaates-doku-551.pdf?__blob=publicationFile&v=1. Letzter Abruf: 11.03.2019.

BUNDESRECHNUNGSHOF, Hrsg. (2017): *Bericht nach § 99 BHO über die angestrebte Einführung harmonisierter Rechnungsführungsgrundsätze für den öffentlichen Sektor (EPSAS) in den Mitgliedstaaten der Europäischen Union.* URL: https://www.bundesrechnungshof.de/de/veroeffentlichungen/sonderberichte/langfassungen-ab-2013/2017/2017-sonderbericht-angestrebte-einfuehrung-harmonisierter-rechnungsfuehrungsgrundsaetze-fuer-den-oeffentlichen-sektor-epsas-in-den-mitgliedstaaten-der-europaeischen-union. Letzter Abruf: 11.03.2019.

BUNDESVERBAND ÖFFENTLICHER BANKEN DEUTSCHLANDS, Hrsg. (2017): *Auswirkung der Leverage Ratio auf die Finanzierung der Kommunen.* URL: https://www.derneuekaemmerer.de/fileadmin/images/Nachrichten/Finanzmanagement/studie-leverage-ratio.pdf. Letzter Abruf: 11.03.2019.

BÜNERMANN, Martin (1975): *Die Gemeinden und Kreise nach der kommunalen Gebietsreform in Nordrhein-Westfalen. Ein Handbuch zur kommunalen Neugliederung mit Verzeichnissen der neuen Gemeinden und Kreise und der aufgelösten Gemeinden sowie einer Karte mit den neuen Verwaltungsgrenzen.* Köln u. a.: Deutscher Gemeindeverlag.

BURGI, Martin (2015): *Kommunalrecht.* München: Verlag C. H. Beck.

BURTH, Andreas (2012): „Modell einer ressourcenverbrauchsorientierten Kommunalschuldenbremse". In: *Aktuelle Herausforderungen an das Management in öffentlichen Verwaltungen. Verwaltungsmanagement-Tag 2012.* Hrsg. von Reinbert SCHAUER. Linz: Trauner, S. 19–36.

— (2015): *Kommunale Haushaltssteuerung an der Schnittstelle von Doppik und Haushaltskonsolidierung.* Wiesbaden: Gabler.

BUSCH, Manfred (2016): „Stärkungspakt NRW: vergleichende Evaluierung auf empirischer Grundlage". In: *der gemeindehaushalt*, Nr. 6, 117. Jg., S. 129–133.

— (2017): „Zunehmende Disparitäten trotz Stärkungspakt. Vergleichende Evaluierung auf empirischer Grundlage (Fortschreibung)". In: *der gemeindehaushalt*, Nr. 6, 118. Jg., S. 133–138.

BUSSE VON COLBE, Walther (1966): „Aufbau und Informationsgehalt von Kapitalflussrechnungen". In: *ZfB*, Nr. E1, 36. Jg., S. 82–144.

BUSSE VON COLBE, Walther u. a. (2010): *Konzernabschlüsse. Rechnungslegung nach betriebswirtschaftlichen Grundsätzen sowie nach Vorschriften des HGB und der IAS/IFRS.* 9. Auflage. Wiesbaden: Gabler.

BUTH, Andrea K. und Christian Nicolas BÄCHSTÄDT, Hrsg. (2014): *Restrukturierung, Sanierung, Insolvenz. Handbuch.* 4. Auflage. München: Verlag C. H. Beck.

CHMIELEWICZ, Klaus (1994): *Forschungskonzeptionen der Wirtschaftswissenschaften*. 3. Auflage. Stuttgart: Schäffer-Poeschel.

COENENBERG, Adolf G., Axel HALLER und Wolfgang SCHULTZE (2016): *Jahresabschluss und Jahresabschlussanalyse*. 24. Auflage. Stuttgart: Schäffer-Poeschel.

CONRAD, Christian A. (2017): *Angewandte Makroökonomie. Eine praxisbezogene Einführung*. Wiesbaden: Springer Gabler.

COORDES, Laura N. (2018): „Formalizing Chapter 9's Experts". In: *Michigan Law Review*, Nr. 7, 116. Jg., S. 1249–1295.

CRANSHAW, Friedrich L. (2007): *Insolvenz- und finanzrechtliche Perspektiven der Insolvenz von juristischen Personen des öffentlichen Rechts, insbesondere Kommunen*. Berlin: de Gruyter Recht. 316 S.

— (2008): „Insolvenz(verfahrens)fähigkeit von Gebietskörperschaften. Ein geeigneter Ansatz zur Sanierung öffentlicher Haushalte?" In: *NordÖR*, Nr. 3, 11. Jg., S. 97–103.

CRONAUGE, Ulrich (2016): *Kommunale Unternehmen*. 6. Auflage. Berlin: Erich Schmidt Verlag.

DEITCH, Michael J. (2015): „Time for an Update: A New Framework for Evaluating Chapter 9 Bankruptcies". In: *Fordham Law Review*, Nr. 5, 83. Jg., S. 2705–2756.

DELOITTE, Hrsg. (2018): *IPSAS in your pocket. 2018 Edition*. URL: https://www.iasplus.com/en/publications/public-sector/ipsas-in-your-pocket-2018/at_download/file/IPSAS%20in%20Your%20Pocket%20-%20September%202018.pdf. Letzter Abruf: 11.03.2019.

DEUTSCHER BUNDESTAG, Hrsg. (2009): *Verlauf der Finanzkrise. Entstehungsgründe, Verlauf und Gegenmaßnahmen*. Ausarbeitung WD 4-3000-075/09. URL: https://www.bundestag.de/blob/409652/69ed4dc7fa37c7fa3158d8b5ce274584/wd-4-075-09-pdf-data.pdf. Letzter Abruf: 11.03.2019.

DEUTSCHER LANDKREISTAG, Hrsg. (2006): *Warum Sparkassen nicht in eine kommunale Bilanz gehören*. Schriften des Deutschen Landkreistages. URL: http://www.kreise.de/__cms1/images/stories/publikationen/bd-61.pdf. Letzter Abruf: 11.03.2019.

DEUTSCHES INSTITUT FÜR ANGEWANDTES INSOLVENZRECHT, Hrsg. (2012): *Handlungsempfehlungen für die neue Insolvenzordnung*. URL: http://www.restrukturierungsforum.de/assets/file/Handlungsempfehlungen-fr-die-neue-Insolvenzordnung.pdf. Letzter Abruf: 11.03.2019.

DICK, Diane Lourdes (2018): „Bondholders vs. Retirees in Municipal Bankruptcies: The Politicla Economy of Chapter 9". In: *American Bankruptcy Law Journal*, Nr. 1, 92. Jg., S. 73–110.

DIETZ, Otto (2008): „Indikatoren zur Beurteilung der Leistungsfähigkeit öffentlicher Haushalte". In: *WISTA*, Nr. 10, 8. Jg., S. 862–866.

DÖLLERER, Georg (1959): „Grundsätze ordnungsmäßiger Bilanzierung, deren Entstehung und Ermittlung". In: *BB*, Nr. 34, 14. Jg., S. 1217–1221.

DÖRING, Thomas und Thomas BRENNER (2017): *Überprüfung der Systematik des kommunalen Finanzausgleichs in Nordrhein-Westfalen. Finanzwissenschaftliches Gutachten unter besonderer Berücksichtigung des Regressionsverfahrens sowie der Verortung des Soziallastenansatzes*. Gutachten im Auftrag des Ministeriums für Inneres und Kommunales des Landes Nordrhein-Westfalen. URL: https://www.mhkbg.nrw/kommunales/Kommunale-Finanzen/Kommunaler-Finanzausgleich/Analyse-und-Weiterentwicklung/2017-08-04_sofia-Gutachte n_final.pdf. Letzter Abruf: 11.03.2019.

DÖRING, Ulrich und Rainer BUCHHOLZ (2015): *Buchhaltung und Jahresabschluss. Mit Aufgaben und Lösungen*. 14. Auflage. Berlin: Erich Schmidt Verlag.

DÖRSCHELL, Andreas und Andreas HELLENBRAND (2011): „Grundlagen des nordrhein-westfälischen Modellprojekts zum NKF-Gesamtabschluss". In: *ZögU*, Nr. Beiheft 40 - Der kommunale Gesamtabschluss, 34. Jg., S. 37–58.

DREWELLO, Hansjörg, Frank KUPFERSCHMIDT und Oliver SIEVERING (2018): *Markt und Staat. Eine anwendungsorientierte Einführung in die allgemeine Volkswirtschaftslehre*. Wiesbaden: Springer Gabler.

DÜLK, Christian (2016): „Doppik". In: *Grundlagen kommunaler Haushaltsführung*. Hrsg. von HANS-SEIDEL-STIFUNG. München: Hans-Seidel-Stiftung e.V., S. 135–170.

DUVE, Thomas (2008): „Staatskommissare als Manager kommunaler Haushaltskonsolidierungsprozesse". In: *VM*, Nr. 6, 14. Jg., S. 283–293.

— (2010): *Kommunale Verschuldung und Ansätze zu ihrer Prävention*. AWV-Informationen 1/2010. URL: http://www.awv-net.de/upload/awv-info/pdf/ Info-innen-1-10-S-10-12-Duve.pdf. Letzter Abruf: 11.03.2019.

EICHHORN, Peter und Joachim MERK (2016): *Das Prinzip der Wirtschaftlichkeit*. 4. Auflage. Wiesbaden: Springer Gabler.

EMMERICH, Volker, Mathias HABERSACK und Jan SCHÜRNBRAND (2016): *Aktien- und GmbH-Konzernrecht. Kommentar*. 8. Auflage. München: Verlag C. H. Beck.

ENGELKAMP, Paul und Friedrich L. SELL (2017): *Einführung in die Volkswirtschaftslehre*. 7. Auflage. Berlin, Heidelberg: Springer Gabler.

ENGELS, Andreas und Daniel KRAUSNICK (2015): *Kommunalrecht*. Baden-Baden: Nomos.

ERBGUTH, Wilfried (2018): *Allgemeines Verwaltungsrecht*. 9. Auflage. Baden-Baden: Nomos. 616 S.

ERNST & YOUNG, Hrsg. (2017): *Kommunen in der Finanzkrise: Status quo und Handlungsoptionen. EY Kommunenstudie 2017*. URL: https://www.ey.com/ Publication/vwLUAssets/ey-kommunen-in-der-finanzkrise-status-quo-und-handlungsoptionen/$FILE/ey-kommunen-in-der-finanzkrise-status-quo-und-handlungsoptionen.pdf. Letzter Abruf: 11.03.2019.

EULER, Roland (2002): „Paradigmenwechsel im handelsrechtlichen Einzelabschluss. Von den GoB zu den IAS?" In: *BB*, Nr. 17, 57. Jg., S. 875–881.

EUROPEAN STABILITY MECHANISM, Hrsg. (2018): *Annual Report 2017*. URL: https://www.esm.europa.eu/sites/default/files/ar2017final.pdf. Letzter Abruf: 11.03.2019.

FABER, Angela (2005): „Insolvenzfähigkeit für Kommunen?" In: *DVBl*. Nr. 15, 120. Jg., S. 933–946.

FABER, Michael (2012): *Die Kommunen zwischen Finanzautonomie und staatlicher Aufsicht - Vorgaben zur Einnahmenoptimierung und Ausgabenkontrolle in der Haushaltssicherung. Eine Untersuchung vorrangig am Recht des Landes Nordrhein-Westfalen*. Berlin, Münster: LIT Verlag.

FASSBACH, Burkhard (1997): *Die cram down power des amerikanischen Konkursgerichtes im Reorganisationsverfahren nach Chapter 11 des Bankruptcy Code. Vorbild für das Obstruktionsverbot in der deutschen Insolvenzordnung*. Frankfurt am Main u. a.: Lang.

FEDERAL JUDICIAL CENTER, Hrsg. (2017): *Navigating Chapter 9 of the Bankruptcy Code*. URL: https://www.fjc.gov/sites/default/files/2017/Navigating_Chapter_9_for_Web.pdf. Letzter Abruf: 11.03.2019.

FETTEL, Johannes (1959): „Die Grundsätze ordentlicher Buchführung (und Bilanzierung)". In: *Der Wirtschaftstreuhänder*, Nr. 3, 8. Jg., S. 125–126.

FISCHER, Edmund und Marc GNÄDINGER (2009): „Generationengerechte Haushaltswirtschaft. Schuldenverbot, HGrGMoG und Ergebnisausgleich". In: *VM*, Nr. 6, 15. Jg., S. 283–292.

FLEIGE, Thomas (1989): *Zielbezogene Rechnungslegung und Berichterstattung von Kommunen. Untersuchung zur Erweiterung der kommunalen Jahresrechnung*. Münster: LIT Verlag.

FOERSTE, Ulrich (2018): *Insolvenzrecht*. 7. Auflage. München: Verlag C. H. Beck.

FOLZ, Thomas, Klaus MUTSCHLER und Christoph STOCKEL-VELTMANN (2017): *Externes Rechnungswesen. Studienbuch für den kommunalen Bachelorstudiengang mit praktischen Übungen und Lösungen*. 4. Auflage. Witten: Bernhardt-Witten.

FREGE, Michael C., Ulrich KELLER und Ernst RIEDEL (2015): *Insolvenzrecht*. 8. Auflage. München: Verlag C. H. Beck.

FRIELINGHAUS, Stefan Niederste (2007): *Die kommunale Insolvenz als Sanierungsansatz für die öffentlichen Finanzen*. Stuttgart u. a.: Boorberg. 314 S.

— (2008): „Das Tabu der kommunalen Insolvenz". In: *DÖV*, Nr. 23, 61. Jg., S. 991–997.

FRITSCH, Michael (2014): *Marktversagen und Wirtschaftspolitik. Mikroökonomische Grundlagen staatlichen Handelns.* 9. Auflage. München: Verlag Franz Vahlen.

FRITZE, Christian (2019): „Die Vermögensbewertung nach dem Wirklichkeitsprinzip im Entwurf des 2. NKF-Weiterentwicklungsgesetzes. Eine Begriffsbestimmung". In: *der gemeindehaushalt*, Nr. 1, 120. Jg., S. 12–16.

FROMME, Jochen-Konrad und Klaus RITGEN (2014): „Neuordnung der Finanzbeziehungen. Aufgabengerechte Finanzverteilung zwischen Bund, Ländern und Kommunen". In: *DVBl.* Nr. 16, 129. Jg., S. 1017–1028.

FUDALLA, Mark, Manfred zur MÜHLEN und Christian WÖSTE (2011): *Doppelte Buchführung in der Kommunalverwaltung. Basiswissen für das "Neue Kommunale Finanzmanagement"(NKF)*. 4. Auflage. Berlin: Erich Schmidt Verlag.

FUDALLA, Mark, Martin TÖLLE u. a. (2011): *Bilanzierung und Jahresabschluss in der Kommunalverwaltung. Grundsätze für das "Neue Kommunale Finanzmanagement(NKF)*. 3. Auflage. Berlin: Erich Schmidt Verlag. 420 S.

— (2017): *Bilanzierung und Jahresabschluss in der Kommunalverwaltung. Grundsätze für das "Neue Kommunale Finanzmanagement"(NKF)*. 4. Auflage. Berlin: Erich Schmidt.

FÜLBIER, Rolf Uwe (2004): „Wissenschaftstheorie und Betriebswirtschaftslehre". In: *WiSt*, Nr. 5, 33. Jg., S. 266–271.

GEIS, Max-Emanuel (2016): *Kommunalrecht. Ein Studienbuch.* 4. Auflage. München: Verlag C. H. Beck.

GEISSLER, René (2014): *Detroit.* URL: https://blog.wegweiser-kommune.de/finanzen/detroit-bankrott-eines-symbols. Letzter Abruf: 11.03.2019.

GEIWITZ, Arndt (2014): „§ 29 Insolvenzplanverfahren". In: *Restrukturierung, Sanierung, Insolvenz. Handbuch.* Hrsg. von Andrea K. BUTH und Christian Nicolas BÄCHSTÄDT. 4. Auflage. München: Verlag C. H. Beck.

GERHARDS, Ralf (2013): „International Public Sector Accounting Standards (IPSAS). Eine Perspektive auch in Deutschland?" In: *DÖV*, Nr. 2, 66. Jg., S. 70–74.

— (2015): „Rechnungszweck der European Public Sector Accounting Standards (EPSAS): Die EU auf dem Irrweg?" In: *DÖV*, Nr. 8, 68. Jg., S. 319–325.

GLEICH, Ronald u. a., Hrsg. (2015): *Moderne Instrumente der Planung und Budgetierung. Innovative Ansätze und Best Practice für die Unternehmenssteuerung.* 2. Auflage. Freiburg u. a.: Haufe.

GLÖCKNER, Andreas (2014): *Neue Öffentliche Rechnungslegung. Konzeptionelle Fundamente und Spezifika eines Normensystems für Gebietskörperschaften.* Baden-Baden: Nomos.

GNÄDINGER, Marc und Dennis HILGERS (2010): „Deutsche Schuldenbremse(n) - Etablierte Modelle und ökonomisch begründeter Fortentwicklungsbedarf". In: *ZögU*, Nr. 3, 33. Jg., S. 181–200.

GOLDENSTEIN, Jan, Michael HUNOLDT und Peter WALGENBACH (2018): *Wissenschaftliche(s) Arbeiten in den Wirtschaftswissenschaften. Themenfindung - Recherche - Konzeption - Methodik - Argumentation*. Wiesbaden: Springer Gabler.

GORNAS, Jürgen (2009): *Der kommunale Gesamtabschluss im doppischen Haushalts- und Rechnungswesen. Wissenschaftliche Stellungnahme zu den haushaltsrechtlichen Regelungen des kommunalen Gesamtabschlusses*. URL: http://doppikvergleich.de/_Resources/Persistent/10a9784cf0ad0aa798eb423a9c90eaf3a847a22e/Vorschriften-zum-Gesamtabschluss-2-2.pdf. Letzter Abruf: 11.03.2019.

GOTTWALD, Peter (2015): „§ 1 Einführung". In: *Insolvenzrechts-Handbuch*. Hrsg. von Peter GOTTWALD. 5. Auflage. München: Verlag C. H. Beck.

GOURMELON, Andreas, Michael MROSS und Sabine SEIDEL (2018): *Management im öffentlichen Sektor. Organisationen steuern - Strukturen schaffen - Prozesse gestalten*. 3. Auflage. Heidelberg u. a.: Rehm.

GRÄFER, Horst und Guido A. SCHELD (1. Aug. 2016): *Grundzüge der Konzernrechnungslegung. Mit Fragen, Aufgaben und Lösungen*. 13. Auflage. Berlin: Erich Schmidt Verlag.

GREIL, Stefan und Eva HERDEN (2010): „Die Eröffnungsgründe des Insolvenzverfahrens". In: *ZJS*, Nr. 6, 3. Jg., S. 690–693.

GRÖPL, Christoph, Friedrich HEINEMANN und Alexander KALB (2010): „Die Zweckentfremdung des kommunalen Kassenkredits. Eine rechtlich-ökonomische Analyse". In: *Perspektiven der Wirtschaftspolitik*, Nr. 2, 11. Jg., S. 178–203.

GROSS, Paul J. und Matthias AMEN (2002): „Die Erstellung der Fortbestehensprognose". In: *WPg*, Nr. 9, 55. Jg., S. 433–450.

— (2003): „Das Beweismaß der „überwiegenden Wahrscheinlichkeit" im Rahmen der Glaubhaftmachung einer Fortbestehensprognose". In: *WPg*, Nr. 3, 56. Jg., S. 67–89.

GRUNWALD, Ekkehard und Manfred POOK (2011): *Aufwand und Nutzen des Gesamtabschlusses. Erfahrungen der Stadt Salzgitter nach dem 3. Gesamtabschluss*. KGSt-Forum in Nürnberg am 16.09.2011. URL: https://www.kgst.de/documents/20181/127515/20110922A0126.pdf/cf04beb1-880d-4777-8a9c-26a5c0bce471?download=true. Letzter Abruf: 11.03.2019.

GUTENBERG, Erich (1967): *Betriebswirtschaftslehre als Wissenschaft*. 3. Auflage. Krefeld: Scherpe Verlag.

HAAS, Ulrich (2015): „§ 88 Vorläufige Eigenverwaltung und Schutzschirmverfahren". In: *Insolvenzrechts-Handbuch*. Hrsg. von Peter GOTTWALD. 5. Auflage. München: Verlag C. H. Beck.

HÄDE, Ulrich (2006): „Rechtliche Grenzen für die Staatsverschuldung der Länder". In: *Wirtschaftsdienst*, Nr. 9, 86. Jg., S. 563–567.

HÄFNER, Philipp (2011): *Kommunales Rechnungswesen - Doppik. Doppelte Buchführung in der öffentlichen Verwaltung*. Stuttgart: EduMedia.

HAHN, Dietger (1996): *PuK. Planung und Kontrolle, Planungs- und Kontrollsysteme, Planungs- und Kontrollrechnung*. Controllingkonzepte. 5. Auflage. Wiesbaden: Gabler.

HALSCH, Volker, Udo STÄHLER und Mirko WEISS (2013): *Für zukunftsfähige Kommunalfinanzen*. Managerkreis der Friedrich-Ebert-Stiftung. URL: http://library.fes.de/pdf-files/managerkreis/10397-20131211.pdf. Letzter Abruf: 11.03.2019.

HAMACHER, Claus (2016): „Kommentar zu § 82 GO NRW". In: *Gemeindeordnung Nordrhein-Westfalen. Kommentar.* Hrsg. von Stephan ARTICUS, Bernd Jürgen SCHNEIDER und Jochen DIEKMANN. 5. Auflage. Stuttgart: Kohlhammer.

HANSMANN, Marc (2013): „Ist die Höhe des kommunalen Eigenkapitals zufallsbedingt?" In: *der gemeindehaushalt*, Nr. 5, 114. Jg., S. 97–99.

HANS-SEIDEL-STIFUNG, Hrsg. (2016): *Grundlagen kommunaler Haushaltsführung*. München: Hans-Seidel-Stiftung e.V.

HAUSCHILDT, Jürgen (1977): *Entscheidungsziele. Zielbildung in innovativen Entscheidungsprozessen: Theroretische Aufsätze und empirische Prüfung*. Tübingen: Mohr Siebeck.

HEILING, Jens (2014): „Warum sich öffentliches und privates Rechnungswesen unterscheiden sollten". In: *Das Publicness-Puzzle. Öffentliche Aufgabenerfüllung zwischen Staat und Markt*. Hrsg. von Martin KNOKE u. a. Lage: Jacobs Verlag, S. 227–239.

HEILING, Jens und Maik U. LASARZIK (2010): „Der Gesamtabschluss als Instrument der kommunalen Gesamtsteuerung". In: *Der kommunale Gesamtabschluss. Zielsetzung, Grundlagen und Erstellung*. Hrsg. von Thomas Müller-Marqués BERGER und Uwe KREBS. Stuttgart: Schäffer-Poeschel, S. 255–287.

HELD, Friedrich Wilhelm und Johannes WINKEL, Hrsg. (2018): *Gemeindeordnung Nordrhein-Westfalen. Kommentar.* 4. Auflage. Wiesbaden: Kommunal- und Schulverlag.

HELLER, Boris (2010): *Die virtuelle Gläubigerversammlung. Ein netzwerkanalytisches und sozialpsychologisches Modell der Entscheidung über den Insolvenzplan*. Hamburg: Kovac.

HENKES, Jörg (2008): *Der Jahresabschluss kommunaler Gebietskörperschaften. Von der Verwaltungskameralistik zur kommunalen Doppik.* Berlin: Erich Schmidt Verlag.

HENO, Rudolf (2016): *Jahresabschluss nach Handelsrecht, Steuerrecht und internationalen Standards (IFRS)*. 8. Auflage. Berlin: Springer Gabler.

HERMANNS, Michael (2014): „§ 25 Insolvenzantragsgründe". In: *Restrukturierung, Sanierung, Insolvenz. Handbuch*. Hrsg. von Andrea K. BUTH und Christian Nicolas BÄCHSTÄDT. 4. Auflage. München: Verlag C. H. Beck.

HERRMANN, Karolin (2011): *Kommunale Kassenkredite. Missbrauchsgefahr und Reformvorschläge*. Berlin: Karl-Bräuer-Institut des Bundes der Steuerzahler e.V.
— (2012a): „Der kommunale Kassenkredit im Kontext der grundgesetzlichen Schuldenbremse". In: *Staatsverschuldung in Deutschland nach der Föderalismusreform II. Eine Zwischenbilanz*. Hrsg. von Clemens HETSCHKO u. a. Hamburg: Bucerius Law School Press, S. 145–165.
— (2012b): *Kommunale Schattenhaushalte. Versteckte Schulden und Haftungsrisiken*. Berlin: Karl-Bräuer-Institut des Bundes der Steuerzahler e.V.
HESS, Harald u. a. (2014): *Insolvenzplan, Sanierungsgewinn, Restschuldbefreiung und Verbraucherinsolvenz*. 4. Auflage. Heidelberg: C.F. Müller.
HESSISCHES MINISTERIUM DER FINANZEN, Hrsg. (2014): *Wege aus der Verschuldungsfalle. Der Kommunale Schutzschirm in Hessen – Zwischenbilanz zu einem Erfolgsmodell*. URL: https://finanzen.hessen.de/sites/default/files/media/hmdf/broschuerekommunalerschutzschirm_druckversion.pdf. Letzter Abruf: 11.03.2019.
HETSCHKO, Clemens u. a., Hrsg. (2012): *Staatsverschuldung in Deutschland nach der Föderalismusreform II. Eine Zwischenbilanz*. Hamburg: Bucerius Law School Press.
HEWEL, Brigitte und Renate NEUBÄUMER (2017): „Zur Funktionsweise von Märkten". In: *Volkswirtschaftslehre. Grundlagen der Volkswirtschaftstheorie und Volkswirtschaftspolitik*. Hrsg. von Renate NEUBÄUMER, Brigitte HEWEL und Thomas LENK. 6. Auflage. Wiesbaden: Springer Gabler, S. 21–37.
HILGERS, Dennis und Andreas BURTH (2011): „Konzept einer doppischen Kommunalschuldenbremse für das Land Hessen". In: *VM*, Nr. 5, 17. Jg., S. 242–251.
HOFFMANN, Maximilian F. R. (2012): *Die geordnete gebietskörperschaftliche Insolvenz am Beispiel deutscher Kommunen*. Frankfurt am Main u. a.: Lang.
HOFMANN, Matthias (2018): „Kapitel 13 Insolvenzplanverfahren". In: *Handbuch des Fachanwalts Insolvenzrecht*. Hrsg. von Klaus WIMMER u. a. 8. Auflage. Köln: Luchterhand.
HOLLER, Benjamin (2012): *Liquiditätsverschuldung außer Kontrolle? Kommunale Finanzaufsicht im Ländervergleich*. URL: http://forschung-fuer-kommunen.de/images/ffk_ap_01_2012.pdf. Letzter Abruf: 11.03.2019.
HOLTKAMP, Lars (2007): *Wer hat Schuld an der Verschuldung? Ursachen nationaler und kommunaler Haushaltsdefizite*. polis Nr. 64/2007. URL: https://www.fernuni-hagen.de/polis/download/lg4/polis_64_lars_holtkamp.pdf. Letzter Abruf: 11.03.2019.
— (2008): „Das Scheitern des Neuen Steuerungsmodells". In: *dms*, Nr. 2, 1. Jg., S. 423–446.

— (2012): *Kommunale Haushaltspolitik bei leeren Kassen. Bestandsaufnahme, Konsolidierungsstrategien, Handlungsoptionen*. 2. Auflage. Berlin: edition sigma.
— (2013): „Kommunale Handlungsspielräume und demokratische Legitimation". In: *Die subjektive Seite der Stadt. Neue politische Herausforderungen und die Bedeutung von Eliten im lokalen Bereich*. Hrsg. von Katrin HARM und Jens ADERHOLD. Wiesbaden: Springer Gabler, S. 131–150.
HOMANN, Klaus (2005): *Kommunales Rechnungswesen. Buchführung, Kostenrechnung und Wirtschaftlichkeitsrechnung*. 6. Auflage. Wiesbaden: Gabler.
HOMBURG, Stefan und Kristina RÖHRBEIN (2007): „Ökonomische Anmerkungen zum Urteil des Bundesverfassungsgerichts vom 19. Oktober 2006". In: *Der Staat*, Nr. 2, 46. Jg., S. 183–202.
HOPP-WIEL, Klaus (2016): „Kameralistik". In: *Grundlagen kommunaler Haushaltsführung*. Hrsg. von HANS-SEIDEL-STIFUNG. München: Hans-Seidel-Stiftung e.V., S. 11–134.
HURLEBAUS, Annette (2013): *Grundsätze ordnungsgemäßer kommunaler Rechnungslegung und ihre Auslegung im Hinblick auf die Bewertung kommunaler Sachanlagen*. Wiesbaden: Springer Gabler.
ILLING, Falk (2013): *Deutschland in der Finanzkrise. Chronologie der deutschen Wirtschaftspolitik 2007–2012*. Wiesbaden: VS Verlag für Sozialwissenschaften.
INFORMATION UND TECHNIK NRW, Hrsg. (2017): *Kredite, Kassenkredite und Wertpapierschulden der Gemeinden und Gemeindeverbände Nordrhein-Westfalens 31.12. 2016*. URL: https://www.it.nrw/sites/default/files/atoms/files/163_17_0.pdf. Letzter Abruf: 11.03.2019.
INNENMINISTERIUM DES LANDES NRW, Hrsg. (2009): *Kommunalpolitik und NKF. Basisinformationen für Rats- und Kreistagsmitglieder zum nordrheinwestfälischen Neuen Kommunalen Finanzmanagement*. URL: https://www.voeb.de/download/nw09. Letzter Abruf: 11.03.2019.
INTERNATIONAL ACCOUNTING STANDARDS BOARD, Hrsg. (2001): *Framwork for the Preparation and Presentation of Financial Statements*. URL: https://application.wiley-vch.de/books/sample/3527505881_c01.pdf. Letzter Abruf: 11.03.2019.
— Hrsg. (2018): *Conceptual Framework for Financial Reporting*. London: IFRS Foundation.
IPSEN, Jörn (2017): *Allgemeines Verwaltungsrecht*. 10. Auflage. München: Verlag Franz Vahlen.
JÄGER, Cornelia (2015): „Aktuelle Entwicklungen und Reformbedarf an der nordrhein-westfälischen Konnexitätsregelung". In: *NWVBl*. Nr. 4, 29. Jg., S. 130–135.
JANZEN, Markus (2010): „Einbeziehung von Beteiligungen außerhalb der Vollkonsolidierung". In: *Der kommunale Gesamtabschluss. Zielsetzung, Grundlagen*

und Erstellung. Hrsg. von Thomas Müller-Marqués BERGER und Uwe KREBS. Stuttgart: Schäffer-Poeschel, S. 189–201.

JEWELER, Robin (2007): *Municipal Reorganization: Chapter 9 of the U.S. Bankruptcy Code*. CRS Report for Congress. URL: https://www.everycrsreport.com/files/20070308_RL33924_cc47e10fae8962efc30d316ecb8b845d002e9d51.pdf. Letzter Abruf: 11.03.2019.

JOCHIMSEN, Beate (2007): „Staatsschulden ohne Haftung. Eine Option für deutsche Bundesländer?" In: *Wirtschaftsdienst*, Nr. 8, 87. Jg., S. 518–524.

JOCHIMSEN, Beate und Kai A. KONRAD (2006): „Anreize statt Haushaltsnotlagen". In: *Finanzkrise im Bundesstaat*. Hrsg. von Kai A. KONRAD und Beate JOCHIMSEN. Frankfurt am Main u. a.: Lang, S. 11–27.

JONEN, Andreas und Volker LINGNAU (2004): *Basel II und die Folgen für das Controlling von kreditnehmenden Unternehmen*. Beiträge zur Controlling-Forschung. 2. Auflage. URL: https://www.econstor.eu/obitstream/10419/57913/1/715324284.pdf. Letzter Abruf: 11.03.2019.

JOST, Christoph (2003): *Argentinien: Umfang und Ursachen der Staatsverschuldung und Probleme der Umschuldung*. Konrad Adenauer Stiftung Auslandsinfo 11/2003. URL: http://www.kas.de/wf/doc/kas_3573-544-1-30.pdf. Letzter Abruf: 11.03.2019.

JUNKERNHEINRICH, Martin u. a. (2011): *Haushaltsausgleich und Schuldenabbau der Kommunen in Nordrhein-Westfalen. Konzept zur Rückgewinnung kommunaler Finanzautonomie im Land Nordrhein-Westfalen*. URL: http://gar-nrw.de/files/Gutachten_Junkernheinrich_Lenk_komplett.pdf. Letzter Abruf: 11.03.2019.

JÜRGENS, Andreas (2016): „Wie steht es mit der Haushaltswirtschaft der Kommunen in NRW. Eine Kennzahlenbilanz nach sechs Jahren NKF". In: *der gemeindehaushalt*, Nr. 3, 117. Jg., S. 57–60.

KÄMMERER, Jörn Axel (2017): *Staatsorganisationsrecht*. 3. Auflage. München: Verlag Franz Vahlen.

KÄMPFER, Georg (2000): „Die Rechnungslegung privater Konzerne als Bezugsrahmen für öffentliche Verwaltungen". In: *Neues öffentliches Rechnungswesen. Stand und Perspektiven*. Hrsg. von Dietrich BUDÄUS, Christine AHLGRIMM und Klaus LÜDER. Wiesbaden: Gabler, S. 323–345.

KAPPLER, Ekkehard (1975): „Zielsetzungs- und Zieldurchsetzungsplanung in Betriebswirtschaften". In: *Unternehmensplanung. Bericht von der wissenschaftlichen Tagung der Hochschullehrer für Betriebswirtschaft in Augsburg 1973*. Hrsg. von Hans ULRICH. Wiesbaden: Springer Gabler, S. 82–102.

KATZ, Alfred (2004): „Haftung und Insolvenz der Kommunen und ihrer Unternehmen". In: *der gemeindehaushalt*, Nr. 3, 105. Jg., S. 49–52.

— (2011): „Nachhaltige Gemeindewirtschaft durch Reformen (NKHR/NKF)? Tragfähigkeit der Grundsätze und Funktionen des neuen kommunalen Haushaltsrechts". In: *der gemeindehaushalt*, Nr. 7, 112. Jg., S. 145–153.

KEGELMANN, Jürgen (2007): *New Public Management. Möglichkeiten und Grenzen des Neuen Steuerungsmodells*. Wiesbaden: VS Verlag für Sozialwissenschaften.

KEILMANN, Ulrich, Marc GNÄDINGER und Andreas BURTH (2015): *Ein Beitrag zur Generationengerechtigkeit. Kommunale Nachhaltigkeitssatzungen als politische Selbstverpflichtung*. Publicus 2015.1. URL: http://formularservice-online.de/sixcms/media.php/boorberg01.a.1282.de/boorberg01.c.286623.de. Letzter Abruf: 11.03.2019.

KEMPER, Martin (1996): *Die U.S.-amerikanischen Erfahrungen mit "Chapter 11". Ein Vergleich mit dem Insolvenzplan der neuen Insolvenzordnung*. Frankfurt am Main u. a.: Lang.

KIAMANN, Oliver (2010): „Der kommunale Gesamtabschluss. Ist die Konzernrechnungslegung nach HGB eine sinnvolle Referenz?" In: *dms*, Nr. 1, 3. Jg., S. 187–207.

KIAMANN, Oliver und Stephan WIELENBERG (2010): „Welche Informationen liefert gegenwärtig die Abbildung des abnutzbaren Anlagevermögens im kommunalen Jahresabschluss?" In: *der gemeindehaushalt*, Nr. 3, 111. Jg., S. 49–55.

KILGER, Wolfgang, Jochen R. PAMPEL und Kurt VIKAS (2012): *Flexible Plankostenrechnung und Deckungsbeitragsrechnung*. 13. Auflage. Wiesbaden: Gabler.

KINDLEBERGER, Charles P. (1984): *Die Weltwirtschaftskrise*. 3. Auflage. München: DTV.

KISTNER, Klaus-Peter und Marion STEVEN (2002): *Betriebswirtschaftslehre im Grundstudium 1. Produktion, Absatz, Finanzierung*. 4. Auflage. Heidelberg: Physica Verlag.

KLATTE, Matthias (2010): „Abgrenzung des Konsolidierungskreises". In: *Der kommunale Gesamtabschluss. Zielsetzung, Grundlagen und Erstellung*. Hrsg. von Thomas Müller-Marqués BERGER und Uwe KREBS. Stuttgart: Schäffer-Poeschel, S. 75–91.

KLATTE, Matthias und Holger WIRTZ (2010): „Einheitliche Bilanzierung und Bewertung". In: *Der kommunale Gesamtabschluss. Zielsetzung, Grundlagen und Erstellung*. Hrsg. von Thomas Müller-Marqués BERGER und Uwe KREBS. Stuttgart: Schäffer-Poeschel, S. 93–106.

KLEERBAUM, Klaus-Viktor und Manfred PALMEN, Hrsg. (2018): *Gemeindeordnung Nordrhein-Westfalen. Kommentar für die kommunale Praxis*. 3. Auflage. Recklinghausen: KPV-DBG.

KLEIN, Martin (2016a): „Kommentar zu § 124 GO NRW". In: *Gemeindeordnung Nordrhein-Wetsfalen. Kommentar*. Hrsg. von Stephan ARTICUS, Bernd Jürgen SCHNEIDER und Jochen DIEKMANN. 5. Auflage. Stuttgart: Kohlhammer.

KLEIN, Martin (2016b): „Kommentar zu § 128 GO NRW". In: *Gemeindeordnung Nordrhein-Wetsfalen. Kommentar.* Hrsg. von Stephan ARTICUS, Bernd Jürgen SCHNEIDER und Jochen DIEKMANN. 5. Auflage. Stuttgart: Kohlhammer.

KLIEVE, Lars Martin (2014): „Kommunale Finanzkrise". In: *der gemeindehaushalt*, Nr. 11, 115. Jg., S. 254–259.

— (2016): „Einer trage des Anderen Last? - Zur Generationengerechtigkeit". In: *der gemeindehaushalt*, Nr. 9, 117. Jg., S. 203–207.

KLOBY, Kathryn (2009): „Less is more: exploring citizen-based financial reporting in local government". In: *Journal of Public Budgeting, Accounting & Financial Management*, Nr. 3, 21. Jg., S. 368–392.

KLOEPFER, Michael (2012): *Staatsrecht kompakt. Staatsorganisationsrecht – Grundrechte – Bezüge zum Völker- und Europarecht.* Baden-Baden: Nomos.

KLUGE, Ulrich (2006): *Die Weimarer Republik.* Paderborn: Schöningh.

KLUTH, Winfried (2009): „Das kommunale Konnexitätsprinzip der Landesverfassungen – Überblick über Rechtssetzung und Rechtsprechung". In: *LKV*, Nr. 8, 19. Jg., S. 337–343.

KNIRSCH, Hanspeter (2011): *Der kommunale Haushalt.* Friedrich-Ebert-Stiftung, Abteilung Politische Akademie, KommunalAkademie. URL: http://library.fes.de/pdf-files/akademie/kommunal/08975/kapitel_05.pdf. Letzter Abruf: 11.03.2019.

— (2012): „Zur Genehmigungsfähigkeit von Haushaltssanierungsplänen nach dem nordrhein-westfälischen Stärkungspaktgesetz". In: *der gemeindehaushalt*, Nr. 5, 113. Jg., S. 97–100.

— (2014): „Wann entfällt die Pflicht zur Aufstellung eines Haushaltssicherungskonzepts nach § 76 GO NRW?" In: *der gemeindehaushalt*, Nr. 1, 115. Jg., S. 1–2.

— (2016): „Rückendeckung für die Kommunalaufsicht. Anmerkungen zu den Konsequenzen für die Kommunalaufsicht aus dem Urteil des Bundesverwaltungsgerichts vom 16.6.2015 - BVerwG 10 C 13.14". In: *der gemeindehaushalt*, Nr. 2, 117. Jg., S. 28–30.

KODEK, Georg E. (2012a): „Nationale Regelungen der Insolvenz von Gebietskörperschaften. Ein Modell für die Regelung der Staateninsolvenz?" In: *Staateninsolvenz.* Hrsg. von Georg E. KODEK. 2. Auflage. Wien: Bankverlag, S. 145–162.

— Hrsg. (2012b): *Staateninsolvenz.* 2. Auflage. Wien: Bankverlag.

KÖHRMANN, Hannes (2009): *Die Rechnungslegung kommunaler Gebietskörperschaften. Eine Analyse der Regelungen des NKF und der IPSAS.* Lohmar: Eul-Verlag.

KOMMUNALE GEMEINSCHAFTSSTELLE FÜR VERWALTUNGSMANAGEMENT, Hrsg. (2011): *Der kommunale Gesamtabschluss.* Arbeitshilfen für die Prüfung kom-

munaler Jahresabschlüsse, Band 7. Bericht Nr. 9/2011. Köln: Köln: Kommunale Gemeinschaftsstelle für Verwaltungsmanagement.
— Hrsg. (2012): *Steuerung kommunaler Beteiligungen*. Bericht Nr. 3/2012. Köln: Kommunale Gemeinschaftsstelle für Verwaltungsmanagement.
KOMMUNALE GEMEINSCHAFTSSTELLE FÜR VERWALTUNGSVEREINFACHUNG, Hrsg. (1993): *Das neue Steuerungsmodell. Begründung, Konturen, Umsetzung*. Bericht Nr. 5/1993. Köln: Kommunale Gemeinschaftsstelle für Verwaltungsvereinfachung.
KONRAD, Kai A. (2008): „Verschuldungsautonomie und Schuldenselbstverantwortung". In: *KritV*, Nr. 2, 91. Jg., S. 157–170.
KOSIOL, Erich (1968): *Einführung in die Betriebswirtschaftslehre. Die Unternehmung als wirtschaftliches Aktionszentrum*. Wiesbaden: Gabler.
— (1976): *Pagatorische Bilanz. Die Bewegungsbilanz als Grundlage einer integrativ verbundenen Erfolgs-, Bestands- und Finanzrechnung*. Berlin: Duncker und Humblot.
— (1978): „Aufgabenanalyse und Aufgabensynthese". In: *Elemente der organisatorischen Gestaltung*. Hrsg. von Erwin GROCHLA. Reinbek bei Hamburg: Rowohlt, S. 66–84.
KRAMER, Ralph und Frank K. PETER (2014): *Insolvenzrecht. Grundkurs für Wirtschaftswissenschaftler*. 3. Auflage. Wiesbaden: Springer Gabler.
KRATZMANN, Horst (1982): „Der Staatsbankrott. Begriff, Erscheinungsformen, Regelung". In: *JZ*, Nr. 9, 37. Jg., S. 319–325.
KREBS, Uwe (2010): „Kapitalkonsolidierung im Rahmen der Vollkonsolidierung". In: *Der kommunale Gesamtabschluss. Zielsetzung, Grundlagen und Erstellung*. Hrsg. von Thomas Müller-Marqués BERGER und Uwe KREBS. Stuttgart: Schäffer-Poeschel, S. 107–130.
KROMPHARDT, Jürgen, Peter CLEVER und Heinz KLIPPERT (1979): *Methoden der Wirtschafts- und Sozialwissenschaften. Eine wissenschaftskritische Einführung*. Wiesbaden: Gabler.
KRUSE, Susanne und Fabian STRAUB (2018): „Der Einsatz von Zinsderivaten vor dem Hintergrund einer hohen Kassenkreditverschuldung der Kommunen". In: *VM*, Nr. 2, 24. Jg., S. 78–87.
KÜTING, Karlheinz und Heinz KUSSMAUL (2009): „Fair-Value-Bewertung im HGB?" In: *WISU*, Nr. 1, 38. Jg., S. 91–96.
KÜTING, Peter und Philipp GRAU (2014): „Nicht durch Eigenkapital gedeckter Fehlbetrag. Bilanzrechtliche und bilanzanalytische Würdigung eines handelsrechtlichen Korrekturpostens". In: *Der Betrieb*, Nr. 14, 67. Jg., S. 729–737.
LANDESREGIERUNG NRW U. A., Hrsg. (2010): *Handlungs- und Zukunftsfähigkeit der Kommunen gemeinsam nachhaltig sichern*. Gemeinsame Erklärung. URL: https://www.thomas-kutschaty.de/wp-content/uploads/sites/50/2010/09/doc_30577_2010912111820.pdf. Letzter Abruf: 11.03.2019.

LANE, Timothy D. (1993): „Market Discipline". IMF Working Paper. In: *International Monetary Fund Staff Papers*, Nr. 1, 40. Jg., S. 53–88.

LANG, Joachim (1986): „Grundsätze ordnungsmäßiger Buchführung". In: *Handwörterbuch unbestimmter Rechtsbegriffe im Bilanzrecht des HGB*. Hrsg. von Ulrich LEFFSON, Dieter RÜCKLE und Bernhard GROSSFELD. Köln: Otto Schmidt, S. 221–240.

LANGE, Klaus (2015): „Die finanzielle Mindestausstattung und die angemessene Finanzausstattung der Kommunen". In: *DVBl*. Nr. 8, 130. Jg., S. 457–463.

LEFFSON, Ulrich (1964): *Die Grundsätze ordnungsmäßiger Buchführung*. Düsseldorf: IDW-Verlag.

— (1987): *Die Grunsätze ordnungsmäßiger Buchführung*. 7. Auflage. Düsseldorf: IDW-Verlag.

LEFFSON, Ulrich, Dieter RÜCKLE und Bernhard GROSSFELD, Hrsg. (1986): *Handwörterbuch unbestimmter Rechtsbegriffe im Bilanzrecht des HGB*. Köln: Otto Schmidt.

LEIBINGER, Bodo, Reinhard MÜLLER und Herbert WIESNER (2017): *Öffentliche Finanzwirtschaft. Ein Grundriss für die öffentliche Verwaltung in Bund und Ländern*. 14. Auflage. Heidelberg: R.v. Decker.

LENK, Thomas (2015): „Auswirkungen der demografischen Entwicklung auf die öffentlichen Finanzen". In: *1. Symposium "Nachhaltige öffentliche Finanzwirtschaft"*. Hrsg. von SÄCHSISCHER RECHNUNGSHOF. Leipzig: Rechnungshof des Freistaates Sachsen, S. 41–53.

LENK, Thomas und Oliver ROTTMANN (2007): „Public Corporate Governance in öffentlichen Unternehmen. Transparenz unter divergierender Interessenlage". In: *ZögU*, Nr. 3, 30. Jg., S. 344–356.

LENK, Thomas und Werner SESSELMEIER (2017): „Konjunkturpolitik / Fiskalpolitik / Stabilisierungspolitik". In: *Volkswirtschaftslehre. Grundlagen der Volkswirtschaftstheorie und Volkswirtschaftspolitik*. Hrsg. von Renate NEUBÄUMER, Brigitte HEWEL und Thomas LENK. 6. Auflage. Wiesbaden: Springer Gabler, S. 465–482.

LEVERMANN, Thomas (1995): *Expertensysteme zur Beurteilung von Werbestrategien*. Wiesbaden: Gabler.

LEWINSKI, Kai von (2014): „Kommunalinsolvenz nach dem Vorbild der Verbraucherinsolvenz. Königsweg oder Irrweg?" In: *Gesicherte Kommunalfinanzen trotz Verschuldungs- und Finanzkrise. Professorengespräch 2014 des Deutschen Landkreistages am 25. / 26.3.2014 auf Schloss Waldthausen, Landkreis Mainz-Bingen*. Hrsg. von Hans-Günter HENNEKE. Stuttgart u. a.: Boorberg, S. 205–226.

LINDLAR, Hans Peter und Udo KOTZEA (2011): „Zukunft der Kommunalaufsicht. Veränderung und Entwicklung". In: *Praxishandbuch Kämmerei*. Hrsg. von

Wolfgang VELDBOER, Mario BRUNS und Christoph ECKERT. Berlin: Erich Schmidt Verlag, S. 533–548.

LINHOS, Ramon (2006): „Das Management des kommunalen Konzerns". In: *ZögU*, Nr. 4, 29. Jg., S. 367–389.

LORSON, Peter C. und Ellen HAUSTEIN (2017): „BRH: "Bundesweite Doppik? Nein, Danke! - Erst recht keine IFRS-basierten EPSAS!"" In: *Der Betrieb*, Nr. 51-52, 70. Jg., S. M4–M5.

LÜDER, Klaus (1999): *Konzeptionelle Grundlagen des neuen kommunalen Rechnungswesens. Speyerer Verfahren*. 2. Auflage. Stuttgart: Staatsanzeiger für Baden-Württemberg.

— (2003): *Dokumentation Eröffnungsbilanz. Pilotprojekt Stadt Uelzen*. Speyer: Forschungsinstitut für Öffentliche Verwaltung.

— (2006): „Ordnungsmäßigkeits-Grundsätze für das Neue Öffentliche Haushalts- und Rechnungswesen". In: *WPg*, Nr. 9, 59. Jg., S. 605–612.

— (2007): *Beiträge zum öffentlichen Rechnungswesen. Öffentliche Bilanz und Entwicklungsperspektiven*. Speyer: Deutsche Hochschule für Verwaltungswissenschaften.

— (2008): „Reform des öffentlichen Rechnungswesens in Deutschland". In: *Mehr Verantwortung für den Controller. Lösungsansätze zur Leistungssteigerung und Best Practice-Lösungen zum Performance und Compliance Controlling*. Hrsg. von Péter HORVÁTH. Stuttgart: Schäffer-Poeschel, S. 229–238.

LÜRKEN, Sacha (2015): „Totgesagte leben länger. Neuer Anstoß aus Brüssel für die Einführung eines vorinsolvenzlichen Sanierungsverfahrens". In: *NZI*, Nr. 1/2, 18. Jg., S. 3–9.

MACHARZINA, Klaus und Joachim WOLF (2012): *Unternehmensführung. Das internationale Managementwisse. Konzepte - Methoden - Praxis*. 8. Auflage. Wiesbaden: Springer Gabler.

MAGIN, Christian (2011): *Kommunale Rechnungslegung. Konzeptionelle Überlegungen, Bilanzanalyse, Rating und Insolvenz*. Wiesbaden: Gabler.

MAKARONIDIS, Alexandre (2016): *EPSAS: Betrifft das auch Sie?* URL: http://doppikvergleich.de/_Resources/Persistent/1094124b519e213b2d0d88e96409d b817d3e80f7/Dr.-Alexandre-Makaronidis---Eurostat.pdf. Letzter Abruf: 11.03.2019.

MANKIW, Nicholas Gregory und Mark P. TAYLOR (2016): *Grundzüge der Volkswirtschaftslehre*. 6. Auflage. Stuttgart: Schäffer-Poeschel.

MARETTEK, Christian, Andreas DÖRSCHELL und Andreas HELLENBRAND (2006): *Kommunales Vermögen richtig bewerten. Haufe Praxisratgeber zur Erstellung der Eröffnungsbilanz und als Grundlage der erweiterten Kameralistik*. 2. Auflage. Freiburg u. a.: Haufe.

MAURER, Hartmut (2017): *Allgemeines Verwaltungsrecht*. 19. Auflage. München: Verlag C. H. Beck.

MEFFERT, Heribert, Christoph BURMANN und Manfred KIRCHGEORG (2015): *Marketing. Grundlagen marktorientierter Unternehmensführung. Konzepte – Instrumente – Praxisbeispiele*. 12. Auflage. Wiesbaden: Springer Gabler.

MEISTER, Edgar (2004): *Auswirkungen und Folgen von Basel II auf das Kreditvergabeverhalten der Banken. Kongress und Festakt der Landesregierungen Hessen, Niedersachsen, Thüringen und der Europ. Kommission auf der Wartburg bei Eisenach am Montag, 10. Mai 2004*. URL: https://www.bundesbank.de/Redaktion/DE/Downloads/Presse/Reden/2004/2004_05_10_meister_auswirkungen-folgen-basel-ii-kreditvergabeverhalten-banken.pdf?__blob=publicationFile. Letzter Abruf: 11.03.2019.

MENSCH, Uwe (2011): „Nothilfe und Kommunalaufsicht. Wege aus der Verschuldungsfalle in NRW". In: *Gemeindefinanzpolitik in der Krise. Steuerreform, Haushaltskonsolidierung und öffentliche Aufgaben*. Hrsg. von Joachim LANGE. Rehburg-Loccum: Evangelische Akademie Loccum, S. 165–173.

MERSCHBÄCHER, Günter (1987): *Öffentliche Rechnungssysteme in der Bundesrepublik Deutschland, in Österreich und in der Schweiz. Bestandsaufnahme, Analyse, und zweckorientierte Beurteilung*. München: Herbert Utz Verlag.

MEYER, Claus und Carsten THEILE (2017): *Bilanzierung nach Handels- und Steuerrecht. Unter Einschluss der Konzernrechnungslegung und der internationalen Rechnungslegung*. 28. Auflage. Herne: NWB.

MINISTERIUM FÜR INNERES UND KOMMUNALES NRW, Hrsg. (2010): *Neues Kommunales Finanzmanagement in Nordrhein-Westfalen. Evaluierung auf der Grundlage von § 10 des NKF-Einführungsgesetzes*. URL: https://www.mhkbg.nrw/kommunales/Kommunale-Finanzen/Kommunale-Haushalte/Haushaltsrecht-_-NKF/100902_nkf_evaluierung.pdf. Letzter Abruf: 11.03.2019.

— Hrsg. (2016): *Neues Kommunales Finanzmanagement in Nordrhein-Westfalen. Handreichung für Kommunen*. 7. Auflage. URL: https://www.mhkbg.nrw/kommunales/Kommunale-Finanzen/Kommunale-Haushalte/Haushaltsrecht-_-NKF/nkf_handreichung7.pdf. Letzter Abruf: 11.03.2019.

MOCK, Sebastian (2015): „Kommentar zu § 19 InsO". In: *Insolvenzordnung. Kommentar*. Hrsg. von Wilhelm UHLENBRUCK, Heribert HIRTE und Heinz VALLENDER. 14. Auflage. München: Verlag Franz Vahlen.

MODELLPROJEKT DOPPISCHER KOMMUNALHAUSHALT IN NRW, Hrsg. (2003): *Neues Kommunales Finanzmanagement. Betriebswirtschaftliche Grundlagen für das doppische Haushaltsrecht*. 2. Auflage. Freiburg u. a.: Haufe.

MODELLPROJEKT NKF-GESAMTABSCHLUSS, Hrsg. (2009): *Praxisleitfaden zur Aufstellung eines Gesamtabschlusses. Handlungsempfehlungen des Modellprojektes zur Aufstellung eines Gesamtabschlusses im Neuen Kommunalen Finanzmanagement (NKF)*. 4. Auflage. URL: https://www.mhkbg.nrw/kommunales/Kommunale-Finanzen/Kommunale-Haushalte/Haushaltsrecht-

_ - NKF / NKF - Gesamtabschluss / 11_Praxisleitfaden_Gesamtabschluss . pdf.
Letzter Abruf: 11.03.2019.

MÖLLER, Hans Peter, Bernd HÜFNER, Erich KELLER u. a. (2018): *Konzern-Finanzberichte. Ökonomische Grundlagen, regulatorische Vorgaben und Informationskonsequenzen*. 3. Auflage. Wiesbaden: Springer Gabler.

MÖLLER, Hans Peter, Bernd HÜFNER und Holger KETTENISS (2018): *Buchführung und Finanzberichte. Grundlagen, Theorie und Anwendung*. 5. Auflage. Wiesbaden: Springer Gabler.

MOXTER, Adolf (1966): „Die Grundsätze ordnungsmäßger Bilanzierung und der Stand der Bilanztheorie". In: *ZfbF*, Nr. 1, 18. Jg., S. 28–59.

— (1974): *Bilanzlehre*. Wiesbaden: Gabler.

MROSS, Michael (2015): *Betriebswirtschaft im öffentlichen Sektor. Eine Einführung*. 2. Auflage. Wiesbaden: Springer Gabler.

MÜHLENKAMP, Holger und Andreas GLÖCKNER (2010): „Grundsätze und (best-)mögliche Ansätze zur Bewertung des Vermögens von öffentlichen Gebietskörperschaften". In: *BFuP*, Nr. 5, 62. Jg., S. 483–500.

MÜHLENKAMP, Holger und Christian MAGIN (2010): „Zum Eigenkapital von Gebietskörperschaften. Populäre Irrtümer und Missverständnisse". In: *der gemeindehaushalt*, Nr. 1, 111. Jg., S. 8–11.

MÜLLER, Florian (2011): *Kaufmännische Rechnungslegung im kommunalen Gesamtabschluss. Instrument zur Steuerung des "Konzerns Kommune"*. Berlin: Erich Schmidt Verlag.

MÜLLER, Stefan und Niels WELLER (2008): „Bilanzrechtsmodernisierungsgesetz und mögliche Änderungen in kommunalen Gesamtabschlüssen sowie Änderungen für Beteiligungsunternehmen". In: *VM*, Nr. 6, 14. Jg., S. 294–299.

MÜLLER-OSTEN, Anne (2012): „Die Bedeutung des Haushaltsausgleichs – eine Frage der Gerechtigkeit. Thesen für eine erfolgreiche Politikfeldsteuerung". In: *VM*, Nr. 2, 18. Jg., S. 102–111.

MUMM, Mirja (2016): *Einführung in das betriebliche Rechnungswesen. Buchführung für Industrie- und Handelsbetriebe*. 3. Auflage. Wiesbaden: Springer Gabler.

MUTSCHLER, Klaus (2015): *Kommunales Finanz- und Abgabenrecht NRW*. 13. Auflage. Witten: Bernhardt-Witten.

MUTSCHLER, Klaus und Christoph STOCKEL-VELTMANN (2017): *Kommunales Finanzmanagement. Studienbuch für den kommunalen Bachelorstudiengang mit praktischen Übungen und Lösungen*. 5. Auflage. Witten: Bernhardt-Witten.

NAGUSCHEWSKI, Anne F. (2011): *Kommunale Insolvenz. Untersuchungen zu einem Insolvenzverfahren nach Vorbild des US-amerikanischen Chapter 9*. Frankfurt am Main u. a.: Lang.

NEUBÄUMER, Renate, Brigitte HEWEL und Thomas LENK, Hrsg. (2017): *Volkswirtschaftslehre. Grundlagen der Volkswirtschaftstheorie und Volkswirtschaftspolitik*. 6. Auflage. Wiesbaden: Springer Gabler.

NIEMANN, Friederike Sophie und René GEISSLER (2015): *Kommunale Sozialausgaben. Für und Wider einer Bundesbeteiligung.* wegweiser-kommune.de, Ausgabe 3. URL: https://www.bertelsmann-stiftung.de/fileadmin/files/BSt/Publikationen/GrauePublikationen/Policy_LebensWK_Sozialausgaben_Stand_050615_.pdf. Letzter Abruf: 11.03.2019.

NIEMANN, Friederike-Sophie und Falk EBINGER (2017): „Was haben die, was wir nicht haben? Erklärungsansätze zum unterschiedlichen Erfolg der Haushaltsaufsicht in Österreich und Deutschland". In: *Verwaltungsarchiv*, Nr. 1, 108. Jg., S. 90–114.

NORD/LB, Hrsg. (2017): *Liquidity Coverage Ratio. Hintergrund, Umsetzung und Anwendung.* Financial Special. URL: https://www.nordlb.de/fileadmin/redaktion/analysen_prognosen/financials/specials/2017/20170912_Financial_Special.pdf. Letzter Abruf: 11.03.2019.

OEBBECKE, Janbernd (2015): „Kommunalaufsicht". In: *Die Verwaltung*, Nr. 2, 48. Jg., S. 233–257.

OLSCHINKA-RETTIG, Annette (1998): „Das US-amerikanische Schuldenrestrukturierungsverfahren Chapter 9 für insolvente Kommunen". In: *ZInsO*, Nr. 5, 1. Jg., S. 214–219.

ORTH, Klaus und Klaus-Peter TIMM-ARNOLD (2018): „Haushaltsentwicklung im Stärkungspakt Stadtfinanzen". In: *der gemeindehaushalt*, Nr. 2, 119. Jg., S. 34–39.

PACIOLI, Luca (1968): *Abhandlung ueber die Buchhaltung 1494. Nach dem italienischen Originalvon 1494 ins Deutsche übersetzt und mit einer Einleitung über die italienische Buchhaltung im 14. und 15. Jahrhundert und Paciolis Leben und Werk versehen von Balduin Penndorf.* Hrsg. von Balduin PENNDORF. unveränderter Nachdruck der Ausgabe von 1933. Stuttgart: Carl Ernst Poeschel Verlag.

PAPE, Irmtraut (2015): „Kommentar zu § 1 InsO". In: *Insolvenzordnung. Kommentar.* Hrsg. von Wilhelm UHLBRUCK, Heribert HIRTE und Heinz VALLENDER. 14. Auflage. München: Verlag Franz Vahlen.

PAPENFUSS, Ulf (2013): „Ein Public Corporate Governance Kodex ist aus theoretischer und praktischer Perspektive nützlich. Eine Replik zu einer Köpenickiade". In: *ZögU*, Nr. 4, 36. Jg., S. 302–323.

PAULUS, Christoph G. (2002): *Staatliche Schuldenregulierung. Verfahren und mögliche Inhalte.* URL: http://docplayer.org/3276815-Staatliche-schuldenregulierung-verfahren-und-moegliche-inhalte.html. Letzter Abruf: 11.03.2019.

— (2010): „Insolvenzfähigkeit von Gemeinden. Pro". In: *NordÖR*, Nr. 9, 13. Jg., S. 338–342.

PELZ, Robert (2013): „Drohverlustrückstellungen in der kommunalen Bilanz". In: *der gemeindehaushalt*, Nr. 1, 114. Jg., S. 15–18.

PETERSEN, Karl, Florian BANSBACH und Eike DORNBACH, Hrsg. (2015): *IFRS-Praxishandbuch. Ein Leitfaden für die Rechnungslegung mit Fallbeispielen.* 10. Auflage. München: Verlag Franz Vahlen.

PETERSEN, Karl, Christian ZWIRNER und Kai Peter KÜNKELE (2010): *Bilanzanalyse und Bilanzpolitik nach BilMoG. Einzelabschluss, Konzernabschluss und Steuerbilanz.* 2. Auflage. Herne: NWB.

PICKER, Randal C. und Michael W. MCCONNELL (1993): „When Cities Go Broke: A Conceptual Introduction to Municipal Bankruptcy. A Conceptual Introduction to Municipal Bankruptcy". In: *University of Chicago Law Review*, Nr. 2, 60. Jg., S. 425–495.

PILZ, Frank (2018): *Die Bewältigung der Finanz- und Staatsschuldenkrise. Die Rolle nationaler und europäischer Institutionen.* Wiesbaden: VS Verlag für Sozialwissenschaften.

PINKL, Johannes (2012): „Umgehungsgefahren für die neue ‚Schuldenbremse'. Auslegung der Ausnahmetatbestände, Sondervermögen und Nebenhaushalte, Belastung der Kommunen". In: *Staatsverschuldung in Deutschland nach der Föderalismusreform II. Eine Zwischenbilanz.* Hrsg. von Clemens HETSCHKO u. a. Hamburg: Bucerius Law School Press, S. 103–144.

PRESSLER, Florian (2013): *Die erste Weltwirtschaftskrise. Eine kleine Geschichte der großen Depression.* München: Verlag C. H. Beck.

PwC, Hrsg. (2014): *Collection of information related to the potential impact, including costs, of implementing accrual accounting in the public sector and technical analysis of the suitability of individual IPSAS standards.* URL: http://ec.europa.eu/eurostat/documents/1015035/4261806/EPSAS-study-final-PwC-report.pdf. Letzter Abruf: 11.03.2019.

RAFFER, Kunibert (2012): „Ein Insolvenzverfahren für Staaten". In: *Staateninsolvenz.* Hrsg. von Georg E. KODEK. 2. Auflage. Wien: Bankverlag, S. 33–54.

RAPPEN, Hermann (2013): „Finanzwirtschaftliche Risiken der Kommunalverschuldung". In: *RWI Konjunkturberichte*, Nr. 2, 64. Jg., S. 45–58.

RAU, Thomas (2007): *Betriebswirtschaftslehre für Städte und Gemeinden. Strategie, Personal, Organisation.* 2. Auflage. München: Verlag Franz Vahlen.

READ, Oliver und Stefan SCHÄFER (2017): *Die Staatsschuldenkrise, die öffentliche Meinung und die Märkte: Ein Drama in drei Akten.* Wiesbaden Institute of Finance and Insurance Working Paper 2/2017. URL: https://www.hs-rm.de/fileadmin/Home/Fachbereiche/Wiesbaden_Business_School/Forschungsprofil/Veroeffentlichungen/WIFI_WP/WIFI_WP_2_2017_Read_Schaefer.pdf. Letzter Abruf: 11.03.2019.

REHM, Hannes (2012): „Zur Situation der Kommunalfinanzen in den USA – Wettbewerbsföderalismus eine Lösung für deutsche Gemeinden?" In: *VM*, Nr. 6, 18. Jg., S. 308–319.

REHM, Hannes (2013): "Kommunales Rating. Kommunale Pflicht oder Kür?" In: *der gemeindehaushalt*, Nr. 4, 114. Jg., S. 73–78.

REICHARD, Christoph (1987): *Betriebswirtschaftslehre der öffentlichen Verwaltung*. 2. Auflage. Berlin: de Gruyter.

— (2004): "Das Konzept des Gewährleistungsstaates". In: *Neue Institutionenökonomik - Public Private Partnership - Gewährleistungsstaat. Referate der Tagung des Wissenschaftlichen Beirats der Gesellschaft für Öffentliche Wirtschaft am 5./6. März 2003 in Berlin*. Hrsg. von Elisabeth GÖBEL u. a. Berlin: Gesellschaft für Öffentliche Wirtschaft, S. 48–60.

RESTOY, Fernando (1996): "Interest rates and fiscal discipline in monetary unions". In: *European Economic Review*, Nr. 8, 40. Jg., S. 1629–1646.

RICHTER, Bernd, Falk SCHNURBUSCH und Johannes MELLER (2014): "IDW ES 11 "Beurteilung des Vorliegens von Insolvenzeröffnungsgründen". Würdigung aus Sicht der Sanierungspraxis". In: *BB*, Nr. 34, 69. Jg., S. 2027–2031.

RICHTER, Martin (2015): "Steuerung mit Doppik (einschließlich kritischer Anmerkungen zum vollkonsolidierten Gesamtabschluss)". In: *der gemeindehaushalt*, Nr. 6, 116. Jg., S. 121–123.

RIEDEL, Ernst (2016): "Kommentar zu § 882a ZPO". In: *Beck'scher Online-Kommentar ZPO*. Hrsg. von Volkert VORWERK und Christian WOLF. 22. Auflage. München: Verlag C. H. Beck.

RITGEN, Klaus (2014): "Gesicherte Kommunalfinanzen trotz Verschuldungs- und Finanzkrise". In: *DVBl.* Nr. 20, 129. Jg., S. 1308–1309.

RODI, Michael (2014): *Ökonomische Analyse des Öffentlichen Rechts*. Berlin, Heidelberg: Springer Gabler.

ROSE, Gerd und Christoph WATRIN (2017): *Ertragsteuern. Einkommensteuer, Körperschaftsteuer, Gewerbesteuer*. 21. Auflage. Berlin: Erich Schmidt Verlag.

SALITERER, Iris (2009): *Kommunale Ziel- und Erfolgssteuerung. Entwicklungslinien und Gestaltungspotentiale*. Wiesbaden: VS Verlag für Sozialwissenschaften.

SCHÄFER-KUNZ, Jan (2016): *Buchführung und Jahresabschluss für Schule, Studium und Beruf. Auf der Grundlage der Kontenrahmen SKR03, SKR04 und IKR*. 2. Auflage. Stuttgart: Schäffer-Poeschel.

SCHANZE, Erich (2007): "Gesellschafterhaftung für unlautere Einflussnahme nach § 826 BGB: Die Trihotel-Doktrin des BGH". In: *NZG*, Nr. 18, 10. Jg., S. 681–686.

SCHELBERG, Martin (2010): *Doppisches Gemeindehaushaltsrecht. Leitfaden für Baden-Württemberg*. Dresden: Saxonia-Verlag.

SCHERRER, Gerhard (2012): *Konzernrechnungslegung nach HGB. Eine anwendungsorientierte Darstellung mit zahlreichen Beispielen*. 3. Auflage. München: Verlag Franz Vahlen.

SCHILDBACH, Thomas (1979): *Geldentwertung und Bilanz. Kritische Analyse der Eignung verschiedener Erhaltungs- und Bewertungskonzeptionen in Zeiten stei-*

gender Preise auf der Grundlage der Aufgaben von Erfolgsbilanzen sowie auf der Basis des Konsumstrebens als Ziel der Wirtschaftssubjekte. Düsseldorf: IDW-Verlag.
— (1986): *Jahresabschluß und Markt*. Berlin, Heidelberg: Springer.
— (1995): „Der Schiengewinn - nur scheintot?" In: *Unternehmenstheorie und Besteuerung. Festschrift zum 60. Geburtstag von Dieter Schneider*. Hrsg. von Rainer ELSCHEN. Wiesbaden: Gabler, S. 585–607.
— (2009): *Der handelsrechtliche Jahresabschluss*. 9. Auflage. Herne: NWB.
SCHMALENBACH, Eugen (1921): „Geldwertausgleich in der bilanzmäßigen Erfolgsrechnung". In: *Zeitschrift für handelswissenschaftliche Forschung*, 15. Jg., S. 401–417.
— (1926): *Dynamische Bilanz*. 4. Auflage. Leipzig: Gloeckner.
— (1933): *Dynamische Bilanz*. 6. Auflage. Leipzig: Gloeckner.
SCHMALZHAF, Tobias (2015): „EPSAS und der Weg zum doppischen Glück?! Erwiderung auf Ralf Gerhards, DÖV 2015, 319 ff." In: *der gemeindehaushalt*, Nr. 14, 116. Jg., S. 609–613.
SCHMIDT, Hans-Jürgen (2009): *Betriebswirtschaftslehre und Verwaltungsmanagement*. 7. Auflage. Wien: Facultas.wuv.
SCHMIDT, Thorsten Ingo (2014): *Kommunalrecht*. 2. Auflage. Tübingen: Mohr Siebeck.
SCHNEIDER, Dieter (1997): *Betriebswirtschaftslehre. Band 2: Rechnungswesen*. 2. Auflage. München u. a.: Oldenbourg Wissenschaftsverlag.
SCHREIBER, Ulrich (1986): „Aufwendungen und Erträge des Geschäftsjahres". In: *Handwörterbuch unbestimmter Rechtsbegriffe im Bilanzrecht des HGB*. Hrsg. von Ulrich LEFFSON, Dieter RÜCKLE und Bernhard GROSSFELD. Köln: Otto Schmidt, S. 58–68.
SCHUBERT, Dino und Dirk VORLAUF (2015): „Auswirkungen von Basel III auf die Kapitalakquise von Kommunen". In: *der gemeindehaushalt*, Nr. 3, 116. Jg., S. 57–61.
SCHUBERT, Wolfgang J. und Stephan GADEK (2018): „Kommentar zu § 255 HGB". In: *Beck'scher Bilanz-Kommentar. Handels- und Steuerbilanz: §§ 238 bis 339, 342 bis 342e HGB*. Hrsg. von Bernd GROTTEL u. a. 11. Auflage. München: Verlag C. H. Beck.
SCHULTE, Klaus, Christian LÖCKE und Christoph BRAST (2013): *Kostenrechnung in nordrhein-westfälischen Kommunen. Eine Studie der FH Münster*. URL: https://www.fh-muenster.de/wirtschaft/downloads/personen/schultek/FH_Muenster-Kostenrechnung.pdf. Letzter Abruf: 11.03.2019.
SCHULTE, Oliver (2006): *Fast-Close-Abschlüsse und Schadenrückstellungen nach HGB, IAS/IFRS und US-GAAP*. Wiesbaden: Deutscher Universitäts-Verlag.
SCHULZE, Elmar (2011): „Einstandspflicht der Länder für faktische Insolvenz von Kommunen". In: *der gemeindehaushalt*, Nr. 3, 111. Jg., S. 49–60.

SCHUPPERT, Gunnar Folke und Matthias ROSSI (2006): *Bausteine eines bundesstaatlichen Haushaltsnotlagenregimes. Zugleich ein Beitrag zur Governance der Finanzbeziehungen im Bundesstaat*. Hertie School of Governance working papers 3/2006. URL: http://edoc.vifapol.de/opus/volltexte/2012/4225/pdf/3.pdf. Letzter Abruf: 11.03.2019.

SCHUSTER, Falko (2006): *Einführung in die Betriebswirtschaftslehre der Kommunalverwaltung*. 2. Auflage. Hamburg: Maximilian-Verl.

— (2008): *Neues Kommunales Finanzmanagement und Rechnungswesen. Basiswissen NKF und NKR*. München u. a.: Oldenbourg Wissenschaftsverlag.

SCHWARTING, Gunnar (2010): *Der kommunale Haushalt*. 4. Auflage. Berlin: Erisch Schmidt Verlag.

— (2012): *Kommunale Schulden. Gefährliches Gift oder Notwendigkeit?* URL: http://www.uni-speyer.de/files/de/Studium/Lehrende/Schwarting/Kommu naleSchulden-Vortrag2012.pdf. Letzter Abruf: 11.03.2019.

— (2015): „Kommunale Nachhaltigkeitssatzungen: Ein Weg zu stabilen Kommunalfinanzen? Zwei Beispiele aus Hessen und Rheinland-Pfalz". In: *LKRZ*, Nr. 10, 9. Jg., S. 402–406.

SCHWARZ, Kyrill-A. (2018): „Unterstützung regionaler Daseinsvorsorge durch den Bund?" In: *DÖV*, Nr. 4, 71. Jg., S. 125–133.

SCHWEITZER, Marcel (1986): „Aufwendungen". In: *Handwörterbuch unbestimmter Rechtsbegriffe im Bilanzrecht des HGB*. Hrsg. von Ulrich LEFFSON, Dieter RÜCKLE und Bernhard GROSSFELD. Köln: Otto Schmidt, S. 53–58.

SCHWEMER, Rolf-Oliver und Matthias HAUSCHILD (2015): „Sinnvolle Entwicklung der öffentlichen Rechnungslegung in Europa". In: *der gemeindehaushalt*, Nr. 9, 116. Jg., S. 193–196.

SEAGON, Christopher (2014): „§ 24 Grundlagen der Insolvenzordnung". In: *Restrukturierung, Sanierung, Insolvenz. Handbuch*. Hrsg. von Andrea K. BUTH und Christian Nicolas BÄCHSTÄDT. 4. Auflage. München: Verlag C. H. Beck.

SECKELMANN, Margrit (2008): „Die historische Entwicklung kommunaler Aufgaben". In: *dms*, Nr. 2, 1. Jg., S. 267–284.

SEUBERLICH, Marc (2017): *Arme und reiche Städte. Ursachen der Varianz kommunaler Haushaltslagen*. Wiesbaden: VS Verlag für Sozialwissenschaften.

SICHERER, Klaus von (2016): *Bilanzierung im Handels- und Steuerrecht*. 4. Auflage. Wiesbaden: Springer Gabler.

SIMON, Anne (2014): *Möglichkeiten und Grenzen des kommunalen Gesamtabschlusses als Informations- und Steuerungsinstrument. Ableitung von anforderungsgerechten Ausgestaltungsempfehlungen aus Theorie und Empirie*. Göttingen: Cuvillier.

SIMON, Herman Veit (1899): *Die Bilanzen der Aktiengesellschaften und der Kommanditgesellschaften auf Aktien*. 3. Auflage. Berlin: Guttentag.

SMITH, Adam (1978): *Der Wohlstand der Nationen. Eine Untersuchung seiner Natur und Ursachen.* Vollständige Ausgabe nach der 5. Auflage (letzter Hand), London 1789. München: DTV.

SODAN, Helge und Jan ZIEKOW (2018): *Grundkurs Öffentliches Recht. Staats- und Verwaltungsrecht.* 8. Auflage. München: Verlag C. H. Beck.

SOSSONG, Peter (2014): *Zweckadäquanz der GoB für die staatliche Doppik.* Berlin: Erich Schmidt Verlag.

SPIOTTO, James E. (1996): „Municipal Finance and Chapter 9 Bankruptcy". In: *Municipal Finance Journal,* Nr. 1, 17. Jg., S. 1–28.

SPRINGER FACHMEDIEN WIESBADEN, Hrsg. (2013): *Kompakt-Lexikon Finanzwissenschaft. 750 Begriffe nachschlagen, verstehen, anwenden.* Wiesbaden: Springer Gabler.

SROCKE, Isabell (2004): *Konzernrechnungslegung in Gebietskörperschaften unter Berücksichtigung von HGB, IAS/IFRS und IPSAS.* Düsseldorf: IDW-Verlag.

STÄNDIGE KONFERENZ DER INNENMINISTER UND -SENATOREN DER LÄNDER, Hrsg. (2003): *Auszug aus der Sammlung der zur Veröffentlichung freigegebenen Beschlüsse der 173. Sitzung der Ständigen Konferenz der Innenminister und -senatoren der Länder am 21. November 2003 in Jena.* URL: https://www.mhkbg.nrw/kommunales/Kommunale-Finanzen/Kommunale-Haushalte/Haushaltsrecht-_-NKF/1_Leittext_Innenministerkonferenz.pdf. Letzter Abruf: 11.03.2019.

STATISTISCHE ÄMTER DES BUNDES UND DER LÄNDER, Hrsg. (2018): *Integrierte Schulden der Gemeinden und Gemeindeverbände. Anteilige Modellrechnung für den interkommunalen Vergleich. Stand 31.12.2016.* URL: https://www.destatis.de/DE/Publikationen/Thematisch/FinanzenSteuern/OeffentlicheHaushalte/Schulden/IntegrierteSchulden5713201169004.pdf?_blob=publicationFile. Letzter Abruf: 11.03.2019.

STATISTISCHES BUNDESAMT, Hrsg. (2013): *Turnusmäßige Überarbeitung des Verbraucherpreisindex 2013.* URL: https://www.destatis.de/DE/Publikationen/Thematisch/Preise/Verbraucherpreise/VerbrauchpreisindexUmstellung5611106139004.pdf?_blob=publicationFile. Letzter Abruf: 11.03.2019.

— Hrsg. (2015): *Bevölkerung Deutschlands bis 2060. 13. koordinierte Bevölkerungsvorausberechnung.* URL: https://www.destatis.de/DE/Publikationen/Thematisch/Bevoelkerung/VorausberechnungBevoelkerung/BevoelkerungDeutschland2060Presse5124204159004.pdf?_blob=publicationFile. Letzter Abruf: 11.03.2019.

— Hrsg. (2017a): *Finanzen und Steuern. Schulden des Öffentlichen Gesamthaushalts. 2016.* Fachserie 14 Reihe 5. URL: https://www.destatis.de/DE/Publikationen/Thematisch/FinanzenSteuern/OeffentlicheHaushalte/Schulden/SchuldenOeffentlicherHaushalte2140500167004.pdf?_blob=publicationFile. Letzter Abruf: 11.03.2019.

STATISTISCHES BUNDESAMT, Hrsg. (2017b): *Finanzen und Steuern. Personal des öffentlichen Dienstes. 2016.* Fachserie 14 Reihe 6. URL: https://www.destatis. de/DE/Publikationen/Thematisch/FinanzenSteuern/OeffentlicherDienst/Pe rsonaloeffentlicherDienst2140600167004.pdf?__blob=publicationFile. Letzter Abruf: 11.03.2019.
— Hrsg. (2017c): *Vierteljährliche Kassenergebnisse des Öffentlichen Gesamthaushalts. 1.-4. Vierteljahr 2016.* Fachserie 14 Reihe 2. URL: https://www.destatis. de/DE/Publikationen/Thematisch/FinanzenSteuern/OeffentlicheHaushalte/ AusgabenEinnahmen/KassenergebnisOeffentlicherHaushalt2140200163244.p df?__blob=publicationFile. Letzter Abruf: 11.03.2019.
STEINIGER, Alfons (1930): „Der Gemeindekonkurs nach dem Urteil gegen Glashütte". In: *Leipziger Zeitschrift für deutsches Recht,* 24. Jg., S. 1418–1430.
STOCKEL-VELTMANN, Christoph (2010a): „Abwendung einer (drohenden) bilanziellen Überschuldung. Rechtliche und ökonomische Beurteilung aufsichtsrechtlicher Maßnahmen". In: *der gemeindehaushalt,* Nr. 2, 111. Jg., S. 34–44.
— (2010b): „Drohende Überschuldung kommunaler Haushalte. Ursachen einer bilanziellen Überschuldung und Ziele aufsichtsrechtlichen Einschreitens". In: *der gemeindehaushalt,* Nr. 1, 111. Jg., S. 1–8.
STOLZENBERG, Philipp und Hubert HEINELT (2013): „„„Die Griechen von NRW". Kommunale Rettungsschirme der Bundesländer". In: *dms,* Nr. 2, 6. Jg., S. 463–484.
STREIM, Hannes (2000): „Grundsätzliche Anmerkungen zur kommunalen Rechnungslegung nach dem Speyerer Verfahren". In: *Neues öffentliches Rechnungswesen. Stand und Perspektiven.* Hrsg. von Dietrich BUDÄUS, Christine AHLGRIMM und Klaus LÜDER. Wiesbaden: Gabler, S. 253–269.
— (2007): „Rechnungslegung von Gebietskörperschaften. HGB versus IPSAS". In: *Controlling und Performance Management im öffentlichen Sektor. Ein Handbuch.* Hrsg. von Martin BRÜGGEMEIER. Bern: Haupt, S. 291–298.
STRÜBIG, Monique (2007): „Ein Sicherungsfonds zur Prävention und Bewältigung von Haushaltskrisen". In: *Wirtschaftsdienst,* Nr. 9, 87. Jg., S. 586–591.
STRUMANN, Paul (2011): „Der Haushaltsplan". In: *Öffentliche Finanzwirtschaft.* Hrsg. von Iris WIESNER. Frankfurt am Main: Verlag für Verwaltungswissenschaften, S. 19–37.
STÜBER, Stephan und Cimin KEYHANIAN (2013): „Haushaltsausgleich und Umsetzung der Schuldenbremse des Grundgesetzes in der staatlichen Doppik". In: *DÖV,* Nr. 7, 66. Jg., S. 255–262.
STÜTZEL, Wolfgang (1967): *Bemerkungen zur Bilanztheorie.* Wiesbaden: Gabler.
TAUBERGER, André (2008): *Controlling für die öffentliche Verwaltung.* München u. a.: Oldenbourg Wissenschaftsverlag.

TER-MINASSIAN, Teresa (1997): „Control of Subnational Government Borrowing". In: *Fiscal Federalism in Theory and Practice*. Hrsg. von Teresa TER-MINASSIAN. Washington: International Monetary Fund, S. 156–173.

THEISEN, Manuel René (2000): *Der Konzern. Betriebswirtschaftliche und rechtliche Grundlagen der Konzernunternehmung*. 2. Auflage. Stuttgart: Schäffer-Poeschel.

THOMMEN, Jean-Paul u. a. (2017): *Allgemeine Betriebswirtschaftslehre. Umfassende Einführung aus managementorientierter Sicht*. 8. Auflage. Wiesbaden: Springer Gabler.

THORMANN, Martin (2014): „Die Abundanzumlage (Finanzausgleichsumlage)". In: *NVwZ*, Nr. 23, 33. Jg., S. 1548–1554.

TIMM-ARNOLD, Klaus-Peter (2011): *Bürgermeister und Parteien in der kommunalen Haushaltspolitik. Endogene Ursachen kommunaler Haushaltsdefizite*. Wiesbaden: VS Verlag für Sozialwissenschaften.

— (2017): *Nachhaltige Konsolidierung der öffentlichen Haushalte. Vortrag und Diskussion Bewegungsplan 2017*. URL: https://www.bewegungsplan.org/images/downloads/referenten-2017/DrKlaus-PeterTimm-Arnold-NachhaltigeKonsolidierung der%C3%B6ffentlichenHaushalte.pdf. Letzter Abruf: 11.03.2019.

TRAPP, Jan Hendrik und Sebastian BOLAY (2003): *Privatisierung in Kommunen. Eine Auswertung kommunaler Beteiligungsberichte*. Berlin: Deutsches Institut für Urbanistik.

TRUGER, Achim (2015): *Implementing the Golden Rule for Public Investment in Europe. Safeguarding Public Investment and Supporting the Recovery*. Materialien zu Wirtschaft und Gesellschaft Nr. 138. URL: https://www.eesc.europa.eu/resources/docs/achim-truger---implementing-the-golden-rule-for-public-investment-in-europe.pdf. Letzter Abruf: 11.03.2019.

TYSPER, Stefan (2013): „Der "Kommunal-Soli"". In: *KommJur*, Nr. 3, 11. Jg., S. 81–88.

UEBERSAX, Peter (2005): *Erfahrungen und Lehren aus dem Fall Leukerbad*. Basel: Helbing Lichtenhan.

UHLENBRUCK, Wilhelm, Heribert HIRTE und Heinz VALLENDER, Hrsg. (2015): *Insolvenzordnung. Kommentar*. 14. Auflage. München: Verlag Franz Vahlen.

ULRICH, Hans (1970): *Die Unternehmung als produktives soziales System. Grundlagen der allgemeinen Unternehmungslehre*. 2. Auflage. Bern: Haupt.

VOGEL, Roland (2005): „Gute Unternehmensführung für kommunale Kapitalgesellschaften". In: *ZögU*, Nr. 3, 28. Jg., S. 234–249.

VOGELPOTH, Norbert (2011): „Aussagekraft eines kommunalen Gesamtabschlusses". In: *ZögU*, Nr. Beiheft 40 - Der kommunale Gesamtabschluss, 34. Jg., S. 82–97.

WAGENHOFER, Alfred und Ralf EWERT (2015): *Externe Unternehmensrechnung.* 3. Auflage. Berlin, Heidelberg: Springer Gabler.

WAGNER, Gerhard (2017): „Kommentar zu § 826 BGB". In: *Münchener Kommentar zum Bürgerlichen Gesetzbuch.* Band 6. Hrsg. von Franz Jürgen SÄCKER u. a. 7. Auflage. München: Verlag C. H. Beck.

WALDHOFF, Christian (2006): „§ 7 Kommunale Einnahmen im Überblick". In: *Recht der Kommunalfinanzen. Abgaben, Haushalt, Finanzausgleich.* Hrsg. von Hans-Günter HENNEKE, Hermann PÜNDER und Christian WALDHOFF. München: Verlag C. H. Beck, S. 108–119.

WATKINS, Elizabeth M. (2013): „In Defense of the Chapter 9 Option: Exploring the Promise of a Municipal Bankruptcy as a Mechanism for Structural Political Reform". In: *Journal of Legislation,* Nr. 1, 39. Jg., S. 89–117.

WATZKA, Klaus (2016): *Ziele formulieren. Erfolgsvoraussetzungen wirksamer Zielvereinbarungen.* Wiesbaden: Springer Gabler.

WEISS, Jens (2013): „Die Transformation der kommunalen Verwaltung unter dem Einfluss des Neuen Steuerungsmodells". In: *dms,* Nr. 1, 6. Jg., S. 231–251.

WENNER, Christoph, Christian CORSMEIER und Karsten OEHLER (2015): „Integrierte Konzernplanung bei Henkel. Anforderungen und Umsetzung". In: *Moderne Instrumente der Planung und Budgetierung. Innovative Ansätze und Best Practice für die Unternehmenssteuerung.* Hrsg. von Ronald GLEICH u. a. 2. Auflage. Freiburg u. a.: Haufe, S. 247–268.

WIENBERG, Rüdiger (2018): „§ 1 Allgemeiner Überblick über das deutsche Insolvenzrecht". In: *Insolvenzrecht in der Gestaltungspraxis.* Hrsg. von Adolf REUL, Heribert HECKSCHEN und Rüdiger WIENBERG. 2. Auflage. München: Verlag C. H. Beck.

WILLENBORG, Bastian (2015): „Nutzen der EPSAS für die Anwender und Adressaten des öffentlichen Rechnungswesens". In: *der gemeindehaushalt,* Nr. 7, 116. Jg., S. 157–160.

WINKEL, Johannes (2018a): „Kommentar zu § 124 GO NRW". In: *Gemeindeordnung Nordrhein-Westfalen. Kommentar.* Hrsg. von Friedrich Wilhelm HELD und Johannes WINKEL. 4. Auflage. Wiesbaden: Kommunal- und Schulverlag.

— (2018b): „Kommentar zu § 128 GO NRW". In: *Gemeindeordnung Nordrhein-Westfalen. Kommentar.* Hrsg. von Friedrich Wilhelm HELD und Johannes WINKEL. 4. Auflage. Wiesbaden: Kommunal- und Schulverlag.

WIRTZ, Holger (2010): *Grundsätze ordnungsmäßiger öffentlicher Buchführung.* 2. Auflage. Berlin: Erich Schmidt Verlag.

WIXFORTH, Jürgen (2016): „Bundesbeteiligung an den Kosten der Unterkunft als Sammelbecken der Kommunalentlastung?" In: *Wirtschaftsdienst,* Nr. 7, 96. Jg., S. 501–509.

WÖHE, Günter (1986): *Bilanzierung und Bilanzpolitik. Betriebswirtschaftlich, handelsrechtlich, steuerrechtlich.* 6. Auflage. München: Verlag Franz Vahlen.

WÖHE, Günter, Jürgen BILSTEIN u. a. (2013): *Grundzüge der Unternehmensfinanzierung*. 11. Auflage. München: Verlag Franz Vahlen.

WÖHE, Günter und Heinz KUSSMAUL (2015): *Grundzüge der Buchführung und Bilanztechnik*. 9. Auflage. München: Verlag Franz Vahlen.

WOHLFARTH, Kai (2015): *PPP. zu Finanzierungsformen, Kapitalmarktrelevanz und öffentlicher Verschuldung*. URL: https://publishup.uni-potsdam.de/opus4-ubp/frontdoor/deliver/index/docId/9021/file/wohlfarth_diss.pdf. Letzter Abruf: 11.03.2019.

WOLF-HEGERBEKERMEIER, Thomas R. (2015): „SKM kommunal - Kommunaler Erfüllungsaufwand in der Gesetzgebung des Bundes". In: *Verwaltungsarchiv*, Nr. 2, 106. Jg., S. 222–264.

ZABLER, Steffen, Christian PERSON und Falk EBINGER (2016): „Finanzaufsicht in den Ländern. Struktur, Recht und ihr (fraglicher) Effekt auf die kommunale Verschuldung". In: *ZKF*, Nr. 1, 66. Jg., S. 6–12.

ZELLER, Friedrich (2005): „Kassenkredite - in Hülle und Fülle. Die Novelle der Bayerischen Gemeindeordnung zeigt einen Staat ohne Verantwortung". In: *VM*, Nr. 4, 11. Jg., S. 204–205.

ZIMMERMANN, Horst (2016): *Kommunalfinanzen. Eine Einführung in die finanzwissenschaftliche Analyse der kommunalen Finanzwirtschaft*. 3. Auflage. Berlin: Berliner Wissenschafts-Verlag.

ZIMMERMANN, Uwe (2015): „Kommunale Kassen nachhaltig entlasten. Finanzreformen für Kommunen aller Himmelsrichtungen vorantreiben". In: *NST-Nachrichten*, Nr. 2, 43. Jg., S. 29–32.

Rechtsquellenverzeichnis

1. NKFWG NRW	Erstes Gesetz zur Weiterentwicklung des Neuen Kommunalen Finanzmanagements für Gemeinden und Gemeindeverbände im Land Nordrhein-Westfalen (1. NKF-Weiterentwicklungsgesetz NRW) vom 18.09.2012 (GVBl. NRW S. 432).
2. NKFWG NRW	Zweites Gesetz zur Weiterentwicklung des Neuen Kommunalen Finanzmanagements für Gemeinden und Gemeindeverbände im Land Nordrhein-Westfalen und weiterer kommunalrechtlicher Vorschriften (2. NKF-Weiterentwicklungsgesetz NRW) vom 18.12.2018 (GVBl. NRW S. 759).
AG-KJHG	Erstes Gesetz zur Ausführung des Kinder- und Jugendhilfegesetzes vom 12.12.1990 (GVBl. NRW S. 664), zuletzt geändert durch Art. 4 des Ausführungsgesetzes des Landes NRW zur Umsetzung des Bundesteilhabegesetzes vom 21.07.2018 (GVBl. NRW S. 414).
AktG	Aktiengesetz vom 06.09.1965 (BGBl. I S. 1089), zuletzt geändert durch Art. 9 des Gesetzes zur Umsetzung der Zweiten Zahlungsdiensterichtlinie vom 17.7.2017 (BGBl. I S. 2446).
AO	Abgabenordnung in der Fassung der Bekanntmachung vom 01.10.2002 (BGBl. I S. 3866, ber. 2003 S. 61), zuletzt geändert durch Art. 15 des Gesetzes zur Umsetzung des Gesetzes zur Einführung des Rechts auf Eheschließung für Personen gleichen Geschlechts vom 18.12.2018 (BGBl. I S. 2639).
BAG-JH	Gesetz zur Regelung des Kostenausgleichs für Aufgaben der öffentlichen Jugendhilfe (Belastungsausgleichsgesetz Jugendhilfe) vom 13.11.2012 (GVBl. NRW S. 510), geändert durch Art. 1 des Zuständigkeitsbereinigungsgesetzes vom 23.01.2018 (GVBl. NRW S. 90).

© Springer Fachmedien Wiesbaden GmbH, ein Teil von Springer Nature 2019
C. Fritze, *Entwicklung rechnungswesenbasierter Systeme zur Stabilisierung der Kommunalfinanzen*, https://doi.org/10.1007/978-3-658-27480-1

BauGB	Baugesetzbuch in der Fassung der Bekanntmachung vom 03.11.2017 (BGBl. I S. 3634), geändert durch Art. 2 des Hochwasserschutzgesetzes II vom 30.06.2017 (BGBl. I S. 2193).
BGB	Bürgerliches Gesetzbuch in der Fassung der Bekanntmachung vom 02.01.2002 (BGBl. I S. 42, 2909, und 2003 I S. 738), zuletzt geändert durch Art. 7 des Gesetzes zur Förderung der Freizügigkeit von EU-Bürgerinnen und -Bürgern sowie zur Neuregelung verschiedener Aspekte des Internationalen Adoptionsrechts vom 31.01.2019 (BGBl. I S. 54).
BetrAVG	Gesetz zur Verbesserung der betrieblichen Altersversorgung (Betriebsrentengesetz) vom 19.12.1974 (BGBl. I S. 3610), zuletzt geändert durch Art. 6 Abs. 3 des Gesetzes zur Umsetzung der EU-Richtlinie 2016/2341 des Europäischen Parlaments und des Rates vom 14.12.2016 über die Tätigkeiten und die Beaufsichtigung von Einrichtungen der betrieblichen Altersversorgung vom 19.12.2018 (BGBl. I S. 2672)
BilMoG	Gesetz zur Modernisierung des Bilanzrechts (Bilanzrechtsmodernisierungsgesetz) vom 25.05.2009 (BGBl.2009 I S. 1102).
BiRiLiG	Gesetz zur Durchführung der Vierten, Siebenten und Achten Richtlinie des Rates der Europäischen Gemeinschaften zur Koordinierung des Gesellschaftsrechts (Bilanzrichtlinien-Gesetz) vom 19.12.1985 (BGBl. I S. 2355).
DGO	Deutsche Gemeindeordnung vom 30.01.1935 (RGBl. I S. 49), aufgehoben durch Art. 123 Abs. 1 i. V. m. Art. 30, 124 und 125 GG vom 23.05.1949 (BGBl. S. 1).
EigVO NRW	Eigenbetriebsverordnung für das Land Nordrhein-Westfalen vom 16.11.2004 (GVBl. NRW S. 644, 671, ber. 2005 S. 15), zuletzt geändert durch Art. 26 des Gesetzes zur Änderung wasser- und wasserverbandsrechtlicher Vorschriften vom 08.07.2016 (GVBl. NRW S. 559).
ESUG	Gesetz zur weiteren Erleichterung der Sanierung von Unternehmen vom 07.12.2011 (BGBl. I S. 2582, S. 2800).

EUV	Vertrag über die Europäische Union in der Fassung des Vertrags von Lissabon vom 13.12.2007 (ABl. Nr. C 306 S. 1, 2008 Nr. C 111 S. 56, 2009 Nr. C 290 S. 1, 2011 Nr. C 378 S. 3), zuletzt geändert durch Art. 13, 14 Abs. 1 der EU-Beitrittsakte 2013 vom 09.12.2011 (ABl. 2012 Nr. L 112 S. 21).
FAG	Gesetz über den Finanzausgleich zwischen Bund und Ländern (Finanzausgleichsgesetz) vom 20.12.2001 (BGBl. I S. 3955), zuletzt geändert durch Art. 3 und 4 des Gesetzes zur Weiterentwicklung der Qualität und zur Teilhabe in der Kindertagesbetreuung vom 19.12.2018 (BGBl. I S. 2696).
FamFG	Gesetz über das Verfahren in Familiensachen und in den Angelegenheiten der freiwilligen Gerichtsbarkeit (Familienverfahrensgesetz) vom 17.12.2008 (BGBl. I S. 2586, 2587), zuletzt geändert durch Art. 13 des Gesetzes zur Umsetzung des Gesetzes zur Einführung des Rechts auf Eheschließung für Personen gleichen Geschlechts vom 18.12.2018 (BGBl. I S. 2639).
FlüAG	Gesetz über die Zuweisung und Aufnahme ausländischer Flüchtlinge (Flüchtlingsaufnahmegesetz) vom 28.02.2003 (GVBl. NRW S. 93), zuletzt geändert durch Art. 4 des Zuständigkeitsbereinigungsgesetzes vom 23.01.2018 (GVBl. NRW S. 90).
GemFinRefG	Gesetz zur Neuordnung der Gemeindefinanzen (Gemeindefinanzreformgesetz) in der Fassung der Bekanntmachung vom 10.03.2009 (BGBl. I S. 502), zuletzt geändert durch Art. 6 des Integrationskosten-Beteiligungsgesetzes vom 17.12.2018 (BGBl. I S. 2522).
GemHVO NRW	Verordnung über das Haushaltswesen der Gemeinden im Land Nordrhein-Westfalen (Gemeindehaushaltsverordnung NRW) vom 16.11.2004 (GVBl. NRW S. 644, 2005 S. 15), aufgehoben durch § 61 S. 2 KomHVO NRW vom 12.12.2018 (GVBl. NRW S. 708).

GewStG	Gewerbesteuergesetz in der Fassung der Bekanntmachung vom 15.10.2002 (BGBl. I S. 4167), zuletzt geändert durch Art. 8 des Gesetzes zur Vermeidung von Umsatzsteuerausfällen beim Handel mit Waren im Internet und zur Änderung weiterer steuerlicher Vorschriften vom 11.12.2018 (BGBl. I S. 2338).
GFG 2019	Gesetz zur Regelung der Zuweisungen des Landes Nordrhein-Westfalen an die Gemeinden und Gemeindeverbände im Haushaltsjahr 2019 (Gemeindefinanzierungsgesetz 2019) vom 18.12.2018 (GVBl. NRW S. 782).
GG	Grundgesetz für die Bundesrepublik Deutschland vom 23.05.1949 (BGBl. S. 1), zuletzt geändert durch Art. 1 des Änderungsgesetzes (Art. 90, 91c, 104b, 104c, 107, 108, 109a, 114, 125c, 143d, 143e, 143f, 143g) vom 13.07.2017 (BGBl. I S. 2347).
GmbHG	Gesetz betreffend die Gesellschaften mit beschränkter Haftung (GmbH-Gesetz) in der Fassung der Bekanntmachung vom 20.05.1898 (RGBl. S. 846), zuletzt geändert durch Art. 10 des Gesetzes zur Umsetzung der Zweiten Zahlungsdiensterichtlinie vom 17.07.2017 (BGBl. I S. 2446).
GO NRW	Gemeindeordnung für das Land Nordrhein-Westfalen vom 14.07.1994 (GVBl. NRW S. 666), zuletzt geändert durch Art. 1 des 2. NKFWG vom 18.12.2018 (GVBl. NRW S. 759, berichtigt 2019 S. 23).
GrStG	Grundsteuergesetz vom 07.08.1973 (BGBl. I S. 965), zuletzt geändert durch Art. 38 des Jahressteuergesetzes 2009 vom 19.12.2008 (BGBl. I S. 2794).
HGB	Handelsgesetzbuch vom 10.05.1897 (RGBl. S. 219), zuletzt geändert durch Art. 3 des Gesetzes zur Ausübung von Optionen der EU-Prospektverordnung und zur Anpassung weiterer Finanzmarktgesetze vom 10.07.2018 (BGBl. I S. 1102).
HGO	Hessische Gemeindeordnung in der Fassung vom 07.03.2005 (Hessisches GVBl. I S. 142), zuletzt geändert durch Art. 6 des Zweiten Gesetzes zur Änderung dienstrechtlicher Vorschriften vom 21.06.2018 (Hessisches GVBl. S. 291).

InsO	Insolvenzordnung vom 05.10.1994 (BGBl. I S. 2866), zuletzt geändert durch Art. 24 Abs. 3 des Zweiten Finanzmarktnovellierungsgesetzes vom 23.06.2017 (BGBl. I S. 1693).
KAG	Kommunalabgabengesetz für das Land Nordrhein-Westfalen vom 21.10.1969 (GVBl. NRW S. 712), zuletzt geändert durch Art. 19 des Zuständigkeitsbereinigungsgesetzes vom 23.01.2018 (GVBl. NRW S. 90).
KomGesAbschlG	Gesetz zur Beschleunigung der Aufstellung kommunaler Gesamtabschlüsse vom 25.06.2015 (GVBl. NRW S. 496), geändert durch Art. 7 des 2. NKFWG vom 18.12.2018 (GVBl. NRW S. 759).
KomHVO NRW	Verordnung über das Haushaltswesen der Kommunen im Land Nordrhein-Westfalen (Kommunalhaushaltsverordnung Nordrhein-Westfalen) vom 12.12.2018 (GVBl. NRW S. 708).
KonnexAG	Gesetz zur Regelung eines Kostenfolgeabschätzungs- und eines Beteiligungsverfahrens gemäß Artikel 78 Abs. 3 der Verfassung für das Land Nordrhein-Westfalen (Konnexitätsausführungsgesetz) vom 22.06.2004 (GVBl. NRW S. 360), zuletzt geändert durch Art. 1 des Fünften Gesetzes zur Änderung gesetzlicher Befristungen vom 23.10.2012 (GVBl. NRW S. 474).
KrO NRW	Kreisordnung für das Land Nordrhein-Westfalen in der Fassung der Bekanntmachung vom 14.07.1994 (GVBl. NRW S. 646), zuletzt geändert durch Art. 7 des 2. NKFWG vom 18.12.2018 (GVBl. NRW S. 759).
KWG	Gesetz über das Kreditwesen (Kreditwesengesetz) in der Fassung der Bekanntmachung vom 09.09.1998 (BGBl. I S. 2776), zuletzt geändert durch Art. 2 des Gesetzes zur Anpassung der Rechtsgrundlagen für die Fortentwicklung des Europäischen Emissionshandels vom 18.01.2019 (BGBl. I S. 37).
LOG NRW	Gesetz über die Organisation der Landesverwaltung Nordrhein-Westfalen (Landesorganisationsgesetz NRW) vom 10.07.1962 (GVBl. NRW S. 421), zuletzt geändert durch Art. 2 des Sechsten Änderungsgesetzes vom 01.10.2013 (GVBl. NRW. S. 566).

LV NRW	Verfassung für das Land Nordrhein-Westfalen vom 28.06.1950 (GVBl. NRW S. 127), zuletzt geändert durch Art. 1 des Änderungsgesetzes vom 25.10.2016 (GVBl. NRW S. 860).
LVerbO	Landschaftsverbandsordnung für das Land Nordrhein-Westfalen in der Fassung der Bekanntmachung vom 14.07.1994 (GVBl. NRW S. 657), zuletzt geändert durch Art. 13 des Zuständigkeitsbereinigungsgesetzes vom 23.01.2018 (GVBl. NRW S. 90).
NKFEG NRW	Gesetz zur Einführung des Neuen Kommunalen Finanzmanagements für Gemeinden im Land Nordrhein-Westfalen (NKF-Einführungsgesetz NRW) vom 16.11.2004 (GVBl. NRW S. 644), zuletzt geändert durch Art. 6 des GO-Reformgesetzes vom 09.10.2007 (GVBl. NRW S. 380).
NKFG NRW	Gesetz über ein Neues Kommunales Finanzmanagement für Gemeinden im Land Nordrhein-Westfalen (Kommunales Finanzmanagementgesetz NRW) vom 16.11.2004 (GVBl. NRW S. 643).
NKomVG	Niedersächsisches Kommunalverfassungsgesetz vom 17.12.2010 (Niedersächsisches GVBl. S. 576), zuletzt geändert durch Art. 2 des Gesetzes zur Änderung des Niedersächsischen Gesetzes zur Ausführung des Achten Buchs des SGB vom 20.06.2018 (Niedersächsisches GVBl. S. 113).
SGB XII	Sozialgesetzbuch Zwölftes Buch - Sozialhilfe - vom 27.12.2003 (BGBl. I S. 3022), zuletzt geändert durch § 2 der Regelbedarfsstufen-Fortschreibungsverordnung 2019 vom 19.10.2018 (BGBl. I S. 1766).
SolvV	Verordnung zur angemessenen Eigenmittelausstattung von Instituten, Institutsgruppen, Finanzholding-Gruppen und gemischten Finanzholding-Gruppen (Solvabilitätsverordnung) vom 06.12.2013 (BGBl. I S. 4168), geändert durch Art. 6 des Gesetzes zur Anpassung von Finanzmarktgesetzen an die EU-Verordnung 2017/2402 und an die durch die EU-Verordnung 2017/2401 geänderte EU-Verordnung 575/2013 vom 18.12.2018 (BGBl. I S. 2626).

SpkG	Sparkassengesetz Nordrhein-Westfalen vom 18.11.2008 (GVBl. NRW S. 696), zuletzt geändert durch Art. 6 des Gesetzes zur Stärkung der kommunalen Selbstverwaltung vom 15.11.2016 (GVBl. NRW S. 966).
StabG	Gesetz zur Förderung der Stabilität und des Wachstums der Wirtschaft vom 08.06.1967 (BGBl. I S. 582), zuletzt geändert durch Art. 267 der Zehnten Zuständigkeitsanpassungsverordnung vom 31.08.2015 (BGBl. I S. 1474).
StPG	Gesetz zur Unterstützung der kommunalen Haushaltskonsolidierung im Rahmen des Stärkungspakts Stadtfinanzen (Stärkungspaktgesetz) vom 09.12.2011 (GVBl. NRW S. 662), zuletzt geändert durch Art. 2 des Gesetzes zum Gemeindefinanzierungsgesetz 2018 und zur Änderung des Stärkungspaktgesetzes vom 23.01.2018 (GVBl. NRW S. 68).
USBC	U.S. Code: Title 11 Bankruptcy (United States Bankruptcy Code) vom 06.11.1978 (Public Law 95-598, title I, § 101, 92 United States Statutes at Large 2549), zuletzt geändert durch Public Law 109-8, title VIII, § 801 (b), title X, § 1007 (d), 119 United States Statutes at Large 145, 188 vom 20.04.2005.
VwVfG	Verwaltungsverfahrensgesetz in der Fassung der Bekanntmachung vom 23.01.2003 (BGBl. I S. 102), zuletzt geändert durch Art. 7 des Gesetzes zur Umsetzung des Gesetzes zur Einführung des Rechts auf Eheschließung für Personen gleichen Geschlechts vom 18.12.2018 (BGBl. I S. 2639).
ZPO	Zivilprozessordnung in der Fassung der Bekanntmachung vom 05.12.2005 (BGBl. I S. 3202, 2006 I S. 431, 2007 I S. 1781), zuletzt geändert durch Art. 1 des Gesetzes zur Förderung der Freizügigkeit von EU-Bürgerinnen und -Bürgern sowie zur Neuregelung verschiedener Aspekte des Internationalen Adoptionsrechts vom 31.01.2019 (BGBl. I S. 54).
ZPOEG	Gesetz, betreffend die Einführung der Zivilprozeßordnung vom 30.01.1877 (RGBl. S. 244), zuletzt geändert durch Art. 1 des Änderungsgesetzes vom 21.06.2018 (BGBl. I S. 863).

- EU-Richtlinie 2011/85/EU des Rates über die Anforderungen an die haushaltspolitischen Rahmen der Mitgliedstaaten vom 08.11.2011 (ABl. EU Nr. L306 S. 41).

- EU-Verordnung 575/2013 über Aufsichtsanforderungen an Kreditinstitute und Wertpapierfirmen und zur Änderung der EU-Verordnung 646/2012 vom 26.06.2013 (ABl. EU Nr. L176 S. 1, berichtigt Nr. L208 S. 68, Nr. L321 S. 6, 2015 Nr. L193 S. 166, 2017 Nr. L20 S. 3), zuletzt geändert durch Art. 1 EU-Änderungsverordnung 2017/2401 vom 12.12.2017 (ABl. EU Nr. L347 S. 1).

- Gesetz zur Änderung der Verfassung für das Land NRW und zur Regelung eines Kostenfolgeabschätzungs- und eines Beteiligungsverfahrens gem. Art. 78 Abs. 3 der Verfassung für das Land NRW vom 22.06.2004 (GVBl. NRW S. 360).

- Gesetz zur Änderung des Ersten Gesetzes zur Ausführung des Kinder- und Jugendhilfegesetzes vom 28.10.2008 (GVBl. NRW S. 644).

- Gesetz zur Änderung des Grundgesetzes vom 28.08.2006 (BGBl. I S. 2034).

- Gesetz zur Änderung des Grundgesetzes (Artikel 91c, 91d, 104b, 109, 109a, 115, 143d) vom 29.07.2009 (BGBl. I S. 2248).

- Gesetz zur Beteiligung des Bundes an den Kosten der Integration und zur weiteren Entlastung von Ländern und Kommunen vom 01.12.2016 (BGBl. I S. 2755).

- Gesetz zur Förderung kommunaler Aufwendungen für die schulische Inklusion vom 09.07.2014 (GVBl. NRW S. 404), geändert durch Art. 1 des Änderungsgesetzes vom 08.07.2016 (GVBl. NRW S. 558).

- Zweites Gesetz zur Straffung der Behördenstruktur in Nordrhein-Westfalen vom 30.10.2007 (GVBl. NRW. S. 482).

Rechtsprechungsverzeichnis

Gericht	Datum	Aktenzeichen	Fundstelle
BGH	13.10.1977	II ZR 123/76	NJW 1978, 104
	14.12.1977	VI ZR 251/73	NJW 1977, 628
	17.03.1997	II ZB 3/96	NJW 1997, 1855
	12.12.2002	III ZR 201/01	NJW 2003, 1318
	16.07.2007	II ZR 3/04	NJW 2007, 2689
BVerfG	14.11.1962	1 BvR 987/58	NJW 1963, 32
	27.11.1978	2 BvR 165/75	NJW 1979, 413
	12.04.1983	2 BvR 678/81 u. a.	NJW 1983, 2766
	13.12.1983	2 BvL 13/82 u. a.	NJW 1984, 2401
	23.11.1988	2 BvR 1619/83 u. a.	NVwZ 1989, 347
	27.05.1992	2 BvF 1/88 u. a.	JZ 1992, 962
	05.10.1993	1 BvL 35/81	NJW 1994, 1466
	19.10.2006	2 BvF 3/03	NVwZ 2007, 67
	08.05.2007	2 BvM 1/03 u. a.	NJW 2007, 2610
BVerwG	25.03.1998	8 C 11–97	NVwZ 1999, 883
	27.10.2011	8 C 43/09	NVwZ 2011, 424
	15.10.2014	9 C 8/13	NVwZ 2015, 992
	16.06.2015	10 C 13.14	KommJur 2015, 347
OVG NRW	15.12.1989	15 A 436/86	NVwZ 1990, 689
	17.12.2008	15 B 1755/08	NWVBl. 2010, 30
	04.07.2014	15 B 571/14	NWVBl. 2014, 437
VerfGH NRW	23.03.2010	VerfGH 19/08	NVwZ-RR 2010, 705
	12.10.2010	VerfGH 12/09	KommJur 2011, 24
	19.07.2011	VerfGH 2/08	DVBl 2011, 1155
	08.05.2012	VerfGH 2/11	DVBl 2012, 837
	06.05.2014	VerfGH 14/11	DVBl 2014, 918
	30.08.2016	VerfGH 34/14	KommJur 2017, 22
	10.01.2017	VerfGH 8/15	NVwZ 2017, 780
VG Aachen	27.03.2014	4 K 1911/13	BeckRS 2015, 42674
VG Gelsenkirchen	25.10.2012	5 K 1137/12	BeckRS 2012, 58684

© Springer Fachmedien Wiesbaden GmbH, ein Teil von Springer Nature 2019
C. Fritze, *Entwicklung rechnungswesenbasierter Systeme zur Stabilisierung der Kommunalfinanzen*, https://doi.org/10.1007/978-3-658-27480-1

| VG Köln | 19.03.2004 | 4 K 3720/03 | NVwZ 2005, 1341 |

Verzeichnis der sonstigen Quellen

Amtliche Drucksachen

BUNDESTAG DRUCKSACHE 3284 vom 05.04.1952	Entwurf eines Gesetzes über Maßnahmen auf dem Gebiete der Zwangsvollstreckung.
BUNDESTAG DRUCKSACHE 10/4268 VOM 18.11.1985	Beschlußempfehlung und Bericht des Rechtsausschusses (6. Ausschuß) zu dem von der Bundesregierung eingebrachten Entwurf eines Gesetzes zur Durchführung der Vierten Richtlinie des Rates der Europäischen Gemeinschaften zur Koordinierung des Gesellschaftsrechts (Bilanzrichtlinie-Gesetz), Drucksache 10/317, und dem Entwurf eines Gesetzes zur Durchführung der Siebenten und Achten Richtlinie des Rates der Europäischen Gemeinschaften zur Koordinierung des Gesellschaftsrechts, Drucksache 10/3440.
BUNDESTAG DRUCKSACHE 12/2443 vom 15.04.1992	Gesetzentwurf der Bundesregierung: Entwurf einer Insolvenzordnung (InsO).
BUNDESTAG DRUCKSACHE 15/4968 vom 25.02.2005	Kleine Anfrage der Abgeordneten Gisela Piltz u. a. der Fraktion der FDP: Instrumente zur Sicherung der finanziellen Leistungsfähigkeit von Gemeinden.
BUNDESTAG DRUCKSACHE 18/4182 vom 03.03.2015	Beschlussempfehlung des Haushaltsausschusses (8. Ausschuss) zu dem Bericht der Kommission an den Rat und das Europäische Parlament „Die angestrebte Umsetzung harmonisierter Rechnungsprüfungsgrundsätze für den öffentlichen Sektor in den Mitgliedstaaten / Die Eignung der IPSAS für die Mitgliedstaaten". Stellungnahme gegenüber der Bundesregierung gemäß Artikel 23 Absatz 2 des Grundgesetzes.

BUNDESRAT DRUCKSACHE 811/13 vom 14.02.2014	Beschluss des Bundesrates: Entschließung des Bundesrates zur angestrebten Einführung von europäischen Rechnungsführungsstandards (EPSAS) zu dem Bericht der Kommission vom 6.3.2013 an den Rat und das Europäische Parlament, COM(2013) 114 final, sowie zu dem Beschluss des Deutschen Bundestages vom 27.06.2013 (TOP 37; zu Drucksachen 17/13183 Nr. A.12, 17/14148).
EUROPEAN COMMISSION STAFF WORKING DOCUMENT SWD(2013) 57 FINAL vom 06.03.2013	Commission Staff Working Document accompanying the document: Report from the Commission to the Council and the European Parliament, towards implementing harmonised public sector accounting standards in Member States / The suitability of IPSAS for the Member States, COM(2013) 114 final.
EUROPÄISCHE KOMMISSION BERICHT COM(2013) 114 FINAL vom 06.03.2013	Bericht der Kommission an den Rat und das Europäische Parlament: Die angestrebte Umsetzung harmonisierter Rechnungsführungsgrundsätze für den öffentlichen Sektor in den Mitgliedstaaten / Die Eignung der IPSAS für die Mitgliedstaaten.
KOMMISSIONSDRUCKSACHE 174 vom 05.03.2009	Beschlüsse der Kommission von Bundestag und Bundesrat zur Modernisierung der Bund-Länder-Finanzbeziehungen: Föderalismusreform II. Nachhaltigkeit als Perspektive.
LANDTAG NRW DRUCKSACHE 13/5515 vom 02.06.2004	Beschlussempfehlung und Bericht des Hauptausschusses: Gesetz zur Änderung der Verfassung für das Land NRW und zur Regelung eines Kostenfolgeabschätzungs- und eines Beteiligungsverfahrens gem. Art. 78 Abs. 3 der Verfassung für das Land NRW.
LANDTAG NRW DRUCKSACHE 13/5567 vom 18.06.2004	Gesetzentwurf der Landesregierung: Gesetz über ein Neues Kommunales Finanzmanagement für Gemeinden im Land Nordrhein-Westfalen.
LANDTAG NRW DRUCKSACHE 15/3418 vom 06.12.2011	Beschlussempfehlung und Bericht des Ausschusses für Kommunalpolitik zum Gesetzentwurf der Landesregierung, Drucksache 15/2859: Gesetz zur Unterstützung der kommunalen Haushaltskonsolidierung im Rahmen des Stärkungspakts Stadtfinanzen (Stärkungspaktgesetz).

Verzeichnis der sonstigen Quellen

LANDTAG NRW DRUCKSACHE 16/47 vom 12.06.2012	Gesetzentwurf der Fraktion der SPD, der Fraktion BÜNDNIS 90/DIE GRÜNEN und der Fraktion der FDP: Erstes Gesetz zur Weiterentwicklung des Neuen Kommunalen Finanzmanagements für Gemeinden und Gemeindeverbände im Land Nordrhein-Westfalen (1. NKF-Weiterentwicklungsgesetz – NKFWG).
LANDTAG NRW DRUCKSACHE 16/3198 vom 06.06.2013	Antwort der Landesrgeierung auf die Kleine Anfrage 1222 vom 06.05.2013 des Abgeordneten Kai Abruszat, FDP, Drucksache 16/2878: Stärkungspakt Stadtfinanzen: Welche Rechte und Pflichten hat der „Sparkommissar"?
LANDTAG NRW DRUCKSACHE 16/3646 vom 19.07.2013	Kleine Anfrage des Abgeordneten André Kuper, CDU: Droht Mühlheim das Schicksal Detroits - Insolvenzfähigkeit von Kommunen?
LANDTAG NRW DRUCKSACHE 16/4829 vom 21.01.2014	Antrag der Fraktion der CDU: Landesregierung darf Evaluierung und Novellierung des Konnexitätsausführungsgesetzes nicht weiter verschleppen.
LANDTAG NRW DRUCKSACHE 17/2659 vom 18.05.2018	Gesetzentwurf der Landesregierung: Gesetz zur Änderung des Teilhabe- und Integrationsgesetzes.
LANDTAG NRW DRUCKSACHE 17/3570 vom 11.09.2018	Gesetzentwurf der Landesregierung: Zweites Gesetz zur Weiterentwicklung des Neuen Kommunalen Finanzmanagements für Gemeinden und Gemeindeverbände im Land Nordrhein-Westfalen und weiterer kommunalrechtlicher Vorschriften
LANDTAG NRW VORLAGE 16/2198 vom September 2014	Evaluation des Stärkungspaktgesetzes für die pflichtig an der Konsolidierungshilfe teilnehmenden Gemeinden. Bericht der Landesregierung an den Landtag.
LANDTAG NRW VORLAGE 16/3379 vom 02.11.2015	Evaluation des Stärkungspaktgesetzes für die auf Antrag an der Konsolidierungshilfe teilnehmenden Gemeinden. Bericht der Landesregierung an den Landtag.
LANDTAG NRW VORLAGE 16/4682 vom 18.01.2017	Bericht über die Evaluation des Stärkungspaktes gem. § 13 Stärkungspaktgesetz. Bericht der Landesregierung an den Landtag.

Verwaltungsanweisungen

AUSFÜHRUNGSERLASS DES MINISTERIUMS FÜR INNERES UND KOMMUNALES NRW vom 07.03.2013	Haushaltskonsolidierung nach der Gemeindeordnung für das Land Nordrhein-Westfalen (GO NRW) und nach dem Gesetz zur Unterstützung der kommunalen Haushaltskonsolidierung im Rahmen des Stärkungspaktes Stadtfinanzen (Stärkungspaktgesetz), Az. 34-46.09.01-918/13, URL: https://www.mhkbg.nrw/kommunales/Kommunale-Finanzen/Kommunale-Haushalte/Haushaltssicherung/Ueberblick-Haushaltssicherung/130307erlasskonsolidierung.pdf [letzter Abruf: 11.03.2019].
LEITFADEN DES INNENMINISTERIUMS NRW vom 06.03.2009	Maßnahmen und Verfahren zur Haushaltssicherung, URL: https://www.mhkbg.nrw/kommunales/Kommunale-Finanzen/Kommunale-Haushalte/Haushaltssicherung/Sammlung-Erlasse-und-Informationen/31_lf-haushaltsicherung.pdf [letzter Abruf: 11.03.2019], aufgehoben zum 30.09.2012 durch Erlass vom 25.05.2012.
RUNDERLASS DES INNENMINISTERIUMS NRW vom 24.02.2005	Muster für das doppische Rechnungswesen und zu Bestimmungen der Gemeindeordnung (GO) und der Gemeindehaushaltsverordnung (GemHVO) (VV Muster zur GO und GemHVO), Az. 34-48.01.32.03-1259/05, MBl. NRW 2005, S. 354, zuletzt geändert durch Runderlass vom 19.12.2017, MBl. NRW 2017, S. 1057.
RUNDERLASS DES MINISTERIUMS FÜR HEIMAT, KOMMUNALES, BAU UND GLEICHSTELLUNG NRW vom 02.08.2018	Orientierungsdaten 2019 - 2022 für die mittelfristige Ergebnis- und Finanzplanung der Gemeinden und Gemeindeverbände des Landes Nordrhein-Westfalen, Az. 304-46.05.01-264/18, MBl. NRW 2018, S. 461.
RUNDERLASS DES MINISTERIUMS FÜR INNERES UND KOMMUNALES NRW vom 16.12.2014	Kredite und kreditähnliche Rechtsgeschäfte der Gemeinden und Gemeindeverbände, Az. 34-48.05.01/02-8/14, MBl. NRW 2014, S. 866.

Deutsche Rechnungslegungs Standards

Entnommen aus: DEUTSCHES RECHNUNGSLEGUNGS STANDARDS COMMITTEE E. V., Hrsg. (2018): *Deutsche Rechnungslegungs Standards, DRSC Interpretationen, DRSC Anwendungshinweise.* 26. Ergänzungslieferung. Stand: Dezember 2018. Stuttgart: Schäffer-Poeschel.

DRS 3	SEGMENTBERICHTERSTATTUNG vom 31.05.2000 (BAnz. Nr. 103, S. 10193), zuletzt geändert durch Bekanntmachung vom 04.12.2017 (BAnz. AT 04.12.2017 B1).
DRS 8	BILANZIERUNG VON ANTEILEN AN ASSOZIIERTEN UNTERNEHMEN IM KONZERNABSCHLUSS vom 29.05.2001 (BAnz. Nr. 98c), zuletzt geändert durch Bekanntmachung vom 04.12.2017 (BAnz. AT 04.12.2017 B1).
DRS 21	KAPITALFLUSSRECHNUNG vom 08.04.2014 (BAnz. AT 08.04.2014 B2), zuletzt geändert durch Bekanntmachung vom 04.12.2017 (BAnz. AT 04.12.2017 B1).
DRS 22	KONZERNEIGENKAPITAL vom 23.02.2016 (BAnz. AT 23.02.2016 B1), zuletzt geändert durch Bekanntmachung vom 04.12.2017 (BAnz. AT 04.12.2017 B1).

IDW-Standards

Entnommen aus: INSTITUT DER WIRTSCHAFTSPRÜFER IN DEUTSCHLAND, Hrsg. (2018): *IDW Prüfungsstandards, IDW Stellungnahmen zur Rechnungslegung, IDW Standards einschließlich der dazugehörigen Entwürfe IDW Prüfungs- und IDW Rechnungslegungshinweise.* 68. Ergänzungslieferung. Stand: November 2018. Düsseldorf: IDW-Verlag.

IDW S 2	IDW STANDARD: ANFORDERUNGEN AN INSOLVENZPLÄNE vom 10.02.2000.
IDW S 9	IDW STANDARD: BESCHEINIGUNG NACH § 270b InsO vom 18.08.2014.
IDW S 11	IDW STANDARD: BEURTEILUNG DES VORLIEGENS VON INSOLVENZERÖFFNUNGSGRÜNDEN vom 29.01.2015, zuletzt geändert am 22.08.2016.

International Accounting Standards / International Financial Reporting Standards

Entnommen aus: ZÜLCH, Henning und Matthias HENDLER (2018): *International Financial Reporting Standards (IFRS) 2018/2019. Textausgabe der von der EU gebilligten Standards und Interpretationen.* Stand: 01.08.2018. Weinheim: Wiley-VCH Verlag.

IAS 16	SACHANLAGEN vom 03.11.2008 (ABl. EU Nr. L320 S. 1), zuletzt geändert durch EU-Verordnung 2017/1986 vom 31.10.2017 (ABl. EU Nr. L291 S. 1).
IAS 38	IMMATERIELLE VERMÖGENSWERTE vom 03.11.2008 (ABl. EU Nr. L320 S. 1), zuletzt geändert durch EU-Verordnung 2017/1986 vom 31.10.2017 (ABl. EU Nr. L291 S. 1).
IAS 40	ALS FINANZINVESTITION GEHALTENE IMMOBILIEN vom 03.11.2008 (ABl. EU Nr. L320 S. 1), zuletzt geändert durch EU-Verordnung 2018/400 vom 14.03.2018 (ABl. EU Nr. L72 S. 13).
IFRS 8	GESCHÄFTSSEGMENTE vom 03.11.2008 (ABl. EU Nr. L320 S. 1), zuletzt geändert durch EU-Verordnung 2015/28 vom 17.12.2014 (ABl. EU 2015 Nr. L5 S. 1).
IFRS 13	BEMESSUNG DES BEIZULEGENDEN ZEITWERTS vom 11.12.2012 (ABl. EU Nr. L360 S. 78), zuletzt geändert durch EU-Verordnung 2017/1986 vom 31.10.2017 (ABl. EU Nr. L291 S. 1).

International Public Sector Accounting Standards

Entnommen aus: INTERNATIONAL FEDERATION OF ACCOUNTANTS, Hrsg. (2018): *Handbook of International Public Sector Accounting Pronouncements. 2018 Edition.* Stand: 31.01.2018. URL: https://www.ifac.org/publications-resources/2018-handbook-international-public-sector-accounting-pronouncements. Letzter Abruf: 11.03.2019.

IPSAS 16	INVESTMENT PROPERTY vom Dezember 2001, überarbeitet im Dezember 2006, zuletzt geändert durch IPSAS 40 vom Januar 2017.

IPSAS 17	PROPERTY, PLANT, AND EQUIPMENT vom Dezember 2001, überarbeitet im Dezember 2006, zuletzt geändert durch IPSAS 40 vom Januar 2017.
IPSAS 18	SEGMENT REPORTING vom Juni 2002, zuletzt geändert durch IPSAS 40 vom Januar 2017.
IPSAS 19	PROVISIONS, CONTINGENT LIABILITIES AND CONTIGENT ASSETS vom Oktober 2002, zuletzt geändert durch IPSAS 40 vom Januar 2017.
IPSAS 23	REVENUE FROM NON-EXCHANGE TRANSACTIONS (TAXES AND TRANSFERS) vom Dezember 2006, zuletzt geändert durch IPSAS 40 vom Januar 2017.
IPSAS 29	FINANCIAL INSTRUMENTS: RECOGNITION AND MEASUREMENT vom Januar 2010, zuletzt geändert durch IPSAS 40 vom Januar 2017.
IPSAS 39	EMPLOYEE BENEFITS vom Juli 2016.

Printed by Books on Demand, Germany